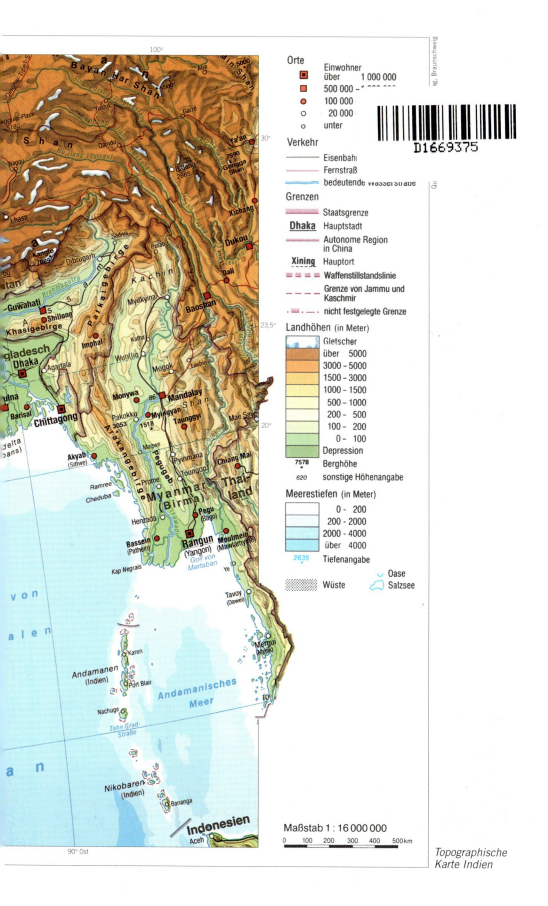

Orte

	Einwohner
▣	über 1 000 000
▪	500 000 – 1 000 000
●	100 000
○	20 000
∘	unter

Verkehr

— Eisenbahn
— Fernstraß
— bedeutende Wasserstraße

Grenzen

▦▦ Staatsgrenze
Dhaka Hauptstadt
▦▦ Autonome Region in China
Xining Hauptort
▨ ▨ ▨ Waffenstillstandslinie
— — — Grenze von Jammu und Kaschmir
· ▨ · — nicht festgelegte Grenze

Landhöhen (in Meter)

	Gletscher
	über 5000
	3000 – 5000
	1500 – 3000
	1000 – 1500
	500 – 1000
	200 – 500
	100 – 200
	0 – 100
	Depression
▲7578	Berghöhe
620	sonstige Höhenangabe

Meerestiefen (in Meter)

	0 – 200
	200 – 2000
	2000 – 4000
	über 4000
2635	Tiefenangabe

Oase
▦ Wüste   Salzsee

Maßstab 1 : 16 000 000

0 100 200 300 400 500 km

Topographische Karte Indien

Friedrich Stang

Indien

Wissenschaftliche Länderkunden

Wissenschaftliche Buchgesellschaft
Darmstadt

Indien

von Friedrich Stang

Mit 98 Abbildungen,
82 Bildern

Wissenschaftliche Buchgesellschaft
Darmstadt

Die Deutsche Bibliothek – CIP-Einheitsaufnahme
Ein Titeldatensatz für diese Publikation ist bei
Der Deutschen Bibliothek erhältlich.

Bestellnummer 06210-8

2002 by Wissenschaftliche Buchgesellschaft, Darmstadt
Gedruckt auf säurefreiem und alterungsbeständigem Bilderdruckpapier
Layout, Satz und Prepress: schreiberVIS, Seeheim
Printed in Germany

Besuchen Sie uns im Internet: www.wbg-darmstadt.de

ISSN 0174-0725
ISBN 3-534-06210-8

Inhaltsverzeichnis

Verzeichnis der Abbildungen

Verzeichnis der Bilder

Alle Bilder stammen vom Verfasser.

Schreibweise von Namen – Hinweise

Die Schreibweise von indischen Ortsnamen in Atlanten und Karten zeigt in den letzten Jahrzehnten ein breites Spektrum. Die englische Schreibung gab das wieder, was die Briten verstanden oder zu verstehen glaubten. Beispiele sind 'Cawnpore' im heutigen Uttar Pradesh oder 'Jumna' für den Nebenfluss der Ganga. Wurde der Name zu kompliziert, besonders im dravidischen Südindien, so verstümmelte man ihn zu einer leicht aussprechbaren Form, die oft nur noch eine entfernte Ähnlichkeit mit dem Original hatte: 'Trichinopoly' für die Stadt am Kaveri-Fluss oder 'Cape Comorin' für die Südspitze Indiens.

Den Deutschen war eine Zeit lang recht, was den Briten billig war, und sie schrieben die Industriestadt im 'Tschota'-Nagpur-Plateau 'Dschamschedpur' und die südindische Stadt 'Tritschinopoli'. Bei intensiverer Beschäftigung mit Indien wurde man auf Karten größeren Maßstabs jedoch wieder mit den englisch-indischen Namen konfrontiert. So ist man generell von dieser „Eindeutschung" wieder abgekommen.

Inzwischen sind die Inder (schrittweise) zu einer Schreibweise geographischer Namen übergegangen, die phonetisch den internationalen Standards eher entspricht. Die oben genannte Stadt an der Ganga wird jetzt 'Kanpur' geschrieben und der Nebenfluss der Ganga 'Yamuna'.

Diese Länderkunde verwendet die neue indische Schreibweise – auch wenn sie dadurch in einzelnen Fällen in ein anderes Extrem zu verfallen scheint, wie beim Namen der Halbinsel 'Kachchh' im Nordwesten – den die Inder tatsächlich so aussprechen können – oder 'Tiruchchirappalli' für die südindische Stadt 'Trichinopoly'. Im Allgemeinen sind die Änderungen jedoch ohne weiteres zu erkennen (z. B. 'Jalandhar' (neu) statt 'Jullundur' oder 'Shimla' statt 'Simla'). Bei größeren Unterschieden wird im Text und im Ortsregister der alte bzw. neue Name in Klammern hinzugesetzt. Völlig andere und stark veränderte Namen sind nachstehend aufgelistet:
- Chennai – Madras
- Haora – Howrah
- Kodagu – Coorg (Distrikt)
- Kozhikode – Calicut
- Mumbai – Bombay
- Thiruvananthapuram – Trivandrum
- Varanasi – Benares
- Vadodara – Baroda.

Hier griff man auf ältere Wurzeln zurück oder ersetzte den von den Kolonialherren verwendeten Namen durch einen neu erfundenen. Es erschien jedoch unangebracht, im Text den neuen Namen für die Vergangenheit zu benutzen, also von einer 'Mumbai Presidency' zu sprechen.

Die Flüsse werden mit ihrem indischen Namen geschrieben, auch wenn es eine deutsche (oder englische) Bezeichnung gibt (also 'Ganga' statt 'Ganges'). So entsprechen

Yamuna – Jumna (Jamuna)
Hugli – Hooghly
Kaveri – Cauvery

und das Cape Comorin heißt wieder Kanniyakumari.

Die Entwicklung ist noch im Gange, doch musste für diese Länderkunde ein Schlussstrich gezogen werden. Als 2000 Calcutta beschloss – wohl um hinter Mumbai nicht zurückzustehen –, sich 'Kolkata' zu nennen oder der neue Staat 'Chhattisgarh' im Census von 2001 nur noch mit einem 't' erschien, wurden Text und Karten nicht mehr geändert.

Grundsätzlich sind – von der Karte im Einbanddeckel agbesehen – indisch-englische Formen übernommen: 'Deccan' statt 'Dekkan', 'Dekhan', 'Dekkhan' und 'Kashmir' statt 'Kaschmir'. Die Sprache des Punjab ist 'Punjabi', und seine Bewohner sind 'Punjabis' (ein einzelner: 'Punjabi'), diejenigen von West Bengal sind 'Bengalis', dagegen die Bengali sprechenden Bewohner von West Bengal und Bangladesh und ihre Region 'Bengalen'. Nicht ganz konsequent blieben im Deutschen allgemein verwendete Begriffe wie 'Tamilen' oder 'Brahmanen' erhalten. Die 'Unberührbaren' oder Gandhis 'Harijans' bezeichnen sich inzwischen selbst als 'Dalits', ein Name, der auch hier verwendet wurde. Wie in Indien steht im Plural das englische -'s', z. B. 'Hindus', aber auch 'Muslims'. Zur Verdeutlichung wird die Zusammensetzung indischer und deutscher Begriffe durch einen Bindestrich getrennt ('Ganga-Ebene'). Bei unterschiedlicher

Schreibweise (z. B. Urbanisation/Urbanization) zeigt das Literaturverzeichnis die vom jeweiligen Autor benutzte.

Die drei im Jahre 2000 ausgegliederten neuen Bundesstaaten werden nur in den relevanten politischen Karten und Bevölkerungskarten ausgewiesen, soweit entsprechende Daten vorliegen. Die indische Bezeichnung Bundes'staaten' wurde übernommen, weil die Übersetzung Bundes'länder' ihren Status zwar weitgehend, aber nicht genau wiedergibt.

Die indischen Maßeinheiten sind die des internationalen Dezimalsystems. Die noch häufig in Indien verwendeten Begriffe 'Lakh' (= 100 000) und 'Crore' (= 10 Mio.) wurden umgesetzt.

48,0 indische Rupien (iRs) entsprachen im Oktober 2001 US-$ 1, ein Jahr zuvor waren es 46,3 iRs. Das indische Wirtschaftsjahr geht vom 1. April bis zum 31. März des Folgejahres.

Es wird darauf hingewiesen, dass Teile meines Manuskriptes zur Physischen Geographie und zur Landwirtschaft von einem früheren Mitarbeiter unautorisiert unter seinem Namen veröffentlicht wurden.

Einführung

Indien ist Teil des südasiatischen Subkontinents, den die Gebirgsbögen im Norden deutlich gegen das übrige Asien abgrenzen. Von den Gebirgen des Himalaya bis in die Tropen und von den Wüsten im Westen bis zu den Gebieten höchster Niederschläge im Osten reichend, weist es eine große Vielzahl von Landschaften auf. Ähnlich differenziert ist auch seine Bevölkerung, deren Zahl im Jahr 2000 die Milliardengrenze überschritt.

Indien ist die Heimat zweier großer Weltreligionen und einer der ältesten Kulturräume. Immer wieder von fremden Eroberern überprägt, bildete es dennoch eine kulturelle Einheit, war aber nur in wenigen Epochen seiner langen Geschichte ein geschlossenes Herrschaftsgebiet. Mit dem Rückzug der britischen Kolonialmacht, die den Subkontinent ‚geeint' hatte, kam es zur Teilung in Indien und Pakistan. Letzteres wurde aus den mehrheitlich muslimischen Gebieten – mit Ausnahme Kashmirs – gebildet. Der neue Staat Indien umfasst aber nicht nur die Hindus, sondern heute über 120 Millionen Muslims und, vornehmlich im Nordosten, Bevölkerungsgruppen, die sich durchaus nicht als Inder fühlen. Eine territoriale Neugliederung, die noch nicht abgeschlossen ist, erfolgte auf der Basis von Bundesstaaten; sie gewinnen in jüngerer Zeit zunehmend an politischer Bedeutung.

„Einheit in Vielfalt" ist ein Motto vieler junger Staaten, die unter kolonialer Herrschaft über natürliche oder ethnische Grenzen hinweg zu einem Verwaltungsgebiet zusammengefasst und erst mit ihrer Unabhängigkeit zum Nationalstaat wurden. Die Einheit Indiens jedoch, das in seinen heutigen Grenzen nie ein Staat war, wird von der kulturellen Tradition des Hinduismus geprägt, die auch die Herrschaft der Muslims und der Briten überdauerte. Alles andere ist Vielfalt: Die Gegensätze zwischen den Kasten, zwischen Reich und Arm, zwischen Gebildeten und Analphabeten, zwischen Entwicklung und Rückständigkeit, oder zwischen Nord und Süd. Häufig sind die Gegensätze so groß, dass sie die westliche Vorstellungskraft übersteigen.

So ist fast jede Aussage zwiespältig. Die ‘größte Demokratie der Welt', in der prozentual mehr Menschen ihr Wahlrecht ausüben als in den USA, basiert auf der Grundlage einer völligen Ungleichheit der sozialen Beziehungen durch das Kastenwesen. Soll dies an seinen traditionellen Erscheinungsformen in rückständigen ländlichen Gebieten oder an den Verhaltensweisen in einer Großstadt beurteilt werden? Wählt man das Foto eines Bauern, der sein Getreide drischt, in dem er einen Ochsen im Kreis darüber treibt, oder zeigt man einen Mähdrescher im Punjab, wo die ‘Grüne Revolution' ihren Ausgang nahm? Indien ist das Land der nutzlosen Heiligen Kühe aber auch der größte Milchproduzent der Welt. Es hat Atomkraftwerke, aber die wichtigsten Brennstoffe auf dem Lande sind Holz und Kuhdung. Indien gehört statistisch zu den großen Industriestaaten der Erde, aber sein Bruttoinlandsprodukt liegt unter dem Nordrhein-Westfalens.

Derzeit befindet sich Indien in einem sozialen und wirtschaftlichen Umbruch, und es ist nur schwer abzusehen, welche Werte und Verhaltensweisen abgelegt und welche erhalten bleiben – vielleicht in einer neuen Form. Nur eins scheint sicher: Viele Gegensätze werden sich vergrößern, auch wenn andere sich auszugleichen scheinen. In Indien finden Entwicklungen gleichzeitig statt, die in Europa zeitversetzt abliefen. Hier existiert das Europa des 19. und des 21. Jahrhunderts nebeneinander, und wir beurteilen beide meist mit unseren heutigen Maßstäben. Das mag in Mumbay oder Bangalore gerechtfertigt sein, wo der Manager mit Anzug und Krawatte im klimatisierten Büro eines Hochhauses arbeitet, aber der nackte, mit Asche bedeckte Sadhu in Varanasi macht bewusst, dass dies nicht nur ein anderes Land, sondern eine andere Welt ist. Sie erfasst alle Sinne und kann so überwältigend sein, dass sie bei Besuchern aus dem Westen einen ‘Kulturschock' auslöst, der sie in zwei Gruppen teilt: Diejenigen, die nie mehr nach Indien wollen und diejenigen, die seiner Faszination verfallen. Eine geographische Landeskunde kann das andere Land beschreiben und einordnen,

DER NATURRAUM

Bild 1: Die Westghats bei Mahabaleshwar. Die nördlichen Westghats fallen steil zur Küstenniederung ab.

Überblick

■ Indien wird geologisch und geomorphologisch in drei Großeinheiten gegliedert. Im Süden befindet sich die zu den ältesten Landmassen zählende Scholle der Deccan-Halbinsel. Im Norden liegen junge Faltengebirge. Dazwischen ist die nordindische Alluvialebene eingebettet.

■ Als Gondwana, der ursprüngliche Südkontinent, zerbrach, driftete die indische Scholle, die heutige Deccan-Halbinsel, nach Norden. Beim Auftreffen auf den alten Nordkontinent entstand das junge Faltengebirge des Himalaya, dessen Abtragungsmaterial in der nordindischen Ebene sedimentiert wurde.

■ Die Lage Indiens in den Tropen und Subtropen, seine Ausdehnung und sein Relief sowie die umgebenden Meere bestimmen das Klima. Insbesondere der Monsun prägt das Leben und die Landschaften Indiens. Es weist feuchte und wechselfeuchte Regionen auf, im Westen Trockenräume, im Nordosten das niederschlagreichste Gebiet der Erde, und im Himalaya reicht es bis in die nivale Stufe.

■ Die Böden können nach ihrer unterschiedlichen Eignung für die Landwirtschaft gegliedert werden: die nährstoffarmen Roterden der Plateaus im Osten und Nordosten der Halbinsel, die niederschlagspeichernden Regurböden des nordwestlichen Deccan mit ihrem Regenfeldbau und die Alluvialböden der großen Ebenen und der Flussdeltas, die mit Bewässerung und Düngung hohe Erträge liefern.

■ Mit Ausnahme des trockenen Nordwestens herrschen fast überall Bedingungen vor, unter denen tropisch-immergrüne oder Laub abwerfende Wälder die potenzielle Vegetation sind.

Großräume und Oberflächenformen

Die Halbinsel

Der Begriff *Deccan* ist nicht eindeutig. Für die Geologen umfasst er die Halbinsel mit den Gebieten der sehr alten Gesteine im Süden und Osten, die ausgedehnten Lavadecken im Westen und das zentralindische Bergland. Der Deccan des indischen Sprachgebrauchs, 'das Südland', findet dagegen seine Nordgrenze am Narmada-Fluss.

Die Gesteine des Deccan sind nach dem Präkambrium nicht mehr von gebirgsbildenden Bewegungen erfasst worden. Danach herrschten bis in die Gegenwart überwiegend festländische Bedingungen vor, wobei die lang andauernde Abtragung die hoch kristallinen Gesteine freilegte. Diese Entwicklung wurde nur während des Paläozoikums und zu Beginn des Mesozoikums unterbrochen, als im Norden vorwiegend terrestrische Sedimente auf dem kristallinen Sockel abgelagert wurden. Von der Kreide bis ins Eozän stiegen entlang von tief reichenden Spalten Lavaergüsse auf, die als mächtige Plateaubasalte große Teile des Deccan bedecken (Wadia 1961). Auch wenn die Einzelheiten der Oberflächenentwicklung nicht in allen Fällen geklärt sind, hat offensichtlich zu unterschiedlichen Zeiten eine Einrumpfung weiter Teile des südindischen Raumes stattgefunden (Birkenhauer 1995). Der z.T. durch Klimaveränderungen und Phasen beschleunigter Hebung hervorgerufene Wechsel der Abtragungsbedingungen führte zur Ausbildung verschiedener Rumpfflächenniveaus, deren älteste in das Tertiär zurückreichen (Seuffert 1973, 1986).

Im Einzelnen lassen sich die Großeinheiten wie folgt untergliedern (Abb. 1; die folgenden Ziffern beziehen sich auf diese Untergliederung in der Karte):

Der Süden der Halbinsel wird von Schollen gebildet, die besonders hoch gehoben wurden. Die Nilgiri-Berge (1.1) erreichen im Dodabetta eine Höhe von 2636 m. Von einer ausgedehnten Höhenzone in 1800 bis 2000 m fallen sie steil nach Süden zum Graben des Palghat ab, der die südlichsten Gebirgsblöcke der Halbinsel, die Anaimalai-, Palni- (Palani-) und die Cardamom-Berge, abtrennt (1.2).

Vom gebirgigen Süden verlaufen die bis zu 1600 m hohen Westghats, auch Sahyadries genannt, küstenparallel als Abfall der Deccan-Scholle bis zum Tapi-Fluss im Norden. Der südliche, aus Grundgebirge aufgebaute Teil der Westghats (2.1) hat den Charakter einer Gebirgskette. Nördlich von Goa brechen die ausgedehnten Lavadecken (Trapp-Basalte) des Deccan-Plateaus als nördliche Westghats (2.2) steil gegen Westen ab (Bild 1). Die Hochfläche des Deccan ist schräg gestellt; sie fällt nach Osten sanft ab und wird im westlichen Teil durch einzelne Sporne der Westghats gegliedert. Im Süden und Osten des Deccan bilden die aus Gesteinen des Präkambriums bestehenden Teile eine gewellte Rumpfflächenlandschaft. Vielfach treten auch Inselberge auf. Im Trapp weisen sie ein tafelbergartiges Aussehen auf, in kristallinen Gesteinen sind sie dagegen meist domförmig ausgebildet (Büdel & Busche 1986; Wirthmann 1976).

Das Karnataka-Plateau (3.1) im Süden der Halbinsel steigt zu den Nilgiri-Bergen an. Ihm folgen nach Norden das Telangana-Plateau (3.2) und nördlich der Godavari-Senke das höhere und stärker zerschnittene Dandakaranya- oder Bastar-Plateau (3.3) sowie das vom Mahanadi durchflossene Becken von Chhattisgarh (3.4). Das eingerumpfte Chota-Nagpur-Plateau (3.5) mit niedrigen Bergen und breit ausgeräumten Tälern sowie das Gneisplateau von Baghelkhand (3.6) grenzen im Norden an die Ganga-Ebene.

Den Nordwesten der Halbinsel, das Deccan- oder Maharashtra-Lavaplateau (4.1) mit seiner mächtigen Trappbedeckung, prägen Schichtstufen und Tafelberge sowie ausgedehnte Verebnungen. Die nördlich angrenzende, aus Basalten aufgebaute Satpura-Kette (4.2) trennt die Einzugsgebiete von Tapi und Narmada. Einige ihrer Gipfel erreichen eine Höhe von mehr als 1000 m. Im westlichen Teil stark zerschnitten, weitet sie sich nach Osten zu den Mahadeo-Bergen und der ausgeprägten Schichtstufe der Maikala-Kette.

Den aufgewölbten östlichen Rand der Deccan-Halbinsel bilden die aus Grundgebirge bestehenden Ostghats. Im Gegensatz

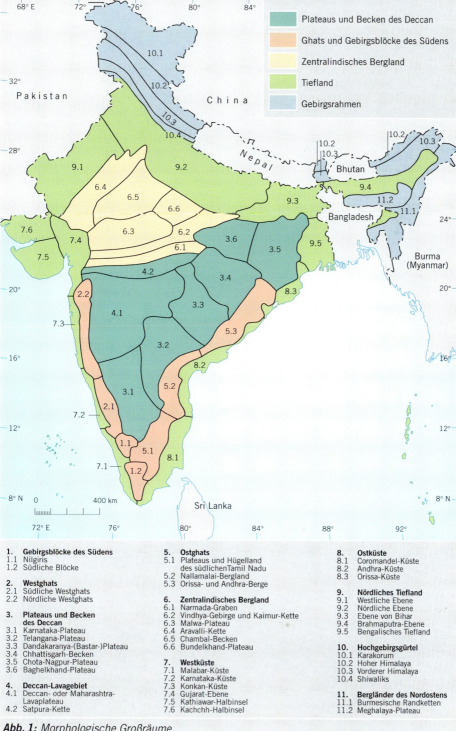

Plateaus und Becken des Deccan
Ghats und Gebirgsblöcke des Südens
Zentralindisches Bergland
Tiefland
Gebirgsrahmen

Nach National Atlas of India; Johnson (1979).

Abb. 1: *Morphologische Großräume.*

1. Gebirgsblöcke des Südens	**5. Ostghats**	**8. Ostküste**
1.1 Nilgiris	5.1 Plateaus und Hügelland	8.1 Coromandel-Küste
1.2 Südliche Blöcke	des südlichenTamil Nadu	8.2 Andhra-Küste
	5.2 Nallamalai-Bergland	8.3 Orissa-Küste
2. Westghats	5.3 Orissa- und Andhra-Berge	
2.1 Südliche Westghats		**9. Nördliches Tiefland**
2.2 Nördliche Westghats	**6. Zentralindisches Bergland**	9.1 Westliche Ebene
	6.1 Narmada-Graben	9.2 Nördliche Ebene
3. Plateaus und Becken	6.2 Vindhya-Gebirge und Kaimur-Kette	9.3 Ebene von Bihar
des Deccan	6.3 Malwa-Plateau	9.4 Brahmaputra-Ebene
3.1 Karnataka-Plateau	6.4 Aravalli-Kette	9.5 Bengalisches Tiefland
3.2 Telangana-Plateau	6.5 Chambal-Becken	
3.3 Dandakaranya-(Bastar-)Plateau	6.6 Bundelkhand-Plateau	**10. Hochgebirgsgürtel**
3.4 Chhattisgarh-Becken		10.1 Karakorum
3.5 Chota-Nagpur-Plateau	**7. Westküste**	10.2 Hoher Himalaya
3.6 Baghelkhand-Plateau	7.1 Malabar-Küste	10.3 Vorderer Himalaya
	7.2 Karnataka-Küste	10.4 Shiwaliks
4. Deccan-Lavagebiet	7.3 Konkan-Küste	
4.1 Deccan- oder Maharashtra-	7.4 Gujarat-Ebene	**11. Bergländer des Nordostens**
Lavaplateau	7.5 Kathiawar-Halbinsel	11.1 Burmesische Randketten
4.2 Satpura-Kette	7.6 Kachchh-Halbinsel	11.2 Meghalaya-Plateau

zu den geschlossenen Westghats handelt es sich um einzelne Berggruppen, die im Norden, wo sie am höchsten sind, Mittelgebirgscharakter haben. Deshalb werden sie auch als Eastern Hills bezeichnet. Sie können in das Plateau und Hügelland des südlichen Tamil Nadu (5.1) mit den Shevaroy und Javadi Hills, das Nallamalai-Bergland (5.2) mit ausgeprägten Schichtstufen des Cuddapah-Systems sowie in die Andhra- und Orissa-Berge (5.3) gegliedert werden.

Das *zentralindische Bergland* beginnt nördlich des Narmada-Flusses; es ist stärker gegliedert als der südliche Deccan. Das Vindhya-Gebirge (6.2) ist im Westen noch mit Lava bedeckt. In seinen übrigen Teilen herrschen sandsteinartige Sedimente des Präkambriums vor, die teilweise von Hügeln aus mesozoischen Gesteinen überragt werden. Nach Süden fällt es mit einer steilen Stufe zum Narmada-Graben (6.1) ab, während die Nordabdachung sanft geneigt ist. Im Osten finden die Vindhyas ihre Fortsetzung in der Kaimur-Kette, die einen Steilabfall zum Son-Tal bildet. Im Nordwesten schließt sich das Malwa-Plateau (6.3) an. Dieses gänzlich aus mesozoischen Lavadecken aufgebaute Gebiet dacht, mit Hügeln durchsetzt, leicht von Süden nach Norden ab (Mathur 1994; Pascoe 1965).

Weiter im Nordwesten streichen die Aravallis (6.4) als Reste eines gewaltigen, sehr alten Gebirgszugs in Südwest-Nordost-Richtung über 700 km von Gujarat bis Delhi. Die Aravallis, die in ihrer erdgeschichtlichen Entwicklung mehrmals Hebung und Abtragung erfuhren, bilden heute mehr oder weniger parallel verlaufende, häufig unterbrochene Ketten (Bild 2). Sie erreichen Höhen von bis zu 900 m, im Granitmassiv des Mt. Abu im Südwesten 1722 m. Bei Delhi ragen sie nur noch wenige Meter durch das Alluvium.

Den nördlichen Abschluss Zentralindiens bilden niedrige Plateaus und Becken: das zur großen Ebene übergehende Chambal-Becken (6.5) sowie das granitische Hügelland des Bundelkhand-Plateaus (6.6). Sie finden ihre südöstliche Fortsetzung in den Plateaus von Baghelkhand und Chota Nagpur.

In der Zusammenschau bilden die großen, von den West- und Ostghats eingerahmten Plateaus aus Graniten und Gnei-

sen die wichtigsten morphologischen Elemente der Halbinsel und bedecken nahezu den gesamten Süden und Osten. Als zweite Einheit sind im Westen die mesa-artigen Landschaften des Deccan-Trapp prägend. Nördlich der Grabenbrüche von Narmada und Son wird das zentrale Bergland von Schichtstufen, Plateaus und Ebenen eingenommen, die im Nordwesten an die Aravallis und im Norden an das Ganga-Tiefland grenzen.

Der *Küstensaum* der indischen Halbinsel zeigt mit nur wenigen Buchten einen recht ausgeglichenen Verlauf. Entlang der gesamten Küsten Indiens vom Rann of Kachchh (Kutch) über die südlichste Spitze, das Kap Kanniyakumari (Cape Comorin), bis zum Ganga-Brahmaputra-Delta zeigen sich allerdings morphologische Gegensätze zwischen der West- und der Ostküste. Da rezente tektonische Prozesse eine Bewegung der Deccan-Scholle bewirken, die der tertiären entgegengesetzt ist, sind an der Westküste ertrunkene Täler zu finden (Seuffert 1973).

Die Ebenen der Malabar-Küste (7.1) im Süden weisen Laterittafeln sowie küstenparallele Dünengürtel und Lagunen (Backwaters) auf. Nach Norden gehen sie in die Karnataka-Küste (7.2) über, die sich in Goa zur Konkan-Küste (7.3) verengt. Der Küstenstreifen am Fuß der Westghats wird mehrfach durch Ausläufer der Ghats gequert. Nördlich folgen die alluvialen Ebenen des südlichen Gujarat (7.4). Auf der Kathiawar- oder Saurashtra-Halbinsel (7.5) und Kachchh (7.6) stehen noch das Gestein der alten Scholle sowie Reste des Deccan-Trapp an. Ebene Flächen sind mit Hügeln und Bergen durchsetzt, die im Girnar auf Kathiawar 1117 m und in der Gir-Kette 643 m Höhe erreichen.

Die Ostküste ist eine Ausgleichsküste mit Nehrungen und teilweise verlandeten Haffs sowie mit ausgedehnten Küstenebenen entlang der Coromandelküste (8.1). Im Bereich der großen Flussdeltas von Krishna und Godavari greifen die Ebenen der Andhra-Küste (8.2) buchtartig ins Binnenland. Nördlich des Godavari-Flusses treten die Ostghats fast bis an das Meer heran. An die Küste von Orissa (8.3), mit dem Mahanadi-Delta und ausgedehnten Sanddünen, schließt sich im Norden das Bengalische

***Bild 2**: Die Aravallis am Übergang zum Trockengebiet der Tharr. Im Vordergrund bewässerte Felder.*

Tiefland mit den Mündungsgebieten von Ganga und Brahmaputra an.

Das Entwässerungssystem weist infolge der pultförmigen Hebung der Deccan-Scholle eine deutliche Asymmetrie auf. Nur zwei der großen Flüsse, Tapi und Narmada, münden ins Arabische Meer. Der Verlauf der Narmada ist durch Grabenbrüche bestimmt. Im Oberlauf fließt sie mit zahlreichen Stromschnellen durch ein sehr enges, lang gestrecktes Tal zwischen Vindhya-Gebirge im Norden und Satpura-Kette im Süden. Im Unterlauf ist das Gefälle nur noch gering, und der Fluss weitet sich auf ein bis zwei Kilometer Breite, in seinem Ästuar sogar auf fast 20 km. Südlich dieser beiden Flüsse verläuft die Wasserscheide zwischen dem Arabischen Meer und dem Golf von Bengalen entlang der Westghats. Die der Westabdachung der Westghats entspringenden Flüsse erreichen nach kurzem Lauf das Arabische Meer. Aufgrund des starken Gefälles und der beträchtlichen Wasserführung während der Monsunzeit sind ihre Täler tief eingeschnitten. In der indischen Literatur werden diese 'Coastal Rivers' von den 'Inland Rivers' der Halbinsel, die zum Golf von Bengalen fließen, unterschieden. Die Einzugsgebiete der weit verzweigten Flusssysteme von Kaveri (Cauvery), Krishna und Godavari reichen in den Westghats bis in die Nähe des Arabischen Meeres. Sie und der Mahanadi-Fluss trennen einzelne Plateaus mit Höhenlagen von 300 bis 900 m. An der Ostküste bilden sie große, fruchtbare Mündungsdeltas.

Das Stromtiefland

Zwischen dem Deccan-Plateau und der Gebirgsumrahmung im Norden erstreckt sich das Stromtiefland der nordindischen Ebenen mit den Strömen von Indus, Ganga und Brahmaputra. Die Wasserscheide zwischen Indus und Ganga liegt nordwestlich von Delhi nur 230 m über dem Meer. Dieser, als Pforte von Delhi bezeichnete, etwa 160 km breite Durchgang zwischen den Aravalli-Bergen im Süden und den Ketten der Shiwaliks im Norden stellt eine Übergangszone zwischen dem ariden Westen und den feuchten Ebenen im Osten dar. Die westliche Ebene (9.1) schließt sich an die Salzsümpfe des Rann of Kachchh an und umfasst das 250 000 km^2 große Trockengebiet der Tharr nordwestlich der Aravallis, ein 200 bis 300 m hohes Tafelland. Im Westen und Nordwesten ist es durch Sandflächen und Dünen gekennzeichnet, während im Osten Felsen aus Granit, Schiefer oder Gneis aufragen. Zu den Aravallis hin geht es im Bereich der 250-mm-Isohyete in die 'Bagar' genannte Region Rajasthans über. Das Ganga-Tiefland gliedert sich in die trockenere nördliche Ebene (9.2) und die feuchtere Ebene von Bihar (9.3) mit mächtigen Sedimentablagerungen; sie reicht bis zu den Rajmahal-Bergen, welche das Stromtiefland verengen.

Das Ganga-Einzugsgebiet umfasst etwa ein Viertel des indischen Territoriums. Die wichtigsten Zuflüsse – Yamuna, Gomati, Ghaghara, Gandak und Kosi – kommen aus dem Vorderen und Hohen Himalaya. Ihr Abflussregime wird von der Gletscherschmelze im Frühsommer sowie den hohen Niederschlägen während des Monsuns bestimmt. Demzufolge erreichen die saisonalen Abflussschwankungen sehr hohe Werte. In den kilometerbreiten Flussbetten mit zahlreichen Nebenarmen und Inseln beträgt die Wassertiefe bei Hochwasser bis zu 10 m, bei Niedrigwasser fließen dagegen meist nur kleine Rinnsale. Nach dem Austritt aus dem Gebirge verlieren die Flüsse an Gefälle, sodass sie mäandrieren und ihre Mündungen verschleppen. Sie fließen über weite Strecken parallel zur Ganga; die zwischen den Flüssen liegenden Gebiete werden als Zwischenstromländer (Doabs) bezeichnet. Über die breiten, überschwemmungsgefährdeten Flussniederungen erheben sich die etwas höher gelegenen pleistozänen Platten, die durch Lehmauflagen sehr fruchtbar sind. Zwischen Ganga und Yamuna, die über 800 km fast parallel fließen, erstreckt sich das größte dieser Zwischenstromländer (allgemein 'das Doab' genannt).

Zum Gebirgsrand geht die Ganga-Ebene im Norden in einen etwa 25 bis 50 km breiten, zweigliedrigen Landschaftsgürtel über, der den Shiwaliks vorgelagert ist. Er gliedert sich in das höher gelegene Bhaber (Bhabar) und den angrenzenden Terai (Tarai). Das Bhaber setzt sich aus den Schwemmfächern der Gebirgsflüsse zusammen, die beim Austritt aus dem Gebirge ihre Transportkraft verlieren und Schotter, Kiese und grobe Sande akkumulieren. Der Untergrund ist sehr durchlässig. Kleinere Flüsse oder Bäche fallen in der Trockenzeit häufig trocken oder verstopfen mit den anfallenden Sedimenten und müssen so ihre Flussbetten verlagern. Auf den tonigen Schichten des tiefer gelegenen, feuchten Terai treten die Sickerwässer wieder aus.

Der zweite große Strom der nordindischen Ebene, der Brahmaputra, fließt in westsüdwestlicher Richtung durch das etwa 100 km breite alluviale Tiefland von Assam (9.4). Er biegt westlich der Garo-Berge nach Süden in das Bengalische Tiefland (9.5), dessen größerer Teil zu Bangladesh gehört, wo er gemeinsam mit den Mündungsarmen der Ganga ein weit verzweigtes Delta bildet.

Dieses Mündungstiefland, das hauptsächlich aus jungen Alluvionen besteht, liegt zum größten Teil weniger als 50 m über dem Meeresspiegel und wird periodisch von Hochwassern der beiden Ströme überschwemmt. Im südlichsten Teil des Deltas hat sich eine junge amphibische Landschaft mit Gezeitensümpfen und Mangrovenwäldern, die Sundarbans, gebildet. Sie sind nur teilweise landfest oder durch Deiche als Siedlungsland erschlossen (Abb. 2).

Der Hochgebirgsgürtel

Die Randgebirge des Nordens sind etwa doppelt so hoch und mit etwa 2500 km auch doppelt so lang wie die Alpen. Wie diese, die Pyrenäen, der Kaukasus oder die iranischen Randgebirge gehört der Himalaya zu den großen tertiären Faltengebirgen, die sich nach Südosten in einem Bogen bis zu den indonesischen Inseln fortsetzen.

Der Hochgebirgsgürtel Südasiens im engeren Sinne wird im Westen vom Durchbruch des Indus, nördlich des Nanga Parbat, und im Osten vom Durchbruch des Tsangpo (Brahmaputra), östlich des Namcha Barwa, begrenzt. Gemeinsam mit den Ketten des Himalaya-Systems umrahmen die westlichen und östlichen Gebirgsketten trapezförmig den Subkontinent. Im Westen streichen die Ausläufer des Hindukush nach Süd und Südwest bis zum Arabischen Meer. Die Burmesischen Randketten begrenzen den Subkontinent im Osten. Sie streichen von Nord nach Süd und sind durch parallel verlaufende Längstäler gegliedert. Zum Staatsgebiet der Indischen Union zählen Teile des Karakorum (Abb 1; 10.1), des westlichen Himalaya sowie, durch Nepal und Bhutan getrennt, Teile des östlichen Himalaya.

In seiner Längserstreckung gliedert sich der Gebirgsbogen des Himalaya in die Hauptkette des Hohen Himalaya (Great Himalayan Range) (10.2), die zehn Gipfel mit Höhen von mehr als 8000 m einschließt und eine durchschnittliche Höhe von 6100 m aufweist. Nach Norden trennen die Längstäler des Indus und Tsangpo die Hauptkette

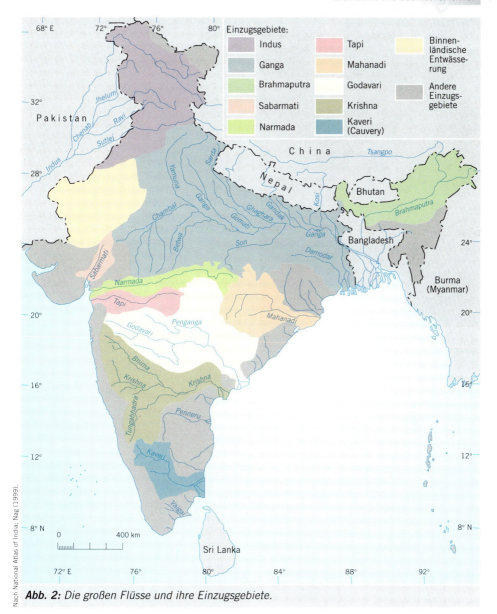

Einzugsgebiete:

Indus   Tapi   Binnenländische
Entwässe-
rung

Ganga   Mahanadi   Andere
Einzugs-
gebiete

Brahmaputra   Godavari

Sabarmati   Krishna

Narmada   Kaveri
(Cauvery)

Nach National Atlas of India, Nag (1999).

Abb. 2: *Die großen Flüsse und ihre Einzugsgebiete.*

vom Transhimalaya, dem tibetischen Himalaya, sodass die kontinentale Hauptwasser-
scheide entlang der tibetischen Ketten
verläuft. Tsangpo und Indus durchbrechen
die Hauptkette in antezedenten Durch-
bruchtälern, wo sie aus ihrer West-Ost- bzw.
Ost-West-Fließrichtung nach Süden um-
biegen.

Der bis zu 4700 m hohe Vordere Himalaya (10.3) weist ein hochgebirgstypisches

Relief mit tief eingeschnittenen Tälern auf.
Aus diesem Grund schlug Uhlig (1977,
S. 68) vor, den englischen Begriff 'Lesser
Himalaya' nicht wie in den älteren Länder-
kunden von Krebs (1939) und Alsdorf
(1955) mit 'Niederer Himalaya' zu über-
setzen, sondern ihn als 'Vorderen Himalaya' zu bezeichnen.

Charakteristisch für den Hochgebirgs-
raum ist der hohe Flächenanteil von Glet-

Bild 3: *Die Shiwaliks bei Nainital. Die stark zerschnittenen Hänge sind hier im unteren Teil für den Anbau terrassiert.*

zunehmenden Niederschläge auf 4000 bis 5800 m im östlichen Himalaya. Die Gletscher stellen mit ihrem Schmelzwasserpotential ein gewaltiges natürliches Süßwasserreservoir dar und sind die Grundlage für die ausgedehnten Bewässerungskulturen in den Stromtiefländern.

Mit einer Nord-Süd-Erstreckung von 10 bis teilweise 80 km sind im Süden die Shiwaliks (10.4) vorgelagert; im östlichen Himalaya fehlt diese Vorgebirgszone. Im Westen weist sie ein Schichtkammrelief mit schluchtartig eingeschnittenen Flusstälern auf, was sie trotz ihrer geringen Höhenlage von etwa 600 bis 1200 m schwer durchgängig macht (Bild 3).

Zwischen dem Hohen und dem Vorderen Himalaya liegen die tektonisch angelegten Becken von Kashmir und Kathmandu. Im Süden, zwischen den Ketten des Vorderen Himalaya und den Shiwaliks, weiten sich die Längstäler teilweise zu Becken, den 'Duns', für die das 75 km lange und 15 bis 20 km breite Dehra Dun das beste Beispiel ist.

Im Osten schließt die Gebirgsumrahmung die nordöstlichen Bergländer ein. Die meridional verlaufenden Schichtkämme der Burmesischen Randketten (11.1) fallen nach Süden von etwa 3800 auf 2000 m ab. Sie bilden die Wasserscheide zum Irrawady-Einzugsgebiet im Osten. Das Meghalaya- oder Shillong-Plateau (11.2) greift von den Randketten noch etwa 200 km weit in die vorgelagerten Ebenen nach Westen vor und verwehrt dadurch dem Brahmaputra den Durchbruch nach Süden.

schern. Im Himalaya liegt dieser bei etwa 8 bis 12 %, im Karakorum bei bis zu 28 % (Mathur 1994). Aufgrund der Niederschlagsverhältnisse – der Südabfall erhält vor allem monsunzeitliche Niederschläge, während die Nordhänge dem ariden tibetischen Hochland zugewandt sind – ist der größte Teil der Vergletscherung nach Süden exponiert. Die Schneegrenze sinkt von 4500 bis 6000 m im westlichen wegen der

Geologische Grundstrukturen

Der alte Sockel

Aufgrund der langen Abtragungsgeschichte sind in weiten Teilen der Halbinsel die in den tieferen Stockwerken der Kontinente gebildeten archaischen Gesteine aufgeschlossen. Sie gehören zu den ältesten Gesteinen der Erde und wurden während der Erdgeschichte mehrfach von Gebirgsbildungen erfasst. Die zumeist aus kristallinen und unterschiedlich metamorphen und gefalteten Gesteinen bestehende Kruste, das Grundgebirge, setzt sich überwiegend aus

Gneisen, Charnokiten, Khondaliten und anderen granitoiden Gesteinen zusammen, die z.T. mehr als 3 Mrd. Jahre alt sind. Sie liegen unter den Deccan-Basalten und stehen im Südabschnitt der Westghats und in den östlichen Ghats an. Im Norden der Halbinsel treten Gneise und Granite im Aravalli-Delhi-Gürtel, in Bundelkhand und im Chota-Nagpur-Plateau von Bihar und Orissa auf (Abb. 3).

Das Dharwar-Aravalli-System gehört ebenfalls noch zum Archaikum. Es umfasst

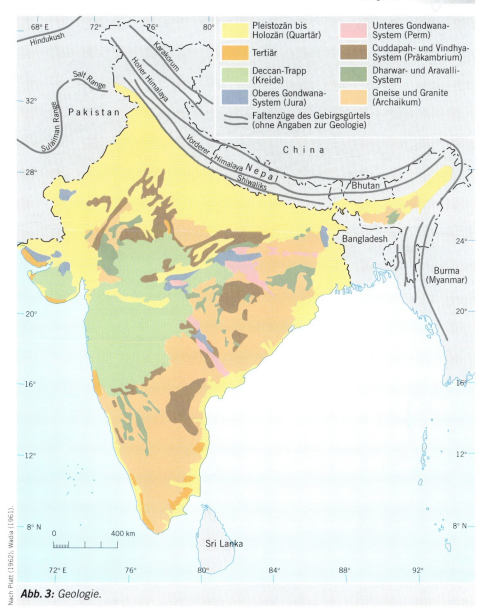

Legende:
- Pleistozän bis Holozän (Quartär)
- Tertiär
- Deccan-Trapp (Kreide)
- Oberes Gondwana-System (Jura)
- Faltenzüge des Gebirgsgürtels (ohne Angaben zur Geologie)
- Unteres Gondwana-System (Perm)
- Cuddapah- und Vindhya-System (Präkambrium)
- Dharwar- und Aravalli-System
- Gneise und Granite (Archaikum)

Abb. 3: Geologie.

Nach Platt (1962); Wadia (1961).

neben Ergussgesteinen auch Sedimente, die in geringem Umfang metamorphisiert sind. Außer Vorkommen im Gebiet von Dharwar-Mysore haben die Dharwar-Gesteine, die meist in Gürteln (Grünsteingürtel) auftreten, ihre Verbreitung im nordöstlichen Teil der Halbinsel sowie im Norden in der Aravalli-Region. Ihre Bedeutung liegt in den Bodenschätzen, die sie bergen, vornehmlich Eisen- und Manganerze, Gold, Kupfer und Glimmer. In Senken des Grundgebirges wurden noch im Präkambrium die marinen Sedimente des Cuddapah-Systems abgelagert. Verbreitet ist das Cuddapah besonders im Osten der Halbinsel (Cuddapah-Distrikt). Bei den präkambrischen Schichten des Vindhya-Systems kann zwischen älteren marinen und jüngeren fluvialen Sedimenten unterschieden werden. Sie bestehen aus Sandsteinen, Schiefern sowie Kalkstei-

Bild 4: Deccan bei Ajanta. Das tief einge-schnittene Waghora-Tal lässt die Lagerung der Gesteine erkennen. Im Hang die buddhisti-schen Höhlentempel, die auf den Zeitraum 200 v. Chr. bis 650 n. Chr. zurückgehen.

nen, haben eine erhebliche Ausdehnung und oft große Mächtigkeit. Von den Aravallis über das Vindhya-Gebirge nördlich des Narmada-Flusses reichen sie bis ins westliche Bihar. Sie liegen fast horizontal und sind höchstens an den Rändern aufgewölbt. Der fluviale Ursprung des oberen Vindhya und die ungestörte Lagerung lassen schließen, dass die Deccan-Scholle seitdem weitgehend landfest geblieben ist.

Insbesondere in der Zeit vom Perm bis zur Kreide können die geologischen Einheiten und Formationen mit den bei uns gebräuchlichen Begriffen und Zeiteinteilungen nur schwer parallelisiert werden. Für die zeitliche Einordnung wird deshalb auf die geologische Karte verwiesen. Ab dem Perm entsteht das Gondwana-System, das bis in den Jura reicht. In tektonischen Senken, in denen heute die Flüsse Damodar, Mahanadi und Godavari fließen, wurden die Gondwana-Schichten unter unterschiedlichen Klimaten abgelagert. Sie bestehen im Wesentlichen aus Sandstein und Tonschiefer. Das System wird gegliedert in das untere Gondwana, das in etwa dem Perm entspricht, das mittlere (Trias) und das obere Gondwana (Jura). Von großer ökonomischer Bedeutung sind die mächtigen, weitgehend ungestört liegenden Kohleflöze des unteren Gondwana (Wadia 1961).

Bis dahin hatte die Deccan-Scholle noch eine gemeinsame geologische Geschichte mit den übrigen Teilen des Gondwana-Kontinents, wie das Vorkommen entsprechen-der Gesteine, Fossilien und Bodenschätze in Australien oder Südafrika erkennen lässt. In der Kreidezeit zerbrach der alte Gondwana-Kontinent, die Indische Scholle driftete nach Nordosten, und der Indische Ozean entstand. Im frühen Tertiär verschmolz Indien endgültig mit der asiatischen Masse. Das Zerbrechen der Kontinente, die Dehnung der Kruste, möglicherweise auch die Drift über Gebiete geothermischer Anomalien (Hot Spots), führten zu einer gewaltigen Beanspruchung. Aus zahlreichen Spalten ergoss sich basaltische Lava. Als Deccan-Trapp bedeckt sie im Nordwesten der Halbinsel und in Kathiawar ein Areal von mehr als 500 000 km^2 und überlagert alle älteren Schichten und das frühere Relief (Duncan & Pyle 1988). Die Trappdecken erreichen mittlere Mächtigkeiten von 1000 bis 1800 m, im Westen bei Mumbai (Bombay) sogar mehr als 3000 m; im Süden dünnen sie bei Belgaum bis auf etwa 60 m aus. Die Lavadecken und Aschen der verschiedenen Eruptionen – nach Wadia (1961, S. 293) bis zu 29 – lagern flach im mehrfachen Wechsel mit Süßwassersedimenten (Bild 4). Durch Erosion und Denudation wurde aus diesen unterschiedlich widerständigen Schichten eine ausgedehnte Schichtstufenlandschaft gebildet.

Im Tertiär wurde die Deccan-Halbinsel in ihrem Westteil südlich des Tapi-Flusses in mehreren Phasen gehoben. Dieser Prozess führte zu einer pultförmigen Schrägstellung der Scholle. Der westliche Rand wurde zu

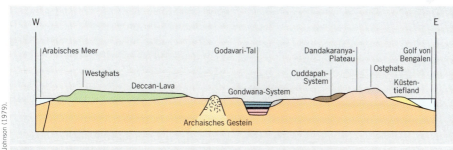

Abb. 4: *Geologisches Querprofil entlang 19° N.*

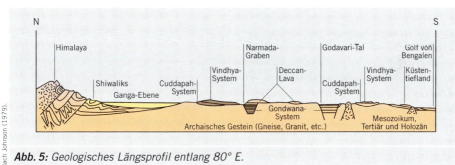

Abb. 5: *Geologisches Längsprofil entlang 80° E.*

den Westghats aufgewölbt (Ghats = Stufe, Böschung), die steil zum Arabischen Meer abfallen. Im Westen und Nordwesten sanken Teile der Basaltdecken unter das Meeresniveau ab und bilden einen breiten Schelf.

Zur alten Scholle des Deccan zählt im Osten das den Burmesischen Randketten vorgelagerte Meghalaya-Plateau mit den Khasi-Bergen. Es ist der geologische Nordostpfeiler der Deccan-Halbinsel, von der er durch eine von Ganga und Brahmaputra durchflossene Senke getrennt ist. Im Gegensatz zur alten Scholle wurde dieses Bergland mit dem Himalaya-Orogen bis auf annähernd 2000 m gehoben.

Der als Zentralindisches Bergland bezeichnete Norden der alten Scholle ist im Vergleich zum Süden geologisch differenzierter. Gemeinsam ist dieser Region – vom Horst der Satpura Range im Süden bis zu den Aravallis im Nordwesten und dem Gneisplateau von Baghelkhand im Nordosten – der Aufbau aus alten, zum Teil mit Deccan-Lava überdeckten Gesteinen. Am Westrand, dem Übergang zum Indus-Tiefland, liegen den archaischen Gesteinen weitflächig pleistozäne Ablagerungen der Tharr-Wüste auf.

Im Untergrund reichen die archaischen Gesteine weiter als der Nordrand der Halbinsel. Sie erstrecken sich einerseits vom Chota-Nagpur-Plateau über die Rajmahal-Berge bis zum Meghalaya-Plateau am östlichen Rand des Himalaya-Gebirges und andererseits bis zur Salt Range im pakistanischen Nordwesten. Diese beiden Zungen beeinflussen die Ausrichtung der Gebirgsbögen und bewirkten den girlandenförmigen Verlauf der Faltengebirge, die Südasien umgeben.

Um die Deccan-Scholle legt sich ein Kranz junger Gesteine und Ablagerungen. Im Norden ist es das große Stromtiefland. In Kerala und in Tamil Nadu wird der Küstenstreifen sowohl von marinen, aus dem Pleistozän stammenden Sedimenten als auch von tertiären Schichtfolgen eingenommen. Der Schelf ist an der Westküste breiter als an der Ostküste und hat entlang der Malabar-Küste südlich von Goa seine größte Ausdehnung (Abb. 4 und 5).

Das junge Faltengebirge

Im Zuge der Norddrift der Deccan-Scholle gegen die asiatische Masse (den damaligen Angara-Nordkontinent) setzte im Tertiär die

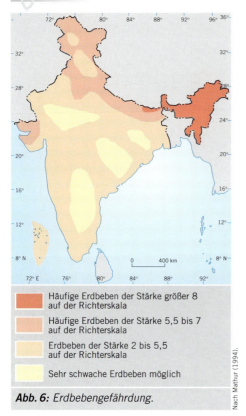

Häufige Erdbeben der Stärke größer 8
auf der Richterskala

Häufige Erdbeben der Stärke 5,5 bis 7
auf der Richterskala

Erdbeben der Stärke 2 bis 5,5
auf der Richterskala

Sehr schwache Erdbeben möglich

Nach Mathur (1994).

Abb. 6: Erdbebengefährdung.

gung und Überschiebung durch die asiatische Masse, sodass eine nach Süden fortschreitende Angliederung und Auffaltung neuer Zonen an das Gebirge erfolgte (Mathur 1994, Molnar & Tapponier 1977). Der Hohe Himalaya wird dem Vorderen Himalaya aufgeschoben und dieser bewegt sich nach Süden über die Shiwalik-Schichten.

In der verbliebenen Vortiefe des Trogs wird Material des jungen Faltengebirges, in geringem Umfang auch des nördlichen Deccan, akkumuliert. Diese Sedimente erreichen Mächtigkeiten von mehreren tausend Metern und überdecken den im Untergrund durch Rücken und Becken gegliederten Trog. Die nordöstlichen Bergländer gehören noch zum Faltengürtel, doch ist das Meghalaya-Plateau nach seinem geologischen Aufbau ein Ausläufer der Deccan-Scholle.

Die Arakan-Kette als südöstlichster Teil der Faltenzüge in Myanmar (Burma) findet ihre geologische Fortsetzung in den Inselgruppen der Andamanen und Nikobaren im Indischen Ozean, die im Zuge einer frühquartären Meerestransgression vom Festland abgetrennt wurden. Sie bestehen, wie auch die Burmesischen Randketten, aus kretazischen und tertiären Sedimenten, denen hier Korallenkalke und -riffe aufliegen.

Gebirgsbildung des Himalaya als Teil der jungen, alpidischen Faltungsphase ein. Die heterogenen Sedimente der Geosynklinale, die ein Teil des ehemals erdumspannenden Tethys-Meeres war, wurden zwischen den beiden Kontinentalplatten gefaltet und emporgehoben, wobei es auch zum Aufdringen von Tiefengestein kam. So zeigen die Gesteine des Himalaya eine entsprechende Vielfalt. Von Norden nach Süden sind es Sedimente vom Kambrium bis Tertiär im tibetischen oder Transhimalaya, emporgehobenes Kristallin und Sedimente der nördlichen Deccan-Scholle im Hohen und Vorderen Himalaya. In den Shiwaliks wurden tertiäre Sedimente des Miozän bis Pliozän (Sandsteine, Konglomerate, Tone usw.), die wiederum schon Abtragungs- und Verwitterungsprodukte aus den vorangegangenen Phasen des Himalaya-Orogens einschließen, in Faltung und Hebung einbezogen.

Dem Vordrängen und Untertauchen der Gondwana-Scholle nach Norden entspricht in höheren Lagen eine Nord-Süd-Bewe-

Seismische Aktivitäten

Die rezent andauernde Hebung des Himalaya-Gebirges wird an seinen Rändern von Erdbeben begleitet, die in Tiefen von 20 bis zu 200 km liegen. Häufig werden bei der Freisetzung der Spannungen Störungen reaktiviert, an denen Auf- und Abschiebungen sowie Blattverschiebungen dokumentiert sind.

Zu den erdbebengefährdetsten Gebieten der Erde zählen der Nordosten und der äußerste Nordwesten des Subkontinents. Eines der größten durch seismische Messungen erfassten Erdbeben trat in Assam im August 1950 auf. Es erreichte einen Wert von 8,7 auf der Richterskala (Mathur 1994). Nach den geophysikalischen Untersuchungen lag der Bebenherd in weniger als 20 km Tiefe, ein deutliches Kennzeichen dafür, dass es sich hierbei um rezente tektonische Aktivitäten innerhalb der Kruste gehandelt hat. Ähnliches gilt auch für den gesamten Nordrand, wo entlang einer parallel zur Gebirgsfront verlaufenden

Zone immer wieder Bewegungen auftreten, die mit einer Hebung des Himalaya bzw. einer Absenkung des Ganga-Tieflandes einhergehen (Abb. 6).

Im Westen liegen die Bebenherde vor allem an den Überschiebungsbahnen zwischen der asiatischen und der indischen Platte. Das Beben in Gujarat vom Januar 2001, das einen Wert von mehr als 8 auf der Richterskala erreichte, ereignete sich entlang einer Ost-West-streichenden Störung auf der Kachchh-Halbinsel und richtete vor allem im Bhuj-Distrikt verheerende Zerstörungen mit Zehntausenden von Toten an.

In den übrigen Teilen des Subkontinents treten nur mittlere und schwache Erdbeben auf. Meist konzentrieren sie sich auf die Westghats sowie auf Grabenstrukturen wie an den Flüssen Narmada und Godavari. Seltener sind Beben auf den stärker konsolidierten Gesteinen des Deccan. Diese Gebiete galten lange Zeit als sicher, bis 1993 die Distrikte Mathur und Osmanabad östlich von Pune in Maharashtra von einem Erdbeben der Stärke 6,4 betroffen wurden. Dabei starben fast 8000 Menschen.

Selbst wenn eine absolute Stabilität der Kruste auf den altkonsolidierten Abschnitten nicht wahrscheinlich ist, darf ein derartiges Ereignis nicht darüber hinwegtäuschen, dass sich die meisten Beben auf die erst in erdgeschichtlich jüngerer Zeit gebildeten Zonen konzentrieren. Dazu gehören auch die zwar durch geringere Bebenstärken, aber relativ hohe Häufigkeiten gekennzeichneten Gebiete im Bereich von Lakshadweep und vor allem die vor der pakistanisch-indischen Küste gelegenen Zonen an der Makran-Störung. Kleinere Beben werden aus dem Golf von Bengalen beschrieben, wo durch sie in der Vergangenheit häufiger Flutwellen (Tsunamis) verursacht wurden.

Klima

Der Monsun

Wenn auch der Begriff Monsunasien das ganze südliche und südöstliche Asien umfasst, so ist doch das Monsunklima nirgendwo so ausgeprägt wie in Südasien, und nirgendwo beeinflusst es das Leben der Menschen so tiefgreifend wie in Indien. Charakterisiert wird das Monsunklima durch einen jahreszeitlichen Wechsel der Windrichtungen sowie die damit verbundenen Veränderungen der Niederschlagsverhältnisse. Die Regelhaftigkeit der alternierenden Winde führte zur Namengebung *Mausim* (= Jahreszeit) durch arabische Seefahrer, die diese Winde bei ihren Handelsfahrten über das Arabische Meer nutzten. Wegen der Bedeutung der Niederschläge wird im indischen Sprachgebrauch der Begriff 'Monsun' allgemein nur zur Bezeichnung des sommerlichen Südwestmonsuns verwendet, der für den größten Teil des Landes die ergiebigsten Niederschlagsmengen bringt. In der Klimatologie wird die winterliche, trockene Passatströmung aus Hochasien als Nordostmonsun bezeichnet (vgl. Blüthgen & Weischet 1980).

Frühe Monsundefinitionen orientierten sich an der Erkenntnis jahreszeitlich alternierender Windsysteme und deren Beständigkeit. Die klassische Erklärung ging von der Vorstellung aus, dass es sich beim Monsun um eine großräumige und jahreszeitliche Entsprechung der tagesperiodischen Land-See-Windsysteme handele. Spätere Ergänzungen schlossen die Ablenkung der Südostpassate durch die Corioliskraft mit ein. Diese Ansätze betonten jeweils den Gegensatz zwischen dem aufgeheizten eurasischen Kontinent im Sommer und den vergleichsweise kühlen Meeren. Demgegenüber fügte Flohn (1950) die Monsunzirkulation in seine Theorie der allgemeinen planetarischen Zirkulation ein. Der indische Sommermonsun ist demnach auf die jahreszeitliche Verlagerung der planetarischen Windgürtel und Strahlströme zurückzuführen. Nach Weischet (1988) und Shamshad (1988) weist die Monsunzirkulation jedoch aufgrund bedeutender Unterschiede der atmosphärischen Schichtung und der vertikalen Feuchteverteilung eine hohe Eigenständigkeit auf.

Im Winter und Frühjahr wird Indien vom Nordostmonsun beherrscht, der dem Nordostpassat entspricht. Er hat nur eine geringe, allerdings gegen Süden zunehmende

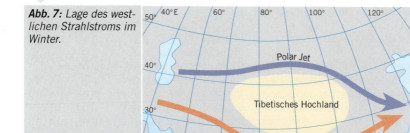

Abb. 7: *Lage des westlichen Strahlstroms im Winter.*

Nach Spate & Learmonth (1967).

vertikale Mächtigkeit von 1 bis 1,5 km und besteht aus trockenen, kontinentalen Luftmassen, die zur innertropischen Konvergenzzone (ITC) strömen, welche zu dieser Zeit südlich des Äquators liegt. Die Passatwinde haben ihren Ursprung im großräumigen Hochdruckgebiet über Sibirien, das auch Tibet und den Himalaya als Kältequelle einschließt. Die kalten Luftmassen sind stabil geschichtet und erwärmen sich im Lee des Himalaya. Sie verursachen Trockenheit im größten Teil Indiens.

Der zweite Faktor für das Wettergeschehen im Winter ist die Verlagerung des Strahlstroms in der oberen Troposphäre nach Süden. Er wird dabei vom Gebirgsmassiv des Himalaya geteilt. Nördlich des tibetischen Hochlandes verläuft ein Jetstream an der Polarfront (Polar Jet) bei etwa 42° N. Ein südlicher Zweig (Subtropical Jet) wird entlang des Südrandes des Himalaya abgeleitet und konvergiert mit dem nördlichen Zweig im Osten Chinas (Abb. 7). Im subtropischen Strahlstrom werden Störungen aus dem mediterranen oder südrussischen Raum herangeführt, die im Nordwesten Indiens die dort wichtigen Winterniederschläge bringen.

Die Aufheizung des indischen Subkontinents bewirkt im Frühjahr eine Nordverlagerung des Subtropenjets. Sie wird jedoch zunächst durch das Gebirgsmassiv behindert. Im April und Mai oszilliert der Jet zwischen Lagen südlich und nördlich des Himalaya. Erst im Juni befindet sich der Strahlstrom in seiner Sommerposition nördlich von 40° N.

Ab Mai entsteht durch die starke Aufheizung der Landmassen das Monsuntief mit seinem Zentrum über Baluchistan und Sind (Pakistan). Es erreicht eine vertikale Mächtigkeit von nur etwa zwei Kilometern, und sein Kernbereich bleibt bis in den Sommer hinein wolkenfrei. Vom Zentrum des Monsuntiefs im Westen bis zur östlichen Ganga-Ebene bildet sich in der unteren Troposphäre ein großräumiges, beständiges Hitzetief, der so genannte Monsuntrog. Aufgrund des extrem geringen Luftdrucks verlagert sich die ITC zunächst in Wellen nach Norden. Damit entsteht ein Luftdruckgefälle vom tropisch-subtropischen Hochdruckgürtel der Südhalbkugel über den Äquator hinaus, sodass die südhemisphärischen Südostpassate auf die Nordhalbkugel vordringen (Abb. 8). Hier erfahren sie durch die Corioliskraft eine Richtungsänderung und gehen in den für Indien wetterwirksamen Südwestmonsun über.

Die ITC dringt über Südasien außerordentlich weit nach Norden (bis etwa 30°N) vor. Somit wird die vorher sehr stabil geschichtete Passatströmung infolge der Flächenkonvergenz nach der Querung des Äquators zunehmend labiler (Weischet 1988, S. 232). Über dem relativ warmen Arabischen Meer nehmen die monsunalen Luftmassen viel Feuchtigkeit auf, sodass sie beim Erreichen der Westghats mit Wasserdampf gesättigt sind. Zunächst kann die anfänglich flache Monsunströmung die Westghats an der Malabar-Küste nicht überqueren. Erst wenn die feuchten Luftmassen über dem Arabischen Meer eine Mächtigkeit von mehr als 4000 bis 5000 m erreicht haben, dringen sie in das Land ein (Katiyar 1990). Dieses stoßartige Einsetzen des Südwestmonsuns wird als Einbruch des Monsuns (Burst of the Monsoon) bezeichnet.

Die Strömung des indischen Sommermonsuns besteht aus zwei Hauptzweigen: einem über dem Arabischem Meer und dem zweiten über dem Golf von Bengalen. Der Zweig vom Arabischen Meer trifft im Norden auf die Konkan-Küste und erreicht schließlich die Ganga-Ebene. Eine südliche Komponente dieses Zweiges wird über die Malabar-Küste gelenkt und vereinigt sich an der Südostküste mit der Strömung über dem Golf von Bengalen. Der über dem Golf von Bengalen wirksame Zweig des Monsuns kann durch vorrückende Wellen schon in der vormonsunalen Periode über Assam und dem Khasi-Bergland zu Niederschlägen führen. Der Hauptzweig strömt zunächst nach Norden über das Mündungsgebiet von Ganga und Brahmaputra und wird schließlich entlang der Himalaya-Südabdachung nach Nordwesten abgelenkt. Im Bereich der Ganga-Ebene treffen dieser und der über das zentrale Indien kommende Zweig aufeinander. Die feuchten Luftmassen ziehen Ganga-aufwärts, wobei ihre Mächtigkeit und damit die Niederschlagsergiebigkeit abnimmt. Der Nordwesten Indiens, insbesondere die Wüste Tharr, bleibt nahezu vollständig außerhalb der regenbringenden Einflüsse des Sommermonsuns.

Auf der Basis langjähriger Datenreihen lässt sich das Vorrücken des Monsuns charakterisieren. Die Monsunregen setzen in der Regel um den 1. Juni im Süden der Halbinsel ein. Etwa um den 10. Juni wird das Gebiet von Mumbai (Bombay) und erst Anfang Juli auch der Westen Rajasthans erreicht. Gegenüber dem westlichen Teil der Halbinsel treten die Monsunregen im Nordosten, bei gleicher Breitenlage, infolge von pulsierenden Monsunvorstößen wesentlich früher auf. Die Monsunfront verharrt zunächst für einige Zeit über Bengalen, bevor sie durch die Himalaya-Ketten gezwungen wird, die Ganga-Ebene hinauf in nordwestlicher Richtung umzubiegen. Die regionale Niederschlagsverteilung wäh-

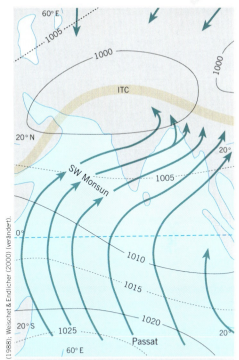

Nach Weischet (1988); Weischet & Endlicher (2000) (verändert).

Abb. 8: Windsysteme und mittlere Luftdruckverteilung in den unteren Luftschichten im Juli.

rend der 'Monsoon Season' wird in starkem Maße durch die orographischen Verhältnisse bestimmt.

Der sommerliche Südwestmonsun weist häufig Unterbrechungen oder Schwankungen auf. Diese werden in Indien als 'Active Phases' und 'Break Phases' bezeichnet. Im Verlauf einer aktiven Monsunphase befindet sich der Monsuntrog in seiner normalen Position über der Ganga-Ebene, wo dann reichlich Niederschläge fallen. Die Monsunpause (Break) ist demgegenüber durch eine Nordverlagerung der Achse des Monsuntroges gekennzeichnet. In dieser Phase konzentrieren sich die Niederschläge auf die Himalaya-Südabdachung, und große Teile der Halbinsel bleiben regenfrei.

Die Jahreszeiten
Das India Meteorological Department gliedert das Jahr klimatologisch in vier Jahreszeiten, die so genannten Standard Seasons:
■ *Winter Season* (Winter- bzw. Nordostmonsun), Januar und Februar;

■ *Hot Weather Season* (Vormonsun), März bis Mai;
■ *Monsoon Season* (Sommer- bzw. Südwestmonsun), Juni bis September;
■ *Post Monsoon Season* (Nachmonsun oder Monsunrückzug), Oktober bis Dezember.

Diese Viergliederung basiert auf dem jährlichen Witterungsverlauf in Erdbodennähe des nördlichen und zentralen Indiens, wird aber auf Gesamtindien angewendet. Nach thermischen Gesichtspunkten kann darüber hinaus auch eine Dreiteilung des Jahres erfolgen:
■ die feuchtheiße Zeit (Juni bis September/ Oktober);
■ die trockenkühle (November bis Februar);
■ die trockenheiße Zeit (März bis Mai).

Niederschläge

In den Wintermonaten verzeichnen nur wenige Regionen nennenswerte Niederschläge (Abb. 9). Der Nordwesten gelangt in den Einfluss von Tiefdruckausläufern, die überwiegend vom Jetstream aus dem Mittel-

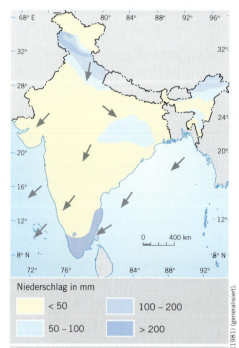

Niederschlag in mm

< 50	100 – 200
50 – 100	> 200

Nach Rao (1981) (generalisiert).

Abb. 9: *Niederschlagsverteilung und Windrichtungen: Wintermonsun Januar – Februar.*

meerraum gelenkt werden. Diese Western Disturbances oder Weihnachtsregen sind für die sommertrockenen Regionen im Nordwesten von großer Bedeutung und gestatten den Anbau von Winterfeldfrüchten. Zudem sind diese Niederschläge für die Schnee- und Eisbedeckung des nordwestlichen Himalaya verantwortlich, deren Schmelzwässer die Kanalbewässerung Nordindiens ermöglichen. Geringe Niederschläge, die auf eine temporäre Ausdehnung des äquatorialen Tiefdruckgürtels bis in diese Regionen zurückgeführt werden (Cobb & Coleby 1966, S. 88), erhalten in dieser Jahreszeit auch die Gebirgsländer im Süden und das Chota-Nagpur-Plateau. Die Niederschläge an der Coromandel-Küste entstammen dem Nordost-Passat, der beim Überstreichen des Golfs von Bengalen Feuchtigkeit aufnimmt.

Die kühle Jahreszeit geht ab Ende Februar bis Anfang März mit zunehmender Sonneneinstrahlung in die trockenheiße Vormonsunperiode über. Der kontinentale Nordostmonsun wird zunehmend durch West- und Süd- bzw. Südostwinde ersetzt. Luftmassen, die vom Golf von Bengalen auf das Festland stoßen, sind feuchtigkeitsbeladen und beregnen Assam und Bengalen ausgiebig. Im Süden regnet es im Bereich der Westghats. Hier kündigen sporadische Nordwärtsverlagerungen der ITC, die bereits Vorstöße des Südwestmonsuns darstellen, die Jahreszeit des Sommermonsuns an.

Die eigentliche Regenzeit, der Sommermonsun, beginnt Anfang Juni und reicht bis Oktober. Die plötzlich einsetzenden Niederschläge werden oft von heftigen Gewittern und Stürmen begleitet. Nach der vorangegangenen Trockenheit sind die Böden meist ausgedörrt und hart und haben einen hohen Benetzungswiderstand. Bei Starkregen führt dies zu hohem Oberflächenabfluss und zur Erosion. Später kommt es zu leichteren Regenschauern, die aufgrund geringer Abflussraten stärker zur Bodenwasserversorgung beitragen (Blüthgen & Weischet 1980, S. 556).

An der windexponierten Westabdachung der Westghats entlang der Malabar- und Konkan-Küste fallen von Juni bis September 2500 bis über 3000 mm Niederschlag. Im Lee auf der Ostseite treten dagegen föhnartige Effekte auf; ausgeregnete Luftmassen sinken ab und erwärmen sich. Dies führt zu einer relativen Niederschlagsarmut auf dem südlichen Deccan-Hochland und zu einer ausgeprägten Trockenheit hinter den südlichen Gebirgen (Abb. 10).

Im Nordosten werden die Monsunströmungen durch den Osthimalaya in das trichterförmige Brahmaputra-Tiefland abgelenkt und gestaut. Über dem Khasi-Bergland kommt es reliefbedingt zu den intensivsten Niederschlägen. Cherrapunji galt als niederschlagreichster Ort der Erde, bis ihm dieser Rang vor kurzem von dem etwas südwestlich gelegenen Mawsyuram streitig gemacht wurde. Von Juni bis September fallen hier 8000 mm, im Jahresmittel über 11 400 mm, bis zu 20 000 mm sind möglich. Der Himalaya-Bogen beeinflusst die Niederschlagsverhältnisse in zweifacher Hinsicht. Einerseits bedingt die Südabdachung ergiebige Steigungsregen und andererseits lenkt er den Monsun die Ganga-Ebene hinauf in nordwestliche Richtung.

Geschlossene zyklonale Störungen, die sich insbesondere in der Monsunströmung im nördlichen Teil des Golfs von Bengalen ausbilden (Eastern Disturbances), ziehen in der Regel in nordwestliche Richtung und erreichen abgeschwächt auch den Punjab (Domrös 1968; Katiyar 1990). Auf der Vorderseite solcher Depressionen führt dies wegen der Konvergenz des unteren Windfeldes mit der südwestlichen Monsunströmung zu heftigen Niederschlägen und Stürmen. Vor allem der Nordosten des Deccan-Plateaus wird dadurch beregnet.

Der Nordwesten verzeichnet nach Westen während des Sommermonsuns eine stetige Abnahme der Niederschlagsmengen. Gegenüber mehr als 400 mm im Südosten der Aravallis sind es nordwestlich des Gebirgszuges weniger als 250 mm. Die trockenste Region, der Jaisalmer-Distrikt in Rajasthan, erhält von Juni bis September lediglich 150 mm Niederschlag, wobei der Anteil des Sommermonsuns etwa 94 % der mittleren Jahressumme beträgt. Die extreme Trockenheit im Nordwesten Indiens wird auf trockenwarme kontinentale Luftmassen zurückgeführt, die keilförmig von Iran und Afghanistan nach Nordwestindien reichen. Die bereits erwähnten Monsunpausen treten infolge von Nordwärtsverlagerungen der Tiefdruckrinne über der Ganga-Ebene häufiger im August und September auf und

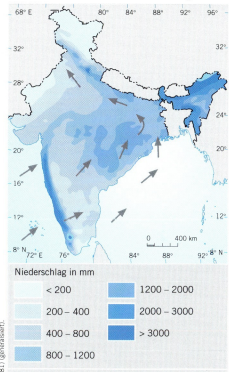

Niederschlag in mm

< 200		1200 – 2000
200 – 400		2000 – 3000
400 – 800		> 3000
800 – 1200		

Nach Rao (1981) (generalisiert).

Abb. 10: *Niederschlagsverteilung und Windrichtungen: Sommermonsun Juni – September.*

dauern meist zwischen fünf und sieben Tagen. Große Teile der Halbinsel bleiben dann ohne Niederschläge.

Mit sinkendem Sonnenstand verlagert sich die ITC aus dem nordindischen Raum in die Äquatorzone. Der damit einhergehende Rückzug des Südwestmonsuns (Retreat of the Monsoon) beginnt ab Mitte September allmählich über Nordwestindien und setzt sich nach Süden fort. Karnataka und Andhra Pradesh werden vom Rückzug Anfang November, die Südspitze Indiens erst Anfang Dezember betroffen. Die Umstellung auf den Nordostmonsun leitet die trockeneren Jahresabschnitte ein. Oft beginnt der Rückzug des Monsuns bereits früher als erwartet. Monsoon Breaks können sich gegen Ende der Monsunzeit häufen und eine solche Entwicklung fördern.

In der Nachmonsunperiode herrscht im größten Teil Indiens wieder Trockenheit, eine Ausnahme bildet das ostküstennahe Südindien und insbesondere die Coroman-

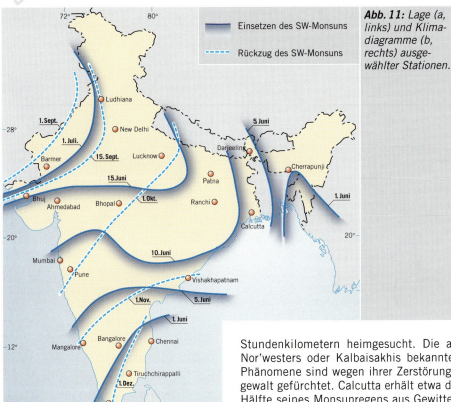

Abb. 11: Lage (a, links) und Klimadiagramme (b, rechts) ausgewählter Stationen.

Einsetzen des SW-Monsuns

Rückzug des SW-Monsuns

del-Küste sowie die Gebirge des Südens. Das östliche Tamil Nadu erhält jetzt sogar die größten Niederschlagsmengen des Jahres. Diese 'Herbstregen' entstehen durch zyklonale Störungen über dem südlichen Golf von Bengalen. Nicht selten erwachsen daraus die gefürchteten tropischen Zyklone, die überwiegend in den Übergangsperioden vom Sommer- zum Wintermonsun auftreten und in nördliche Richtung wandern.

Für einen breiten Saum von Nordindien über den Deccan bis an die südlichen Küsten sind 20 bis 40 Gewittertage pro Jahr charakteristisch. Regionen mit einer erhöhten Gewitteraktivität sind der nordöstliche Teil des Subkontinents (60 bis 80 Gewittertage), der Himalaya (etwa 60), das östliche Madhya Pradesh (40 bis 60), der Süden Keralas (40 bis 60) sowie das Gebiet um Delhi (etwa 40). Schon in den Monaten März bis Mai wird der Nordosten von heftigen Gewittern mit Böen von bis zu 160

Stundenkilometern heimgesucht. Die als Nor'westers oder Kalbaisakhis bekannten Phänomene sind wegen ihrer Zerstörungsgewalt gefürchtet. Calcutta erhält etwa die Hälfte seines Monsunregens aus Gewittergüssen. Im September ist die Aktivität in Calcutta am höchsten, im Oktober geht sie stark zurück. Auch die vorwiegend nachmonsunalen Niederschlagsereignisse von Chennai (Madras) sind mit Gewittern verbunden. In Delhi wird das Maximum zur Zeit des Südwestmonsuns in den Monaten Juli und August registriert.

Die regionale und saisonale Verteilung der Niederschläge wird durch die Klimadiagramme einzelner Stationen (Abb. 11a, b) deutlich. Den Grundtyp der Niederschlagsverteilung zeigen Stationen wie Ahmadabad, Delhi, Patna und Bhopal, mit einem Beginn der Niederschläge im Juni, dem Maximum im Juli und August, dem Ende der Regenzeit im Oktober und weitgehender Trockenheit im übrigen Jahr. Einen gleichen Verlauf, aber mit wesentlich geringeren Mengen und fast völliger Trockenheit in der übrigen Zeit weisen die Trockengebiete im Nordwesten (Bhuj und Barmer) auf. In Ludhiana machen sich neben dem schwächeren Gipfel zur Monsunzeit noch die Winterregen von Dezember bis Februar bemerkbar.

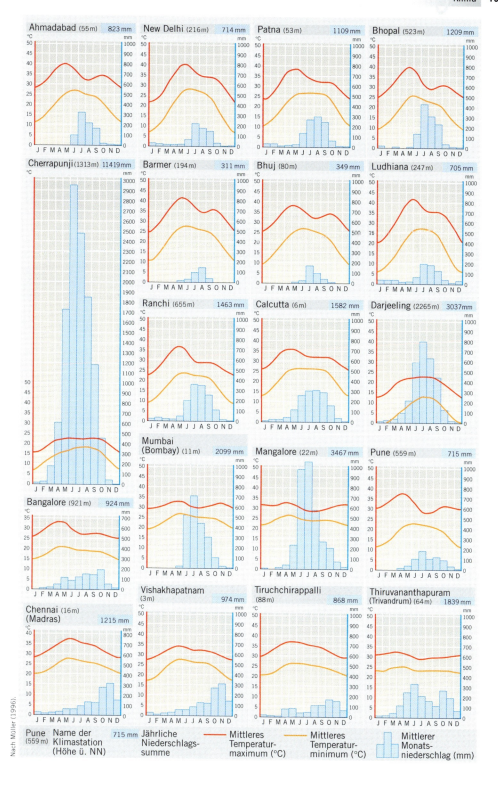

Ahmadabad (55m) 823 mm
New Delhi (216m) 714 mm
Patna (53m) 1109 mm
Bhopal (523m) 1209 mm
Cherrapunji (1313m) 11419 mm
Barmer (194m) 311 mm
Bhuj (80m) 349 mm
Ludhiana (247m) 705 mm
Ranchi (655m) 1463 mm
Calcutta (6m) 1582 mm
Darjeeling (2265m) 3037 mm
Mumbai (Bombay) (11m) 2099 mm
Mangalore (22m) 3467 mm
Pune (559m) 715 mm
Bangalore (921m) 924 mm
Vishakhapatnam (3m) 974 mm
Tiruchchirappalli (88m) 868 mm
Thiruvananthapuram (Trivandrum) (64m) 1839 mm
Chennai (16m) (Madras) 1215 mm

Pune (559m) Name der Klimastation (Höhe ü. NN)
715 mm Jährliche Niederschlagssumme
Mittleres Temperaturmaximum (°C)
Mittleres Temperaturminimum (°C)
Mittlerer Monatsniederschlag (mm)

Nach Müller (1996).

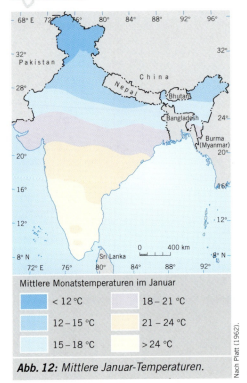

Mittlere Monatstemperaturen im Januar

◼	< 12 °C	◼	18 – 21 °C
◻	12 – 15 °C	◻	21 – 24 °C
◻	15 – 18 °C	◻	> 24 °C

Nach Platt (1962).

Abb. 12: *Mittlere Januar-Temperaturen.*

ckene und kalte Festlandsluft aus nördlichen Richtungen von den Hochplateaus
Innerasiens über die Mauer des Himalaya
herab. Trotz dynamischer Erwärmung, welche die Luft bei der absinkenden Bewegung erfährt, wird sie bei der relativ niedrigen Breitenlage Indiens als merklich kühl
empfunden und ist damit für die thermisch
angenehmste Jahreszeit bestimmend. Der
gewaltige Himalaya-Bogen verhindert ein
direktes Einströmen der weitaus kälteren
Luftmassen innerasiatischen Ursprungs, sodass die klimatische Isolation des indischen Subkontinents besonders offensichtlich wird. Die Januartemperaturen liegen in
Nordindien deutlich höher als solche, die
in Ostasien auf dem gleichen Breitengrad
registriert werden. Sie sind etwa mit den
westeuropäischen Sommertemperaturen vergleichbar, doch scheint die Sonne von
einem nahezu wolkenlosen Himmel. Die
tägliche Schwankungsbreite der Temperaturen ist groß. In den nordwestlichen Fluss-
ebenen, aber auch in den höheren Bergländern des tropischen Südens treten bei starker nächtlicher Ausstrahlung Fröste auf. In
der Ganga-Ebene kann es nachts und mor-
gens zu Nebelbildung kommen. Im Januar
ist mit Ausnahme der küstennahen Bereiche
ein deutliches Temperaturgefälle von Süden nach Norden festzustellen (Abb. 12).

Die kühle Zeit geht Ende Februar/An-
fang März mit steigender Sonneneinstrahlung in die heiße, aber zunächst noch
trockene Vormonsunperiode über. Die Lufttemperatur steigt sehr rasch an. Die schwachen, kühlenden Winde des Nordostmonsuns sind, außer in den nördlichen Ebenen, kaum noch spürbar. Schon im März
klettert das Thermometer im Norden Indiens tagsüber auf Werte um 30 °C im Schatten. Zwei Monate später, im Mai, werden im
zentralen Teil der indo-gangetischen Ebene
tägliche Maxima über 40 °C gemessen.

Für den größten Teil Indiens ist der Mai
der wärmste Monat des Jahres. Das Land
verdorrt während der 'Hot Weather Season';
über Wochen steigen die Temperaturen
mittags über 40 °C und sinken auch nachts
nur wenig unter 30 °C ab. Jetzt steht der
maritim-kontinentale Gegensatz im Vordergrund. An der Westküste sind die Mitteltemperaturen deutlich niedriger, bei allerdings höherer Luftfeuchte. Die Wüste Tharr

Ranchi lässt die zusätzlichen schwachen Regen der ersten Monate des Jahres im Chota-
Nagpur-Plateau erkennen. In Calcutta und
im Nordosten beginnen die Niederschläge
schon im März/April und dauern bis November, während die Hauptregen von Juni
bis September fallen. Sie erreichen höchste Werte im Vorderen Himalaya und Darjeeling und ihr Extrem in Cherrapunji im Khasi-
Gebirge. Mumbai und besonders Mangalore
sind typisch für Küstenstationen im Luv
der Westghats, Pune und Bangalore für die
Leelage. Bangalore ist außer am Sommermonsun noch an den nachmonsunalen
Niederschlägen beteiligt, die Stationen wie
Chennai (Madras), Vishakhapatnam und
Tiruchchirappalli den meisten Regen bringen. Thiruvananthapuram (Trivandrum) im
äußersten Süden weist nach Menge und
Verteilung relativ ausgeglichene Niederschläge im Jahresverlauf auf.

Temperaturen
Das typische Temperaturregime verzeichnet im Norden ein Minimum in den Monaten Dezember und Januar. Jetzt fließt tro-

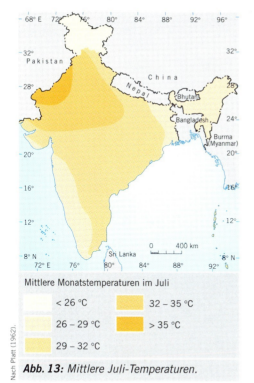

Mittlere Monatstemperaturen im Juli

< 26 °C	32 – 35 °C
26 – 29 °C	> 35 °C
29 – 32 °C	

Nach Platt (1962).

Abb. 13: *Mittlere Juli-Temperaturen.*

im nordwestlichen Unionsstaat Rajasthan liegt als Fortsetzung des arabischen Trockengürtels an der Spitze der indischen Hitzegebiete. Hier können Anfang Juni bei extrem geringer Luftfeuchtigkeit von teilweise unter 10 % Höchsttemperaturen von über 50 °C erreicht werden (Rao 1981).

Die Niederschläge des Sommermonsuns bringen in Indien einen Temperaturrückgang. Die relative Luftfeuchtigkeit steigt auf 60 bis 80 %, was zusammen mit den hohen Temperaturen insbesondere in den Tiefländern zu einer schwer erträglichen Schwüle führt. In Gebieten mit hohen Bewölkungsgraden liegen die Mitteltemperaturen im Juli bei 30 °C. An der Westküste sind sie etwas niedriger (Abb. 13). Demgegenüber verzeichnen die südliche Coromandel-Küste und ihr Hinterland durch föhnartige Aufheiterungen hohe Werte. Zwischen den einzelnen Regionen Indiens hat aber insgesamt ein Temperaturausgleich stattgefunden. Auch die Tagesamplitude der Temperatur nimmt deutlich ab und liegt landesweit etwa bei 6 °C. Die Höchsttemperaturen übersteigen kaum noch 35 °C, was

für weite Teile Nordindiens gegenüber der Hot Weather Season eine merkliche Ermäßigung bedeutet. Nur in den nordwestlichen Trockenzonen, wo eine weitaus geringere Bewölkung vorherrscht, werden noch Tageshöchstwerte um 45 °C registriert.

Verursacht durch nachlassende Wolkenbedeckung und Niederschläge kann es Ende September/Anfang Oktober zu einem zweiten Maximum der Lufttemperatur kommen. Die Monatsmitteltemperaturen für Oktober weisen geringe regionale Differenzierungen auf. Ab Oktober fallen die Temperaturen bis zum Jahresende.

Agrarökologische Aspekte des Klimas

Die Temperaturverhältnisse erlauben in fast ganz Indien einen Anbau; in weiten Teilen sind sogar mehrere Ernten möglich. Wärmeliebende tropische und subtropische Kulturpflanzen wie Reis, Baumwolle oder Erdnüsse können im Süden Indiens ganzjährig, im Norden jedoch nur im Sommer angebaut werden. Demgegenüber gedeihen im Norden überwiegend Arten der gemäßigten Breiten als Winterfrüchte, wie Weizen, Gerste, Linsen oder Kartoffeln und Kohl. Mit dem keilförmig bis Karnataka reichenden Weizenanbau stellt das Deccan-Hochland ein Übergangsgebiet zwischen diesen beiden Zonen dar. Ob die günstigen Temperaturbedingungen genutzt werden können, hängt aber von der Verfügbarkeit von Wasser ab.

Die Niederschläge bestimmen die Ernteerträge und damit – bei einer überwiegend ländlichen Bevölkerung – die Sicherung der Ernährung und die Höhe der Einkommen. Darüber hinaus sind Gewerbe und Industrien in vielfältiger Weise mit der Landwirtschaft verbunden. Missernten nach unzureichenden Regenfällen können daher Krisen der gesamten indischen Volkswirtschaft auslösen.

Jahresniederschlag und Variabilität

Ausmaß und räumliche Verteilung der Niederschläge werden im Jahresverlauf von den beschriebenen Zirkulationsverhältnissen über Südasien und von der Entfernung zum Meer sowie der Exposition zur Monsunströmung (Luv-Lee-Differenzierung) beeinflusst. Die höchsten Niederschläge verzeichnen die Westghats, die Gebirge des Südens und der Nordosten Indiens (Abb. 14). Reich-

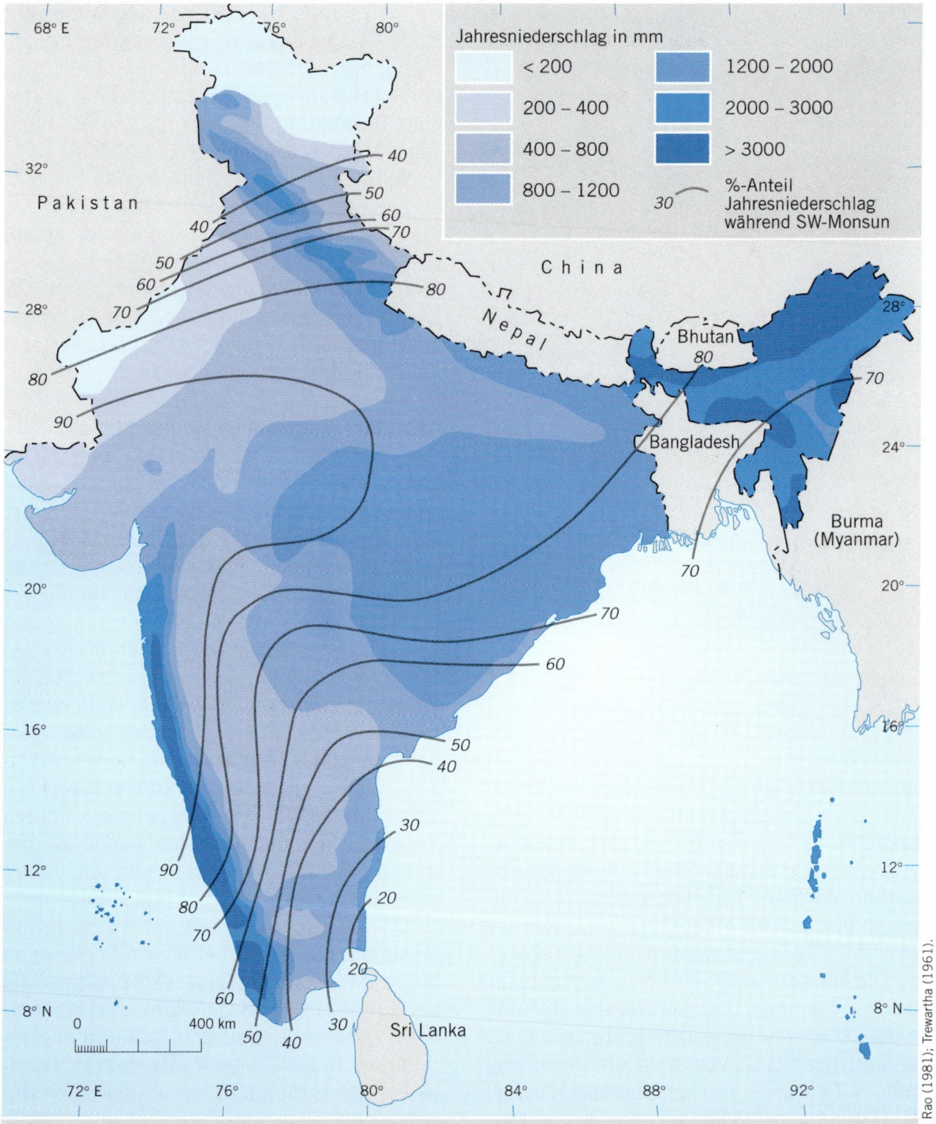

Abb. 14: *Jahresniederschlag und Anteil des Südwest-Monsuns.*

Nach Rao (1981); Trewartha (1961).

liche Niederschläge erhalten Teile des Himalayavorlandes, Bengalen und die Bergländer und Plateaus des nordöstlichen Deccan. Ausreichend ist der Niederschlag in der Ganga-Ebene und in einem Gürtel, der den zentralen und südöstlichen Teil des Deccan umfasst. Teilweise sind dies aber Gebiete, in denen das Relief und die Böden die Landwirtschaft erschweren.

Den vom Niederschlag begünstigten stehen die semiariden und ariden Räume gegenüber, die weniger als 400 mm Niederschlag pro Jahr erhalten. Tharr, Kachchh sowie Ladakh liegen sogar unter 200 mm. Aufgrund der hohen Verdunstung sind selbst Räume mit 400 bis 800 mm Jahresniederschlag als subhumid mit oft hoher Dürregefährdung zu bezeichnen. Sie ziehen sich von Rajasthan und Gujarat über den westlichen Deccan bis zum Süden. Da sich jedoch die Niederschläge meist auf wenige Monate konzentrieren, kann diese

Periode noch für den Anbau von Früchten mit entsprechend kurzer Vegetationsperiode genutzt werden.

Mit Ausnahme des äußersten Nordwestens, der Winterregen erhält, und der südlichen Ostküste, wo die Hauptniederschläge in der Nachmonsunzeit fallen, hat sich die Landwirtschaft weitgehend auf die 'Monsoon Season' ausgerichtet, die dem größten Teil Indiens Niederschläge bringt.

Nun ist allerdings in Gebieten mit geringen Jahresniederschlägen auch deren Zuverlässigkeit am geringsten. Die Karte der Niederschlagsvariabilität (Abb. 15) zeigt die langfristigen Abweichungen von der normalen ganzjährigen Niederschlagsmenge. Sie ist nahezu ein Spiegelbild der Karte der Jahresniederschläge. Die Regionen mit den höchsten Jahresniederschlägen und der längsten Niederschlagsperiode haben die geringsten Abweichungen (unter 15 % im Nordosten und den Westghats), dagegen weisen die ariden und semiariden Gebiete mit kurzen Regenzeiten die größten Schwankungen auf (über 30 %). Sie liegen im Nordwesten, im nördlichen Rajasthan und im Norden und Westen von Gujarat (Bild 5). Doch sind auch der östlich angrenzende Gürtel und der zentrale Deccan mit Abweichungen zwischen 25 und 30 % sowie die Gebiete mit einer Variabilität von über 20 % noch dürregefährdet. Diese Landstriche weisen zwar eine geringe Bevölkerungsdichte und eine extensive Landwirtschaft auf, doch dringt die landwirtschaftliche Nutzung durch den Bevölkerungsdruck auch in kritische Gebiete vor.

Neben der absoluten Niederschlagsmenge und ihrer allgemeinen zeitlichen Verteilung haben auch das verspätete Einsetzen, längere Unterbrechungen oder das vorzeitige Ende der Niederschlagsperiode eine hohe Bedeutung. Die Niederschlagsvariabilität ist zu Beginn und Ende des Sommermonsuns, in den Monaten Juni und September, deutlich höher als im Juli und August. Ein um 10 bis 14 Tage verspätetes Einsetzen des Monsuns verkürzt die Zeit der Feldbestellung und die Wachstumsperiode. Da der Reis bei hohen Verdunstungsraten zu Beginn der Monsunzeit kontinuierliche Niederschläge benötigt, können schon kurze Unterbrechungen schädlich sein. Weitaus kritischer sind die über die norma-

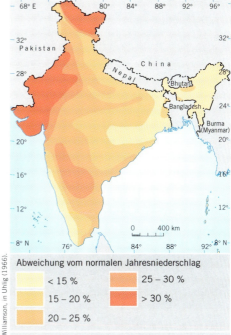

Nach Williamson, in Uhlig (1966).

Abweichung vom normalen Jahresniederschlag

< 15 %	25 – 30 %
15 – 20 %	> 30 %
20 – 25 %	

Abb. 15: *Variabilität des Jahresniederschlags.*

len breaks, d.h. die kurzen regenfreien Zwischenperioden, hinausgehenden wochenlangen Unterbrechungen oder ein zu frühes Ende des Monsuns, die beide zum Verdorren der Feldfrüchte führen.

Dürre und Überschwemmungen

Für die Ausweisung von dürregefährdeten Gebieten (Drought Prone Areas) legte die indische 'Irrigation Commission' eine Dürredefinition zugrunde. Eine Einstufung erfolgt, wenn der Jahresniederschlag wenigstens einmal in fünf Jahren den langjährigen Mittelwert um mindestens 25 % unterschreitet. Das betrifft einen erheblichen Teil des Landes (Abb. 16). Damit einher ging die Errichtung spezieller Fördermaßnahmen für solche Regionen, das 'Drought Prone Areas Programme' (DPAP) und 'Desert Development Programme' (DDP).

Auch ein Zuviel an Niederschlag kann zu Katastrophen führen. Nach regelmäßigen Aufzeichnungen seit dem Jahr 1953 werden jährlich etwa 7,8 Mio. ha Land überschwemmt, davon rund 3,3 Mio. ha Ackerland. Auch hier steigt das Ausmaß der Schäden sowie die Zahl der Todesopfer und

Bild 5: *Dürre in Saurashtra. Das Ausbleiben der Monsunniederschläge führt immer wieder zu Katastrophen. In 'Cattle Camps' wird mit staatlicher und privater Hilfe versucht, das Vieh über die Dürrezeit zu retten.*

Betroffenen, da die Nutzung und Besiedlung besonders entlang der Flüsse in gefährdete Zonen vordringt.

Die zahlreichen größeren und kleineren Flusssysteme des indischen Subkontinents können die in der Regenzeit innerhalb weniger Stunden anfallenden Wassermassen nicht bewältigen und treten großflächig über die Ufer. Im nördlichen Indien ist das fast regelmäßig während des Sommermonsuns der Fall, wenn die Gletscher- und Schneeschmelze im Himalaya und starke Regen zusammentreffen. Das Assam-Tal wird teilweise schon Ende Mai/Anfang Juni vom Brahmaputra überschwemmt. Die Flüsse im Osten der indischen Halbinsel führen dagegen generell erst zum Ende des Sommermonsuns Hochwasser. Hier kann es in den ausgedehnten und landwirtschaftlich intensiv genutzten Deltagebieten zu Überschwemmungen kommen, wenn Dammuferflüsse, die ihr Bett durch Aufschüttungen erhöht haben, ihre natürlichen Dämme durchbrechen. Die Zone der höchsten Überschwemmungsgefährdung liegt im Norden und Nordosten, von Bihar bis Assam, mit den sedimentreichen Himalaya-Flüssen und

hohen Abflussmengen. In dieser Region treten im Mittel etwa 60 % aller Überschwemmungen Indiens auf (Centre for Science and Environment 1985, S. 31).

Gefährlicher noch sind die Auswirkungen der tropischen Wirbelstürme, die als Bengalen-Zyklone bezeichnet werden. Aus der Kombination von extremen Windgeschwindigkeiten und Überschwemmungen im Zusammenhang mit Sturzregen – ein typischer Zyklon bringt zwischen 150 und 300 mm Niederschlag in wenigen Stunden – kann es an den Küsten zu schweren Verwüstungen kommen. Die größte Gefahr geht allerdings vom Meer aus. Zyklone können bis zu zehn Meter hohe Flutwellen erzeugen, die sich in den tief liegenden Mündungsgebieten rings um den Golf von Bengalen verheerend auswirken. Insbesondere aus Bengalen werden Jahr für Jahr schwere Schäden und hohe Verluste an Menschenleben durch Flutkatastrophen gemeldet. Das Mündungsdelta von Ganga und Brahmaputra mit seinen zahllosen, nicht eingedeichten Inseln liegt nur wenig über dem Meeresspiegel und ist den Wassermassen schutzlos ausgeliefert.

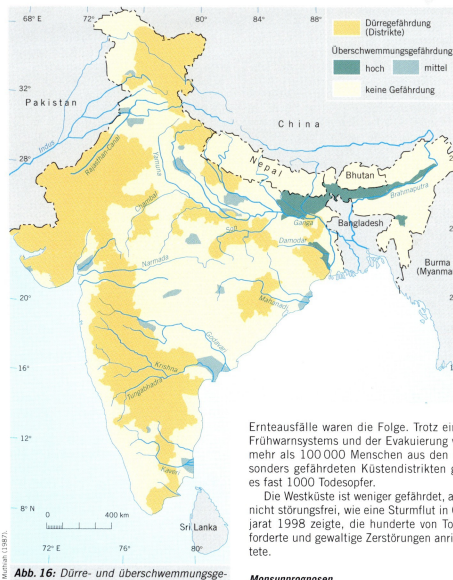

Nach Muthiah (1987).

Abb. 16: *Dürre- und überschwemmungsgefährdete Regionen.*

Die schlimmsten Katastrophen betreffen allerdings Bangladesh. Entlang der indischen Ostküste fällt die Schadensbilanz meist geringer aus. Doch wütete Anfang Mai 1990 ein Zyklon vor der Küste von Tamil Nadu und Andhra Pradesh, der im Krishna-Godavari-Delta zahlreiche Dörfer zerstörte. Die Felder wurden durch das Salzwasser unfruchtbar und zum Teil von dezimetermächtigen Sandschichten überzogen, große

Ernteausfälle waren die Folge. Trotz eines Frühwarnsystems und der Evakuierung von mehr als 100 000 Menschen aus den besonders gefährdeten Küstendistrikten gab es fast 1000 Todesopfer.

Die Westküste ist weniger gefährdet, aber nicht störungsfrei, wie eine Sturmflut in Gujarat 1998 zeigte, die hunderte von Toten forderte und gewaltige Zerstörungen anrichtete.

Monsunprognosen

Bei der Bedeutung, die die Monsunniederschläge für die indische Landwirtschaft haben, waren die Briten seit 1886 um eine Vorhersage bemüht. Die Verlässlichkeit und Genauigkeit solcher Prognosen ist seitdem erheblich verbessert worden (Parthasarathy & Pant 1987; Bhanu Kumar 1988).

Wechselwirkungen zwischen der Winter- und Frühjahrsschneebedeckung im Himalaya und den sommerlichen Niederschlagsmengen in Indien wurden schon zu Ende des 19. Jahrhunderts erkannt. 1932 haben

Walker und Bliss auf die Verbindung zwischen Luftdruck- und Niederschlagsfluktuationen zwischen dem Indischen Ozean und dem Pazifik, die Southern Oscillation, hingewiesen. Sie steht, wie man in den letzten Jahren erkannt hat, im engen Zusammenhang mit der Ausbreitung der warmen El-Niño-Meeresströmung vor der Küste Perus, die in Südamerika sintflutartige Regenfälle verursacht, aber in Teilen Afrikas und Südostasiens Dürren zur Folge hat. Die Auswirkungen in Indien sind noch nicht klar, doch scheint ein Zusammenhang zwischen Dürren und El-Niño-Jahren zu bestehen.

Ein Phänomen, das in den 1970er-Jahren entdeckt wurde, ist eine ungewöhnliche Abkühlung des Arabischen Meeres vor dem Einsetzen des Südwestmonsuns. Als Verursacher gilt die Somali Current, eine jahreszeitlich wechselnde Meeresströmung vor der ostafrikanischen Küste, die aufsteigendes kaltes Tiefenwasser in die westliche Hälfte des Arabischen Meeres bringt und die Wassertemperaturen von Juni bis August um etwa 3 °C bis 4 °C absenkt (Krishnamurthy 1985).

Ein Durchbruch zur Monsunprognose wurde 1988 mit der Aufstellung eines Rechenmodells erreicht, das versucht, die Niederschlagssumme des Südwestmonsuns statistisch mit einer Vielzahl meteorologischer Variablen der Vormonsunphase weltweit in Beziehung zu setzen. Die darauf basierenden Prognosen haben sich in den letzten Jahren als weitgehend richtig erwiesen.

Durch Simulation der globalen Bedingungen, unter denen der Monsun entsteht, sind auch für mittelfristige Prognosen weitere Fortschritte zu erwarten. Ziel ist es, das Monsunverhalten mit ausreichender Genauigkeit etwa sechs bis acht Wochen vorab zu prognostizieren. Die Landwirte könnten dann hinsichtlich der Auswahl geeigneter und eventuell auch trockenheitsresistenter Anbaufrüchte und Sorten kompetenter beraten werden. Schwierig bleibt jedoch eine Vorhersage, die das Ausmaß der Niederschläge regional differenziert.

Böden

Die Böden sind ein weiterer wichtiger natürlicher Faktor für die Landwirtschaft. Sie musste der wirtschaftende Mensch wegen der noch geringen agrartechnischen Entwicklung in Indien bis in jüngste Zeit weitgehend als gegeben hinnehmen.

Für die Entstehung der verschiedenen Bodentypen ist neben dem Ausgangsmaterial das Klima entscheidend, denn es beeinflusst die Verwitterung und die bodenbildenden Prozesse. Der folgende Überblick zeigt die Schwerpunkte ihrer Verbreitung; eine kleinräumige Differenzierung ist in diesem Rahmen nicht möglich. Dies gilt besonders im Hinblick auf die Pedogenese, die rezente Dynamik und für die in Indien aufgrund der wechselhaften Verwitterungs- und Abtragungsbedingungen noch relativ häufig anzutreffenden Bodenrelikte vergangener Phasen.

Die wichtigsten Bodentypen Indiens gehören zu den Gruppen der ferrallitischen und fersiallitischen, also zu den früher als Roterden und Rotlehme bezeichneten Böden sowie zu den Vertisolen, die auch unter den Begriffen 'Regur', 'Black Cotton Soils', 'Black Earths' zusammengefasst werden. Eine weitere landwirtschaftlich bedeutende Gruppe bilden die auf Alluvionen gebildeten Böden, während die weitflächig vertretenen Wüsten- und Hochgebirgsböden nur bedingt für die Landwirtschaft geeignet sind.

Die Karte der Böden (Abb. 17) zeigt ihre Verbreitung. Dabei können zunächst die im Norden, aber auch entlang der Küste aus jüngeren Sedimenten gebildeten Böden von den aus den älteren Laven, Schiefern und kristallinen Gesteinen der Halbinsel entstandenen Verwitterungs- und Zersatzdecken unterschieden werden. Letztere unterlagen meist einer Pedogenese, die über geologische Zeiträume hinweg stattfand.

Alluviale Böden

Böden auf Lockermaterial und Alluvium erstrecken sich über den gesamten Norden zwischen Himalaya und Deccan. Auf der Halbinsel finden sie ihre wichtigste Verbreitung in den großen Flussdeltas der Ostküste. Zusätzlich ist entlang der Küste ein unterschiedlich breiter Saum mit marinen Alluvionen vorhanden. Gemessen an der

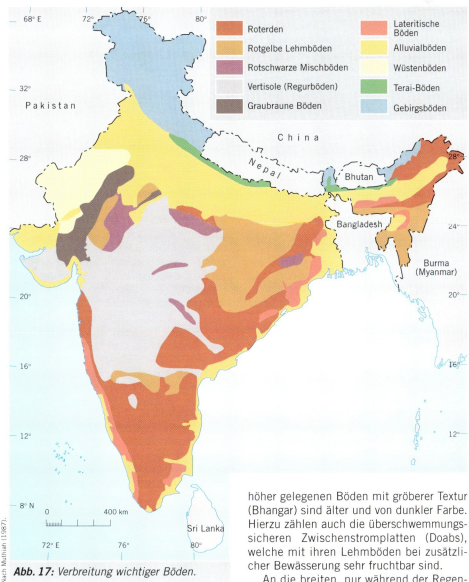

Abb. 17: *Verbreitung wichtiger Böden.*

gesamten Landoberfläche Indiens haben die Alluvialböden mit etwa 43 % den größten Anteil (Muthiah 1987, S. 72).

Die Alluvialböden in der Ganga-Ebene können nach Uhlig (1977, S. 62–64) unterschieden werden in solche mit grober Textur im gefällereichen Oberlauf der Flüsse sowie in feinkörnige Ablagerungen (Schluffe) im Unterlauf und Mündungsdelta. Dieser Gliederung nach der Korngröße entspricht auch das Alter der Böden. Die höher gelegenen Böden mit gröberer Textur (Bhangar) sind älter und von dunkler Farbe. Hierzu zählen auch die überschwemmungssicheren Zwischenstromplatten (Doabs), welche mit ihren Lehmböden bei zusätzlicher Bewässerung sehr fruchtbar sind.

An die breiten, nur während der Regenperiode von den Strömen ausgefüllten Flussbetten grenzen Flussmarschen (Bela), die bei höchstem Wasserstand überflutet werden, sowie Rückstauland (Khadar) mit Altwasserarmen und Seen in etwas tieferen Lagen. Diese jüngeren, meist lehmigen oder sandigen Böden des Khadar bestehen aus Feinsedimenten. Sie erhalten alljährlich frische Sedimentauflagen und bieten günstige Möglichkeiten für den Reisanbau. Dagegen weisen Flugsandstreifen am Rand der alten Flussterrassen im Übergang zu den Zwischenstromplatten nur ein geringes Nutzungspotential auf.

Eine weitere Differenzierung ist über die Niederschlagsverhältnisse möglich. Im niederschlagsreichen Osten (Nordbihar, West Bengal, Brahmaputra-Tal) sind die Alluvialböden stärker ausgelaugt als im trockenen Nordwesten und haben häufig ferralitische Krusten an der Oberfläche.

Die Böden in der submontanen Fußzone des Himalaya weisen auf den alluvialen Schwemmfächern der Gebirgsflüsse überwiegend grobe, kiesigsteinige Textur (Bhabar) auf. Sie sind reich an Stickstoff und organischem Material, jedoch teilweise an Phosphor verarmt. Südlich schließt sich die tiefer gelegene, feuchte Terai-Zone an. Entlang von Quellhorizonten treten hier die Sickerwässer des Bhabar aus und führen zur Entstehung von schluffigen Böden und sumpfigen Verhältnissen.

Böden des Deccan

Im Gegensatz zu den Böden der Tiefebene sind die der Deccan-Halbinsel überwiegend aus dem Verwitterungszersatz des Gesteins hervorgegangen. Der Chemismus der Substrate ist somit von großer Bedeutung für die Bodenfruchtbarkeit und das Nutzungspotential. Im Westen der Halbinsel steht auf den Trappdecken des Deccan der landwirtschaftlich bedeutende Regur oder Black Cotton Soils aus der Gruppe der Vertisole an. Vereinzelt kommen sie auch in benachbarten Regionen auf präkambrischen Gneisen und Graniten vor. Ihre Eignung, vor allem für den Getreide- und Baumwollanbau, liegt in ihrer tonig-lehmigen Textur und ihrem hohen Wasserhaltevermögen begründet. Infolge des hohen Tongehaltes lassen sich die Regurböden bei Nässe zwar nur schlecht bearbeiten, sind jedoch aufgrund des Kalk- und Mineralienreichtums und ihrer hohen Austauschkapazität sehr fruchtbar; in Höhenlagen sind sie meist sandig und flachgründig, in Tälern und Senken tiefgründiger und dunkler. Ihre Fruchtbarkeit wird durch die Akkumulation von abgespültem Material der Hänge gesteigert. In tiefgründigen Vertisolen reicht das Wasserhaltevermögen häufig für eine zusätzliche Winterfrucht, die zum Ende der Monsunzeit ausgesät wird; bei flachgründigen Vertisolen kann nur der Anbau einer Sommerfrucht erfolgen. Das

Verbreitungsareal der Regurböden ist recht geschlossen und auf den nordwestlichen Teil der Halbinsel mit den Bundesstaaten Maharashtra, den Nordwesten von Madhya Pradesh und den Norden von Karnataka konzentriert. Entlang der Flusstäler des Deccan greifen sie nach Osten aus, isolierte Areale sind in Saurashtra zu finden.

Die für die Tropen typischen Roterden und Rotlehme entstanden auf kristallinem und metamorphem Ausgangsgestein mit hohen Anteilen an Eisen-Magnesium-Mineralen vor allem im Süden und Osten der Deccan-Halbinsel. Im Allgemeinen sind diese Böden kalk- und humusarm und weisen einen nur geringen Phosphat- und Stickstoffgehalt auf. Als Lehmböden kommen sie insbesondere in Tälern und flachen Lagen vor; in höheren Lagen sind sie nur gering entwickelt. Ein intensiver landwirtschaftlicher Anbau erfordert wegen ihres geringen Wasserhaltevermögens sowie der Lage der Verbreitungsareale im Regenschatten des Südwestmonsuns eine künstliche Bewässerung der Felder. Dabei wird die Wasserundurchlässigkeit der Böden genutzt, um Stauweiher (Tanks) anzulegen, in denen der Oberflächenabfluss des Monsuns für die spätere Feldbewässerung gesammelt wird.

In feuchteren, subhumiden Regionen im Nordosten der Halbinsel sind auch rotgelbe, überwiegend saure und nährstoffarme Lehmböden (Red and Yellow Soils) verbreitet. Aufgrund ihres geringen Wasserhaltevermögens werden sie in der Regenzeit bearbeitet. Im Nordwesten der Halbinsel wurden zudem unter semiariden Klimabedingungen rotschwarze Mischböden gebildet. Vereinzelte Vorkommen dieser sandigen bis lehmigen Böden sind auch im Osten der Deccan-Halbinsel sowie im Süden als Übergang zu den Roterden zu finden.

Eine für die wechselfeuchten Tropen typische Verwitterungsform stellen die lateritischen Böden dar, deren Genese an den periodischen Wechsel von feuchtheißen und trockenen Phasen gebunden ist. Lateritische Böden sind das Ergebnis intensiver Auslaugungsprozesse sowie der erosiven Freilegung von Eisen- und Aluminiumoxid-Horizonten, die infolge starker Austrocknung zu Krusten verhärten (Uhlig 1977, S. 57). In Indien konzentrieren sie sich auf die Regionen höchster Niederschläge, insbesondere entlang der Westghats, das östliche Bergland sowie den Nordosten. Meist sind sie sauer und arm an Kalk und Nährstoffen. Sie werden auch für die Ziegelherstellung genutzt.

Böden der Trockengebiete und Hochgebirge

Im Nordwesten weisen die Böden mit zunehmender Aridität höhere Sand- und Alkaligehalte auf. Sie gehen von den graubraunen Erden der Aravallis in die Wüstenböden Rajasthans über. Zwar ist ihr Humusgehalt gering, da nur wenig zersetzbares organisches Material anfällt, doch kann ihr durch die geringe chemische Verwitterung bedingter Nährstoffreichtum mit künstlicher Bewässerung nutzbar gemacht werden. In tief gelegenen Arealen mit mangelndem Sickerwasserabfluss kommt es aufgrund der hohen Evapotranspiration bei Überschussbewässerung häufig zu großflächigen Versalzungsproblemen. Bei günstigen Voraussetzungen für Bewässerung und Drainage bieten diese Böden jedoch ein hohes Anbaupotential.

Im Hochgebirge ist die Bodenbildung meist auf Flächen in Flusstälern, Beckenlagen oder auf sanft geneigten Hängen beschränkt. Hier ermöglichen lehmige und humushaltige Böden kleinräumig einen intensiven Anbau, wie z. B. in der Beckenlandschaft Kashmirs oder in den Duns. Waldböden des Gebirges weisen einen hohen Anteil an organischem Material auf. In Koniferenwäldern der Hochlagen kann dies zur Bodenversauerung und Ausbildung von Podsolen und podsolartigen Böden führen, unter günstigeren klimatischen Bedingungen entstehen in geringerer Meereshöhe auch Braunerden. Um ausreichende Ernteerträge zu erzielen, müssen die meist kalk- und nährstoffarmen Böden jedoch zusätzlich gedüngt werden.

Bodennutzung und Probleme

Hinsichtlich der Eignung für die Landwirtschaft lassen sich somit drei Hauptregionen ausweisen.

1. Im Bereich der Plateaus und Becken der Halbinsel sind nährstoffarme, wasserundurchlässige und für Regenfeldbau ungeeignete Roterden und Rotlehme vorherr-

schend. Mit zusätzlicher Feldbewässerung durch Stauseen und -teiche (Tanks) dominiert in dieser Region der Anbau von Sommerfrüchten, vor allem Nassreis.

2. Demgegenüber sind die Regurböden des Deccan-Trapp auf der Halbinsel aufgrund ihres Wasserhaltevermögens ideal für den Regenfeldbau. Sie können meist auch im trockeneren Winter bestellt werden. Das Nutzungspotential dieser Region wird allenfalls in topographischen Ungunstlagen mit nur gering entwickelten Vertisolen eingeschränkt. Es kommt jedoch auch zu Auslaugungseffekten auf den oft schon über Jahrhunderte kultivierten Böden. Zusätzliche Bewässerung erfolgt heute meist über Brunnen.

3. Die bei weitem bedeutendste Anbauregion ist die der fruchtbaren Alluvialböden in den Stromtiefländern und Flussdeltas. Aufgrund der perennierenden Gewässer sind die Bewässerungsmöglichkeiten günstig. Daher lassen sich bei zusätzlicher Düngung bis zu drei Ernten erzielen. Kanalsysteme bilden hier die ursprüngliche, oft schon jahrhundertealte Grundlage der indischen Kornkammern. Die jüngere Entwicklung ist jedoch vor allem von der Nutzung der meist günstig mit Pumpen erschließbaren Grundwasserstockwerke geprägt.

Gegenüber diesen wichtigsten und günstig ausgestatteten Anbauregionen fallen die Ungunstgebiete des ariden Rajasthan sowie der steilen und nur durch aufwendigen Terrassenbau nutzbaren Bergländer und Hochgebirge zurück. Günstige Anbaubedingungen sind in diesen Gebieten auf wenige eher kleinräumige Areale begrenzt, wie geschützte Beckenlagen mit fruchtbaren Alluvialböden in den Gebirgen oder Oasen inmitten der Trockengebiete.

Vielerorts führt jedoch das Zusammenwirken natürlicher und anthropogener Einflüsse – intensive landwirtschaftliche Nutzung oder sogar Kahlschlag – zu erheblicher Bodenzerstörung. Meistens sind die Felder zu Beginn der Monsunzeit vegetationsfrei, sodass die heftigen Niederschläge die Bodenkrume fortspülen. Seuffert (1989, S. 111 f.) stellt vornehmlich drei Ursache-Wirkung-Komplexe heraus. In humiden Räumen kommt es außer zur Flächenerosion zur linienhaften Eintiefung, die bei fort-

Bild 6: *Bodenerosion im Chota-Nagpur-Plateau im Einzugsgebiet des Damodar-Flusses.*

schreitender Erosion zur Gully-Bildung führt. In ariden Regionen wirken flächenhafte Prozesse, insbesondere die Winderosion. Großräumige Badland-Zonen weisen vor allem die Ränder der Plateaus oder die Bergländer auf (Bild 6).

Natürliche Waldvegetation

Zwei Faktoren bestimmen im Wesentlichen die Verbreitung der natürlichen Vegetation im heutigen Indien: das Klima und der wirtschaftende Mensch. Die Vielfalt von Naturräumen und Klimaten, an denen Indien Anteil hat, zeigt, dass eine außerordentliche Breite bei der natürlichen Vegetation möglich ist.

Die Ausweitung des Kulturlandes hat seit Jahrtausenden die natürliche Vegetation weitgehend verdrängt oder zumindest degradiert, sodass z. B. die Ganga-Ebene waldfrei ist. Vom natürlichen Pflanzenkleid finden sich heute nur noch Reste. Die Neulandgewinnung zur agrarischen Erschließung ließ die Wälder Indiens bis auf wenige Restbestände schrumpfen, die sich meist auf schwer zugängliche Gebiete (z. B. im Nordosten) und Rückzugsgebiete (z. B. das zentrale Indien) konzentrieren. Seit Jahr

hunderten wird auch der Holzeinschlag zum Hausbau oder zur Gewinnung von Brennmaterial betrieben. Dort, wo noch eine Waldbedeckung vorherrscht, hat das Einwirken des Menschen die Bestände verändert. Eine Gliederung des Landes nach natürlichen Vegetationszonen lässt jedoch die frühere Bedeutung des Waldes erkennen.

Neben der Temperatur und der Höhe der Jahresniederschläge ist für die Waldvegetation vor allem die Dauer der Trockenperiode von Bedeutung. Für die tropischen und subtropischen Gebiete Indiens besteht eine deutliche Beziehung zwischen der Niederschlagsmenge, der Zahl der ariden Monate und der Waldvegetation. Sie kann allerdings von lokalen Verhältnissen, wie dem Relief, der Exposition, der Nährstoffverfügbarkeit und der Ausbildung der Böden und Verwitterungsdecken überlagert werden. Höhere

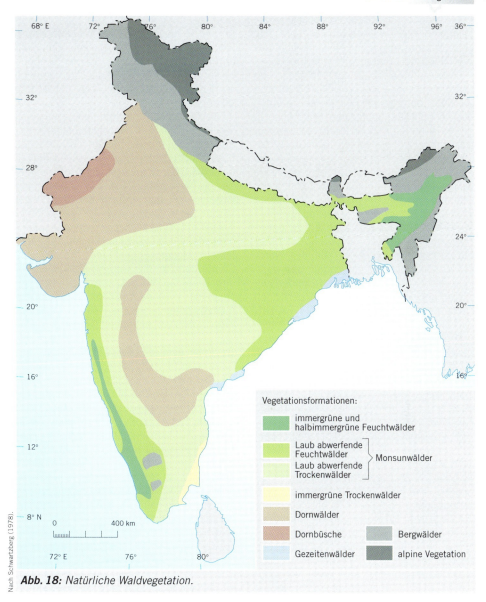

Nach Schwartzberg (1978).

Abb. 18: *Natürliche Waldvegetation.*

Jahresniederschläge können die Ansammlung größerer Wasservorräte im Boden- und Wurzelraum der Vegetation hervorrufen und dadurch zu einer Verlängerung der hygrischen Vegetationsperiode bis weit in die Trockenzeit beitragen. Die halbimmergrünen tropischen Regenwälder und feuchten Monsunwälder, die höhere Feuchtigkeitsansprüche stellen, treten daher auch in Abhängigkeit von der Niederschlagshöhe in Gebieten mit fünf bis sieben ariden Monaten auf.

Immergrüne
Feucht- und Monsunwälder

Immergrüne Feuchtwälder sind auf die Westghats sowie den Nordosten beschränkt (Abb. 18). Diese artenreichen, hoch aufragenden tropischen Feuchtwälder mit meist drei Kronenstockwerken, Schlingpflanzen und Epiphyten benötigen Jahresniederschläge von mindestens 2500 mm, hohe Luftfeuchtewerte sowie eine ausgeglichene Jahrestemperatur von durchschnittlich über 25 °C.

Bis in jüngere Zeit blieben diese Wälder am besten erhalten, weil sie schwer zugänglich sind und ihre wertvollen Hölzer wegen des Artenreichtums nur vereinzelt auftreten.

Bei geringeren Niederschlägen um 2000 mm und einer kurzen Trockenzeit geht der immergrüne Feuchtwald in einen tropischen halbimmergrünen Wald über. In diesen artenreichen Wäldern kommen sowohl immergrüne als auch Laub abwerfende Baumarten meist nach Stockwerken gegliedert vor. Dabei entspricht das untere weitgehend dem immergrünen Feuchtwald, während die höheren Bäume der oberen Kronenschicht in der Trockenzeit ihr Laub abwerfen, und zwar je nach Art zu unterschiedlichen Zeiten. Ihr potentielles Verbreitungsgebiet umfasst Teile des Nordostens sowie einen Saum östlich und westlich der immergrünen Feuchtwälder der Westghats. Wertvolle Hölzer in den noch heute bestehenden immergrünen Feucht- und halbimmergrünen Wäldern sind Rosenholz (*Dhalbergia latifolia*), Ebenholz (*Diospyros*) und Eisenholz (*Mesua ferrera*) sowie die Indische Kastanie.

Sinken die Jahresniederschläge auf etwa 1500 bis 2000 mm, so gehen die halbimmergrünen Wälder in Laub abwerfende Feuchtwälder über, die einen dichten Unterwuchs aufweisen. Sie bedecken einen Streifen im Lee der Westghats, die nordöstlichen Teile der Halbinsel vom Chota-Nagpur-Plateau bis an die Nordküste von Andhra Pradesh sowie die Shiwaliks und das Terai.

In Gebieten mit etwa fünf bis sieben Trockenmonaten und einem Jahresniederschlag zwischen 1000 und 1500 mm bilden Laub abwerfende Trockenwälder die natürliche Vegetationsform. Ihr potentielles Verbreitungsgebiet erstreckt sich über den größten Teil der Halbinsel und reicht im Norden bis nach Rajasthan und an die Himalaya-Abdachung heran. Diese beiden Laub abwerfenden Waldtypen werden als die typischen regengrünen 'Monsunwälder' bezeichnet (Klink 1996, S. 230 f.). Mit ihren ausgedehnten Sandelholz- (*Santalum album*) und Teakbeständen (*Tectona grandis*) sowie dem Bambusbewuchs zählen sie unter kommerziellen Gesichtspunkten zu den wichtigsten Waldtypen Indiens. Da die einzelnen Arten auch relativ geschlossen vorkommen, wird der Holzeinschlag erheblich erleichtert. Die

Artenzusammensetzung der Laub abwerfenden Trockenwälder und der Laub abwerfenden Feuchtwälder ist einander sehr ähnlich, doch sind die Bestände der Laub abwerfenden Trockenwälder im Vergleich zu denen des feuchteren Typs lichter und niedriger.

Reste eines immergrünen tropischen Trockenwaldes mit niedrigen Bäumen finden sich an der südlichen Ostküste bei hoher Luftfeuchte, aber nur 1000 mm Niederschlag, der überwiegend zwischen Oktober und Dezember fällt. Ein immergrüner Waldtyp ist auch entlang der Mündungsfächer der Ostküste mit den gegen Salzwasser und Tidenhub resistenten Gezeiten- oder Mangrovenwäldern verbreitet. Die dichtesten Mangrovenbestände weisen die Sundarbans im Mündungsdelta von Ganga und Brahmaputra auf. Hier ist neben der Nipa-Palme (*Nipa fruticans*) vor allem die namensgebende Baumart der Sundri (*Hertiera minor*) vorherrschend (Bild 7).

Trocken-, Dorn- und Bergwälder

Gebiete mit einem Jahresniederschlag unter 750 mm, kurzen Regenzeiten mit unergiebigen Niederschlägen und insgesamt geringer Luftfeuchte haben als Vegetationsformation offene niedrige Dornwälder, die in eine Halbwüstenvegetation übergehen können. Während der Regenzeit ist ein Wachstum kurzer Gräser möglich. Solche Areale finden sich im Norden und Westen Indiens, vom südlichen Punjab über das nördliche Rajasthan bis nach Saurashtra, ebenso auf der Deccan-Halbinsel östlich der Westghats. Diese Dornwälder werden als Sekundärvegetation angesehen und sind wohl erst durch Überweidung von Trockenwäldern entstanden (Spate & Learmonth 1967, S. 83 f.). Im westlichen Rajasthan treten bei Jahresniederschlägen unter 500 mm niedrige Dornbuschbestände auf.

Bergwälder sind die dominierende Vegetationsformation im östlichen Himalaya, in den nordöstlichen Bergländern, im westlichen Himalaya und seinen Vorbergen sowie in den Gebirgsstöcken im Süden der Halbinsel. Sie bilden dichte Bestände hochstämmiger Eichen oder Kastanien sowie in niedrigeren Lagen auch von Sal. Über die gesamte Südabdachung des Himalaya schließen die feuchten Bergwälder auch subtropische

Bild 7: Mangrovenwälder in der amphibischen Landschaft der Sundarbans.

Berg- und Kiefernwälder sowie feuchte Mischwälder ein. Der Gebirgsrahmen weist ein sehr differenziertes Pflanzenkleid auf. Hier wirkt sich vor allem die von Osten nach Westen zunehmende Aridität aus. Diese Einflüsse werden zudem noch von der Höhenstufung der Vegetation überlagert, die ihrerseits durch die Exposition und Neigung der Hänge modifiziert wird. In Höhen über 1500 m sind in den Wäldern vor allem Arten der gemäßigten Klimaregionen verbreitet, die in die alpine Vegetation mit Bergwäldern und Matten hineinreichen. Die geringeren Temperaturen in den höher aufragenden südlichen Gebirgen, in den Nilgiris, Anaimalai- und Palni-Bergen, führen auch hier zur Entwicklung von Feuchtwäldern der gemäßigten Klimate, obwohl diese Regionen hinsichtlich ihrer Breitenlage zur tropischen Zone gehören.

Trockene Graslandschaften haben sich meist durch Überweidung, Rodung oder Brand von Laub abwerfenden Trockenwäldern bei Niederschlägen unter 1800 mm entwickelt. Sie sind durch niedrige, bis

9 m hohe, vereinzelt stehende Bäume und einen Unterwuchs aus Dornbüschen und Gräsern gekennzeichnet (Singh, G. 1988, S. 57).

Charakterpflanzen

Indiens natürliche Vegetation ist arm an endemischen Pflanzenarten. Vielmehr überlagern sich Einflüsse aus verschieden benachbarten Florenregionen. Dabei dominieren junge Elemente die indische Flora. Malaiische und sudanische Florenelemente sind bedeutend, während sich tibetisch-sibirische Einflüsse auf den Himalaya beschränken.

Wichtige Charakterpflanzen lassen sich nur für einzelne Regionen des Subkontinents benennen. Für den Himalaya sind das beispielsweise Koniferen und im Osten insbesondere Rhododendren. Charakteristisch für die Monsunwälder sind Sal (*Shorea robusta*) auf den Plateaus des nördlichen Teils der Halbinsel und im Terai, Teak im zentralen und westlichen Deccan sowie Sandelholz im Süden. Infolge ihrer

Feuerresistenz und ökonomischen Bedeutung weisen diese Arten heute im Vergleich zu ihren natürlichen Standortbedingungen eine größere Verbreitung auf. In arideren Regionen sind wilde Dattelpalmen und Akazien sowie einige Laubbäume wie Neem (*Azadir achta indica*) und Shisham (*Dhalbergia sissoo*) bedeutend, wobei auch deren aktuelle Verbreitung durch die menschliche Nutzung beeinflusst ist. Meist werden aber Landschaften oder Vegetationsformationen nicht durch einzelne Arten dominiert (Spate & Learmonth 1967, S. 74). Das rezente Pflanzenkleid wird zudem durch Arten variiert, die der Mensch nach Indien einführte, wie z. B. den Eukalyptus. Somit tritt die natürliche Vegetation deutlich hinter die ausgedehnten Kulturlandschaften zurück oder wird durch Sekundärvegetation geprägt.

DIE GESCHICHTE –
SCHWERPUNKTE UND RÄUMLICHE ASPEKTE

Bild 8: Das Red Fort in Delhi, Mitte des 17. Jh.s von Shahjahan erbaut.

Überblick

- Bergketten setzen Indien – ein Begriff, der hier bis zur Unabhängigkeit und Teilung für den gesamten Subkontinent verwendet wird – zwar vom übrigen Asien ab, doch wurde eine politisch-territoriale Einheit innerhalb dieser Grenzen nur selten erreicht. Unter räumlichen Aspekten ist die indische Geschichte eine Abfolge von Großreichen und ihres Auseinanderbrechens in zahlreiche Regionalherrschaften. Dabei überwiegt bei weitem die Zeit der Zersplitterung.

- Die Ursache liegt in den unterschiedlichen naturräumlichen Bedingungen, der isolierten Lage einiger Gebiete, den großen Entfernungen und der Vielfalt der Ethnien. Zudem wurde die gesellschaftliche Ordnung von Gruppen getragen, für die ihre eigene Zusammengehörigkeit so sehr im Vordergrund stand, dass keine Gemeinsamkeit und erst recht kein Nationalgefühl aufkommen konnte.

- Die Invasoren, die über die Gebirgspässe des Nordwestens einfielen, setzten sich zunächst im Norden Indiens fest, wo sie oft revolutionäre Umwälzungen der gesellschaftlichen, politischen und religiösen Verhältnisse hervorriefen. Nach Süden wirkte das gebirgige und bewaldete Zentralindien wie eine Barriere. Dadurch wurden die Einflüsse aus dem Norden abgeschwächt und im Süden eine eigenständige konservative Entwicklung möglich.

- Die europäischen Kolonialmächte, von denen sich die Briten schließlich durchsetzten, kamen über das Meer. Sie schufen mit der 'Einigung' Indiens zwar die Voraussetzungen für die Gründung eines zentralistischen Staates nach der Unabhängigkeit, die allerdings nur mit einer Teilung des Subkontinents zu erreichen war.

Frühe Reiche und Invasionen im Norden

Indus-Kultur und Arier

Erste Zeugnisse einer frühen Kultur im nordindischen Raum stammen aus der Mitte des 6. Jahrtausends v. Chr. Jungsteinzeitliche Funde in Baluchistan und Sind deuten auf die Anfänge der Viehhaltung und des Ackerbaus hin, die sich wohl von den Randbereichen der Gebirge in die Indus-Ebene verlagerten und später zur Entwicklung der ersten Hochkultur, der sog. Indus-Kultur, beitrugen. Sie erreichte ihre Blütezeit zwischen 2500 und 1700 v. Chr. (Allachin & Allachin 1982).

Zu den bedeutendsten Fundstätten gehören die Städte Mohenjo Daro und Harappa im heutigen Pakistan. Sie bestanden aus einer Zitadelle mit öffentlichen Gebäuden und einer sich daran anschließenden Stadt für Handel und Handwerk mit einem rechtwinkligen Straßennetz. Bauten aus gebrannten Ziegeln, deren Herstellung erhebliche Mengen Feuerholz voraussetzte, lassen auf ein wesentlich feuchteres Klima als heute schließen; damit waren auch günstigere Bedingungen für die Landwirtschaft gegeben.

Die Indus-Kultur verfügte über Längenmaße und Gewichte auf Basis des Dezimalsystems und eine noch nicht entzifferte Schrift. Die ökonomische Grundlage bildeten Viehzucht, Ackerbau, Handwerk und eine weit gespannte Handelstätigkeit, für die zweirädrige Ochsenkarren und Schiffe als Transportmittel genutzt wurden.

Der Einflussbereich der Indus-Kultur schloss große Teile des nordwestlichen Indiens ein. Im Norden reichte er bis zum Vorland des Himalaya und im Süden bis über den Narmada-Fluss hinaus. Ausgrabungen entdeckten neue Schwerpunkte am nicht mehr existierenden Ghaggar mit Sarasvati als nördlichem Zufluss. Hier bildete Kalibangan ein wichtiges Zentrum. Weitere Schwerpunkte waren die Halbinsel Kathiawar und die Ebene Gujarats mit Lothal als einer bedeutenden Hafenstadt (Goetz 1965).

Weder die Entstehung der Indus-Kultur, ihre Blüte noch die Gründe für ihren Niedergang sind bisher eindeutig geklärt. Allerdings wird heute nicht mehr der Einfall der Arier für den Untergang verantwortlich gemacht, sondern eine schon früher erfolgte Verschlechterung der natürlichen Bedingungen. Dabei werden sowohl klimatische Veränderungen, insbesondere eine Verringerung der Niederschläge, als auch neotektonische Bewegungen, mit denen eine Ablenkung oder ein Rückstau der Flüsse einhergegangen sei, und eine Häufung von Überschwemmungen als Folge der Überweidung und des zu hohen Holzeinschlags diskutiert (Possehl 1993; Jansen et al. 1987). Zwar schließen sich die Gründe nicht gegenseitig aus, doch kann keine einzelne Ursache den Niedergang für alle Gebiete dieser ausgedehnten Kultur erklären.

Ab der Mitte des 2. vorchristlichen Jahrtausends begann von Nordwesten die Invasion nomadisierender Rinderhirten, die sich selbst Arya nannten und zu den Stämmen der indogermanischen Völkerwanderung gehörten. Mit ihren schnellen, leichten, von Pferden gezogenen Kampfwagen waren sie den einheimischen Völkern kriegstechnisch überlegen.

Wichtige Informationen über die Arier bieten die Veden, eine Sammlung von über tausend Hymnen. Zunächst über Jahrhunderte mündlich überliefert, enthalten sie nicht nur religiöse, philosophische und rituelle Texte, sondern geben auch einen Einblick in die sozialen und materiellen Lebensbedingungen. Demnach waren die Arier halbnomadische Viehhalter, die Felder bestellten bzw. durch Unterworfene bestellen ließen. In Stämmen organisiert, waren sie häufig untereinander in Auseinandersetzungen verwickelt. Sie besetzten zunächst das Fünfstromland und drangen dann nach Osten vor, wo das Gebiet zwischen Yamuna und Ganga das Kernland der vedischen Kultur wurde.

In der Zehn-Königs-Schlacht zwischen zwei arischen Stammeskonföderationen, die nach 1000 v. Chr. nördlich des heutigen Delhi stattgefunden haben soll, bezwangen die ostpunjabischen Bharatas, von denen sich der heutige offizielle Name für Indien (Bharat) ableitet, ihre westlichen Nachbarn. Die Schlacht wird in einem gewaltigen Epos, dem 'Mahabharata', besungen. Bei ihrem weiteren Vordringen nach Osten

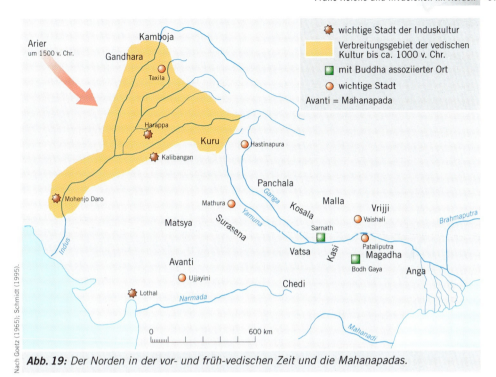

Nach Goetz (1965); Schmidt (1995).

Abb. 19: *Der Norden in der vor- und früh-vedischen Zeit und die Mahanapadas.*

stießen die Arier in die Ganga-Ebene vor. Sie war zwar dichter bewaldet, doch erleichterte die Trockenperiode des monsunalen Klimas die Brandrodung. Im Süden bildeten unwegsame Gebirgs- und Hügelländer die Grenze. Nur im offenen Südwesten erfolgte in Richtung des heutigen Ujjain eine weitere Ausdehnung.

Das Vordringen nach Osten in die Monsunwälder des heutigen Bihar, die sich für den Reisanbau nutzen ließen, hatte großen Einfluss auf die wirtschaftlichen und kulturellen Grundlagen in vedischer Zeit. Die reichliche Verfügbarkeit von guten Böden bot die Voraussetzungen für einen Anbau, der einen Überschuss brachte und den Handel sowie eine Arbeitsteilung ermöglichte. Um die Mitte des 1. Jahrtausends v. Chr. bildeten sich aus den Stammesgemeinschaften Regionalstaaten, die 'Mahanapadas' (Abb. 19) (Kulke & Rothermund 1998, S. 74 ff.). Jetzt entstanden erstmals seit der Indus-Kultur wieder Städte.

Die Sesshaftwerdung der Arier hatte zu tief greifenden gesellschaftlichen Veränderungen geführt. Die dunklere Hautfarbe wurde wahrscheinlich ein Abgrenzungskri-

terium zwischen Ariern und unterworfenen Einheimischen. Die Gesellschaft gliederte sich in vier Stände oder *Varna*: in die Adligen und Krieger (Kshatryas), die Priester (Brahmanen), die Grundbesitzer (Vaishyas) und leibeigene nicht-arische Bauern und Handwerker (Shudras).

Großreiche und Regionalherrschaften

In den neuen Staatsgebilden verloren die Kshatryas an Bedeutung. Die Brahmanen erhoben nun den Anspruch, der höchste Stand zu sein sowie darüber zu entscheiden, wer als Arier gelte, in welche Gruppe er einzuordnen sei und wer als Herrscher eingesetzt werde. Aus den vier Varnas entwickelte sich ein immer komplizierteres Kastensystem. Kriege und Unterwerfungen reduzierten die Zahl der Reiche, bis schließlich unter der Maurya-Dynastie (322 – 185 v. Chr.) im heutigen Bihar erstmals ein Großreich mit der Hauptstadt Pataliputra entstand. Der erste Maurya-Herrscher Chandragupta konnte auch die Eroberungen Alexanders des Großen, der 327 bis 326 v. Chr. bis zum Indus vorgerückt war, seiner Herrschaft unterwerfen. Zur Zeit Ashokas (274 –

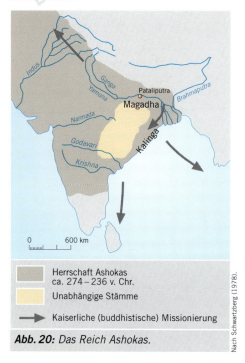

Herrschaft Ashokas
ca. 274 – 236 v. Chr.

Unabhängige Stämme

→ Kaiserliche (buddhistische) Missionierung

Nach Schwartzberg (1978).

Abb. 20: *Das Reich Ashokas.*

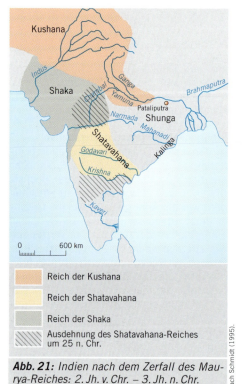

Reich der Kushana

Reich der Shatavahana

Reich der Shaka

////// Ausdehnung des Shatavahana-Reiches
um 25 n. Chr.

Nach Schmidt (1995).

Abb. 21: *Indien nach dem Zerfall des Mau-rya-Reiches: 2. Jh. v. Chr. – 3. Jh. n. Chr.*

232 v. Chr.), des bedeutendsten Herrschers der Maurya-Dynastie, umfasste das Reich ganz Indien, mit Ausnahme des südlichsten Teils, und griff im Nordwesten weit darüber hinaus (Abb. 20).

Nach äußerst blutigen Eroberungen wandte sich Ashoka dem Buddhismus zu, der sich seit dem 5. Jh. v. Chr. ausgebreitet hatte und die vedischen Kulte sowie das Kastenwesen ablehnte. Damit befreite sich Ashoka auch von der Macht der Brahmanen. Er versuchte, seine Untertanen durch Edik-te, die er auf Felswände oder Steinsäulen einmeißeln ließ, zu einem moralischen und friedfertigen Lebenswandel zu erziehen, und sandte Missionare nach Ceylon (Sri Lanka) und Burma (Myanmar), um den Buddhismus zu verbreiten. Das Großreich, das über eine gewaltige Bürokratie und Armee verfügte, zerfiel nach dem Tode Ashokas allmählich in mehrere kleinere Reiche, die für die nächsten sechs Jahrhunderte keine überregionale Bedeutung erlangten. Ein Überbleibsel des ehemaligen Maurya-Reiches behauptete sich noch eine Zeit lang im Nordosten unter der Shunga-Dynastie.

Den Nordwesten und Westen Indiens suchten drei Eroberungswellen heim. Die baktrischen Griechen, die nomadischen Shakas und die Kushanas, beide aus Zentralasien, fielen nacheinander von Baktrien ein und gründeten Reiche, von denen das der Kushanas den längsten Bestand hatte (1. Jh. v. Chr. bis 2. Jh. n. Chr.). Geschützt vor den Invasionen, erlangten im Osten Kalinga (Orissa) und die Shatavahana-Dynastie des nördlichen Deccan (1. Jh. v. Chr. bis ins 3. Jh. n. Chr.) größere politische Bedeutung (Abb. 21).

Zu Beginn des 4. Jh.s n. Chr. verlagerte sich der Schwerpunkt des politischen Geschehens wieder in das Tiefland des Nordens. Die Gupta-Dynastie vereinte von Pataliputra aus die gesamte Ganga-Ebene und kontrollierte das nördliche Indien vom Punjab bis zum Deccan (Abb. 22). Weite Dschungelgebiete wurden urbar gemacht und der Handel blühte. Die Aristokratie in den Städten entfaltete großen Luxus; Wissenschaft und Kultur erreichten einen Höhepunkt. Ein erneuerter Hinduismus erstarkte wieder und verdrängte zunehmend den bis dahin vorherrschenden Buddhismus, der nie so recht im Volke Fuß gefasst hatte. Die kulturellen Errungenschaften umfassten die Bereiche der Logik, Metaphysik, Medizin, Astronomie und Mathematik. Das indische Zahlensystem, das gewöhnlich den Arabern zugeschrieben wird, die es aber nur von Indien nach Europa brachten, ist in seinen Grundzügen eine Erfindung dieser Zeit. Nach der Mitte des 5. Jh.s überrannten die 'Weißen Hunnen' Nordindien raubend und zerstörend. Im 7. Jh. schuf Harshavardhana als letzter einheimischer Herrscher nochmals ein Reich, etwa in den Grenzen des Gupta-Reiches, das aber nur kurze Zeit Bestand hatte.

Im Nordwesten drangen im 8. Jh. Araber als Vorboten des Islam in die untere Indus-Ebene ein. Weiter östlich hielten die Rajputen die ersten islamischen Vorstöße auf. Die Herkunft der Rajputen oder 'Königssöhne' ist nicht eindeutig geklärt. Es wird vermutet, dass es sich um einen Zusammenschluss verschiedener Stämme handelt, die mit den Hunnen nach Indien kamen und sich im westlichen Indien niederließen. Die Rajputen waren hinduisiert und hatten sich von den Brahmanen in die Kaste der Krieger als Kshatriyas einstufen lassen. Hauptsächlich im heutigen Rajasthan und Gujarat gründeten sie eine Reihe kleiner Herrschaften, die sie mit Hilfe brahmanischer Ratgeber regierten, umgeben von einem Hofstaat von Barden und Bediensteten. Zwischen den Rajputen-Fürsten gab es häufig Kriege. Sie waren deshalb kaum in der Lage, der islamischen Invasion eine auf Dauer geschlossene Front entgegenzustellen. Dennoch haben sie die Geschichte Nordindiens über viele Jahrhunderte hinweg beeinflusst.

Im Überblick zeigt sich das halbe Jahrtausend vom 8. bis zum 13. Jh. als eine Zeit der Aufteilung in mehrere politisch unabhängige Reiche, von denen keines seine Herrschaft dauerhaft über ganz Indien und nur wenige über größere Teile ausdehnen konnten.

Islamische Invasionen – das Delhi-Sultanat

Die islamische Invasion bahnte sich im 11. Jh. zunächst mit Raubzügen an, die türkisch-afghanische Sultane unternahmen. Nach wiederholten, äußerst verheerenden Einfällen unter Mahmud von Ghazni (1001–1030 n. Chr.) war die indische Wirt-

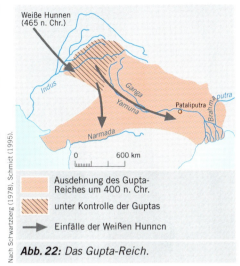

Weiße Hunnen (465 n. Chr.)

Indus
Ganga
Yamuna
Narmada
Pataliputra
Brahmaputra

0   600 km

Ausdehnung des Gupta-Reiches um 400 n. Chr.

unter Kontrolle der Guptas

Einfälle der Weißen Hunnen

Nach Schwartzberg (1978); Schmidt (1995).

Abb. 22: *Das Gupta-Reich.*

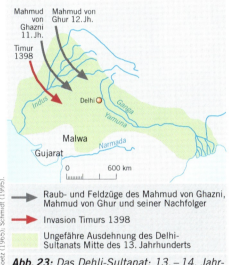

Mahmud von Ghazni 11. Jh.
Mahmud von Ghur 12. Jh.
Timur 1398

Indus
Delhi
Ganga
Yamuna
Malwa
Narmada
Gujarat

0   600 km

Raub- und Feldzüge des Mahmud von Ghazni, Mahmud von Ghur und seiner Nachfolger

Invasion Timurs 1398

Ungefähre Ausdehnung des Delhi-Sultanats Mitte des 13. Jahrhunderts

Nach Goetz (1965); Schmidt (1995).

Abb. 23: *Das Dehli-Sultanat: 13. – 14. Jahrhundert.*

schaft im Norden zusammengebrochen. Die große islamische Invasion fand allerdings erst ab der Mitte des 13. Jh.s unter Mahmud von Ghur (Ghor) statt (Abb. 23).

Der Beginn der islamischen Periode war einer der Wendepunkte in der indischen Geschichte. Die Religion der Muslims war völlig konträr zum Hinduismus, sodass der Charakter des Islam eine Assimilation in die indische Kultur nicht zuließ. Während es in der Vergangenheit dem Hinduismus gelang, alle Eindringlinge kulturell in die

Bild 9: *Qutab Minar bei Delhi. Der Nachfolger des Mahmud von Ghūr begann 1199 mit dem Bau des Qutab Minar, das den Sieg des Islam über die Ungläubigen demonstrieren sollte.*

hinduistischem Einfluss Veränderungen, behielt aber immer seine Identität.

Nach dem Tod Mahmuds von Ghur (1206) ernannte sich einer seiner Generäle, ein früherer türkischer Sklave, zum Sultan von Delhi und begründete das Delhi-Sultanat (Bild 9). Es beherrschte unter fünf Dynastien den Norden Indiens im 13. und 14. Jh. und konnte kurzfristig sogar Teile der Halbinsel unter seinen Einfluss bringen. Doch blieben seine Grenzen schwankend, je nach Druck der Mongolen und afghanischen Eindringlinge vom Nordwesten oder der unabhängigen Hindu-Herrscher im Süden; einige der Randstaaten des Sullanats wie Malwa oder Gujarat gelangten in Perioden größerer Unabhängigkeit zur Blüte. Da die Anzahl der muslimischen Eroberer sehr gering war, überließen die Herrscher die örtliche Verwaltung meist den lokalen Fürsten, die ein gewisses Maß an Autonomie erhielten, aber tributpflichtig waren. Trotz der Versuche, ein funktionierendes Steuer- und Verwaltungswesen einzurichten, blieb das Delhi-Sultanat ein Feudalstaat, der seine gewaltigen Heeresausgaben und ein aufwendiges Hofleben aus Kriegsbeute und Tributzahlungen finanzierte (Goetz 1995, S. 13). Der Einfall der Mongolen unter Timur führte 1398 zu einer völligen Zerstörung Delhis, ein Schlag, von dem sich das Sultanat erst unter den Lodi-Herrschern ab der Mitte des 15. Jh.s wieder erholte. Bis dahin war sein Einflussbereich auf die Ganga-Ebene und den Punjab beschränkt. Das übrige Indien zerfiel in eine große Zahl sich bekriegender Muslim- und Hindu-Staaten, wobei einigen Hindu-Reichen Rajputen-Herrscher vorstanden.

hinduistische Hierarchie einzuordnen, war dies mit den monotheistischen Muslims nicht möglich. Der Islam erfuhr zwar unter

Die Sonderstellung des Südens

Im Süden hatte sich eine eigenständige Kultur entwickelt, getragen von Draviden, die wahrscheinlich von den Ariern aus dem Norden verdrängt worden waren, möglicherweise auch beeinflusst von einer bereits vorher im Süden ansässigen Bevölkerung. In den Jahrhunderten v. Chr. begann die Ausbreitung der vedischen Kultur, die mit einer Hinduisierung verbunden war. Ashoka-Edikte zeigen die Kontakte mit der Maurya-Dynastie und dem Buddhismus, doch blieb der Süden hinduistisch.

Die häufigen sozialen und politischen Veränderungen, denen der Norden als Folge der Invasionen unterlag, wirkten sich im Süden kaum aus. Der Norden versuchte zwar immer wieder, seine Macht nach Süden auszudehnen, aber diese Einflussnahme war eher kurzfristig und nicht sehr intensiv. So entstanden im Süden unabhän-

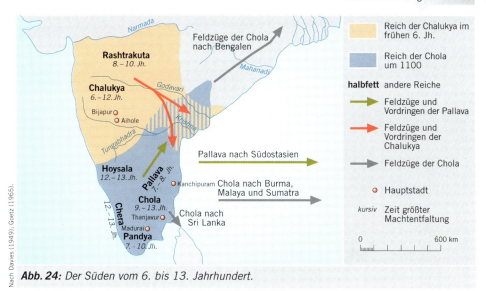

Nach Davies (1949); Goetz (1965).

Abb. 24: *Der Süden vom 6. bis 13. Jahrhundert.*

gige Reiche, die häufig gegeneinander um die Vorherrschaft kämpften. Nach ihrer geographischen Lage lassen sich zwei Gruppen unterscheiden: die Reiche mit Schwerpunkt auf den Plateaus des Deccan und die Reiche des dravidischen Südens. Die Grenze zwischen beiden war nicht starr, und es gab Gebiete des Übergangs. Die Herrschaft des Südens griff nach Norden aus und umgekehrt, doch die Kernräume der Reiche hatten lange Bestand (Spate & Learmonth 1967, Sopher 1980).

Deccan- und Deltareiche
Im Norden der Halbinsel konnte sich die bereits erwähnte Shatavahana-Dynastie in Maharashtra nach dem Niedergang der Mauryas etablieren. Ihr Reich erstreckte sich zeitweilig von Küste zu Küste, sodass der Handel zwischen der Bucht von Bengalen und dem Arabischen Meer große Bedeutung erlangte. Mitte des 3. Jh.s zerfiel dieses Reich, und der Deccan sah eine Reihe von Dynastien. Die bedeutendsten waren die der Chalukyas und die der Rashtrakutas, die vom trockenen inneren Deccan aus in die großen Flusstäler und besonders den Raichur- Doab, das Zwischenstromland von Krishna und Tungabhadra, sowie in die Deltas von Krishna und Godavari strebten.

Die Königreiche des 'tiefen Südens' hatten ihre wirtschaftliche Basis in den frucht-baren Reisanbaugebieten der großen Deltalandschaften. Der Seehandel brachte zusätzlichen Reichtum, sodass sich ein politisches und kulturelles Eigenleben entwickeln konnte. Zu den wichtigen Königreichen des Südens, deren Zeiten der Herrschaft sich z.T. überschnitten, gehörten das der Pallavas (vom 4. bis 9. Jh.) mit der Hauptstadt Kanchipuram in der Nähe des heutigen Chennai, das der Cholas (vom 9. bis 13. Jh.) an der südlichen Coromandel-Küste mit Thanjavur, das der Pandyas (vom 7. bis 10. Jh.) an der Spitze der Halbinsel mit Madurai und das der Cheras im südlichen Kerala, die aber meist Verbündete oder Vasallen der Pandyas oder Cholas waren (Abb. 24).

Zwei dieser Reiche gewannen größere Ausdehnung und Macht. Die Pallavas drangen über ihr Stammgebiet hinaus nach Norden bis zum Krishna-Fluss vor, wo sie auf die Chalukyas stießen. Ihre Vorstöße nach Südostasien beeinflussten die dortige Kultur nachhaltig. Sie wurden von den Cholas abgelöst, die auf ihrem Höhepunkt während des 11. bis 13. Jh.s ein Reich beherrschten, das den ganzen Süden bis über den Godavari-Fluss hinaus umfasste und dessen Armeen bis Bengalen vordrangen. Als bedeutende Seemacht eroberten sie das nördliche Sri Lanka, das südliche Burma sowie die Küsten der Malaiischen Halbinsel und Sumatra. Unter dem Druck

Bild 10: *Die Ruinen von Vijayanagar am Tungabhadra-Fluss. Sie bedecken eine Fläche von 26 km².*

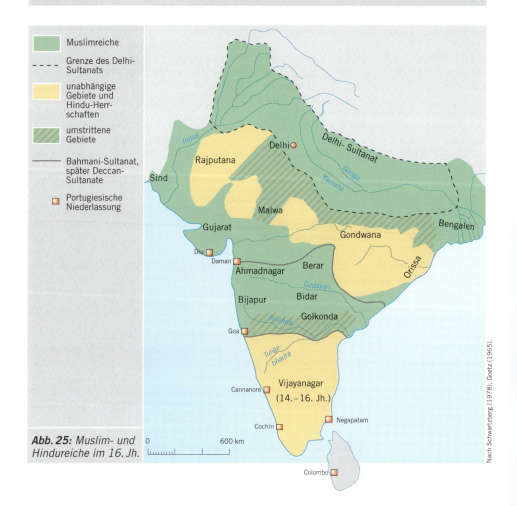

Muslimreiche

Grenze des Delhi-Sultanats

unabhängige Gebiete und Hindu-Herr-schaften

umstrittene Gebiete

Bahmani-Sultanat, später Deccan-Sultanate

Portugiesische Niederlassung

Abb. 25: *Muslim- und Hindureiche im 16. Jh.*

0   600 km

Nach Schwartzberg (1978), Goetz (1965).

aber die Vermittlung der anderen Welt bleibt unvollkommen.

Diese Landeskunde will kein Nachschlagewerk sein, sondern Zusammenhänge vermitteln. Überblicke über den Naturraum und die Geschichte bilden den Hintergrund für die Darstellung der sozialen und wirtschaftlichen Verhältnisse. Da bei der Größe Indiens, dessen Fläche etwa der Europäischen Union entspricht, dessen Bevölkerung aber fast das Dreifache beträgt, keine intensive Behandlung aller Aspekte im vorgegebenen Rahmen möglich ist, werden Schwerpunkte gesetzt. Obwohl die größte Zahl der Inder noch in der Landwirtschaft arbeitet und in Dörfern wohnt, werden Industrien und Städte stärker betont. Hier liegt die zukünftige Entwicklung, weil es nicht möglich sein wird, die wachsende Zahl der Arbeitskräfte in der Landwirtschaft oder in den Dörfern zu beschäftigen. Die abschließenden Fallstudien von vier Groß-regionen sollen aus verschiedenen Blickwinkeln die allgemeinen Aussagen vertiefen aber auch differenzieren und die Vielfalt Indiens deutlich machen.

Mein herzlicher Dank gilt meinen indischen Freunden und Kollegen, die mir den Zugang in diese fremde Welt erleichtert und viele Wege geebnet haben. Dank an Herrn Dipl.-Ing. Hans-Joachim Ehrig und Herrn Lars A. Schweter, M.A., für ihre kartographischen Arbeiten. Herrn Privatdozent Dr. Wolfgang Römer danke ich für Ratschläge und Korrekturen, Herrn Harald Vogel, dem Lektor der WBG für sein geduldiges Verständnis und Herrn Joachim Schreiber für die farbliche Umsetzung und Aufbereitung der Karten. Ohne die Vorarbeiten von Herrn Dr. Ramon Brüsseler wäre diese Landeskunde kaum möglich gewesen und ohne seine Endredaktion sowie die fachkompetente Hilfe von Frau Doris Frank, M.A., wäre sie nicht fertig geworden.

der wiedererstarkten Pandyas und der Hoysalas, Letztere aus der Plateauregion von Mysore stammend, brach das Reich im 13. Jh. zusammen (Schmidt 1995).

Das Vijayanagar-Reich

Als die Muslims um 1300 von Nordindien in den Süden eindrangen, standen ihnen dort eine Reihe untereinander zerstrittener Staaten gegenüber. So konnte sich das Sultanat von Delhi kurzfristig bis Madurai ausdehnen. Doch im 14. Jh. war der ganze Süden unter der Herrschaft von Vijayanagar geeint, das, von seinem Kernraum am Tungabhadra-Fluss ausgehend, im Norden bis an den Krishna-Fluss und zeitweilig bis Orissa reichte (Bild 10).

Vijayanagar war ein hinduistischer Militärstaat. An seiner Nordgrenze rang er in dauernden, mit Erbitterung und Grausamkeit geführten Kriegen um die Vormachtstellung in Zentralindien gegen das Bahmani-Sultanat und den zwischen 1489 und 1512 aus diesem hervorgegangenen Muslim-Sultanaten Bijapur, Golkonda, Bidar, Berar und Ahmadnagar, die zeitweilig sogar tributpflichtig gemacht werden konnten (Abb. 25).

Im Jahr 1565 gelang es schließlich den verbündeten Heeren der Muslim-Sultanate, das Vijayanagar-Reich vernichtend zu schlagen. Eine Vereinigung der Reststaaten des Reiches von Vijayanagar konnte sich noch eine Zeit lang unter den Polygars behaupten. Dann aber kam die Ostküste unter die Herrschaft muslimischer Sultanate, während die Westküste unabhängig blieb. Allerdings hat die Etablierung muslimischer Herrscher an der Ostküste nach dem Zusammenbruch von Vijayanagar die hinduistische Grundstruktur des Südens nicht beeinflusst.

Mogulreich und Maratheneroberungen

Erst die türkisch-persischen Mogulherrscher, Nachfahren der Mongolen, die Anfang des 16. Jh.s, ausgehend von Afghanistan, einfielen, stellten wieder eine Einheit Indiens her. Ihr Anführer Babur besiegte 1526 mit Hilfe der Artillerie als neuer Kriegstechnik Ibrahim Lodi, den Sultan von Delhi, und begründete das Mogulreich. Sein Enkel Akbar (1556–1605) dehnte seine Herrschaft von Afghanistan bis Bengalen und auf den nördlichen Deccan aus und verwandelte das Feudalreich in einen zentralistisch regierten, absolutistischen Staat. Akbar versuchte, die beiden großen Kulturen und Religionen zu vereinen und einen Kult des Herrschers zu fördern, der sich unter seinen Nachfolgern, Jahangir und Shahjahan, fortsetzte. Die kriegerischen Rajputen-Fürsten, die ständig um Unabhängigkeit stritten, band er durch eine geschickte Heiratspolitik an das Mogulreich.

Jahangir und Shahjahan konnten das Reich vergrößern, und die erste Hälfte des 17. Jh.s war eine Blütezeit höfischer Kultur, in die auch die Errichtung des Taj Mahal fiel. Bemerkenswert ist die häufige Verlegung der Hauptstadt: Akbar zog von Kabul nach Agra, erbaute dann Fatehpur Sikri und wählte schließlich Lahore als Residenz, um den unruhigen Nordwesten besser kontrollieren zu können. Shah Jahan gründete eine neue Stadt: Shahjahanabad, das heutige 'Alt-Delhi' (vgl. Bild 8). Aurangzeb, der Sohn Shahjahans, verlegte die Hauptstadt von Delhi für kurze Zeit nach Aurangabad im heutigen Maharashtra, um seine Herrschaft im Süden zu stärken (Abb. 26). In die Zeit der Mogulherrscher fällt auch eine Bedrohung aus ungewöhnlicher Richtung: Die Burmesen eroberten Assam und konnten es trotz Rückschlägen behaupten.

Unter Aurangzeb (1658–1707) wurde der Islam wieder Staatsreligion. Damit waren die Grundlagen von Akbars Staatsidee zerstört (Goetz 1965). Aurangzebs Reich wies zwar die maximale Ausdehnung auf, doch die hohen Steuern, die er seinen Untertanen für diese Expansion aufbürdete, und seine religiöse Intoleranz führten zu Aufständen in fast ganz Indien. Große Regionen machten sich selbstständig, z. B. Bengalen, die Rajputen-Fürsten und Hyderabad. Die auf ihn folgenden Mogulherrscher waren nur noch Kaiser dem Namen nach.

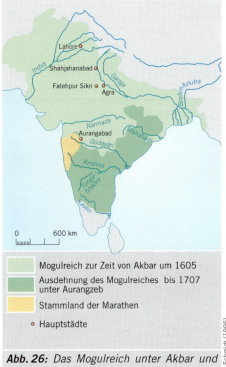

Mogulreich zur Zeit von Akbar um 1605

Ausdehnung des Mogulreiches bis 1707 unter Aurangzeb

Stammland der Marathen

○ Hauptstädte

Nach Schmidt (1995).

Abb. 26: *Das Mogulreich unter Akbar und Aurangzeb.*

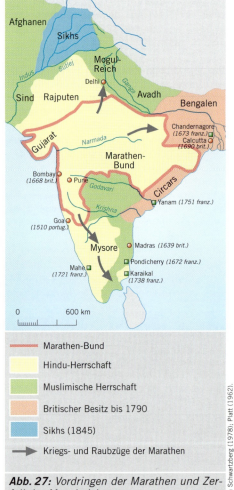

Marathen-Bund

Hindu-Herrschaft

Muslimische Herrschaft

Britischer Besitz bis 1790

Sikhs (1845)

Kriegs- und Raubzüge der Marathen

Nach Schwartzberg (1978); Platt (1962).

Abb. 27: *Vordringen der Marathen und Zerfall des Mogulreiches.*

Wesentlich zum Zerfall der Mogulherrschaft haben die Marathen beigetragen, eine kriegerische Hindu-Bevölkerung aus dem Gebiet des heutigen Maharashtra, ursprünglich mit einem Zentrum um Pune auf dem Deccan. Auf ihren Feldzügen überfielen sie West-, Zentral- und Nordindien. Unter ihrem Führer Shivaji erhielt ihr Kampf sogar den Charakter einer Bewegung, welche die Gemeinsamkeit der Hindus als Religion und Nation herausstellte. Heute wird Shivaji in Maharashtra als Symbol des Kampfes gegen die Muslims und den Westen parteipolitisch wieder genutzt.

Der Aufstieg der Marathen fiel jedoch mit der Expansion der Afghanen im Nordwesten und dem Vorrücken der Briten zusammen. 1761 wurden die Marathen von den Afghanen bei Panipat, nördlich von Delhi, vernichtend geschlagen. Da sie sich auch untereinander nicht zu einigen vermochten, war trotz der Besetzung großer Teile Nordindiens der Traum von einem indischen Reich unter ihrer Vorherrschaft zu Ende. Vielmehr hatten ihre Raubzüge das Land völlig ruiniert und die britische Eroberung erleichtert (Abb. 27).

Die Niederlage der Marathen und die Schwächung der Mogulherrscher ermöglichte die politische Herrschaft der Sikhs im Nordwesten. Ursprünglich aus einer Reformreligion hervorgegangen, wurden sie gegen Ende des 18. Jh.s im Kampf gegen die Unterdrückung durch die Muslims zu einer territorialen Macht, deren Kernland der Punjab mit der Hauptstadt Lahore war und die Teile Afghanistans, Kashmirs und Ladakhs umfasste. Zwei Kriege mit den Briten brachten die Zerschlagung des Sikh-Reiches und die Annexion des Punjab im Jahre 1849.

Kernräume und Grenzen vor dem Eindringen der Europäer

Geographische Gegebenheiten bilden den Rahmen für die Geschichte Indiens. Trotz aller zeitlicher Veränderungen lassen die politischen Raumstrukturen bestimmte Muster von Kern- und Grenzräumen erkennen, die sich in der vorbritischen Zeit immer wieder durchgesetzt haben.

Besonders im Norden greift die gemeinsame Geschichte des Subkontinents über die heutigen Staatsgrenzen hinaus. Für die Invasionen aus dem Nordwesten bildeten der Khyberpass bei Peshawar und der Bolanpass bei Quetta die wichtigsten Zugänge. Hier waren weder die Gebirgszüge noch der Indus Hindernisse für die Armeen aus dem zentralen Asien, die als Eroberer kamen und dann als neue Oberschicht blieben oder sich nach gründlicher Plünderung wieder zurückzogen. 'Sattelstaaten' (Spate & Learmonth 1967, S. 178) griffen über die Gebirge auf beide Seiten über. Der Himalaya und die Arakan-Ketten hingegen stellten deutliche Barrieren dar, durch die gelegentlich fremde Bevölkerungsgruppen einsickerten, die nur lokale Bedeutung erlangten.

Die Invasoren eroberten zuerst das Fünfstromland. Dann führte der weitere Weg zwischen den Trockengebieten und den Aravallis auf der einen Seite und den Ausläufern des Himalaya auf der anderen in die Yamuna-Ganga-Ebene: Nach Osten und Süden hin erlahmten die Vorstöße. Im Indus-Gebiet von Punjab und Sind fand so die größte Assimilation der Bevölkerung mit den verschiedenen Invasoren statt. Im Sind überwiegen in einem trockenen Klima Lebens- und Siedlungsformen, die der arabischen Welt verwandt sind, und der west- und zentralasiatische Einfluss ist in diesem Gebiet am stärksten.

Östlich von Delhi beginnt das Land, „wo die eingewanderten Arier zu Indern geworden sind, es ist die Heimat der indischen Religionen, der indischen Literatur und Philosophie" (Krebs 1939, S. 4). Die Reiche, die wiederholt fast den gesamten Subkontinent umfassten, hatten hier ihren Ursprung. Von diesen Macht- und Kulturzentren war der Deccan im östlichen Teil durch ausgedehnte Waldgebirge getrennt. Im Westen bereitete zwar der Weg über das Plateau von Malwa keine unüberwindbaren Schwierigkeiten, aber ein Vordringen über das Vindhya-Gebirge hinaus konnte erst erfolgen, wenn sich die Macht im Norden konsolidiert hatte. Auf dem Weg in den Süden bildete die Narmada eine wichtige Grenze, sowohl für militärische Expansionen als auch für das kulturelle Vordringen. Der Heiligkeit, die von orthodoxen Hindus vielen Flüssen zuerkannt wird, entspricht ihre Bedeutung als Grenze, weil ihr Überschreiten zu einer rituellen Verunreinigung führt (Platt 1962, S. 122 f.). Als später die (hinduistischen) Marathen, die ja von Süden kamen, ihre Herrschaft nördlich der Narmada ausdehnten, betrachteten sie das Land jenseits des Flusses als fremdes Gebiet. Die Narmada-Chota Nagpur-Linie kann daher als eine der dauerhaftesten inneren Grenzen Indiens angesehen werden. Südlich davon lag *Daksinapatha*, das dravidische Südland. Das Eigenleben des äußersten Südens ist einerseits durch die geringen Auswirkungen, die hier die politischen und religiösen Entwicklungen des Nordens hatten, gekennzeichnet, andererseits durch ein unerschüttertes Bewahren der älteren Traditionen. Großen Einfluss auf den Süden hatten seine Beziehungen nach Übersee – sowohl nach Westen als auch nach Osten.

Innerhalb dieses Rahmens waren bestimmte Kernräume im Verlauf der Geschichte immer wieder Zentren der Macht. Spate & Learmonth (1967, S. 177ff.) nennen sie 'Perennial Nuclear Regions'. Die wirtschaftliche Basis einer Kernregion und die Voraussetzung ihrer Entstehung war die Verfügbarkeit guten und möglichst für den Reisanbau geeigneten Landes. Zu einer zweiten Gruppe zählen Gebiete, die einmal der einen oder anderen Kernregion angehörten oder für begrenzte Zeit selbst die Basis eines Reiches bildeten. Eine dritte Gruppe umfasst die schwer zugänglichen und daher isolierten Räume, die häufig zu Rückzugsgebieten wurden (Sopher 1980).

Sieht man von der Entwicklung im heutigen Pakistan ab, so ist die erste große Kernregion das Yamuna-Ganga-Zwischenstromland, das Doab, und die sich östlich anschließende Ganga-Ebene, das 'Hindi Heartland' oder Hindustan (Abb. 28). Die-

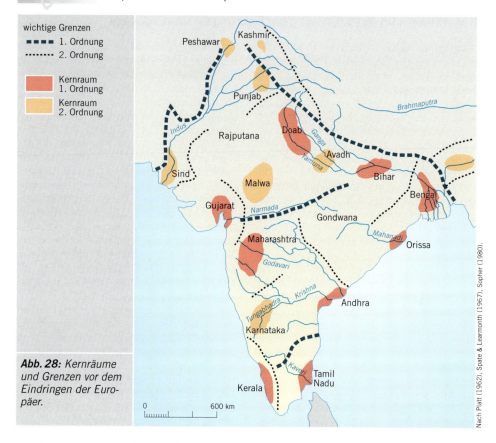

wichtige Grenzen
- ▪▪▪▪ 1. Ordnung
- ⋯⋯⋯ 2. Ordnung

Kernraum 1. Ordnung
Kernraum 2. Ordnung

Abb. 28: *Kernräume und Grenzen vor dem Eindringen der Europäer.*

0   600 km

Nach Platt (1962), Spate & Learmonth (1967), Sopher (1980).

ser Gunstraum war groß genug für mehrere Kernräume, die dann allerdings häufig um die Macht konkurrierten. Eine bedeutende Kernregion lag in der nördlichen Ebene bei Delhi und Agra. Delhi konnte sich am häufigsten als Zentrum behaupten, obwohl oder weil es der Lage nach sowohl Mittler als auch Schwelle zwischen Indus- und Ganga-Ebene war. Eine zweite Kernregion an der Ganga bildete Bihar mit der Hauptstadt Pataliputra. Zwischen diesen Gebieten gab es keine markante Grenze, weder in den Oberflächenformen noch in der Beschaffenheit der Böden oder der Differenzierung der Sprache. So konnte sich für begrenzte Zeit ein drittes Zentrum, in der Mitte zwischen Delhi und Bihar gelegen, durchsetzen: das Gebiet von Avadh (Oudh), dessen Bedeutung jedoch mehr lokaler Art war.

An der Ostküste der Halbinsel bildeten die Deltas mit Bewässerungsmöglichkeiten und Reisanbau sowie entsprechend dichter Besiedlung die Kernräume. Bei ähnlicher ökologischer Ausstattung war jedes Delta eine klar markierte Kernregion und Zentrum eines Staates, z.T. mit eigener Sprache. Es sind die Deltagebiete von Bengalen im Ganga-Brahmaputra-Delta, von Kalinga im Mahanadi-Delta, Andhra im Godavari-Krishna-Delta sowie das Kaveri-Delta als Zentrum des Chola-Reiches mit dem Pallava-Reich am Ponnaiyar-(Penner-)Fluss nördlich sowie dem Pandya-Reich um Madurai am Vaigai südlich davon. Da die letzten drei aneinander grenzten, kam es hier wiederholt zu Kriegen um die Vorherrschaft.

An der Westküste gab es zwei Regionen fruchtbaren Landes, die auch Seehandel betrieben: Gujarat im Norden und Kerala im äußersten Süden. Dazwischen befindet sich der Konkan mit einem schmalen Küstensaum, in dem oft das Gebirge bis ans Meer tritt. Gujarat lag am Endpunkt einer der wichtigsten Handelsstraßen von Agra über Ujjain zum Golf von Khambhat (Cambay). Dennoch konnte es sich in der Geschichte nicht immer als politische Macht durchsetzen. Dazu waren seine Grenzen zu offen und seine Lage zu nah an den Einfallstoren des Nordwestens. Kerala, der schmale Streifen im Süden, war hingegen besser als jeder andere Teil Indiens vor den Einflüssen der Invasoren aus dem Norden geschützt und entwickelte so ein deutliches Eigenleben. Es war aber zu abgelegen und in sich zu zersplittert, um eine überregionale Bedeutung zu erlangen.

Zwischen Norden und Süden war Malwa als Durchgangszone zwischen Hindustan und Deccan politisch instabil. Auf dem offenen Deccan entstanden zwar größere Reiche, aber ihre Grenzen – vom Narmada-Fluss im Norden abgesehen – waren fließend, und ihre Schwerpunkte verlagerten sich häufig. Auch besaß der Deccan nicht die Fruchtbarkeit der Gunsträume, sodass die Reiche vor allem bemüht waren, die Deltalandschaften der Ostküste unter ihre Herrschaft zu bringen.

Die Ungunsträume sind isoliert und zu Rückzugsgebieten geworden. Sie weisen eine eigene Kultur auf, die oft nur in geringem Maß von der indischen Hauptströmung beeinflusst wurde. Dazu gehört vor allem der 'Tribal Belt', ein breiter Gürtel von bewaldeten Bergländern, der sich von Orissa bis Gujarat zieht. Er wird von einer Stammesbevölkerung bewohnt, die z.T. vordravidischen Ursprungs ist und wohl ehemals über größere Gebiete Indiens verbreitet war. Sie ist nicht einheitlich und auch der Sprache nach unterschiedlicher Herkunft. So hat eine Bildung von größeren territorialen Einheiten nicht stattgefunden, nicht einmal im Zentrum der Stammesgebiete, wo das Becken von Chhattisgarh mit seinem fruchtbaren Reisland die Voraussetzung dafür geboten hätte. Ein anderes Rückzugsgebiet bildete Rajputana (Rajasthan), in dem sich, durch die karge Landschaft geschützt, die Rajputen-Fürsten behaupteten. Aber das Land war zu arm und die Herrschaften zu zersplittert, als dass hier ein größeres Reich hätte entstehen können.

Eine Region, die außerhalb des hier aufgezeigten räumlichen Rasters der indischen Geschichte liegt, ist der Nordosten. In dem vom Reisanbau gekennzeichneten Kerngebiet – dem Brahmaputra-Tiefland – hinduisiert, ist es von Bergen und Wäldern umgeben, die von einer Stammesbevölkerung bewohnt werden. Diese randlichen Regionen mit einer Vielzahl von Ethnien sind in ihren Strukturen eher mit Südostasien als mit Indien vergleichbar.

Die Anfänge der Kolonialzeit

Die Ankunft der Europäer hatte zunächst kaum Auswirkungen auf die politischen Raumstrukturen des Subkontinents. Portugiesen und Holländer hielten nur kleine Stützpunkte an den Küsten. Ihr Einfluss im Binnenland war, vom Handel abgesehen, ohne Bedeutung. Das änderte sich mit der flächenhaften Besitzergreifung durch die Briten, die zu neuen Ausrichtungen und einer Änderung der räumlichen Strukturen führte.

Handelskontakte zwischen Indien und Europa bestanden schon in vorrömischer Zeit. Nachdem Ägypten zur römischen Provinz geworden war, belebte sich der Handel unter Kaiser Augustus. Die Entdeckung, dass die Monsunwinde eine direkte Überfahrt von Arabien aus ermöglichten und daher – statt einer langen Küstenfahrt – Indien in viel kürzerer Zeit erreicht werden konnte, erlaubte einen regelmäßigen und umfangreichen Seehandel mit der West- und später auch der Ostküste Südindiens, wie zahlreiche Funde römischer Münzen belegen. Nach dem Zusammenbruch des Römischen Reiches wurde Persien zum wichtigsten Handelspartner. Als die Muslims Ägypten und Persien erobert hatten, übernahmen die Araber den Handel mit Indien, wie auch den Warenumschlag auf dem Weg nach Europa. Als Handelsgüter waren die Gewürze aus dem Hinterland der Südwestküste sowie feine indische Gewebe, Teak, Sandelholz, Elfenbein und Edelsteine begehrt. Hauptumschlagplätze waren im Süden Cochin, das sich auch in den Handel der Ostküstenhäfen einschaltete, und im Norden Surat und Broach (Bharuch),

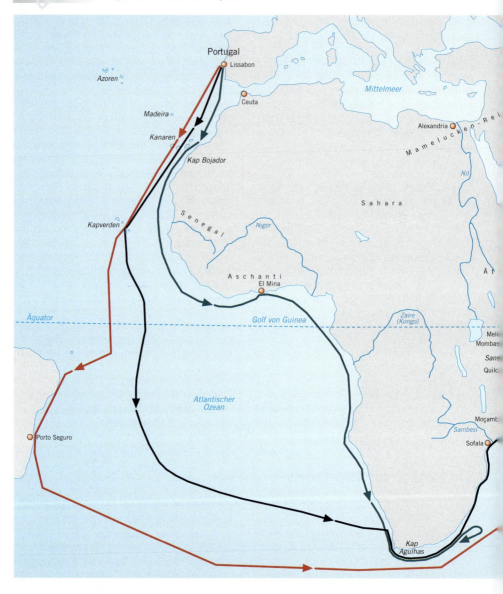

wo die Handelsrouten aus dem nördlichen Indien auf die Küste trafen. Um den islamischen Riegel zu brechen, bemühten sich die Europäer, eine neue Route nach Indien zu finden, welche die Portugiesen in der Umrundung Afrikas suchten.

Die Portugiesen

Mit den Portugiesen begann die Kolonialzeit, die für Europa und Indien umwälzende wirtschaftliche und politische Konsequenzen haben sollte. Die Portugiesen haben nicht nur den Seeweg nach Indien erkundet, sondern kamen auch als Erste und gingen als Letzte. Insgesamt behaupteten sie ihre Besitzungen in Indien über viereinhalb Jahrhunderte.

Die indischen Herrscher waren bereit, wegen der Vorteile, die sich aus dem Handel mit den Europäern ergaben, Konzessionen einzuräumen. Sie erwarteten, dass es bei kleinen Küstenplätzen bleiben würde, solange man den Europäern den Fernhandel überließ. Das Vertrauen in das Muster

Abb. 29: *Der Seeweg nach Indien.*

Diaz 1487–88

da Gama 1497–99

Cabral 1500–01

P e r s i e n

Ormuz

A r a b i e n

Arabisches Meer

Goa

Cannanore

Calicut

Cochin
Quilon

Berbera

S o m a l i n

Mogadiscio

Ceilão (Sri Lanka)

Indischer Ozean

adagaskar

Nach Salentiny (1991).

Madeira wurde 1419 entdeckt und wenige Jahre später die Azoren. Einer der großen Fortschritte auf dem Weg nach Süden war die Umfahrung des Kaps Bojador (1434), vor der eine Reihe von Expeditionen wegen der nach Süden zunehmenden Hitze, der Kalmenzone und der unbekannten Gewässer zurückgeschreckt waren. Erst im Jahre 1487 erreichte Bartolomeu Diaz die Südspitze Afrikas, musste aber wegen stürmischer Winde und ungünstiger Strömung umkehren. Damit war jedoch der Weg bekannt. Vasco da Gama segelte in weitem Bogen nach Westen, um den widrigen Südostpassat zu vermeiden. Dadurch gelangte er in das Gebiet der beständigen Westwinde, mit denen er auch das Kap umrundete (Giertz 1990; Abb. 29). In Melinde, an der ostafrikanischen Küste, warb er einen Lotsen an. Von dort erwies sich die Überquerung des Arabischen Meeres mit Hilfe des Südwestmonsuns als problemlos und nach nur drei Wochen landete er im Mai 1498 in Calicut (Kozhikode). Seine Fahrt war der Anfang neuer Handelsbeziehungen zwischen Indien und Europa.

Der Ertrag der ersten Reise war jedoch enttäuschend, denn der Herrscher von Calicut ließ unter dem Einfluss der etablierten arabischen Händler den Verkauf von Gewürzen nur in kleinen Mengen zu. Doch das nunmehr sichere Wissen um ihre Verfügbarkeit spornte zu weiteren Fahrten nach Indien an. Nachdem Cabral auf der nächsten Reise Cochin zu seinem Stützpunkt machte, nahm der Handel schnell zu. Cochin überflügelte bald Calicut, das heute ein unbedeutender Hafen ist.

Alfonso de Albuquerque, der von 1509 bis 1515 das Kommando über die portugiesischen Kräfte im Indischen Ozean hatte, erkannte, dass Portugal wegen der Entfernung und der durch die Monsunwinde eingeschränkten Fahrtmöglichkeiten zur Sicherung seiner Macht eine feste Basis in Indien brauchte. Außerdem sollte mit befestigten Stützpunkten an allen strategischen Punkten des Indischen Ozeans der Handel gesichert werden (Toussaint 1966, S. 105). Nachdem Albuquerque bei dem Versuch Calicut einzunehmen scheiterte, wandte er sich nach Norden und fand in Goa, das zum Territorium des Sultans von Bijapur gehörte, einen Hafen, der zum Land

der Beziehungen zwischen indischen Herrschern und Europäern, wie es sich zur Zeit der Portugiesen entwickelte, sollte später zum Verlust der indischen Unabhängigkeit führen.

Die systematische Suche nach einem Seeweg um Afrika nahm fast ein Jahrhundert in Anspruch. Prinz Heinrich, der auch 'der Seefahrer' genannt wird, hatte eine Akademie in Sagres, an der äußersten Südspitze Europas, gegründet, in der er alle Informationen über die Fahrt entlang der Westküste Afrikas sammelte. Einen Anreiz und ein Zwischenziel bildeten die großen Goldvorkommen südlich der Sahara, von denen man bei der Eroberung des arabischen Ceuta erfahren hatte. Damit verbunden war die Suche nach dem geheimnisvollen Priesterkönig Johannes, der in Afrika über ein mächtiges Reich herrschen sollte und den man als Verbündeten gegen die Araber zu gewinnen hoffte.

Bild 11: *Das Stadttor von Diu. Mit gewaltigen Festungsanlagen sicherten die Portugiesen ihre Herrschaft.*

hin sicher und von der See her gut zugänglich war.

Zur Sicherung der Position im Westen wurde 1515 Ormuz besetzt. Mit der Errichtung eines Forts in Colombo beherrschten die Portugiesen den Zimthandel wie auch die Schiffahrt um die Spitze Ceylons. Später bauten sie Diu und Daman zu befestigten Stützpunkten aus und sicherten damit die Kontrolle des Arabischen Meeres. Weitere Niederlassungen entstanden in Bassein, Salsette und Bombay. Dagegen unterhielten die Portugiesen an der Coromandel-Küste nur zwei Niederlassungen sowie eine im Mündungsgebiet der Ganga und in Chittagong.

Die Portugiesen waren auf die Zusammenarbeit mit indischen Händlern angewiesen, denn um territoriale Besitzansprüche zu erheben, reichten ihre Streitkräfte nicht aus. Umso größere Bedeutung gewann die Beherrschung des Meeres (Bild 11). Sie wurde ihnen dadurch erleichtert, dass die Inder nicht über bewaffnete, für das offene Meer taugliche Flotten verfügten. Als Landmächte zwar am Handel interessiert,

lag für sie eine Bedrohung vom Meer her außerhalb ihrer Erfahrung. Nach dem Sieg über eine arabisch-ägyptische Flotte hatten die Portugiesen keine Konkurrenz mehr zu fürchten (Platt 1962, S. 91). Da die Waren aus Europa den indischen Ansprüchen kaum genügten – beim Zamorin, dem Herrscher von Calicut, konnte Vasco da Gama mit seinen Geschenken keinen Eindruck machen –, beschafften sie sich die Mittel für ihre Exporte durch ein System von Schifffahrtslizenzen und Zöllen. Das lässt allerdings erkennen, dass der arabische und indische Handel zur See noch einen bedeutenden Umfang gehabt haben muss. Der portugiesische Handel umfasste neben Gewürzen auch viele andere Güter, darunter den Import von Pferden für die Krieg führenden Reiche des Deccan. Die Haupteinnahmequelle bildete jedoch das Staatsmonopol auf den Gewürzhandel. Es ermöglichte beim Verkauf in Lissabon gewaltige Gewinnspannen, denn die Preise orientierten sich am Mittelmeerhandel, der durch den Landweg vom Arabischen Meer zur Levante belastet war. So standen auch erhebliche Mittel für die Befestigung der Stützpunkte in Indien zur Verfügung.

Das portugiesische Kolonialreich erreichte seine größte Ausdehnung in der Mitte des 16. Jh.s und stützte sich auf die Vorherrschaft zur See. Allerdings gewann um diese Zeit Brasilien, das Cabral 1500 auf seiner Suche nach dem Weg um Afrika zufällig entdeckt hatte, mit seinem Zucker und seinen Edelmetallen einen höheren Stellenwert im Außenhandel. Dieser Ausweitung des Imperiums war das kleine Portugal kaum gewachsen. Die Annexion Portugals durch Philipp II. von Spanien trug zum Niedergang der portugiesischen Vormachtstellung bei.

Die Handelsgesellschaften: Niederländer, Briten und Franzosen

Nachdem die Portugiesen ihre Alleinherrschaft ein Jahrhundert lang behaupten konnten, begannen um die Wende zum 17. Jh. andere europäische Nationen, allen voran die Niederländer und Briten, in den Handel mit Süd- und Südostasien einzudringen. Auf dem Weg in den Indischen Ozean folgten die Niederländer zunächst der von den Portugiesen erforschten Seeroute nach Indien, wobei es schon an der Westküste Afrikas zu heftigen Kämpfen kam. Doch das Hauptziel der niederländischen Schiffe war nicht Indien, sondern der indonesische Archipel und seine Gewürzinseln. Dorthin gelangten sie auf einer neuen Seeroute, indem sie nach der Umrundung des Kaps der Guten Hoffnung nach Osten segelten, um dann mit Hilfe des Südostpassats in die Sundastraße vorzustoßen. Damit waren Stationen an der indischen Westküste überflüssig geworden, und Batavia wurde zur Hauptniederlassung. Mit der Einnahme von Malakka 1641 war die Macht der Portugiesen in Südostasien gebrochen (Pearson 1987).

Das Interesse der Niederländer an Indien bestand nicht nur am Erwerb der Gewürze. Mindestens ebenso wichtig war für sie der Einkauf von Textilien, die in Indonesien gegen Gewürze eingetauscht werden konnten. In Gujarat, dem wichtigsten Handelsplatz für Textilien, gelang es ihnen nach mehrjährigem Streit mit den Portugiesen, die Zustimmung des Herrschers für die Anlage einer Faktorei in Surat zu ge-

winnen, der weitere in Broach (Bharuch), Cambay (Khambhat), Ahmadabad und Agra folgten. Der Beschaffung von Textilien diente auch eine Faktorei in Masulipatam (Machilipatnam) im Reich von Golkonda.

Mitte des 17. Jh.s setzten die Niederländer zu einem Eroberungsfeldzug gegen die Portugiesen in Südindien an und vertrieben sie innerhalb kurzer Zeit aus dieser Region. Malabar- und Coromandel-Küste wurden damit für die Niederländer die wichtigsten Stützpunkte, von denen aus sie ihren Handel ins Binnenland erweiterten. Im Gegensatz zu den Portugiesen, die im Auftrag der Krone agierten, hatten die Niederländer 1602 eine Handelsgesellschaft als Zusammenschluss von Kaufleuten gegründet. Diese war wesentlich flexibler und verkaufte die Gewürze in freien Versteigerungen in Amsterdam. Ihre Gewinne bezogen sie nicht hauptsächlich aus Zöllen und Steuern, sondern aus dem Handel selbst.

Der Sieg über die Spanische Armada im Jahr 1588 ermöglichte England den Aufstieg zur maritimen Weltmacht. Bereits zwei Jahre vor den Niederländern hatten die Briten 1600 eine Handelsgesellschaft, die *East India Company*, gegründet, nachdem sie vorher schon im Indischen Ozean als Piraten aufgetaucht waren. Die ersten Fahrten der Gesellschaft führten in den indonesischen Archipel, wo sie sich jedoch nicht gegen die Niederländer durchsetzen konnte. Sie konzentrierten sich daher auf Indien und setzten sich 1613 gegen den Widerstand der Portugiesen in Surat fest; 1615 kehrte das erste mit indischen Waren beladene britische Schiff nach England zurück. In den folgenden Jahren etablierte die East India Company außer in Surat, das ihr Hauptquartier im Westen blieb, weitere Faktoreien in Agra, in Ahmadabad und Bharuch. 1639 erhielten die Briten gegen Zahlung einer größeren jährlichen Entschädigung von dem lokalen Herrscher die Erlaubnis zum Bau einer befestigten Faktorei in Madraspatnam, aus der das Fort St. George, der Kern von Madras, hervorging, das später zum Hauptsitz der Gesellschaft an der Südostküste wurde. Der Handel erfuhr einen erheblichen Aufschwung, weil die Gesellschaft außer den Gewürzen auch andere Waren aus Indien, darunter besonders

Seide und feine Baumwolltuche, auf den europäischen Märkten anbot und weil sie sich verstärkt am innerasiatischen Handel beteiligte. Damit übernahm sie auch einen Teil der früher in der Hand indischer Kaufleute und Schiffseigner gelegenen Transporte. Im 'Country Trade', wie ihn die Engländer nannten, handelte man mit einer Vielzahl von Gütern zwischen Indien, Südostasien, China, Ostafrika und Arabien und verschaffte sich zum Teil erst so die Mittel für den Kauf indischer Waren, die nach Europa exportiert wurden.

Die britische Konkurrenz setzte den Niederländern erheblich zu. An der Malabar-Küste konnten sie ihr Gewürzmonopol nicht durchsetzen, an der Coromandel-Küste und in Bengalen gewannen die Briten die Oberhand. Indien verlor so für die Niederländer immer mehr an Bedeutung, und sie konzentrierten sich auf den indonesischen Archipel.

Die Franzosen erschienen als Letzte in Indien. Die unter Ludwig XIV. gegründete französische Handelsgesellschaft hatte ihre Hauptstützpunkte in Pondicherry (1672) und in Chandernagore (1673), flussaufwärts von Calcutta. Durch die Kriege in Europa fehlte es jedoch an der notwendigen Unterstützung. Dennoch versuchten die Franzosen ein indisches Reich aufzubauen, indem sie eine Reihe von Fürsten auf der südlichen Halbinsel unter ihren Einfluss brachten. Aber die Briten besaßen die größere Flotte und die bessere Ausgangsbasis. In der Mitte des 18. Jh.s hatten sie die Northern Circars, ein Gebiet, das die Deltas von Krishna und Godavari und die Küstenebene nach Nordosten bis fast zum Mahanadi umfasste, fest in der Hand. Die Auseinandersetzungen um die Vorherrschaft auf dem Deccan und das Gebiet von Mysore, ausgelöst durch Nachfolgestreitigkeiten unter indischen Fürsten, leiteten – parallel zum Siebenjährigen Krieg in Europa – die unmittelbare Konfrontation zwischen Briten und Franzosen ein – zunächst mit wechselndem Erfolg. Doch am Ende des 18. Jh.s waren die Briten die vorherrschende Macht auf dem Deccan. Im Besitz von Madras und Arcot, hatten sie Hyderabad und – nach vier Kriegen – Mysore ebenso unter Kontrolle wie die übrigen kleinen Fürstentümer sowie Travancore und Cochin in Kerala, das inzwischen seine Bedeutung für den überseeischen Handel weitgehend verloren hatte. Konnten die Handelsgesellschaften zunächst nur eine begrenzte Territorialherrschaft erlangen, während die Oberhoheit bei den indischen Fürsten blieb, so hatten sich jetzt die Abhängigkeitsverhältnisse umgekehrt. Die von den einheimischen Herrschern um Unterstützung bei den Auseinandersetzungen mit ihren Nachbarn gebetenen Briten ließen sich diese durch die Verpfändung der Steuereinnahmen einzelner Landesteile und später des gesamten Staates oder Landabtretungen bezahlen. Damit finanzierten sie den Handel und die weitere territoriale Ausdehnung. Schließlich wurden den unterstützten Fürsten von den Briten politische Agenten (Residents) zur Seite gestellt, die als 'Ratgeber' ihre Politik kontrollierten (Goetz 1965, S. 18).

Britisch-Indien und der Weg in die Unabhängigkeit

Ausweitung und Festigung der britischen Herrschaft

Entscheidend für die britische Herrschaft in Indien war der Erwerb der Provinz Bengalen. Die wachsende Einflussnahme der East India Company in Bengalen hatte zu Auseinandersetzungen mit dem Herrscher geführt, der formell unter der Oberherrschaft des Mogul-Kaisers in Delhi stand, praktisch aber unabhängig war. 1757 gewannen die Briten die Schlacht von Plassey und kontrollierten damit nicht nur die Steuern dieser sehr reichen Provinz – die auch eingesetzt wurden, um den Süden zu unterwerfen –, sondern jetzt stand ihnen auch der Weg flussaufwärts entlang der Ganga offen (Kulke & Rothermund 1998). Die Existenz des Königreiches von Avadh mit der Hauptstadt Lucknow tolerierte man noch eine Zeit lang, doch der machtlose Mogul-Kaiser in Delhi wurde 1803 'pensioniert'. Als ernsthafte Gegner blieben nur noch die Marathen und die Sikhs. Die Marathen, die sich von ihrer Niederlage gegen die Afghanen nicht mehr erholt hatten und uneinig waren, konnten in zahlreichen Einzelaktionen unterworfen werden. Die ebenfalls untereinander zerstrittenen Rajputen-Fürstentümer blieben zwar formell unabhängig, aber den wichtigen Knotenpunkt von Ajmer übernahmen die Briten. In den randlichen Bereichen wurden die nepalesischen Gurkhas aus den nördlichen Gebirgstälern der Vereinigten Provinzen, in die sie eingefallen waren, zurückgedrängt. 'Schutzbündnisse' mit Manipur, Tripura, Sikkim und Nepal sowie mit den Assam benachbarten Stämmen sollten ihre Überfälle in die Ebene verhindern. Auch die Stämme von Chota Nagpur kamen unter britische Herrschaft.

Während die Briten ihre Herrschaft ausdehnten, hatten die Sikhs, begünstigt durch den Niedergang der Mogulherrschaft, einen Militärstaat aufgebaut. Dieser reichte bis über den Indus sowie ins Tal von Kashmir und nach Ladakh. Nach zwei verlustreichen Schlachten annektierten die Briten das Sikh-Reich (bis 1849) und dazu Sind, das damals unter der Kontrolle von Fürsten baluchistanischer Herkunft stand. Der Versuch, Afghanistan zu unterwerfen, wo man die russische Einflussnahme fürchtete, scheiterte 1848 mit einer Niederlage. Ein späteres Abkommen erlaubte aber, die Grenzen bis über die Stadt Quetta in Baluchistan und zum Khyberpass vorzuschieben. Die kriegerischen Stämme der nordwestlichen Grenzregion hielt man mit Gewalt oder mit Geldzahlungen ruhig.

Die Kontrolle der nordöstlichen Grenzregion und ihrer Stammesbevölkerung war sehr locker, denn Burma gehörte bis 1937 als Provinz zu Britisch-Indien. Der äußerste Nordosten, die 'North Eastern Frontier Agency', war ein Niemandsland, auf das China gelegentlich Ansprüche stellte. Da die Verträge der East India Company mit den indischen Fürsten festschrieben, dass beim Tod eines Fürsten ohne Erben sein Territorium an die Gesellschaft fiel, ergaben sich weitere Zugewinne. So gelangte bis 1857 der gesamte Subkontinent in britischen Besitz oder unter britische Kontrolle.

In den Jahren 1857 bis 1858 geriet die britische Herrschaft noch einmal ins Wanken. Nach den vorangegangenen chaotischen Zeiten hatten sich die Inder zunächst dieser Herrschaft und ihrer geordneten Verwaltung gefügt. So konnte das Kolonialreich überwiegend mit indischen Truppen erobert werden. Nur ein kleiner Teil der Armee, darunter alle Offiziere sowie die höhere Administration, bestand aus Briten. Doch die Bemühungen der Briten, Indien zu 'zivilisieren', wurden von den Indern immer häufiger als Angriff gegen ihre Sitten und Religion angesehen. 1857 kam es, von eigentlich nebensächlichen Anlässen ausgelöst, zu dem, was die Briten 'Meuterei und die Inder inzwischen den 'ersten Freiheitskampf' nennen. Von den Armeestützpunkten bei Calcutta und Meerut, nördlich von Delhi, ausgehend, lag der Schwerpunkt des Aufstandes in der Ganga-Ebene zwischen Delhi und Patna und den südlich gelegenen Landstrichen bis zum Narmada-Fluss (Goetz 1965). Dabei spielte die meuternde Bengal-Armee, die sich hauptsächlich aus Brahmanen, Rajputen und Muslims in gemischten Einheiten zusammensetzte, eine wichtige Rolle. Es ist bemerkenswert, dass sich die Bevölkerung Bengalens nicht beteiligte, ebenso wenig die Sikhs, denen ein von Brahmanen und Muslims getragener Aufstand suspekt war. Die Marathen waren wie immer uneins, und vor allem der ganze Süden engagierte sich nicht. Die Kämpfe verliefen mit größter Grausamkeit. Da keine einheitliche Führung und Organisation auf indischer Seite bestand, siegten schließlich die Briten. Der letzte Großmogul, der sich widerwillig den Aufständischen angeschlossen hatte, musste den Rest seines Lebens im Exil in Burma verbringen.

Nach dem Aufstand setzte ein völliger Wandel der britischen Politik ein. Die Armee wurde umorganisiert: Seitdem stellten die Sikhs und Muslims aus dem Norden die Mehrheit, ergänzt durch Gurkhas aus Nepal und Pathanen aus der Nordwestregion. Die Annektionen durch Erbfolge wurden eingestellt, die inneren Grenzen eingefroren. Allerdings verstärkten die Briten die Kontrolle über die einheimischen Herrscher, denen man aber freie Hand in ihrem Territorium ließ. So entstand ein wachsender Gegensatz in der technischen und sozialen Entwicklung zwischen den fortschrittlicher verwalteten britischen Provinzen und den autokratischen großen und kleinen Fürstenstaaten – mit der Ausnahme einiger, die gut, aber paternalistisch regiert wurden.

Bis 1858 übte formell die East India Company die britische Herrschaft in Indien aus. Aber bereits seit den 70er-Jahren des 18. Jh.s wuchs die Kontrolle des britischen Parlaments, und die Verwaltung ging bis etwa 1830 von den meist nur nach persönlichem Gewinn strebenden Angestellten der Gesellschaft in die Hand unbestechlicher Beamter über. 1877 erfolgte die Gründung des indischen Kaiserreiches, in dem Königin Victoria und ihre Nachfolger die Stellung der einstigen Großmogul-Kaiser übernehmen sollten und ein Vizekönig die Regierung vertrat (Abb. 30). Indien erfuhr eine politische und wirtschaftliche Einheit wie nie zuvor in seiner Geschichte. Der Bau der Eisenbahnen bildete eine wichtige Klammer, die nicht nur schnelle Truppenverschiebungen erlaubte, sondern

auch den Transport von Nahrungsmitteln in Gebiete mit Missernten möglich machte. Die bessere Versorgung, die Bekämpfung von Seuchen und die Verhinderung von Kriegen führte zu einem schnellen Bevölkerungswachstum. Neben den Eisenbahnen haben die Einführung des Telegraphen und eine schnelle Post zur Verbreitung neuer Ideen in Indien wesentlich beigetragen.

Die Öffnung des Suezkanals 1869 band Indien noch stärker an England. Der engere Kontakt mit dem 'Mutterland' bedeutete aber auch, dass sich die Briten als fremde Herrscher deutlicher von den Einheimischen absetzten. Ihr Sendungsbewusstsein und Überlegenheitsgefühl vergrößerten die Kluft zwischen ihnen und den Indern. Die Zahl der Colleges und später auch der Universitäten mit englischer Erziehung und englischem Gedankengut wuchs schnell. Wohlhabende Inder konnten in England studieren und brachten Vorstellungen und

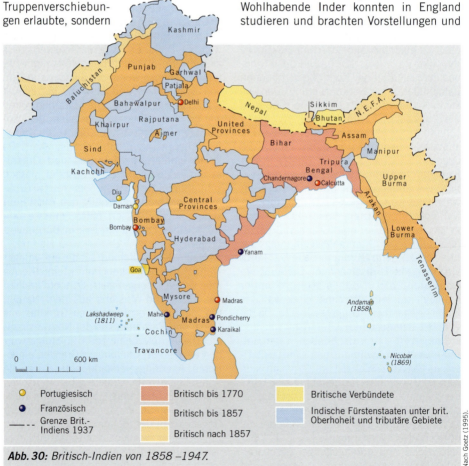

Abb. 30: *Britisch-Indien von 1858–1947.*

○ Portugiesisch	Britisch bis 1770	Britische Verbündete
● Französisch	Britisch bis 1857	Indische Fürstenstaaten unter brit. Oberhoheit und tributäre Gebiete
– – – Grenze Brit.-Indiens 1937	Britisch nach 1857	

Nach Goetz (1995).

Gedanken mit, die ihnen die Fremdherrschaft im eigenen Land immer bewusster machten. Die neue Oberschicht fühlte sich von den Briten zurückgesetzt. Mit ihrer Verwestlichung erfolgte gleichzeitig eine Rückbesinnung auf die eigenen kulturellen Wurzeln, an deren Wiederentdeckung westliche Archäologen, Historiker und Linguisten wesentlichen Anteil hatten.

Der indische Nationalismus

In Bengalen waren es die Hindu-Intellektuellen, die in der damaligen Hauptstadt zwar die größten Vorteile genossen, sich aber wohl auch am empfindlichsten von den Briten zurückgesetzt fühlten. In Maharashtra mit seiner kriegerischen Tradition machte sich die brahmanische Elite zum Sprecher des Nationalismus. Der Süden beteiligte sich weniger an der Agitation. Die hinduistische Ausprägung des Nationalismus brachte auch die Muslims des Nordens in eine Abwehrstellung und förderte ihren Separatismus, der später zur Teilung des Landes führte.

Von Bedeutung für den indischen Nationalismus war die Gründung des *Indian National Congress* im Jahre 1885, überwiegend getragen von Hindus der städtischen Oberschicht. Die Forderungen richteten sich zunächst nicht auf Unabhängigkeit, sondern auf mehr Selbstverwaltung, mehr Beamtenstellen, Verbesserung des Erziehungswesens u. ä. Nach der Jahrhundertwende nahm die Unabhängigkeitsbewegung militantere Formen an, hauptsächlich ausgelöst durch die Teilung Bengalens (1905) in eine westliche und östliche, Letztere überwiegend von Muslims bewohnte Provinz, das heutige Bangladesh. Der Congress brandmarkte sie als britische Politik des 'Teilens und Herrschens'. Es kam zu Unruhen, und der Congress forderte dazu auf, britische Waren zu boykottieren.

Die Teilung wurde später zurückgenommen, aber sie hatte die Gegensätze zwischen Hindus und Muslims offensichtlich gemacht und veranlasste 1906 die Gründung der *All-India Muslim League*, die für die Muslims verfassungsgarantierte Sicherheiten verlangte und separate Wahlkreise durchsetzte. Später führte man auch reservierte Sitze in den Provinzregierungen zum Schutz der Minderheiten, z. B. der 'Unbe-

rührbaren' (Scheduled Castes, S.C.) ein, was damals den Briten zum Vorwurf gemacht, im unabhängigen Indien aber zumindest teilweise beibehalten wurde. Die Gegensätze verstärkten sich nach dem Ersten Weltkrieg, als sich die Hoffnung der Inder, die an der Seite Englands gestanden hatten, auf größere Unabhängigkeit nicht erfüllten. Zwar konnten sie ab 1919 bis in die höchsten Ministerposten der Zentralregierung aufsteigen, und die Provinzen, in deren Regierungen sie schon seit der Jahrhundertwende saßen, erhielten größere Autonomie, aber die meisten Konzessionen und Reformen können als 'zu wenig und zu spät' charakterisiert werden.

Der Congress und die Muslim-Liga hatten sich zu den führenden Parteien der Hindus bzw. Muslims entwickelt. Bei den Wahlen von 1937 gewann der Congress in den meisten Provinzen die Mehrheit. Seine Weigerung, die Vertreter der Minderheit in die Regierung aufzunehmen, führte zum endgültigen Bruch zwischen Hindus und Muslims, der durch mehrere blutige Unruhen zwischen den Gruppen noch vertieft wurde. Die Muslims fühlten sich in ihren Befürchtungen bestätigt, dass sie von den Hindus in einem unabhängigen Indien majorisiert würden. Unter der Führung von Mohammad Ali Jinnah forderten sie einen eigenen Staat, Pakistan, der aus den überwiegend von Muslims bewohnten Teilen Britisch-Indiens gebildet werden sollte.

Eine wichtige Rolle auf dem Weg in die Unabhängigkeit spielte Mohandas Karamchand Gandhi aus Gujarat. Nach einem Studium in England ließ er sich als Anwalt in Südafrika nieder, wo er sich mit der Methode des von ihm entwickelten gewaltlosen Widerstands für die Rechte der dortigen Inder – allerdings nicht die der schwarzen Bevölkerung – einsetzte. Bei seiner Rückkehr nach Indien ging ihm daher ein Ruf als Freiheitskämpfer voraus. Der Congress war damals eine Vereinigung von Intellektuellen des Bürgertums sowie von Unternehmern, die ihn auch finanzierten. Die Masse der ländlichen Bevölkerung, unwissend und seit Jahrhunderten ausgebeutet, verhielt sich völlig apathisch. Gandhi gelang es, diese breite Bevölkerungsschicht zu mobilisieren – vielleicht weniger durch seine politische Botschaft als vielmehr durch seine Anerkennung als eine Art 'Lehrer' und 'Heiliger', was ihm den Beinamen Mahatma, d. h. 'die große Seele', eintrug. Gegen die Engländer setzte er den gewaltlosen Widerstand ein und hatte damit mehr Erfolg als die bengalischen Terroristen unter Subhas Chandra Bose. Zwar plädierte er für die Brüderlichkeit mit den Muslims, diese misstrauten ihm aber wegen seines Auftretens als Hindu-Asket. Die Teilung konnte er nicht verhindern, und es war sein Einsatz für ein besseres Verhältnis zwischen Indien und Pakistan, der zu seiner Ermordung durch einen Hindu-Extremisten führte.

Die Teilung des Subkontinents

Nach Ende des Zweiten Weltkrieges, in dem Großbritannien auch indische Truppen eingesetzt hatte, wurde deutlich, dass die Briten Indien nicht mehr halten konnten. Die neue Labour-Regierung in Großbritannien war, auch unter dem Druck der Amerikaner, bereit, das Land in die Unabhängigkeit zu entlassen. Die Wahlen in Indien zeigten jedoch, dass der Gegensatz der Religionen zum wichtigsten politischen Faktor geworden war. Auf der einen Seite stand die Muslim-Liga, die von M. A. Jinnah geführt wurde, auf der anderen die Congress-Partei der Hindus mit Jawaharlal Nehru. Jinnah bestand auf der Abtrennung und einer eigenen Nation der Muslims, der Congress auf einem Großindien, das beide Religionen umfassen sollte. Anfang 1946 misslang es einer britischen Mission, die beiden Seiten zu einem Einverständnis zu bringen, sodass die Gefahr eines Bürgerkrieges ständig wuchs. In Calcutta, das einen hohen Anteil an Muslims hat, ermordeten Muslims Hindus und Hindus Muslims, und der Punjab im nördlichen Indien befand sich im Chaos. Die britische Regierung ersetzte den bisherigen Vizekönig Lord Wavell durch Lord Mountbatten und legte das Datum für die Unabhängigkeit auf den 14. Juni 1948. Gandhi stand gegen eine Teilung, aber er hatte keine offizielle Stellung, und sein politischer Einfluss war zurückgegangen. Die Machtübergabe wurde dann von den Briten auf den 15. August 1947 vorgezogen.

Die Teilung des Landes erwies sich als eine überaus schwierige Aufgabe. Einige Gebiete hatten zwar eindeutig eine Hindu- oder Muslim-Mehrheit, in anderen war die Religionszugehörigkeit jedoch sehr gemischt. Die tatsächliche Trennungslinie verlief so, dass die Distrikte mit einer Muslim-Mehrheit an Pakistan und alle übrigen an Indien fielen (Abb. 31).

Eine Teilung nach Mehrheiten in den Distrikten bedeutete aber keine klare Lösung. Von den 92 Mio. Muslims auf dem Subkontinent lebten 1941 nur 22 Mio. im Westen und 29 Mio. im Osten, vom Rest entfielen 5 Mio. auf Kashmir und Hyderabad. Somit gab es etwa 36 Mio. auf dem Gebiet des heutigen Indien. Als Minderheit hatten viele Muslims ihre Heimat auf der indischen Seite und Hindus auf der pakistanischen Seite. Die Schwierigkeiten wurden besonders deutlich im Punjab, der eine Muslim-Bevölkerung von 55 %, eine Hindu-Bevölkerung von 30 % und einen großen Teil Sikhs umfasste, die nirgendwo eine Mehrheit stellten. Es kam zu einem Blutvergießen, das die schlimmsten Befürchtungen noch übertraf und monatelang andauerte. Voll gepackte Züge mit Muslims, die nach Westen flohen, wurden angehalten und die Passagiere von Hindus und Sikhs ermordet. Hindus und Sikhs, die nach Indien zu entkommen suchten, erlitten das gleiche Schicksal; in Delhi kam es zu einem Aufstand der Muslims. Der 'Austausch der Minderheiten' führte zu 11 bis 12 Mio. Flüchtlingen, davon 7,5 Mio. nach Indien. Die Zahl der Toten wird auf 1 Mio. geschätzt (Platt 1962, S. 112). Das ist weit mehr als andere neue Staaten ihr Kampf gegen die Kolonialmacht gekostet hat.

Da die zwei mehrheitlich von Muslims besiedelten Regionen auf entgegengesetzten Seiten des Subkontinents lagen, bestand Pakistan, wie der neue Staat heißen sollte, aus einem östlichen und einem westlichen Teil mit einem feindlichen Indien in der Mitte. Beide Teile hatten außer der Religion wenig gemeinsam, sodass es 25 Jahre später mit indischer Unterstüt-

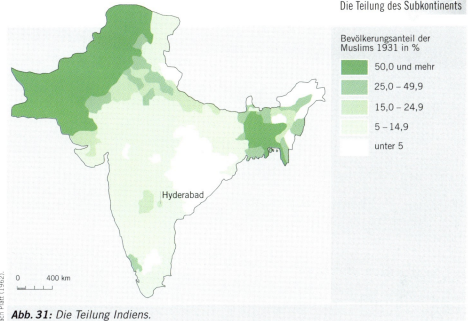

Bevölkerungsanteil der
Muslims 1931 in %

50,0 und mehr

25,0 – 49,9

15,0 – 24,9

5 – 14,9

unter 5

Hyderabad

0   400 km

Nach Platt (1962).

Abb. 31: *Die Teilung Indiens.*

zung zur Abtrennung Ostpakistans kam, das sich Bangladesh nannte.

Infolge der gewaltigen Flüchtlingsbewegungen entstand das westliche Pakistan als ein fast rein muslimischer Staat. In Ostpakistan zog sich jedoch der Bevölkerungsaustauch über Jahrzehnte hin, begleitet von blutigen Unruhen, die immer neue Flüchtlingsströme nach West Bengal auslösten, insbesondere im Zusammenhang mit dem indo-pakistanischen Krieg von 1964/65 und der Loslösung Bangladeshs von Pakistan (1971). West Bengal nahm nach Angaben der Regierung über 2 Mio. Hindu-Flüchtlinge aus Ostpakistan auf, denn hier wurde die gleiche Sprache gesprochen, und hier herrschte die gleiche Kultur. Das ebenfalls an Ostpakistan grenzende Bihar war hingegen nur das Ziel weniger Flüchtlinge. Auch die Zahl der aus West Bengal nach Ostpakistan fliehenden Muslims war relativ gering. In der Indischen Union bilden somit Muslims die stärkste Minderheit. Sie ist über einen großen Teil des Landes verteilt, allerdings mit deutlichen Schwerpunkten vor allem im Norden und in den Städten.

An Indien fielen aber auch die Gebiete des Nordostens, die weder überwiegend hin-

duistisch noch muslimisch sind, sondern deren Bevölkerung zu einem beträchtlichen Teil christlichen Denominationen oder Naturreligionen angehört. Auch die Sikhs, die von den Hindus ihrer Religion zugeordnet werden, sehen sich selbst als eine separate Einheit. Vor diesem Hintergrund war die Congress-Partei bemüht, das von Nehru geprägte Postulat des säkularen Staates aufrechtzuerhalten. Denn unter diesem Aspekt erhielt sie – als kleineres Übel im Vergleich zu den nationalistisch-hinduistisch geprägten Parteien – die Wählerstimmen der Muslims, was bis in die jüngste Zeit eine wichtige Rolle spielt.

Der Subkontinent, der sich unter britischer Herrschaft in der entscheidenden Phase seiner frühen Industrialisierung und Verkehrserschließung zu einem verflochtenen Wirtschaftsraum entwickelt hatte, war im Chaos auseinander gebrochen. Jeder Teil versuchte, sich von dem anderen zu lösen: Verkehrsverbindungen wurden durchschnitten, Industrien verloren ihre Rohstoffbasis, Anbaugebiete ihre Märkte und Städte ihre Einzugsgebiete. Die Eingliederung der heimatlos gewordenen Flüchtlinge stellte für Jahrzehnte eine ungeheure Belastung dar.

DIE INDISCHE UNION – TERRITORIALE NEUGLIEDERUNG UND REGIONALE KONFLIKTE

Bild 12: *Die Republic Day Parade in Delhi. Die Parade am 26. Januar ist nicht nur eine Demonstration der Macht, sondern auch der Einheit des Landes.*

Überblick

- Bis zur Unabhängigkeit bestand Britisch-Indien aus Provinzen und Fürstentümern. Die Indische Union wurde nach Bundesstaaten gegliedert. Aus Sorge um ein Auseinanderfallen des neuen Staates sah die Verfassung eine starke Zentralregierung vor.
- Die Abgrenzung der Bundesstaaten richtet sich nach den großen regionalen Sprachen. Gegen Hindi, das im Norden gesprochen wird, als Nationalsprache wehrt sich vor allem der Süden. Die Integration mit Indien stieß in den nicht-hinduistischen Gebieten von Kashmir, im Punjab und im Nordosten auf Widerstände.
- Der Prozess der Neugliederung ist noch nicht abgeschlossen. Im Jahr 2000 kam es zur Gründung von drei neuen Bundesstaaten aus den Territorien bestehender.
- Da an den neuen Koalitionsregierungen in Delhi inzwischen auch Regionalparteien beteiligt sind, muss den Bundesstaaten eine größere Selbständigkeit gegenüber der Zentralregierung eingeräumt werden.

Die Integration des britischen Erbes

Fürstenstaaten und Provinzen

Das bis zur Unabhängigkeit vorhandene Mosaik von Provinzen, Fürstenstaaten und 'Agencies' erforderte eine territoriale Neuordnung Indiens. Erster Schritt war die Integration der Fürstenstaaten. Bis 1947 wurden zwei Fünftel des Subkontinents mit fast einem Viertel der Bevölkerung nach indischer Tradition von Fürsten autokratisch regiert. Allerdings bildeten die Fürstenstaaten keine Einheit, denn sie waren über den ganzen Subkontinent verteilt und von unterschiedlicher Größe und Bedeutung. Hyderabad hatte ein Gebiet von 205 000 km^2 und eine Bevölkerung von über 14 Mio. Die kleinsten der Fürstenstaaten auf der Kathiawar-Halbinsel umfassten nur wenige Quadratkilometer und ein paar hundert Einwohner. Insgesamt gab es über 600 Staaten, meist klein und unbedeutend, deren Herrscher sehr unterschiedliche Verträge mit den Briten besaßen. In nur 28 Staaten übertraf die Bevölkerung eine halbe Million. Innerhalb dieser Gruppe umfassten die acht größten wiederum die Hälfte des gesamten Gebietes, der Bevölkerung und der Einkünfte.

Die Fürstenstaaten waren Relikte der britischen Expansionspolitik, die sich nach der Eroberung Bengalens und der Ostküste auf die Gebiete mit der dichtesten Bevölkerung und der ergiebigsten Landwirtschaft, d. h. dem höchsten Steueraufkommen, richtete, denn die Briten fanden es wenig lohnend, unwirtschaftliche Landstriche zu besetzen. Da diese jedoch ihren Interessenssphären häufig benachbart lagen, bot es sich an, sie weiterhin von einem lokalen Herrscher regieren zu lassen, sofern er nur Ruhe und Ordnung garantierte, die britische Oberherrschaft und die 'Pax Britannica' akzeptierte. Ein großer Teil des zentralen und westlichen Indiens sowie Rajasthans – früher einmal besonders unruhige Gebiete – bestanden so aus einer Vielzahl von Kleinstaaten.

Gegen Ende des 19. Jh.s erkannten die Briten, dass die Fürstenstaaten ein konservatives Bollwerk gegen eine schnelle politische Entwicklung boten. Während der 1920er- und 30er-Jahre hatten einige der Herrscher, die von den Briten als Bundesgenossen angesehen wurden, in die politische Diskussion eingegriffen und ihre lokale Macht und ihren Einfluss entsprechend zum Tragen gebracht. Doch im späteren Verlauf der Unabhängigkeitsbewegung waren die Fürsten nicht in der Lage, sich auf eine gemeinsame Linie und Politik zu einigen, sodass die Diskussion um die Neuordnung und die Integration der Fürstenstaaten in der entscheidenden Phase ohne sie ablief. Bis zum Stichtag 15. August 1947 hatten außer dreien alle Fürstenstaaten ihren Beitritt zur Indischen Union erklärt. Ihre politische Integration trieb dabei vor allem Sadar Vallabhbhai Patel, ein Gefolgsmann Gandhis und Innenminister, rigoros voran. Das kleine an der Saurashtra-Küste gelegene Junagadh wurde problemlos übernommen. In dem großen Fürstenstaat Hyderabad mit einem widerstrebenden muslimischen Herrscher, aber einer hinduistischen Bevölkerung, ließ er indische Truppen einmarschieren. In Kashmir ergab sich die umgekehrte Konstellation: Hier herrschte ein Hindu-Fürst über eine überwiegend muslimische Bevölkerung. Doch der Fürst unterschrieb ein Beitrittsabkommen zur Union. Darüber kam es zum Krieg mit Pakistan. Indien konnte den wichtigsten Teil des Landes besetzen; Kashmir ist seitdem durch eine Waffenstillstandslinie zwischen Indien und Pakistan geteilt. Der Streit um Kashmir hat das indisch-pakistanische Verhältnis vergiftet und bisher zu drei Kriegen geführt. Wegen der alles überragenden Bedeutung, die das Kashmir-Problem für Indien gewonnen hat, wird unten besonders darauf eingegangen.

Eine föderative Gliederung Indiens schloss außer den Fürstenstaaten auch die ehemaligen britischen Provinzen, die 'Presidencies', ein, die den wichtigsten Teil des Landes, das eigentliche Britisch-Indien, umfassten. Die größten waren Bengalen, Bihar und Orissa sowie die Vereinigten Provinzen (United Provinces) und der Punjab im Norden, die Zentralprovinzen (Central Provinces) im mittleren Teil Indiens sowie Madras und Bombay im Süden bzw. Westen. Nachdem man ihnen einige kleine, wirtschaftlich nicht lebensfähige Fürstenstaaten zugeschlagen hatte, bildeten sie die Staaten der 'Class A'. Jeder erhielt eine gesetzgebende Versammlung, eine Regierung

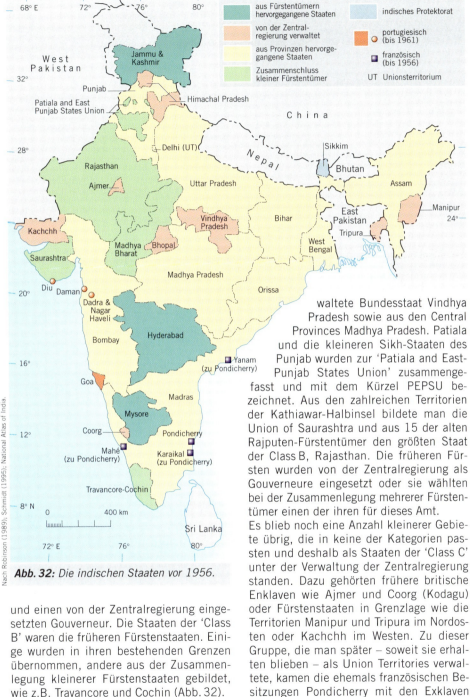

Abb. 32: *Die indischen Staaten vor 1956.*

und einen von der Zentralregierung eingesetzten Gouverneur. Die Staaten der 'Class B' waren die früheren Fürstenstaaten. Einige wurden in ihren bestehenden Grenzen übernommen, andere aus der Zusammenlegung kleinerer Fürstenstaaten gebildet, wie z.B. Travancore und Cochin (Abb. 32).

Im Zentrum entstanden aus Gwalior und Indore und aus einer Anzahl weiterer kleiner Territorien der von der Zentralregierung ver-

waltete Bundesstaat Vindhya Pradesh sowie aus den Central Provinces Madhya Pradesh. Patiala und die kleineren Sikh-Staaten des Punjab wurden zur 'Patiala and East-Punjab States Union' zusammengefasst und mit dem Kürzel PEPSU bezeichnet. Aus den zahlreichen Territorien der Kathiawar-Halbinsel bildete man die Union of Saurashtra und aus 15 der alten Rajputen-Fürstentümer den größten Staat der Class B, Rajasthan. Die früheren Fürsten wurden von der Zentralregierung als Gouverneure eingesetzt oder sie wählten bei der Zusammenlegung mehrerer Fürstentümer einen der ihren für dieses Amt.

Es blieb noch eine Anzahl kleinerer Gebiete übrig, die in keine der Kategorien passten und deshalb als Staaten der 'Class C' unter der Verwaltung der Zentralregierung standen. Dazu gehörten frühere britische Enklaven wie Ajmer und Coorg (Kodagu) oder Fürstenstaaten in Grenzlage wie die Territorien Manipur und Tripura im Nordosten oder Kachchh im Westen. Zu dieser Gruppe, die man später – soweit sie erhalten blieben – als Union Territories verwaltete, kamen die ehemals französischen Besitzungen Pondicherry mit den Exklaven Yanam und Karaikal an der Ostküste und Mahé an der Westküste. Das nördlich von Calcutta gelegene Chandernagore war schon früher dem Bundesstaat West Bengal eingegliedert worden. Auch die Hauptstadt Delhi erhielt den Status eines Union Territory. Portugal war nicht bereit gewesen, Goa und seine kleineren Besitzungen aufzugeben, weil es sie nicht als Kolonien, sondern als Provinz Portugals betrachtete. Nach jahrelangen Agitationen, besonders in Bombay, und dem Eindringen indischer 'Freiheitskämpfer' nach Goa ließ Nehru 1961 indische Truppen in Goa und den anderen beiden kleinen Territorien Daman und Diu einmarschieren – das im Binnenland gelegene Nagar Haveli war schon früher besetzt worden – und gliederte sie als von der Zentralregierung verwaltete Union Territories ein. Seit 1987 ist Goa ein Bundesstaat. 1947 übernahm Indien das britische Protektorat über den kleinen Gebirgsstaat Sikkim, den es 1975 der Union einverleibte und zum Bundesstaat erklärte. Die Andaman- und Nicobar-Islands im südöstlichen Teil der Bucht von Bengalen sowie Lakshadweep im Arabischen Meer wurden zur 'Class D' und direkt von Delhi verwaltet. Diese erste bundesstaatliche Gliederung folgte also weitgehend der Grundlage der Verwaltungseinheiten aus der Kolonialzeit.

Die Auseinandersetzung um Kashmir

Im Gefolge der Kriege mit den Sikhs Mitte des 19. Jh.s, deren damaliger Staat auch Kashmir umfasst hatte, setzten die Briten den Maharaja von Jammu als Herrscher ein. Er regierte seitdem mit Hilfe einer kleinen Gruppe von Brahmanen, den 'Kashmiri Pandits' – zu denen auch die Nehru-Familie gehörte – eine Bevölkerung, die zu drei Vierteln muslimisch war. Kashmir besaß mit seinen ausgedehnten Hochgebirgsregionen eine Fläche von 222 000 km^2 und war damit das größte Fürstentum Britisch-Indiens.

Bei der Teilung des Subkontinents entschloss sich der Maharaja zunächst nicht für den Beitritt zu Indien oder Pakistan – vermutlich erstrebte er die Unabhängigkeit. Als jedoch im Oktober 1947 nach inneren Unruhen islamische Stammeskrieger, von Pakistan unterstützt, in Kashmir eindrangen, ersuchte er Indien um militärische Hilfe und trat der Indischen Union vorläufig bei. Pakistan betrachtete den Beitritt als illegal und entsandte Truppen unter dem Vorwand, die muslimische Bevölke-

rung zu schützen. Damit begann ein unerklärter Krieg zwischen Indien und Pakistan. Letzteres bestand auf einer Volksabstimmung, wie sie von Nehru versprochen und in Beschlüssen des UN-Sicherheitsrats 1948 und 1949 verlangt worden war. Sie fand jedoch nie statt, weil keine Einigung über die Demilitarisierung Kashmirs erreicht wurde. 1949 kam es zu einem Waffenstillstand und zur Festlegung einer Demarkationslinie (Line of Control, LoC). Damit fielen Jammu und die nördlich anschließenden Distrikte, das Tal von Kashmir sowie Ladakh mit 139 000 km^2 an Indien, an Pakistan ein schmaler Streifen im Westen, den es als Azad Kashmir (Freies Kashmir) bezeichnet, und die gebirgigen Teile im Norden, die schon seit 1947 unter pakistanischer Verwaltung standen, insgesamt 83 000 km^2. In den Jahren 1959/60 besetzte China 37 555 km^2, das so genannte Aksai Chin, in Ladakh. Pakistan trat 5180 km^2 an China ab, als die beiden Staaten in den Jahren 1961 bis 1965 ihre Grenzen neu festlegten (Abb. 33).

Eine Vereinbarung zwischen dem Chief Minister von Jammu und Kashmir, Sheik Mohammed Abdullah, und Nehru von 1953 räumte zwar Kashmir eine weitgehende Selbstbestimmung ein, doch kurz darauf ließ Nehru Sheik Abdullah verhaften: Er kam erst zwei Jahrzehnte später wieder frei. Die damals zugestandene Autonomie trat nie in Kraft. Inzwischen sind Jammu und Kashmir formal der Indischen Union eingegliedert worden.

Vom 1. bis 23. September 1965 dauerte der zweite Krieg zwischen Indien und Pakistan um Kashmir; er wurde unter sowjetischer Vermittlung beigelegt. Im Dezember 1971 kam es zum dritten Krieg, dessen Hauptschauplatz allerdings Ostpakistan (Bangladesh) war. Seit dem Ende der 1980er-Jahre ist die politische Lage in Kashmir zunehmend instabil und gekennzeichnet durch bewaffnete Angriffe von Separatisten und dem indischen Versuch, eine Beruhigung mit dem Einsatz von Truppen zu erreichen. Darüber hinaus besteht eine dauernde militärische Konfrontation zwischen Indien und Pakistan entlang der LoC, insbesondere am Siachen-Gletscher, in der Nähe des Karakorum-Passes, wo keine Übereinstimmung über den Verlauf

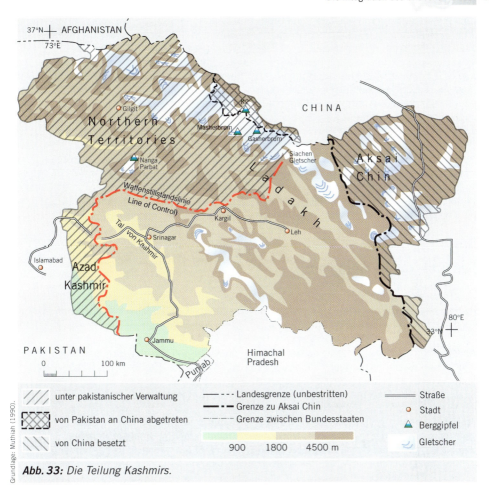

Grundlage: Muthiah (1990).

unter pakistanischer Verwaltung — — — Landesgrenze (unbestritten) —————— Straße

von Pakistan an China abgetreten — · — · — Grenze zu Aksai Chin ○ Stadt

von China besetzt — · · — · · — Grenze zwischen Bundesstaaten ▲ Berggipfel

900 1800 4500 m Gletscher

Abb. 33: *Die Teilung Kashmirs.*

der Waffenstillstandslinie besteht. Beide Seiten liefern sich hier unter Einsatz von einigen tausend Soldaten und gewaltigem Aufwand erbitterte Kämpfe in eisiger Kälte. Einen Höhepunkt der Auseinandersetzung bildete 1999 die Besetzung von Höhenzügen bei Kargil, welche die Verbindungsstraße Srinagar – Leh gefährdete. Die Kämpfer gehörten wahrscheinlich zur afghanischen Taliban, wurden aber von Pakistan unterstützt. Fast wäre es zu einem neuen pakistanisch-indischen Krieg gekommen, bis Pakistan unter amerikanischem Druck den Rückzug veranlasste.

Der heutige indische Teil besteht also aus den Gebieten von Jammu, Kashmir und Ladakh, die völlig unterschiedlich sind. Jammu, am Übergang von der Ebene zu den Bergen, ist dem Punjab ähnlicher als den übrigen Regionen des Staates. Von hier führt eine Straße nach Srinagar, das nach dem Bau eines militärisch wichtigen Tunnels in 2200 m Höhe unter dem Banikal-Pass auch von Indien aus ganzjährig erreichbar ist. Srinagar, die alte Sommerhauptstadt des Fürstentums, liegt 1730 m über NN im Kashmir-Tal, wo mit 9 Mio. über die Hälfte der Bevölkerung des Staates lebt. Mit seinen Seen, den schneebedeckten Gipfeln, die es umgeben, seinen Obstgärten und dem angenehmen Klima in den heißen Sommermonaten, die in der Ebene unerträglich sind, gehörte es zu den attraktivsten indischen Touristenzielen. Hier sind über 90 % der Bevölkerung Muslims, während in Jammu Hindus und Sikhs die Mehrheit bilden.

Das sehr dünn besiedelte Ladakh in einer Höhe von 2500 bis über 4500 m und mit Gipfeln bis zu 7500 m ist eher ein Stück Tibet, daher auch 'Klein-Tibet' genannt. Die Ladakhis sind ethnisch tibetischer Herkunft, und damit überwiegen hier – als einzigem Teil Indiens – die lamaistischen Buddhisten. Jedoch sind zahlreiche muslimische Kashmiris besonders in den westlichen Teil zugewandert und haben den Handel an sich gerissen. Ladakh ist aus religiösen und wirtschaftlichen Gründen eher an einer Abgrenzung zu Kashmir als zu Indien interessiert, auf dessen Hilfe es angewiesen ist.

Die politischen Verhältnisse haben der Wirtschaft Kashmirs, das immer schon ein unterentwickeltes Gebiet war, ungeheuren Schaden zugefügt. Obwohl Indien große Summen zur wirtschaftlichen Unterstützung bereitstellt – die allerdings z.T. durch Korruption versickern –, ist die Zahl der Arbeitslosen nirgendwo höher als hier. Der Fremdenverkehr, früher die Haupteinnahmequelle im Kashmir-Tal, ist unter dem Druck der indischen Besatzung – so jedenfalls wird die Anwesenheit indischer Truppen von den Kashmiris empfunden – und terroristischen Angriffen von Kashmiris zum Erliegen gekommen. Diese Verhältnisse sind auch der Grund, weshalb der Census 1991 in Jammu und Kashmir nicht durchgeführt werden konnte.

Das Problem der Sprachen

Nach der ersten inneren Abgrenzung des neuen indischen Staatsgebietes wurde die Forderung nach einer Neugliederung laut, die der ethnischen Zusammensetzung der Bevölkerung entsprach. Zumindest sollte den großen Regionalsprachen, die auch die Verfassung anerkannte, Rechnung getragen werden. Dieses Verlangen traf auf den energischen Widerstand Nehrus, der die Einheit des Landes gefährdet sah und sich gegen die Neugliederung sträubte. Unruhen und bürgerkriegsähnliche Verhältnisse zwangen ihn, mit seinem Prinzip zu brechen.

Die große Zahl der Sprachen auf dem Subkontinent war von den Briten häufig als eines der Argumente gegen die nationalen Ansprüche der Inder angeführt worden. So listete der Census von 1931 insgesamt 141 indische Sprachen auf. 1951 zählte der erste Census im unabhängigen Indien sogar über 1000, darunter 73 Sprachen mit je einem Sprecher. Dieses absurde Ergebnis kam zustande, weil ohne jede Klassifikation nur von den Sprechern selbst gemachte Angaben festgehalten wurden. Eine große Anzahl der Sprachen und Dialekte, von denen ein Teil keine Schrift hat, wird von Splittergruppen der Stämme gesprochen, die innerhalb der Gesamtbevölkerung ohne Bedeutung sind. Andere, die der Census aufführte, sind mehr oder weniger nur Dialekte von größeren Sprachgruppen. Der Anthropological Survey of India (Singh, K. S. 1992, S. 217 ff.) zählt 325 Sprachen namentlich auf. 32 werden von mehr als 1 Mio. Menschen gesprochen. Von den Sprachen Indiens sind außer Englisch 18 als Amtssprachen anerkannt. Einige gehören zu den meistgesprochenen Sprachen der Welt. Das Problem liegt auch weniger bei den vielen kleinen Sprachen, sondern in der Konkurrenz der großen.

Indoarische, dravidische und Stammessprachen

Die größten Unterschiede bestehen zwischen den indoarischen Sprachen im Norden und im zentralen Teil und den dravidischen Sprachen im Süden. Die Letzteren haben keine Verwandtschaft mit dem Indoarischen, aber auch keine Beziehung zu anderen Sprachen. Es kann angenommen werden, dass das Dravidische einmal über ganz Indien verbreitet war und die Bevölkerung, oder zumindest ihre Sprache, nach Süden zurückgedrängt wurde. Unter den dravidischen Sprachen hat Tamil die älteste literarische Tradition und beeinflusste auch das an der Südwestküste gesprochene Malayalam. Telugu ist die Sprache im Godavari-Krishna-Delta und seinem Hinterland auf dem Deccan und hebt sich stärker von den anderen dravidischen Sprachen ab. Der Bundesstaat Karnataka umfasst die Kannada-Sprechenden, weist aber, besonders nach Tamil Nadu und Maharashtra hin, Übergangsgebiete auf. Entlang der Westküste wird Tulu gesprochen, eine Mi-

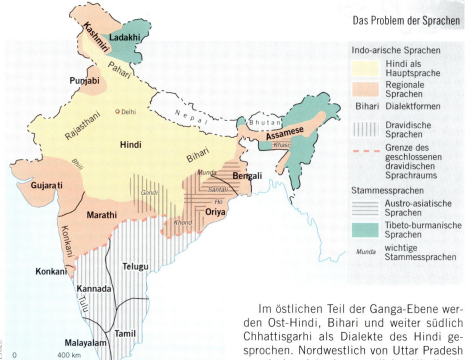

Indo-arische Sprachen

	Hindi als Hauptsprache
	Regionale Sprachen
Bihari	Dialektformen

||||| Dravidische Sprachen

– – – Grenze des geschlossenen dravidischen Sprachraums

Stammessprachen

||||| Austro-asiatische Sprachen

Tibeto-burmanische Sprachen

Munda wichtige Stammessprachen

Nach Platt (1962).

Abb. 34: *Die Sprachen.*

schung zwischen Malayalam und Kannada. Allgemein zeigt der Süden ein hohes Maß an Zweisprachigkeit, insbesondere in den Grenzregionen. Abgesehen von den geschlossenen dravidischen Gebieten im Süden, finden sich noch dravidische Sprachinseln bei der Stammesbevölkerung im mittleren Deccan (Abb. 34).

Die neu-indoarischen Sprachen des Nordens entwickelten sich über verschiedene Zwischenstufen aus dem Sanskrit, das ursprünglich für die heiligen Texte und Riten verwendet und dessen Grammatik im 4. Jh. v. Chr. aufgezeichnet worden war (Berger 1995, S. 105). Sanskrit ist heute nur noch bei rituellen Handlungen im schriftlichen und mündlichen Gebrauch. Die Sprache Nordindiens ist Hindi, das allerdings eine erhebliche Variationsbreite aufweist. Ein als Hindi klassifizierter Dialekt kann für andere Hindi Sprechenden unverständlich sein. Praktisch gibt es zumindest lokal keine Schwierigkeiten, weil an den Grenzen von Sprachregionen gewöhnlich beide Sprachen gesprochen werden oder die Übergänge fließend sind. Ein 'Standard-Hindi' (khari boli) hat sich in Delhi herausgebildet.

Im östlichen Teil der Ganga-Ebene werden Ost-Hindi, Bihari und weiter südlich Chhattisgarhi als Dialekte des Hindi gesprochen. Nordwestlich von Uttar Pradesh vermischt sich das westliche Hindi mit dem Punjabi, wobei die Punjabi sprechenden Hindus dieses Gebietes ihre Muttersprache mit Hindi angeben, um sich von den Sikhs zu unterscheiden.

Im nördlichen Hindi-Gebiet sowie in Hyderabad liegt die Hauptverbreitung des Urdu, das in seiner umgangssprachlichen Form für Hindi-Sprechende verständlich ist. Als Sprache der muslimischen Eroberer, die ein persisch-arabisches Alphabet und einen entsprechenden Wortschatz verwendet, wird es heute in keinem deutlich abgrenzbaren größeren Gebiet von einer Mehrheit der Bevölkerung mehr verwendet.

In Rajasthan ist Hindi besonders in den Städten verbreitet, sonst aber umfasst die Bezeichnung 'Rajasthani' eine Vielfalt von verwandten Dialekten, deren wichtigste Marwari im Westen, Jaipuri im Osten, Malwi im Südosten und Mewadi im Nordosten sind. Es wird aufgrund dieser Zersplitterung nicht als eine der Sprachen in der indischen Verfassung anerkannt. Im Tal von Kashmir ist Kashmiri stark vom Urdu beeinflusst. Im Westen bilden Marathi und Gujarati eigene Sprachgebiete, wobei Gujarati die engeren Beziehungen zum Hindi aufweist. Dem Marathi nahe verwandt ist das Konkani, das entlang der Küste und in Goa gesprochen wird.

Zu einer deutlich unterschiedlichen östlichen Gruppe der indoarischen Sprachen, gehören Oriya, Bengali und Assamese. Bengali ist hoch entwickelt und hat eine alte literarische Tradition. Es ist auch die Sprache Bangladeshs und durch das Vorrücken der Bengalis ins Assamtal und in die kleinen Staaten des Nordostens dorthin eingedrungen. Das hauptsächlich von Flüchtlingen aus Pakistan im Westen Indiens gesprochene Sindi und das Nepali in Sikkim und West Bengal werden als offizielle Sprachen anerkannt, obwohl ihre Sprecher in den betreffenden Gebieten keine Mehrheit aufweisen.

Der austro-asiatischen Sprachfamilie schreibt man die Munda-Sprachen zu. Sie gehören wohl zur ältesten indischen Sprachgruppe und waren ursprünglich weiter verbreitet, sind aber heute mit Santali und anderen kleineren Sprachen auf die Gebiete der Stammesbevölkerung im Chota-Nagpur-Plateau von Orissa, West Bengal und Bihar beschränkt. Ebenfalls der austro-asiatischen Sprachfamilie zugeordnet werden die in kleinen Teilen Assams (Khasi) und auf den Andamanen und Nikobaren gesprochenen Mon-Khmer-Spachen. Schließlich kommen im Nordosten und im Himalaya eine Vielzahl von tibeto-burmanischen Sprachen vor.

Trotz zahlreicher Übergänge zwischen den Sprachregionen und Dialektvarianten lässt sich häufig eine Konzentration auf Kerngebiete mit dichter Bevölkerung und politischem Gewicht erkennen, die über lange Zeit Bestand hatten und die bereits beim geschichtlichen Überblick herausgestellt wurden. Vor allem in den randlichen Gebieten würde eine politische Neugliederung nach Sprachen wegen der Überschneidungen besondere Probleme aufwerfen.

Der Streit um eine Nationalsprache

Durch die Briten wurde Englisch zur Amtssprache – auch mit Zustimmung der indischen Hindu-Elite, für die es Urdu, die Sprache der Muslim-Herrscher, ersetzte. Die höheren Bildungsinstitutionen, vor allem die Universitäten, die in Calcutta, Bombay und Madras schon um die Mitte des 19. Jh.s entstanden, lehrten in Englisch. Die Schwierigkeiten begannen, als man versuchte, nach der Unabhängigkeit eine Nationalsprache für ganz Indien zu finden. Schon 1925 hatte der Congress vorgeschlagen, seine Geschäfte so weit wie möglich in Hindustani zu führen. Auch Gandhi, der dies unterstützte, wollte möglichst schnell erreichen, dass eine weithin verständliche einheimische Sprache das Englische, das Symbol der kolonialen Beherrschung, verdrängte.

Den politisch aktiven Hindus im Norden war Hindustani, eine Hindi-Urdu-Umgangssprache, die nur eine einfache Kommunikation erlaubt, wegen seines umfangreichen persisch-arabischen Wortschatzes, der dem Urdu entsprach, nicht akzeptabel. Mit knapper Mehrheit entschied sich bei der Unabhängigkeit die konstituierende Versammlung für Hindi, der mit Sanskrit-Wörtern angereicherten Sprache der nordindischen Elite, gegenüber dem primitiveren, aber weit verbreiteten Hindustani. Es sollte innerhalb von 15 Jahren das Englische ersetzen. Damit ergab sich die Notwendigkeit, Hindi so schnell wie möglich zum Medium nicht nur für Verwaltung und Justiz, sondern für alle Zweige der modernen Technik und Wissenschaft zu machen, was die Neuschöpfung von zahlreichen Fachausdrücken, die als englische Begriffe für die verschiedensten Bereiche schon allgemein geläufig waren, erfordert hätte. Andererseits hatte die englische Sprache sicher den Vorteil, dass dem gebildeten Inder der Zugang zu westlicher Literatur in allen Sparten möglich war. Allerdings kann nur ein sehr kleiner Teil der indischen Bevölkerung Englisch lesen und schreiben, obwohl ihre Zahl heute wesentlich größer sein dürfte als zu Kolonialzeiten. Darüber hinaus gibt es eine weitere Gruppe mit einem englischen Grundvokabular, das man als 'Bazar-' oder 'Camp-English' bezeichnet.

Es ist vornehmlich auf die Opposition des Südens zurückzuführen, dass die Einführung des Hindi wiederholt hinausgeschoben wurde. Abgesehen davon, dass die dravidischen Staaten die Durchsetzung des Hindi als politische Einflussnahme empfanden, fühlten sie sich auch im Nachteil, wenn es um die Aufnahmeprüfung an einer Universität oder die Bewerbung für eine Stelle in der Verwaltung ging. Während das Englische alle Inder, egal welcher Muttersprache, in gleicher Weise benachteiligte,

Bild 13: *50-Rs-Banknote. Die Banknote zeigt die verschiedenen Sprachen und Alphabete.*

hätte Hindi als Nationalsprache die dravidisch sprechenden Bevölkerungsgruppen stärker getroffen. Man führte dies allerdings seltener als Argument an, sondern vielmehr den Erhalt der uralten dravidischen Sprachkultur. Schließlich wäre es notwendig geworden, auch in den Landessprachen zahlreiche neue Wörter und Begriffe, insbesondere in den Wissenschaften, zu erfinden. Infolge der Auflehnung des Südens, aber auch von West Bengal, gegen die Einführung des Hindi musste die Zentralregierung schließlich ihre Drei-Sprachen-Formel einschränken, nach der an den Schulen Hindi, die regionale Sprache und Englisch gelehrt werden sollten. Inzwischen gilt, dass Englisch unbefristet im Verkehr zwischen dem Zentrum und den Nicht-Hindi-Staaten verwendet werden kann und dass jeder Schriftwechsel zwischen Zentralregierung und Hindi-Staaten eine englische Übersetzung haben muss.

Vor allem der Filmindustrie und dem Fernsehen ist zu verdanken, dass die Verbreitung des Hindi langsam Fortschritte macht, doch werden in Madras auch zahllose Filme in Tamil gedreht. Ferner gibt es Fernseh- und Rundfunksendungen in Englisch und in den Landessprachen. Heute wird an den Schulen mehr Englischunterricht erteilt als zu britischen Zeiten, und der Andrang zu Privatschulen mit Englisch als Unterrichtssprache hat sich erheblich verstärkt. So ist das Englische immer noch eine Art Ersatz-Nationalsprache, auf die Regierung, Verwaltung, Wissenschaft, Wirtschaft und die Armee angewiesen sind. Da Inder die englische Sprache gewöhnlich nicht zur Verständigung mit jemandem aus dem angelsächsischen Sprachbereich, sondern meist untereinander verwenden, hat ihr Englisch – bei oft hervorragender Beherrschung der Sprache – seine Eigenheiten im Wortschatz und vor allem bei der Aussprache entwickelt, die für den Fremden u. U. ein 'Einhören' erforderlich machen.

Abgesehen von den Sprachen wird die Verständigung durch die Verwendung unterschiedlicher Alphabete erschwert. Im Hindi-Gebiet des Nordens und im Marathi-Sprachbereich ist seit einem Jahrtausend die Devanagari-Schrift im Gebrauch. Die anderen indoarischen Sprachen benutzen ihre eigenen, mehr (z. B. Oriya) oder weniger (z. B. Gujarati) vom Devanagari abweichenden Alphabete. Völlig anders sind die Alphabete der dravidischen Sprachen (Bild 13). Der Einführung der Lateinschrift, die nur für Konkani in Goa verwendet wird, ständen Schwierigkeiten der Umschrift kaum im Wege; sie böte vielmehr technische Vorteile, indem sie die große Zahl der Silbenzeichen reduzieren würde. Aber wie eine Vereinheitlichung auf Basis der Devanagari-Schrift wird auch die Einführung der Lateinschrift grundsätzlich abgelehnt.

Die Bundesstaaten und die regionalen Konflikte

Die Abgrenzung nach Sprachen

Obwohl nach der Religion und der Kaste die Zugehörigkeit zu einer Landsmannschaft in der eigenen Selbsteinordnung des Inders weit oben rangiert, sind für die Forderungen nach einer bundesstaatlichen Neugliederung sicher nicht nur die sprachlichen Verhältnisse verantwortlich zu machen, sondern häufig eine Vielzahl von Gründen. Dennoch waren die Sprachgrenzen in aller Regel entscheidend für die neue Gliederung der Indischen Union (Abb. 35).

Die erste Reorganisation eines Staates folgte nach blutigen Unruhen im Telugu-

Abb. 35: *Die Bundesstaaten und Union Territories nach den Neuordnungen von 1956 und 2000.*

Nach Census of India 2001.

Sprachgebiet. Hier entstand aus den telugusprachigen Bezirken des ehemaligen Fürstenstaates Hyderabad und denjenigen der früheren Madras-Provinz (Madras Presidency) der neue Bundesstaat Andhra Pradesh.

Die Forderungen in anderen Sprachgebieten zwangen Nehru zur Einsetzung einer Kommission und führten 1956 zum Gesetz zur Reorganisation der Staaten, was besonders im Süden auf eine Grenzziehung nach Sprachregionen zielte. So besteht der Bundesstaat Tamil Nadu aus der tamilsprachigen früheren Madras-Provinz, Kerala aus den Fürstentümern Travancore und Cochin sowie weiteren malayalamsprachigen Teilen der Madras-Provinz. Karnataka umfasst außer dem alten Fürstentum Mysore sowie Coorg (Kodagu) die kannadasprachigen Distrikte auf dem Deccan und an der Westküste.

Bei der Teilung der ehemaligen Bombay Presidency zwischen Marathi- und Gujarati-Sprechenden traten blutige Auseinandersetzungen auf, weil in der Stadt Bombay die Gujaratis die Mehrheit bildeten. Wegen der vorgesehenen Ausgliederung der Stadt aus Maharashtra, die dann ein separates Territorium hätte bilden können, kam es zu heftigen Straßenschlachten. So blieb Bombay Teil des neuen Staates Maharashtra, zu dem zusätzlich die marathi-sprachigen Distrikte der ehemaligen Central Provinces gehören, die bis heute dieser Zuordnung widerstreben. Im Norden wurden sowohl Kachchh als auch die Union von Saurashtra (die kleinen Staaten der Kathiawar-Halbinsel) in den neuen Bundesstaat Gujarat eingegliedert. Die hindisprachigen Teile der Zentralen Provinzen bildeten mit einigen Fürstenstaaten – nach territorialen Zwischenlösungen, die nur kurzen Bestand hatten – den Bundesstaat Madhya Pradesh. Im Osten und Norden entsprachen die neuen Staaten den alten Provinzen. Orissa, West Bengal und Assam umfassen jeweils ein Sprachgebiet, während Uttar Pradesh (die ehemaligen United Provinces) und Bihar Hindi als gemeinsame Sprache haben – wenn man von den Dialektabweichungen absieht. Damit ist das Kriterium der Sprache als Abgrenzung der Bundesstaaten durchbrochen. Hindi ist heute die Lingua franca in den ehemaligen Fürstentümern von Rajasthan.

Die Teilung des Punjab

Einen neuen Aspekt bekam die Reorganisation mit der Forderung der Sikhs nach einem eigenen Staat. Aufgrund ihrer Vertreibung aus dem an Pakistan gefallenen westlichen Punjab konzentrierten sich die Sikhs im östlichen Punjab, der an Indien fiel. In dessen nördlichem Teil stellten sie damit die Mehrheit und verlangten einen eigenen Bundesstaat. Da es jedoch in einem säkularen Staat Indien keinen Bundesstaat auf der Basis der Religion geben durfte, kam es 1966 zur Teilung nach Sprachen. Aus dem punjabisprachigen Norden entstand der Punjab, der hindisprachige und hinduistische Süden erhielt den Namen Haryana. In der nördlichen Gebirgsregion mit einer Bevölkerung, die zu 90 % aus Hindus besteht, gründete man den Bundesstaat Himachal Pradesh. Strittige Fragen blieben allerdings offen. Darunter waren der Status der Hauptstadt Chandigarh, die jetzt als Union Territory die Hauptstadt sowohl des Punjab als auch Haryanas ist, die Zuordnung einiger Grenzgebiete und die Verteilung des für die Bewässerung genutzten Wassers zwischen Punjab und Haryana.

Das Streben nach mehr Selbstverwaltung, das bis zur Forderung nach völliger Unabhängigkeit reichte, hatte außer religiösen auch wirtschaftliche Gründe. Die Sikhs haben den indischen Punjab zur Kornkammer des Nordens gemacht, die große Überschüsse produziert. 90 % der landwirtschaftlichen Fläche sind heute bewässert. Zahlreiche Industrien, besonders im Sektor der Kleinindustrien, steuern zum Wohlstand bei. So ist der Punjab zwar der reichste indische Staat, aber die Punjabis sind der Meinung, dass die Zuwendungen der Zentralregierung vor allem beim Ausbau der Infrastruktur für die Industrialisierng nicht dem entsprechen, was sie an Leistungen erbringen. Die aus dieser Unzufriedenheit resultierenden Forderungen ließen den Punjab nicht zur Ruhe kommen, und seit den 1980er-Jahren herrschten bürgerkriegsähnliche Zustände.

Um die Sikh-Bewegung zu spalten und die Herrschaft ihrer Congress-Partei zu sichern, hatte Indira Gandhi mit Jarnail Singh Bhindranwale einen Politiker unterstützt, der sich jedoch als Extremist erwies und einen eigenen Weg ging. Seine Anhän-

Bild 14: *Der Goldene Tempel in Amritsar, das höchte Heiligtum der Sikhs. Seine Erstürmung durch indisches Militär 1984 hatte das Attentat auf Indira Gandhi zur Folge.*

ger mordeten sowohl Sikhs, die zu rivalisierenden Sekten oder politischen Organisationen gehörten, als auch Hindus. Auf dem Höhepunkt der Auseinandersetzung verschanzten sie sich schließlich im Goldenen Tempel in Amritsar, dem höchsten Heiligtum der Sikhs (Bild 14). Als 1984 Indira Gandhi den Tempel durch die Armee stürmen ließ, war das mit großen Verlusten und der Beschädigung des Tempels verbunden. Von den Sikhs wurde das als Angriff auf ihren Glauben bewertet. In einem Racheakt ermordeten noch im gleichen Jahr zwei Sikh-Leibwächter Indira Gandhi. Es folgte ein Massaker, dem Tausende Sikhs im Norden Indiens, vor allem in Delhi, zum Opfer fielen. Dabei unternahmen Regierung und Polizei wenig, um das Blutbad zu verhindern. Die Pogrome wurden von der lokalen Congress-Partei noch geschürt. In den folgenden Jahren war der Punjab ein von Polizei und Militär besetztes Gebiet, in dem sich erst seit 1993 die Verhältnisse allmählich normalisierten. An den Wahlen von 1997 beteiligten sich wieder 69 % der Wähler. Es siegte die traditio-

nelle Sikh-Partei 'Akali Dal', die aber ihren Erfolg bei den Wahlen von 1999 nicht wiederholen konnte.

Die Sonderstellung des Nordostens
Ein besonderes Problem stellt bis heute der Nordosten Indiens dar. Im Vergleich zu 'Indien' ist er – mit Einschränkungen für Assam – eine andere Welt. Ethnisch und linguistisch dürfte er eine der differenziertesten Regionen Asiens sein, wobei jede der zahlreichen Bevölkerungsgruppen unterschiedliche Kulturen und Traditionen aufweist. Die zahlreichen Stämme der randlichen Gebirgsregionen zeigen nähere Beziehungen und Strukturen mit den Gebirgsregionen Myanmars und Südostasiens als zu Indien. Das gilt auch für ihre Verbreitung und Siedlungsweise, denn häufig sind die einen Tal- und die anderen Bergbewohner. Da sie – mit Ausnahme der Hindus in Mizoram und Tripura – meist Animisten waren, die später zum Christentum bekehrt wurden, stehen sie auch nach Kultur und Mentalität außerhalb des hinduistisch-indischen Kulturkreises. Die Gebiete haben nie

zu 'Indien', sondern nur zu Britisch-Indien gehört. Sie wurden bei der Teilung der Indischen Union zugeschlagen, weil sie keine muslimische Mehrheit aufwiesen – und alle Gebiete, die nicht muslimisch waren, zu Indien kamen – und weil die Briten sich wenig darum scherten, was aus den Menschen wurde, die sie ein Jahrhundert lang beherrscht hatten, solange nur ein für sie reibungsloser Abzug gewährleistet war. Von den Kämpfen mit dem Ziel größerer Unabhängigkeit in einem Gebiet von der Fläche Großbritanniens, das Indien für Ausländer jahrzehntelang sperrte, erfuhr man wenig in den internationalen Medien.

Der Nordosten hat jedoch wegen seiner über 2000 Grenzkilometer mit Bhutan, China, Myanmar und Bangladesh große strategische Bedeutung. Mit dem übrigen Indien ist er nur über einen sehr schmalen Korridor verbunden, der sich im Norden um Bangladesh legt und durch den eine neue Eisenbahnlinie und eine Straße gebaut werden mussten, um eine Anbindung an West Bengal herzustellen. Die Feindseligkeiten mit Ostpakistan hatten die alte direkte Verbindung nach Calcutta, insbesondere über den Brahmaputra als Schifffahrtsweg, unterbrochen, und die Unabhängigkeit Bangladeshs verbesserte die Verhältnisse nur wenig. Die kritische strategische Lage mag dazu beigetragen haben, dass Delhi nach anfänglichen Versuchen, Aufstände niederzuschlagen, hier Konzessionen zur Etablierung von Ministaaten machte, die es den Stämmen im Tribal Belt des nördlichen Deccan verwehrte.

Das Herzstück des Nordostens ist Assam mit dem Tal des Brahmaputra, wo die Ahom, ein buddhistischer Stamm aus Thailand, schon im frühen 13. Jh. ein Königreich gründeten. Sie mischten sich später mit einwandernden Bengalen und wurden Hindus. Heute ist das indoarische Assamese offizielle Landessprache. Die Versuche der Mogulherrscher, das Land zu erobern, hatten keinen dauerhaften Erfolg. Das gelang erst den Burmesen im 18. Jh., die sich bis zur Übernahme durch die East India Company 1826 behaupteten.

Für die Briten war Assam wegen seines Reis- und Juteanbaus in der Brahmaputra-Niederung und vor allem der Teeplantagen an den Berghängen von Bedeutung. Die übrigen Gebiete des Nordostens brachte man als 'North Eastern Frontier Agency' unter eine lockere Kontrolle, um Assam und die Grenzregion des östlichen Bengalen gegen China abzusichern. Mit dieser 'Befriedung' drangen christliche Missionare verschiedener Sekten in den Nordosten vor, sodass heute einige der Gebiete eine hohe, andere sogar eine weit überwiegende christliche Bevölkerung aufweisen. Die Missionare richteten Schulen ein, und in einigen Gebieten liegt der Analphabetismus weit unter dem Assams und des übrigen Indien. Eine gebildete Mittelschicht mit westlichen Ideen führte die Bewegungen für mehr Autonomie, die Bildung von Staaten und sogar für völlige Unabhängigkeit an (Farmer 1983, S. 77f.). Nach lang andauernden Unruhen entstanden zwischen 1964 und 1986 – zum Teil nach einem Zwischenstadium als Union Territories – Arunachal Pradesh, Nagaland, Mizoram und Meghalaya als neue Bundesstaaten durch Auflösung der North Eastern Frontier Agency oder durch die Ausgliederung aus Assam. Auch die früheren Fürstentümer Tripura und Manipur wurden Bundesstaaten.

Die Beruhigung, welche man sich von der Bildung dieser Kleinstaaten erhofft hatte, war jedoch nur von kurzer Dauer. Ihre Grenzen, die sich im Wesentlichen nach der administrativen Gliederung der Briten ausrichteten, durchschnitten Stammesgebiete, und jeder der neuen Staaten beherbergt gewöhnlich eine Reihe von Stämmen. Als Beispiel sei Meghalaya angeführt, wo die Khasi zu den Austro-Asiaten gerechnet werden, die Garo ursprünglich aus Tibet stammen und die Jaintia mit den Shan in Burma verwandt sind (Bradnock & Bradnock 1997, S. 695). Nach jahrelangem hartem militärischem Durchgreifen indischer Truppen wurde versucht, durch die Einrichtung autonomer Regionen mit mehr eigener Verwaltung dem Problem beizukommen. Dennoch brechen immer wieder Unruhen aus, besonders in Nagaland, wo eine Vereinigung mit den Nagas in Myanmar angestrebt wird.

Neue Auseinandersetzungen sind um einen eigenen Staat Bodo-Land, der aus Assam sowie Gorkha-Land, der aus West Bengal abgetrennt werden soll, entbrannt. Die Aktionen gehen mit Geiselnahmen und

Erpressungen in den Teeplantagen einher und gefährden so den wichtigsten Wirtschaftszweig und überdies die Sicherheit in dem schmalen Korridor, der Indien mit dem Nordosten verbindet. Bei den Forderungen nach einem eigenen Staat spielen sowohl das Verlangen der Bevölkerungen, ihre Eigenart und Selbständigkeit zu bewahren, als auch die Frontstellung gegen die wirtschaftlich aktiveren Einwanderer aus West Bengal und Bangladesh, welche die Einheimischen zu einer Minderheit zu machen drohen, eine wichtige Rolle. Dieser Faktor ist auch bei den Kämpfen in Assam selbst von Bedeutung, wo zudem eine höhere Beteiligung an den Einnahmen vom dort geförderten Erdöl verlangt wird.

Die jüngsten Bundesstaaten:
Jharkhand, Chhattisgarh und Uttaranchal

Neue Forderungen nach Unabhängigkeit und Loslösung aus bestehenden Bundesstaaten entstehen nicht nur aus sprachlichen und ethnischen Gründen. Separatistische Tendenzen entwickeln sich auch aus der wirtschaftlichen Benachteiligung einer Region innerhalb ihres Bundesstaates, wenn das Gebiet nicht genug gefördert wird, obwohl es überproportional zu den Einnahmen beiträgt, oder aus dem Quotenstreit um Ämterbesetzungen, weil es einen hohen Anteil an Stammesbevölkerung aufweist, die bestimmte Bevorzugungen genießt, oder schließlich weil ehrgeizige Politiker ein Ministeramt anstreben. Schon die Einteilung der Bundesstaaten nach Sprachen, wie sie jahrzehntelang bestand, hatte die Befürchtungen geweckt, dass sie die Einheit gefährde. Sie sind bei einer weitergehenden Aufgliederung nach politischen, ethnischen und vor allem wirtschaftlichen Gründen erneut erwacht, vor allem da ein Ende solcher Forderungen schwer abzusehen ist.

Die politischen Verhältnisse nach dem Niedergang der Congress-Partei haben die Wünsche nach der Einrichtung neuer Staaten belebt, weil die schwachen Koalitionen in Delhi auf die Stimmen der nach Autonomie strebenden Regionen angewiesen waren. So führten im November 2000 die Bestrebungen zur Gründung von drei neuen Bundesstaaten, Jharkhand, Chhattisgarh und Uttaranchal, endlich zum Erfolg. Es ist bemerkenswert, dass sich alle drei Staaten

aus Bundesstaaten lösten, die in der wirtschaftlichen Entwicklung am weitesten zurückgeblieben sind.

Am längsten um seine Anerkennung als Bundesstaat kämpfte *Jharkhand*, das die Stammesregionen im Chota-Nagpur-Plateau umfasst (Abb. 36). Die Jharkhand-Bewegung geht bereits auf das Jahr 1916 zurück und wurde von der christlichen Stammesbevölkerung ins Leben gerufen, die damals noch die Mehrheit stellte. 1950 organisierte sie sich zur 'Jharkhand Party'. Ihre Forderung nach einem eigenen Staat war jedoch bei der Reorganisation der Staaten 1955/56 nicht durchsetzbar, da diese auf einer gemeinsamen Sprache basierte, die es hier nicht gab, weil die wichtigsten Bevölkerungsgruppen, die Santal, Munda und Ho, ihre eigenen Sprachen haben. Seit den 1960er-Jahren zerfiel die Bewegung in immer neue Gruppen.

Jharkhand stand ursprünglich für einen Staat, der außer 16 Distrikten in Bihar weitere vier Distrikte in Madhya Pradesh, drei in Orissa und zwei in West Bengal umfassen sollte. Inzwischen beschränkt er sich auf das südliche Bihar mit 80 000 km^2 und fast 27 Mio. Einwohnern (2001). Die Landwirtschaft ist zwar wenig ergiebig, da Bewässerungsmöglichkeiten fehlen und die Stammesbevölkerung auf Subsistenzwirtschaft ausgerichtet war. Doch liegt hier das am reichsten mit Bodenschätzen ausgestattete Gebiet Indiens und der wichtigste Lieferant von Kohle, Eisenerzen, Bauxit, Uran- und Kupfererzen. Ihre Erschließung und die jüngere Industrialisierung waren mit einer erheblichen Zuwanderung aus allen Teilen der Union, besonders aber aus Bengalen und Bihar verbunden. Das ließ die Stammesbevölkerung in einigen Gebieten zu einer Minderheit werden, die nur begrenzt am Fortschritt partizipierte. Die wichtigsten städtischen Zentren sind Dhanbad, Bokaro und Jamshedpur sowie Ranchi. Dhanbad ist der zentrale Ort des östlichen Damodar-Gebiets und Bokaro im Kohlerevier eine junge Stadt, die mit dem neuen Eisen- und Stahlwerk entstand. Jamshedpur mit 830 000 Einwohnern ist Standort des größten privaten Eisen- und Stahlwerks und zahlreicher großer und kleiner Unternehmen. Ranchi, das kulturelle Zentrum der Region und die neue Hauptstadt, war

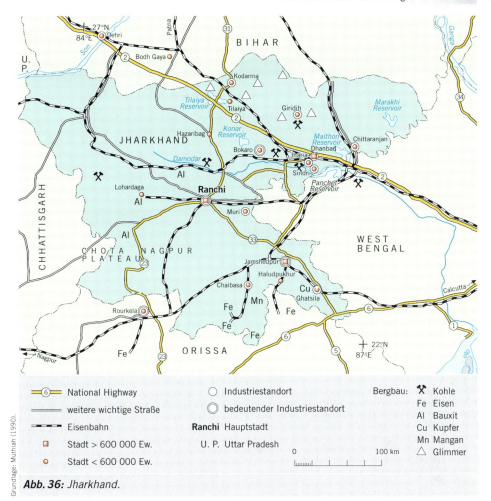

Abb. 36: *Jharkhand.*

Legend of map:

- 6 National Highway
- weitere wichtige Straße
- Eisenbahn
- Stadt > 600 000 Ew.
- Stadt < 600 000 Ew.
- ○ Industriestandort
- ◎ bedeutender Industriestandort
- **Ranchi** Hauptstadt
- U. P. Uttar Pradesh

Bergbau:
- Kohle
- Fe Eisen
- Al Bauxit
- Cu Kupfer
- Mn Mangan
- △ Glimmer

0   100 km

Grundlage: Muthiah (1990).

bei den Briten wegen seines angenehmen Klimas in 658 m Höhe und seiner schönen Lage die Sommerhauptstadt der Provinz Bihar. Nach der Gründung der staatlichen Schwermaschinenfabrik mit tschechischer Hilfe, dem Aufbau weiterer Industrien der Metallverarbeitung, der Chemie, der Farben- und der Elektronikbranche und der damit verbundenen Zuwanderung ist aus dem Ort, der früher eher den Charakter einer Hill Station hatte, eine Industriestadt von über 600 000 Einwohnern geworden. Bisher kamen 63 % der Steuereinnahmen Bihars aus dem jetzt abgetrennten Gebiet, das aber nur 35 % der Bevölkerung Gesamt-Bihars aufwies. Jharkhand wird zwar ein wohlhabender Staat, die Frage ist nur, inwieweit die Stammesbevölkerung daran partizipiert,

die jetzt um höhere Quoten bei der Zuteilung von Stellen in der Verwaltung kämpft.

Chhattisgarh löste sich aus Madhya Pradesh, dem Bundesstaat, der nach der Unabhängigkeit in mehreren Schritten aus Teilen der ehemaligen Zentral-Provinz und vielen kleinen Fürstenstaaten zusammengesetzt wurde, es aber eigentlich nie zu einer Einheit brachte. Der neue Staat hat über 20 Mio. Einwohner (2001), seine Hauptstadt ist Raipur. Mit 135 000 km^2 entfallen auf ihn 30 % der Landfläche von Madhya Pradesh, dessen Einnahmen zu 40 % aus dieser Region kommen. Das Chhattisgarh-Becken nennt man zwar seine 'Reisschüssel'. Aber das gilt eher im Verhältnis zu den umgebenden gebirgigen Regionen, die landwirtschaftlich wenig ertrag-

Abb. 37: *Chhattisgarh.*

reich und überwiegend von Stammesbevölkerung besiedelt sind. Neue Bewässerungsprojekte haben jedoch in jüngerer Zeit eine erhebliche Steigerung der landwirtschaftlichen Erträge im Chhattisgarh-Becken ermöglicht (Abb. 37).

Die randlichen menschenarmen Gebiete stellen die Bodenschätze: im Norden das Korba-Revier die Kohle und im Süden das Dandakaranya-Plateau die Erze. Sie bilden die Basis für einen Industriegürtel entlang der Eisenbahnlinie Nagpur – Calcutta, der von Durg über Raipur bis Bilaspur wächst und das staatliche Eisen- und Stahlwerk von Bhilai als Schwerpunkt aufweist. Die Zuwanderung in diesen Gürtel hat im neuen Bundesstaat die Stammesbevölkerung zu einer Minderheit werden lassen, doch wird die Unabhängigkeitsforderung aus wirtschaftlichen und politischen Gründen ohnehin von hochkastigen Hindus getragen. Trotz reservierter Wahlkreise für die Stammesbevölkerung fehlt ihr eine politische Elite. Hauptgrund waren mangelnde Bildungsmöglichkeiten, wie sie in Jharkhand seit langer Zeit die christlichen Kirchen boten.

Nicht zu den Stammesgebieten gehört *Uttaranchal* (Uttarakhand), die nördliche Bergregion des Bundesstaates Uttar Pradesh (Abb. 38). Die Briten hatten sie 1815 von den nepalesischen Gurkhas erobert und den Vereinigten Provinzen zugeschlagen. Dabei blieb es, als die United Provinces zum Bundesstaat Uttar Pradesh wurden. Doch die Gegensätze zwischen den Ebenen und den Gebirgsregionen verschärften sich. Ihre Bewohner fühlten sich vom Parlament von Uttar Pradesh in der 600 km entfernten Hauptstadt Lucknow unzureichend vertreten und vernachlässigt. Der eigentliche Anlass zur Forderung nach einer Loslösung war die Durchsetzung einer Quotenpolitik, die 50 % der Stellen in der Verwaltung oder bei Studienplätzen für Dalits und untere Kasten reserviert. Die einheimische Bevölkerung sah sich nun einer Invasion von Außenseitern gegenüber, denn im Vergleich zum übrigen Indien ist der Anteil der Brahmanen und Rajputen außerordentlich hoch, derjenige der Dalits und der unteren Kasten sowie der Stammesbevölkerung dagegen nur gering.

In Uttaranchal gibt es Streit um die Zuordnung der beiden Distrikte Udhamsingh Nagar und Hardwar, die in der Ebene liegen und die bei Uttar Pradesh verbleiben wollen. Udhamsingh Nagar wurde nach der Teilung des Subkontinents von Sikhs besiedelt und erschlossen. Sie befürchten Land zu verlieren, weil in Uttaranchal die gesetzlich zugelassenen Besitzgrößen geringer sein sollen als in Uttar Pradesh. Auch ist Dehra Dun als Hauptstadt umstritten, weil es zu peripher liegt. Die Frage nach der Lebensfähigkeit des neuen Staates mit 8,5 Mio. Einwohnern (2001) und einer Fläche von 45 000 km² wird mit dem Hinweis auf das touristische Potential – hier liegen einige der schönsten Hill Stations –, die Möglichkeiten der Energiegewinnung durch Wasserkraft und auf die vielfältige Waldnutzung beantwortet. Doch sind nur 9 % des Areals für den Anbau geeignet, die infrastrukturelle Ausstattung ist unzureichend, und die Arbeitsmöglichkeiten sind so ge-

Grundlage: Muthiah (1990).

Abb. 38: *Uttaranchal.*

ring, dass ein großer Teil der männlichen Bevölkerung in Delhi eine Beschäftigung sucht.

Die Inseln

Nachdem die früheren Union Territories im Nordosten und das ehemals portugiesische Goa den Status von Bundesstaaten erhielten und Delhi 1991 als 'National Capital Territory' eine gesetzgebende Versammlung bekam – allerdings mit eingeschränkten Rechten –, verblieben als Union Territories unter der Verwaltung der Zentralregierung: Chandigarh als die gemeinsame Hauptstadt des Punjab und Haryanas, die kleinen ehemals portugiesischen Enklaven in Gujarat (Diu, Daman und Dadra & Nagar Haveli), das ehemals französische Pondicherry mit seinen Exklaven sowie die Andamanen und Nikobaren in der Bucht von Bengalen und die Lakkadiven im Arabischen Meer. Die Inseln, die als ehemals britische Besitzungen an Indien fielen, werden, da sie sonst außerhalb der Betrachtung liegen, hier kurz skizziert.

Die *Andaman and Nicobar Islands* umfassen etwa 300 Inseln mit einer Fläche von 82 500 km². Sie sind eine untermeerische Fortsetzung der Arakan-Kette (im heutigen Myanmar) mit einer durchschnittlichen Höhe von 300 bis 400 m und einer höchsten Erhebung von 730 m. Ihrem tropischen Klima mit reichlichen Niederschlägen verdanken sie ihre immergrünen und

Laub abwerfenden Regenwälder und ihre exotischen Pflanzen, Früchte und Tiere. Die Zentralregierung forcierte nach der Unabhängigkeit eine Aufsiedlung vom Festland her, was zu umfangreichen Rodungen führte. Inzwischen sind größere Schutzgebiete zur Erhaltung der Natur, aber auch der Ureinwohner eingerichtet.

Durch ihre Lage auf der Handelsroute zwischen Indien und Südostasien – die Nikobaren liegen nur 150 km von Sumatra entfernt – waren die Inseln schon früh bekannt. Die ursprüngliche Bevölkerung, von der nur ein geringer Teil – hauptsächlich auf den Nikobaren – überlebte, besteht aus kleinen Stämmen, an deren Bekehrungen sich schon französische Jesuiten und dänische Missionare versuchten. Die Briten kamen Ende des 18. Jh.s unter Leutnant Blair, nach dem der wichtigste Hafen benannt ist. Vom 19. Jh. bis zur Unabhängigkeit – mit einer kurzen Unterbrechung infolge der japanischen Besetzung der Nikobaren im Zweiten Weltkrieg – brachten die Briten Sträflinge auf die Inseln, darunter auch Freiheitskämpfer aus Bengalen und Burma, sowie Waldarbeiter aus Bihar. Heute liegt die Einwohnerzahl bei 200 000, von denen 12 % zu den Stämmen gehören. Zur Holznutzung als wichtigstem Wirtschaftszweig kommt in jüngerer Zeit der Tourismus, da die Inseln herrliche Strände bieten. Doch sind nur kleine Teile der Andamanen für Ausländer zugänglich. Sie benötigen ein besonderes Permit, dessen Beschaffung Zeit raubend sein kann.

Die Lakkadiven, nach dem indischen Wort 'lakh' für '100 000', heute *Lakshadweep* benannt – obwohl die Anzahl der Inseln weitaus geringer ist – liegen im Arabischen Meer. Wie auch die Malediven, die unabhängig sind, sitzen sie dem Chagos-Rücken auf, der wahrscheinlich geologisch eine Verlängerung der Ur-Aravallis ist. Sie bestehen aus Korallenriffen und Atollen, die maximal nur 4 m über das Meer ragen. Die Inselgruppen umfassen 32 km² mit rund 60 000 Einwohnern (2001). Cheras, Pandyas, Cholas, Muslims aus Kerala, die Portugiesen und schließlich die britische Ostindien-Gesellschaft übten die Kontrolle aus. Die frühen Siedler waren Hindus aus Kerala sowie Moplahs, das sind Muslims keralitisch-arabischer Abstammung.

Außer der Fischerei und dem Anbau von Früchten gewinnt der Tourismus an Bedeutung. Ausländer dürfen jedoch nur auf bestimmte Inseln und dann nur als Gruppenreisende.

Zentralregierung und Bundesstaaten

Die Indische Union entstand also nicht durch den Zusammenschluss einzelner Staaten, sondern als Einheitsstaat, der sich dann nach Bundesstaaten gliederte – ein Prozess, der noch nicht abgeschlossen zu sein scheint. Bei der Gründung der Union herrschte jedoch weitgehende Übereinstimmung darüber, dass die Zentralregierung stark sein müsse, um ein Auseinanderfallen des neuen Indiens verhindern zu können. Die Verteilung der Machtverhältnisse und der Finanzen zwischen Bundesstaaten und Zentralregierung begünstigte daher die Letztere.

Bestimmte Bereiche der Gesetzgebung sind für die Zentralregierung reserviert, darunter die Verteidigung und Auswärtige Angelegenheiten. Andere unterliegen der Gesetzgebung der Bundesstaaten, darunter Polizei, Gesundheitswesen und Landwirtschaft. Über wieder andere Bereiche, z. B. das Strafrecht, können beide Gesetze erlassen. Im Fall eines Streits entscheidet jedoch die Zentralregierung. Ferner hat sich Delhi die Kontrolle und den Einzug einiger besonders lukrativer Steuern und die Zuweisung finanzieller Mittel an die Bundesstaaten vorbehalten.

Die Zentralregierung besteht aus dem Präsidenten als Staatsoberhaupt und einem Ministerrat, dem der Ministerpräsident (Prime Minister) als Regierungschef vorsteht. Er und sein Kabinett sind dem Parlament verantwortlich. Das Parlament hat zwei Kammern, Lok Sabha (die Volksvertretung) und Rajya Sabha (die Vertretung der Bundesstaaten). Die Mitglieder der Lok Sabha werden durch Mehrheitswahlrecht gewählt, die der Rajya Sabha von den Mitgliedern der Parlamente (Assemblies) der Bundesstaaten und einige vom Präsident nominiert. Die Wahlperiode für die Lok Sabha beträgt fünf Jahre. In der Rajya Sabha muss ein Drittel der Mitglieder alle zwei Jahre zurücktreten. Jeder Bundesstaat hat eine entsprechende Struktur, einige allerdings nur eine Kammer, das Unterhaus, das nach Mehrheitswahlrecht zusammengesetzt ist. Der Chief Minister führt mit einer unterschiedlichen Zahl von Ministern die Regierung.

Die Mitglieder beider Kammern der Zentralregierung sowie der Parlamente der Bundesstaaten wählen den Präsidenten auf fünf Jahre. Er ernennt nach den Wahlen den Führer der stärksten Partei zum Ministerpräsidenten, der dann die Regierung zu bilden versucht. Der Präsident ernennt darüber hinaus für jeden Staat einen Gouverneur als Vertreter der Zentralregierung, der aber praktisch vom Ministerpräsidenten bestimmt wird. In einer Krisensituation kann der Gouverneur nach Delhi melden, sein Bundesland sei 'unregierbar' geworden. Dann wird für begrenzte Zeit 'President's Rule' erklärt, womit die Regierung des Bundesstaates abgesetzt und die Verwaltung von Delhi aus gelenkt wird.

Solange die Congress-Partei in Delhi und in den Bundesstaaten eine Mehrheit hatte – und das war mit Ausnahme des kommunistisch regierten West Bengal meist der Fall –, ließ sich eine abweichende Politik in den Bundesstaaten leicht unterdrücken. Die häufige Anwendung des President's Rule durch Indira Gandhi schürte die Gegensätze zwischen Delhi und den Bundesstaaten. Gerade die Krise des Punjab nahm ihren Ausgang in der Forderung nach mehr Unabhängigkeit vom Zentrum, die auch die dravidischen Staaten des Südens forderten. Seit dem Niedergang – und schließlich der Ablösung – der Congress-Partei haben die regionalen Parteien, sowohl in den einzelnen Bundesstaaten als auch in der Zentralregierung, an Bedeutung gewonnen, weil die seitdem regierenden Koalitionen auf ihre Stimmen angewiesen sind (Abb. 39).

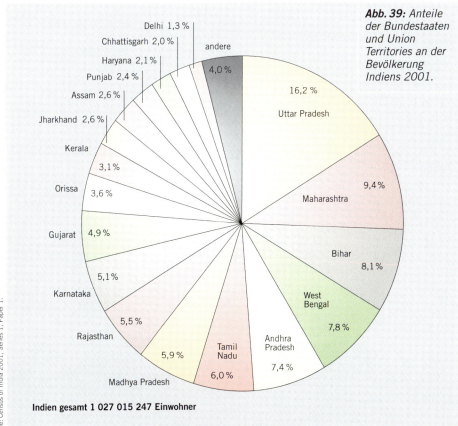

Abb. 39: Anteile der Bundestaaten und Union Territories an der Bevölkerung Indiens 2001.

Delhi 1,3 %
Chhattisgarh 2,0 %
Haryana 2,1 %
Punjab 2,4 %
Assam 2,6 %
Jharkhand 2,6 %
Kerala 3,1 %
Orissa 3,6 %
Gujarat 4,9 %
Karnataka 5,1 %
Rajasthan 5,5 %
Madhya Pradesh 5,9 %
Tamil Nadu 6,0 %
Andhra Pradesh 7,4 %
West Bengal 7,8 %
Bihar 8,1 %
Maharashtra 9,4 %
Uttar Pradesh 16,2 %
andere 4,0 %

Indien gesamt 1 027 015 247 Einwohner

Quelle: Census of India 2001, Series 1, Paper 1.

Administrativ sind die Bundesstaaten in Distrikte (Districts) untergliedert und diese wiederum in Gemeinden, die Taluks oder Tehsils genannt werden. Durch Aufteilung der Distrikte wuchs ihre Zahl erheblich. Jedem Distrikt steht der 'Collector' (eine Bezeichnung aus britischer Zeit, doch gingen seine Aufgaben weit über die Einziehung der Steuern hinaus) oder District Commissioner vor, der von den Bundesstaaten eingesetzt wird. Die eigenen Steuereinnahmen sind jedoch so unbedeutend, dass sie auf die Zuwendungen der Bundesstaaten und der Zentralregierung angewiesen sind.

BEVÖLKERUNG UND SOZIALE STRUKTUREN

Bild 15: *Menschengedränge vor einem Bus. Die Bevölkerungsexplosion stellt Indien vor gewaltige Probleme. Die junge Generation braucht sowohl eine schulische Ausbildung als auch Arbeitsplätze.*

Überblick

- Die Bevölkerungszahl Indiens, die über viele Jahrhunderte stagnierte, nahm seit der Mitte des 19. Jh.s kontinuierlich zu und stieg nach der Unabhängigkeit explosionsartig an. Die Marke von einer Milliarde wurde im Jahr 2000 überschritten.
- Das Bevölkerungswachstum und die Kindersterblichkeit sind in den ärmeren Bundesstaaten am höchsten. Analphabetentum und die soziale Stellung der Frau haben dabei großen Einfluss.
- Die Einkommensverteilung ist sehr ungleichmäßig; ein erheblicher Teil der Bevölkerung lebt unter der Armutsgrenze, doch wächst ein neuer Mittelstand heran.
- Die Binnenwanderung beeinflusst vor allem das Wachstum der großen Städte. An der Auswanderung, die früher vornehmlich abhängige Plantagenarbeiter umfasste, sind heute auch Menschen mit einer qualifizierten Ausbildung beteiligt.
- Indien ist zwar ein säkularer Staat, doch spielen die Religionsgruppen und besonders der Gegensatz von Hindus und Muslims eine wichtige Rolle.
- Die Stämme, die älteste Bevölkerungsschicht des Landes, bilden eine 'vierte Welt'. Ihre Siedlungsgebiete werden immer mehr eingeengt; wenn sie daraus verdrängt und entwurzelt werden, stehen sie meist sozial und wirtschaftlich auf der untersten Stufe.

Die demographische Entwicklung

Von 1865 – 1872 fand die erste systematische Volkszählung in Britisch-Indien statt, die eine Bevölkerung von 203 Mio. Menschen ergab. Seither wird jeweils im ersten Jahr eines neuen Jahrzehnts – gewöhnlich im Februar – der *Census of India* durchgeführt. Es ist sicherlich eine der größten demographischen Aufgaben, eine Bevölkerung von vielen hundert Millionen zu erfassen, die z.T. aus Analphabeten besteht, in abgelegenen Dörfern oder in den Slums der Städte lebt und diese Aktion aus den verschiedensten Gründen mit Misstrauen betrachtet. Insgesamt gehören die bisherigen Zählungen zu den wichtigsten Informationsquellen über Indien. Inzwischen sind die Methoden verfeinert worden. Seit 1951 werden 'Postenumeration Checks' in etwa 2 % aller Haushalte unternommen, um Fehlerquellen aufzuspüren, sowie zusätzliche 'Sample Surveys' durchgeführt. Die Aufarbeitung der gewaltigen Datenfülle nimmt Jahre in Anspruch, sodass die letzten Bände des Census 1991 – insbesondere für die einzelnen Bundesstaaten – erst zehn Jahre später erschienen. Beim Census 2001 (Series-1 Paper-1 of 2001) ist es erstmalig gelungen, einige vorläufige Ergebnisse für Gesamt-Indien schon wenige Wochen nach der Zählung zu veröffentlichen, auf die hier, soweit möglich, Bezug genommen wird. Soweit nicht anders vermerkt, werden im Folgenden jedoch die Werte von 1991 verwendet und für spätere Jahre durch Angaben der 'Statistical Outline of India 2000 – 2001' (Tata Services Ltd.), zitiert als 'Tata', ergänzt.

Der Census of India von 1991 registrierte 846 Mio. Einwohner; beim Census 2001, dem 14. in der ununterbrochenen Serie und dem 6. nach der Unabhängigkeit, wurde die Milliardengrenze deutlich überschritten. Mussten in den vorhergehenden Zählungen einige Staaten wie Jammu und Kashmir (1991) oder Assam (1981) wegen Unruhen unberücksichtigt bleiben, so konnte wegen Naturkatastrophen in einigen Distrikten des Nordens und Westens der Census 2001 nicht stattfinden. Sie wurden durch Hochrechnungen ergänzt.

Die Indische Union beherbergt etwa 17 % der Weltbevölkerung auf nur 2,4 % der Festlandfläche. Wenn sich seit 1951 die Bevölkerungszahl fast verdreifacht hat, so stellt diese demographische Entwicklung keinen Sonderfall dar, denn das beschleunigte Bevölkerungswachstum ist fast allen Entwicklungsländern gemeinsam. Mit einem Wachstum von 24,8 % im Jahrzehnt 1971 – 81 und 23,9 % von 1981 – 91 sowie 21,3 % in den Jahren 1991 – 2001 liegt Indien sogar deutlich unter vielen asiatischen und afrikanischen Ländern.

Im Vergleich zum Bevölkerungswachstum der europäischen Industrieländer im vorigen Jahrhundert unterscheidet sich Indien jedoch durch die absoluten Zahlen, und der Zuwachs der indischen Bevölkerung wird nicht – wie früher in Europa – durch Auswanderung ausgeglichen.

Nach Angaben von Davis (1951) lebten bereits vor Beginn der christlichen Zeitrechnung 100 bis 140 Mio. Menschen auf dem indischen Subkontinent, eine Bevölkerungszahl, die wohl bis zum Beginn der britischen Herrschaft im Großen und Ganzen stabil blieb. Mögliche Bevölkerungsgewinne in „normalen" Zeiten wurden durch Kriege, Epidemien und Hungersnöte wieder nivelliert. Zu ihren Auswirkungen zählen nicht nur Millionen von Todesfällen, sondern auch die gravierenden Beeinträchtigungen bei den Überlebenden. Nach der Unterbindung von Kriegen durch die Pax Britannica und dem Rückgang von Hungersnöten trug schließlich die Bekämpfung von Krankheiten, insbesondere von Epidemien, zur Senkung der Sterblichkeitsrate und somit zum Wachstum der Bevölkerung bei, das zunächst aber noch großen Fluktuationen unterlag.

Das Auftreten einer Reihe ansteckender Krankheiten wird in einem Klima begünstigt, das sowohl das Wachstum von Krankheitserregern als auch die Vermehrung ihrer tierischen Überträger fördert (Jusatz 1977, S. 121). Armut, unzureichende Ernährung und das Zusammenleben auf engstem Raum bei mangelnder Hygiene und ärztlicher Versorgung tragen zur Anfälligkeit gegenüber Krankheiten und ihrer Ausbreitung wesentlich bei. Davis (1951) weist darauf hin, dass erst der Kontakt mit Europa und Ostasien einige Krankheiten nach Indien brachte und es Generationen brauchte, bis ein

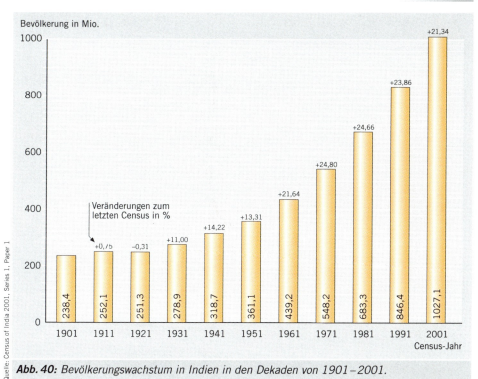

Bevölkerung in Mio.

Quelle: Census of India 2001, Series 1, Paper 1

Abb. 40: *Bevölkerungswachstum in Indien in den Dekaden von 1901–2001.*

gewisser Grad an Immunität erreicht war. Die Ausbreitung von Epidemien, die in Europa als Folge großer Bevölkerungsbewegungen – von den Kreuzzügen bis zur Wanderung in die Städte – ausgelöst wurden, hat sich in Indien um Jahrhunderte verzögert. Andere Krankheiten sind jedoch in Indien endemisch und haben sich von dort immer wieder in Wellen ausgebreitet.

Bis 1921 stieg die Bevölkerung Britisch-Indiens auf 305,7 Mio. bzw. 251,3 Mio. im heutigen Staatsgebiet Indiens. Aber das Wachstum ist in den einzelnen Jahrzehnten noch sehr unterschiedlich. Eine hohe Sterblichkeit durch Hungersnöte nach Dürrejahren, die jeweils größere Teile des Landes betraf, ist zwischen 1876 und 1900 zu verzeichnen. Die Briten suchten dem mit einem Katastrophenplan zu begegnen, der unter anderem eine Lagerhaltung von Getreide und in Krisenzeiten einen schnelleren Transport von Nahrungsmitteln mit der Eisenbahn vorsah, und indem sie die Anbauflächen durch neue Bewässerungsanlagen erweiterten. Erfolge zeigten sich seit dem Beginn des 20. Jh.s. Als jedoch

während des Zweiten Weltkrieges die Versorgung großer Teile Bengalens infolge der Bedrohung durch die japanische Invasion zusammenbrach, forderte eine verheerende Hungersnot hier 3 Mio. Opfer. Doch die größte Katastrophe im frühen 20. Jh. war eine Grippeepidemie im Jahre 1918 mit 17 Mio. Toten auf dem Subkontinent.

Aber selbst diese Einschnitte haben die Bevölkerungszunahme nur zeitweilig verlangsamt. Das Jahr 1921 markiert den Beginn eines beschleunigten Bevölkerungswachstums. Hatte der Zuwachs in den 50 Jahren von 1871 – 1921 insgesamt rund 20 % betragen, so stieg er in den 10 Jahren von 1921 – 31 auf 11 % und beschleunigte sich noch in den folgenden Dekaden, sodass die Bevölkerung 1951 361,1 Mio. betrug. In der Zeit nach 1961 setzte sich schließlich das beschleunigte Wachstum durch und dauert bis in die Gegenwart an, allerdings mit einer Abschwächung in den beiden letzten Jahrzehnten und einem Rückgang unter 2 % p. a. Ende der 1990er-Jahre (Abb. 40). In den Jahren 1991 – 2001 stieg die Bevölkerungszahl um 180 Mio., und in

Name des Bundesstaates	Einwohner (in 1000)	Fläche (in 1000 km^2)	Einwohner/km^2
Andhra Pradesh	75 728	275	275
Arunachal Pradesh	1 091	84	13
Assam	26 638	78	340
Bihar	82 879	94	880
Goa	1 344	3,7	363
Gujarat	50 597	196	258
Haryana	21 083	44	477
Himachal Pradesh	6 077	56	109
Karnataka	52 734	192	275
Kerala	31 839	39	819
Madhya Pradesh	60 385	308	196
Maharashtra	96 752	308	314
Manipur	2 389	22	107
Meghalaya	2 306	22	103
Mizoram	891	21	42
Nagaland	1 989	17	120
Orissa	36 707	156	236
Punjab	24 289	50	482
Rajasthan	56 483	342	165
Sikkim	540	7	76
Tamil Nadu	62 111	130	478
Tripura	3 191	10	304
Uttar Pradesh	166 053	241	689
West Bengal	80 221	89	904
Jammu & Kashmir[1]	10 070	222	99
Chhattisgarh[2]	20 796	135	154
Jharkhand[2]	26 909	79	338
Uttaranchal[2]	8 480	53	159
Andaman & Nicobar Islands	*356*	*8*	*43*
Chandigarh	*901*	*0,1*	*7903*
Dadra & Nagar Haveli	*220*	*0,5*	*449*
Daman & Diu	*158*	*0,12*	*1411*
Delhi	*13 783*	*1,4*	*9294*
Lakshadweep	*61*	*0,03*	*1894*
Pondicherry	*974*	*0,5*	*2029*

[1] Hochrechnung; ohne Gebiete unter pakistanischer und chinesischer Verwaltung   [2] Neue Staaten
Unionsterritorien sind kursiv geschrieben.

Abb. 41: *Die Bundesstaaten und Unionsterritorien (2001).*

Quelle: Census of India 2001, Series 1, Paper 1.

der ersten Hälfte des 21. Jh.s wird Indien China wahrscheinlich überholen und dann an der Spitze der bevölkerungsreichen Staaten stehen.

Geburtenrate und Altersstruktur

Das Bevölkerungswachstum wurde außer von der hohen Geburtenrate maßgeblich vom Rückgang der Sterberate bestimmt.

Nach der Unabhängigkeit ließen Impfkampagnen sowie eine bessere Hygiene und Krankenversorgung die Sterberate von 27 pro 1000 Ew. (1951) auf 9 im Jahre 1998 zurückgehen (Ec. Surv. 1999–2000, auch für folgende Zahlen). Die Lebenserwartung lag zwischen 1951 und 1960 bei 41 Jahren und hat sich auf 62,4 Jahre (1996) erhöht. Noch eindrucksvoller ist der Rückgang der Kindersterblichkeit von 146 pro 1000 Lebendgeburten (1961) auf 72 im Jahre 1998. Sie liegt damit allerdings noch erheblich über den Werten der westlichen Industrieländer.

Die hohe Geburtenrate bot einen statistischen Ausgleich für die hohe Kindersterblichkeit. Die Geburtenrate, die 1911–1920 noch 48 pro 1000 Ew. betragen hatte, lag 1961 bei 41,7 und sank dann bis 1997 auf 27,2. Da sie jedoch wesentlich höher ist als die Sterberate, sind hohe Bevölkerungsgewinne, d. h. ein natürliches Wachstum, die Folge. Zur hohen Zahl der Geburten trägt sicherlich auch bei, dass fast alle Frauen heiraten. Von 1000 Frauen im Alter von 50 Jahren waren nur fünf unverheiratet (Misra & Puri 1997, S. 115).

Die Altersstruktur der Bevölkerung Indiens zeigt die für Entwicklungsländer typische Form einer Pyramide. 34,8 % der Bevölkerung sind jünger als 15 Jahre, 57,6 % im erwerbsfähigen Alter von 15 bis 60 Jahren und 7,6 % älter als 60 (Stat. Bundesamt 1995, S. 35). Selbst bei einer rigorosen Geburtenbeschränkung muss die Welle der Jungbevölkerung in der Pyramide erst nach oben wachsen, damit sich Auswirkungen ergeben.

Teilt man die Bevölkerungsentwicklung in Phasen, so zeigt die erste eine relativ stabile und sehr hohe Geburtenrate und eine Sterberate, die von Hungersnöten, Epidemien oder Jahren relativen Wohlstands gekennzeichnet ist. Mit der Besserung der wirtschaftlichen Verhältnisse, der medizinischen Kenntnisse und Versorgung fällt die Sterberate, die Geburtenrate bleibt jedoch unverändert hoch. Ab 1951 setzt ein starkes Wachstum ein, obwohl seit Mitte der 1960er-Jahre die Geburtenrate mit der Verbesserung der wirtschaftlichen Verhältnisse absinkt. Gegenwärtig wächst die Bevölkerung weiter, wenn auch langsamer, weil die Basis breiter geworden ist. In der Mitte des 21. Jh.s, so hofft man, soll ein Ausgleich zwischen Sterbe- und Geburtenrate erreicht sein. Nach den bisherigen Erfahrungen könnte ein Stillstand des Wachstums mehr Zeit brauchen. Das liegt vor allem daran, dass die besonders rückständigen, aber bevölkerungsreichen Staaten Bihar, Madhya Pradesh, Rajasthan und Uttar Pradesh noch eine sehr hohe Gebur-

tenrate haben und das Gesamtbild entscheidend beeinflussen (Abb. 41).

Die Karte des jüngsten Bevölkerungswachstums nach Staaten (Abb. 42) zeigt die regionalen Unterschiede. Erheblich unter dem nationalen Durchschnitt von 21,3 % für den Zeitraum 1991–2001 liegen die Staaten des Südens sowie West Bengal und Orissa, darüber der Norden sowie die kleinen Staaten des Nordostens, bei denen allerdings auch die illegalen Zuwanderungen aus Bangladesh bzw. Nepal eine Rolle spielen. Hält man sich jedoch die absoluten Zahlen vor Augen, so bedeutet ein Bevölkerungszuwachs von 25,8 % (1991–2000) in Uttar Pradesh 34 Mio. Menschen, ein Anstieg von 33 % in Sikkim nur 134 000. In einigen Staaten, deren Tragfähigkeit wohl erreicht ist, dürfte auch die Migration in andere Staaten in geringem Umfang zu den niedrigen Zuwachsraten beigetragen haben, so in Himachal Pradesh und Orissa, bei Letzterem zudem die von der Rückständigkeit bedingte hohe Sterberate. Bei dem hohen Wert in Haryana handelt es sich eigentlich um eine Zuwanderung nach Delhi, das selbst keinen Platz mehr bietet.

Geburtenkontrolle und Bildungsstand

Seit 1952 förderte die Regierung eine Geburtenbeschränkung unter der Bezeichnung 'Familienplanung'. Mit großem Aufwand wurde die Zwei-Kinder-Familie propagiert, die Kinderheirat gesetzlich verboten und 1978 das Mindestheiratsalter für Frauen auf 18, für Männer auf 22 Jahre festgelegt – was jedoch offenbar nicht durchsetzbar ist. Schwangerschaftsabbrüche sind bereits seit 1971 legalisiert. Da zur Zeit der Notstandsregierung in den Jahren 1975 bis 1977 auch zwangsweise Sterilisierungen vorkamen – allein im Jahr 1976 8,3 Mio. Eingriffe –, brachten sie Familienplanung und Regierung in Misskredit. Daraufhin wurde der Name in *Family Welfare Programme* geändert.

Seit den 1980er-Jahren hat die Akzeptanz aller Verhütungsmethoden wieder zugenommen. Die Sterilisierung kann jetzt bei Frauen in ambulanter Behandlung vorgenommen werden, für die ein Heer von Ärzten zur Verfügung steht. Kondome gibt es billig oder kostenlos. Die Verwendung von

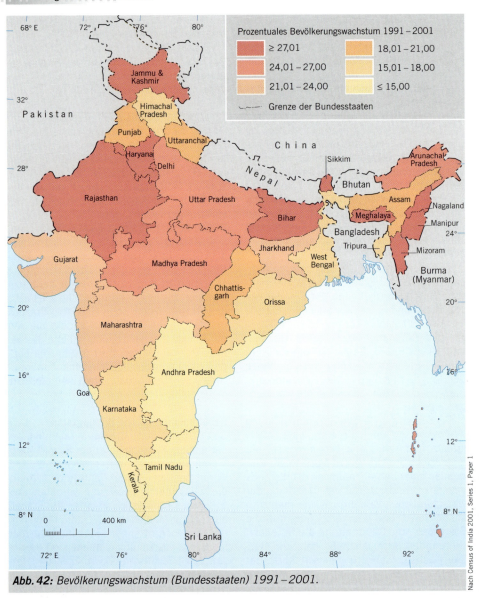

Prozentuales Bevölkerungswachstum 1991–2001

- ≥ 27,01
- 24,01–27,00
- 21,01–24,00
- 18,01–21,00
- 15,01–18,00
- ≤ 15,00

‒·‒·‒ Grenze der Bundesstaaten

Nach Census of India 2001, Series 1, Paper 1

Abb. 42: *Bevölkerungswachstum (Bundesstaaten) 1991–2001.*

oralen Kontrazeptiva stößt vor allem bei der ländlichen Bevölkerung mit ihrem hohen Anteil von Analphabetinnen auf Schwierigkeiten. Die Entwicklung eines Impfstoffes mit Langzeitwirkung steckt noch in den Anfängen. Immerhin wird der Prozentsatz von Paaren, die Empfängnisverhütung praktizieren, mit 45 % angegeben, und die Zahl der Schwangerschaftsabbrüche soll zwischen 1956 und 1996 bei 212 Mio. gelegen haben, davon in 1996–97 14,8 Mio.,

dagegen 1970–71 erst 1,9 Mio. (Tata 1999–2000, S. 209).

Für gebildete Städter mit überdurchschnittlichem Einkommen ist eine bessere Ausbildung der Kinder, die nur bei einer geringeren Kinderzahl möglich ist, von ausschlaggebender Bedeutung. Bei den Armen, besonders auf dem Lande, hat sich die Familienplanung weniger durchgesetzt. Abgesehen davon, dass vielleicht mehrere Mädchen geboren werden, bevor sich der ersehnte Sohn einstellt, zählen die Kinder in der Landwirtschaft als Arbeitskräfte. Doch auch in der Stadt ist Kinderarbeit verbreitet und stellt ein zusätzliches Einkommen für die Familie dar.

Die Religion ist – zumindest bei den Hindus – kein Hindernis für eine Geburtenkontrolle. Allerdings führen militante Hindus an, dass Muslims keine Geburtenkontrolle anwenden und sich daher das Zahlenverhältnis zu Ungunsten der Hindus verschieben könnte. 1951 machten Muslims knapp 10 % der indischen Bevölkerung aus, 1991 betrug ihr Anteil 12 %. Sicher kein Besorgnis erregender Anstieg, doch bleiben die Gründe unklar. Zwar sind den Muslims mehrere Frauen erlaubt, jedoch kann sich diese von hundert Männern nur einer leisten, und dieses Verhältnis dürften auch die Hindus erreichen – trotz des für sie geltenden (gesetzlichen) Verbots der Polygamie. Zur Erklärung wird die geringe Kindersterblichkeit bei den Muslims angeführt, weil mehr Muslims als Hindus in Städten wohnen, ferner das Verbot der Witwenheirat bei den Hindus und schließlich die Zuwanderung von Muslims aus Bangladesh.

Zwischen höherem Bildungsstand und geringerer Kinderzahl besteht eine deutliche Korrelation. Das gilt nicht nur für die Frauen des Mittelstandes in den Städten, sondern zeigt sich besonders am hohen Alphabetisierungsgrad der Frauen in Kerala, wo sie, wie auch in Tamil Nadu, ein höheres soziales Ansehen genießen. Das gilt ebenso bei den Sikks im Punjab oder bei den Christen in Mizoram. Während im nationalen Durchschnitt (2001) die Alphabetisierungsrate insgesamt bei 65,4 % liegt, bei Frauen 54,2 %, bei Männern 75,9 %, sind in Kerala 90,9 % der Gesamtbevölkerung und 87,9 % der Frauen des Lesens und Schreibens kundig (Abb. 43). Der Bundesstaat Bihar weist dagegen eine Gesamtalphabetisierung von 47,5 % und bei Frauen von 33,6 % auf. In Rajasthan beträgt die Alphabetisierung der Frauen 44,3 %. Nicht nur die Kinderzahl zeigt einen Zusammenhang mit der Alphabetisierungsrate, sondern auch die Kindersterblichkeit, denn bei höherem Bildungsstand werden die Kinder in der Regel besser versorgt.

Das Analphabetentum in Indien zu senken ist erklärtes Ziel jeder Regierung, und

Erfolge werden im Census besonders hervorgehoben. Als schreibkundig gilt in Indien derjenige mit einem Alter über sieben Jahre, der einen Brief in einer der Landessprachen oder Englisch lesen und schreiben kann. Es sei darauf hingewiesen, welche Nachteile Analphabeten haben, wenn sie z. B. ihre Rechte vor Behörden durchsetzen oder einen Vertrag schließen oder ein Bankdarlehen beantragen wollen (Drèze & Sen 1996, S. 109).

Geschlechterproporz und Stellung der Frau

Bemerkenswert ist die extrem unausgeglichene Geschlechterverteilung. Bereits die Volkszählungen Anfang des 20. Jh.s zeigen einen defizitären weiblichen Bevölkerungsanteil. Seither hat sich die Sexualproportion kontinuierlich zu Ungunsten der Frauen verschoben. Kamen 1901 noch 972 Frauen auf 1000 Männer, waren es 2001 nur noch 933 Frauen. Dieses Phänomen kann nicht mit der höheren Sterblichkeit der Frauen im Kindbett erklärt werden. Wichtiger ist die generelle Bevorzugung männlicher Nachkommen. Es sind die Söhne, die die Altersversorgung für die Eltern übernehmen und die Totenriten durchführen. Für die Töchter dagegen muss bei der Eheschließung, welche die Eltern vereinbaren, eine Mitgift in einer Höhe gezahlt werden, die die Brauteltern finanziell ruinieren kann. Seit die Mitgift gesetzlich verboten ist, wird sie von 'Geschenken' abgelöst, und in jüngerer Zeit kommt es häufig zu weiterer Forderungen nach der Eheschließung. Da der Mann bei erneuter Heirat wieder eine Mitgift verlangen wird, für die Frau aber eine Scheidung oder Trennung verbunden mit der Rückkehr ins Elternhaus eine Schande wäre, die sie nicht auf sich nimmt, kommen in Indien jährlich Tausende von Frauen durch 'Unfälle' im Haus ihrer Schwiegereltern ums Leben. Meist soll der Sari der Frauen beim Kochen Feuer gefangen haben, aber häufig besteht der begründete Verdacht, dass dabei nachgeholfen wurde. Solche Unfälle sind schwer als Morde nachzuweisen, besonders, wenn die Frau zu Hause stirbt, also nicht in einem Krankenhaus, und die Polizei bei der Ermittlung nicht sehr engagiert ist.

Die junge Frau muss nach der Heirat zu ihren Schwiegereltern ziehen und sich ganz

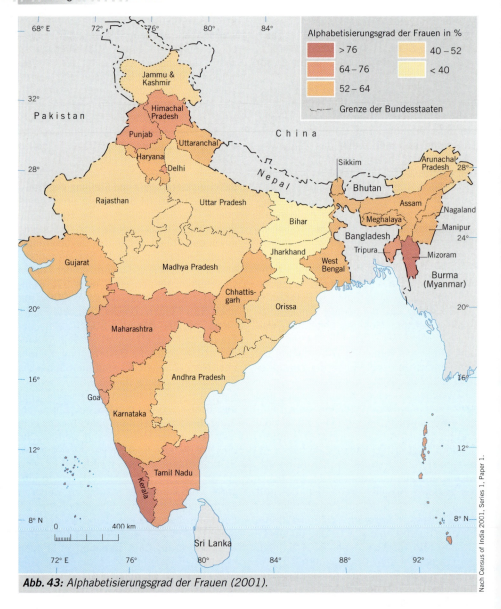

Abb. 43: *Alphabetisierungsgrad der Frauen (2001).*

Nach Census of India 2001, Series 1, Paper 1.

in deren Haushalt eingliedern. Dort führt sie unter dem Regime ihrer Schwiegermutter – gegen die sich auch ihr Mann in der Regel kaum auflehnen wird – nicht selten ein sehr eingeschränktes und unglückliches Leben. Erst in jüngster Zeit hat sich diese Sitte infolge der zunehmenden Zahl von besser verdienenden Kleinfamilien in den Städten gelockert. In der neuen, schnell wachsenden Mittelklasse sind immer mehr qualifizierte Frauen berufstätig, was durch die niedrigen Löhne für Hausangestellte erleichtert wird. Ein Wandel wird bei der immer noch arrangierten Heirat deutlich: Die Partner treffen sich schon vor der Heirat und können die Wahl ihrer Eltern ablehnen. Doch Liebesheiraten mit eigener Partnerwahl sind sehr selten (Bild 16).

Unter diesen Verhältnissen sind Töchter ein 'Unglück', und so wird manchmal versucht, sich der unerwünschten Mädchen zu entledigen, indem ihnen als Babys Pfle-

KHATRI

ALLIANCE invited for handsome well-settled (Singapore-based MNC) Electronics Engr 26/177 of respectable UP Khatri family from tall (min 160), slim, fair, good looking professionally qualified girls, max 24 years, from cultured educated family. Reply with photo(R) and full details to Box BBH357X Times Of India, Mumbai-400001. E-mail: bride4r@hotmail.com

WANTED homely, smart, beautiful Bride for handsome Khatri Panjabi boy, well settled, Business, Ht 5'7-", 25 yrs. Write to Box No. BBN89-2Z Times Of India, Mumbai-1.

KSHATRIYA

MATCH for handsome Rajput boy placed in MNC Indore BE/180/28. Father Rtd. IFS, brother MBBS. Address D-11-12, Flat no.4 Ratl-am Kothi Indore-1 MP Ph: 528406

HINDU Kshtriya Boy from U.P. 2nd Officer in Merchant Navy foreign Shipping Co. Salary 1.2 lakh/month, Handsome, 27 years, 172 cm, 65 Kg seeking Beautiful, Tall, Slim, Educated, Home loving Girl from respectable family. Reply with photograph (Returnable) and detals to Box No. MAC9429C Times Of India, Chennai-600035.

MATCH for 27/6' Sisavdia Air Force Officer (Admin) Father Ex Wg Cdr BPH (R) Write Box No. DEE251R Times Of India, NewDelhi-110002.

ALLIANCE invited for Mahrashtrian Kshatriya boy Owning flat in pune 31/ 5'10" Engg. 12000 P/m MNC Send BHP To Box.No PUY269Y Times House,FC Rd, Pune-4

MALAYALI

AIR 28/ 170 US employed BTech-IIT, MS seeks alliance from qualified professionals. Reply to Box No. Z577C Times Of India, Bangalore-560001.

LLIANCE invited for Kannur Nambiar boy 29/5'10" Diploma Elctr - Telecom, working for UNO as Communication Specilist, six digit salary, from educated girls. Ph 02692-60850 Em: mridul-a@fac. irm.ernet.in, Box No. BRA-9177R Times Of India, Baroda-3-90005.

ALLIANCE from Mumbai based slim, fair, well educated Nair, Menon girls, preferably Central Kerala for well employed Palghat Menon boy, BE Elect. Telecom 27/5'9". Reply with biodata Hs Box BBH310Y Times Of India, Mumbai-1

NAIR boy 29 yr 5'11" Chitra BE Software Engr USA invite professional girls. contact Neena Box 16308 Mumbai - 13 Tel 4366447

MUMBAI Settled Palakkad Ezhava parents invite proposal°for son BCom 30/6ft Avittam working as Deputy Manager BSE. Apply BHP(R) Box No. BBJ008Y Times Of India, Mumbai-400001.

MUMBAI based Nair boy 27/5'10" BE PGDST working in USA seeks alliance from well qualified Nair girls. Reply with details preferably with photograph to Box No. BBU-050Y Times Of India, Mumbai-1.

MUMBAI based affluent well established Nair Business family invites alliance for their smart, well built son, age 26, height 6'3", CA (Final), Aswathi, from Parent's of beautiful, fair, tall educated girl, age not more than 22 years apply with latest photo (Returnable) and horoscope to Box No. BBJ059X Times Of India, Mumbai-400001.

TCR Menon 34/170 Puram BCom Cent Govt job Mbai wants Grad wkg Nair bride. Box No. BBJ066X Times Of India, Mumbai-400001.

MARTHOMITE Christian parents invite proposal for their son 29/5'-9" diploma civil, handsome, well settled, business in Amravati (Nagpur Reg) from christian parents of beautiful, tall, educated homely girl. Call (0721) 552121.

NAIR parents from TCR settled in Mumbai seek alliance for their um built, Anizham (Sudhajathakam) B.Com./ Computer, Executive in MNC From Mumbai settled, good looking, working Nair/ Pillai/ Menon girls. Reply with horoscope & biodata to Box No. J004Y Times Of India, Mumbai-400001.

MARATHI/ KONKANI

96K Maratha family seeks alliance for son 27/170 MS General Surge-ry, very handsome from Medico girl preferably PG, smart, same caste. Send B/H/P must Box BBH364X TimesofIndia,Mumbai-1

SUITABLE match for Hindu Maharashtrian Vaishya American University grad. MSI doing MBA working as Engineer in top US co. 28 5'4" fair athletic. Girls of 23/26 5' beautiful fair caste no bar. graduates pref. Call 022-8736989/ write Box BBY655X Times Of India, Mumbai-1 with BHP.

MUSLIM

ALLIANCE for Sunni Muslim Ansari BS/ MBA/ (USA) handsome smart boy 28/ 180 from Patna working in USA Caste no bar. Parents working in Abudhabi. Send biodata photo to Box No. PA 10924K Times Of India, Patna-1

SUNNI Muslim parents from UP invite alliance for their son 30/6'1" CA working with MNC at Bangalore. Girl should be educated, charming & homely from respectable family. Reply with photo (R) & biodata to Box No. PUY134Y Times House,F.C Road,S'Ngr, Pune-4

42 Sunni bachelor post-graduate Bombay settled urgent marriage working brides India/abroad. Email shahensha2001us@yahoo.com

SUNNI Muslim parents seeks alliance for their handsome, well settled, Software Professional sons, 1] 27 yrs, 5'7" working with MNC in India, 2] 24 yrs, 5'7" working in U.K. since last 2 yrs. Contact with biodata and photo to Box BRA9228C Times Of India, Baroda-390005. Email: zhshaikh@hotmail.com

AFFLUENT SUNNI MUSLIM DR. CONSULTANT PARENTS

belongs to a family of status from Delhi invites alliance for their

ONLY SON HANDSOME SMART FRC3 28/171/70

Parents of beautiful Medico girl from cultured educated family of status. Correspond with biodata photo at 00966-1-4631608/ 0141225193/ 01204624628 Email: siddiquimohd@hotmail.com

PROPOSALS invited for SM fair handsome, MBA 27 yrs/ 5'8"/ 5 lacs p.a. settled in Bombay. Ctc: 022-7821182 or write Box No. BBY667Y Times Of India Mumbai-1. Email: rj786@hotmail.com

S.M.SYED American Citizen from USA invite alliance for their Son tall, fair, Medico. Bride should be Medico Professional from cultured Family. Reply with BHP Box No. H478Y Times Of India, Mumbai-1. Phone: (022) 8189718 or Email: irfan_inamdar@hotmail.com

SHIA Syed Bombay based parents seek handsome & educated girl for Dr. son 5'7" 27 MBBS MS job abroad. Reply photo must- Box BB-H494Y Times Of India, Mumbai-1.

MATCH for 29, 5'11", fair, handsome, Oriya Brahmin boy, BE(electronics), Software consultant in leading consulting MNC from qualified Oriya Brahmin girls. Reply with BHP to Box No. BBU061Y Times Of India, Mumbai-400001. Email: groom2002@rediffmail.com

PUNJABI

TEETOTALLER, NON-SMOKER
Bombay based Punjabi Khatri family seeks alliance for their
QUALIFIED, INTELLIGENT, FAIR, HANDSOME SON 28/ 5'10", CAPTAIN IN A FOREIGN SHIPPING LINE
From parents of beautiful, fair, tall and an educated girl. Write with Photo(R) to Box BBU789Y Times of India, Mumbai- 1 OR Call 022-7825315, pnmk@hotmail.com

SUITABLE match for B.Com smart goodlooking 28/ 5'5 1/2" well settled in business. Respectable Khatri family. Ph: 8687255

ALLIANCE invited for Bombay based handsome Punjabi Hindu Sahdev Boy 32/5'7" B.Tech Computer Science S/W Engineer from professionally qualified Punjabi Hindu Girl. Reply with B/H/P to Box BBH171X Times Of India, Mumbai-1.

MATCH for Punjabi Sikh clean shaven boy S/W Engr 5'7"/ 30 working in USA visiting India in March 2002. Send educated Engr/ MBA/ Arch/ Pref. Send BHP (R) Box No. BBH416Y Times Of India Mumbai-400001.

ALLIANCE invited for Mumbai based Punjabi Brahman boy 27/5' 7" B.Sc. Mgmt five figure MNC own flat from beautiful educated girl of decent family reply with BHP (R) Box No. BBZ329Y Times Of India, Mumbai-1. Ph. 5675804 Email. deepan_kapila@hotmail.com

PUNJABI 33/ 5'11" MSc Computer Sc S/W Engr currently working in Singapore future plans to settle in India seeking for Punjabi Sanskari girl homely or working from simple middle class family. No dowry. Reply with date place time of birth to Box No. BBY656Y Times Of India, Mumbai-400001.

ALLIANCE invited for v.handsome, well-settled (MS Comp Sc, USA), 27/ 5'11" working in USA H1B Visa. Reply with B/P to Box No. H435Y Times Of India, Mumbai-1

Bild 16: *Heiratsanzeigen in einer indischen Zeitung. Sie lassen die Bedeutung der Kasten, Religion und Landsmannschaft für die Heirat erkennen.*

---

ge versagt wird und sie im Kindesalter bei der medizinischen Vorsorge oder der Ernährung benachteiligt werden. Die Methode der Geschlechtsdiagnose im Mutterleib durch Ultraschall, auf die sich, obwohl inzwischen verboten, viele Ärzte in den Städten spezialisieren, hat der Abtreibung von weiblichen Föten Vorschub geleistet.

Wie das Analphabetentum zeigt auch der Proporz von Männern und Frauen regionale Variationen. Der Männerüberschuss ist im Norden höher als im Süden, wo die Anerkennung der Frau ausgeprägter ist. Kerala ist der einzige Staat mit einem Frauenüberschuss (1058 auf 1000 Männer).

Bevölkerungsverteilung

In Indien lebten 1991 im Durchschnitt 273 Ew. auf einem Quadratkilometer – ohne Jammu und Kashmir, für das keine Vergleichszahlen vorliegen. Dieser Durchschnittswert sagt aber wenig über die tatsächliche Verteilung der Bevölkerung innerhalb des indischen Staatsgebietes aus. Das räumliche Muster zeigt vielmehr große regionale Unterschiede (Abb. 44). Gebieten mit extrem hohen Dichtewerten stehen sol-

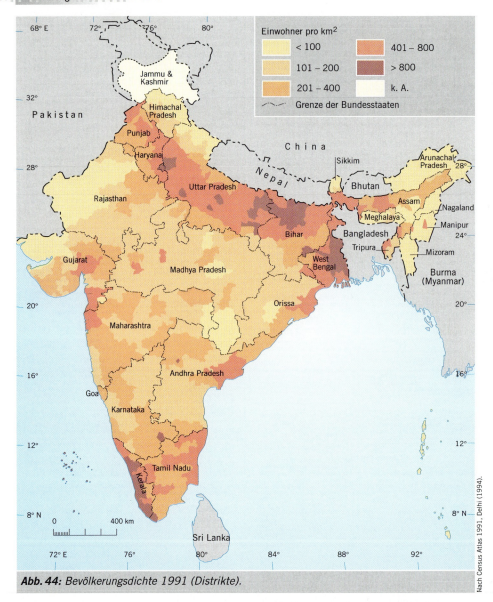

Einwohner pro km²
- < 100
- 101 – 200
- 201 – 400
- 401 – 800
- > 800
- k. A.

~ Grenze der Bundesstaaten

Nach Census Atlas 1991, Delhi (1994).

Abb. 44: *Bevölkerungsdichte 1991 (Distrikte).*

che mit ausgesprochen niedrigen gegenüber. Ursache dieses Verteilungsmusters ist die unterschiedliche naturräumliche Ausstattung und das daraus resultierende landwirtschaftliche Potential.

Ökologische Gunsträume, die bereits früh hohe Bevölkerungskonzentrationen aufwiesen, sind die fruchtbaren Schwemmlandebenen des Ganga-Tieflandes, die Ostküste mit ihren weit ausgreifenden Deltas, das südliche Gujarat sowie die südliche Malabarküste. Hier besteht die Möglichkeit, jährlich mindestens zwei Ernten einzubringen. Schon 1991 übertraf die Bevölkerungsdichte dieser Regionen mit über 400 Ew./km² bei weitem den indischen Durchschnitt. In Teilen West Bengals, im westlichen Bihar, im Osten von Uttar Pradesh und in Kerala wurden sogar Werte von über 800 Ew./km² erreicht.

Der flächenmäßig größte Teil Indiens weist eine Bevölkerungsdichte auf, die dem

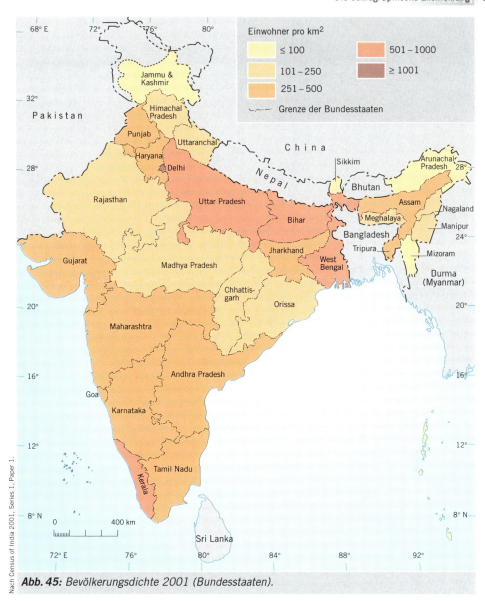

Abb. 45: *Bevölkerungsdichte 2001 (Bundesstaaten).*

Nach Census of India 2001, Series 1, Paper 1.

Landesdurchschnitt entspricht. Leicht darüber liegen ein Teil Gujarats, die Regur-Gebiete des Deccan, das landwirtschaftlich intensiv genutzte binnenländische Südindien. In weiten Gebieten der Halbinsel ist die Bevölkerungsdichte dagegen geringer als der Durchschnitt. Dünn oder kaum besiedelte Gebiete finden sich in den Trockenregionen Rajasthans, den Salzsumpfgebieten des Rann of Kachchh, am Rand des Himalayas, im Nordosten sowie in den waldreichen Bergländern Zentralindiens, die z.T. Rückzugsregionen der Stammesbevölkerung sind. Die Bevölkerungsdichte Indiens hatte 1901 noch 77 und 1941 103 Ew./km[2] betragen. Bis 2001 war sie auf 324 gestiegen. Damit hat es eine wesentlich höhere Bevölkerungsdichte als Deutschland (230 Ew./km[2]). Abb. 45 gibt die Ergebnisse des neuen Census auf Basis der Bundesstaaten wieder – für die Distrikte lagen noch keine Angaben vor.

Einkommen und Armutsgrenze

Die statistischen Angaben zum Lebensstandard der Bevölkerung sind durch zwei Aussagen einzuschränken: Indien ist nicht nur ein Land größter Armut, sondern auch ein Land größter sozialer Gegensätze. Die gewaltigen Unterschiede der Einkommen sind zu berücksichtigen, wenn zusammenfassende Pro-Kopf-Angaben über das gesamte Land oder seine einzelnen Bundesstaaten gemacht werden. Dennoch lässt sich ein guter Überblick über die wirtschaftlich wohlhabenderen und die armen Staaten erreichen, wenn man das Nettoinlandsprodukt pro Kopf vergleicht. Im Punjab, in Goa, Delhi und Maharashtra beträgt es über US-$ 480. Die armen Staaten liegen im Norden und Osten (Abb. 46).

Für die Armutsgrenze gibt es je nach Berechnungsgrundlage sehr unterschiedliche Angaben. Legt man die Ausgaben für eine Kalorienaufnahme von 2400 in ländlichen Gebieten und 2100 in Städten zu Preisen von 1993/94 zugrunde – d.h. die zum Überleben notwendige Nahrung –, so mussten 36 % der Bevölkerung, dies sind 320,4 Mio.

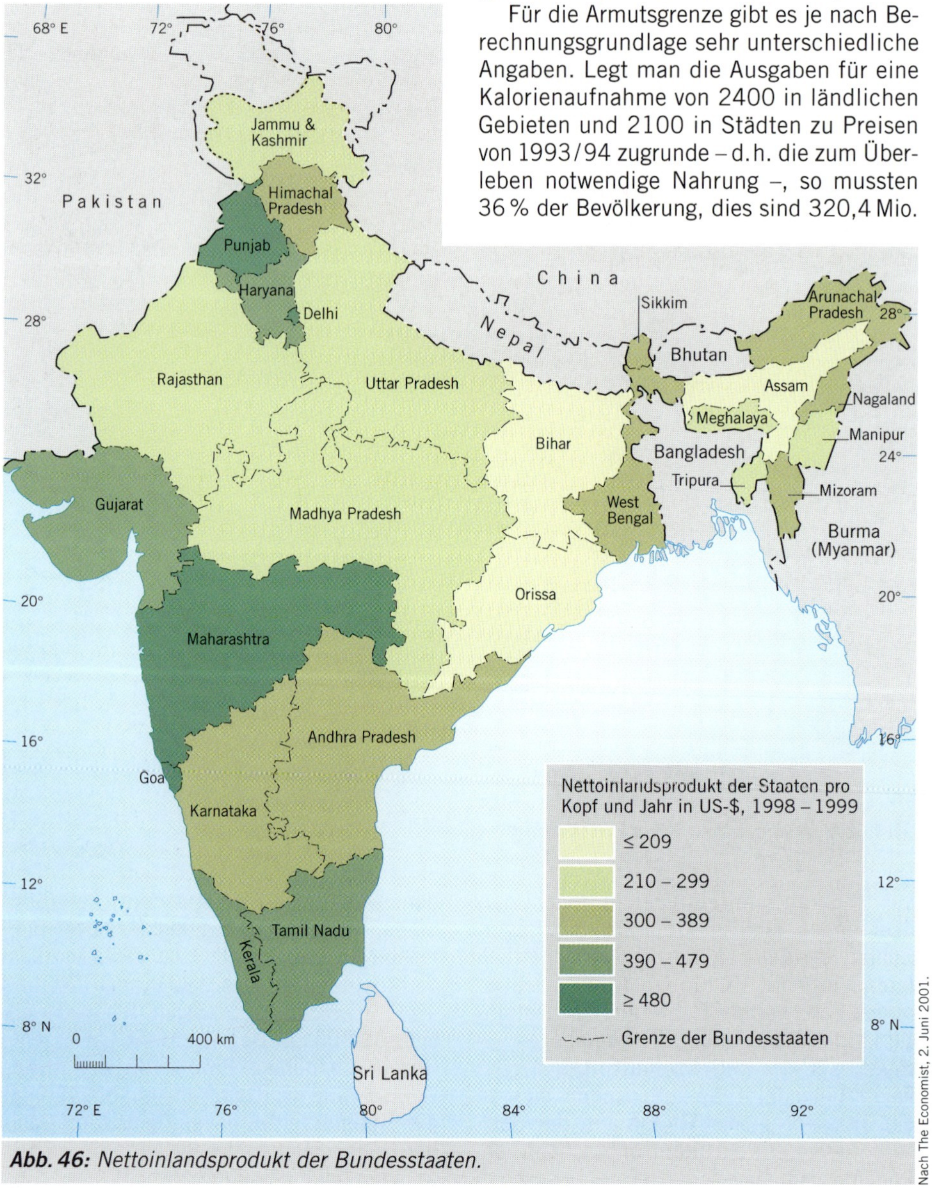

Nettoinlandsprodukt der Staaten pro Kopf und Jahr in US-$, 1998–1999

- ≤ 209
- 210 – 299
- 300 – 389
- 390 – 479
- ≥ 480
- Grenze der Bundesstaaten

Abb. 46: Nettoinlandsprodukt der Bundesstaaten.

Nach The Economist, 2. Juni 2001.

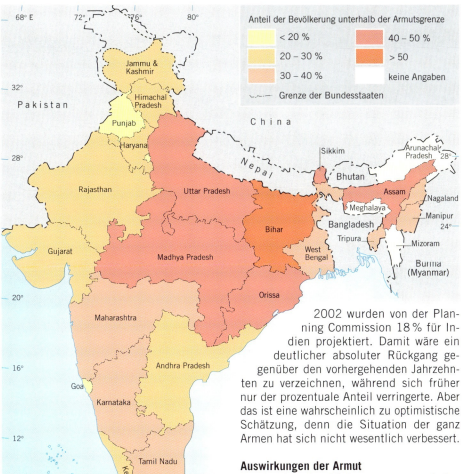

Anteil der Bevölkerung unterhalb der Armutsgrenze

< 20 %	40 – 50 %
20 – 30 %	> 50
30 – 40 %	keine Angaben

╌╌╌ Grenze der Bundesstaaten

Abb. 47: *Anteil der Bevölkerung unterhalb der Armutsgrenze.*

Quelle: Tata 1999–2000.

2002 wurden von der Planning Commission 18 % für Indien projektiert. Damit wäre ein deutlicher absoluter Rückgang gegenüber den vorhergehenden Jahrzehnten zu verzeichnen, während sich früher nur der prozentuale Anteil verringerte. Aber das ist eine wahrscheinlich zu optimistische Schätzung, denn die Situation der ganz Armen hat sich nicht wesentlich verbessert.

Auswirkungen der Armut

Je niedriger das Einkommen, umso höher ist der Anteil, der für Nahrung ausgegeben werden muss, sodass wenig Geld für Wohnung und Verbrauchsgüter bleibt. Bei der armen ländlichen Bevölkerung unterliegt zudem die Verfügbarkeit der Nahrung im Verlauf des Jahres erheblichen Schwankungen. Monaten mit ausreichender Versorgung folgen solche, in denen die Menschen unter Hunger leiden.

Die Regierung ist bemüht, durch Vorratshaltung die Schwankungen der Ernteerträge auszugleichen. Sie hat außerdem im ganzen Land 'Fair Price Shops' eingerichtet, die Weizen, Reis, Zucker, Pflanzenöl und Petroleum, das zum Kochen verwendet wird, zu festen Preisen unter den jeweiligen Marktpreisen verkaufen (Bild 17). Das staatliche öffentliche Verteilungssystem (Public Distribution System, PDS) verfügt

Einwohner, nach Berechnungen der Planning Commission mit weniger auskommen (Tata 1999–2000, S. 211f.). Bihar liegt an der Spitze mit 55 % seiner Bevölkerung unter der Armutsgrenze. Assam, Madhya Pradesh, Orissa, Sikkim und Uttar Pradesh weisen über 40 % auf (Abb. 47). Den geringsten Anteil der Bevölkerung unter der Armutsgrenze haben der Punjab (12 %) sowie Delhi und Goa mit je 15 %. Für 2001 –

Bild 17: *'Fair Price Shop' in einem Dorf in Maharashtra.*

zwar über ausreichende Vorräte, scheitert aber vor allem an der Organisation. Als Gründe werden angegeben, dass das Verteilungssystem nicht bis in die Dörfer reicht oder es für Wanderarbeiter in den Städten kaum möglich ist, die erforderlichen Bezugsscheine zu bekommen. Von den armen ländlichen Haushalten wird im indischen Durchschnitt ein Drittel über das Verteilungssystem versorgt, aber die regionalen Unterschiede sind gewaltig: in Tamil Nadu werden 82 % der bedürftigen Haushalte erreicht, in Kerala 78 %, dagegen in Uttar Pradesh, Bihar und Orissa nur 5 % (Shariff 1999, S. 91).

'Food for Work'-Programme, die man in Krisenzeiten (z. B. bei Dürren) auf dem Land einrichtet, entlohnen die bedürftige Bevölkerung für im öffentlichen Interesse liegende Arbeiten wie den Straßen- oder Brunnenbau nicht mit Geld, sondern mit Naturalien. Aber diese Maßnahmen greifen nicht überall. So kann zwar gesagt werden, dass kaum mehr jemand verhungert, aber die Zahl der Hungernden immer noch sehr groß ist.

Adäquate Ernährung ist aber, insbesondere bei der überwiegend vegetarisch lebenden Bevölkerung, nicht nur ein quantitatives, sondern auch ein qualitatives Problem. Der kohlehydratreichen Kost mangelt es vor allem an Proteinen, Vitaminen und Mineralstoffen. Das Resultat sind verminderte Leistungsfähigkeit und spezifische Mangelerkrankungen. Schätzungen gehen davon aus, dass etwa die Hälfte der indischen Bevölkerung von Fehl- und Unterernährung betroffen ist, was besonders bei den Kindern nachhaltige Folgen haben kann. Im ländlichen Indien sind 21 % der Kinder unter vier Jahren unterernährt. Das ist allerdings nicht nur eine Folge der Armut, sondern auch der Fehlernährung (Stat. Bundesamt 1995, S. 47).

Das Ausmaß der Armut ist nicht nur regional differenziert, sondern auch nach sozialen Gruppen: Den Städtern geht es besser als der ländlichen Bevölkerung, den Männern besser als den Frauen, den Hindus besser als den Muslims, und wie immer sind die Dalits am meisten benachteiligt.

Die Benachteiligung durch Armut betrifft auch den Bereich der Bildung bzw. des Schulbesuchs. Nach der Statistik (Tata 2000–2001, S. 210) werden über 90 % der 6- bis 11-Jährigen eingeschult. Allerdings sind es bei den Armen und vor allem im Norden bei den Mädchen weniger. Die Gründe liegen hauptsächlich in dem Einsatz der Kinder zur Arbeit oder (bei den Mädchen) in der Tradition. Ein Abbruch des Schulbesuchs ist bei jüngeren Kindern selten, steigt aber in der Altersgruppe von 12 bis 14 Jahren an. Zwar ist der Schulbesuch frei, doch fallen Kosten für Bücher, Hefte, Schuluniform u. a. an. 'Primary Schools' umfassen die Klassen I–V (6–11 Jahre), meist werden die Klassen VI–VIII als Mittelschule (Upper Primary) bezeichnet. Danach folgen 'High School' im Alter von 14 und 15 Jahren und darüber die Colleges und die Universitäten. Die Zahl der gebührenpflichtigen Privatschulen ist im letzten Jahrzehnt erheblich gestiegen, besonders bei den Mittelschulen. Selbst auf dem Land werden sie von 10 % aller Schüler besucht, weil sie als besser gelten und weil hier, wegen der höheren Kosten, die Kinder armer Eltern aus den niederen Kasten nicht vertreten sind. Generell ist festzustellen, dass Ausgaben für die Erziehung und Bildung der Kinder als sehr wichtig angesehen werden.

Einkommensgruppen und 'neuer Mittelstand'

Panandiker (1999) teilt die indische Bevölkerung nach ihrem Einkommen in drei Gruppen. Die erste ist diejenige unter der Armutsgrenze. Eine zweite Gruppe stellt fast die Hälfte der Bevölkerung. Ihre Situation ist zwar nicht verzweifelt, aber ihr Lebensstandard sehr niedrig. Zur dritten gehört die kaufkräftigere, überwiegend städtische Mittelschicht, die an der wirtschaftlichen Entwicklung partizipiert und auf etwa 200 Mio. geschätzt wird. Sie setzt sich aus Geschäftsleuten, kleineren Unternehmern, Angehörigen freier Berufe, staatlichen Angestellten und grundbesitzenden Bauern zusammen. Ihr Einkommen, das gewöhnlich nur von einem Familienangehörigen erwirtschaftet wird, liegt weit unter einem 'mittleren Einkommen' in westlichen Ländern, hat jedoch eine andere Kaufkraft. Die Hoffnungen westlicher Firmen, die hier einen riesigen Markt erwarteten, haben sich bisher kaum erfüllt. 1997 wurden nur eine halbe Million Autos, 2 Mio. Farbfernseher und 3 Mio. Kühlschränke verkauft – allerdings ein gewaltiger Anstieg gegenüber den 20 vorausgegangenen Jahren. Die schnell wachsende Mittelschicht stammt aus den obe-

ren Kasten, und die Politik ist weitgehend auf ihre Interessen ausgerichtet. Die wirklich Reichen haben zwar nur einen winzigen Anteil an der Bevölkerung, doch verfügen einige über enorme Vermögen.

Die Unterschiede zwischen diesen Gruppen liegen natürlich nicht nur im Einkommen, sondern auch im oben bereits aufgezeigten unterschiedlichen Bildungsstand und in der Gesundheits- und Altersversorgung, in der Verfügbarkeit von Wohnraum oder in den Möglichkeiten, einen Arbeitsplatz zu finden.

Wie die für eine Verbesserung notwendigen ungeheuren Mittel aufgebracht werden können, ist kaum vorstellbar – selbst wenn Indien seine Ausgaben für die Rüstung umlenken würde. Bei einem jährlichen Wirtschaftswachstum von 6 % wird fast ein Drittel durch das derzeitige Bevölkerungswachstum aufgezehrt. Selbst die reichen Bundesstaaten sind nicht mehr in der Lage, ihre Infrastruktur so auszubauen, wie es ihrem wirtschaftlichen Wachstum entspricht. Fast alle Bundesstaaten sind seit einer kräftigen Gehaltserhöhung für ihre Beamten und Angestellten im Jahre 1998 und durch Subventionen für die Landwirtschaft hoch verschuldet.

Indische Experten gehen davon aus, dass es möglich sein wird, genug Getreide zu produzieren, um auch 1,8 Mrd. Menschen zu ernähren – wohl in der Erwartung, ein technologischer Durchbruch könne eine zweite Grüne Revolution bringen. Aber was geschieht, wenn die Menschen mehr verlangen als nur satt zu werden und 'westliche' Konsumgewohnheiten anstreben, die ihnen das Fernsehen inzwischen selbst im entlegensten Dorf vorführt? Noch sind diese Verlockungen so unerfüllbar, dass sie – wie indische Filme – einen Märchencharakter haben. Mit der Wahrnehmung, dass sich wohlhabende Inder viele dieser Träume erfüllen können und weil sich der Gegensatz zwischen Reichen und arbeitslosen Armen vergrößert, wird auch eine politische Bombe zu ticken beginnen. Aber vielleicht werden vorher schon die Grenzen des Wachstums erreicht. Denn woher sollte das Wasser kommen, wenn jeder Inder einmal am Tag duschen will, oder das Öl, wenn nur jeder zehnte Inder ein Auto fährt, und wo sollen die Abwässer und Abgase bleiben?

Binnenwanderung und Städtewachstum

Ländliche Migration

Der Census von 1991 zählte 61,54 Mio. Menschen (ausschließlich Jammu und Kashmir), die nicht mehr an ihrem Geburtsort wohnten (Population Atlas 1999, S. 100), mit 7,3 % der Bevölkerung wohl eher eine geringe Zahl. Daran haben die intraruralen Bewegungen aus armen ländlichen Gebieten zu solchen höherer landwirtschaftlicher Produktivität und höheren Löhnen einen großen Anteil. Dazu tragen aber auch Faktoren wie die Heiratsmigration bei.

Nach Hindu-Tradition wird eine Heirat innerhalb derselben Subkaste arrangiert. Wenn in einem Dorf jedoch nur eine begrenzte Anzahl von Familien einer Kaste lebt und diese bereits verwandtschaftliche Beziehungen haben, stammen die Ehepartner häufig aus benachbarten Orten oder Distrikten. Die Frau zieht nach der Hochzeit in das Haus ihres Ehegatten bzw. der Schwiegereltern. Eine weitere Sitte, welche die Statistik beeinflusst, ist die 'Birth Migration'. Für die Geburt des ersten Kindes kehren Frauen meist in das Elternhaus zurück. Die auf dem Geburtsort basierende Statistik täuscht dann einen Wohnortwechsel des Kindes vor.

Die Migration zur Erschließung neuen Landes ist nur gering, weil in Indien kaum noch Land zur Verfügung steht, das für die Landwirtschaft genutzt und besiedelt werden könnte. Die Aufsiedlung des westlichen Punjab in britischer Zeit nach dem Bau großer Bewässerungsanlagen und die Gründung von Kanalkolonien betraf im Wesentlichen das heutige Pakistan. Nach der Unabhängigkeit hat jedoch die Trockenlegung des Terai-Gebietes am Fuß des Himalaya und die Ausrottung der Malaria ein neues Landwirtschafts- und Siedlungsgebiet im nördlichen Uttar Pradesh erschlossen, das vor allem Sikhs kolonisierten. Die von der Regierung initiierte Erschließung von Land in den Bergen von Orissa und Madhya Pradesh (Dandakarnya-Projekt) für Flüchtlinge aus Bangladesh oder im südlichen indischen Bergland für rückwandernde Sri Lanka-Tamilen war dagegen nicht sehr erfolgreich.

In den 1950er-Jahren wurden außerdem auf den Andamanen umfangreiche Rodungen vorgenommen, um eine ländliche Besiedlung voranzutreiben, sodass die Andamanen die höchste Zuwanderungsrate relativ zur einheimischen Bevölkerung aufwiesen. In den Bundesstaaten Punjab und Haryana brachte der Aufschwung der Landwirtschaft durch die 'Grüne Revolution' eine Zuwanderung von Arbeitern aus dem besonders rückständigen östlichen Uttar Pradesh. In jüngster Zeit kamen auch viele Siedler in das neue Bewässerungsgebiet des Rajasthan-Kanals.

Das Wachstum der großen Städte

Nehmen also die Land-Land-Bewegungen der Bevölkerung, die aber nur z.T. als 'echte' Migration zu bezeichnen sind, einen wichtigen Platz in der Statistik ein, so kommt doch den Land-Stadt-Wanderungen in jüngerer Zeit die größere Bedeutung zu. Für deren früher relativ geringes Ausmaß galt eine Reihe von Ursachen: die Bindung an das Land sowie das Kastensystem, das mit der sozialen Mobilität auch die geographische Mobilität unterdrückte, die Bindung an die Großfamilie, die Unterschiede in Sprache und Kultur, der Mangel an Ausbildung und das Fehlen der finanziellen Mittel. Das aber sind Gründe, die an Bedeutung verlieren. Vielmehr wird heute ein Sohn in die Stadt geschickt, um mit seinem zusätzlichen Verdienst zum Unterhalt der im Dorf verbliebenen Familie beizutragen. Daher herrscht in den Städten ein Geschlechterverhältnis, bei dem Männer weit überwiegen.

Die *Push*-Faktoren der Land-Stadt-Wanderung entstehen aus der Verknappung des verfügbaren Landes und der abnehmenden Arbeitsmöglichkeiten aufgrund der wachsenden Bevölkerung. Für viele bedeutet das ein Absinken unter das Existenzminimum. Zwar mangelt es auch in der Stadt an Verdienstmöglichkeiten, weil das wirtschaftliche Wachstum zu gering ist, doch wo es Arbeitsplätze gab, wie in den großen Hafen- und Industriestädten der kolonialen Zeit – in Bombay, Calcutta, Madras, Kanpur und Ahmadabad –, fanden erhebliche Zuwanderungen über größere Entfernungen statt. Das gilt auch für aufstrebende Bergbau- oder Industrieregionen, wie das Damodar-Gebiet in West Bengal und Bihar und in jüngster Zeit für das südliche Gujarat oder Pune und sein Umland in Maharashtra.

Für das Heer der ungelernten Arbeitsuchenden vom Land bieten die Städte kaum sichere Arbeitsplätze. Dennoch bildet die Hoffnung, sich zunächst durch Gelegenheitsarbeiten versorgen zu können, den *Pull*-Faktor der Städte. Die Stadt-Stadt-Wanderung qualifizierter Kräfte ist durch eine große Beweglichkeit gekennzeichnet. Ihre absolute Zahl ist allerdings gering. In einigem Umfang findet schließlich eine Rückwanderung von der Stadt aufs Land statt, hauptsächlich von Menschen, die ihren Lebensabend im heimatlichen Dorf bei der Familie verbringen wollen, weil sich nur dort jemand um sie kümmert, wenn sie alt und nicht mehr arbeitsfähig sind.

Die Zuwanderung in die großen Städte erfolgte zunächst aus dem Umland und gewöhnlich erst in einem zweiten Stadium aus größerer Entfernung, besonders aus den Problemgebieten der Landwirtschaft. Dazu gehören die Trockengebiete des Deccan für Mumbai, Saurashtra für Ahmadabad oder Surat, Rajasthan für Delhi sowie das übervölkerte Bihar und das östliche Uttar Pradesh für Calcutta.

Einen kräftigen Schub erfuhr die Verstädterung bei der Teilung des Landes. Viele Flüchtlinge waren Stadtbewohner gewesen, und über die Hälfte strömte in Städte, was besonders in Delhi und Calcutta nicht nur die Einwohnerzahl, sondern auch die Strukturen erheblich veränderte.

Ein Teil der Bevölkerungszunahme in den Städten geht auf natürliches Wachstum zurück. Es gilt heute nicht mehr, wie in der Phase der frühen Industrialisierung in Europa, dass die Städte besonders hohe Sterberaten haben, vielmehr liegen sie niedriger als auf dem Lande. Dafür ist allerdings die Geburtenrate in den Städten geringer.

Der Anteil der städtischen Bevölkerung an der Gesamtbevölkerung, der 1901 noch bei 10,8 % lag, ist bis 1991 auf 25,7 % gestiegen und wurde für 1996 auf 27,2 % geschätzt (Tata 1999–2000, S. 50). Das ist erheblich weniger als in vielen anderen Entwicklungsländern. In absoluten Zahlen bedeutet es jedoch einen Anstieg von 25,9 Mio. (1901) auf 217,6 Mio. (1991).

Der Census definiert eine Siedlung als Stadt, wenn sie eine entsprechende Verwaltung hat (Municipal Corporation, Municipal Board, Cantonment Board oder Notified Area) und wenn sie folgende Kriterien erfüllt:

- eine Einwohnerzahl von mindestens 5000;
- eine Beschäftigung von 75 % der erwerbstätigen Männer außerhalb der Landwirtschaft;
- eine Bevölkerungsdichte von wenigstens 400 Einwohnern pro Quadratkilometer.

So ergeben sich drei Klassen von Städten unter 20 000 Einwohnern, die als 'Small Towns' gelten. Aber das sind eher große Dörfer, die unter indischen Verhältnissen kaum städtische Attribute aufweisen. In der Class I werden dagegen alle Städte über 100 000 als 'Cities' zusammengefasst.

Nun stammt die Klassifikation des Census aus dem Jahr 1881. Damals hatte eine Stadt von 50 000 eine andere Bedeutung als heute. Außerdem gibt es nicht-städtische Gebiete, z. B. in Kerala oder in der mittleren Ganga-Ebene, die Bevölkerungsdichten von weit über 400 Ew./km^2 aufweisen. Zweckmäßiger ist daher die Klassifikation der National Commission on Urbanisation (1988, Vol. I, S. 23), welche die kleineren Städte in die Gruppen T1 (20 000 – 50 000 Ew.) und T2 (50 000–100 000 Ew.) und die 'Cities' in die Gruppen C1 (100 000 – 500 000 Ew.) bis C6 (> 10 Mio. Ew.) gliedert.

Bei der Migration vom Land in die Städte nehmen die Metropolen, das sind die Städte mit über 1 Mio. Einwohner, eine Spitzenstellung ein. Ihre Zahl hat sich von 9 (1971) über 12 (1981) auf 24 im Jahr 1991 erhöht, wobei sich das Wachstum in den größten Städten wie Mumbai und Calcutta verlangsamt. Im Census von 1991 gab es bereits 50 Städte der Größenordnung 400 000 – 1 000 000 Einwohner. Es sind also die großen Städte, auf die sich das Wachstum konzentriert. Dagegen verlieren die kleinen Städte an Bedeutung, weil sie zu wenig industrielle Arbeitsplätze oder zu wenig Möglichkeiten für eine Ausbildung bieten und weil die sozialen Strukturen, die einen Aufstieg verhindern, hier ausgeprägter sind. Sie werden daher bei der Land-Stadt-Wanderung zu den großen Städten übersprungen.

Der Anteil der Bevölkerung in Städten über 100 000 Ew. stieg von 26 % (1901) auf 65 % (1991) der städtischen Bevölke-

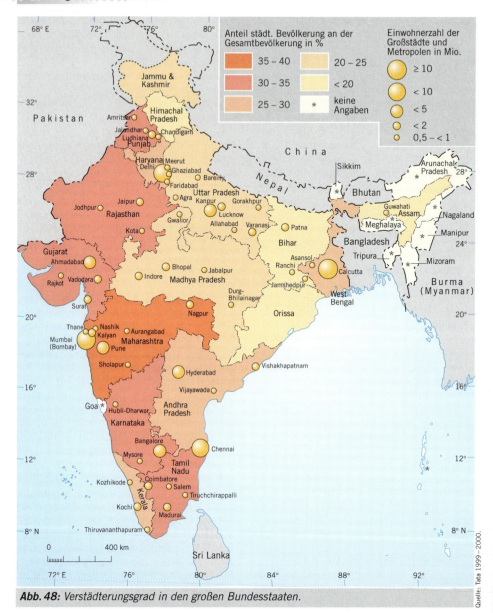

Abb. 48: *Verstädterungsgrad in den großen Bundesstaaten.*

Quelle: Tata 1999 – 2000.

rung. In den Small Towns sank er dagegen erheblich; diese Siedlungen kann man heute nach Bild und Funktion nur in seltenen Fällen den Städten zuordnen.

Allerdings ist beim Vergleich der Zahlen aus verschiedenen Perioden des Census zu berücksichtigen, dass die Einwohnerzahlen durch administrative Maßnahmen beeinflusst werden. Das betrifft vor allem Eingemeindungen und die Zusammenfassung städtischer Agglomerationen (Urban Agglomeration = U. A.), die kleinere Städte in die Kategorie größerer aufsteigen lässt. Der Begriff 'U. A.' wurde in jüngeren Volkszählungen eingeführt, um Vergleiche auch über einen längeren Zeitraum, unabhängig von den administrativen Grenzen, zu ermöglichen. Eine urbane Agglomeration weist also eine zusammenhängende städtische Bebauung auf, die über die Stadtgrenzen hinausreicht. In ihr können zwei eng benachbarte Städte oder zugehörige Auslieger, wie ein Cantonment oder eine neue Vorstadt, zusammengefasst werden.

Inzwischen zeigen die Städte, zumindest die Metropolen, einen Sättigungsgrad und eine Dichte, die Zuwanderer zwingt, außerhalb der Stadtgrenzen Unterkunft zu suchen. Das manifestiert sich in einem schnelleren Wachstum im Umland der Städte. Gegenüber dieser neuen Expansion über die Stadtgrenzen hinaus hat die Politik der Eingemeindungen nicht Schritt gehalten.

Die Verbesserung der Transportverhältnisse hat das tägliche Pendeln zum Arbeitsplatz, das früher nur über kurze Entfernungen möglich war, wesentlich erleichtert.

Die Karte zum Verstädterungsgrad (Abb. 48) zeigt, dass der Anteil der städtischen Bevölkerung in den Staaten des Südens und Westens, am höchsten ist. Unterhalb des indischen Durchschnitts liegt er dagegen im nördlichen und östlichen Teil des Landes – mit Ausnahme von West Bengal. In absoluten Zahlen stehen Maharashtra und Uttar Pradesh an der Spitze.

Die Auswanderung

Die Auswanderung aus Indien hat nicht zu einer Entlastung des Bevölkerungsdrucks geführt wie früher in den europäischen Ländern. Zwar war die indische Auswanderung in der Periode von 1846 bis 1932 mit geschätzten 27,7 Mio. höher als aus irgendeinem europäischen Land (z. B. Großbritannien 18 Mio., Italien 10,1 Mio.), aber wesentlich geringer als die gesamteuropäische. Im Verhältnis zur Bevölkerungszahl von 1900 wanderten in Indien nur 9,4 % aus. Da ein großer Teil aufgrund zeitlich befristeter Arbeitsverträge zurückkehrte, betrug die Nettoauswanderung im angegebenen Zeitraum nur etwas über 6 Mio. (Davis 1951, S. 98). Da die Schätzungen über die Rückwanderung unsicher sind, wird der Begriff Auswanderung im Folgenden sowohl für die dauernde als auch für die zeitweilige 'Auswanderung' verwendet.

Inder im britischen Weltreich

Die überseeische Migration der Inder begann mit der Abschaffung der Sklaverei im britischen Weltreich (1833) und der Ausbreitung der modernen Plantagenwirtschaft. Zur Deckung des Bedarfs an Arbeitskräften auf den Plantagen bot sich das übervölkerte Indien an. Ziele der indischen Migration waren die tropischen Gebiete mit ihren Plantagen, die viele Arbeitskräfte benötigten, sei es, dass es sich um unbesiedelte Gebiete handelte oder dass die einheimische Bevölkerung oder auch die freigelassenen Sklaven nicht bereit waren, auf Plantagen zu arbeiten. Die Inder waren so arm und bedürfnislos, dass ihre Nachfrage nach überseeischen Arbeitsplätzen das Angebot überstieg.

Aus dem überfüllten westlichen Bihar und den östlichen United Provinces kam die Mehrzahl der Auswanderer nach Mauritius, Réunion, der Karibik und Fiji, aus dem Tamilen-Gebiet diejenigen für Ceylon (Sri Lanka) und Malaya. Für den Eisenbahnbau in Ostafrika wurden Arbeiter in Nordindien, hauptsächlich im Punjab, angeworben, von denen viele später das Personal der Eisenbahnen sowie Handwerker stellten. Auch das Personal von Post und Eisenbahnen in Malaya bestand aus Indern (Tinker 1989, S. 62).

Die Anwerbung und Beschäftigung der als Kulis (Coolies) bezeichneten Plantagenarbeiter erfolgte zunächst im 'Indenture System', einem Kontrakt, der normalerweise über fünf Jahre lief und unkündbar war. Nach Ablauf des Vertrages versuchte der Arbeitgeber, den Kuli neu zu verpflichten oder ihn nach Hause zurückzuschicken. Denn obwohl dieser nach fünf Jahren ungebunden war, sollte eine Ansiedlung in der betreffenden Kolonie, in der ja meist noch reichlich Land zur Verfügung stand, vermieden werden. Es liegt auf der Hand, dass dieses System bei der Unkenntnis der Bewerber zur Ausbeutung und zum Betrug durch die Anwerber führte. Nach gesetzlichen Eingriffen, die die Situation zu korrigieren suchten, wurde es 1920 offiziell abgeschafft.

Schon Ende des 19. Jh.s war zuerst für Ceylon, dann im heutigen Malaysia das

Kangani-System eingeführt worden, das sich bis 1910 durchgesetzt hatte. Es beruhte auf einem kurzfristigen Kontrakt, in der Regel 30 Tage, weil sich der Arbeiterexport inzwischen auf benachbarte Länder wie Sri Lanka und Malaya, konzentrierte. Seinen Namen erhielt das System wegen der wichtigen Rolle des von den Plantagenbesitzern beauftragten 'Kangani', der sowohl Anwerber als auch Vorarbeiter war. Er brachte seine Familie und Nachbarn aus dem Dorf oder benachbarten Dörfern auf die Plantage. So lebten häufig Gruppen mit einer gemeinsamen Heimat und Kaste zusammen. Obwohl ein Arbeiter theoretisch nach 30 Tagen kündigen konnte, kam es wegen der familiären Beziehungen zum Kangani und der Verpflichtung zur Rückzahlung der Schulden kaum zu Kündigungen, denn der Kuli musste innerhalb von zwei Jahren seine Reisekosten zurückzahlen.

Das Kangani-System gab dem Kuli eine Sicherheit, die er zu Hause nicht hatte. Er lebte zwischen Nachbarn aus seiner Heimat, die seiner niederen Kaste angehörten. Da viele Frauen mit zu den Plantagen zogen, weil ihre Arbeitskraft, z. B. als Teepflückerin, gefragt war, und ein Kontakt oder erst recht eine Heirat mit den Einheimischen nicht zustande kam, entstanden Inseln indischer Kultur und Lebensweise, in denen die eigene Sprache gesprochen und die heimatliche Küche sowie Kleidung beibehalten wurden. Viele Plantagen hatten einen kleinen Hindu-Tempel. Im Gegensatz zu den Chinesen, die auswanderten, um reich zu werden und einen höheren sozialen Status zu erlangen, hatten die indischen Emigranten in der Regel ihre Heimat verlassen, um zu überleben (Davis 1951, S. 104).

Die gebildeten Inder im Mutterland machten zunehmend Front gegen die Kontraktsysteme, weil sie sich in ihrer nationalen Ehre gekränkt fühlten. Mitte der 1930er-Jahre wurde das Kangani-System gesetzlich abgeschafft. Danach bestand nur noch eine individuelle, freie Emigration. Aber durch den rückläufigen Bedarf auf den Plantagen während der Weltwirtschaftskrise und die große Zahl von Indern, die schon in den Plantagenländern verfügbar war, blieb die Nachfrage nach Arbeitern gering. Da es sich jetzt zudem meist

um Saisonarbeiter handelte, die fast alle bald nach Indien zurückkehrten, hatte diese Wanderung kaum Auswirkungen in den betreffenden Ländern.

Das Gegenteil gilt für die Migration der Händler. Den Kontraktarbeitern folgte eine Schar von Händlern und Hausierern, Kleinunternehmern, Geldverleihern und Kaufleuten. Sie verfügten über etwas Kapital, und da sie ihre Reise selber bezahlten, bezeichnete man sie als *Passenger Indians*. Sie stammten aus Händlerkasten, waren also in der Kastenhierarchie höher einzuordnen als die Kulis: Chettiars (Chettis) aus der Provinz Madras, Banias (Banyias) aus den Vereinigten Provinzen, Marwaris aus Rajasthan, muslimische Pathanen aus dem Nordwesten sowie Jains und Muslims aus Gujarat. Sie verliehen Geld zu Wucherzinsen, beförderten landwirtschaftliche Güter, verkauften sie und handelten mit allem, was Inder und besonders die Einheimischen in Ostafrika brauchten. Dies war ein Bereich, der sich für die Europäer nicht lohnte oder in dem sie den Indern nicht gewachsen waren. Viele wurden dabei sehr reich, investierten ihr Kapital in Landbesitz (Davis 1951, S. 105) und drangen auch in die freien Berufe ein. Als die ostafrikanischen Staaten unabhängig wurden, hatten sie deren Wirtschaft völlig in der Hand. Durch die Politik der 'Afrikanisierung' in Kenia und Tansania oder ihre völlige Vertreibung in Uganda – die inzwischen teilweise rückgängig gemacht wurde – hat die Zahl der Inder in Ostafrika erheblich abgenommen. Nur wenige kehrten jedoch nach Indien zurück. Die meisten gingen nach Großbritannien, in die USA oder nach Kanada.

Es war diese Gruppe von reichen Indern, die in Afrika sowohl das Ressentiment der Europäer als auch das der Einheimischen weckte. Von beiden lebten sie sozial getrennt, und nie würde ein Inder eine Afrikanerin geheiratet haben. In der Südafrikanischen Union wohnen heute über eine Million Bürger indischer Abstammung, davon über zwei Drittel in Natal, wo sie besonders die Stadt Durban geprägt haben.

Auch in Burma waren die Inder – zumeist aus der Madras-Provinz stammend – schlecht gelitten, denn als Geldverleiher ruinierten sie viele Kleinbauern. Bereits in den 1930er-Jahren gab es anti-indische

Pogrome. Die meisten Inder flohen später vor der japanischen Invasion, und wer zurückgeblieben war, wurde 1962 ausgewiesen. Ebenso ist die Zahl der Malaysia-Inder auf ca. 1,2 Mio. erheblich geschrumpft. Sie haben zwar Wahlrecht, aber ihre politische und wirtschaftliche Rolle ist unbedeutend. Nur in Singapur nahmen sie an der Entwicklung teil und bekleiden auch angesehene Stellungen (Tinker 1989).

Die Jaffna-Tamilen nahmen den nördlichen und östlichen Teil des heutigen Sri Lanka schon vor 2000 Jahren in Besitz. Gegenüber dem Staatsvolk der buddhistischen Singhalesen bilden sie eine eigene ethnische und religiöse Gruppe. Privilegien aufgrund einer englischen Erziehung ermöglichten vielen in der britischen Zeit den beruflichen und sozialen Aufstieg. Dagegen waren die Tamilen im Bergland des Südens Kontraktarbeiter. Soweit sie nicht aufgrund von Verträgen zwischen Indien und Sri Lanka zurückgeführt werden konnten, arbeiten sie noch auf den Plantagen oder betreiben – wie übrigens auch die ehemaligen Kontraktarbeiter um Durban (Südafrika) – eine intensive Kleinlandwirtschaft mit Gemüseanbau für die nahe gelegenen Städte.

In Lateinamerika haben Trinidad und Tobago und das ehemalige Britisch-Guyana sowie das ehemals holländische Surinam größere indische Bevölkerungsanteile, z.T. sogar Mehrheiten, die im Gegensatz zu der 'einheimischen' Bevölkerung der ehemaligen Sklaven stehen. Für die Inder tragen die befreiten Sklaven noch das Stigma der ehemaligen Sklaverei. Dagegen sind für die schwarzen Afrikaner die Inder die später gekommenen Arbeitskräfte, die deshalb den niedrigsten Status einnehmen sollen. Das führt inzwischen auch zu politischen Auseinandersetzungen, und die Wählerschaft gliedert sich meist nach indischen und 'afrikanischen' Parteien. Auf Jamaika und anderen karibischen Inseln sind diese Probleme wegen der geringen Zahl der Inder nicht vorhanden.

Politische Konflikte ergeben sich hingegen in Fiji, wohin die Inder im 19. Jh. von den Briten als Plantagenarbeiter gebracht wurden. Heute betreiben sie dort Zuckerrohranbau auf Kleinfarmen; das gepachtete Land gehört den Fijianern. Später zugewanderte Inder haben inzwischen nicht nur alle Ladengeschäfte, sondern die gesamte Wirtschaft und die freien Berufe in ihrer Hand. Insgesamt machen die Inder auf Fiji fast die Hälfte der Bevölkerung aus. Nach zwei Putschen (1987) der Fijianer wurde die Verfassung aufgehoben und eine nur aus Fijianern bestehende Regierung gebildet. Unter internationalem Druck, ausgerechnet Australiens und Neuseelands, wo ja britische Siedler sich schon früh das Land der Ur- oder Voreinwohner angeeignet hatten, entstand eine neue Verfassung mit einem Wahlrecht, das der Partei der Inder bei den Wahlen von 1999 eine absolute Mehrheit brachte. Sie stellte seitdem den Ministerpräsidenten, gegen den im Mai 2000 von Fijianern geputscht wurde.

Keine Probleme bestehen auf Mauritius, denn es ist, bis auf 30 % Kreolen, wenigen Weißen und Afrikanern, zu zwei Dritteln indisch und überwiegend hinduistisch. Zur Zeit der Wirtschaftsblockade gegen die Südafrikanische Union, für die sich besonders Indien lautstark einsetzte, brachte es die Insel als Entrepôt für den Handel mit Südafrika zu Wohlstand. Mit steuerlichen Vergünstigungen wuchsen zahlreiche Industrien, besonders in der Textilbranche, deren Export die früher überwiegende Ausfuhr von Zucker weitgehend verdrängt hat.

Generell ist festzustellen, dass die Inder sich in der Regel nicht in die Bevölkerung ihres Gastlandes integrierten. Da sie in Indien bestimmten Kasten oder sprachlichen Landsmannschaften angehörten, gab es auch kaum Beziehungen zwischen den indischen Gruppen untereinander. So entstanden in vielen Teilen des ehemals britischen Weltreiches kleine und große geschlossene indische Gemeinschaften, so genannte 'Small Indias'.

Auswanderung nach der Unabhängigkeit

Eine neue Form der Auswanderung begann nach der Teilung und Unabhängigkeit Indiens. Die ersten Inder, Pakistanis und Sikhs kamen nach ihrer Vertreibung aus der Heimat nach Großbritannien. Hier boten sich in der Nachkriegszeit infolge des Arbeitskräftemangels in den schlecht zahlenden Industrien, wie der Textilindustrie oder im Transportwesen, reichlich Arbeitsplätze für anspruchslose Einwanderer. Durch nachziehende Familienangehörige schwoll der

Strom an, und 1984 wurde die Zahl der Einwanderer aus dem Subkontinent mit 1,2 Mio. angegeben, darunter mehr als die Hälfte Inder. Heute dürfte die Bevölkerung indischer Abstammung über eine Million betragen. Alle großen britischen Städte, besonders in den Gebieten der Textilindustrie im Norden und der Metallverarbeitung in den Midlands, haben einen hohen indischen Bevölkerungsanteil und weisen dementsprechend Tempel, Moscheen und Gurudwaras auf. In Southhall, im westlichen London, oder in der Innenstadt von Leicester glaubt man sich nach Indien versetzt (Bild 18). Der gujaratische Kastennamen Patel füllt sieben Seiten des Londoner Telefonbuches. Der Einzelhandel liegt in manchen Stadtvierteln ganz in indischer Hand; doch auch im Handwerk und der Kleinindustrie sind Inder stark vertreten. Viele haben es als Unternehmer, Ärzte oder Rechtsanwälte zu Wohlstand gebracht. Allen ist gemein-

sam, dass sie größten Wert auf die schulische Erziehung ihrer Kinder legen, von denen die meisten bereits in Großbritannien geboren sind (Tinker 1989, S. 63f.). Hier zeichnet sich aber auch ein Generationenkonflikt ab, denn die Traditionen der Einwanderer und die Freizügigkeit der westlichen Gesellschaft, mit der die Kinder groß geworden sind, lassen sich nur schwer vereinbaren.

Bei der jungen Auswanderung nach Kanada und den USA handelt es sich um wirtschaftlich besonders aktive Gruppen, z. B. Gujaratis und Sikhs, aber auch um einen Brain Drain von gut ausgebildeten Indern. Insgesamt wird die Zahl der Inder in den USA auf über eine halbe Million, in Kanada auf eine viertel Million geschätzt. Sie gehören heute überwiegend als Unternehmer und in den freien Berufen zur Mittelklasse; ihr Durchschnittseinkommen liegt über dem US-amerikanischen. Die Inhaber

Bild 18: *Indische Läden im Londoner Vorort Tooting. Inder haben die englischen Ladeninhaber verdrängt.*

einer 'Green Card', einer Arbeits- und Aufenthaltserlaubnis in den USA, sind auf dem indischen Heiratsmarkt überaus begehrt.

In Deutschland stellten Frauen, vornehmlich aus Kerala, zunächst den Großteil der indischen Zuwanderer in den 1960er- und 70er-Jahren. Sie waren in krankenpflegerischen Berufen tätig. Die wenigsten gingen nach Indien zurück, sondern heirateten Männer aus ihrem Heimatstaat, sodass ihre Zahl inzwischen bei etwa 40 000 liegen dürfte. Dazu kommt eine kleine Gruppe von Unternehmern, Geschäftsleuten und Technikern, die meist in Deutschland sehr erfolgreich waren.

In den 1980er-Jahren erwachte auch das Interesse des indischen Staates an den Auslandsindern und an ihrem Geld. Die indische Regierung unternimmt mit Erfolg intensive Bemühungen, Techniker, Wissenschaftler und Unternehmer als 'Non Resident Indians' (NRI) zurückzulocken, indem sie zahlreiche Vergünstigungen anbietet. In den großen Städten werden Blöcke von anspruchsvollen Eigentumswohnungen mit Schwimmbädern, Tennisplätzen und Parks gebaut, die den Rückwanderern das Einleben in Indien mit amerikanischem Komfort erleichtern sollen – was bei den Einheimischen nicht immer auf Zustimmung stößt.

Schließlich seien noch die großen Bevölkerungsbewegungen erwähnt, die der Öl-Boom in den Golfstaaten auslöste. Zur Bewältigung von Arbeiten, die entweder wenig angesehen waren oder für die sie selbst nicht über qualifiziertes Personal verfügten, haben die Araber hauptsächlich Inder mit Methoden angeworben, die fast schon an das Indenture-System erinnern. Sie sind als Bauarbeiter, Friseure, Schneider, im Handel, aber auch als Ingenieure und an wichtigen Stellen der Verwaltung tätig. Insgesamt arbeiteten 1998 355 000 Inder in den Staaten der Arabischen Halbinsel, davon 105 000 in Saudi-Arabien und 135 000 in den Vereinigten Arabischen Emiraten (Tata 1999–2000, S. 159). Da der Aufenthalt befristet ist und nur Arbeiter ohne Familien kommen, gehören diese Wanderungen nicht zur Emigration. In denjenigen Gebieten Indiens, die solche Arbeiter stellen – das ist wegen des höheren Bildungsstandes vor allem Kerala –, wird die Bedeutung der Geldüberweisungen und Ersparnisse aus den Golfstaaten sichtbar: Man kann sich neue, anspruchsvollere Häuser, Kühlschränke und Videogeräte leisten. Zahlreiche Taxis, selbst in kleineren Orten, zeugen von den neuen Existenzen der Rückkehrer. Für die indische Regierung sind die finanziellen Überweisungen der Arbeiter in den Golfstaaten eine große Hilfe beim Ausgleich der Zahlungsbilanz und für die Familien in der Heimat eine wichtige Unterstützung.

Die Religionsgruppen

Nach ihrer Verfassung ist die Indische Union ein säkularer Staat. Aber die Religion bestimmt das ganze Leben in einem solchen Ausmaß, dass sich der Vergleich mit dem christlichen Abendland des Mittelalters anbietet. Das gilt besonders für den Hinduismus, dem die große Mehrheit der Bevölkerung angehört. Von den anderen Religionen sind Buddhismus, Jainismus und Sikhismus ebenfalls in Indien entstanden; Islam und Christentum haben seit mehr als einem Jahrtausend hier Wurzeln geschlagen. Darüber hinaus beherbergt Indien eine Reihe von Stammesreligionen, die jeweils an kleinere ethnische Gruppen gebunden sind. Sie werden, wie alle einheimischen Religionen, also auch der Buddhismus, Jainismus, Sikhismus, in der Verfassung unter dem Begriff 'Hindu-Religion' subsumiert, obwohl die Angehörigen dieser Religionen sich durchaus nicht als Hindus verstehen.

Der Hinduismus dominiert mit 82 % der Bevölkerung, doch beschränkt er sich so gut wie ausschließlich auf die Indische Union, denn hier leben 95 % aller Hindus. Der Rest verteilt sich auf die Nachbarstaaten Pakistan, Bangladesh und Sri Lanka (dort sind es die Tamilen), auf Gebiete, in die Inder zur Zeit des Britischen Weltreiches ausgewandert sind, z. B. Süd- und Ostafrika, Südostasien sowie einige Regionen, in die der Hinduismus in einer frühen Phase der kulturellen Expansion vordrang und sich erhalten hat, wie auf Bali in Indonesien.

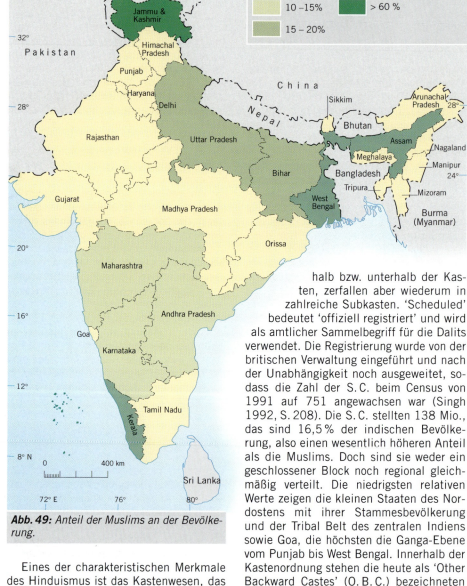

Anteil der Muslims an der Bevölkerung

5 – 10 %	20 – 30 %
10 –15%	> 60 %
15 – 20%	

Nach: Census of India 1991: Population Atlas India (1999).

Abb. 49: *Anteil der Muslims an der Bevölkerung.*

Eines der charakteristischen Merkmale des Hinduismus ist das Kastenwesen, das tief greifende soziale Auswirkungen hat. Auf der einen Seite stehen die höheren Kastengruppen, die Brahmanen, Kshatriyas und die Vaishyas, auf der anderen die Shudras, die den höheren Kasten zu dienen haben, und die Scheduled Castes (S. C.), die Dalits, die man früher als 'Unberührbare' bezeichnete. Sie stehen theoretisch außer-

halb bzw. unterhalb der Kasten, zerfallen aber wiederum in zahlreiche Subkasten. 'Scheduled' bedeutet 'offiziell registriert' und wird als amtlicher Sammelbegriff für die Dalits verwendet. Die Registrierung wurde von der britischen Verwaltung eingeführt und nach der Unabhängigkeit noch ausgeweitet, sodass die Zahl der S. C. beim Census von 1991 auf 751 angewachsen war (Singh 1992, S. 208). Die S. C. stellten 138 Mio., das sind 16,5 % der indischen Bevölkerung, also einen wesentlich höheren Anteil als die Muslims. Doch sind sie weder ein geschlossener Block noch regional gleichmäßig verteilt. Die niedrigsten relativen Werte zeigen die kleinen Staaten des Nordostens mit ihrer Stammesbevölkerung und der Tribal Belt des zentralen Indiens sowie Goa, die höchsten die Ganga-Ebene vom Punjab bis West Bengal. Innerhalb der Kastenordnung stehen die heute als 'Other Backward Castes' (O. B. C.) bezeichneten Gruppen, die zu den Shudras gehören, ganz unten. Der Census 1991 listete über tausend solcher Kasten auf, doch ist die Zuordnung umstritten.

Trotz der Teilung des Landes nach der Religionszugehörigkeit beträgt der Anteil der Muslims an der Bevölkerung der Indischen Union noch 12,1%. Das sind 101,6 Mio.

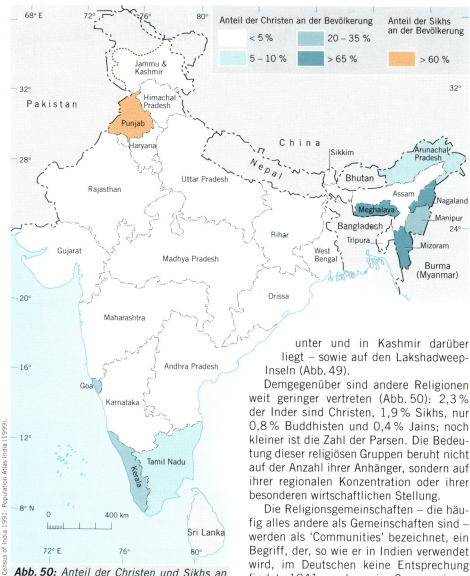

Anteil der Christen an der Bevölkerung

  < 5 %   20 – 35 %

  5 – 10 %   > 65 %

Anteil der Sikhs an der Bevölkerung

  > 60 %

Nach: Census of India 1991: Population Atlas India (1999).

Abb. 50: *Anteil der Christen und Sikhs an der Bevölkerung.*

(1991) Menschen. Danach besitzt Indien nach Indonesien, Bangladesh und Pakistan die viertgrößte Muslimbevölkerung. Von den indischen Muslims lebt über die Hälfte im Norden des Landes, in einem Gürtel, der von Uttar Pradesh über Bihar bis West Bengal reicht. Die Mehrheit stellen sie jedoch nur im Bundesstaat Jammu und Kashmir mit rund zwei Dritteln der Bevölkerung – ein Anteil, der allerdings in Jammu dar-

unter und in Kashmir darüber liegt – sowie auf den Lakshadweep-Inseln (Abb. 49).

Demgegenüber sind andere Religionen weit geringer vertreten (Abb. 50): 2,3 % der Inder sind Christen, 1,9 % Sikhs, nur 0,8 % Buddhisten und 0,4 % Jains; noch kleiner ist die Zahl der Parsen. Die Bedeutung dieser religiösen Gruppen beruht nicht auf der Anzahl ihrer Anhänger, sondern auf ihrer regionalen Konzentration oder ihrer besonderen wirtschaftlichen Stellung.

Die Religionsgemeinschaften – die häufig alles andere als Gemeinschaften sind – werden als 'Communities' bezeichnet, ein Begriff, der, so wie er in Indien verwendet wird, im Deutschen keine Entsprechung findet. 1941 wurde er im Census eingeführt, um die Frage nach der Religion zu ersetzen. Diese umfasst er zwar, geht aber darüber hinaus, denn auch die Stämme, die Unberührbaren oder die Anglo-Inder erscheinen als Communities, und häufig wird der Begriff sogar zur Bezeichnung einzelner Kasten, Unterkasten oder Landsmannschaften verwendet (Alsdorf 1955, S. 72). Bei gewalttätigen Auseinandersetzungen zwischen Communities, die in Indien immer wieder vorkommen, sprechen die Medien von 'Communal Riots'.

Die Stammesbevölkerung

Die Neugliederung der Staaten berücksichtigte die Stammesbevölkerung, die mit 68 Mio. (1991) einen Anteil von knapp 8 % der Gesamtbevölkerung aufweist, nur zu einem geringen Teil. Lediglich die Bergregionen im Nordosten, wo die Stammesbevölkerung eine große Mehrheit stellt, konnten nach langen Auseinandersetzungen den Status von Bundesstaaten erlangen.

Der weit überwiegende Teil der Stammesbevölkerung lebt aber im Tribal Belt des zentralen Indiens, der sich von West Bengal über Bihar, Orissa, Andhra Pradesh, Madhya Pradesh und Maharashtra bis Gujarat und Rajasthan erstreckt (Abb. 51). Hier finden sich auch die größten Stammesgruppen, die allerdings räumlich zersplittert sind: die Gonds mit rund 7,4 Mio., die Santals mit 4,2 Mio. und die Bhils mit 5 Mio. Ihr Anteil an der Gesamtbevölkerung dieser Bundesstaaten beträgt zwischen 8 % und 23 %, aber nur in einigen Distrikten erreichen sie eine Mehrheit. Die Ganga-Ebene weist dagegen kaum Stammesbevölkerung auf, im Süden des Deccan gibt es kleine Gruppen. Die Siedlungsgebiete der Stämme liegen meist in bewaldeten Bergregionen und bieten keine günstigen Bedingungen für die Landwirtschaft; es sind Rückzugsgebiete, in die sie abgedrängt wurden (Bild 19).

Das Hindi-Wort für die Angehörigen der Stämme ist *Adivasis* (Ureinwohner). Ihre rassische Zuordnung ist unterschiedlich und nicht immer sicher. Negritos gibt es in kleinen Gruppen als Sammler und Jäger auf den Andamanen und in den Gebirgen Keralas. Im Norden, im Vorland des Himalaya, sind mongolide Typen vertreten. Die Stämme im zentralen Indien werden den Australoiden und den Draviden zugeordnet.

Zur Bestimmung von Stämmen haben die Anthropologen zahlreiche Definitionen entwickelt. Zu den wichtigsten Kriterien, von denen aber nicht jedes einzelne bei allen Stämmen zutrifft, gehört, dass es soziale Gruppen sind, die ein bestimmtes Gebiet bewohnen, eine gemeinsame Sprache bzw. einen gemeinsamen Dialekt sprechen, eine kulturelle Homogenität und eine einigende soziale Organisation aufweisen. Der Stamm kann in mehrere Untergruppen, wie Clans

oder Sippen, gegliedert sein, die durch Blutsbande und durch religiöse, soziale und wirtschaftliche Funktionen miteinander verbunden sind. Gewöhnlich ist die Gesellschaft egalitär; die Führerschaft basiert auf Verwandtschaftsbeziehungen oder der Persönlichkeit (Thrasher 1996, S. 201; Chattopadhyay 1978, S. 2). Sie ist aber auch gleich in dem Sinne, dass keine wirtschaftliche Spezialisierung besteht und damit keine Abhängigkeitsverhältnisse und keine hierarchische Ordnung. Hier liegt ein grundlegender Unterschied zu den Kasten, die in ihren wirtschaftlichen Funktionen eng in die Hindu-Gesellschaft eingebunden sind.

Ein Teil der Stämme ist sesshaft und betreibt Anbau oder Wanderfeldbau (Jhuming) im Umkreis der Siedlungen, nur wenige sind noch Sammler, Jäger und Hirten. Fast alle waren aber auf die Wälder angewiesen, die sie als Allmende zusätzlich nutzten. Subsistenzwirtschaft herrschte vor, ein bescheidener Austausch fand mit Hindu-Händlern statt, um z. B. Salz oder Eisen zu beschaffen. Als hinduistische Geldverleiher um die Mitte des 19. Jh.s die Santal um ihr Land brachten, kam es 1855 bis 1857 zu einer Rebellion. In den 1870er-Jahren erließ dann die Kolonialregierung Gesetze und wies 'Scheduled Areas' aus, um die Stämme zu schützen. Dennoch drang mit den verbesserten Verkehrsbedingungen immer mehr nicht-tribale Bevölkerung in ihre Gebiete ein. Da die Adivasis das Land als gemeinsamen Besitz betrachteten, hielten sie auch keine individuellen Besitztitel. Als sie schließlich solche beanspruchten, stießen sie beim Versuch einer Beurkundung häufig auf den Widerstand der Behörden. Schließlich verbot die Kolonialregierung den Kauf von Stammesland und bemühte sich sogar um eine Rückerstattung.

Seit 1936 werden die Stämme als *Scheduled Tribes* registriert, wobei allerdings die Kriterien nicht eindeutig sind. Nach der Unabhängigkeit setzte man die Listen fort, und im Anthropological Survey of India (Singh 1992, Vol. I) hatte die Zahl der Scheduled Tribes 635 erreicht. Sie ist wahrscheinlich erheblich überhöht, da Untergruppen separat aufgeführt werden. In einigen Fällen ist es auch Hindu-Kasten und sogar Muslims,

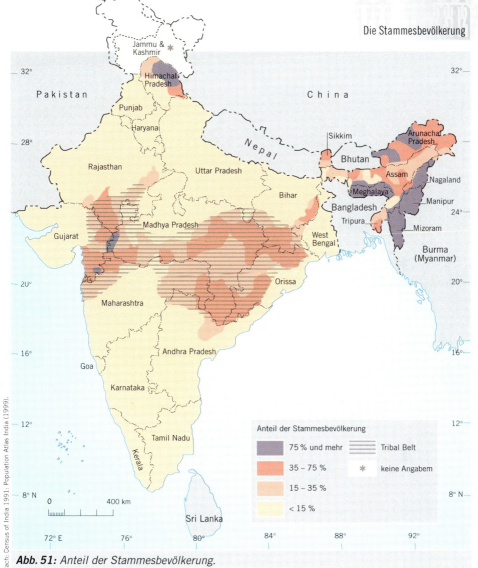

Nach: Census of India 1991: Population Atlas India (1999).

Abb. 51: *Anteil der Stammesbevölkerung.*

die auf Stammesland siedelten, durch politische Manipulationen gelungen, als Stämme anerkannt zu werden, um so an den für diese bestimmten Vergünstigungen teilhaben zu können.

Trotz zahlreicher Verordnungen zugunsten der Adivasis verschlechterte sich ihre Situation. Mit dem Verlust ihres Landes durch Verschuldung beim Hindu-Händler, der sich in ihrem Dorf etabliert hatte, oder durch die Manipulationen bestechlicher Behörden wurden viele zu landlosen Arbeitern. Gebiete, die früher einmal ausschließlich Stammesland waren, weisen jetzt immer mehr Fremdbevölkerung auf (Thrasher 1996, S. 203f.).

Es gibt aber kein freies, entlegenes Land mehr, auf das sie ausweichen könnten. Die Einrichtung von 'Reserved Forests', die der Nutzung durch die Stämme entzogen sind, und deren Bewirtschaftung durch Behördenvertreter, die gegen ein Bestechungsgeld das Fällen der Bäume durch Holzhändler ermöglichen, beraubt häufig die Adivasis ihrer letzten Möglichkeit, mit Sammelwirtschaft einen Zuverdienst zu erzielen oder die Wälder als Viehweide zu nutzen. Mit Monokulturen aufgeforstete Wälder bilden keinen Ersatz und bieten den Adivasis im besten Fall eine zeitweilige Beschäftigung als Waldarbeiter. Weitere Flächen verloren

Bild 19: *Ein Adivasi-Gehöft im Tribal Belt.*

sie durch die Anlage von Stauseen. Der Abbau von Bodenschätzen und der Aufbau großer Industriebetriebe brachte den früher entlegenen Stammesgebieten eine Welle von Zuwanderern. Zunächst fanden Adivasis Beschäftigungen im Bergbau oder bei Bauarbeiten, doch die zunehmende Mechanisierung bietet nur noch wenig Chancen für ungelernte Arbeiter. So driften sie in die Slums der Städte.

Die Adivasis sind also wirtschaftlichen und politischen Veränderungen ausgesetzt, die sie nicht kontrollieren können. Im Dorf verliert der Dorfälteste seine Autorität, und ohne Land zur gemeinsamen Bewirtschaftung lösen sich Sippen und Großfamilien auf. Der enge Kontakt mit einer überlegenen Hindu-Mehrheit und das Gefühl, dass die Stammesgötter ihre Macht verloren haben, leitete eine Anpassung an den Hinduismus und die Übernahme seiner Riten und Verhaltensmuster ein. Dabei ist dieser Übergang in der Regel mit einem Einstieg

in den Hinduismus als 'Unberührbare' verbunden. In den Gebieten des zentralen Indiens, wo Stämme noch in geschlosseneren Gruppen leben, regional sogar eine Mehrheit der Bevölkerung bilden und sich zudem noch als Christen abgrenzen, haben sie sich besser behauptet.

Günstigere Bedingungen ergeben sich im Nordosten, wo die Stämme die Mehrheit stellen und einen direkten Weg in die Modernisierung finden können, der meist durch die Übernahme des Christentums erleichtert wird. Die Stämme in den nordöstlichen Vorbergen des Himalaya sind weniger dem Druck 'indischer' Zuwanderung ausgesetzt. Die Briten, die das Gebiet nur als Pufferzone ansahen, begnügten sich mit einer lockeren Kontrolle. Zum Schutz der Stammesbevölkerung ließen sie einen Zuzug von Nicht-Tribalen nur mit besonderer Genehmigung zu. Die indische Regierung setzte diese Politik fort, um keine Unruheherde an der Grenze zu China aufkommen zu lassen.

DIE STÄDTE – ENTWICKLUNG UND PROBLEME

Bild 20: *Blick über eine indische Großstadt. Neubauten verdrängen die alte Bausubstanz. Meist ist damit weder eine Verbreiterung der Straßen noch eine Verbesserung der Infrastruktur verbunden.*

Überblick

■ Nach dem Untergang der Indus-Kultur entstanden Städte erst wieder in der Maurya-Zeit. Einen Höhepunkt, der sich besonders in den Hauptstädten manifestierte, erreichten sie unter der Herrschaft der Muslims. Viele muslimische Elemente bestimmen heute noch die 'indische Stadt'.

■ In der britischen Zeit verloren alte Handelsstädte an Bedeutung. Neue Hafenstädte beherrschten als Brückenköpfe der Kolonialmacht die Wirtschaft. Ihre Einwohnerzahl übertraf bald die der binnenländischen Zentren. Unter der britischen Herrschaft wurden der indischen Stadt völlig neue Siedlungselemente hinzugefügt: Civil Lines, Cantonments und Hill Stations.

■ Die jüngere Entwicklung ist von einer Zuwanderung gekennzeichnet, die zahlreiche neue Slums entstehen lässt. Bemühungen zur Verbesserung der Wohnverhältnisse und Umsiedlungsmaßnahmen waren bisher wenig erfolgreich. Das überbordende Wachstum der älteren Megastädte und der jüngeren Millionenstädte soll durch Förderung von Städten mittlerer Größe gebremst werden.

■ Vier große Städte werden beispielhaft behandelt: Sie stehen jeweils für einen bestimmten Typ, weisen aber auch allgemeine Charakteristika indischer Städte auf: die alte Handels- und Gewerbestadt Ahmadabad, die durch indische Initiative zur wichtigen Industriestadt wuchs, Bangalore, dessen Entwicklung die Briten maßgeblich bestimmten, sowie zwei Neugründungen: Chandigarh als Hauptstadt eines Bundesstaates und Rourkela als Industriestadt in einer rückständigen Region.

Die frühen Städte

Indus-Kultur und Maurya-Zeit

Indien unterscheidet sich von den meisten Ländern der Welt durch die lange Geschichte seines Städtewesens. Die Entstehung von Städten und ihre Strukturen sind mit bestimmten kulturellen, politischen und wirtschaftlichen Entwicklungen verbunden.

Die ersten Städte im Subkontinent gehen auf die Indus-Kultur zurück. Sie zeichneten sich durch detaillierte Planung und den hohen Stand ihrer Infrastruktur aus. Die größeren, unter ihnen Harappa und Mohenjo-daro, bestanden aus einer höher gelegenen, befestigten Zitadelle und der eigentlichen Stadt. Die Zitadelle wies Hallen und Residenzen für die Adligen und Priester auf und ein großes Bad, das möglicherweise kultischen Zwecken diente. Tempel wurden dagegen nicht ausgegraben. Die 'Unterstadt', in der die Mehrheit der Bevölkerung lebte, hatte ein rechtwinkliges, nach den Himmelsrichtungen ausgelegtes Straßennetz mit Hauptstraßen von 14 m und Nebenstraßen von 3 m Breite. Es gab bereits eine Wasserversorgung mit ausgemauerten Brunnen und unterirdischen Abwasserleitungen entlang der Hauptstraßen. Die Häuser aus gebrannten Ziegeln hatten unterschiedliche Größe – von Einraum-Unterkünften bis zu mehrstöckigen Gebäuden.

Harappa oder Mohenjo-daro können aber kaum als Beginn des indischen Städtewesens bezeichnet werden, denn mit der Indus-Kultur verfielen auch diese Städte, deren technischer Stand für lange Zeit nicht mehr erreicht wurde. Erst ein Jahrtausend später, als die vedische Besiedlung die mittlere Ganga-Ebene erreicht hatte, entstanden wieder städtische Siedlungen als Hauptorte der Mahajanapadas. Sie wiesen eine Befestigung mit Gräben oder Wällen auf. Im Inneren lagen die Residenz des Königs, die Ratshalle, der Basar sowie die Wohnbereiche.

Die Entwicklung von Städten nahm einen Aufschwung in der Zeit der Mauryas, als die staatliche Ordnung eines großen Reiches ihre Sicherheit und das Steueraufkommen ihre wirtschaftliche Existenz garantierte. Denn der Wohlstand der Städte wurde weniger vom Handel und seinen Marktfunktionen getragen, sondern von den Steuern, die für die Hofhaltung und die Armee hauptsächlich von der Landwirtschaft aufgebracht werden mussten. Die archäologischen Funde sind äußerst spärlich, und die Stadtgrundrisse wichtiger Maurya-Städte wie Mathura, Ujjain oder Pataliputra sind daraus nicht zu erschließen. Doch liegt ein Bericht des Griechen Megasthenes vor, der das an der Mündung des Son-Flusses in die Ganga gelegene Pataliputra als eine Stadt mit einer Fläche von fast 26 km^2 beschreibt. Sie war von einem 200 m breiten Graben umgeben (wohl ein Flussarm) sowie mit einer hölzernen Befestigung versehen, die 64 Tore aufwies. Wahrscheinlich gehörte Pataliputra damals zu den größten Städten der Welt.

Theoretische Anweisungen, wie eine Stadt auszulegen sei, gab es schon in älteren Schriften, so in der 'Silpa Sastra' aus dem 3. Jh. v. Chr. Sie sollte nach Himmelsrichtungen ausgerichtet sein und einen Schachbrettgrundriss haben. Dessen rechtwinklige Straßen begrenzten die Viertel der Varna, der in Kastengruppen untergliederten 'Stände' der Hindugesellschaft; Palast und Tempel nahmen den zentralen Teil ein. Doch ist umstritten, wie weit solche Pläne konsequent umgesetzt wurden.

Die Auflösung der Maurya-Herrschaft, die darauf folgenden Kriege unter den Territorialherren sowie die Einfälle aus dem Nordwesten trugen zum Niedergang der Städte bei, unterbrochen durch Perioden der Blüte wie zur Zeit des Gupta-Reiches. Die nordindischen Städte wurden durch zahlreiche Invasionen immer wieder zerstört, doch die Hauptstädte der Deccan-Reiche und der Ostküste lagen geschützter. Auch der tamilische Süden blieb weitgehend verschont, sodass sich hier vom 9. Jh. an eine blühende Stadtkultur mit Haupt- und Hafenstädten entwickeln konnte.

Der islamische Einfluss

Ein neues Kapitel indischer Stadtgeschichte beginnt im Norden mit der Herrschaft der Muslims. Zwar hatten indische Städte schon früher fremde, vor allem griechische und persische Einflüsse erfahren, aber Moscheen, Festungen und Paläste gaben der indischen Stadt eine neue Prägung, umso

Bild 21: *Die Jama Masjid in Delhi.*

mehr, als sich die Muslims anfänglich auf die größeren Städte konzentrierten, während die Dörfer im Hinduismus verwurzelt blieben. Der hieraus resultierende Stadt-Land-Gegensatz blieb in der ganzen Muslim-Periode deutlich, auch wenn der Einfluss der Muslims allmählich in die kleineren Städte vordrang und obwohl die Mehrheit der städtischen Bevölkerung aus Hindus bestand. Der kulturelle Konflikt fand innerhalb der Städte seine räumliche Ausprägung in getrennten Vierteln von Muslims und Hindus – wie auch in häufigen Auseinandersetzungen, die keinesfalls eine Erscheinung der jüngeren Zeit sind.

Kernland der muslimischen Reiche war der Norden, wo eine große Zahl älterer Städte überformt wurde. Im Zentrum der städtebaulichen Bemühungen stand jedoch die Hauptstadt. So gründeten im Bereich von Delhi im Verlauf der Jahrhunderte verschiedene Dynastien eine Reihe neuer Hauptstädte, dann wurde die Hauptstadt nach Agra verlegt, eine völlig neue Stadt, Fatehpur Sikri, gebaut – die nur kurzen Bestand hatte – und schließlich mit einer geplanten Stadt, Shahjahanabad, endgültig Delhi als Hauptstadt etabliert.

Die Städte der Muslims wiesen in ihrer inneren Struktur mehrere charakteristische Elemente auf. Der Palast des Herrschers lag meist etwas höher oder an einem Flussufer am Rand der Stadt innerhalb eines Forts (vgl. die Abb. zu Ahmadabad und Delhi). Dieser Komplex mit den Häusern der Höflinge und mit ausgedehnten Gärten nahm eine sehr große Fläche ein. Im übrigen Stadtgebiet lagen die Viertel der zahlreichen Handwerker, die für den Hof produzierten, und der Händler. Die Stadt war kein Markt, deren Wirtschaft von Warenaustausch und Produktion abhing, sondern ein Teil der Hofhaltung. Die Handwerker wohnten nach Kasten, d. h. auch nach Branchen, getrennt in den einzelnen Vierteln (Pieper 1974, S. 38 f.). Ein wichtiges Element bildete die große Moschee, 'Jama Masjid', als kultureller Mittelpunkt der Muslims (Bild 21).

Meist waren die Städte ummauert, und Tore kontrollierten den Zugang. Sie hatten häufig eine Hauptachse, aber kein regelmäßiges Straßennetz. Im Gegensatz zu der Verästelung der Nebenstraßen in Sackgassensysteme wie bei der orientalischen Stadt bestehen in der indischen Stadt meist Verbindungsgassen und Durchbrüche, die an den Grundriss indischer Dörfer erinnern. Dieses System nennt Niemeier (1961, S. 137) den 'irregulären indischen Netzgrundriss'. Diesem stellt er den 'regulären Netzgrundriss' gegenüber, der die idealtypische

Struktur der frühen Hindu-Grundrisse wiedergeben soll: Die Hauptstraßen sind nach den vier Himmelsrichtungen angelegt und schneiden sich rechtwinklig. In den Vierteln einzelner Kasten (Mohallas) wohnen wohlhabende und arme Kastenangehörige in unterschiedlich ausgestatteten Häusern und Hütten nebeneinander. Solche Städte sind aber selten und finden sich vereinzelt als Tempelstädte im Süden.

Dagegen gehören fast alle großen Städte des Nordens zum irregulären Typ. Das Straßenkreuz ergibt sich aus den Verbindungswegen mit dem Umland, der Hauptmarkt (Chowk) liegt zwar zentral an der Kreuzung der Hauptstraßen, aber er wird von zahlreichen Märkten in anderen Vierteln ergänzt. Abgesehen von den aufgezeigten neuen Elementen muslimischer Herrschaft bleibt

die Stadt 'indisch'. Ihre Wohnviertel werden von der Kastengliederung bestimmt, ein Schema, in dem die Viertel der Muslims um die Moschee keine grundlegende Veränderung bedeuteten. Die Ummauerung führte bei wachsender Einwohnerzahl zu hoher Dichte und erbärmlichen Wohnverhältnissen. Der Gegensatz zwischen Arm und Reich war extrem – was bis heute das Bild der indischen Städte bestimmt.

Im Süden entstand in den Hindu- und Muslim-Reichen des Deccan eine Reihe von bedeutenden Städten mit monumentalen Bauten wie die großartige Hauptstadt von Vijayanagar oder die Städte der Badami-Königreiche Ahmednagar, Bijapur, Badami, Golconda oder später Pune als Hauptstadt der Marathen und Hyderabad im Reich des Nizzam.

Die britische Zeit

Stagnation im Binnenland und Aufschwung neuer Hafenstädte

Die Ankunft der Europäer wirkte sich in den ersten Jahrhunderten noch nicht auf die indischen Städte aus. Ihre Stützpunkte beschränkten sich auf die Küsten, und ihr Einfluss auf das Hinterland blieb gering. Keiner erreichte die Großartigkeit des portugiesischen Goa mit einer Einwohnerzahl von 200 000 in der Mitte des 16. Jh.s. Da die Handelsniederlassungen später mit Befestigungen umgeben wurden, war ihre Ausdehnungsmöglichkeit begrenzt. Die beengte Wohnweise bot wenig Komfort im heißen Klima, umso mehr als man zunächst auch europäische Haustypen unverändert übernahm (Pieper 1974, S. 123). Der Übergang von britischen Handelsstützpunkten zur Beherrschung größerer Teile des Landes und die Aneignung ihres Steueraufkommens erfolgte erst im 18. Jh. Jetzt erlaubte die größere Sicherheit im Umland der Hafenstädte Calcutta, Bombay und Madras reichen Briten den Bau luxuriöser Landsitze, den sog. Garden Houses.

Um 1800 wies Indien 16 Städte mit über 100 000 Einwohnern und 1500 kleinere Städte auf. Den Grad der Verstädterung schätzt Ramachandran (1989, S. 60f.) auf 11%. Varanasi war die größte indische

Stadt, gefolgt von Calcutta. Surat, Patna, Madras, Bombay und Delhi zählten über 150 000 Einwohner. Nur die Häfen Calcutta, Bombay und Madras waren Neugründungen.

Im Binnenland erlebten die alten Handelsstädte an den Flüssen Nordindiens und viele städtische Gewerbezweige einen Niedergang durch die Neuorientierung des Handels. Vor allem erwies sich die Steuerpolitik der Briten für die Städte als existenzgefährdend. Die gesamte Grundsteuer ging an die britisch-indische Regierung. Die für die Erhaltung oder Erweiterung der Städte notwendigen Mittel waren im Mogulreich über Gebühren (Octroi) beschafft worden, die bei der Einfuhr von Waren in das Stadtgebiet erhoben wurden. Nach ihrer Abschaffung auf Betreiben der Händler der East India Company war kein Geld mehr für städtische Ausgaben – von der Abfallbeseitigung bis zur Wasserbeschaffung – verfügbar, sodass sich die hygienischen Verhältnisse erheblich verschlechterten. Bis zur Mitte des 19. Jh.s kümmerten sich die Briten nicht um die 'Native Town'. Die ökonomische Bedeutung der Städte war für sie im Vergleich zur Landwirtschaft sehr gering, denn die hatte mit den Grundsteuern für den Staatshaushalt aufzukommen.

Erst in den 1860er-Jahren, nach Ausbruch einer Pestepidemie in Bengalen, sahen sich die Briten gezwungen, einzugreifen und eine Städteordnung zu erlassen, die Steuern für den Unterhalt der Städte vorsah. Jetzt wurden überfüllte Viertel und die Stadtmauern abgerissen und breite Straßen zur besseren Durchlüftung und zur Verkehrserleichterung durch die Altstadt geschlagen sowie neue Baufluchtlinien festgesetzt. In einer zweiten Phase bemühte man sich um eine Verschönerung der Städte mit der Anlage von Parks, Avenuen und Prachtbauten. Die Vergrößerung der offenen Flächen in der Stadt schränkte den Wohnraum ein, sodass neue Viertel außerhalb der Altstadt entstanden (Pieper 1974, S. 212ff.).

Außer den über 200 Distrikthauptstädten, von denen immerhin fast ein Drittel eine überregionale Bedeutung hatte, waren von den 600 Fürsten-Staaten aus der Zeit vor der britischen Herrschaft noch über die Hälfte als Vasallenstaaten mit einer Haupt- bzw. Residenzstadt übrig geblieben. Aber die meisten dieser Staaten waren kleiner als ein Distrikt, und der Hauptort bestand oft nur aus dem Palast und einem Basar. In einigen der größeren Fürstenresidenzen verfügten die Herrscher allerdings über ausreichende Mittel, um ihre Hauptstadt zu gestalten. Vadodara (Baroda) oder Mysore gehörten damals zu den schönsten indischen Städten. In den annektierten Fürstentümern erhielt der Raja zwar eine gute Apanage, die aber nicht ausreichte, um die städtischen Handwerker wie früher zu beschäftigen, umso mehr als sich auch der Geschmack wandelte und man europäische Luxusgüter den einheimischen vorzog.

Dem Niedergang der indischen Städte im Binnenland steht das Wachstum der britischen Metropolen an der Küste gegenüber, auf die sich der Handel, der noch in der Mitte des 18. Jh.s überwiegend ein Binnenhandel war, ausrichtete. Hundert Jahre später hatte sich die koloniale Wirtschaft durchgesetzt. Indien war zum Rohstofflieferanten der britischen Industrie und zum Absatzmarkt ihrer Produkte geworden. Damit konzentrierten sich die Warenströme, die jetzt ein ganz neues Ausmaß erreichten, auf Calcutta, Bombay und Madras, nicht nur zum Nachteil der alten Han-

delsstädte im Binnenland, sondern auch der kleinen Häfen entlang der Küsten. Die Zuwanderung einer verarmten Bevölkerung in die Metropolen war zunächst weniger eine Folge der Industrialisierung, vielmehr wurde sie ausgelöst durch die Nachfrage nach Dienstleistungen, z. B. in den Häfen, aber vor allem an Dienern und Personal, das sich die Briten und reichen Inder in unvorstellbarer Zahl hielten.

Die zweite Hälfte des 19. Jh.s ist von einer Konsolidierung der britischen Herrschaft und dem Bau der Eisenbahnen gekennzeichnet. Das verstärkte noch die Dominanz der Hafenstädte, führte aber auch zum Aufschwung einiger binnenländischer Zentren, z.T. auf Kosten anderer. Ab der Mitte des 19. Jh.s entstanden Fabriken, zunächst in den Häfen und später auch im Binnenland, hier aber ausschließlich in großen Städten mit günstigen Eisenbahnverbindungen. Der Niedergang der binnenländischen städtischen Zentren seit Ende des 18. Jh.s, der mit einem Rückgang der städtischen Bevölkerung auf unter 9 % im Jahre 1872 verbunden war, ging danach in ein langsames Wachstum über, das sich ab 1931 beschleunigte und nach der Unabhängigkeit erheblich verstärkte (Ramachandran 1989, S. 61).

Anfang des 20. Jh.s waren die britischen Hafenstädte die führenden und größten Städte Indiens. Ihre Kerne mit großartigen Verwaltungsbauten der Regierung, der Firmen und Banken, öffentlichen Gebäuden wie der Post oder den zentralen Markthallen schlossen nicht an indische Traditionen an, sondern waren in einem Stil erbaut, den Spate & Learmonth (1967, S. 209) an einem extremen Beispiel, der Victoria Station in Mumbai, als 'Indo-Saracenic-Byzantine-Italo-Gothic-Baroque' charakterisieren. Die 'indische' Stadt mit engen Straßen und zahllosen Geschäften legte sich um oder an den europäischen Kern. Die infrastrukturelle Ausstattung der Metropolen war wesentlich besser als die anderer indischer Städte, und besonders ihre Verkehrserschließung ist hervorzuheben.

Bei den indischen Eliten der Metropolen waren westliche Einflüsse am ausgeprägtesten. Schulen und Universitäten vermittelten das Gedankengut des Westens über das Medium der englischen Sprache. Kleidung, Essgewohnheiten und soziales Verhalten wurden übernommen. So vergrößerten sich die Gegensätze zwischen Stadt und Land. Heute geht mit der Urbanisierung eine 'Verwestlichung' einher, die den Städter in einen Zwiespalt zwischen modernen und traditionellen Werten führt.

Civil Lines, Cantonments und Hill Stations

Der Einfluss der Briten zeigte sich außer in der Entwicklung der drei Hafenstädte und der Sanierung größerer binnenländischer Städte durch die Verbreiterung von Straßen und der Anlage von großen Plätzen insbesondere in der Anfügung neuer Teile der Stadt: Civil Lines und Cantonments, die man zusammenfassend als 'Stationen' (Stations) bzw. Civil & Military Stations (C & M) bezeichnete. Sie entstanden neben der indischen Stadt, um die britischen Administratoren und das Militär aufzunehmen. *Civil Lines* gab es bei allen wichtigeren Verwaltungszentren. Mit ihren breiten, baumbestandenen Straßen und der 'Mall' als Promenade hatten sie eine beträchtliche Ausdehnung. Hier lagen die Ämter und der Gerichtshof, die Kirche, das Kasino, die Clubs, der Friedhof und bei den größeren eine Pferderennbahn. Die Bungalows der Beamten, umgaben große Gärten mit Unterkünften für das zahlreiche indische Personal an den Begrenzungsmauern des 'Compound', wie man die einzelnen Anwesen nannte. Als Haustyp entwickelten die Briten den 'Bungalow', ein eingeschossiges Gebäude mit rechteckigem oder quadratischem Grundriss. Um das Gebäude lief eine offene, überdachte Veranda, zu der sich Fenster und Türen öffneten. Die Innenräume waren sehr hoch und hatten unter der Decke nach außen führende Öffnungen, zur besseren Luftzirkulation (Pieper 1974, S. 132f.).

Von der Stadt der Einheimischen trennte die Civil Lines ein 'Cordon Sanitaire', eine siedlungsfreie Zone, die häufig die Eisenbahnlinie markierte, die einen Bahnhof sowohl im Cantonment als auch in der Stadt hatte. So waren sie Ghettos mit umgekehrten Vorzeichen: Die Privilegierten lebten als geschlossene Gesellschaft und beschränkten den Kontakt mit den Einheimischen aufs Nötigste. Diese Trennung hatte bei den Muslim-Herrschern, für die

Indien ja schon seit langem Heimat geworden war, in solch extremer Form nicht bestanden.

Die *Cantonments*, die Militärlager des späteren 19. Jh.s, die der Sicherheit dienten, lagen meist bei größeren Städten, hauptsächlich im Norden des Landes. Die britischen Offiziere lebten in Bungalows; durch Freiflächen davon getrennt waren die britischen Soldaten, die aus den unteren sozialen Schichten des Vereinigten Königreichs kamen, in Kasernen untergebracht, und wieder separat die indischen Soldaten (Sepoys) in kleinen Hütten. Zum Cantonment gehörte der 'Sadr (Sudder) Bazar' als einziges 'indisches' Element, denn den Soldaten war der Besuch des Stadtmarktes verboten. An der Hauptstraße, häufig mit Kolonnaden, lagen Läden, Werkstätten und Restaurants, dahinter in engen Gassen die Wohnviertel der indischen Händler und Handwerker. Als neue Stadtteile entstanden ferner am Rand von Städten, die Eisenbahnknotenpunkte waren, die *Railway Colonies*, mit streng nach Status gegliederten Vierteln für Verwaltung und technisches Personal der Eisenbahnen (Stang 1970, S. 80).

Die *Hill Stations* bildeten eine völlig neue Schöpfung der Briten. In diesen Orten mit kühleren Temperaturen in 1500 bis 3000 m Höhe suchten sie Zuflucht während der heißen Sommermonate. Sie konzentrierten sich auf vier Gebiete: den Nordwesten mit Shimla, Mussoorie, Nainital als den bedeutendsten Stationen, den Nordosten, u. a. mit Darjeeling und Shillong, die Nilgiris im Süden mit Ootacamund (Udhagamandalam) und Kodaikanal und die wegen ihrer hohen Monsunniederschläge nur bedingt geeigneten Ghats im Westen (Mahabaleshwar). In der Nähe gab es kleinere Stationen in dienstrangmäßiger Abstufung der Beamten. Insgesamt gründeten die Briten zwischen 1820 und den 1880er-Jahren über 80 solcher Siedlungen. Um ihre Hill Stations zu erreichen, scheuten sie beim Bau kühner Schmalspur-Eisenbahnstrecken keine Kosten und Mühen.

Die Grundrisse passten sich der Topographie an und waren daher sehr unregelmäßig. Zumindest für die öffentlichen Gebäude bevorzugte man einen Stil, wie er in England und Schottland üblich war, sodass die Briten sich fast heimisch fühlen konnten und zunächst – vom Dienstpersonal abgesehen – unter sich waren. Hier entstanden Internatsschulen, Krankenhäuser und Clubs. Für die Sommermonate zog der Vizekönig mit der gesamten Regierung über 1800 km von Calcutta nach Shimla, aber auch die Provinzregierung von Madras hatte ihre Hill Station (Ootacamund), wo sie schließlich den größten Teil des Jahres residierte. Der lange Aufenthalt der Regierung in den Hill Stations trug zur Kluft zwischen Briten und Indern bei. Nach dem Abzug der Briten kam es zunächst zu einem Niedergang, aber inzwischen sind die Hill Stations zu einem Ferien- oder sogar Wochenendziel reicher Städter geworden, was zu einer erdrückenden Bautätigkeit führt.

Wachstum und Wandel

Die Unabhängigkeit Indiens beschleunigte den Verstädterungsprozess. Mit den Flüchtlingsströmen wuchs die städtische Bevölkerung besonders im nördlichen Indien, denn der Anteil der Städter an der aus Pakistan fliehenden Bevölkerung war besonders hoch. Der prozentuale Anstieg der Stadtbevölkerung von 17,6 % im Jahre 1951, der allerdings schon einen Teil der Flüchtlingswelle enthält, auf 23,7 % im Jahre 1981 ist weniger eindrucksvoll als die absoluten Zahlen. In diesem Zeitraum nahm die städtische Bevölkerung von 62 auf 159,5 Mio. zu. Bis 1991 erreichte der Anteil der städtischen Bevölkerung 25,7 %, d. s. 217,6 Mio. Damit verbunden war eine unkontrollierte Expansion der großen Städte, besonders der Metropolen, und die Ausbildung städtischer Randgebiete.

Der 'indische' Stadtkern
Die hohe Zuwanderung und die wirtschaftlichen Veränderungen prägen heute ebenso das Bild der Stadt wie die traditionellen Strukturen. Neu und alt treffen unmittelbar aufeinander. Die indische Stadt, die im Norden des Landes auch islamische Elemente besitzt, weist eine außerordentliche Dichte der Bebauung und Bevölkerung auf, zu der ursprünglich ihre Ummauerung beigetragen hat. Die Häuser und Hütten reichen bis an die Tempel und Moscheen, und die Straßen bilden oft die einzigen offenen Flächen. Die aber werden auf den Hauptstraßen durch vorgebaute Läden verengt, die kaum eine Durchfahrt zulassen, während die Nebenstraßen überaus eng und verwinkelt sind. Die älteren Häuserkomplexe umfassen noch Innenhöfe, in denen sich früher das Leben der Großfamilie oder einer Sippe abspielte. Heute werden sie meist gewerblich oder als Abstellplätze für Fahrzeuge oder Warenlager genutzt oder sind mit Hütten zugebaut. In kleineren Städten dienen immer noch das obere Stockwerk oder die Räume hinter dem Laden oder der Werkstatt als Wohnung der Inhaber.

Die Straßen der Basare sind jeweils mit bestimmten Branchen besetzt, z. B. Gewürzhändler, Stoffgeschäfte, Haushaltswaren oder mit den überaus zahlreichen Gold- und Silbergeschäften. In der Nähe des Hauptbasars oder den oberen Stockwerken seiner Häuser haben sich Heilpraktiker und Dentisten oder Fotokopiergeschäfte niedergelassen. Fremde Gerüche und der Lärm schreiender Händler, dröhnende Musik aus Lautsprechern sowie hupende und knatternde Motorrickshas vermitteln dem Europäer eine verwirrende Atmosphäre. Strom- und Telefonleitungen hängen kreuz und quer über die Straße. Eine wilde Bautätigkeit reiht Neubauten unterschiedlicher Höhe und Aussehens nebeneinander, ohne dass es zu einer Verbreiterung der Straßen kommt.

In den größeren Städten entstehen entlang der Hauptgeschäftsstraßen mehrstöckige Betonbauten, in denen die oberen Stockwerke als Büros genutzt sind. Die wohlhabende Bevölkerung, die früher in der Innenstadt wohnte, zieht in neue Vororte am Stadtrand.

Das räumliche Wachstum
Nach dem Bau der Eisenbahnen bildete der Bahnhof einen neuen Kern am Rande der Stadt, die meist planlos in diese Richtung wuchs. Auf Abschnitten von Straßen, die den Stadtkern umgehen, siedelten sich

Geschäfte an, deren modernes Warenangebot von Autoersatzteilen, Fahrrädern, Kühlschränken oder Fernsehgeräten keine direkte Konkurrenz zur Altstadt bildet.

Eine wichtige Veränderung der Stadt in jüngerer Zeit ist ihr Wachstum ins Umland. Diese Entwicklung zeigt sich zunächst in den ehemals britischen Randgebieten der Stadt. Die Cantonments blieben Militärgelände. Die Civil Lines sind in das Eigentum des Staates übergegangen. Hohe Beamte übernahmen die Bungalows, und im Anschluss an die Civil Lines oder innerhalb derselben entstanden neue anspruchsvolle Häuser für wohlhabende Inder. Die Mall weist außer Verwaltungsgebäuden auch Banken, Büros und zahlreiche moderne Geschäfte auf. Der Dualismus zwischen 'indischer' Stadt und britischer Station beginnt sich zu verwischen.

Die umfassendste Bautätigkeit besteht jedoch in der Errichtung von Wohnkolonien (Colonies) in den Civil Lines und außerhalb der alten Stadtgrenzen im ehemaligen Cordon Sanitaire. Durch ihren 'Public Works Department'-Einheitsstil vermitteln diese Neubaugebiete einen etwas trostlosen Eindruck. Es ist üblich, dass der Staat oder die Kommunen sowie staatliche und z.T. auch private Unternehmen ihre Beamten und Angestellten mit Wohnungen zu niedrigen Mieten versorgen. Hier gibt es keine Kastengliederung mehr, sondern eine penible Einstufung nach Gehaltsgruppen – ebenso wie auf dem Campus für die Lehrkräfte der Universität. Zwischen den Colonies sorgen kleine Märkte für den täglichen Bedarf.

Das Wachstum der Stadt hat Dörfer eingeschlossen, deren landwirtschaftliches Areal für die Stadterweiterung, den Bau von Colonies, benötigt wurde. Die Enteignung des Landes durch die Behörden nahm den Dorfbewohnern ihre Existenzgrundlage. Das Dorf selbst blieb inmitten der neuen Siedlungen meist erhalten, in aller Regel ohne bauliche Kontrolle und Auflagen wie in anderen Stadtgebieten, aber häufig auch ohne deren Versorgungseinrichtungen. Viele Landbesitzer nahmen die Möglichkeit wahr, von ihrer Entschädigung eine neue Existenz aufzubauen, indem sie z.B. einen Lkw kauften, um Transporte zu übernehmen, oder ihr Haus aufstockten, um die zusätzlichen Räume zu hohen Preisen zu vermieten. Eine weitere Möglichkeit bot die Vermietung von Räumen an einfache Dienstleistungsbetriebe oder Verkaufsstände, mit denen die umliegenden Colonies nur unzureichend ausgestattet sind. Büffel werden in Unterstän-

Bild 22: *Dorfplatz eines verstädterten Dorfes in Ahmadabad. Nur selten ist der Dorfcharakter so gut erhalten. Viele Dörfer degenerieren zu Slums.*

den gehalten, das Viehfutter wird gekauft und die Milch direkt in der Umgebung vertrieben. Landlose Arbeiter und Pächter, die keine Entschädigung erhielten, müssen sich dagegen nach städtischen Beschäftigungsmöglichkeiten, meist im einfachsten Dienstleistungsbereich, umsehen.

Im günstigen Fall blieben das Erscheinungsbild des Dorfes und seine bauliche Substanz erhalten, allerdings erheblich verdichtet (Bild 22); in anderen Fällen haben sich kleine Industriebetriebe angesiedelt, die eine verheerende Umweltverschmut-

zung verursachen. Gewöhnlich sind auf der verbliebenen kleinen Freifläche zwischen dem alten Dorf und den Neubauten Hütten entstanden, manchmal auch Märkte (Rütgers 1999).

Ein weiteres Problem ergibt sich bei den älteren Industriestädten aus dem Standort ihrer Fabriken und der sie umgebenden Arbeiterwohnungen. Sie lagen ursprünglich am Rand der Städte, die aber über sie hinausgewachsen sind. Eine Umwidmung dieses Gürtels für den Wohnungsbau trifft auf große politische Widerstände.

Die Slums

Die Zuwanderung in die großen Städte und das natürliche Wachstum führten zu einer gewaltigen Ausweitung der Slumgebiete. Wenngleich auch wohlhabendere Schichten in die großen Städte wandern, so ist es doch überwiegend die arme Bevölkerung, die auf dem Land keine Existenzmöglichkeit findet. Aber auch in der Stadt gibt es für das Gros dieser armen Zuwanderer meist keinen festen Arbeitsplatz. Sie sind auf Gelegenheitsarbeiten angewiesen: auf Baustellen, als Lastträger, im informellen Sektor der Klein- und Kleinstindustrien, als Haushaltshilfen, Straßenhändler usw. Der äußerst niedrige Verdienst reicht kaum zum Sattwerden, viel weniger für eine Wohnung. Sie müssen daher in Slums Unterkunft finden. Damit dringen ländliche Elemente in die Stadt: Hütten in dorfähnlicher Anordnung, das Leben auf der Straße, weil die Hütten keinen Platz bieten, oder die Viehhaltung. Aber es fehlen die Felder zur Verrichtung der Notdurft und vor allem die dörfliche Organisation, die das Zusammenleben regelt.

Bustees und Squatter-Siedlungen

Slums sind Bestandteil der städtischen Siedlungsstruktur und werden mit verschiedenen Namen bezeichnet, die auch regional differieren. Die 'Katras' von Kanpur sind entlang enger Gassen zur Vermietung oder als Werkswohnungen in Reihen erbaute Behausungen mit einem einzigen Raum. Wenn diese einstöckigen Hütten einen winzigen Hof aufweisen, bieten sie immerhin noch mehr Platz als die mehrstöckigen Un-

terkünfte in Mumbai oder Ahmadabad (Chawls). Jeder Raum beherbergt eine Familie oder mehrere Personen, die sich mit einer größeren Zahl anderer Familien eine völlig verschmutzte Latrine und einen Hydranten teilen müssen. Als 'Bustee' – in Südindien 'Cheri' genannt – wird eine Ansammlung von ein-, selten zweistöckigen Behausungen bezeichnet, die von den Bewohnern aus Lehm, Holz, Blech, Matten oder Steinen selbst errichtet werden und im ganzen Stadtgebiet anzutreffen sind. Häufig besteht bei den Bustees ein Besitzanspruch der Bewohner, sei es, dass sie das Grundstück oder die Hütte käuflich erwarben oder pachteten.

Nicht alle Slums sind gleich; so gibt es in Mumbai oder Calcutta Slumviertel, deren Hütten oder Häuser mit einem bescheidenen Komfort ausgestattet sind. Hier wohnen Familien mit einem Einkommen, das zwar über der Armutsgrenze liegt, aber für eine teurere Wohnung zu gering ist oder von dem noch Angehörige im Dorf unterhalten werden müssen. Betritt man – sich im Eingang bückend – das Innere einer Hütte, sind Ordnung und Sauberkeit überraschend, obwohl sich das Leben nur in einem oder zwei Räumen abspielt, die ein bescheidenes Mobiliar aufweisen. Die Metalltöpfe am Herd, der mit Flüssiggas betrieben wird, sind glänzend gescheuert, die Kleider gefaltet oder an einer Leine hängend, der Fußboden gekehrt und vielleicht sogar zementiert. Fast immer ist ein Radio vorhanden, manchmal ein Fernseher sowie

Bild 23: *Slum im südlichen Delhi. Auf 'freiem' Land z. B. an Flussufern oder auf dem Gelände entlang der Eisenbahnlinie siedeln sich Squatter an, deren Slum hier schon einen permanenten Charakter hat.*

ein Kühlschrank, und an den Wänden hängen Bilder von Göttern und von Filmstars.

Die *Squatter* haben keinen Rechtsanspruch auf das Land, auf dem sie ihre Hütten errichten. 'Squatter Settlements' (in Delhi als Jhuggi Jhonpri bezeichnet) entstehen durch die illegale Inbesitznahme privaten Landes, meist aber auf städtischem oder öffentlichem Gelände entlang von Straßen, Kanälen, im Überschwemmungsgebiet der Flussufer oder auf irgendwie noch offenen Flächen (Bild 23). Da die Bewohner das Fahrgeld für öffentliche Verkehrsmittel – soweit in den Randbereichen überhaupt vorhanden – nicht aufbringen können, werden Lagen bevorzugt, die Gelegenheitsarbeiten in der Nähe bieten: kleine Industrien, der Basar mit Bedarf an Lastenträgern, bessere Wohnviertel, in denen Dienstboten Beschäftigung finden, oder Baustellen, wo nach Fertigstellung der Bauten die Hüttensiedlung erhalten bleibt. Während die Bewohner der Bustees eine Miete zahlen, kassiert eine Art Mafia in den Squatter-Siedlungen 'Schutzgelder'. Nach ihrem Aussehen und ihrem Zustand sind Bustees und Squatter-Siedlungen oft nicht voneinander zu unterscheiden. Die meisten sind Slums, die ein Bild der Vernachlässigung bieten: Die sanitären Installationen sind völlig unzureichend oder fehlen, ebenso eine Müllabfuhr und Kanäle, um in der Monsunzeit das Wasser abzuleiten, das sich dann mit Fäkalien und Unrat vermischt, ein Zustand, der zu Epidemien beiträgt.

Ein Problem der Behörden liegt darin, dass auf Gelände, das für Bebauung freigelassen wird, sofort Squatter-Siedlungen entstehen, deren Beseitigung kaum durchsetzbar ist. Die Bewohner organisieren sich, um gegen Abriss und Vertreibung zu protestieren – was aber meist nur vor Wahlen Erfolg hat. Gelegentlich setzen Politiker auf der Suche nach Wählerstimmen einige Verbesserungen durch: eine Legalisierung der Squatter-Siedlungen, ein paar Wasserstellen mehr, eine Befestigung der Wege oder eine Straßenbeleuchtung, die dann den Bewohnern die Gelegenheit gibt, das Stromnetz für den eigenen Bedarf anzuzapfen. Die Behörden versichern, jeden von Entwicklungsprojekten Vertriebenen auch wieder anzusiedeln. Die Mittel, die für die Slumbereinigung zur Verfügung stehen, sind jedoch im Verhältnis zum Umfang der Probleme lächerlich gering. Aus der Sicht der Stadtverwaltung ist die Slumsanierung nicht nur ein kostspieliger Aufwand, sie bringt außerdem keine Steuern, und das gelieferte Wasser und der Strom werden meist nicht bezahlt. Dabei wird nicht berücksichtigt, dass die Slumbewohner mit ihrer unterbezahlten Arbeit zum Wohlstand der Stadt beitragen.

Noch ärmer als die Slumbewohner sind die *Pavement Dwellers*, die Obdachlosen. Viele schlafen nachts auf den Bürgersteigen der Stadt, unter einer Veranda oder in einer Hauseinfahrt. Anderen ist es gelungen, unter einer Brücke, an der Wand eines Gebäudes oder an einer Mauer zeltartige Unterkünfte aus Kisten, alten Plastikplanen oder Jutesäcken zu erstellen, in denen zwei oder drei Personen sitzen oder liegen können. Eines Tages werden sie von ihrem Platz vertrieben, weil sie nicht das kleine Bestechungsgeld aufbringen können, das nötig ist, damit die Polizei ein Auge zudrückt. Sie werden sich dann an einer anderen Stelle niederlassen oder nach einiger Zeit an den alten Platz zurückkehren. Alle sind arm, aber es gibt Unterschiede. Manche, die eine schlecht bezahlte Arbeit gefunden haben, mögen auf der Straße schlafen – was unter den klimatischen Verhältnissen möglich ist und in der Sommerhitze sogar erträglicher als in einer fensterlosen Slumhütte –, um ein wenig Geld zu sparen, damit sie mehr zum Unterhalt der Angehörigen ins heimatliche Dorf schicken können. Die meisten aber besitzen nichts außer dem Blechnapf, den sie zum Betteln oder Essen benötigen.

Die Umsiedlung von Slumbewohnern

Umsiedlungsaktionen in den Millionenstädten waren bisher wegen der zu geringen verfügbaren Mittel sowie der gewaltigen Zuwanderungswellen nicht erfolgreich. In Delhi, wo sie schon in den 1950er-Jahren einsetzten, nahmen sie nach der Ausrufung des Notstands (1975) durch Indira Gandhi eine neue Dimension an. Innerhalb von zwei Jahren wurden weit über eine Million Menschen zwangsweise umgesiedelt. Die Standorte der neuen Umsiedlungsgebiete lagen vornehmlich am Stadtrand im Südwesten sowie im Osten jenseits des Yamuna-Flusses. Hier stellte man *Site and Service*-Areale zur Verfügung, d.h., die Umsiedler erhielten ein winziges Grundstück, das mit Straße, Beleuchtung, Wasser- und Stromversorgung sowie Kanalisation erschlossen werden sollte und auf dem ein eigenes Haus nach vorgegebenen Plänen errichtet werden konnte. Allerdings erwies sich die bereitgestellte Infrastruktur als unzureichend, und die frei gebliebenen Flächen

füllten sich mit Squatter-Siedlungen. Auch lagen die Umsiedlungskolonien zu weit von der inneren Stadt, d.h. von den Arbeitsplätzen, entfernt und hatten nur schlechte und zu teure Busverbindungen. Ein paar Jahre später war ein großer Teil der kleinen Häuser von den Umsiedlern zu hohen Mieten an Personen mit höherem Einkommen vermietet oder sogar illegal verkauft worden, während die Umsiedler in neue Squatter-Siedlungen gezogen waren. Bei ihrer extremen Armut werden Wohnbedürfnisse gegenüber den Notwendigkeiten von Nahrung und Bekleidung zurückgestellt.

Außer den Site-and-Service-Programmen beschritt man zwei weitere Wege zur Slumbeseitigung. Beim *Low-Cost Housing Programme*, das meist auf die Räumung wertvollen Baulands zielt, werden mehrstöckige Wohnblocks mit sehr kleinen Einzimmer-, seltener Zweizimmerwohnungen mit Bad und Küche errichtet, die zwar besser ausgestattet, aber ohne Freiflächen oft beengter sind als die alten Slumhütten. Sie werden den umzusiedelnden Slumbewohnern zur Miete und zum Kauf angeboten. Doch sind sie trotz sehr niedriger Preise für die Begünstigten oft unerschwinglich.

Die dritte Möglichkeit bilden die *Upgrading Programmes*. Hierbei soll in den Slums ein Ausbau der Infrastruktur unter Beteiligung der Bewohner durchgeführt werden. Das ist die billigste Maßnahme zur Verbesserung der Wohnverhältnisse, die zudem den Vorteil hat, die gewachsenen sozialen Strukturen zu bewahren. Zwar ist eine Kastengliederung in den Slums nicht ausgeprägt, denn die Bewohner gehören ohnehin zu den Dalits oder zu den unteren Kasten, doch leben Hindus und Muslims meist in verschiedenen Vierteln. Voraussetzung zur Beteiligung der Bewohner beim Upgrading ist allerdings eine Legalisierung der Besitzverhältnisse an Grund und Boden. Damit wird der Bestand des Slumgebietes festgeschrieben und eine andere Flächennutzung verhindert, was bei der Lage vieler Slums im zentralen oder Erweiterungsbereich der Stadt neue Probleme aufwirft.

Tatsächlich macht die Lawine armer Zuwanderer in die großen Städte jede Slumsanierung zu einem fast aussichtslosen Bemühen. Dem Wachstum der Slums ent-

Bild 24: *Verslumung älterer Häuser in der Stadt.*

spricht nur die Zunahme der Behörden und Institutionen, die sich mit ihrer Beseitigung befassen sollen. Die Angaben über die Anzahl der Slumbewohner sind wenig verlässlich. Das liegt nicht nur an den Schwierigkeiten einer Zählung, sondern auch daran, die Grenzen zum Slum festzulegen. Angaben von 20 % der Bevölkerung in den kleineren Großstädten und 50 % in den Metropolen können nur als Anhaltspunkte dienen.

Die 'Verslumung' des Stadtkerns

Die Ausführungen beschränkten sich bisher auf die Slumbewohner in den Hüttenwohngebieten und in Chawls, den Wohnzellen in mehrgeschossigen Wohnblocks. Tatsächlich sind aber auch in der Innenstadt die Hinterhöfe und viele Veranden belegt. Große Teile der Städte wären als Slum zu bezeichnen, wenn man einen westeuropäischen Standard für die Größe einer Wohnung, ihren Erhaltungszustand und ihre Ausstattung zugrunde legt. Aber das ist natürlich kein Maßstab für die Stadtverwaltung, denn solche Unterkünfte verfügen ja meist über eine Kanalisation, eine Toilette für ein bis zwei Dutzend Familien und einen Wasserhahn, der täglich für wenige Stunden Wasser liefert (Bild 24).

Ein wesentlicher Grund für diesen Zustand liegt in der Mietgesetzgebung, welche die Mieten für Altbauten eingefroren hat. Die selbst für indische Einkommen extrem geringen Mieten gestatten dem Hausbesitzer keine Reparaturen oder Instandhaltung, sodass die Gebäude verfallen. Der Mieter hat dagegen einen Kündigungsschutz, der es ihm auch ermöglicht, Teile seiner Wohnung unterzuvermieten – das geschieht dann zu freien Mieten. Eine grundlegende Sanierung oder ein Abriss und Neubau ist äußerst schwierig, weil selbst in einem kaum noch bewohnbaren Haus der Mieter an seiner Wohnung so lange festhält, bis er eine hohe Abfindung erzielt hat. Das wiederum hat dazu geführt, dass es in Indien keinen privaten Wohnungsbau zu Mietzwecken gibt. Baut man für den Eigenbedarf oder kauft Eigentumswohnungen, so geschieht das zum Teil mit 'Schwarzgeld', das der Grundstückseigentümer und der Bauunternehmer verlangen und mit dem sie die hohen Bestechungsgelder finanzieren, die für eine Planungsänderung, die Baugenehmigung oder das unzulässige zusätzliche Stockwerk gezahlt werden müssen.

Die außerordentlich hohen Wohndichten sind nur zu erklären, wenn man die im Vergleich zu Europa unterschiedlichen klimatischen Verhältnisse und die angepasste Wohnweise berücksichtigt. Die Europäer leben in ihren Häusern, d. h., sie arbeiten, kochen, essen, verbringen ihre freie Zeit und schlafen innerhalb ihrer vier Wände. In Indien ist das nur bei Begüterten der Fall, die aber im Allgemeinen den Prestigewert des Hauses oder der Wohnung gering einschätzen. Die arme Bevölkerung Indiens dagegen – und das ist die Mehrheit – 'wohnt' einen großen Teil des Jahres über unter freiem Himmel. Nur während der Monsunmonate oder genauer während der Stunden des Regens und im Norden noch an den kühleren Tagen des Winters spielt sich das Leben im Inneren der Häuser ab. Sonst verbringt man den größten Teil des Tages und oft sogar der Nacht außerhalb des Hauses. Eine Voraussetzung ist allerdings, dass die Unterkünfte zu ebener Erde liegen und ein Stück Hofraum oder das Dach zusätzliche Wohnfläche bieten. Bei mehrstöckigen Einfachwohnungen wird die Wohnfläche tatsächlich auf die zur Verfügung stehenden ein oder zwei Räume beschränkt. Ein abschreckendes Beispiel für die moderne mehrstöckige Wohnweise sind die Chawls von Mumbai, die zwischen den beiden Weltkriegen von der Provinzregierung und der Stadt für die ärmere Bevölkerung erbaut wurden. Durch Platznot gezwungen, errichtete man drei- oder vierstöckige Gebäude mit Ein- oder Zweiraumwohnungen, die gemeinsame Wasserzapfstellen und Toiletten für alle Familien des gleichen Stockwerks

haben. Diese Wohnblöcke sind zu Slums degeneriert.

Die Privilegierten, dazu gehört auch die Mittelklasse, nehmen die Slums nicht zur Kenntnis. Sie fühlen sich nur betroffen – jedenfalls in Gegenwart eines westlichen Besuchers –, weil sie ein Schandfleck für ihre Stadt sind, der eigentlich beseitigt werden sollte, oder wenn sie der Gestank und der Unrat in ihrer Nähe stört. Genauso verwundert aber auch die Selbstverständlichkeit, mit der die Slumbewohner ihr Los ertragen. Doch als Angehörige unterster Kasten oder als Dalits sind sie aus ihrer ländlichen Heimat seit Generationen daran gewöhnt, zu denen zu gehören, die keinerlei Ansprüche zu stellen haben; die Dalit-Hütten im Dorf waren meist auch nicht besser, sie boten nur mehr Freifläche.

Auch in absehbarer Zukunft werden die wirtschaftlichen und sozialen Gegensätze das Bild der Metropolen bestimmen: Auf der einen Seite wachsen neue Hochhäuser mit Luxuswohnungen und auf der anderen Seite immer mehr erbärmliche Slums. Selbst wenn es gelingen sollte, die Zuwanderung vom Land mit der Bereitstellung von Arbeitsplätzen in kleinen und mittleren Städten abzuschwächen, kann das die Metropolen nicht entlasten, denn ihre arme Bevölkerung wird sich in absehbarer Zeit durch natürliches Wachstum verdoppeln.

Metropolen und Primate Cities, Klein- und Mittelstädte

Die überbordenden Metropolen

Die Verstädterung Indiens ist mit 26 % im internationalen Vergleich gering. Um die Abhängigkeit von der landwirtschaftlichen Nutzung zu mindern, wäre eigentlich eine höhere Verstädterung anzustreben, weil so eher neue Arbeitsplätze im sekundären und tertiären Sektor verfügbar würden. Das Problem liegt jedoch in der bisher überwiegenden Ausrichtung der Zuwanderung auf die Metropolen, in denen ein Viertel der städtischen Bevölkerung lebt. Zu lange hat sich die wirtschaftliche Entwicklung auf die alten Metropolen konzentriert, die zwar eine unzureichende aber wesentlich bessere infrastrukturelle Ausstattung aufweisen als das übrige Land und die kleinen Städte.

Ihre Überlegenheit ist nur zu verstehen, wenn man berücksichtigt, was die 'Provinz', die oft um Jahrzehnte in der Entwicklung zurückgeblieben ist, nicht aufweist. Die Vorteile, welche die Metropolen der Wirtschaft boten, lösten auch die Zuwanderung aus: für den Mittelstand die Aussicht auf bessere Stellen, Krankenhäuser, Schulen und Universitäten und die Attraktion des 'städtischen Lebens', für die Armen die Hoffnung auf einen Arbeitsplatz.

Die Überfüllung der Metropolen hat in jüngerer Zeit zu Restriktionen für die Niederlassung aller oder bestimmter Industrien geführt. Aber die wählten dann ihren Standort im unmittelbaren Umland, um möglichst noch an den Vorteilen der städtischen

	Mumbai	Calcutta	Delhi	Chennai
Einwohner (1995, in Mio.)	15,1	11,7	9,9	5,9
- männlich	8,3	6,4	5,4	3,1
- weiblich	6,8	5,3	4,5	2,8
Frauen pro 1000 Männer	829	827	831	927
Durchschnittliches Bevölkerungswachstum pro Jahr in % im Zeitraum 1981–90	2,9	1,8	4,0	2,4
1991–95	3,7	1,2	3,3	1,8
Alphabetisierungsrate (1991, in %)	82,4	77,1	76,2	81,5
- männlich	87,8	82,0	82,4	88,1
- weiblich	75,7	71,0	68,8	74,1
Slumbewohner (1990, in %)	42	40	38	39
Anzahl der registrierten PKW (per 31.3.1997, in 1000)	328,2	246,4	720,9	163,3
Anzahl der Telefonanschlüsse (per 31.3.1997, in 1000)	2012	853	1642	625
Börsenumsatz (1999–2000, in Mrd. iR)	6850,28	3571,66	932,89	2,50

Demographische Daten beziehen sich auf Urban Agglomerations.

Abb. 52: Profile der vier Metropolen.

Quelle: Tata 2000–2001.

Infrastruktur teilzuhaben. Dies ist kein 'Trickle Down Effect', der neue Gebiete in das Wachstum einbezieht, sondern ein 'Überschwappen' der Stadt. Ein eindrucksvolles Beispiel ist das Städtewachstum nordöstlich von Mumbai, wo industrielle Agglomerationen entstanden, denen die Attribute einer Stadt weitgehend fehlen. Es stellt sich die Frage, ob der volkswirtschaftliche Nutzen der Megastädte ihre Nachteile noch ausgleicht. Es gibt eine Schwelle, bei deren Überschreiten das wirtschaftliche Wachstum zum Stillstand kommt, weil die Entfernungen, die Verkehrsbehinderungen durch Überfüllung und die Umweltbelastung zu groß werden und die Forderungen nach einer adäquaten Infrastruktur nicht mehr zu erfüllen sind.

In einer zweiten Wachstumswelle entstand eine größere Zahl neuer Millionenstädte, zu deren Wachstum die Industrie wesentlich beigetragen hat. Dazu gehören nicht nur ältere Industriestandorte wie Kanpur, sondern auch Hauptstädte von Bundesstaaten oder Städte mit guter Infrastruktur wie Pune. Sie verfügten im ersten Stadium ihrer Entwicklung noch über Möglichkeiten für eine Expansion. Inzwischen zeichnet sich auch hier eine ähnliche Überfüllung ab wie in den alten Metropolen – mit entsprechend nachteiligen Folgen. Alle neuen Millionenstädte liegen jedoch im Binnenland – ein deutliches Kennzeichen für die veränderte räumliche Orientierung der Wirtschaft.

Primate Cities

Indien hat keine Stadt, die das ganze Land dominiert. Dagegen sprach die flächenhafte Ausdehnung des Subkontinents und die historisch bedingte räumliche Zersplitterung. Dennoch können 'Primate Cities' herausgestellt werden, auf die sich ein weites Hinterland, das größer ist als viele Nationalstaaten, ausrichtet und deren Einwohnerzahl ein Vielfaches der nächstgrößeren Stadt in ihrem Einzugsbereich beträgt.

Calcutta, Bombay und Madras haben ihre Wurzeln in der kolonialen Zeit. Sie waren die Regierungssitze der britischen Provinzen, die Brückenköpfe dieser Herrschaft und die Häfen einer exportorientierten Wirtschaft. Jede dieser Städte hatte ihren besonderen Schwerpunkt:

- Calcutta als Hauptstadt Britisch-Indiens und Bengalens und als intellektuelles Zentrum
- Bombay (Mumbai) als wichtigster Wirtschaftsplatz und
- Madras (Chennai) als Hauptstadt des tamilischen Südens.

Doch keine lag im 'Hindi Heartland', und keine war für das ganze Land von überragender Bedeutung. Erst mit dem Nationalstaat nach der Unabhängigkeit hat Delhi eine führende Rolle übernommen. Es hat die höchsten Wachstumsraten und ist zur Primate City Nordindiens geworden.

Diese vier Mega-Städte weisen die größten Einwohnerzahlen auf und dominieren das indische Wirtschaftsleben. Im Vergleich zeigen sie interessante Übereinstimmungen und Gegensätze (Abb. 52).

Trotz zentralistischer Ausrichtung hat die föderalistische Struktur der Union die Entwicklung von neuen Primate Cities auf bundesstaatlicher Ebene begünstigt. Nach der Unabhängigkeit erfolgten erhebliche Investitionen für die Verbesserung der Infrastruktur und Industriegründungen in den einzelnen Hauptstädten der Staaten. Als Zentren der Administration konzentrieren sie Macht und politische Eliten (Ramachandran 1989, S. 192ff.). In einer Reihe von Bundesstaaten haben die Hauptstädte ein Vielfaches der Bevölkerungszahl der nächstgrößeren Stadt.

Die Agglomeration Calcutta – als Paradebeispiel für das Phänomen der Primate City auf der Ebene eines Bundesstaates – beherbergt ein Sechstel der Gesamtbevölkerung von West Bengal. Die zweitgrößte Stadt, Asansol, hat gerade 7 % der Einwohnerzahl Calcuttas. Auch Bihar und Orissa werden von Calcutta dominiert. Im Norden ist Delhi die Primate City für das westliche Uttar Pradesh, für Haryana, den Punjab und das östliche Rajasthan. Rajasthan und Madhya Pradesh bestanden dagegen vor der Unabhängigkeit aus stark zersplitterten Fürstentümern mit einer Vielzahl von 'Hauptstädten'. Nach dem Zusammenschluss und der Neubildung der Bundesstaaten setzte zwar ein schnelles Wachstum der neuen Hauptstädte Jaipur und Bhopal ein, dennoch ist ihre dominierende Rolle weniger ausgeprägt als in anderen Bundesstaaten.

Die Förderung von Klein- und Mittelstädten

Die Überfüllung der Metropolen und der Bedeutungsverlust der kleineren Städte legen den Versuch nahe, durch eine Verlagerung von Industriestandorten nicht nur die Millionenstädte zu entlasten, sondern den stagnierenden kleineren Städten Auftrieb zu verleihen (Diddee 1997, S. 35). Diese Strategie taucht als Integrated Development of Small and Medium Towns (IDSMT) in den Entwürfen der Planning Commission der indischen Regierung seit dem fünften und besonders dem sechsten Fünfjahresplan auf. Die kleineren Städte sollen den Druck auf die Millionenstädte mindern und gleichzeitig zu einer breiteren räumlichen Streuung wirtschaftlicher Aktivitäten beitragen.

Darüber hinaus spielen emotionale Gründe eine Rolle. Der Glaube, dass die Konzentration der kolonialen Wirtschaft und Verwaltung auf die Megastädte die Ausbeutung gefördert hat und Initiativen im übrigen Land unterdrückte, ist weit verbreitet. Doch im unabhängigen Indien hat sich die wirtschaftliche und politische Bedeutung der Megastädte sogar noch verstärkt. Die Forderung Gandhis zur totalen Dezentralisierung, der Rückkehr aufs Land, hat sich zwar als Utopie erwiesen, doch gelten sehr große Städte als unerwünscht, kleinere Städte dagegen als erstrebenswert. So findet die Dezentralisierung durch Förderung der kleineren Städte allgemein Zuspruch.

Die Diskussionen um die Entwicklung von Small and Medium Towns und die Erfahrungen der letzten Jahrzehnte lassen jedoch erkennen, dass nicht die Kleinstädte, sondern mittlere Städte die besseren Chancen als Wachstumszentren haben. Einige sind schon in der vorindustriellen Zeit zentrale Orte gewesen und hatten als Sitz eines Fürsten oder später als Hauptquartier eines Distrikts Bedeutung. Die Neugliederung der Distrikte hat die Zahl der Distrikthauptstädte vergrößert. Heute gilt die Ansiedlung von Industrien als wichtigste Voraussetzung für ein Wachstum, bei dem besonders kleinere und mittlere Industrien eine entscheidende Rolle spielen. Häufig haben sie eine ähnliche Ausrichtung ihrer Produktion und oft ist es kaum noch nachvollziehbar, warum sie gerade in dieser Stadt prosperierten und sich inzwischen lawinenartig vermehrten. In einigen Fällen hat die Ansiedlung eines größeren Unternehmens als 'Pioneer Industry' zu einer Kette von Zulieferern und tertiären Aktivitäten geführt, in vielen war die Einrichtung eines Industrieparks der Auslöser. Oft liegt zwischen industrieller Entwicklung und einer Expansion, welche die bestehende Infrastruktur überfordert, nur ein schmaler Grat, denn neue Arbeitsplätze führen zu einem Zuzug, der weit über ihre Zahl hinausgeht.

Ein erfolgreiches städtisches Wachstum erfordert eine Reihe von Voraussetzungen: Eine gute Einbindung in das Verkehrsnetz ist wohl die wichtigste, d. h. eine Lage an oder nahe einer Nationalstraße, eine Eisenbahnverbindung, darüber hinaus eine Universität, ein 'Medical College', eine technische Fachhochschule, eine gute Klinik, ein oder mehrere gute Hotels, Einkaufsmöglichkeiten auch für gehobenere Ansprüche und kulturelle Aktivitäten. Diese von Dixit (1997, S. 45 f.) genannten Attribute zeigen allerdings, dass die Attraktivität auf den Mittelstand ausgerichtet ist und dass solche Anforderungen in Indien nur von einer Stadt erfüllt werden können, deren Einwohnerzahl weit über 100 000 liegt. Inzwischen hat Indien 250 Städte mit einer Bevölkerung zwischen 100 000 und 500 000.

Ein Hemmnis der städtischen Entwicklung liegt in den beschränkten Vollmachten der städtischen Verwaltungen gegenüber der Regierung ihres Bundesstaates und ihrem geringen Steueraufkommen. Die indische Tradition, die den Städten nie eine echte Selbstverwaltung einräumte, ist noch nicht überwunden und erweist sich jetzt als Nachteil.

Ahmadabad – die 'indische' Industriestadt

Geschichtliche Entwicklung

Die Lage Ahmadabads (Ahmedabads) in der Ebene des zentralen Gujarat am Ostufer des Sabarmati-Flusses machte es zum Kreuzungspunkt wichtiger Handelsrouten nach Delhi und Rajasthan im Norden, Malwa im Osten und den Häfen Surat und Bharuch (Broach) im Süden. So entwickelte sich Ahmadabad – im Gegensatz zu anderen Herrschaftszentren – auch zu einem bedeutenden Handelsplatz. Die Geschichte weist mehrere Perioden auf, die sowohl die Physiognomie der Stadt als auch ihre wirtschaftliche Entwicklung bestimmten. Gegründet hat die Stadt ein ehemaliger Statthalter der Sultane von Delhi, der sich um 1400 für unabhängig erklärte. 1411 löste es als Hauptstadt des muslimischen Sultanats Gujarat die alte Hauptstadt Patan der hinduistischen Solanka-Dynastie ab. Die Stadt bedeckte ursprünglich eine Fläche von 5 km² und war von einer Stadtmauer umgeben, die zwölf Tore, Bastionen und Türme aufwies, die teilweise noch erhalten sind.

Um 1600 galt Ahmadabad bei europäischen Reisenden als eine der schönsten Städte des Orients. Ihre Kultbauten waren nicht wie in anderen Muslimstädten von persischen Baumeistern gestaltet worden, sondern von einheimischen Handwerkern. Der Reichtum der Kaufleute zeigt sich noch heute in den kunstvoll verzierten Erkern und geschnitzten Haustüren der Altstadt.

Ahmadabads Blütezeit überdauerte die Herrschaft der Sultane von Gujarat und setzte sich unter dem wiedererstarkten Delhi bis zum 18. Jh. fort. In Ahmadabad wurden zu dieser Zeit die besten Baumwoll- und Seidenstoffe, Brokate, Gold-, Kupfer- und Messingartikel sowie Elfenbein- und Holzschnitzereien produziert und Indigo und Salz umgeschlagen. Am Handel hatten die Portugiesen, dann die Holländer und Briten von Surat aus partizipiert. Zum Niedergang der Stadt trugen im 18. Jh. die Überfälle und darauf die 64 Jahre dauernde Herrschaft der Marathen bei. Viele Kaufleute und Handwerker wanderten ab, und als die East India Company Ahmadabad 1818 übernahm, war die Einwohnerzahl auf 80 000 zurückgegangen – gegenüber einigen Jahrzehnten zuvor weit weniger als die Hälfte.

Eine neue Epoche begann mit der Gründung der ersten Spinnereien, die schon kurz vor dem Bau der Eisenbahn erfolgte. Die Breitspureisenbahn nach Bombay ermöglichte Ahmadabad den Aufschwung zu einem der wichtigsten Zentren der indischen Textilindustrie. Doch dies war – im Gegensatz zu den großen Hafenstädten – eine eigenständige Entwicklung, die von Gujaratis getragen wurde. Die Briten hatten zwar nordöstlich der Stadt das übliche Cantonment eingerichtet, aber ihr Einfluss auf die Stadt blieb sehr gering.

Politisch bedeutete die britische Herrschaft eine Stabilisierung und die Eingliederung Ahmadabads und seines Umlands in die 'Bombay Presidency'. Die Entfernung nach Bombay war einerseits groß genug, um Ahmadabad ein Eigenleben zu belassen, andererseits bot sich den Gujarati-Geschäftsleuten und Arbeitern in der Metropole ein neues Betätigungsfeld. Nach der Unabhängigkeit entstand Gujarat als eigener Bundesstaat mit der neuen, auf dem Reißbrett entworfenen Hauptstadt Gandhinagar nahe Ahmadabad, das jedoch das wirtschaftliche Zentrum blieb. Das wirtschaftliche Einzugsgebiet Ahmadabads umfasst jetzt auch die Gebiete der zahlreichen ehemaligen Fürstentümer der Halbinsel Saurashtra sowie die westlichen Teile der benachbarten Bundesstaaten Rajasthan und Madhya Pradesh.

Altstadt und Pols
Die Altstadt Ahmadabads entspricht dem ehemals ummauerten Gebiet, das heute von einer Ringstraße umgeben ist. Sie weist die Zitadelle (Bhadra Fort) und die Freitags-

Moschee (Jama Masjid) auf (Abb. 53). Der Grundriss der engen Gassen ist irregulär, die Wohndichte außerordentlich hoch. Nur die heutige Mahatma Gandhi Road war als große Prozessionsstraße von der Zitadelle zur Freitags-Moschee angelegt. Um breitere Straßen bzw. Zufahrten zu den Flussbrücken zu schaffen, sind später einige Durchbrüche gelegt worden (z.B. Tilak Road und Sardar Patel Road) Diese bilden die Hauptgeschäftsstraßen der Altstadt, so dass von einem Durchgangsverkehr keine Rede sein kann. Geschäfte reihen sich aneinander, die oberen Stockwerke der mehrgeschossigen Gebäude sind mit Büros, Praxen, seltener mit Wohnungen besetzt.

Wahrend solche Geschäftsstraßen in jeder indischen Altstadt zu finden sind – wenn auch vielleicht nicht so stinkend und schmutzig wie die Tilak Road –, sind die *Pols* das Besondere Ahmadabads. Die über 500 Pols, von denen einige bis zu 1000

Grundlage: Michell & Shah (1988).

Grünflächen	Bhadra (Zitadelle)	Stadttor · Bahnhof
		Jama Masjid

Straßen · Pol-Gassen · Eisenbahn

0   1 km

Abb. 53: *Ahmadabad: Die Altstadt.*

Bild 25: *Pol in der Altstadt von Ahmadabad. Die enge Bebauung lässt kaum einen Sonnenstrahl in die Gasse fallen, schützt aber gegen die Hitze.*

Mehrstöckige Häuser säumen die engen Gassen. Über eine vorgebaute Plattform gelangt man in das ein oder zwei Zimmer breite Vorderhaus – bei Wohlhabenden können es drei Zimmer sein –, dahinter liegen ein kleiner Hof und ein bis zwei weitere Zimmer. Eine sehr enge und steile Treppe führt in die oberen Stockwerke und auf das Dach, das für die Nacht auch Platz zum Schlafen bietet und den Zugang zu den Nachbarhäusern ermöglicht. Die oberen Stockwerke sind über die Gasse vorgebaut und haben kleine, hölzerne und mit Schnitzereien versehene Balkone. In diese Gassen fällt kein Sonnenstrahl, und da sie wie Düsen für den Luftzug wirken, bleiben sie relativ kühl. Ein Pol weist im Inneren zwischen den Häusern einen oder mehrere Höfe auf sowie mindestens einen Tempel. Es gibt nur einen Zugang von der Straße oder größeren Gasse her, der mit einem Tor verschlossen werden kann (Bild 25).

Es gibt Pols höherer und niederer Kasten, die ersten vornehmlich im nördlichen, die letzteren im südlichen Teil der Altstadt. Der unterschiedliche Wohlstand der Bewohner eines Pols, auch wenn sie gleicher Kaste sind, zeigt sich an der Ausstattung der Häuser und ihrer Lage innerhalb des Pols. Jeder Pol ist eine soziale und verwaltungstechnische Einheit, die von einem Ältestenrat aus fünf bis acht gewählten Mitgliedern regiert wird. Er erhebt von den Familien Steuern, die auf der Anzahl der Küchen in einem Haus – d. h. der Haushalte – und dem Einkommen basieren. Zu seinen Aufgaben gehört der Unterhalt des Tempels, die Überwachung der Kastenregeln, die Schlichtung von Streitigkeiten, eine Vertretung gegenüber der Stadtverwaltung, aber auch die Genehmigung eines Zuzugs in den Pol, der für Fremde nicht ohne weiteres – auch nicht durch Kauf eines Hauses – möglich ist. Heute versucht man ihn in den besseren Pols durch Erhebung höherer Steuern zu verhindern, denn die Pols sind wegen ihres sozialen Zusammenhalts immer noch ein beliebtes Wohngebiet. Andererseits beginnen sich die Strukturen zu lockern. Wegen der schlechten Bausubstanz und der Enge ziehen manche, die es sich leisten können, in die Neubaugebiete der Stadt und versuchen ihr Haus im Pol zu verkaufen oder zu vermieten. Die Moscheen, Regierungsge-

Bewohner aufweisen und dann wie ein Dorf in der Stadt wirken, nehmen die ganze Altstadt ein. Es sind zusammenhängende Häusergruppen, die eine Einheit bilden und durch eine Gasse erschlossen werden.

Pols waren ursprünglich das Wohngebiet einer bestimmten Kaste oder Religionsgemeinschaft. Die Mehrheit stellten wie in ganz Ahmadabad Hindus, die aber unter der Muslimherrschaft in einer feindlichen Umgebung lebten. Der Pol hatte also eine Schutzfunktion, die sich in den Auseinandersetzungen der 1980er-Jahre zwischen Hindus und Muslims leider nochmals bewähren musste. Zwar weisen auch andere Städte in Saurashtra und Rajasthan Pol-ähnliche Strukturen auf, ihre extreme Ausbildung in Ahmadabad jedoch mag an der besonderen Gujarati-Kultur mit ausgeprägter Kastenstruktur und vielleicht auch an dem Einfluss der hier zahlreicher vertretenen Jains liegen.

bäude und viele Häuser der Muslims liegen dagegen nicht in den Pols, sondern an den breiteren Straßen, wo sich heute auch die Stadtverwaltung befindet.

Industrialisierung und Arbeiterunterkünfte

Ein neuer Entwicklungsabschnitt Ahmadabads begann mit dem Bau der ersten Textilfabriken in der Mitte des 19. Jh.s Die Banian-Kaste, die mit ihrem Handel und ihren Geldgeschäften die Stadt dominierte, investierte nun in der Industrie. Die Wirtschaft der Stadt, die sich bis dahin auf die handwerkliche Fertigung von Textilien, auf Gewerbe und Handel beschränkt hatte, wurde durch den industriellen Sektor erweitert. Da die Altstadt für Fabriken keinen Platz bot und das Gebiet jenseits des Sa-

barmati-Flusses wegen fehlender Brücken nicht zu erreichen war, siedelten sich die Industrien in einem Ring um den Osten der Altstadt jenseits der Eisenbahn an (Abb. 54).

Der Konkurrenzdruck industriell hergestellter, billiger Textilien verursachte den Niedergang der Handweberei und zwang die Angehörigen der Weberkasten in die neuen Industrien. Außer aus Ahmadabad selbst, wo die Handweberei durch Muslims und niedrige Kasten einen erheblichen Umfang hatte, kamen die Arbeiter aus dem Umland, aber auch aus größerer Entfernung, besonders aus Rajasthan und den Vereinigten Provinzen, dem heutigen Uttar Pradesh. Da die Altstadt den wachsenden Bevölkerungszustrom nicht aufnehmen konn-

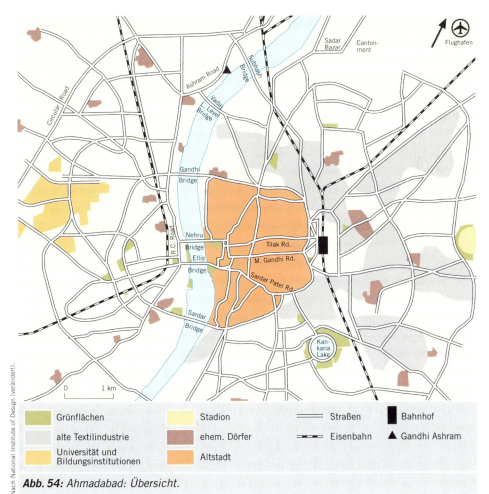

Nach National Institute of Design (verändert).

Grünflächen	Stadion
alte Textilindustrie	ehem. Dörfer
Universität und Bildungsinstitutionen	Altstadt

Straßen — Bahnhof
Eisenbahn — ▲ Gandhi Ashram

Abb. 54: *Ahmadabad: Übersicht.*

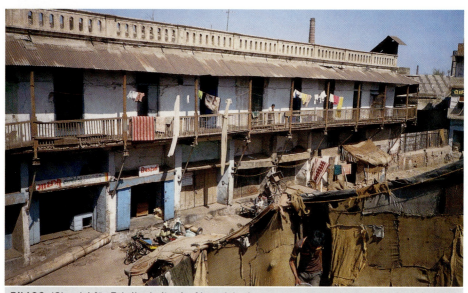

Bild 26: *'Chawls' für Fabrikarbeiter in Ahmadabad.*

te, die Nähe zum Arbeitsplatz aber wichtig war, entwickelte sich der Ostteil der Stadt zum Wohngebiet der Industriearbeiter. Hier waren Hindi und Urdu die wichtigsten Sprachen und nicht das einheimische Gujarati.

Zur Unterbringung ihrer Arbeiter bauten die Fabrikbesitzer *Chawls* (Bild 26). Dies sind mehrstöckige, lang gezogene, aufs Einfachste beschränkte Gebäude, gewöhnlich zu Blöcken gruppiert. Sie enthalten Wohnungen mit ein bis höchstens zwei Räumen, die von außen und im oberen Stockwerk von einer ringsum laufenden Veranda aus zugänglich sind. Toiletten und Wasserzapfstellen liegen außerhalb. Der Bau solcher Chawls war eine lohnende Investition, an der sich auch Privatpersonen zu ihrer Alterssicherung beteiligten. Als Mietkontrollgesetze im Zweiten Weltkrieg die Mieten einfroren, wurden keine Chawls mehr gebaut. Die bestehenden verfielen immer mehr, sodass sie aufgrund ihres Zustandes und der hohen Belegung von durchschnittlich fünf Personen pro Raum zu Slums degradierten (Booshan, B. S. & R. P. Misra 1979, S. 79). Dennoch sind die Chawls heute nicht die Zuflucht der Migranten, sondern der angelernten und gewerkschaftlich organisierten Industriearbeiter, die meist schon seit Generationen hier wohnen. Wenn ein Raum frei wird, verkaufen

die Inhaber die Rechte an eine andere Familie im Chawl, die für einen verheirateten Sohn oder Bruder eine Wohnung braucht.

Ein großer Teil der Bevölkerung Ahmadabads wohnt in den als Hutments bezeichneten Slums, die besonders im östlichen Stadtgebiet verbreitet sind. Ihre Hütten bestehen aus Blech, Bambus, Brettern und Lehm und verfügen in der Regel nicht über sanitäre Einrichtungen. Da die Mehrheit auf privatem Grund und Boden steht, verlangen die Eigentümer Miete für die Grundstücke. Inzwischen versorgt die Stadtverwaltung einige der Hutment-Komplexe mit Wasser und hat Toiletten gebaut. Die Grundbesitzer sollten für die Wertverbesserung und die erzielbaren höheren Mieten eine laufende Abgabe zahlen. Damit entsteht jedoch ein neues Problem, denn eine infrastrukturelle Ausstattung der Squatter-Siedlungen bedeutet ihre Anerkennung und Legalisierung. Von Ansätzen abgesehen scheiterte das Projekt, weil die Mittel nicht ausreichten und weil die Grundbesitzer nicht bereit waren, auf dieses unsichere Geschäft, das ja auch ihre Verfügungsgewalt über die Grundstücke einschränkte, einzugehen.

Die einzelnen Hutment-Siedlungen sind hinsichtlich Kaste und Herkunftsgebiet relativ homogen. Im Gegensatz zu den Chawl-Bewohnern sind die der Hutments meist

Analphabeten und nicht in der Industrie beschäftigt oder höchstens in den Kleinbetrieben des informellen Sektors. Meist verdienen sie ihren Lebensunterhalt mit Gelegenheitsarbeiten.

Strukturwandel der Industrie

Die Textilindustrie, der industrielle Schwerpunkt Ahmadabads, die mit 90 Fabriken und 150 000 Arbeitern vertreten war, geriet in den frühen 1970er-Jahren in eine schwere Krise. Von ihr wurden besonders die integrierten Fabriken, die 'Composite Mills', betroffen, die in Ahmadabad den größten Anteil stellten. Da die großen Fabriken aufgrund der Arbeiterschutzgesetze ihre Belegschaft nicht reduzieren konnten, war bis 1990 ein Drittel zahlungsunfähig. Um die Arbeitsplätze zu erhalten, wurden zahlreiche Unternehmen verstaatlicht oder mit Krediten gestützt, arbeiten aber mit erheblichen Verlusten. Dennoch liegt die Zahl der Textilarbeiter, die ihren Arbeitsplatz verloren, bei 60 000, von denen ein Drittel sich inzwischen als Straßenhändler betätigt.

Eine Erleichterung der Situation erhofft man sich von einem Strukturwandel, der sich in Ahmadabad deutlich abzeichnet. Vor allem südlich und östlich der Stadt im Ahmadabad-Distrikt haben sich neue Schwerpunkte mit Farben- und Waschmittelindustrien gebildet, die allerdings eine erhebliche Umweltverschmutzung verursachen. Zahlreiche Kleinbetriebe der Chemie, Metallverarbeitung, des Maschinenbaus und der Elektroindustrie entstanden im unmittelbaren Umland, sodass die industriellen Aktivitäten im Ahmadabad-Distrikt den Niedergang der Industrie in der Stadt zum großen Teil kompensieren. Die 'Gujarat Industrial Development Corporation' hat acht Industrial Estates eingerichtet, in denen 54 000 Menschen Beschäftigung finden. Niedrige Bodenpreise, geringere Abgaben und die Möglichkeit, sich der Infrastruktur der Stadt zu bedienen, aber auch die bei den Gujaratis besonders ausgeprägte unternehmerische Initiative haben zu dieser Entwicklung beigetragen.

Ende der 1980er-Jahre wurden dann die neu industrialisierten östlichen Randgebiete in die Stadt eingemeindet. Damit stieg die Einwohnerzahl auf 3,3 Mio. Bei dieser jüngsten Stadterweiterung dürften auch die Einnahmen für die Stadtverwaltung, die sich hier erzielen lassen, eine wichtige Rolle gespielt haben.

Die neue Stadt

Die moderne Erweiterung der Stadt erfolgte mit dem Bau der Ellis Bridge, die das westliche Flussufer zugänglich machte. Hier wuchs, weiträumig angelegt, der neue Teil der Stadt, zuerst mit Bungalows, die vorher auf das Gebiet nördlich der Altstadt beschränkt waren. Seit den 1950er-Jahren bauten im Westen Angehörige des Mittelstands Doppelhäuser und Eigentumswohnungen. Das obere Stockwerk der Einfamilienhäuser wird häufig vermietet oder sogar erst gebaut, wenn ein Sohn heiratet und eine Familie gründet. Die Eigentumswohnungen sind Etagen in mehrstöckigen Wohnblöcken, die inzwischen in den guten Lagen entlang des Flusses auch schon als Hochhäuser errichtet werden. Der private Wohnungsbau ist wohl in Ahmadabad ausgeprägter als sonst in Indien bzw. wurde zuerst hier praktiziert. Das hängt mit der Bereitschaft der Gujaratis zusammen, sich in Genossenschaften zu organisieren, in diesem Fall kleine Wohnungsbaugesellschaften, deren Finanzierung staatliche Zuschüsse erleichterten.

Nach dem Bau weiterer Brücken begann auf dem Westufer die Entwicklung der parallel zum Fluss verlaufenden Prachtstraße Ahmadabads mit der Stadthalle, dem Gericht, Bücherei, Kinos, Büros, anspruchsvollen Geschäften und Hotels. Der Name Ashram Road im nördlichen Teil erinnert daran, dass Gandhi hier mehrere Jahre in seinem Ashram lebte, denn eine Mahatma Gandhi Road – immer nur 'M.G. Road' genannt – gibt es in jeder Stadt Indiens. Im westlichen Teil der neuen Stadt sind die Universität, die School of Architecture, das Indian Institute of Management und andere Bildungs- und Forschungseinrichtungen angesiedelt.

Die Ausbreitung der Stadt hat eine Anzahl von Dörfern in das Stadtgebiet einbezogen, die damit ihr landwirtschaftlich genutztes Land verloren. Um die Altstadt herum sind sie kaum noch als Dörfer auszumachen, denn hier wurden sie mit der Expansion der Stadt oft zu kleinen Märkten, die zunächst die einzigen Einkaufsmöglichkeiten außerhalb der Altstadt boten. Am Westufer sind dagegen einige gut erhalten. Innerhalb des Dorfes ist die Gliederung nach Kastengruppen noch erkennbar, von denen jede eine Nachbarschaft mit Tempel, Brunnen und einem offenen Platz bildet. Ein Panchayat von Ältesten kümmert sich um die Dorfangelegenheiten. Einige Dörfer entwickelten sich zu kleinen Dienstleistungszentren mit Schneidern, Handwerkern und Läden für die umliegenden Neubaugebiete. Alle Bewohner gehen Tätigkeiten außerhalb der Landwirtschaft nach, mit Ausnahme der Milchverkäufer (Rabaris), die Büffelkühe halten. Ein Teil der Dorfbewohner sind Mieter, die eine billige Unterkunft in der Nähe ihres Arbeitsplatzes suchen, was einen Ausbau oder ein Aufstocken der Häuser für die Besitzer lohnend machte.

Bangalore – die 'westlichste' Stadt Indiens

Unter den indischen Metropolen ist Bangalore ein Emporkömmling. Im Gegensatz zu Ahmadabad verdankt es seine Prominenz den Briten. Während in anderen Städten die Civil Lines ein Anhängsel an die alte indische Stadt bilden, ist das in Bangalore umgekehrt. Hier hat der britische Einfluss die Entwicklung der Stadt bestimmt und wesentliche Voraussetzungen dafür geschaffen, dass sie die modernste und 'westlichste' Stadt Indiens wurde. Gewiss hat die Stadt alte Wurzeln, aber in der Geschichte des Fürstenstaates Mysore spielte sie eher eine untergeordnete Rolle.

1537 baute hier einer der Regionalfürsten des Vijayanagar-Reiches eine Festung. Nach dem Untergang von Vijayanagar fiel Mysore an das Sultanat Bijapur, dann an die Marathen, später an den Muslim-Herrscher Haider Ali und schließlich an seinen Sohn Tipu Sultan. Beide gehörten zu den gefährlichsten Gegnern der Briten in Südindien, die erst nach vier Kriegen zwischen 1767 und 1799 endgültig die Vorherrschaft über das damals von der befestigten Hauptstadt Seringapatam aus regierte Territorium gewannen. Danach gaben die Briten Teile des Nordens an ihren Alliierten, den Nizzam von Hyderabad, und schlugen die Westküste zur Madras-Provinz. In der Mitte des 19. Jh.s gewährten sie Mysore die innere Autonomie, ein Status, der dem anderer großer Fürstentümer wie Hyderabad oder Baroda entsprach. Sie setzten die Hindu-Dynastie der Wodeyars wieder ein, die vor der Muslimherrschaft Haider Alis Mysore regiert hatten. Diese erwiesen sich in der Folge als eines der 'aufgeklärten' Fürstenhäuser und machten Mysore zu einem fortschrittlichen Staat – jedenfalls nach indischen Maßstäben.

Indische Stadt und britische Station

Der große Vorteil Bangalores ist sein angenehmes Klima. Bei einer Höhe von 920 m liegt das winterliche Maximum der Temperaturen bei 28°C, das Minimum bei 14°C. Im April steigen die maximalen Temperaturen auf über 30°C an, liegen aber in der Nacht unter 20°C. Die Niederschläge schwanken zwischen 860 und 1000 mm/Jahr. Die klimatischen Verhältnisse trugen sicher dazu bei, dass die Briten es zu ihrem wichtigsten militärischen Stützpunkt in Südindien ausbauten. Sie veranlassten die Verlegung der Administration des Staates von Mysore nach Bangalore, das auch Sitz des britischen Residenten war. Mysore blieb Residenz des Fürsten, der es zu einer der schönsten Städte Indiens machte, die ihren Charme – im wirtschaftlichen Abseits – bis in jüngere Zeit bewahren konnte.

Siedlungsgeographisch wird Bangalore vom Gegensatz zwischen der alten 'indischen' Stadt und der 'britischen' Stadt geprägt. Beide bildeten bis zur Zusammenlegung (1949) auch administrativ unabhängige Einheiten.

Das vorbritische Bangalore bestand aus dem Fort mit einem benachbarten Markt, der Bedeutung als Umschlags- und Verarbeitungsplatz für Seide und feine Baumwollstoffe gewann. Die 'indische' Stadt umfasst das Gebiet der 'Pettah' (auch 'Pete'), dem Basar-, Gewerbe- und Wohnbereich. In der Pettah waren die Berufsgruppen nach Straßen getrennt, was heute noch an deren Namen zu erkennen ist. Epidemien veran-

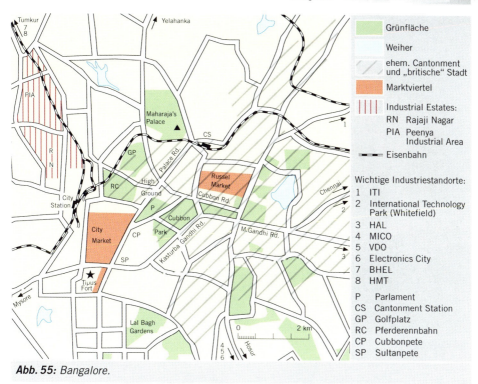

Abb. 55: *Bangalore.*

lassten eine Umgestaltung der Altstadt, beginnend im ausgehenden 19. Jh. und bis in die 1930er-Jahre hineinreichend. Die engen Gassen wurden erweitert und teilweise durchgebrochen. Dies ist heute der Central oder City Market, der sich in Richtung des zentralen Bushofes und des Bahnhofs weiter ausgedehnt hat (Abb. 55).

Das Cantonment mit den Parade Grounds, Exerzierplätzen und Kasernen lag östlich der Altstadt und die Civil Lines nördlich davon. Der breite Grüngürtel, der indische Stadt und britische Civil and Military Station (C & M Station) trennte und vom Maharaja-Palast im Norden bis zu den Lal-Bagh-Gärten im Süden reichte, ist inzwischen erheblich geschrumpft, aber noch in ansehnlichen Teilen, wie dem Cubbon Park, erhalten. Westlich der Mall, der heutigen Cubbon Road, schließen sich in Parks die ehemalige britische Residenz, der heutige imposante Raj Bhavan, das Hohe Gericht und Verwaltungsgebäude an (Bild 27), südlich davon öffentliche Einrichtungen sowie Schulen, der exklusive Bangalore Club und Villenviertel. Nördlich liegt der ehemalige

Cantonment Bazar mit der Markthalle des Russel Market, mit überfüllten Wohnbereichen und Handwerksbetrieben. Ein sehr modernes Einkaufsviertel, mit einem 'westlichen' Warenangebot und in seiner Ausstattung für Indien wohl einmalig, ist an der Mahatma Gandhi Road entstanden.

Die Infrastruktur in der Station war selbst für britische Siedlungen in Indien hervorragend. Alleenartige Hauptstraßen und breite Stichstraßen, großzügig bemessene Grundstücke, gute medizinische Einrichtungen, eine Vielzahl von Schulen und Kulturstätten, eine der Bevölkerungszahl angemessene Wasserversorgung und Abwasserbeseitigung sowie die großen Parks bildeten schon damals zusammen mit dem günstigen Klima den Hauptgrund für die Bezeichnung Bangalores als Gartenstadt. Daher ließen sich hier viele pensionierte britische Beamte und Offiziere nieder; der Stadtteil Richmond Town wies zudem einen hohen Anteil wohlhabender Anglo-Inder auf.

Eine Vielzahl physiognomischer Elemente aus der britischen Zeit sind noch zu er-

Bild 27: *Bangalore: Parlamentsgebäude von Karnataka.*

kennen, auch wenn sich die Struktur der Stadt seit der Unabhängigkeit durch Industrie, Büros und die Bevölkerungsverdichtung gewandelt hat. Noch immer können die beiden ehemaligen Stadtgebiete hinsichtlich ihrer Ausstattung, ihres Erscheinungsbildes, der Besiedlungsdichte und der Grundstücksgrößen deutlich unterschieden werden, obwohl die Grundstücke der Civil Lines eine Zerstückelung erfahren haben und die Bungalows von Bürogebäuden und Eigentumswohnungen verdrängt wurden.

Das Wachstum der Stadt über die ursprünglichen Kerne hinaus führte zu 'Extensions', neuen Stadtteilen, deren Entwicklung bereits Ende des 19. Jh.s einsetzte. Als Beispiel dafür, dass es auch in jungen Städten zu Kastenvierteln kommen kann, sei Malleswaram im Norden der Altstadt genannt. Hier siedelten sich besonders Brahmanen an, denn durch die wachsende Zahl der Behörden war es zu einer Konzentration dieser Kaste, die über Englischkenntnisse und die entsprechende Bildung verfügte, in Bangalore gekommen. In den 1950er- und 60er-Jahren entstanden neue indische Viertel, die zum Teil eigene Einkaufszentren besitzen. Sie sind meist an dem Suffix

'Nagar' zu erkennen, während die britischen Extensions gewöhnlich die Bezeichnung 'Town' (Cox Town, Richmond Town u. ä.) enthalten. Die Besiedlung richtete sich verstärkt an den Ausfallstraßen aus.

Auch die Forschungs- und Ausbildungsstätten wurden in den Randbereichen errichtet bzw., wie der Hauptcampus der Universität, dorthin verlagert. Bangalore genießt auf dem akademischen Sektor einen sehr guten Ruf, zu dem besonders das Indian Institute of Science (seit 1909), das Institute of Management und die Bangalore University beitragen, die mit ihren angeschlossenen Colleges in Karnataka 250 000 Studenten betreuen und die Einrichtung öffentlicher Forschungsinstitute veranlassten. Das daraus resultierende Angebot an qualifiziertem Personal hat bereits die Standortwahl der ersten technologieorientierten Großbetriebe, dann aber besonders die der internationalen Computer- und Softwarefirmen beeinflusst.

Die Entwicklung zum modernen Industriestandort

Vor der Unabhängigkeit war Bangalore nicht von der Industrie geprägt. Neben wenigen

Textilfabriken, die in Südindien später Fuß fassten als im Westen, gab es kleine und mittelgroße Unternehmen. Sie lagen zum großen Teil westlich der Eisenbahn am Rand der Stadt, die inzwischen über sie hinausgewachsen ist. In den 1970er-Jahren wurde nördlich der Stadt der Industriepark Peenya angelegt, der zu den größten Indiens gehört und eine Vielfalt von Branchen aufweist. Da die Seidengewinnung ihren indischen Schwerpunkt im südlichen Karnataka hat, liegt beim City Market die Silk Exchange, in der staatliche Stellen für die Verteilung des Rohmaterials sowie Händler und Agenten untergebracht sind. Das hat zu einer Konzentration der Seidenverarbeitung in Cubbonpet beigetragen. Ähnliches gilt für die Verarbeitungsstätten der Baumwolle und Kunstfasern in Sultanpet. Einzelne Straßenzüge zeigen noch die traditionelle Konzentration verschiedener Arbeitsgänge und Verarbeitungsstufen.

In der Altstadt häufen sich ferner Gewerbebetriebe der Chemiebranche und Druckereien. Beide sind weniger durch industrielle Fertigung als vielmehr durch arbeitsintensive Heimarbeit charakterisiert. Das Druckereigewerbe lebt vornehmlich vom hohen Bedarf an Druckerzeugnissen für die Verwaltung. Die Agarbathi-(Räucherstäbchen-) Herstellung ist ein traditioneller Gewerbebereich, der auf dem heimischen Sandelholz und den daraus gewonnenen Essenzen basiert.

Das eigentliche industrielle Zeitalter begann für Bangalore nach der Unabhängigkeit mit der Gründung von Betrieben der Elektrotechnik und des Maschinenbaus, die Großunternehmen von nationaler Bedeutung sind. Ihre Standortwahl in Bangalore war ein entscheidender Auslöser für den industriellen Aufschwung, denn sie veranlassten auch die Ansiedlung zahlreicher Zulieferfirmen. Angefangen hat diese Entwicklung mit dem staatlichen Flugzeugunternehmen Hindustan Aeronautics Ltd. (HAL), das an eine Werkstatt anknüpfte, in der im Zweiten Weltkrieg Briten und Amerikaner ihre Flugzeuge warteten. Weitere Staatsunternehmen folgten mit Hindustan Machine Tools (HMT), Indian Telephone Industries (ITI), Bharat Electronics, New Government Electric Factory und Bharat Heavy Electrics (BHEL). Die ersten Großbetriebe

mit Ausnahme von HAL, wo der Standort vom Flugplatz vorgegeben war, entstanden 5 bis 10 km außerhalb der Stadt an den Hauptausfallstraßen. So hatte man Erweiterungsflächen, konnte die Stadt selbst von Industrie frei halten und versuchen, einen Grüngürtel zu erhalten. Kleinere private Unternehmen waren hingegen bestrebt, so nahe wie möglich am Stadtgebiet zu bleiben, um die Erschließungskosten zu sparen, zu denen bei den staatlichen Firmen auch der Bau großer Werkssiedlungen gehörte.

Entlang der aus Bangalore führenden Fernverkehrsstraßen war außerhalb des eigentlichen Stadtbereichs die Straße nach Mysore als erste mit Industrie besetzt. Mehr Bedeutung gewann aber die Straße Bangalore – Pune, mit Neugründungen an der Tumkur Road. Auch an den Straßen nach Chennai und besonders nach Hosur (Tamil Nadu) siedelten sich Industrien an, darunter Joint Ventures mit deutscher Beteiligung von Bosch (MICO) und VDO (International Investments).

Die jüngste Phase ist von den ausländischen Computer- und Softwarefirmen bestimmt, nachdem der Abbau der staatlichen Lizenzpolitik ihre Investitionen erleichterte. Ihnen folgten bald indische Unternehmen, die Bangalore zu einem führenden Zentrum der Informationstechnologie machten und ihm den Namen 'Silicon Valley Indiens' eintrugen. Diese Betriebe, besonders die Softwarefirmen, bevorzugen die City und die besseren Wohngebiete (Fromhold-Eisebith & Eisebith 1999, S. 97). Inzwischen wurden in Whitefield, östlich der Stadt, der International Technology Park, an dem Singapur beteiligt ist, und im Süden die Electronic City eingerichtet.

Der wirtschaftliche Aufschwung Bangalores zum Wachstumszentrum erster Ordnung hat allerdings bisher geringe Auswirkungen im restlichen Karnataka – abgesehen von den Einnahmen, die der Regierung des Bundesstaates zur Verfügung stehen. Wie fast alle Hauptstädte der Bundesstaaten ist Bangalore die Primate City von Karnataka. Hier wohnen 30 % der städtischen Bevölkerung. Auf die Urban Agglomeration entfallen 50 % der großen und mittleren Industrien mit 60 % der Beschäftigten. 80 % der Industriebetriebe Karnatakas mit ausländischer Beteiligung haben ihren Standort in Bangalore (Vagale 1998, S. 342f.). Neuerdings wird versucht, Firmen in Mysore und an der Westküste in Manipal, wo sich eine private Universität befindet, anzusiedeln. Doch die relativ rückständigen, weil abseits gelegenen Regionen entlang der Grenze zu Andhra Pradesh, die früher zu Hyderabad gehörten, beklagen sich über eine unzureichende Entwicklung. Hier zeigt sich, dass die Infrastruktur auf dem Land und in kleineren Städten nicht ausreicht, um sich bietende Chancen schnell zu nutzen. Andererseits geht die kräftige Industrialisierung entlang der Nationalstraße nach Pune mit Schwerpunkten in Hubli-Dharwar kaum von Bangalore aus, sondern setzt sich mit Standorten jenseits der Grenze in Maharashtra fort bzw. greift von dort herüber. Dagegen steht die schnelle Entwicklung in Hosur, einem Industriepark gleich jenseits der Grenze in Tamil Nadu, das über billigere Arbeitskräfte verfügt als Karnataka, in direktem Zusammenhang mit dem nur 35 km entfernten Bangalore. Bemerkenswert ist auch die Intensivierung der landwirtschaftlichen Nutzung im Umland Bangalores.

Die Stadt im Wandel

Die grundlegenden Veränderungen, die sich deutlich in der Silhouette Bangalores, seiner Bevölkerung und ihrem Lebensstil ausdrücken, setzten in den 1970er-Jahren ein. Den Wandel der Stadt zeigt der Vergleich mit der klassischen Arbeit von Gist (1957). Damals war die Segregation nach sozialen Gruppen   Brahmanen, Muslims, Christen oder Anglo-Indern – noch sehr ausgeprägt. Sie ist zwar nicht überwunden und besonders bei den Muslims noch deutlich, aber sie ist aufgeweicht. Auch die Feststellung, dass Bangalore im Ganzen geschlossen war, die Bebauung nicht über die Ränder vordrang und die Prestigeviertel sich in der Stadt selbst vornehmlich in 'High Grounds' befinden, gilt nur noch bedingt. Die neuen Villenviertel liegen außerhalb an den Ausfallstraßen, besonders im östlichen Bereich. Dazu haben die Verdrängung durch Bürobauten, das Explodieren der Grundstückspreise in der Stadt und die Möglichkeiten des Individualverkehrs beigetragen.

Eingemeindungen erweiterten die Stadt in das Umland, und die Gründung von Satellitenstädten, Yelahanka mit Industrie im Norden und Kengeri im Südwesten, beide in einer Entfernung von ungefähr 15 km von Bangalore, sollte sie entlasten. Die Einwohnerschaft der Metropolitan Area stieg von 1,7 Mio. 1971 über 2,9 Mio. 1981, 4,1 Mio. 1991 bis über 5 Mio. im Jahre 1997. In der Stadt selbst ließ der Bau mehrgeschossiger Wohn-, Büro- und Geschäftsgebäude den Anteil von Grün- und Freiflächen schrumpfen, und die Zeiten, da Bangalore als 'No Fan City' galt, als eine Stadt, in der man auch im Sommer keinen Ventilator brauchte, sind lange vorbei. Mit wachsendem Wohlstand hat der Individualverkehr einen chaotischen Umfang angenommen, die Luftverschmutzung stieg, das Wasser, das vom Kaveri-Fluss hochgepumpt werden muss, ist knapp geworden und die Stromversorgung so unzuverlässig, dass jeder Betrieb, der darauf angewiesen ist, einen Generator bereitstehen hat. Die Infrastruktur war ursprünglich für den Kernbereich der Stadt angelegt worden und muss nun weitaus höhere Ansprüche und eine größere Bevölkerung zufrieden stellen. Dennoch: Bangalore ist immer noch schöner und bietet mehr Lebensqualität als andere Metropolen. Mit seinen Straßencafés, Boutiquen, Discotheken und seinem 'Way of life' ist es die 'westlichste' Stadt Indiens. Hier wurde 1996 die Miss World gekürt, eine Veranstaltung, die zwar zu größeren Protesten führte, in einer anderen indischen Stadt aber kaum möglich gewesen wäre.

Die Entscheidung von Microsoft, Hyderabad statt Bangalore als indisches Hauptquartier zu wählen, hat zwar den Höhenflug der Grundstückspreise gedämpft. Doch die Mieten für Wohnungen in akzeptabler Reichweite der Arbeitsstätte sind für den Mittelstand, der gerade in Bangalore eine breite Basis hat, fast unerschwinglich. Die Zuwanderung hat einen solchen Umfang angenommen, dass diejenigen, welche die Landessprache Kannada sprechen, heute in der Minderheit sind. Zu den Zuwanderern gehören neben reichen Indern aus Mumbai und Calcutta auch viele Auslandsinder aus Amerika. Den Großteil stellt jedoch eine verarmte Bevölkerung aus den Nachbarstaaten, aus Tamil Nadu und aus Andhra Pradesh, sodass der Kampf um Unterkünfte und Arbeitsplätze schon blutige Auseinandersetzungen zwischen Einheimischen und Zuwanderern auslöste.

Die über hundert Slumsiedlungen Bangalores liegen überwiegend randlich, denn in der dicht gedrängten Altstadt bot sich kein Platz. Im Cantonment hatten die Briten darauf geachtet, dass keine Slums entstanden – eine Tradition, die von der indischen Stadtverwaltung fortgeführt wird. Die Nachfrage nach Dienstpersonal bedingte jedoch kleinere Squatter-Siedlungen in den Neubauvierteln. Ihre Hütten drängen sich entlang der von Bachbetten durchzogenen und in der Regenzeit überschwemmten Niederungen, direkt neben den etwas höher gelegenen, teuren Eigentumswohnungen. Die Stadtverwaltung versucht die Slumbildung aufzuhalten und Neuansiedlungen schon in der Anfangsphase zu verhindern sowie bestehende Slumgebiete durch neu geschaffenen Wohnraum zu ersetzen. Trotz hoher Kosten ist jedoch der Erfolg gering, weil die Slumbewohner oft nicht bereit sind, aus ihrem Wohngebiet auszuziehen. Zudem sind die mehrgeschossigen Ersatzbauten sehr schnell übersetzt und verwohnt. Fälle, in denen Squatter städtische Areale besetzen, die zwar erschlossen, aber noch nicht bebaut sind, gehören zur Tagesordnung.

So wiederholt sich das gewohnte Muster der indischen Metropole: Der Reichtum zieht auch die Armut an. Und doch zeigt sich vielleicht ein Hoffnungsschimmer: Die Zahl der Armen ist in Bangalore geringer und ihre Armut weniger extrem als in den älteren Metropolen.

Chandigarh – eine neue Hauptstadt

Hauptstadtgründungen im neuen Indien

Die Gründung von Hauptstädten ist nicht nur eine Erscheinung der jüngeren indischen Geschichte. Delhi ist das beeindruckenste, aber nicht das einzige Beispiel, wie neue Dynastien ihre Macht durch die Gründung einer neuen Hauptstadt zu demonstrieren suchten.

Bei der Neuordnung Indiens in Bundesstaaten wurde in der Regel die Hauptstadt der ehemaligen Provinz oder des Fürstentums zur neuen Hauptstadt aufgewertet. In einigen Fällen kam es jedoch zur Gründung neuer Städte, weil die älteren Städte den Ansprüchen nicht genügten oder neue Bundesstaaten in neuen Grenzen entstanden. Zur ersten Gruppe gehört Bhubaneshwar in Orissa, zur zweiten Gruppe Gandhinagar in Gujarat und Chandigarh im indischen Punjab.

Bhubaneshwar löste das überfüllte Cuttack ab, die alte Hauptstadt der Provinz Orissa, deren Infrastruktur völlig unzureichend war. Neben dem alten Tempelort Bhubaneshwar liegt es am Übergang von den Ausläufern des Deccan-Plateaus, die nur mit schütterem Wald und Gestrüpp bedeckt waren, zur fruchtbaren Küstenebene, an der Eisenbahnlinie von Calcutta nach Chennai. Als geplante Stadt hat Bhubaneshwar einen schematischen, aber dem Relief angepassten Grundriss und beherbergt außer den Regierungsgebäuden das Heer ihrer Beamten und Angestellten in meist einstöckigen Häusern, sodass der Gesamteindruck wenig spektakulär ist.

Gandhinagar im neuen Bundesstaat Gujarat sollte das nahe gelegene Ahmadabad entlasten. Der gujaratischen Mentalität entsprechend überwiegt hier die Zweckmäßigkeit, und erst in jüngerer Zeit hat man in der Stadt mit repräsentativen Regierungsbauten einige Glanzlichter gesetzt. Aber die Nähe Ahmadabads behinderte die Entfaltung einer lebendigen eigenständigen Stadt.

Mit Chandigarh sollte jedoch nicht nur eine neue Hauptstadt geschaffen, sondern es sollten auch Maßstäbe für die zukünftige Stadtplanung und den Wohnungsbau in Indien gesetzt werden. Die Teilung des Subkontinents nach der Unabhängigkeit traf die Punjab-Provinz besonders, denn durch sie verlief jetzt die Grenze zwischen Indien und Pakistan. Lahore, die ehemalige Hauptstadt des Punjab, lag im pakistanischen Teil. Die Städte im indischen Punjab wiesen für eine Hauptstadtfunktion nicht die nötige Infrastruktur auf und waren mit Flüchtlingen überfüllt. So entschloss man sich zum Bau einer neuen Hauptstadt, die nach ihrer Lage keine Beziehung zu bestehenden Städten hatte.

Das städtebauliche Konzept

Chandigarh sollte als Hauptstadt des neuen Bundesstaates Punjab der Sitz einer demokratischen Regierung in der jungen indischen Republik werden. Eine Stadt ohne die Fesseln von Traditionen der Vergangenheit, hatte Nehru gefordert, und genau das haben westliche Planer geliefert. Hier bot sich die Gelegenheit, der Welt und sich selbst zu beweisen, dass der krisengeschüttelte junge Staat zu einer großen technischen und politischen Leistung fähig war. Eine Stadt, die diesen Ansprüchen genügte, musste schon eindrucksvoll und großartig sein, und wohl nirgendwo sonst in Indien hätte ein solches Projekt größeren Anklang gefunden als bei den Punjabis, denen die äußere Repräsentation ein inneres Bedürfnis ist.

Für eine so neue und einmalige Aufgabe wie die Errichtung einer Stadt von der Größe und Bedeutung Chandigarhs glaubte Indien nicht über qualifizierte Architekten und Städtebauer zu verfügen. Aber auch ein Inder wäre damals kaum auf den Gedanken gekommen, von dem abzuweichen, was im Städtebau des Westens Mode war. Man muss sich daran erinnern, dass in der Mitte des 20. Jh.s das Vertrauen der Europäer in ihre eigenen technischen Fähigkeiten und ihre kulturelle Überlegenheit gegenüber anderen Ländern noch unerschüttert war und vor allem, dass die übrige Welt diesen Glauben teilte. Es erschien ganz selbstverständlich, dass man sich nach Hilfe von außen umsah, um das Beste zu bekommen, was Europa oder Amerika zu bieten hatten. So ist es kaum verwunderlich, dass nicht mit dem Amerikaner Albert Mayer, der einen ersten Plan entworfen hatte, ein Architekt den Auftrag erhielt, der aufgrund langer Indienerfahrung eine Anpassung an die lokalen Verhältnisse anstrebte, sondern vielmehr Le Corbusier, einer der berühmtesten Architekten Europas, der allerdings kaum Landeserfahrung besaß und dessen Ruf auf Arbeiten beruhte, die wenig Bezug zur indischen Wirklichkeit und zu ihren Erfordernissen hatten. Die Arbeiten vor Ort übernahmen Maxwell Fry, Jane Drew und Pierre Jeanneret als leitende Architekten mit einem indischen Team.

Der Standort für die Stadt ist ein flaches, sanft abfallendes Gelände in einer Höhenlage von ca. 350 m, für das die nordöstlich der Stadt bis zu 1500 m aufsteigenden Vorberge des Himalaya einen prächtigen Hintergrund bilden. Gute Verkehrsverbindungen zum 240 km südlich gelegenen Delhi über Schiene, Straße und Luft ließen

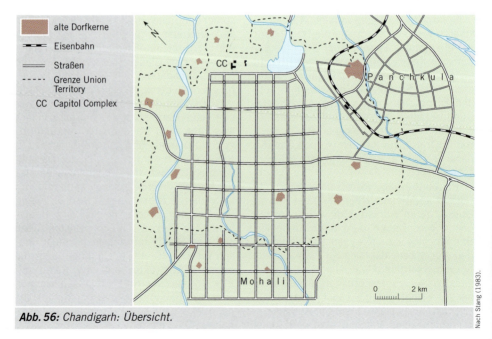

alte Dorfkerne
Eisenbahn
Straßen
Grenze Union Territory
CC Capitol Complex

CC

P a n c h k u l a

M o h a l i

0   2 km

Nach Stang (1983).

Abb. 56: *Chandigarh: Übersicht.*

sich leicht herstellen. Das Areal war landwirtschaftlich genutzt; aus zwei Dutzend kleinen Dörfern mussten ca. 9000 Menschen umgesiedelt werden. In einem der Dörfer befand sich ein Tempel der Göttin *Chandi*, nach der die Stadt benannt wurde; *-garh* hat die Bedeutung '-stadt'.

Nach den Vorstellungen Le Corbusiers sollte die Stadt wie ein lebender Organismus aufgebaut sein: Der Kopf wird durch das Regierungsviertel (Capitol Complex), das Gehirn durch die Universität, die Hand durch das Industrieareal symbolisiert. Das Herz der Stadt ist der zentrale Geschäftsbereich, die Lunge das 'Leisure Valley', das entlang eines Baches verlaufend, als grünes Erholungsgebiet heute mit einem Rosengarten bepflanzt ist. Diesen Organismus durchzieht ein nach sieben Typen abgestuftes Straßensystem als 'Blut- und Lymphbahnen' (Abb. 56 und 57).

Der Capitol Complex liegt am nordöstlichen Rand des Stadtgebietes und in seinem höchsten Teil. In einer monumentalen Anlage, die den visuellen Angelpunkt der Stadt bildet, schuf Le Corbusier hier mit dem Obersten Gerichtshof (High Court), dem Parlamentsgebäude (Assembly Hall) und dem Regierungsgebäude (Secretariat) drei eindrucksvolle Bauten (Bild 28).

Die Eisenbahnlinie östlich der Stadt ist der Standort des Industriegebietes mit Betrieben, die keine Umweltbelastung verursachen. Von der Stadt sollte es eine mit Bäumen bestandene Zone trennen. Wohnungen für die hier Beschäftigten wurden zwar in den benachbarten Sektoren gebaut, da sie jedoch nicht ausreichten oder zu teuer waren, entstanden am Rande des Industriegebietes Squatter-Siedlungen, die man dann als 'Labourer Colonies' legalisierte, obwohl solche in der Planung nicht vorgesehen waren.

Die Stadt ist in durchnummerierte Sektoren aufgeteilt, die in der Regel eine Seitenlänge von 1200×800 m haben. Sie werden von sehr breiten Straßen für den Kraftfahrzeugverkehr begrenzt – der aber in diesem Umfang nicht existiert – und von einer Erschließungsstraße durchquert. Von dieser zweigt eine schlingenförmige Straße (Loop Road) ab, von der wiederum kurze Straßen und Wege zu den einzelnen Häusergruppen führen. An der Erschließungsstraße liegen Läden, im zentralen Teil befinden sich gewöhnlich die Schule, der Kindergarten und die Krankenstation.

Die Sektoren sind so konzipiert, dass sie als Nachbarschaftseinheiten die Deckung des täglichen Bedarfs – vom Einkauf über

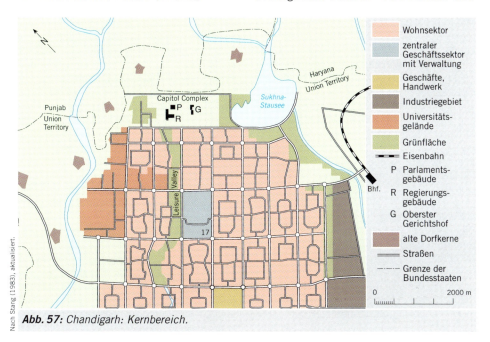

Nach Stang (1983), aktualisiert.

Abb. 57: *Chandigarh: Kernbereich.*

Bild 28: *Parlamentsgebäude in Chandigarh.*

die Grundschule und die Gesundheitsversorgung bis zur Freizeitgestaltung – ermöglichen. Ihre Innenorientierung sollte den Bewohnern ein Gefühl der Zusammengehörigkeit geben und ihnen so das Leben in einer neuen Gemeinschaft erleichtern.

Der Sektor 17 ist das Geschäftszentrum der Stadt und beherbergt auch zahlreiche Behörden. Den zentralen Platz umgeben vierstöckige Bauten, deren Erdgeschoss vier Meter zurückliegt, um den Geschäften einen Sonnenschutz durch Kolonnaden zu geben. Die oberen Stockwerke sind gewerblich oder von Behörden genutzt. Eine Wohnbevölkerung ist in diesem Sektor nicht vorgesehen. Bei Nahrungsmitteln und anderen Artikeln des täglichen Bedarfs finden die Geschäfte eine scharfe Konkurrenz in dem billigeren Angebot der Rehri-Märkte. Sie bestehen aus offenen Verkaufsständen, unter die Räder montiert sind, weil die Behörden keine stationären Stände zulassen.

Die Wohnbebauung

Die meisten Wohnungen errichteten die Behörden für ihre Angestellten; diese Häuser sind es, die den Charakter der Sektoren in Chandigarh prägen. In Indien ist es üblich, dass Behörden oder behördenähnliche Institutionen ihren Beschäftigten Wohnraum zur Verfügung stellen, für den 10 % des Einkommens als Miete gezahlt werden.

Dementsprechend gibt es in Chandigarh für die verschiedenen Einkommensgruppen 14 Kategorien von Häusern bzw. Wohnungen, die jeweils in Größe und Ausstattung identisch sind. Ein Sektor wird ganz oder in wesentlichen Teilen von einer bestimmten Kategorie beherrscht. In diesem System ist die Gehaltsgruppe der Bewohner schon am Haustyp und an der Sektorennummer ihrer Anschrift erkennbar. Die besten Wohnsektoren mit Bungalows und großen Gärten liegen in der Nähe des Capitol Complex. Mit zunehmender Entfernung kommt man in die Sektoren einfacher und einfachster Bebauung. Entsprechend unterschiedlich ist die Einwohnerzahl, die zwischen 3000 und 30 000 pro Sektor liegt. Das bedeutet, dass die Beschäftigten mit dem geringsten Einkommen den weitesten Weg zum Capitol Complex, ihrer Arbeitsstätte haben – in der Sommerhitze eine Strapaze, denn das Fahrrad ist das Hauptverkehrsmittel.

Die Gliederung Chandigarhs – wie auch die anderer städtischer Neugründungen – nach Einkommensverhältnissen ist ein Bruch mit den Strukturen traditioneller indischer Städte, die geprägt sind durch Viertel von Kasten und Religionsgemeinschaften. Dennoch ist man bemüht, die Gegensätze nicht aufeinander treffen zu lassen. So wird versucht, Vegetarier (das sind in der Regel Brahmanen) möglichst in benachbarten Wohnungen oder Blöcken unterzubringen, damit sie an den Koch- und Essgewohnheiten anderer Gruppen keinen Anstoß nehmen. Auch das Leben in der Großfamilie ist in Chandigarh nicht möglich, denn hierfür bieten kleine Etagenwohnungen keinen Platz.

Eine typische Wohnung der in der Qualitätsskala unten einzustufenden Kategorie 13 befindet sich im Parterre oder Obergeschoss eines zweistöckigen Reihenhauses und weist zwei Zimmer, eine Küche, ein WC und einen Baderaum auf. Die Ausstattung ist sehr einfach; so besteht das 'Bad' aus einem ummauerten Raum von der Größe einer Dusche, der einen Abfluss hat. Die Zimmer sind sehr klein, doch wird die Wohnung im Erdgeschoss durch einen Hofraum und im Obergeschoss durch das Flachdach ergänzt, die im Sommer auch als Schlafplatz dienen. In den besseren Kategorien erhöht sich die Anzahl der Räume; sie sind größer und ihre Ausstattung ist anspruchsvoller. Erst in jüngerer Zeit ist man in den zuletzt erschlossenen Sektoren von den früher vorherrschenden zweistöckigen Häusern zu einer höheren Bebauung übergegangen. Damit steigt auch die Bevölkerungsdichte in den neuen Sektoren erheblich an.

Die klimatischen Extreme stellen im nordwestlichen Indien besondere Anforderungen an die Städteplanung und den Wohnungsbau. In den Wintermonaten können die Nachttemperaturen bis auf 0 °C sinken. Ab März steigen die Temperaturen schnell und erreichen in der folgenden Trockenzeit, die heiße Staubstürme noch unerträglicher machen, bis 45 °C; ab Mai bietet auch die Nacht keine wesentliche Abkühlung mehr. Ende Juni beginnen die Monsunregen, die im September ausklingen; sie bringen sehr hohe Luftfeuchtigkeit, aber nur einen geringen Temperaturrückgang. Diese Verhältnisse machten es unmöglich, ohne größeren Aufwand einen für alle Jahreszeiten gleichermaßen geeigneten Haustyp zu entwerfen. Besonders betrifft dies die einfachen Kategorien. Die Fensterflächen sind klein, um im Sommer einen Schutz gegen das Eindringen der Sonne zu bieten; auch zusätzliche Sonnenblenden über allen Öffnungen dienen diesem Zweck. Im Winter sind allerdings die nicht beheizbaren Räu-

me zu dunkel und zu kalt, und in der feuchten Jahreszeit der Monsunregen, wenn der Hofraum oder das Dach nicht genutzt werden können, reichen sie zum Wohnen nicht aus.

Für die Häuser wurden lokal hergestellte Ziegel verwendet, z.T. unverputzt, z.T. auch verputzt, weil das die Verwendung minderwertiger Ziegel möglich machte. Für die besonders in den unteren Kategorien sehr schlechte Bauqualität wird mangelnde Bauaufsicht angeführt; es ist wahrscheinlich, dass die Bauaufsicht gegen entsprechende 'Vergütung' manches durchgehen ließ. Da Ausbesserungsarbeiten kaum durchgeführt werden, vermitteln viele Häuser durch ihren abgeblätterten Verputz und die verwaschene Farbe einen desolaten Eindruck.

Sind die von der Regierung gebauten Häuser eintönig, so findet sich bei den privaten Bauten das andere Extrem. Hier waren der Phantasie und dem individuellen Geschmack keine Grenzen gesetzt. Inzwischen sind Vorschriften erlassen, die den Wildwuchs stutzen. Während in der Anfangsphase der Stadt die von der Regierung gebauten Häuser überwogen, herrscht inzwischen die private Bautätigkeit vor. Der Verkauf der Grundstücke ist eine wichtige Finanzquelle für die Stadt.

Planung und Wirklichkeit

Entwicklungen am Rande der Stadt hatte man nicht vorhergesehen. Dörfer, deren Areal zunächst nicht benötigt wurde, sollten erst später aufgekauft und umgesiedelt werden. Unter dem Druck der Zuwanderung – und den erzielbaren hohen Mieten und Pachten – kam es hier jedoch zu einer sehr hohen Verdichtung der Bevölkerung, die zusammen mit der ungeregelten Bebauung und den unzureichenden Versorgungseinrichtungen die Dörfer zu slumartigen Siedlungen werden ließen (Bichsel 1986). Aber im Vergleich zu anderen indischen Städten handelt es sich hier um kleine Probleme.

Nicht voraussehbar bei der Gründung Chandigarhs war die Entwicklung der politischen Verhältnisse. Die Forderung der Sikhs nach einem eigenen Bundesstaat führte 1966 zur Teilung des indischen Punjabs in die Bundesstaaten Punjab und Haryana. Da keine Einigung zu erzielen war, welchem Staat das auf der neuen Grenze liegende Chandigarh als Hauptstadt zugesprochen werden sollte, wurde es aus beiden Staaten ausgeklammert und erhielt den Status des Union Territory als ein der Zentralregierung in Delhi unterstehendes Gebiet. Chandigarh beherbergt heute die Regierung zweier Bundesstaaten und die Verwaltung des Union Territory. Das hatte eine Inanspruchnahme des Capitol Complex zur Folge, die über das vorhergesehene Maß weit hinausging. Im Sektor 17 übernahmen die Behörden zusätzliche Gebäude. Die Zahl der in den Ämtern Beschäftigten hat sich gegenüber der Zeit vor der Teilung des Punjab mehr als verdreifacht, und die einseitige Ausrichtung der Bevölkerung Chandigarhs auf Tätigkeiten in der Administration ist noch deutlicher geworden. Damit verschärft sich auch die Wohnungsnot, weil die Bautätigkeit nicht Schritt halten konnte.

Zentrale Funktionen im administrativen und Bildungsbereich sind Chandigarh zwar zugewiesen worden, die Planung hat jedoch seine mögliche Bedeutung als Wachstumspol für die wirtschaftliche Entwicklung seines Umlandes vernachlässigt. In Indien, wo es oft am Nötigsten fehlt, wirkt eine Stadt mit der Infrastruktur Chandigarhs wie ein Magnet auf Industrien. Auch der direkte Kontakt zu den Regierungsstellen, von deren Genehmigungen hier so viel abhängt, spielt sicher eine wichtige Rolle. Da das in Chandigarh ausgewiesene Industriegebiet zu gering bemessen war, erfolgte jenseits der Stadtgrenzen eine umfangreiche Industrieansiedlung, die der Kontrolle der Stadtverwaltung entzogen ist. Im Punjab wuchs – das Sektorenmuster Chandigarhs fortsetzend – Mohali, ein völlig neuer Industrieort. In Haryana entstand, unmittelbar vor der

Stadt bei einem kleinen Markt, der Wohnort Panchkula, dessen Mieten und Grundstückspreise wesentlich niedriger liegen als die Chandigarhs. Im benachbarten Himachal Pradesh haben sich in der Nähe Chandigarhs einige größere Betriebe angesiedelt, die die sozialen Einrichtungen Chandigarhs nutzen, ohne zu dessen Steueraufkommen beizutragen. Es sind die einzigen Industrien im Staat Himachal Pradesh.

Eine Kritik der Entwicklung sollte nicht übersehen, welche Leistung die Gründung völlig neuer Städte darstellt, deren Einwohnerzahl in weniger als vier Jahrzehnten über eine halbe Million erreicht. Dennoch ist Chandigarh als Modell für die indische Stadt der Zukunft nur ein Teilerfolg. Es ist eine der saubersten Städte Indiens, es hat gutes Trinkwasser und eine funktionierende Kanalisation. Die Häuser sind an das Stromnetz angeschlossen, und ein Aussetzen der Elektrizitätsversorgung ist selten. Die Stadt verfügt über genügend Krankenhäuser und Schulen, und sie hat den niedrigsten Prozentsatz an Analphabeten. Andererseits ist Chandigarh das Beispiel einer Stadtplanung, die nur von architektonischen und technischen Aspekten ausging und westliche Ideen und Konzepte in ein Land übertragen hat, das andere klimatische Bedingungen und andere wirtschaftliche Verhältnisse aufweist und dessen Menschen andere Lebensgewohnheiten und Wertvorstellungen besitzen. Jeder städtische Rahmen, ob er passt oder nicht, wird sich in einem Land mit der Bevölkerungsentwicklung Indiens in kurzer Zeit mit Leben füllen. Um aber als Modell für eine Lösung der Probleme indischer Städte dienen zu können, ist Chandigarh viel zu aufwendig angelegt und zu wenig den Bedürfnissen angepasst.

Rourkela – eine Company Town

Werksstädte in Indien

Der Aufbau großer staatlicher Industrieunternehmen machte die Gründung neuer Städte notwendig. Auch wenn ihnen zunächst wesentliche städtische Attribute fehlten, würde die Bezeichnung 'Werkssiedlungen' ihrer Größe nicht gerecht und

auch nicht den Intentionen, denn sie sind als Städte geplant. Die frühen Industrien wie die Textilindustrie entstanden innerhalb oder am Rand bestehender Städte, und größere standortgebundene Bergbausiedlungen wie Kolar Gold Fields im Fürstenstaat Mysore waren die Ausnahme. Nach der Unabhängigkeit beschleunigte sich die Gründung von 'New Towns', meist im Zusammenhang mit Industrieprojekten. Aber ihre Einwohnerzahl betrug höchstens einige zehntausend. Dagegen sollten die neuen Eisen- und Stahlwerke durch ihre Dimension und ihre Lage in rückständigen, städtearmen Gebieten einen wirtschaftlichen Aufschwung einleiten und ihre Städte als ein Instrument der regionalen Entwicklung eingesetzt werden, als Wachstumspole und zentrale Orte für ihr weiteres Umland.

Einen Vorläufer hatten sie in Jamshedpur, einer Siedlung, die von dem Industriellen J. Tata bereits 1909 am südlichen Rand des Chota-Nagpur-Plateaus als 'Company Town' gegründet worden war, um die Beschäftigten seines Eisen- und Stahlwerks unterzubringen. Die folgende Ansiedlung großer weiterverarbeitender Unternehmen brachte ein schnelles Wachstum, das inzwischen mit einer Vielzahl von Produktionszweigen auch auf das unmittelbare Umland übergriff. 1991 hatte Jamshedpur 829 000 Einwohner und war damit eine der größten Städte des Bundesstaates Bihar. Allerdings sind seine zentralörtlichen Funktionen nur schwach ausgebildet, und die Ausrichtung auf die städtischen Industrien ist sehr deutlich. Die isolierte Lage in einem dünn besiedelten Gebiet mit rückständiger Landwirtschaft zwang die Werksleitung neben dem Bau von Wohnungen und Versorgungseinrichtungen auch die Organisation des städtischen Lebens zu übernehmen sowie ihren Einfluss auf die wild wachsenden Vororte auszudehnen (Stang 1970).

'Neu-Rourkela' – die Stadt vom Reißbrett

Rourkela (Raurkela) gehört zu den Städten, die bei einem der neuen staatlichen Eisen- und Stahlwerke entstanden. Mit deutscher Hilfe in Orissa gebaut, liegt es rund 400 Eisenbahnkilometer westlich von Calcutta am Südrand von Chota Nagpur in einer Ebene, die von einer Hügelkette durchzogen wird. Diese Durgapur Hills und die Entfernung von einigen Kilometern schirmen die Stadt gegen den Industriebereich ab. Hauptverbindung zwischen Werk und Stadt ist die Ring Road, die mit zwei Doppelfahrbahnen durch die Durgapur Hills gelegt wurde. Sie bildet auch die zentrale Ost-West-Achse der Stadt (Abb. 58). Die Ring Road hat eine Anzahl von Zubringern bzw. Abzweigungen, die wiederum in ein Netz von Straßen auslaufen, welche die einzelnen Sektoren erschließen. Kein Punkt der Stadt ist mehr als fünfzehn Minuten Fußweg von der Ring Road entfernt. Zwar funktioniert der Zubringerverkehr zwischen der Stadt und dem mehrere Kilometer entfernten Werk, doch für die Verbindungen innerhalb der Stadt sind die Einwohner auf die ineffizienten öffentlichen Verkehrsmittel, bzw. teure Rickshas oder ihre Fahrräder angewiesen – im Winter bei Temperaturen unter 30 °C ist das noch erträglich, jedoch wird es bei sommerlichen Hitzegraden, die bis maximal 45 °C ansteigen können, zur Belastung.

Städtebaulich ist Neu-Rourkela durch seine großzügige und aufgelockerte Bebauung und seine Lage wohl die schönste der neuen Stahlstädte, wenn auch die nach den Plänen der deutschen Architekten ursprünglich vorgesehenen Grünstreifen, Gärten und Parkanlagen zwischen den Häusern und den einzelnen Sektoren, die es zu einer Gartenstadt machen sollten, nicht den vorgesehenen Umfang erreichen. Im Gegensatz zu den anderen Stahlstädten wie Durgapur und Bhilai, wo mehrstöckige Mietkasernen vorherrschen, überwiegen in Rourkela einstöckige freistehende Einfamilienhäuser, was große Flächen in Anspruch nimmt, umso mehr, als die Häuser von einem kleinen Garten umgeben sein sollten. Doch hatten wohl die deutschen Stadtplaner nicht berücksichtigt, dass Gartenarbeit unter den klimatischen Verhältnissen Indiens keine Erholung und Wasser knapp ist und schließlich, dass manuelle Arbeit das Sozialprestige mindert.

Der Sektorenplanung und den zugeordneten Gemeinschaftseinrichtungen liegt, ähnlich wie in Chandigarh, der Gedanke der Nachbarschaftseinheiten zugrunde. Jeder Sektor mit seinen 5000 Einwohnern – oder auch zwei benachbarte Sektoren – erhielt ein kleineres Einkaufszentrum für Dinge des täglichen Bedarfs, ein Gemeinschaftshaus (Community Centre), eine oder mehrere Schulen und Kindergärten, eine Krankenstation (Health Centre) und ähnliche Einrichtungen, womit eine gewisse Eigenständigkeit der Stadtteile als Nachbarschaftseinheit erreicht wurde. Im ver-

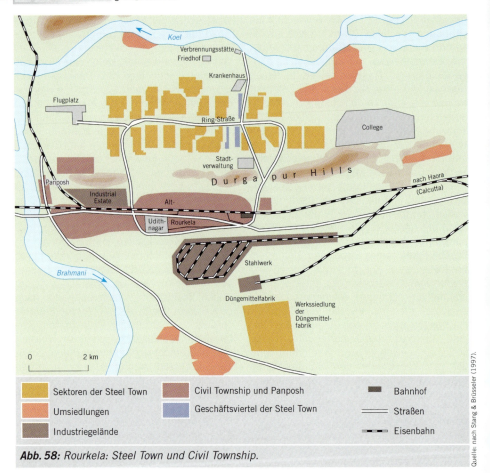

Quelle: nach Stang & Brösseler (1997).

Abb. 58: *Rourkela: Steel Town und Civil Township.*

kehrsgünstig gelegenen zentralen Bereich befindet sich das größte Ladenviertel und ein großer, offener Obst- und Gemüsemarkt. Ein städtisches Leben hat sich aber nicht so recht entwickelt. Zum Einkaufen fährt man nach Alt-Rourkela, wo das Angebot breiter und die Preise niedriger sind.

Kultbauten der einzelnen Religionsgemeinschaften waren zunächst in Rourkela nicht zugelassen. Wegen der vielfältigen religiösen und landsmannschaftlichen Zusammensetzung der Bevölkerung befürchtete man, dass religiöse Stätten Kristallisationspunkte für die ohnehin vorhandenen Gegensätze innerhalb der Zuwanderergruppen bilden würden.

'Alt-Rourkela' – das indische Pendant

Die Errichtung der 'Steel Township' als Wohnstadt nur für Werksangehörige mit einer eigenen Verwaltung, die lediglich eine Abteilung der Werksleitung ist, hat zur unzureichenden Ausprägung städtischer Funktionen beigetragen. Die für eine moderne Stadt notwendigen Dienstleistungen, ebenso wie das Bedürfnis nach Unterhaltung und Erholung, wurden viel zu wenig berücksichtigt. So wuchs an der Bahnstation, wo früher einige Hütten und wenige feste Steinhäuser des Dorfes Rourkela standen, eine Siedlung, die allmählich die Funktionen übernahm, für die das neue Rourkela kaum ausgestattet war. Dieses 'Alt'-Rourkela ist also genauso jung wie das neue Rourkela. Hier entstand, ohne Abschirmung gegen die Immissionen des Stahlwerks, eine Ansammlung armseligster Wohnstätten und primitivster Läden entlang der staubigen oder während der Monsunzeit tief aufgeweichten Hauptstraße und den engeren Nebengassen, die vor Schmutz starrten (Stang 1970, S. 144 f.). Inzwischen haben sich die Verhältnisse wesentlich gebessert. Die Infrastruktur Alt-Rourkelas wurde ausgebaut, und die zu Geld gekommenen Händler errichteten neue Steinhäuser, sodass im Kern der Stadt die mehrstöckigen Bauten überwiegen.

Die 'Civil Township', die den städtischen Komplex außerhalb der Werksstadt, also auch Alt-Rourkela, umfasst, bildet eine separate administrative Einheit, deren Verwaltung in Udithnagar sitzt. Sie weist heute Attribute der typischen indischen Stadt auf: die lebhaften Geschäfts- und die elenden Slumviertel, hier als Ansammlung von Hütten. Die Einwohnerzahl der Rourkela Urban Agglomeration (UA) betrug 1991 knapp 400 000, von denen 233 000 auf die Werksstadt, 140 000 auf die Civil Township und der Rest auf umliegende Siedlungen entfällt. In Orissa sind nur die Städte Cuttack und Bhubaneshwar etwas größer.

Im Anfangsstadium des Baus von Stahlwerk und Stadt waren 40 000 bis 50 000 Arbeiter beschäftigt. Zwar mussten die Bauunternehmer Barackenlager anlegen, aber sie waren dem Zustrom von Arbeitsuchenden bei weitem nicht gewachsen, die daher ihre eigenen Hütten errichteten. Einige wanderten nach der Aufbauphase wieder ab, aber viele dieser Squatter-Siedlungen blieben erhalten, und zahlreiche Familien leben seit Jahrzehnten hier. Heute gibt es über 40 Slums in der Civil Township und zahlreiche weitere auf dem Gelände der Werksstadt. Mit Einwohnerzahlen von 100 bis 9000 beherbergen sie ein Viertel der städtischen Bevölkerung. Sie liegen zu beiden Seiten der Hügelkette, entlang der Eisenbahn, im Westen und Nordwesten der Stahlstadt auf noch nicht genutztem Gelände sowie südlich des Stahlwerks. Die Mehrheit ihrer Bewohner gehört zur Stammesbevölkerung und zu den Dalits, die sich als Hausangestellte, Hilfspersonal in den Läden, Rickshafahrer, fliegende Händler u. ä. durchzuschlagen suchen. Wichtigster Beschäftigungszweig ist die Kontraktarbeit auf Baustellen oder bei Hilfsarbeiten im Werk. Im Gegensatz zu den gewerkschaftlich organisierten Festangestellten der Werksbelegschaft sind die Löhne dieser Gelegenheitsarbeiter extrem niedrig; sie genießen keinen Kündigungs- und Krankenschutz oder bezahlten Urlaub.

Auswirkungen auf die ansässige Stammesbevölkerung

Der Landerwerb für Stadt und Werk erforderte eine Umsiedlung der ansässigen Stammesbevölkerung, die hier eine extensive Landwirtschaft betrieben hatte. Einige Dörfer wurden für sie im Umland der Stadt gegründet oder ausgebaut und sind heute Arbeitersiedlungen. Die Umsiedlung anderer Gruppen in Waldgebiete in größerer Entfernung von Rourkela kann wegen der unzureichenden Erschließung als Misserfolg angesehen werden. Viele Umsiedler kamen nach Rourkela zurück oder wanderten in andere Gebiete ab, und die Behörden wissen nicht einmal, wo sie geblieben sind. Das Problem der völligen Entwurzelung einer ländlichen Bevölkerung tritt bei fast allen Umsiedlungen auf: bei der Neugründung von Städten, der Erschließung von Bodenschätzen oder bei Staudammbauten. Das ersatzweise zur Verfügung gestellte Land ist ungeeignet, eine Unterstützung der Neubauern bleibt aus, und um die Entschädigungszahlungen werden sie betrogen.

Die Stadt als Wachstumspol hat wenig zur wirtschaftlichen Entwicklung ihres rückständigen Umlandes beigetragen. Es war erwartet worden, dass die Nachfrage in Rourkela Impulse für die Landwirtschaft geben würde. Gewiss hat der Anbau von Gemüse zugenommen, aber die Hauptmengen werden von Händlern mit Lkws aus der Ganga-Ebene bei Patna angeliefert. Die Adivasi-Bauern der Rourkela-Region verfügen dagegen nur über arme Böden und kaum über Bewässerungsmöglichkeiten. Da sie weitgehend in einer Subsistenzwirtschaft lebten, war ihnen die Produktion für einen Markt, der einen Qualitätsstandard und Mindestmengen verlangt, unbekannt. Es fehlten ihnen die Kenntnisse, um ihre Landwirtschaft zu verbessern oder die Vermarktung selbst zu organisieren. So mussten sie das Wenige, das sie anbieten konnten, an Händler verkaufen, die untereinander ihre Absprachen getroffen hatten und nur niedrigste Preise bezahlten (Bild 29).

Unter dem Nachteil der fehlenden Ausbildung litten auch die Einheimischen, die

Bild 29: *Frauen auf dem Weg zum Markt in Rourkela. Die Nachfrage der neuen Stadt hat nur geringen Einfluss auf die Landwirtschaft des Umlandes.*

sich Hoffnung auf einen Arbeitsplatz im Werk gemacht hatten – das war den enteigneten Bauern sogar versprochen worden. Aber da sie keine Qualifikationen besaßen, blieben für sie nur die schlechtestbezahlten Arbeiten. Die strikte Disziplin unter harten Arbeitsbedingungen, besonders während der Sommermonate, mit Schichten ohne Unterbrechung waren sie nicht gewohnt. So fehlten sie häufig und verloren ihren Arbeitsplatz oder gaben ihn auf, woraufhin sie von Zuwanderern ersetzt wurden. Durch ein Quotensystem, unterstützt von einer Ausbildungstörderung, liegt zwar inzwischen der Anteil der Adivasis an den Werksbeschäftigten bei 25 %, aber sie gehören immer noch zu den niedrigsten Lohngruppen. Auch das Geschäftsleben in Alt-Rourkela wird völlig von Zugewanderten aus anderen Teilen Indiens beherrscht. Gegen die Händlerkasten aus dem Norden oder die Bengalis hatten die einheimischen Oriyas und erst recht die Adivasis nie eine Chance.

Eines der wichtigsten Ziele bei der Standortwahl Rourkelas war die Industrialisierung der Region durch 'Spread Effects', die vom Stahlwerk ausgehen sollten. Als Großunternehmen entstand die staatliche Kunstdüngerfabrik gleichzeitig mit dem Stahlwerk, auf das sie als Rohstofflieferant angewiesen ist. Zwei mittlere Unternehmen werden mit Stahl beliefert. Sonst haben sich jedoch keine Weiterverarbeiter angesiedelt. Die lange aufrechterhaltene 'Freight Equalization', mit einem einheitlichen Verkaufspreis für Stahl in allen Teilen des Landes unabhängig von der Transportentfernung, machte für sie einen Standort bei den Märkten zweckmäßiger. Die bei indischen Unternehmen vorherrschende Tendenz, alles im eigenen Werk zu fertigen statt Zulieferfirmen zu beauftragen, hat deren Zahl und Größe gering gehalten, und nur weit unter 10 % des Bedarfs des Stahlwerks kommt aus solchen Kleinbetrieben (Stang & Brüsseler 1997).

Insgesamt liegt jedoch die Zahl der Gewerbebetriebe aller Art, die hauptsächlich für den Bedarf in der Stadt arbeiten, bei 2000, die insgesamt 17 500 Arbeitsplätze bieten. Doch sie sind nicht im Besitz von Einheimischen, sondern von Zuwanderern aus dem Norden Indiens. So haben die gewaltigen Investitionen Rourkela zu einer Industrie- und Wohlstandsinsel in einer Region gemacht, die selbst nur wenig daran partizipiert. Die soziale Struktur der Stadt weist daher zwei Gruppen auf: die eine mit einer festen Beschäftigung und relativ hohem Einkommen und eine andere, die kaum genug zum Überleben verdient.

DER LÄNDLICHE RAUM

Bild 30: *Bauer mit Holzpflug. Da die extreme Parzellierung keinen Einsatz von Traktoren möglich macht, die zudem unerschwinglich wären, sind viele Bauern auf den Holzpflug angewiesen, der sich zu den Feldern tragen lässt.*

Überblick

- Drei Viertel der Bevölkerung Indiens leben auf dem Lande. Dörfliche Traditionen haben noch größten Einfluss auf die indische Gesellschaft.

- Trotz ihrer Vielfalt in den verschiedenen Gebieten Indiens zeigen Wohn- und Lebensformen sowie die sozialen Strukturen ähnliche Ausprägungen. Bestimmend sind das Kastenwesen, das die Rangordnung, das Jajmani-System, das die wirtschaftlichen Abhängigkeiten regelt, sowie die Großfamilie, in die sich der Einzelne einordnet. Diese traditionellen Beziehungen sind jedoch heute gelockert, sodass sich ein Wandel vollzieht.

- Das Beispiel zweier Dörfer, das eine im Küstengebiet des südlichen Maharashtra, das andere auf dem Deccan im nördlichen Karnataka, zeigt die heutige Situation und ihre Wurzeln. Die beiden Dörfer als 'typische' indische Dörfer zu bezeichnen, wäre bei der Variationsbreite ländlicher Siedlungen zu vereinfachend. Doch weisen sie Grundstrukturen auf, die vielen Dörfern gemeinsam sind.

- Landbesitz ist das wichtigste Kriterium für den Status in einer ländlichen Gesellschaft. Großgrundbesitzer und landlose Arbeiter bilden die Pole, zwischen denen Bauern und Pächter einzuordnen sind. Die Unterschiede der Betriebsgrößen sind extrem. Der Klein- und Kleinstbesitz überwiegt bei weitem und wird infolge der Realteilung immer weiter aufgesplittert.

- Die Landreformen, die Gründung von Genossenschaften sowie zahlreiche Programme zur Verbesserung der wirtschaftlichen Situation auf dem Land erzielten nur Teilerfolge.

Die Dörfer – Formen und soziale Strukturen

Wenn auch die Städte und insbesondere die Metropolen heute die wichtigsten Zentren der wirtschaftlichen Entwicklung und der politischen Willensbildung sind, so lassen sich doch viele Merkmale der indischen Gesellschaft nur aus der dörflichen Tradition erklären. Selbst für die Menschen, die in die Städte abwanderten, bleibt das heimatliche Dorf, zu dem enge Kontakte aufrechterhalten werden, ein Zentrum des sozialen Lebens.

Die über 627 000 ländlichen Gemeinden Indiens (Ind. Agric. 2000, S. 138) beherbergen fast drei Viertel der Bevölkerung. Tatsächlich ist die Zahl der 'Dörfer' noch größer, denn das *Revenue Village*, die Gemeinde, besteht häufig aus einem Hauptdorf und mehreren Weilern (Hamlets), die räumlich mehr oder weniger eng verbunden sind. Zwischen den einzelnen Bundesstaaten gibt es hinsichtlich der Gemeindegröße erhebliche Unterschiede, und besonders in Kerala findet man Großgemeinden mit mehr als 20 000 Einwohnern.

Angesichts der Größe des Landes, seiner naturgeographischen Vielfalt und seiner kulturellen, sozialen und ethnischen Differenzierung treten fast alle möglichen Dorfformen auf, doch ist eine Anpassung an die jeweiligen natürlichen und kulturellen Gegebenheiten erkennbar, sodass eine grobe Differenzierung durchgeführt werden kann.

Erscheinungsbild

Beim *Siedlungsgrundriss* herrschen in fast ganz Indien haufendorfartige Formen bei weitem vor, allerdings mit Variationen. In den offenen Landschaften, von der Ganga-Ebene im Norden bis zu den Regurgebieten auf dem Deccan, konzentrieren sich die Häuser zu kompakten Dörfern, die sich gegen Eindringlinge verteidigen ließen. Sie haben nur wenige Zugänge; die Außenwände der Gebäude stoßen aneinander, sodass der Eindruck einer von Mauern umschlossenen befestigten Siedlung entsteht (Ahmad 1987, S. 89). Häufig umgab die Dörfer eine zusätzliche Mauer oder ein Wall, die heute niedergelegt sind. In den Trockengebieten des nordwestlichen Indiens mit relativ geringer Siedlungsdichte entstanden geschlossene Dörfer, weil die Nähe zu Brunnen oder Quellen bestimmend ist. Auf dem östlichen und südlichen Deccan sind die Dörfer offener und zeigen oft eine linienhafte Anordnung.

Besonders im Süden der Halbinsel bestehen größere Dörfer aus einer zentralen Siedlung mit den öffentlichen Einrichtungen wie Schule und Gemeindehaus, dazu einige Läden und Teebuden sowie einem Kranz von lockeren kleineren 'Weilern' mit einzelnen Häusergruppen. In den Bergregionen des Nordens, im ganzen Nordosten und in einem Streifen des westlichen Maharashtra dominieren Weiler ohne Zentralsiedlung. In der östlichen Ganga-Ebene wechseln Dörfer und Weiler ab. Weiler und Einzelhöfe oder -hütten treten verbreitet in den Stammesgebieten des zentralen Berglandes, am nördlichen Gebirgsfuß des Himalaya und in den Gebirgsregionen Keralas auf. Der südliche Westküstenstreifen der Halbinsel ist ein Gebiet lockerer Großdörfer. Sonderformen sind lineare Dörfer, wie sie entlang von Kanälen oder als planmäßig angelegte Kolonistensiedlungen vorkommen (Schwartzberg 1978).

Die *Hausformen* der ländlichen Siedlungen unterscheiden sich nach Klima, verfügbaren Baumaterialien und dem Vermögen ihrer Besitzer. Die Dachform wird von der Menge des Niederschlags und die Wanddicke von der Hitze des Sommers, im Norden von der Kälte im Winter bestimmt. In den trockenen Landesteilen des Punjab oder im westlichen Uttar Pradesh haben die Häuser meist Flachdächer, die zum Trocknen der Feldfrüchte, zu Lagerzwecken oder als zusätzlicher Schlaf- und Aufenthaltsplatz genutzt werden. In den niederschlagsreicheren Gebieten wie in Bengalen oder an der südlichen Westküste herrschen hingegen Giebeldächer vor. Viele Häuser sind mit einem offenen pfeilergestützten Vorbau versehen, der Veranda. Besondere Hausformen finden sich in den Stammesgebieten.

In waldreichen Gebirgsstaaten wie Assam oder Himachal Pradesh ist Holz ein wichtiger Baustoff. Im äußersten Süden liefern Bambus oder Palmen das Material für die mattenartigen Wände, und die Dächer sind mit Palmblättern gedeckt. In den übrigen Landesteilen werden sonnengetrocknete oder gebrannte Ziegel, meist jedoch Lehm,

Bild 31: *Haufendorf in der Ganga-Ebene bei Patna mit bewässertem und unbewässertem Land.*

der mit Stroh vermischt ist, in einer Art Fachwerkkonstruktion als wichtigstes Baumaterial verwendet.

Die Häuser des 'typischen' indischen Dorfes können in die beiden Kategorien 'Pucca' und 'Kutcha' (auch Kacha) eingeordnet werden. Die Pucca-Häuser der Wohlhabenderen bestehen aus Steinen oder gebrannten Ziegeln mit Dächern aus Dachpfannen oder Flachdächern im Norden. Bei den weit häufigeren Kutcha-Häusern sind die Wände aus Lehm oder sonnengetrockneten Ziegeln und die Dächer mit Reisstroh, Palmblättern oder mit Wellblech gedeckt. Die zweistöckigen Pucca-Häuser stehen meist im Zentrum, nach außen schließen sich einstöckige Kutcha-Hütten an.

Jedes Dorf besitzt einen oder mehrere kleinere Tempel. Bei entsprechender Religionszugehörigkeit der Dorfbewohner gibt es eine Moschee, im Südwesten des Landes auch Kirchen. Das Dorf hat gewöhnlich eine größere Halle (Chopal), wo sich die Männer aller Kasten – gewöhnlich mit Ausnahme der Dalits – treffen, um Streitigkeiten zu schlichten oder Beschlüsse zu fassen, die das ganze Dorf betreffen. Neuere Gebäude, die Schule mit ihrem Vorplatz, die Krankenstation oder das Postamt liegen meist randlich. Der Status des traditionellen Dorfzentrums im Viertel der höheren Kasten wird dadurch allerdings kaum berührt.

Am Rand des Dorfes befindet sich der Dreschplatz mit festgestampftem Boden,

auf dem die Rinder um einen Pfahl in der Mitte getrieben werden, um das Korn aus dem Stroh zu treten. Ebenfalls am Rande wird das Brennmaterial, der getrocknete Kuhdung, in nach oben spitz zulaufenden Kegeln gelagert, die zum Schutz vor Regen mit Lehm verputzt sind.

Die *Flur* besteht in der Regel aus zahlreichen kleinen Parzellen, wobei der Besitz eines Bauern über die ganze Flur verstreut ist, denn nur so erlangt er bei der bestehenden Realteilung Anteile an Land verschiedener Qualität. Das bewässerbare Land, das mehrere Ernten bringt, liegt auf ebenen Flächen. Die nicht bewässerbaren Parzellen ermöglichen nur Regenfeldbau und eine Ernte (Bild 31). In einem äußeren Ring kann in weniger dicht besiedelten Gebieten auf Arealen in Hanglage noch Allmende verfügbar sein, die als Weide oder zur Sammelwirtschaft auf Beeren, Streu und Holz genutzt wird. Die Frauen besorgen das Sammeln, die Kinder hüten das Vieh. Innerhalb der kompakten Haufendörfer wird kein Anbau betrieben. Sehr häufig grenzen diese Dörfer unmittelbar an die Feldflur, sodass auch eine räumliche Erweiterung des Dorfes auf Schwierigkeiten stößt. Eine kleingliedrige Blockgemengeflur herrscht von der oberen Ganga-Ebene bis ins südliche Tamil Nadu vor, denn durch das kreuzweise Pflügen mit dem Hakenpflug boten Streifenparzellen keinen Vorteil (Nitz 1977). Flurbereinigungen und der

Bild 32: Hausaltar.

Einsatz von Maschinen haben jedoch inzwischen zu größeren Parzellen geführt.

Wohnen und Leben

Vom Dorfweg, der für Ochsenkarren befahrbar und heute oft an eine Straße angeschlossen ist, die das Dorf mit der Außenwelt verbindet, führt der Zugang direkt oder über Nebenwege zu den einzelnen Häusern. Durch den Eingang gelangt man in den größten Raum des Hauses, der auch den Zugang zu weiteren Räumen – falls vorhanden – bietet. Im hinteren dunkleren Raum werden die Wertsachen bzw. Habseligkeiten aufbewahrt. Er dient auch der Vorratshaltung. Wenn es Fensteröffnungen gibt, sind sie wegen der hohen Temperaturen unverglast und aus Sicherheitsgründen klein. Die Aufteilung des Hauses sieht einen Bereich für die Frauen, einen für die Männer und Platz für das Vieh vor. Diese Einheiten können in einem Raum oder auf mehrere Räume verteilt sein.

Im Norden haben die Häuser der Wohlhabenden häufig einen Innenhof, in dem sich die Frauen aufhalten, in anderen Landesteilen liegt ein ummauerter Hofraum hinter dem Haus oder seitlich davon. Hier wird in einer Ecke das Vieh gehalten und Stroh gelagert. Das Füttern des Viehs und das Aufsammeln des Kuhdungs, der für die Kochstelle gebraucht wird, ist Sache der Frauen und Kinder.

In den südlichen und östlichen Landesteilen, in denen ein Hofraum nicht Teil des Wohnbereichs ist, wird die überdachte Veranda vor dem Haus in diesen einbezogen. Männer und Frauen halten sich in den Wohnräumen separat voneinander auf; es gibt keine Privatsphäre.

Jedes Haus hat – gewöhnlich im Hauptraum oder in einer Ecke, die daran angrenzt – einen Altar (Bild 32). Das kann ein einfaches Bild sein, vor dem Räucherstäbchen abgebrannt werden, oder eine größere Statue, die mit Blumengirlanden geschmückt wird und der Opfer dargebracht werden. Kleine Schreine können sich außerhalb des Hauses, bevorzugt unter einem großen Baum, befinden, die dann mit den Nachbarn, die ja der gleichen Kaste angehören, zum Gebet und Opfern dienen.

Das Mobiliar ist spärlich. Wichtigstes Möbelstück ist ein hölzernes, mit Sisal bespanntes Bettgestell (Charpoy). In der warmen trockenen Jahreszeit werden die Charpoys vor die Tür, in den Hof oder auf das Dach gestellt. Gekocht wird mit Kuhdung in einem kleinen Lehmofen (Chula), der außerhalb der eigentlichen Wohnung stehen kann. Das Kochgeschirr beschränkt sich in der Regel auf wenige Aluminium-, Messing- oder Eisentöpfe. Essbesteck erübrigt sich, da man mit den Fingern der rechten Hand isst; die linke Hand gilt als unrein, denn sie wird für bestimmte Verrichtungen der Körperhygiene benutzt. Die erwachsenen Männer essen zuerst. Wenn sie den Raum verlassen haben, kommen die Frauen und Kinder an die Reihe.

Gebadet wird bei größeren Häusern in einer separaten Ecke im Innenhof, sonst im Dorfteich oder am Brunnen, indem man Wasser mittels einer Schüssel über den Körper schüttet, denn 'fließendes' Wasser gilt als sauber. Toiletten, die Krankheitserregern als Brutstätte dienen könnten, fehlen in den meisten Häusern. Stattdessen benutzt man die Felder in der Nähe des Dorfes. Bei den Häusern, die über einen primitiven Abort im Innenhof verfügen, werden die Fäkalien vom 'Sweeper' regelmäßig entfernt. Fliegen sind überall, doch sind die Häuser und Höfe, d. h. der private Bereich, peinlich sauber.

Zur Wasserversorgung dienen Brunnen, von denen ein Dorf mehrere aufweist; Wohlhabende besitzen eigene Brunnen. Der von Bäumen umgebene Dorfweiher ist der große Treffpunkt am Abend. Er dient als Waschplatz für Menschen und Wäsche und zum Tränken und Waschen des Viehs. Männer und Frauen halten sich separat, und die Frauen entkleiden sich nicht beim Baden. Das Wasser ist häufig durch Dung und menschliche Fäkalien verschmutzt. Wie das Oberflächenwasser können auch die Brunnen, insbesondere wenn sie offen und nicht tief genug angelegt sind, mit Krankheitserregern belastet sein. Vor allem während der Regenzeit ist die Gefahr der Verunreinigung groß, sodass sich dann die Fälle von Diarrhöe und Ruhr häufen.

Die infrastrukturelle Ausstattung der Dörfer hat sich in den vergangenen Jahrzehnten gebessert. Immer mehr Dörfer wurden durch Straßen und Busverbindungen mit der Außenwelt verbunden. Deutliche Fortschritte hat die Elektrizitätsversorgung gemacht. In einigen Staaten sind bereits alle ländlichen Siedlungen, jedoch nicht alle Häuser an das Stromnetz angeschlossen. Die Anlage von Wasserleitungen und einer Kanalisation ist gegenüber der Stromversorgung aufwändiger und teurer, sodass auf Jahre hinaus viele Dörfer ohne sie auskommen müssen. Wo überhaupt vorhanden, besteht die Trinkwasserversorgung aus einer oder mehreren Zapfstellen außerhalb der Häuser, nur wenige verfügen über eine eigene Zapfstelle im Haus. Jüngeren Datums ist die Anlage offener Abwassergräben entlang der Dorfstraßen. An eine unterirdische Kanalisation ist auf absehbare Zeit nicht zu denken.

Die Kasten

Die innere Geschlossenheit der Dörfer bildete eine wesentliche Voraussetzung für das Kastenwesen und der sich daraus ergebenden gegenseitigen wirtschaftlichen Beziehungen. In den traditionellen Dorfgemeinschaften bestimmt die Kaste nicht nur die soziale bzw. rituelle Stellung des Einzelnen, sondern auch seinen Wohnplatz. Dementsprechend ist das wichtigste Merkmal indischer Dörfer ihre Gliederung nach Kasten. Sie ist mit Ausnahme der Stammesgebiete in allen Teilen des Landes anzutreffen. Im Zentrum der Dörfer oder in einer bevorzugten Wohnlage befinden sich die größeren, teils zweistöckigen Pucca-Häuser der Brahmanen und Angehörigen hoher Kasten. Am Rand oder außerhalb des eigentlichen Dorfes liegen die Hütten der Dalits. Das hat unter den indischen Verhältnissen für beide Gruppen praktische Vorteile: für die Unberührbaren und untersten Kasten, dass sie in ihren Vierteln größere Bewegungsfreiheit haben, für die Brahmanen, dass sie in ihren Vierteln leichter die rituellen Reinheitsgebote einhalten können. Von diesen beiden Polen abgesehen, besteht allerdings in der Regel kein Kastengefälle von innen nach außen, sondern eine räumliche Anordnung, die eine Viertelsbildung erkennen lässt, indem eine Kaste oder Subkaste einen geschlossenen Block benachbarter Häuser bewohnt. Muslims und Christen fügen sich durch eigene Viertelsbildung in dieses System ein.

Der Trennung der Kasten entsprechen Regeln bei der Benutzung von Brunnen oder dem Zutritt zu Tempeln der höheren Kasten. Ein Brunnen wird nur von Kasten genutzt, die in der Hierarchie nahe beieinander eingeordnet sind. Den Dalits ist der Zugang zu Tempeln der Kasten oder die Nutzung ihrer Brunnen nicht gestattet.

Soziale Beziehungen bestehen nur zu Mitgliedern derselben Kaste; wichtige Kriterien sind die Kommensalität und die Endogamie. Die Kommensalität schreibt vor, wer mit wem Mahlzeiten einnehmen darf, umfasst aber auch das Verbot der Annahme von Speise und Trank aus der Hand niederer Kasten. Als Sühne für Verstöße gegen Kastengesetze kann ein gemeinsames Kastenmahl ausgerichtet werden. Über die Einhaltung der Regeln wacht der Rat der betreffenden Kaste.

Die Endogamie gebietet eine Heirat innerhalb der eigenen (Sub-)Kaste – allerdings mit einer Reihe von Ausnahmen. Sie wird erheblich kompliziert von der Exogamie, dem Gebot der Heirat außerhalb der eigenen Sippe und Verwandtschaftslinie – Begriffe, die sehr weit gefasst sind. Solche Einengungen des endogamen Kreises machen meist eine Brautsuche außerhalb des eigenen Dorfes erforderlich.

Die Rangordnung der Kasten hat – von den höheren Kasten abgesehen – nur lokale Gültigkeit und ist schon innerhalb eines

Distrikts und erst recht landesweit unterschiedlich. Eine Kaste, die im Dorf A an vierter Stelle eingestuft wird, kann in Dorf B an fünfter oder darunter stehen. Nicht einmal alle Brahmanen sind gleich, sondern einige stehen tiefer, weil sie niederen Kasten als Priester dienen. Zwar gibt es wenige Dörfer, in denen alle Bewohner ein und derselben Kaste angehören, jedoch keine, die das ganze Spektrum der Kasten aufweisen. In aller Regel setzt sich eine Dorfgemeinschaft aus einer begrenzten Zahl von Kasten zusammen (Bronger 1989).

Der Rang einer Kaste in der lokalen Hierarchie basiert auf ihrer rituellen Stellung und weniger auf Vermögen, obwohl früher beides übereinzustimmen pflegte. Jedes Dorf hat seine *Dominant Caste*, die sich durch größeren Wohlstand, eine bessere Ausbildung, politischen Einfluss und durch ihre Anzahl abhebt – und natürlich in der rituellen Skala nicht im unteren Bereich liegt. Sie ist der 'Meinungsbildner' für die anderen, die ihrem Vorbild bei der Lebensart oder beim Hausbau nacheifern. Ihre Mitglieder besitzen einen großen Teil des fruchtbaren und bewässerten Landes. So liegt ihr Einfluss in ihrer Position bei der Verpachtung von Land, bei der Beschäftigung von Landarbeitern und bei der Inanspruchnahme von Dienstleistungen. Häufig sind sie die Gründer des Dorfes gewesen. Landbesitz ist zwar wichtigste Voraussetzung, aber einige Mitglieder der Dominant Caste sollten heute in der Stadt in gehobener Stellung tätig sein, um der Kaste entsprechendes Ansehen zu geben. Streitigkeiten und Gruppenbildung innerhalb der Dominant Caste sind üblich. Um sich durchzusetzen, ist eine Gefolgschaft von Abhängigen aus unteren Kasten erforderlich – und das kostet Geld.

Die Dominant Caste ist nicht in allen Dörfern gleich. Im Nordwesten spielen meist die Rajputs und die Jats die beherrschende Rolle, auf dem Deccan können es die Lingayats oder die Reddies sein. Zu unterscheiden ist dabei zwischen Landbesitzern, die nicht selbst auf dem Land arbeiten, sondern es verpachten – wie Brahmanen oder Rajputen –, und denjenigen, die Bauern sind, kaum Land verpachten und nur wenige Arbeitskräfte beschäftigen wie die Jats im Norden oder die Lingayats im Süden.

Das Jajmani-System

Da die berufliche Tätigkeit durch die Kaste weitgehend festgelegt ist, regelt das 'Jajmani-System' die wirtschaftlichen Beziehungen zwischen den einzelnen Kasten. Dabei haben niedrige Kasten bzw. Unterkasten für höhere Kasten bestimmte Dienstleistungen zu erbringen. Das Jajmani-System spiegelt damit sowohl die soziale Segregation als auch die gegenseitige wirtschaftliche Abhängigkeit wider. Der die Dienstleistungen in Anspruch nehmende Jajman ist der Grundbesitzer. Der 'Kamin' dient die Leistungen an, die sich aus dem traditionellen Beruf seiner Kaste ergeben. Oft leistet ein Kamin Dienste für mehrere Jajman, während diese zahlreiche Kamin in Anspruch nehmen müssen, wie z. B. Töpfer, Weber, Barbiere, Wäscher oder Schneider, jeder natürlich aus einer anderen Kaste. Die Beziehungen werden in der Regel von einer Generation zur nächsten vererbt. Die Entlohnung der Dienstleistungen erfolgte früher hauptsächlich in Naturalien, inzwischen meist durch regelmäßige Geldzahlungen. Darüber hinaus kann der Kamin noch weitere Vergütungen erhalten, wie freie Kost und Kleidung oder besondere Zuwendungen in Notlagen. Das Jajmani-System sichert einerseits die Versorgung des Jajman mit verschiedenen Dienstleistungen, andererseits die Existenz der Handwerker.

Damit besteht aber ein gegenseitiges Abhängigkeitsverhältnis. So muss ein Kamin, um die Erlaubnis zum Verlassen des Dorfes zu erhalten, erst sicherstellen, dass ein anderer, meist ein Familienmitglied, seine Funktion übernimmt. Umgekehrt ist ein Jajman zwar theoretisch in der Lage, den für ihn arbeitenden Kamin zu entlassen bzw. auf seine Dienste zu verzichten, doch kann es für ihn schwierig werden, Ersatz zu finden. Aus Solidaritätsgründen würde kaum ein Angehöriger der Kaste des Kamin aus dem gleichen Dorf die vakante Stellung übernehmen. Die Besetzung der Stelle mit einem Kamin aus einem anderen Dorf scheitert meist an dessen Furcht vor sozialen Sanktionen – oder Prügeln –, weil sich die Familie des entlassenen Kamin mit allen Mitteln dagegen sperrt. Die Beziehungen innerhalb des Jajmani-Systems brauchen sich nicht auf ein Dorf zu beschränken, sondern können auf benachbarte übergreifen, wenn die Nachfrage in einem kleinen Dorf zu gering ist.

Die starre Reglementierung, der mangelnde Wettbewerb und die Tatsache, dass die Entlohnung der Handwerker von Preisen bestimmt war, die der Tradition entsprachen, führten zur Stagnation. Die uniformen Waren wurden in herkömmlicher Weise, ohne Innovation und Kostenbewusstsein hergestellt. Es kam zu keiner Weiterentwicklung des dörflichen Handwerks; Produktionsmethoden und Erzeugnisse blieben primitiv. Daher konnte man schließlich nicht mehr mit den industriell gefertigten Waren konkurrieren. Das Vordringen des Geldes in die dörfliche Ökonomie trägt zur Auflösung des Jajmani-Systems bei. Das kann sich in der Form zeigen, dass ein Kamin zwar noch seinen Pflichten gegenüber dem Jajman nachkommt, aber auf dem 'freien Markt' seine Leistung gegen Barzahlung anbietet.

Die Großfamilie

Nach der Kaste bestimmte die Einbindung in die Großfamilie das Leben des Einzelnen im Dorf. Sie besteht in der traditionellen Form aus den Eltern und Großeltern, ihren verheirateten Söhnen mit Frauen und Kindern und möglicherweise noch anderen Verwandten – die Töchter scheiden mit der Heirat aus. Die Großfamilie lebt in einem Haus zusammen, bei Reicheren auch in einer Art Gehöft, kocht auf einem gemeinsamen Herd, betet vor demselben Hausaltar und untersteht der Anweisung des Vaters, der absolute Autorität genießt. Ein Sohn wird sich nicht frei mit seinem Vater unterhalten oder in dessen Gegenwart mit seiner Frau oder seinen Freunden. Unter den Söhnen ist der Älteste tonangebend, während die eingeheirateten Frauen dem Regime der Schwiegermutter unterstehen. Alle Mitglieder sind an Besitz und Einnahmen beteiligt; sie wirtschaften gemeinsam, sodass es keinen individuellen Besitz gibt. Das führt zwar zu Streitereien innerhalb der Familien, bietet aber auch eine bescheidene Versicherung in einem Land, wo schon ein kleiner Rückgang des Einkommens bei schlechter Ernte oder durch Krankheit zur Katastrophe führen kann. Auch eine Arbeitsteilung und Rationalisierung ist möglich, denn zwei oder zwanzig Kühe zu hüten bedeutet fast den gleichen Aufwand.

Mit dem Tod des Vaters, z.T. schon vorher, löst sich die Großfamilie in die Familien der Söhne auf, wobei die Trennung schrittweise erfolgen kann: von der Benutzung eines eigenen Herdes bis zum Auszug aus dem väterlichen Haus. Bei Auflösung der Großfamilie erben alle Söhne gleiche Anteile – in der neuen Gesetzgebung werden auch die Töchter am Erbe beteiligt. Erhalten bleiben jedoch die Familienbande, die auf einem gemeinsamen Vorfahren basieren und in gegenseitiger Unterstützung sowie gemeinsamen Riten ihren Ausdruck finden. Wenn möglich, ist man bemüht, ein Haus in der Nachbarschaft zu beziehen.

Obwohl im Dorf die Familie und die Autorität des Vaters noch größte Bedeutung haben, lässt sich die Großfamilie kaum noch aufrechterhalten. Gegen sie wirken die Verkleinerung des Besitzes, die Produktion für den Markt, das Streben nach mehr persönlicher Freiheit sowie die Wanderung in die Städte.

Innere Organisation und Wandel

Über lange Zeit prägte, wie in vielen vorindustriellen Gesellschaften, Subsistenzwirtschaft das Dorf. Sie fand ihren siedlungsmäßigen und wirtschaftlichen Ausdruck in isolierten, sich weitgehend selbst versorgenden dörflichen Gemeinschaften. Zwar mussten Überschüsse zur Zahlung von Steuern und Pachten erwirtschaftet werden, aber der Austausch mit der Welt außerhalb des Dorfes war gering. Er beschränkte sich im Wesentlichen auf periodische Märkte in Marktflecken oder größeren Orten oder fand anlässlich von Feiern, religiösen Festen oder besonderen Veranstaltungen statt. Darüber hinaus bestanden wirtschaftliche und soziale Beziehungen zu anderen Dörfern, z. B. für die Lieferung von Ziegeln für den Hausbau, für die Versorgung mit Arbeitskräften zu Zeiten des Anbaus und der Ernte, der Bereitstellung von Priestern und Musikanten für eine Hochzeit oder den Kauf und Verkauf von Vieh, der sich immer noch auf bestimmte Dörfer konzentriert, und schließlich für die Brautsuche.

Die innere Organisation der Dörfer war infolge ihrer relativen Abgeschlossenheit und des geringen Interesses des Herrschers, sich in die Angelegenheiten der einzelnen Dörfer einzumischen, von ihrer

Bild 33: *Eine Siedlung von Dalits mit 'Kutcha'-Häusern und eigener Wasserstelle.*

Selbstverwaltung geprägt. Sie bestimmte alle wesentlichen Bereiche des Zusammenlebens, der Gerichtsbarkeit und des Kontaktes mit der Obrigkeit sowie die Einhaltung der Regeln zwischen den Kasten. An der Spitze der dörflichen Selbstverwaltung stand ein *Panchayat*, ein Rat, meist aus fünf Männern, der sich hauptsächlich aus Mitgliedern der Dominant Caste zusammensetzte.

Das Dorf als Einheit, das Herrscherhäuser, Kriege und Fremdherrschaften überdauerte und, mit dem Panchayat, lokale Angelegenheiten selbst bestimmte und über Streitigkeiten richtete, ist ein Bild, das Gandhi und andere Sozialreformer in das Bewusstsein der indischen Intellektuellen gehoben haben. Sicher ist die Selbstverwaltung der Dörfer eine alte indische Tradition, aber demokratisch im westlichen Sinne war sie wohl nie. Mit meist erblicher Mitgliedschaft bildete sie höchstens einen indirekten Vorläufer der nach der Unabhängigkeit von der Regierung geschaffenen Panchayats, in denen sogar Dalit- und Frauenquoten eingeräumt sind. Vorsitzender des Dorfrates und Dorfvorsteher ist der Sarpanj. Der Dorfsekretär, der das Grundbuch und die Aufzeichnungen über die Grundsteuern führt, wird von der Regierung eingesetzt. Die Mitglieder dieser neuen Panchayats sollen zwar gewählt werden, aber bei den Machtverhältnissen im Dorf steht der Ausgang solcher Wahlen häufig von vorn-

herein fest. Ihr oft einstimmiges Ergebnis ist dann nicht Indiz für eine Übereinstimmung, sondern für den Druck, der von denen, die Macht haben, ausgeübt wird.

Die Loyalität der Dorfbewohner zu ihrem Dorf ist sehr eng, und außerhalb stellt man seine Herkunft heraus. Die eingeheirateten Frauen werden häufig mit dem Namen ihres Geburtsdorfes gekennzeichnet. Die gegenseitige Abhängigkeit und die Tatsache, dass jeder von jedem alles weiß, mag verbinden. Andererseits führt das Zusammenleben in einer Umgebung, die nur über begrenzte Ressourcen an Land und Wasser verfügt und wo der Vorteil des einen gewöhnlich zum Nachteil des anderen geht, zu Konflikten, die bis zu gewaltsamen Auseinandersetzungen reichen können.

Trotz des großen Beharrungsvermögens, das den Strukturen innewohnt, zeichnet sich ein Wandel in den Dörfern ab. Bereits zur Zeit der britischen Kolonialherrschaft begann die Auflösung der traditionellen Dorfgemeinschaften. Hierzu trugen bei:

- die Zentralisierung der Verwaltung,
- die Individualisierung des Besitzes,
- die Ausbreitung der Geldwirtschaft,
- die Entwicklung des Transportwesens und das damit einhergehende Vordringen industriell gefertigter Waren und der Marktorientierung des Anbaus und
- die Zunahme der Mobilität.

In jüngerer Zeit sind mit den Busverbindungen zur nächsten Stadt sowie durch

Kino, Radio, Fernsehen und politische Agitation vor Wahlen neue Ideen bis in die Dörfer gedrungen – natürlich mehr in stadtnahe als in entlegene Dörfer.

Mit diesen Veränderungen und dem Verlust ihrer wirtschaftlichen Autarkie wurde die soziale Geschlossenheit der Dörfer, wenn auch in den einzelnen Regionen in unterschiedlichem Umfang, durchlöchert. Reichtum durch Landbesitz sowie Bildung waren früher den höchsten Kasten vorbehalten. Heute sind die Möglichkeiten des Gelderwerbs vielfältiger geworden. Bei schrumpfendem Landbesitz lässt sich auch die Großfamilie nicht mehr in den engen traditionellen Beziehungen aufrechterhalten. Die Einsetzung eines Panchayat Raj nach der Unabhängigkeit hat die Stellung der unteren Kasten in der dörflichen Selbstverwaltung einerseits gestärkt, andererseits – soweit die alten Strukturen noch fortleben – die sozialen Gegensätze institutionalisiert. Das Jajmani-System ist weitgehend von Geldwirtschaft und Lohnarbeit abgelöst worden. In einigen Dörfern haben sich die Viertel der unteren Kasten oder der Muslims, wenn sie durch die Kommerzialisierung der Landwirtschaft oder neue Verdienstquellen zu Wohlstand gelangten, gewandelt. Die Mitglieder dieser Gruppen ließen sich auch in Dorfbereichen nieder, die zuvor ausschließlich von Brahmanen bewohnt waren (Bohle 1989, S. 95). Doch dies sind noch Ausnahmen. In aller Regel ist die Kastengliederung in der Struktur der indischen Dörfer erhalten (Bild 33). Die Dalits wohnen noch außerhalb und abgegrenzt, doch hat ihnen die Regierung neue Brunnen gebaut. Sie sind nicht mehr ganz so unberührbar wie früher, aber immer noch die Ärmsten, und das ländliche Umfeld bietet ihnen wenig Chancen, ihr Leben zu verbessern.

Kunkeri und Aminbhavi – zwei Dorfstudien

Kunkeri: Lage und Landnutzung

Das Dorf Kunkeri steht als Beispiel für die weilerartige Form der kleinen ländlichen Siedlung. Es liegt im südlichsten Maharashtra, etwa 10 km von der Kleinstadt Sawantwadi im Sindhudurg-Distrikt. Sawantwadi ist eine ehemalige kleine Fürstenresidenz an der Nationalstraße, die entlang der Westküste von Mumbai nach Mangalore führt. Früher war der Ort für die Herstellung hölzernen Spielzeugs berühmt, ein Handwerk, das im Zeitalter des Kunststoffs fast verschwunden ist.

Die Darstellung von Kunkeri basiert auf Kartierungen und Informationen bei eigenen Besuchen in den Jahren 1997 und 1999 sowie auf einem Survey Report des Census of India 1981 von 1988.

Die Häuser Kunkeris grenzen nicht aneinander, sondern stehen einzeln in ihren Grundstücken, zu mehreren Weilern gruppiert. Diese werden als 'Wadi' bezeichnet und sind manchmal wegen der lockeren Bebauung nur schwer gegeneinander abgrenzbar. Die für den Bus befahrbare Straße ist die einzige im Dorf. Die abseits gelegenen Weiler sind wegen des Reliefs nur auf Fußwegen zu erreichen (Abb. 59).

Aufgrund der Lage in den westlichen Ausläufern der Westghats sind die Niederschläge hoch. In den meisten Jahren fallen 4500 – 5000 mm Jahresniederschlag, zum größten Teil in der Monsunzeit. Während trockener Jahre kann der Niederschlag auf unter 3000 mm zurückgehen. Zusätzliches Wasser für die Bewässerung der Felder bietet seit zwei Jahrzehnten ein kleiner Stausee zwischen den Hügeln nordwestlich des Dorfes. Sein Abfluss hebt in der Trockenzeit den Grundwasserspiegel an, sodass entlang der Bäche eine Pumpenbewässerung und während des Winters eine zweite Ernte möglich ist. Die Bäche werden auch zum Waschen der Wäsche und des Viehs genutzt. Das Dorf verfügt über 30 Trinkwasserbrunnen, von denen die meisten in Privatbesitz sind.

Kunkeri ist von bewaldeten Bergen umgeben. Ebene Flächen für den Anbau stehen nur sehr begrenzt zur Verfügung. Knapp die Hälfte des Dorfareals von 1250 ha kann für den Anbau genutzt werden; davon liegt der größte Teil in Hanglage, ist also nicht bewässerbar. Die Böden sind sandig, lehmig und kieshaltig.

Kunkeri ist ein 'Ryotwari Village', in dem der einzelne Bauer zur Steuer veran-

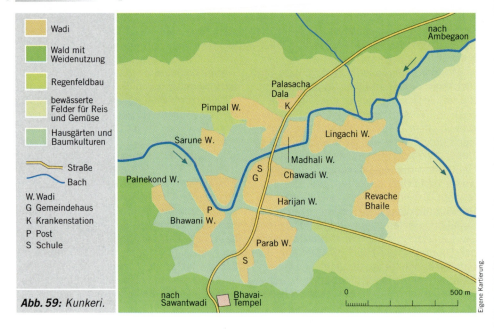

Wadi

Wald mit
Weidenutzung

Regenfeldbau

bewässerte
Felder für Reis
und Gemüse

Hausgärten und
Baumkulturen

Straße

Bach

W. Wadi
G Gemeindehaus
K Krankenstation
P Post
S Schule

Abb. 59: *Kunkeri.*

nach
Ambegaon

Palasacha
Dala
K

Pimpal W.

Sarune W.

Lingachi W.

Madhali W.

Palnekond W.

S
G

Chawadi W.

Revache
Bhaile

Harijan W.

P

Bhawani W.

Parab W.

S

nach
Sawantwadi

Bhavai-
Tempel

0   500 m

Eigene Kartierung.

schlagt wird. Es gibt keinen Großgrundbesitz, der größte Teil der Besitzeinheiten ist kleiner als 1 ha, knapp ein Drittel liegt zwischen 1 und 3 ha, und nur ein Zehntel ist größer als 3 ha. Bei der Maratha-Kaste beträgt er pro Haushalt allerdings über 2 ha. Hauptsächlich durch Realteilung ist der Besitz der einzelnen Familien in den vergangenen Jahrzehnten auf ein Viertel geschrumpft, wozu inzwischen auch die frühe Auflösung der Großfamilie beiträgt.

Wichtigste Anbaufrucht ist Reis, der fast 80 % der kultivierten Fläche einnimmt. Für die Bearbeitung bedient man sich der traditionellen Geräte; Traktoren wären zu teuer in der Anschaffung und lohnen sich nicht auf den kleinen Parzellen. In der Trockenzeit im April/Mai werden Äste, Blätter und Stoppeln auf den Feldern verbrannt. Nach den ersten Monsunregen wird gepflügt und Reis eingesät. Im Juli setzen die Frauen einen Teil der Pflanzen in ein anderes Feld um, der andere Teil bleibt im Saatfeld. Die Ernte fällt in die Monate Oktober und November. Der Reis wird sofort gedroschen, indem man das Stroh auf den Boden schlägt. Danach werden Ochsen im Kreis über das Reisstroh getrieben, um auch die restlichen Körner zu gewinnen.

Von Dezember bis März ist dann mit Bewässerung eine Ernte von Gemüse und Hül-

senfrüchten, evtl. auch eine zweite Reisernte möglich. Ein kleiner Teil der Flächen wird von Kokospalmen, Cashews und Granatäpfeln eingenommen. In jüngster Zeit ist der Anbau von Alphonso-Mangos hinzugekommen, für die sich die südliche Konkan-Küste mit dem Zentrum Ratnagiri als wichtigster Lieferant zur Versorgung von Mumbai entwickelt hat. Die Alphonso-Mangos werden wegen ihres Geschmacks besonders geschätzt. Da sie im Konkan zwei Monate früher reifen als in anderen Anbaugebieten Indiens, erzielen sie sehr hohe Preise. Die Möglichkeit des Lkw-Transportes auf dem National Highway 17 hat zu diesem Aufschwung wesentlich beigetragen.

Kunkeri ist ein relativ konservatives Dorf. Neuerungen in der Landwirtschaft wie verbessertes Saatgut, Kunstdünger und Pestizide werden zwar verwendet, aber gegen eine Flurbereinigung sträubt man sich. Die Ausweitung des lohnenden Gemüse- und Obstbaus wird nur von einzelnen Bauern zögernd aufgegriffen, aber das liegt wohl auch daran, dass nur die reicheren Bauern die Bewässerungsmöglichkeiten für den Gemüsebau nutzen und ein paar Jahre warten können, bis ihre Obstbäume tragen.

Die Viehhaltung dient dem eigenen Bedarf. Als Zugtiere werden Ochsen, aber nur wenige Büffel gehalten. Die Milch kommt von Rindern, seltener von Büffelkühen. Eingekauft wird das Vieh auf dem Markt eines 20 km entfernten und auf den Viehhandel spezialisierten Dorfes. Die Aufzucht von Geflügel geht in drei Betrieben über den eigenen Bedarf hinaus.

Ein tropischer Laub abwerfender Wald nimmt die Hälfte der zum Dorf gehörenden Fläche ein; er gehört zur Kategorie des 'Reserved Forest'. Die Dorfbewohner dürfen ihn als Weide (außer für Ziegen) und zum Holzsammeln für den eigenen Bedarf, aber nicht für den Verkauf nutzen. Von der Forstverwaltung werden Konzessionen für das Fällen von Bäumen an Privatfirmen vergeben.

Kunkeri liegt in einer wirtschaftlich rückständigen Region. Erst seit den 1970er-Jahren bemüht sich die Regierung von Maharashtra um die Entwicklung des Konkan. Die Straßen wurden ausgebaut, sodass Kunkeri heute über einen Abstecher mit der Straße verbunden ist, die von Sawantwadi nach Belgaum auf dem Deccan führt. Das Dorf ist an das Stromnetz angeschlossen. Im 30 km entfernten Kundal hat die Maharashtra Industrial Development Corporation (MIDC) ein Büro eingerichtet, um auf landwirtschaftlicher Produktion basierende Industrien zu fördern. Aber bisher zeigen sich noch keine Auswirkungen in Kunkeri.

Kastengliederung
Die Einwohnerzahl des Dorfes beträgt knapp 1500 und ist in den beiden letzten Jahrzehnten nur geringfügig angestiegen. Alle sind Hindus, über 80 % der Haushalte gehören zur Kaste der *Maratha*, die in Maharashtra verbreitet ist und zu den Kshatrias zählt. Da sie auch als Landbesitzer die wohlhabendsten sind, bilden sie die Dominant Caste des Dorfes. Knapp 10 % der Haushalte sind Dalits, hier als *Mahar* bezeichnet, die kein Land besitzen, das über einen Küchengarten hinausgeht. Sie müssen sich als Landarbeiter verdingen und finden einen zusätzlichen Erwerb als Korbflechter. Die anderen Kasten, die rituell unter den Maratha stehen, sind nur mit wenigen Familien vertreten. Die *Bhandari* sind wie die Maratha Landwirte, die *Dhangar* halten Kühe für die Milchgewinnung, die *Sutar* arbeiten als Zimmerleute bzw. Schreiner, die *Vani* betreiben den Dorfladen und die Teebuden, die *Nhavi* sind Barbiere

und die *Madval* Wäscher. Es wohnen keine Brahmanen im Dorf, sodass für rituelle Handlungen ein Priester aus dem Nachbardorf bestellt (und bezahlt) werden muss.

Das Jajmani-System, hier als 'Baluta'- oder 'Balutedar'-System bezeichnet, ist in gegenseitigem Einvernehmen noch im Gebrauch, doch werden bei der Überzahl der Marathas auch Dalits einbezogen. Sie werden mit Reis, Kokosnüssen u. a. jährlich entlohnt, doch nehmen Geldzahlungen zu. Die strikte Zuordnung von Kaste und Beruf ist in einzelnen Fällen durchbrochen, so gehören die drei Schneider des Dorfes unterschiedlichen Kasten an. Sowohl einige Maratha als auch Mahar arbeiten in Sawantwadi, und ein Bhandari ist dort Bankangestellter. Im Nebenerwerb stellt er mit seinem Sohn Figuren aus Gips her. Das Haus der Familie zeigt, dass sie zu den Wohlhabendsten im Dorf gehören.

Aufgrund der großen Zahl der Marathas werden einige der Weiler nur von ihnen bewohnt. In den übrigen (Chawadi Wadi, Sarune, Pimpal und Parab Wadi) sind dagegen mehrere Kasten vertreten, ausgenommen das Harijan Wadi, in dem nur Dalits leben, und das abseits gelegene Ayanacha Galu mit vier Haushalten der Dhangar-Kaste. Doch hat jede Kaste ihren eigenen Verbrennungsplatz und ihre eigenen 'Tempel', von denen es über ein Dutzend im Dorf gibt. Es sind meist nur kleinere Figuren oder überdachte Schreine im Freien. Nur der große Shri-Devi-Bhavai-Tempel am Eingang des Dorfes wird von allen Kasten besucht.

Ortsbild und Wohnstätten
Im dichter bebauten Teil des Dorfes liegen zentrale Einrichtungen, das Gemeindehaus, wo das Panchayat tagt, mit dem Büro des gewählten Sarpanj, des Bürgermeisters und des von der Regierung bestellten Panchayat-Sekretärs, der 'Fair-Price Shop', wo Nahrungsmittel und Petroleum für die Beleuchtung zu verbilligten Preisen ausgegeben werden, und, etwas außerhalb, die Krankenstation, die zwar kein fließendes Wasser hat, aber eine Krankenschwester und an einem Tag der Woche von einem allopathischen Arzt besucht wird. Die Anzahl der im Postamt eingehenden Geldüberweisungen lässt erkennen, dass eine Reihe von Einheimischen auswärts, vor allem in

Bild 34: *Haus in Kunkeri.*

Mumbai, Thane und Pune Arbeit gefunden haben. Zum 'Hooda-' (Holi-)Fest, das hier eine Woche dauert, kommen aber alle ins Dorf zurück.

Von den beiden Schulen liegt die Mittelschule, die Schüler bis zum Alter von 14 Jahren unterrichtet, im Parab Wadi am Ortseingang und die Grundschule im Chawadi Wadi. Hier befindet sich auch eine kleine 'Bibliothek' mit verstaubten Büchern und älteren Zeitungen. Eine weiterführende Ausbildung, für die Gebühren zu zahlen sind, bietet Sawantwadi, das zudem ein College hat. Von der gesamten Dorfbevölkerung kann über die Hälfte lesen und schreiben, von den 10 – 19-Jährigen sind dies 90 %, wobei die Mädchen, die früher weit zurücklagen, inzwischen mit den Jungen gleichgezogen haben. Zwei Frauen sitzen sogar im Dorfrat, dem Gram Panchayat. Die Sprache ist Marathi, nur wenige sprechen außerdem Hindi.

Die Häuser des Dorfes ähneln sich in ihrer Form (Bild 34). Wegen der starken Regenfälle besitzen sie Dächer, die das Niederschlagswasser schnell ableiten. Sie stehen auf Sockeln, um bei Monsunregen nicht überschwemmt zu werden. Erhebliche Unterschiede bestehen dagegen in ihrer Größe und Ausstattung. Das Haus eines Wohlhabenden ist zweistöckig, aus Ziegelsteinen gebaut, hat ein Dach aus gebrannten Ziegeln (Mangalore Tiles), und die Fußböden sind aus Zement oder Kacheln. Es hat mehrere Räume und eine separate Küche, aber nur selten ein Bad, eine Toilette oder eine Wasserzapfstelle im Haus. Kleinere Häuser sind einstöckig, aus ungebrannten Ziegelsteinen und besitzen Lehmfußböden. Die ärmsten Hütten haben Bambuswände und Strohdächer. Das Mobiliar der Wohlhabenden umfasst einen Tisch, Stühle und eine Bank als Sitzgelegenheit für Gäste sowie bespannte Betten. Eine plastikbezogene Couch, ein Schrank und eine Wand- oder Stehuhr künden von Wohlstand. In den ärmsten Hütten fehlt jedes Möbelstück. An den Wänden hängen Bilder von Familienangehörigen oder Gottheiten. Gekocht wird auf einem Holzfeuer in Aluminium- und Messingtöpfen, serviert wird das Essen in Schüsseln aus Messing oder rostfreiem Stahl. Irdene Gefäße scheinen völlig aus dem Gebrauch gekommen zu sein.

Jüngere Entwicklung

Im sozialen Bereich ist zwar eine Ehe zwischen verschiedenen Kasten noch ausgeschlossen, aber die jungen Leute werden inzwischen um ihre Zustimmung zum Heiratspartner gefragt. 1961 waren die Frauen im Alter von 20 Jahren schon verheiratet. Heute wird allgemein nach dem 20. Lebensjahr geheiratet, bei Männern erst nach 25. Methoden zur Schwangerschaftsverhütung sind den meisten bekannt, aber es ist offen, wieweit sie praktiziert werden. Allerdings ist die Zahl der Ein- bis Neunjährigen im Dorf, die 1961 noch 400 betrug, auf rund 120 zurückgegangen. Der Wunschvorstellung entspricht inzwischen die Kleinfamilie mit zwei Söhnen und einer Tochter. Die Dalits genießen heute mehr Freiheiten und können sich überall im Dorf bewegen. Doch der Abstand ist noch da, und man betrachtet sie als Menschen, für die man sich einem Fremden gegenüber entschuldigen zu müssen glaubt.

Einflüsse von außen wirken immer stärker auf das Dorf ein. Das zeigt sich an Äußerlichkeiten wie der Kleidung. Statt des traditionellen Dhoti tragen die meisten Männer halblange Hosen mit dem Baniyan, einem hemdartigen Oberteil, oder lange Hosen und Hemd. Die Jüngeren kleiden sich mit T-Shirts und Buschhemden, die Mädchen mit kurzem Rock und Bluse, während die Frauen noch den 9-Yards-Sari und Bluse tragen. Zwar gibt es noch keine Telefone und keine Straßenbeleuchtung, aber fast alle Häuser, auch im Harijan Wadi, sind an das Stromnetz angeschlossen und nutzen die Elektrizität für Beleuchtung, Radio und Fernsehen sowie vereinzelt für Ventilatoren, die bei Sommertemperaturen bis zu 37 °C kein Luxus sind. Mit Stolz werden einige Biogasanlagen vorgezeigt, die sich Bauern zur Versorgung des Küchenherds mit staatlicher Unterstützung gebaut haben. Im Dorf gibt es zudem zahlreiche Fahrräder und eine kleine, aber schnell wachsende Zahl von Motorrollern und -rädern.

Nach Sawantwadi fährt fünfmal täglich ein Bus. Es ist für die Einwohner Kunkeris das Tor zu einer anderen Welt mit Einkaufsmöglichkeiten, Kinos und Banken. Hier können auch die geringen Überschüsse aus der Landwirtschaft verkauft werden, die die Frauen mit dem Bus zum Markt bringen.

Aminbhavi: Lage und Landnutzung

Als Beispiel eines kompakten Haufendorfes wird Aminbhavi vorgestellt, das in der Länderkunde von Spate (1954) auf Basis der Untersuchungen von Deshpande beschrieben und in der Auflage 1967 (Spate & Learmonth) durch Angaben von L. S. Bhat ergänzt wird. Eine Befragung und Kartierung wurde im Februar 1999 vom Verfasser durchgeführt (Abb. 60).

Aminbhavi liegt auf dem Deccan, im nordwestlichen Karnataka, etwa 7 km nordöstlich der Stadt Dharwar (Dharwad), mit der es eine gute Asphaltstraße verbindet. Die Ortschaft grenzt im Westen an einen Hügel, der aus Gesteinen des Dharwar-Systems besteht, auf denen sich arme Roterden entwickelt haben. Sie herrschen auch im Bereich der Ortschaft und im Süden vor

und werden als magere Weide genutzt. Die Felder liegen auf den Regurböden im Osten und Nordosten des Dorfes. Wegen der geringen Niederschläge (610 mm) und den begrenzten Bewässerungsmöglichkeiten ist auf dem größten Teil des Areals nur eine Ernte möglich. Feldfrüchte sind Weizen, Jowar-Hirse und Hülsenfrüchte. Einen Schwerpunkt bilden die Cash-Crops Erdnüsse und Baumwolle, was der Landwirtschaft eine deutliche Marktorientierung gibt. Sie wird in jüngerer Zeit verstärkt durch den Anbau von Gemüse und Blumen mit Brunnenbewässerung – vereinzelt unter Verwendung von Sprinklern – für das nahe Dharwar, dessen Milchbedarf auch die Erweiterung des Viehbestandes gefördert hat. Der Verkauf der landwirtschaftlichen Produkte erfolgt in der Regel über Händler bzw. die Molkerei.

Das Dorf zeigt wenig Veränderung gegenüber der Karte bei Spate & Learmonth (1967, S. 200), abgesehen von einer Verdichtung der Häuser und einer Erweiterung im Westen und im Süden. Es hat sich nicht auf die fruchtbaren Böden der Feldflur im Osten ausgedehnt. Die Dorfstraßen sind weitgehend baumlos, aber im Überblick wirkt das Dorf durch Bäume und Sträucher hinter den Häusern fast wie eine grüne Insel zwischen den offenen Feldern.

Ortsbild und Kasten

Die Häuser stehen in geschlossenen Vierteln und grenzen aneinander, zumindest mit den Mauern ihrer Hofräume. Sie lassen den unterschiedlichen Wohlstand erkennen. Die größeren aus Ziegel- oder Bruchstein gebauten Häuser (Bild 35) betritt man über eine verandaartig vorgebaute Plattform, auf der sich tagsüber meist die Frauen aufhalten und abends die Männer, wenn sie vom Feld zurück sind. Hier werden Gäste empfangen. Dahinter liegt der fast fensterlose Hauptraum, in dem auch Vorräte aufbewahrt werden, und, etwas erhöht, das Wohn-, Ess- und Schlafzimmer, dahinter die Küche und der Hof. Die größten Häuser im Norden des Dorfes haben bis zu sechs Räume, die neben der Vorratshaltung auch der Unterstellung des Viehs dienen.

Die Gliederung des Dorfes wird von der Kastenzugehörigkeit bestimmt. Über die Hälfte der 8000 Bewohner gehört zu den Lingayats. Das ist eigentlich keine Kaste,

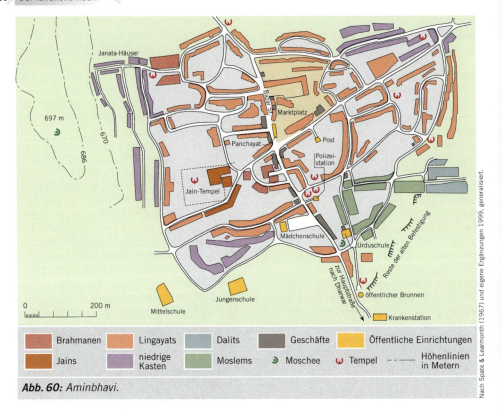

Nach Spate & Learmonth (1967) und eigene Ergänzungen 1999, generalisiert.

Abb. 60: *Aminbhavi.*

Legende:
- Brahmanen
- Jains
- Lingayats
- niedrige Kasten
- Dalits
- Moslems
- Geschäfte
- Moschee
- Öffentliche Einrichtungen
- Tempel
- Höhenlinien in Metern

---

sondern eine Hindu-Reformsekte, die besonders in Karnataka verbreitet ist. Die meisten besitzen Land, das sie selbst bestellen. Die Lingayats sind relativ wohlhabend und für Neuerungen aufgeschlossen. Sie bilden die Dominant Caste des Dorfes. Knapp ein Fünftel der Dorfbewohner sind Muslims, ein sehr hoher Anteil, der auf die Bedeutung des Dorfes in der Zeit des Bijapur-Sultanats hinweist. Unter ihnen sind Handwerker und Ladenbesitzer besonders stark vertreten. Sie wohnen in einem Viertel nahe der Moschee, das sich von den anderen Teilen des Dorfes durch dichtere Bebauung und engere Gassen unterscheidet. Ein verfallener Torbogen am Eingang und Mauerreste deuten auf eine frühere Ummauerung hin.

Randlich liegen die Hütten der Talwars, die zahlenmäßig die stärkste untere Kaste bilden und die als Lohnarbeiter in der Landwirtschaft oder als Hauspersonal ihren Unterhalt zu verdienen suchen. Die Hütten der Dalits befinden sich außerhalb des eigentlichen Dorfes. Gering ist die Zahl der Brahmanen, die zwei getrennte Viertel bewohnen, und der Jains, die zwar die größten Grundbesitzer sind, aber ihr Land nicht selbst bearbeiten. Einige der wohlhabenden Brahmanen, die Deshpandes aus dem nördlichen Viertel, sind nach Dharwar gezogen, wo sie Stellen in der Verwaltung oder in Bereichen fanden, die ihrer Bildung – und ihren Beziehungen – entsprechen. Ihre stattlichen Häuser sind heute ungepflegt und verfallen. Die Reichsten und die wirklich Tonangebenden im Dorf sind die wenigen Jains. Die Häuser sind z.T. zweistöckig und von einem großen ummauerten Grundstück umgeben, auf dem sich ein Tempel mit einer Figur aus Malachit befindet, die aus dem 5. Jh. stammen soll. Hier ist eine Pilgerstätte im Bau, mit Spenden von Jains aus ganz Indien gefördert, um 5000 Menschen aufzunehmen. Außer den genannten, zahlenmäßig stark vertretenen Kasten beherbergt das Dorf noch einige niedrige Kasten, die z.T. nur mit wenigen Familien vertreten und in der Karte zusammengefasst sind. Dazu gehören verschiedene Handwerker, Steinbrucharbeiter oder Hirten, die heu-

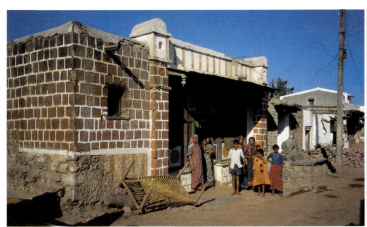

Bild 35: *Haus in Aminbhavi.*

te mit ihren Ochsengespannen als 'Transportunternehmer' tätig sind.

Am Hang des Hügels im Westen, der von einer kleinen Moschee gekrönt ist, wurden von der Regierung 'Janata'-Häuser gebaut, die an Familien vergeben werden, deren Einkommen unter dem Existenzminimum liegt. Sie stehen voneinander getrennt und haben etwa 15 m^2 Grundfläche. Ihr vorderer Teil dient als Wohnraum, das hintere Drittel als Küche und eine Ecke als Bad. Etwas älter sind am Hang gelegene 'Zweifamilienhütten', für die die Grundstücke zur Verfügung gestellt, die aber in Eigenarbeit errichtet wurden.

Am Ortseingang befindet sich ein großer gemauerter öffentlicher Brunnen. Ferner gibt es mehrere private Brunnen im nördlichen Teil des Dorfes, die den Kastenvierteln zugeordnet sind. Eine öffentliche Versorgung mit Trinkwasser ist zwar vorhanden, doch funktionieren nur wenige der Hydranten, sodass die Leitung in kleinen Gruben vor den Häusern angezapft wird. Zwei Teiche befinden sich etwa 1 km nördlich. Sie werden für das Vieh genutzt.

Aminbhavi hat eine große Moschee im Dorf, eine kleine auf dem Hügel im Westen sowie mehrere Hindu-Tempel von sehr unterschiedlicher Größe und Ausstattung. Die Schulen liegen am südlichen Rand des Dorfes. Es gibt je eine Grundschule für Jungen und Mädchen, eine Urdu-Schule in der Nähe der Moschee und eine gebührenpflichtige Secondary School, in der 300 Jungen und Mädchen, die auch aus Nachbarorten kommen, in getrennten Klassen unterrich-

tet werden. An öffentlichen Gebäuden sind Postamt, Polizeistation, Panchayat und die neue Krankenstation zu nennen. Im Zentrum, am Marktplatz und der Basarstraße sowie nahe der Moschee im Muslimviertel liegen einige Läden und Teebuden. Außerhalb befindet sich im Nordwesten der Dreschplatz am Rand eines Teiches, der mit zwei weiteren eine bescheidene Bewässerung ermöglicht und für das Vieh genutzt wird. Auf halbem Weg dorthin gibt es eine große moderne Geflügelfarm.

Die Entwicklung der letzten Jahrzehnte hat auch in Aminbhavi ihre Spuren hinterlassen: Es ist an die Stromversorgung angeschlossen, auf einigen Häusern stehen Fernsehantennen. Ferner gibt es zahlreiche Traktoren und eine Pumpenbewässerung. Auch Kunstdünger und Pestizide werden verwendet. Nach Dharwar besteht eine stündliche Busverbindung. Zum Markttag, am Dienstag, ist das halbe Dorf dorthin unterwegs. An anderen Wochentagen sind es einige hundert Pendler, die dort arbeiten. Meist handelt es sich um schlecht bezahlte Tätigkeiten, z.B. am Bau oder als Lastenträger, aber gerade für die landlosen unteren Kasten ergibt sich dadurch doch die Möglichkeit eines Verdienstes. Die Nähe der großen Stadt hat die landwirtschaftliche Produktion begünstigt und verändert, ein Vorteil, der in erster Linie den größeren und fortschrittlicheren Bauern zugute kommt. Sie beeinflusst aber auch den Lebensstil durch höhere Mobilität, mehr Informationen sowie neue Ansprüche infolge eines breiteren Konsumangebots.

Die Besitzverhältnisse in der Landwirtschaft

Außer den Nachteilen, die von der Natur ausgehen, wird die indische Landwirtschaft durch einen Komplex sozialer und wirtschaftlicher Probleme erschwert. Bis zur Unabhängigkeit konzentrierte sich der Besitz in weiten Teilen Indiens auf Großgrundbesitzer, die ihr Land verpachteten. Sowohl beim Pachtland als auch bei den kleinen Landbesitzern herrschte eine extreme Zersplitterung der bewirtschafteten Flächen vor; Landbesitztitel und Pachtverhältnisse waren nur unzureichend erfasst.

In einer ländlichen Gesellschaft bedeuten Grund und Boden Existenzgrundlage und Statussymbol. Da er nicht mehr vermehrbar, d.h. eine Ausweitung der Flächen kaum möglich ist, wird der ursprüngliche Familienbesitz von Generation zu Generation weiter aufgeteilt. Mit zunehmender Bevölkerung verringerten sich die Besitzgrößen, sodass sie bei den kleineren Bauern nicht mehr ausreichten, um eine Familie zu ernähren. Eine Verschuldung wurde damit unvermeidlich. Das führte wiederum zum Verlust des Landes an örtliche Geldverleiher oder an große Landbesitzer und zu einer wachsenden Zahl landloser Arbeiter. Da die wohlhabenderen Landbesitzer und Geldverleiher zu den höheren Kasten, die kleinen Besitzer und Pächter sowie die Landarbeiter zu den unteren Kasten gehörten, nahmen sowohl die wirtschaftlichen als auch die sozialen Gegensätze zu.

Großgrundbesitzer

Als die Briten von Calcutta aus das Landesinnere eroberten, fanden sie eine Situation vor, in der Steuereinnehmer, deren Amt schon seit langem erblich geworden war, de facto den Status von Grundbesitzern innehatten. Sie verpachteten das Land über eine Kette von 'Middle Men' als Zwischenpächter an die Bauern. Die Ostindische Gesellschaft übernahm das System, da es einfacher war, die Steuern von wenigen Steuereinnehmern zu erheben als von Tausenden einzelner Bauern. 1793 erließen die Briten den 'Permanent Settlement Act' und schrieben damit die an sie abzuführenden Steuern für alle Zeiten fest. Damit sollte ein Anreiz zu Investitionen in der Landwirtschaft gegeben werden – tatsächlich war das Ge-

genteil der Fall. Zwar bestätigte das Gesetz die erblichen Rechte der Bauern, beschränkte sie jedoch auf die Funktion als Pächter und nicht mehr als Eigentümer des Landes, das sie bearbeiteten. Es machte die Steuereinnehmer, die *Zamindars*, jetzt auch de jure zu Grundbesitzern mit vollen Eigentumsrechten.

Mit dem Ansteigen der Grund- und Bodenwerte, insbesondere infolge des Anbaus von Marktfrüchten wie Jute, wuchsen die Pachten der Bauern, während die an die Briten abzuführenden Steuern gleich blieben. In Gebieten, die von den Zamindars neu erschlossen wurden, wie im östlichen Bengalen, dem heutigen Bangladesh, brauchten sie überhaupt keine Abgaben zu zahlen. Hatte der von den Zamindars abzuführende Anteil ursprünglich noch neun Zehntel der Bruttopacht betragen, so ging er bis 1900 auf ein Viertel zurück (Platt 1962, S. 177). Damit war Spielraum für weitere Zwischenpächter geschaffen, die dieses Amt ersteigerten, und häufig hatten 15 bis 20 solcher Middle Men ihren Anteil an den Pachtzahlungen der Bauern.

Als die Nachteile des Permanent Settlement-Systems offensichtlich geworden waren, führten die Briten in den später von ihnen eroberten Gebieten ein 'Zamindari System Without Permanent Settlement' ein, das die Steuersätze periodisch neu festsetzte. Sie standen sich bei dieser Art der Steuererhebung besser, und die Kette der Middle Men war kürzer, da für sie ein geringerer Gewinn abfiel. In anderen Teilen Indiens, z.B. im heutigen Rajasthan und in Saurashtra, gab es Varianten des Zamindari-Systems. Für besondere Dienste gegenüber dem Grundherrn wurden in den Fürstentümern Ländereien als Lehen (Jagir) vergeben. Später richteten auch die Briten solche Jagirs ein, und die *Jagirdars* wurden Großgrundbesitzern gleichgestellt. Zur Zeit der Unabhängigkeit nahm das unter Zamindari- oder verwandten Systemen erfasste Land nahezu die Hälfte der Anbaufläche ein.

Der Großgrundbesitz wurde in zahlreiche Parzellen aufgeteilt und verpachtet, also nicht als Betriebseinheit bewirtschaftet. Der Zamindar – oft als 'Absentee Landlord' nicht auf dem Land wohnend – nahm aber keine Investitionen vor, um höhere Einkünfte zu erzielen. Vielmehr suchte er diese durch Pachtsteigerungen zu erreichen, an der wiederum die Zwischenpächter partizipierten. Da die Bearbeiter des Landes die Hälfte und mehr ihres Ertrages als Pacht abzuführen hatten und außerdem das Risiko schlechter Ernten bei ungewissen Monsunniederschlägen trugen, fehlten ihnen nicht nur die Mittel für Anbauverbesserungen, sondern auch Anreize zur Produktivitätssteigerung. Das trug zum Festhalten an antiquierten Methoden bei.

Bauern, Pächter und Arbeiter

Im Nordwesten, den die Briten später besetzten, herrschte nicht das Zamindari-, sondern das *Mahalwari*-System vor, bei dem die Dorfgemeinschaft (Mahal = Dorf) in ihrer Gesamtheit zur Steuerzahlung veranschlagt wurde. Da die Bauern jedoch ihr Land beleihen lassen konnten, bestand die Gefahr der Verschuldung und eines Verlusts des Landes.

Eine weitere Variante war mit dem *Ryotwari*-System im westlichen und südlichen Indien verbreitet. Es wurde Anfang des 19. Jh.s von den Briten eingeführt, um eine Ausplünderung der Bauern wie in den Zamindari-Gebieten zu verhindern. Die Ryots hatten den Status dauerhafter 'Staatspächter' des Bodens, den sie meist selbst bearbeiteten, aber auch in Teilen verpachteten. Ihre verbrieften und vererbbaren Rechte entsprachen faktisch einem Grundbesitz des Landes, das verkauft oder beliehen werden konnte. Die Abgaben wurden direkt an die Regierung gezahlt und in Abständen von 20 bis 40 Jahren neu festgelegt; sie betrugen gewöhnlich 20 bis 25 % des Bruttoertrages.

Bei allen Systemen nahm also das Pachtland einen mehr oder weniger großen Teil der Anbauflächen ein. Die Formen der Pacht waren jedoch unterschiedlich. Die als 'Protected Tenants' (auch Occupancy Tenants) bezeichneten unkündbaren Pächter hatten ein im Grundbuch verbrieftes Erbpachtrecht. Die 'Tenants at Will', auch Ordinary Tenants oder Unprotected Tenants genannt, waren Pächter mit mündlichen, zeitlich nicht fixierten Verträgen, die aber meist ihr Pachtland über längere Zeit behielten. Die indische Statistik bezeichnet alle, die eigenes oder gepachtetes Land bearbeiten, als 'Cultivator'. Besonders am unteren Ende der Besitz- und Pachtskala verwischen sich die Verhältnisse. Viele Bauern sind nicht in der Lage, vom eigenen Land zu leben, und pachten Land hinzu. Andere und Kleinstpächter sind gezwungen, selbst oder mit ihren Familien zusätzlich für ihren Lebensunterhalt auf dem Land größerer Grundbesitzer oder außerhalb der Landwirtschaft zu arbeiten.

Die landlosen Arbeiter (Landless Labourers) ohne eigenen Besitz oder Pachtland gehören in der Regel zu den untersten Kasten und den Dalits. Ihr Einkommen ist äußerst gering und unsicher, denn sie finden in der Landwirtschaft nur saisonale Arbeit. Sie versuchen daher, nebenher auch außerhalb der Landwirtschaft zu arbeiten. Die Statistik weist allerdings keine landlosen Arbeiter aus, sondern 'landwirtschaftliche Arbeiter' (Agricultural Labourers), die den größeren Teil ihres Einkommens für Arbeiten erhalten, die sie auf dem Land anderer leisten. Hierzu zählen auch Kleinstbauern oder Pächter, die zu wenig Land haben, um ihre Existenz zu sichern. Dabei können zwei Gruppen unterschieden werden. Zur ersten gehören diejenigen, die für einen bestimmten Grundbesitzer auf der Basis einer schriftlichen oder mündlichen Vereinbarung arbeiten. Zur zweiten Gruppe zählen die Tagelöhner, die bei verschiedenen Grundbesitzern arbeiten. An ihrer geringen Bezahlung hat auch die gesetzliche Festlegung von Mindestlöhnen kaum etwas geändert, weil das Angebot von Arbeitsuchenden für einen großen Teil des Jahres die Nachfrage weit übersteigt. Die Zahl der landlosen Arbeiter ist bereits seit Beginn des 20. Jh.s absolut und relativ gewaltig gestiegen und hatte 1991 75 Mio. erreicht (Ind. Agric. 2000, S. 137). Der Hauptgrund dafür ist das Bevölkerungswachstum, dem keine entsprechende Zunahme von Anbauflächen oder von Arbeitsplätzen außerhalb der Landwirtschaft gegenübersteht. So sind viele Kleinbauern in die Landlosigkeit abgesunken.

Schuldknechtschaft

Es gibt sogar landlose Arbeiter, die gezwungen sind, für einen bestimmten Gläubiger in Schuldknechtschaft zu arbeiten. Sie werden als 'Bonded Labourers' oder 'Attached Labourers' bezeichnet und haben nicht einmal die Freiheit, ihr Dorf zu verlassen und sich anderweitig Arbeit zu suchen. Bonded Labour entsteht, wenn Landarbeiter Kredite in Bargeld oder in Waren aufnehmen und sich gegenüber dem Gläubiger verpflichten, ihre Schulden durch Arbeit abzutragen. Diese können z.B. während einer Krankheit, um Nahrungsmittel zu kaufen, für die Mitgift einer Tochter oder zur Veranstaltung eines Festes aufgenommen worden sein. Bei extrem hohen Zinsen und der Forderung, die gesamte Summe in einem Betrag zurückzuzahlen, ist eine Begleichung der Schulden natürlich unmöglich.

Da die Schuldner zum Überleben immer neue Kredite aufnehmen müssen, sind sie in einem Teufelskreis gefangen. Selbst ganze Familien arbeiten als Bonded Labourers, und sehr oft war die Schuldknechtschaft sogar erblich. Der Einsatz solcher abhängigen Arbeiter beschränkte sich nicht auf die Landwirtschaft. Sie konnten auch gezwungen werden, z. B. in einer Ziegelei oder in einem Steinbruch zu arbeiten oder ihre Kinder an Teppichknüpfereien oder Bidi-Zigarettenmanufakturen abzugeben. Die Regierung hat zwar 1976 dieses System per Gesetz aufgelöst und die Arbeiter aus ihrer Zwangsknechtschaft sowie den damit zusammenhängenden Schulden befreit. Aber wie in vielen Fällen besteht zwischen dem Erlass eines Gesetzes und seiner Durchführung eine große Diskrepanz, und es ist erstaunlich, mit welcher Selbstverständlichkeit die Schuldner ihren Verpflichtungen nachkommen.

Landreformen

Die Congress-Partei hatte die Forderung, das Land dem zu geben, der es bearbeitet ('Land to the Tiller'), schon früh in ihr Programm aufgenommen. Nach der Unabhängigkeit leitete sie daher Landreformen ein, um das Zamindari-System mit seinen Mittelsmännern zu beseitigen und den ungleichen Bodenbesitz aufzuheben. In den 1950er und 60er-Jahren erfolgte eine Festlegung von Besitzobergrenzen pro Person. Das durch Überschreiten der Besitzobergrenzen verfügbare, als 'überschüssig' erklärte Land sollte vor allem an landlose Arbeiter umverteilt werden. Ungenaue oder fehlende Grundbuchauszüge und eine bestechliche Verwaltung verzögerten jedoch die Umsetzung der Landreform. Die personenbezogene Obergrenze erlaubte es den Großgrundbesitzern, den Gesamtbesitz formal auf die Familienmitglieder aufzuteilen.

Daraufhin erließ die Zentralregierung 1972 Richtlinien für niedrigere Obergrenzen, die zudem auf Familienbasis festgelegt werden sollten. Der zulässige Besitz wurde je nach Bundesstaat auf 10 bis 18 Acres (4,0 – 7,3 ha) Bewässerungsland mit Doppelernten oder bis rund 54 Acres (ca. 22 ha) unbewässertes Land begrenzt (INDIA 1998, S. 358). Ausnahmen waren für Plantagen sowie einige spezialisierte kommerzielle Betriebsformen vorgesehen. Entschädigungsklagen der Zamindars und deren Strategie, weitere Gesetzeslücken und Ausnahmeregeln auszunutzen, haben auch diese Landverteilung blockiert. Als wichtigste gilt die Möglichkeit, Land für den eigenen Anbau (Personal Cultivation) zu behalten, was sogar die Kündigung von Pachtverhältnissen ermöglicht. Eigener Anbau lässt jedoch auch die Bewirtschaftung unter Anweisung des Grundbesitzers, Mitgliedern seiner Familie oder eines Verwalters mit Tagelöhnern zu.

Entgegen offiziellen Verlautbarungen, der Großgrundbesitz sei abgeschafft, gilt das nur für die größten Besitztümer. Vielerorts hat er nur die Erscheinungsform geändert, und das Land wurde an Familienangehörige oder fiktive Käufer übertragen, denn die Landbesitzer waren politisch einflussreich. Nur die kommunistisch regierten Bundesstaaten Kerala und West Bengal setzten die Landreform konsequent durch. Demgegenüber haben sich die Besitzverhältnisse in Bihar nur wenig geändert. Zwischen beiden Extremen liegt der größte Teil des Landes, in dem zwar die Feudalstrukturen aufgebrochen wurden, ohne jedoch die Verhältnisse der Landlosen oder der Familien mit Kleinbesitz entscheidend zu verbessern. Von 3 Mio. ha 'Überschussland' wurden bis Mitte der 1990er-Jahre 2,1 Mio. ha an ca. 5,1 Mio. Begünstigte verteilt, darunter 36 % an Scheduled Castes und 14 % an Scheduled Tribes (INDIA 1998, S. 358). Aber mit einer Fläche von weniger als einem halben Hektar pro Familie kann weder ein Ausgleich der Besitzverhältnisse noch eine Existenzsicherung erreicht werden, umso weniger als das Land meist von schlechter Qualität ist.

Die Auswirkungen der Bodenreform auf die Pachtverhältnisse brachten in der Regel den schon vorher besser Gestellten Vorteile und den kleinen und armen Pächtern Nachteile. Die Unkündbarkeit der Protected Tenants wurde gefestigt und der Pachtzins reduziert, sodass ihre heutige Stellung derjenigen der Ryots entspricht, und wie diese werden sie auch bereit sein, Investitionen auf ihrem Land vorzunehmen. Diese Pächter konnten das eigenbewirtschaftete Land kaufen und den Kaufpreis, der auf das Zehnfache des jährlichen Ertrags festgesetzt war, in einem Zeitraum von 10 bis 20 Jahren abzahlen. Davon machten jedoch nur relativ wenige Gebrauch, denn bei gesicherten Pachtverhältnissen war der Unterschied zwischen unkündbarer Pacht und Besitz nur gering. Benachteiligt waren dagegen die Tenants at Will oder Unprotected Tenants. Da ihre Rechte nicht im Grundbuch eingetragen waren, wurden sie in vielen Bundesstaaten nicht anerkannt. Häufig zwangen die Grundbesitzer ihre Pächter zu einer Erklärung, dass sie an einem Kauf nicht interessiert seien.

Die ungesicherte Verpachtung hat sich im Zuge der Landreform erheblich ausgeweitet, weil mit kurzfristiger Verpachtung die Entstehung neuer Rechte verhindert werden kann. Ein Teil der Tenants at Will hat sein Pachtland durch Kündigung ganz verloren und gehört jetzt zu den landlosen Arbeitern.

Eine Bilanz der Landreform wird ihr nur einen Teilerfolg bestätigen können: Die großen Zamindars haben Land gegen Entschädigung abgeben müssen, die Mittelsmänner wurden abgeschafft. Die Bauern mit mittlerem Grundbesitz (Maliks) konnten sich verbessern. Das mag auch für einen geringen Teil der Kleinbauern (Kisans) gelten, während andere ihr Land verloren haben. Aber für die Arbeiter (Mazdoors) hat sich in der Regel die Situation verschlechtert.

Die Betriebsgrößen

Eines der wichtigsten Hemmnisse für die Entwicklung der indischen Landwirtschaft sind die geringen Betriebsgrößen. 59 % der landwirtschaftlichen Betriebe weisen weniger als 1 ha Wirtschaftsfläche auf und weitere 19 % zwischen 1 und 2 ha. Betriebe unter 1 ha reichen nicht zur Ernährung einer Familie aus. Das dürfte auch für die meisten Betriebe bis zu einer Größe von 2 ha gelten. Mehr als drei Viertel aller landwirtschaftlichen Betriebe Indiens bearbeiten jedoch weniger als 2 ha. Auf sie entfällt nur ein Drittel der bewirtschafteten Fläche. Weitere 13 % der Betriebe haben 2 bis 4 ha. Sie bewirtschaften 23 % der Gesamtfläche. Großbetriebe mit mehr als 10 ha sind mit 1,6 % an der Anzahl der Betriebe, jedoch mit 17 % an der bewirtschafteten Fläche beteiligt. Generell zeigt sich eine Tendenz zur Abnahme der Betriebsgrößen in den letzten Jahrzehnten (Ind. Agric. 2000, S. 164).

Die Statistiken geben keine Auskunft über die tatsächlichen Besitzverhältnisse, obwohl sie im Zusammenhang mit den Landreformen von größter Wichtigkeit sein müssten. Eine Aussage wird auch dadurch erschwert, dass sich der Begriff 'Holding' auf die bewirtschaftete Fläche bezieht, also sowohl gepachtetes Land als auch Eigentum umfasst und die Betriebsgrößen nicht den Besitzgrößen entsprechen. Das bewirtschaftete Land kann also ganz im Besitz des Bauern sein oder es ist gepachtet oder teilweise Eigen- und teilweise Pachtland. Obgleich im ganzen Land Kleinstbetriebe vorherrschen, variiert die Durchschnittsgröße von Staat zu Staat. Sie reicht von 0,3 ha in Kerala und jeweils 0,9 ha in West Bengal, Bihar und Uttar Pradesh bis zu 4 ha im Punjab und in Arunachal Pradesh und sogar 7 ha in Nagaland. Die Gründe für die Unterschiede der in den Bundesstaaten gesetzlich zugelassenen Betriebsgrößen sind in den natürlichen Gegebenheiten, der Bevölkerungsdichte und im Umfang der Durchsetzung der Landreformen zu suchen.

Realteilung und Parzellierung

Die Ursache für die Entstehung von Kleinstbesitz ist das Erbrecht. Realteilung ist sowohl unter Muslims als auch unter

Hindus üblich. Nach einigen Generationen ist selbst ein mittlerer oder größerer Betrieb zersplittert. Die Parzellierung wird noch dadurch verstärkt, dass jeder Erbe an jedem Feld beteiligt ist, damit alle gleiche Anteile an guten und schlechten Böden, an bewässertem und unbewässertem Land erhalten. Die hohe Wertschätzung von Landbesitz und die emotionale Bindung, die jeder Sohn an das Land seines Vaters hat, aber auch die Mittellosigkeit verhindern eine Auszahlung des Erbteils. Selbst ein Sohn, der in der Stadt Arbeit gefunden hat, wird an seinem Landanteil festhalten und ihn entweder seiner Familie zur Bearbeitung überlassen oder verpachten.

Die extreme Parzellierung bringt eine Reihe von Nachteilen. Manche Parzellen sind so klein, dass sie nicht mehr sinnvoll bearbeitet werden können. Misra & Puri (1997, S. 383) führen Schätzungen an, nach denen im Punjab, wo die Parzellierung noch am wenigsten ausgeprägt ist, 6 % der Anbaufläche dadurch unbewirtschaftet bleiben. Weitere 3 – 5 % gehen infolge von Grenzziehungen verloren. Streitigkeiten über Grenzziehungen und Erbschaftsauseinandersetzungen gehören zur Tagesordnung in den Dörfern und beschäftigen ein Heer von Advokaten in jahrelangen Prozessen. Da neben den Anwälten auch die Zeugen bezahlt werden müssen, bleibt selbst bei einem Prozesserfolg oft nichts übrig. In vielen Fällen unterliegt die Feldbestellung einem Flurzwang, denn da die einzelnen Parzellen nicht separat zugänglich sind, müssen sich die Bauern einem gemeinsamen Anbauschema unterordnen. Die Parzellierung führt zudem zu langen Wegen. So benutzen viele Bauern immer noch den leichten Holzpflug, der sich auf der Schulter von Feld zu Feld tragen lässt.

Dennoch waren die Erträge auf den Feldern der Kleinstbauern oft höher als auf größeren Betriebseinheiten, da sie zu einer extrem intensiven Bodennutzung mit doppelten Ernten und dem Verzicht auf Zwischenbrachen gezwungen waren. Dies hat sich mit der Einführung von Hochertragssorten und verbesserten Anbaumethoden gewandelt. Sie machen die größeren Betriebe effektiver, weil sich die Kleinstbetriebe keine modernen Geräte, wie z. B. eine Bewässerungspumpe, leisten können.

Genossenschaften

Um den Auswirkungen der Besitz- und Betriebszersplitterungen entgegenzuwirken, wurde seit Mitte der 1950er-Jahre die Gründung von Genossenschaften gefördert, die eine gemeinsame Bewirtschaftung größerer, zusammenhängender Areale in der Gemeinde ermöglichen sollten. Eine durchgreifende Änderung der Betriebsstruktur wäre allerdings nur zu erreichen, wenn die gesamte Flur eines Dorfes, oder zumindest ihr größter Teil, zu einer Betriebseinheit zusammengefasst würde. Das scheitert jedoch an der Sozialstruktur in den Dörfern, denn die erforderliche Zusammenarbeit der Angehörigen von Kasten unterschiedlicher Rangordnung ist nicht möglich. Den Genossenschaften traten daher meist nur die Mitglieder der niederen Kasten bei, die geringen oder marginalen Landbesitz haben. Zudem brachte man auch nicht den gesamten Besitz in die Genossenschaft ein, sondern einzelne minderwertige Parzellen. Diese wurden in *Joint Farming Societies*, bei Erhalt der individuellen Eigentumsrechte, gemeinsam bewirtschaftet.

Die Gründung von Produktionsgenossenschaften mit kollektivem Besitz als einer zweiten Genossenschaftsform bot sich vor allem dort an, wo der Staat Land aus der Landreform an Landlose verteilt hatte.

Doch bei der Bedeutung, die eigener Landbesitz in der Wertvorstellung der Neubauern hatte, wurden solche Kollektive mit gemeinsamem Land, gemeinsamer Arbeit und gemeinsamen Geräten nicht akzeptiert. In der Praxis bedeuteten sie kaum eine Veränderung gegenüber der früheren Lohnarbeit bei den größeren Bauern. Zudem war das den Landlosen zugewiesene Land oft nur unfruchtbares Ödland. Die Mitglieder der Kooperativen waren Analphabeten und für verbesserte Anbaumethoden wenig aufgeschlossen, die Leiter der Genossenschaften häufig unfähig, unehrlich oder beides. Bei den Anbaukollektiven, die unter günstigeren Bedingungen auf bewässertem Land arbeiteten – z.B. im Nordwesten, wo Land nach der Teilung des Subkontinents durch die Flucht muslimischer Bauern frei wurde und neu verteilt werden konnte –, waren die individuellen Initiativen so eingeschränkt, dass die Kooperativen auseinander fielen.

Wohlhabendere Bauern standen den landwirtschaftlichen Produktionsgenossenschaften ohnehin ablehnend gegenüber, denn deren Ziel war ja nicht nur die Verbesserung der betrieblichen Strukturen, sondern auch der Ausgleich von sozialen und wirtschaftlichen Gegensätzen in der ländlichen Bevölkerung, der nur zu Lasten der größeren Bauern erfolgen konnte. Das Kastenwesen und die vielfältigen Abhängigkeiten der kleinen Bauern gegenüber den größeren Landbesitzern haben die Gründung von Produktionsgenossenschaften sicherlich erschwert. Zudem wurde ein großer Teil der Genossenschaften nur gegründet, um staatliche Zuschüsse zu erhalten, die aber selten bis zu den mittellosen Kleinbauern gelangten. Somit vermitteln die über ihre Anzahl und Mitgliedschaft vorliegenden Statistiken ein falsches Bild. Inzwischen hat der Staat die Förderung solcher Genossenschaften eingestellt. Erfolgreicher waren spezialisierte Genossenschaften in Bereichen des ländlichen Kreditwesens, der Vermarktung und des Einkaufs, die sich aus dem bäuerlichen Mittelstand rekrutierten. Die besondere Stellung der Milchgenossenschaften, vor allem im Bundesstaat Gujarat, wird bei der Viehwirtschaft behandelt.

Programme zur Dorfentwicklung

Community Development Programme

Landreformen allein – selbst wenn sie konsequent durchgeführt worden wären – reichen nicht aus, um die Lage der ärmeren ländlichen Bevölkerung grundlegend zu verbessern. Daher wurde 1952 das Dorfentwicklungsprogramm (CDP-Community Development Programme) ins Leben gerufen. Mit Unterstützung des Staates und durch Bereitstellung technischer und finanzieller Hilfe und Beratung sollte die ländliche Bevölkerung in die Lage versetzt werden, ihre Lebensbedingungen durch Selbsthilfe zu verbessern. Es ging dabei nicht nur um mehr Nahrung und bessere Versorgung, sondern vielmehr um einen Wandel in der Grundeinstellung der ländlichen Bevölkerung zu mehr Eigeninitiative. Die hatte sie nach jahrhundertelanger Armut, die sie infolge ihres hinduistischen Glaubens sogar akzeptierte, verloren.

Die Organisationsstruktur dieser Programme reichte vom zentralen Ministerium für ländliche Entwicklung über die mehr als 5000 'Blöcke', in die Indien eingeteilt wurde, mit jeweils etwa 100 000 Einwohnern und einem Stab von Experten und Helfern bis unmittelbar in die Dörfer. Hier sollte die Dorfbevölkerung aktiv an den Entscheidungen beteiligt und eine demokratische Dezentralisierung der Planung sowie eine Selbstverwaltung der Dörfer (Panchayat Raj) angestrebt werden.

Bei der Sozialstruktur der Dörfer können aber keine Beschlüsse erwartet werden, die im Interesse des ganzen Dorfes liegen. Bestimmend ist vielmehr die im Dorf dominierende Gruppe, die von der Regierung an die Panchayats delegierte Aufgaben und Befugnisse zum eigenen Vorteil nutzt. Sie wird dabei von Politikern unterstützt, die bei jedem Entwicklungsvorhaben die Mitglieder ihrer Kaste und Partei begünstigen. Die Vertreter der unterprivilegierten Schichten in den Dörfern können sich dagegen kaum durchsetzen, denn sie sind zu abhängig und ungebildet. Auch hatten sie keinen Einfluss auf die Planung der Maßnahmen, die der 'Extension Officer', der staatliche Entwicklungsexperte, bestimmte. Die Pläne zeigten zudem keine Anpassung an lokale Probleme oder Notwendigkeiten, sondern waren für alle Dörfer gleich. Doch hat das Dorfentwicklungsprogramm auch Erfolge aufzuweisen. Dazu gehört vor allem

- der Straßenbau zur Erleichterung des Marktzugangs,
- die Elektrifizierung zum Einsatz von Bewässerungspumpen,
- die Errichtung von Schulen und
- die Verbesserung der Krankenversorgung.

Für die schnelle Ausbreitung des Dorfentwicklungsprogramms stand zu wenig geschultes Personal zur Verfügung. Es kam meist aus den Städten und hatte wenig Verständnis und Einfühlungsvermögen für die ländliche Bevölkerung. Einige Kritiker halten deshalb die Vergrößerung des Verwaltungsapparates für das bemerkenswerteste Kennzeichen des Community Development-Programms. Zu häufig lag der Schwerpunkt der Aktivitäten auf Einrichtungen, die für besuchende Würdenträger vorzeigbar waren, beispielsweise ein Schulgebäude oder ein Gemeinschaftshaus. Oft blieb es bei der Grundsteinlegung, die in Indien fast rituellen Charakter hat. Schließlich waren die verfügbaren Mittel zu gering, um alle notwendigen Vorhaben verwirklichen zu können. Die Errungenschaften im Bereich der technischen und sozialen Infrastruktur zeigten nicht die erwarteten Sickereffekte und führten nicht zur Teilnahme der armen Bevölkerung am wirtschaftlichen Fortschritt. Vor allem wurde das Ziel einer sozialen und wirtschaftlichen Erneuerung der Dörfer auf demokratischer Basis nicht erreicht.

Weitere Programme

Dem CDP folgten weitere Programme, die wegen ihrer verwirrenden Vielzahl im Folgenden nur im Überblick hinsichtlich ihrer Zielsetzungen und Erfolge bzw. ihrer Probleme bei der praktischen Durchführung aufgezeigt werden.

Dem Ausgleich regionaler Disparitäten gelten eine Reihe von Programmen zur Förderung der Landwirtschaft außerhalb der Gunsträume. Sie richten sich auf dürregefährdete Gebiete (Drought Prone Areas Programme – DPAP), auf Wüsten (Desert Development Programme – DDP), auf gebirgige Regionen (Hill Area Development Programme – HADP) und auf Siedlungsgebiete der Stammesbevölkerung (Integrated Tribal Development Programme – ITDP). Viele dieser Maßnahmen überschnitten sich, wurden nur in Teilaspekten verfolgt oder nahmen eine ungewünschte Entwicklung.

Nach 1978 schuf man ein neues Programm zur ländlichen Entwicklung, das *Integrated Rural Development Programme* (IRDP). Es zielte im Wesentlichen darauf, den Lebensstandard der ärmsten Familien auf dem Land, der Klein- und Kleinstbauern, der landlosen Arbeiter und der Handwerker über die Armutsgrenze zu heben. Dazu wurden drei Wege eingeschlagen:

■ Die Beschäftigung Arbeitsloser oder Unterbeschäftigter: Das 'Food for Work Programme' setzt Arbeitslose aus der Landwirtschaft für Arbeiten zur Verbesserung der ländlichen Infrastruktur ein und entlohnt sie mit Nahrungsmitteln. So konnte die Regierung ihre Lagerhaltung abbauen, Kosten sparen und noch dazu den Arbeitslosen eine Beschäftigung bieten. Das Food for Work Programme wurde 1980 als 'National Rural Employment Programme' (NREP) neu aufgelegt und 1989 mit dem 'Rural Landless Employment Guarantee Programme' (RLEGP) – ein Programm nur für Landlose, das ihnen eine Arbeitszeit von 100 Tagen im Jahr garantiert – zum 'Jawahar Rozgar Yojana' (JRY) zusammengefasst, das sowohl der Unterstützung der Armen als auch dem Aufbau ländlicher Infrastruktur dient.

■ Unterstützung für die Aufnahme neuer Aktivitäten hauptsächlich im primären und tertiären Sektor: Für notwendige Investitionen, z. B. den Kauf einer Kuh oder einer Nähmaschine, waren finanzielle Hilfen vorgesehen, davon ein Drittel als Zuschuss der Zentralregierung und zwei Drittel als Bankkredit.

■ Schaffung eines Ausbildungsprogramms, um die Chancen einer Existenzgründung zu erhöhen: Das 'National Scheme of Training of Rural Youth For Self-Employment' (TRYSEM) bildet Jugendliche für eine Beschäftigung aus und vermittelt ihnen nach der Ausbildung einen Kredit, um eine selbständige Tätigkeit aufnehmen zu können (INDIA 1998, S. 349ff.).

Die Hilfen wurden in großem Umfang in Anspruch genommen, sodass vielen Geförderten geholfen werden konnte. Aber es zeigten sich auch Schwächen der Programme. Aufgrund der ländlichen Beziehungsgeflechte erreichte ein Teil der Fördermittel nicht die Ärmsten, denn die Kontrolle über die Auswahl der Geförderten und die Verwendung der Kredite war unzureichend. Häufig hat die Auswahl der Aktivitäten nicht den lokal verfügbaren Möglichkeiten entsprochen, und die Zuschüsse führten nicht zu einer dauerhaften Einkommensverbesserung der Empfänger.

DIE LANDWIRTSCHAFT

Bild 36: *Bewässerung mit dem 'Persischen Rad'. Bewässerung ist in weiten Teilen Indiens eine der wichtigsten Voraussetzungen für den Erfolg der Landwirtschaft. In dem Häuschen – links im Mittelgrund – arbeitet eine elektrische Pumpe.*

Überblick

- Indien ist ein Agrarland. Obwohl der Anteil der Landwirtschaft am Bruttoinlandsprodukt rückläufig ist, prägt sie immer noch die indische Wirtschaft.
- Die Grüne Revolution wies in einer kritischen Ernährungslage neue Wege der landwirtschaftlichen Produktion und sicherte die Selbstversorgung. Sie hat aber auch soziale Auswirkungen.
- Die Bewässerung, die in verschiedenen Formen praktiziert wird, ist eine der wichtigsten Voraussetzungen für die Ertragssteigerung. Ergänzende Maßnahmen umfassen die Mechanisierung, die Verbesserung des Kreditwesens und die Vermarktung.
- Das Klima bestimmt in den verschiedenen Landesteilen Anbauperioden und -formen sowie die große Vielfalt von landwirtschaftlichen Produkten.
- Indien hat zwar den größten Rinderbestand der Erde, aber die Viehhaltung ist wenig effizient. Allerdings hat die Milchversorgung in den letzten Jahrzehnten so große Fortschritte gemacht, dass von einer 'Weißen Revolution' gesprochen wird.
- Tee und Kaffee haben die Plantagenwirtschaft in vorher fast ungenutzte Regionen vordringen lassen. Der Eigenverbrauch ist inzwischen sehr hoch, doch sind sie auch wichtige Devisenbringer.

Die Stellung der Landwirtschaft

Der Anteil der Landwirtschaft am Bruttoinlandsprodukt ist von 56 % im Jahr 1950–1951 auf etwa 31% im Jahr 1998–99 zurückgegangen (Tata 2000–01, S. 10). Dieser Wert kann auch als Indiz für den gesamtwirtschaftlichen Entwicklungsstand angesehen werden. In der Bundesrepublik Deutschland beträgt er 1,1%, in den Vereinigten Staaten 1,6 % und in Australien 3%. Im asiatischen Vergleich weisen Pakistan 26,1%, Indonesien 16,3 % sowie Malaysia 11,7 % auf (Fischer Weltalmanach 2001).

Die Verflechtung der landwirtschaftlichen Produktion mit der übrigen Wirtschaft ist vielfältig. Nahrungsmittel werden in der Dorfwirtschaft und in der Kleinindustrie, beispielsweise in Öl- und Reismühlen, verarbeitet. Agrarische Rohstoffe wie Jute, Baumwolle oder Zuckerrohr und inzwischen auch Früchte bilden die Grundlage von Industriezweigen, die exportorientiert produzieren. Ebenso sind Landwirtschaft und ländliche Bevölkerung wichtige Abnehmer industrieller Güter.

Die größte Bedeutung der indischen Landwirtschaft liegt aber in der Nahrungsmittelproduktion. Die Erntemengen von Getreide und Hülsenfrüchten konnten von 51 Mio. t (1950–51) auf 199 Mio. t gesteigert werden (Ec. Surv. 1999–2000). Während der Anteil der Nettoimporte am Gesamtangebot der Nahrungsmittel in den 1960er-Jahren noch 8 bis 10 % betrug, ist heute nicht nur die Selbstversorgung weitgehend gesichert, sondern es wird sogar Getreide exportiert. Die Steigerung der Produktion gelang vor allem durch eine Intensivierung, da kaum noch Land für die Ausweitung des Anbaus verfügbar war. Die Erfolge sind jedoch regional unterschiedlich, und im Durchschnitt liegen die Flächenerträge Indiens noch weit unter denen anderer Länder. Bei Weizen erreichten sie 34 % Frankreichs und 70 % Chinas. Für Reis liegen die Vergleichswerte bei 46 % bzw. 48 % der Hektarerträge Japans und Chinas (Tata 2000–01, S. 248).

In der Kolonialzeit stellte die Landwirtschaft wertmäßig den weit überwiegenden Teil der Exporte. Doch inzwischen sank ihr Anteil am Gesamtexport Indiens trotz absoluter Zuwächse von wertmäßig 44 % im Jahr 1960–61 auf knapp 15 % 1999–2000 (Tata 2000–01, S.82), eine Entwicklung, die auf die überproportionale Exportsteigerung industrieller Produkte zurückzuführen ist. Zudem veränderte sich die Zusammensetzung der exportierten Agrarprodukte. Tee machte bis in die 1960er-Jahre noch die Hälfte der Exporte aus. Inzwischen sind Cashews wichtiger. Berücksichtigt man die industriell weiterverarbeiteten Agrarprodukte wie Stoffe und Leder, so ist die Landwirtschaft immer noch wesentlich am Export beteiligt. Bei den Importen landwirtschaftlicher Güter, die nur 5,6 % der Gesamtimporte ausmachen, dominieren pflanzliche Öle mit 70 %. Durch Zölle unterschiedlicher Höhe sollen die Einfuhr gesteuert und die indischen Erzeugerpreise gestützt werden.

Bei der Erwerbstätigkeit nimmt die Landwirtschaft mit 61 % der Beschäftigten eine überragende Rolle ein. Doch bei stark wachsender Bevölkerung und der enormen Besitzzersplitterung werden trotz Intensivierung die Arbeitsmöglichkeiten immer geringer, was sich in Unterbeschäftigung und Arbeitslosigkeit niederschlägt. Der Vergleich mit industrialisierten Ländern, die nur wenige Prozent landwirtschaftlich Beschäftigte aufweisen, und selbst mit Entwicklungsländern wie Indonesien (50%), Pakistan (48%), Ägypten (35%) oder Malaysia (15%) (Ind. Agric. 2000) lässt die Übersetzung der indischen Landwirtschaft und damit die geringe Produktivität der Arbeitskräfte erkennen.

Trotz technischer Fortschritte in den letzten Jahrzehnten sind ein niedriger Ausrüstungsstand sowie Kapitalmangel und ein Arbeitskräfteüberschuss für die indische Landwirtschaft prägend.

Die Grüne Revolution

Das vorausgegangene Kapitel ließ erkennen, welche Schwierigkeiten einer Verbesserung der sozialen Verhältnisse auf dem Land entgegenstehen. Die folgenden Ausführungen konzentrieren sich auf technische und wirtschaftliche Aspekte der Landwirtschaft, und zeigen, dass deren Veränderungen auch soziale Implikationen haben.

Bevölkerungswachstum und stagnierende Nahrungsmittelproduktion steuerten bereits in den letzten Jahrzehnten der Kolonialherrschaft auf eine Krise zu. Sie verschärfte sich mit der Teilung des Landes. Die an Pakistan gefallenen Gebiete des westlichen Punjab und Sind waren Überschussgebiete gewesen, die Getreide an andere Teile des Subkontinents geliefert hatten. Nach einigen guten Erntejahren während des ersten Fünfjahresplans konzentrierte die Regierung ihre Investitionen auf eine schnelle Industrialisierung. Doch ab 1955 wurde die Situation kritisch: Nach schlechten Ernten war Getreide knapp, und die Nahrungsmittelpreise stiegen. Zwischen 1956 und 1966 überbrückte ein Vertrag mit den USA, der Reis- und vor allem Weizenimporte gegen Rupien-Zahlungen ermöglichte, die Krise. Von 3 Mio. t im Jahre 1956 nahmen sie bis 1966 auf 10,4 Mio. t zu. Eine schnelle Steigerung der eigenen landwirtschaftlichen Produktion war notwendig, denn die Getreideimporte überstiegen auf Dauer die Zahlungsfähigkeit Indiens. Die Möglichkeiten der Produktionssteigerung durch Vergrößerung der Anbauflächen waren weitgehend erschöpft, und so blieb nur die Intensivierung durch eine Erhöhung der Flächenerträge.

Wege zur Ertragssteigerung

Um die Erträge zu steigern, mussten die begrenzten Mittel auf diejenigen Regionen konzentriert werden, die den größten Erfolg versprachen. Das waren zunächst die Weizenanbaugebiete im Norden Indiens, die über gute Bewässerungsmöglichkeiten, größere Betriebe und eine Bauernschaft verfügten, die für Neuerungen aufgeschlossen war. Sie wurden ab Mitte der 1960er-Jahre durch das *Intensive Agriculture Area Programme* (IAAP) gefördert, auch *Package Programme* genannt, weil es mit einem Bündel von Maßnahmen verbunden war. Dazu gehörten

- die Einführung von Hochertragssorten,
- die Versorgung mit Kunstdünger und Pestiziden,
- die Elektrifizierung zum Betrieb von Pumpen,
- die Mechanisierung der Landwirtschaft,
- Preisgarantien für Weizen und Reis,
- Erleichterung der Vermarktung,
- eine umfassende Beratung,
- eine Verbesserung der Bewässerungsmöglichkeiten.

Die Steigerung der Produktion war so eindrucksvoll, dass sie als 'Grüne Revolution' bezeichnet wird.

Neue hybride Hochertragssorten (High Yielding Varieties, HYV) des Weizens, die in Mexiko entwickelt worden waren, wurden Mitte der 1960er-Jahre erstmals in Indien eingesetzt. Sie reifen früher, erzielen einen wesentlich höheren Ertrag und sind resistenter gegen Pflanzenkrankheiten. Schon nach einem Jahr stiegen die Erträge um 25 bis 100 % an. Die Anbaufläche mit Hochertragssorten wurde daraufhin schnell ausgeweitet. Sie erreicht heute beim Weizen 86 %, beim Reis, bei dem die Entwicklung später einsetzte, 74 % und sogar bei den Hirsesorten, die erst seit den 1980er-Jahren am Aufschwung teilnahmen, 70 – 80 % (Tata 2000 – 01, S. 47). Die Gesamterntemenge beträgt inzwischen fast 190 Mio. t Getreide und der staatliche Getreidevorrat mehr als 42 Mio. t (Ind. Agric. 2000, S. 38 f.).

Dann ging man zur Kreuzung von mexikanischen und indischen Varietäten über, um Saatgetreide zu erhalten, das den indischen Verhältnissen besonders angepasst war. Bei der Entwicklung und Erprobung neuen Saatguts haben die landwirtschaftlichen Universitäten und indischen Forschungsinstitutionen hervorragende Arbeit geleistet. Die anschließende Markteinführung und Verbreitung der bewährten Hochertragssorten (Certified Seeds) erfolgte über Musterfarmen der Bundesstaaten sowie über registrierte Saatgutfirmen.

Für höhere Erträge oder eine zweite Ernte waren jedoch gesteigerte Düngemittelgaben notwendig. Die indischen Bauern verwendeten aber nur einen Bruchteil des für den Erhalt der Bodenproduktivität notwendigen Düngers. So waren die ohnehin an organischer Substanz und Stickstoff armen Böden erschöpft und die Erträge bereits seit Beginn dieses Jahrhunderts rückläufig. Natürlicher Dung steht für die Felder nur sehr begrenzt zur Verfügung. Ein großer Teil des Kuhdungs wird als Brennmaterial verwendet (Bild 37), Ernterückstände werden verfüttert und kaum als Dünger genutzt, Reststoffe aus der Weiterverarbeitung von Agrarerzeugnissen wie z. B. stickstoffreiche Ölkuchen nur bei Marktfrüchten wie Baumwolle und Zuckerrohr oder im Gemüseanbau eingesetzt. Die Ertragssteigerungen seit Ende der 1960er-Jahre waren daher mit dem Einsatz von Handelsdünger verbunden. Dessen Verbrauch stieg von wenigen hundert Tonnen 1960 auf 16,5 Mio. t (Ind. Agric. 2000, S. 237). Fehler der Industriepolitik führten dazu, dass erhebliche Mengen eingeführt werden mussten, doch ist inzwischen der Importanteil auf ein Viertel zurückgegangen.

In den einzelnen Landesteilen ist der Düngemitteleinsatz sehr unterschiedlich, wobei die Staaten mit der modernsten Landwirtschaft wie Punjab und Haryana vorne liegen. Der durchschnittliche Düngereinsatz reicht von 21,9 kg/ha Anbaufläche in Assam bis zu 175,8 kg/ha im Punjab, bei einem Landesdurchschnitt von 87,5 kg/ha (Ind. Agric. 2000, S. 238f.). Obwohl sich die Erträge durch höhere Handelsdüngerzugaben steigern lassen, hat oftmals der Glaube der Bauern, der unbegrenzte Einsatz von Dünger könne Wunder bewirken, zu einer Überdüngung mit negativen Folgen für Gewässer und Böden geführt.

Erhebliche Ernteeinbußen sind auf unzureichenden Pflanzenschutz zurückzuführen. Die Hochertragssorten haben ihm eine größere Bedeutung gegeben, da zusätzliche Bewässerung und Düngung das Wachstum von Unkräutern fördert. Der Einsatz von Herbiziden und Pestiziden, der zu Beginn des ersten Fünfjahresplans noch unbedeutend war, ist inzwischen erheblich gestiegen und weist ebenfalls regionale Unterschiede auf. Problematisch ist der geringe Kenntnisstand der Bauern über die Gefährlichkeit der Gifte für Menschen und Um-

welt sowie der richtige mengenmäßige und zeitliche Einsatz. Der ist zudem wenig effektiv, wenn er nicht breitflächig, sondern nur auf relativ kleinen Parzellen geschieht. Schließlich führt mangelhafte Lagerhaltung der Ernten zu weiteren Verlusten in der Größenordnung von einem Fünftel durch Verderben, Schädlingsbefall oder Mäuse und Ratten.

Für die weiterhin notwendige Steigerung der landwirtschaftlichen Produktion geben zwar die Methoden der Grünen Revolution noch einigen Spielraum, aber die Spanne zwischen Aufwand und Ertrag wird geringer, und neue Wege sind erforderlich. Gentechnisch verbessertes Saatgut brächte größere Resistenz gegen Pflanzenkrankheiten, hätte allerdings einen Nachteil: Die Bauern können nicht mehr auf ihr eigenes Saatgut zurückgreifen, sondern müssen es bei entsprechenden Firmen kaufen.

Eine weitere Möglichkeit der Produktionssteigerung bietet das 'Dry Farming' für Sorten mit größerer Toleranz bei ungünstigen Boden- und Niederschlagsverhältnissen, ferner die Züchtung von trockenheitsresistenteren Hochertragssorten wie der Hirsen, die bisher vernachlässigt wurde (Manshard & Mäckel 1995, S. 100–102).

Soziale Auswirkungen der Grünen Revolution

Zur Bewertung der Grünen Revolution gibt es eine umfangreiche Diskussion, die aber häufig die Ausgangssituation und die wirtschaftlichen Zwänge unzureichend berücksichtigt.

Mit der Konzentration der Maßnahmen auf bevorzugte Gebiete, insbesondere den Punjab, Haryana und das westliche Uttar Pradesh, war eine Vertiefung regionaler Disparitäten gegenüber weniger begünstigten Gebieten vorprogrammiert. Letztlich besteht jedoch immer ein Gegensatz zwischen Gunst- und Ungunsträumen, der durch technische Veränderungen bei der Produktion lediglich verstärkt wird. Dennoch war nicht nur die natürliche Ausstattung der Schlüssel zum Erfolg des Nordwestens, wie der Vergleich mit Bihar zeigt. Hier herrschen zwar durchaus günstige Bedingungen für den Anbau vor, doch standen die sozialen Verhältnisse einem Aufgreifen der Neuerungen entgegen. Mit einer Verzögerung haben inzwischen auch die Reis anbauen-

Bild 37: *Kuhdung als Brennstoff. Der Kuhdung wird mit Stroh gemischt und getrocknet.*

den Regionen des Ostens und Südens die neuen Produktionsmethoden aufgenommen, sodass sich die Disparitäten verringerten. Aber die optimalen Bedingungen des Nordwestens wurden nur selten erreicht.

Hier kam die Förderung besonders den mittleren und größeren Betrieben zugute, die in der Lage waren, Überschüsse zu erzielen, und deren Inhaber über bessere Kenntnisse verfügten, um Neuerungen aufzugreifen und umzusetzen. Daher richtet sich die Kritik an der Grünen Revolution vor allem darauf, dass die Produktionssteigerungen nicht mit einer größeren Verteilungsgerechtigkeit einherging.

Die neuen Programme waren vornehmlich wachstumsorientiert. Ohne Wachstum, so lautete die Argumentation, gebe es nichts zu verteilen. Die erwarteten 'Trickle-down-Effekte', die für die armen Gruppen der ländlichen Bevölkerung eine Verbesserung ihres Einkommens gebracht hätten, seien ausgeblieben; vielmehr seien nur die größeren Bauern durch die neuen Anbautechniken begünstigt worden. Bohle (1989, S. 98) hat daher die Grüne Revolution als (landwirtschaftliches) Wachstum ohne (ländliche) Entwicklung charakterisiert.

Im Anfangsstadium, als die Inputs für eine moderne Landwirtschaft noch knapp waren, gingen sie an diejenigen, die in der Lage waren, sie Gewinn bringend einzusetzen und letztlich dadurch am meisten dafür bezahlen konnten. Inzwischen sind Saatgut, Dünger und Pestizide leichter verfügbar, und so haben auch kleinere Bauern ihre Produktion steigern können. Doch gibt es Aufwendungen, die sich erst ab einer bestimmten Flächengröße lohnen. Auf winzigen Parzellen ist der Einsatz von Traktoren unmöglich und der von Pflanzenschutzmitteln wenig sinnvoll, wenn keine Übereinstimmung mit dem Nachbarn besteht.

Zur Bewässerung können sich nur wohlhabende größere Bauern teure Tiefbrunnen leisten. Kleinbauern verfügen weder über die Mittel noch über die Kreditwürdigkeit, da ihre kleinen Flächen den Bau eigener Brunnen nicht rechtfertigen. So ist es zu einer 'Privatisierung' der Grundwasservorräte gekommen, wobei Brunnenbesitzer ihr Wasser in der Regel an kleinere Bauern verkaufen (Bohle 1989, S. 95). Auch bei der Kanalbewässerung, die überwiegend vom Staat bereitgestellt wird, sind die kleineren Bauern benachteiligt. Zu Zeiten des höchsten Bedarfs steht oft nicht genügend Wasser für alle Felder zur Verfügung, und es sind dann die großen Bauern, die sich den größten Anteil sichern.

Da der marktorientierte Anbau jetzt lohnender war als die Pachteinnahmen, gingen die größeren Landbesitzer dazu über, ihr Land selbst zu bewirtschaften und die Pachtverträge aufzuheben. Zum Teil fanden die jetzt landlosen Kleinbauern eine Beschäftigung in der Landwirtschaft. Denn obwohl der Maschineneinsatz grundsätzlich Arbeit freisetzt, kann er auch zur Mehrarbeit führen, wenn er z. B. Mehrfachernten ermöglicht. Der Bedarf an Arbeitskräften ist daher gestiegen und die Dauer ihrer Einsatzmöglichkeiten verlängert worden, obwohl, wie überall in der Landwirtschaft, arbeitslose Zeiten verbleiben. Insgesamt ist, insbesondere zu Zeiten der Arbeitsspitzen, ein Anstieg der Löhne zu verzeichnen. Doch können diese durch den Zustrom von billigen Landarbeitern aus benachbarten armen Dörfern oder von Wanderarbeitern aus entfernteren Gebieten, in denen die Grüne Revolution noch nicht gegriffen hat, nivelliert werden.

Der oft erhobene Vorwurf, die Grüne Revolution habe die Reichen reicher und die Armen ärmer gemacht, ist nur in seinem ersten Teil richtig. Ein Teil der Armen hat sein Einkommen verbessern können, und den meisten geht es nicht schlechter als früher. Am wachsenden Wohlstand haben sie jedoch nicht partizipiert, und zweifellos haben sich die Gegensätze zwischen Arm und Reich vergrößert. Das aber ist nicht nur eine Folge der Grünen Revolution, sondern vielmehr auf die Bevölkerungszunahme und fehlende alternative Arbeitsmöglichkeiten zurückzuführen. Es ist nicht möglich, eine ständig wachsende Landbevölkerung in der Landwirtschaft zu beschäftigen, genauso wenig, wie die wachsende Stadtbevölkerung aus zahllosen in Subsistenzwirtschaft arbeitenden Betrieben ernährt werden kann. Während in den westlichen Industrieländern mit der Agrarrevolution eine industrielle Revolution einherging und die ländliche Bevölkerung in die Industrien strömte, bietet Indiens Industrie für eine ausreichende Beschäftigung zu wenig Arbeitsplätze. So bleiben Kleinstbauern und Landlose auf dem Land, in einer Umgebung, in der alle Nachteile des indischen Lebens und seiner Gesellschaft zum Tragen kommen: Kastenwesen, Analphabetentum und Krankheiten. Durch ihr Zusammenwirken wird ein Großteil der ländlichen Bevölkerung in Armut gehalten.

Die Bewässerung

Die Steigerung der landwirtschaftlichen Produktion ist aufs Engste mit Möglichkeiten der Bewässerung verbunden, die deshalb hier ausführlicher behandelt wird. Der Überblick über die natürlichen Bedingungen der Landwirtschaft machte deutlich, wie wichtig die Verfügbarkeit von Wasser ist. Bewässerung erlaubt nicht nur den Anbau in Gebieten, die für den Regenfeldbau zu trocken sind. Sie bietet wegen der starken Schwankungen der Monsunregen eine größere Sicherheit für die Erträge, ermöglicht eine zweite Ernte außerhalb der Hauptregenzeit und bildet schließlich die Voraussetzung für den Anbau ertragreicher Getreidesorten.

Die Bewässerung hat auf dem Subkontinent eine sehr lange Tradition. Schon die Indus-Kultur basierte auf der Bewässerungstechnik. In den Zeiten der blühenden Reiche im Süden entstanden Wehre an der Wurzel der Flussdeltas, so am Kaveri (Cau-very) und anderen Flüssen der Ostküste. Der größte Teil der Kanalbewässerung ist jedoch ein Werk der letzten 150 Jahre. Die Briten haben ältere Bewässerungsanlagen wiederhergestellt und vergrößert, vor allem im Osten der Halbinsel, und neue Bewässerungsanlagen gebaut, vor allem im Norden und im Punjab an den nördlichen Indus- und Ganga-Zuflüssen. Zum Zeitpunkt der Unabhängigkeit verfügte Indien über rund 21 Mio. ha bewässerter Fläche, die inzwischen auf 53,5 Mio. ha erweitert wurde. Werden die Flächen mit Mehrfachernten berücksichtigt, so erhöht sich die effektive Bewässerungsfläche auf 73,3 Mio. ha. (Tata 2000 – 01, S. 45). Nur im Nordosten Indiens (Assam und umliegende Staaten) mit hohen Niederschlägen und einer langen Regenperiode spielt die Bewässerung keine Rolle. Drei wichtige Arten der Bewässerung werden hierbei unterschieden: Kanäle, Stauweiher und Brunnen (Abb. 61).

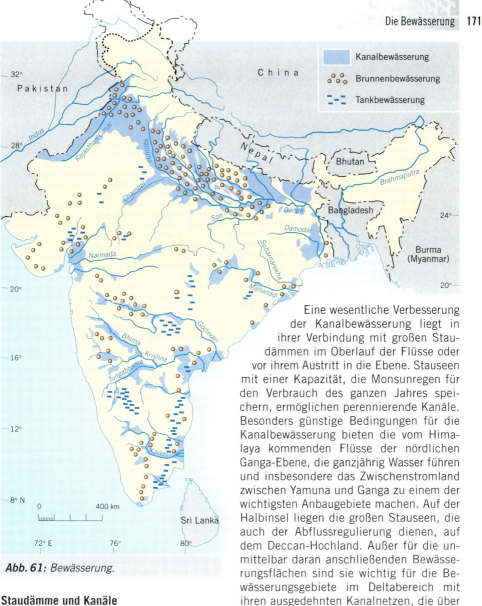

Nach Muthiah (1987) (verändert).

Abb. 61: *Bewässerung.*

Legende:
- Kanalbewässerung
- Brunnenbewässerung
- Tankbewässerung

Staudämme und Kanäle

Auf die Kanalbewässerung entfallen 17 Mio. ha, das entspricht fast einem Drittel der bewässerten Fläche (Ind. Agric. 2000, S. 33). Die ältere Form der Kanalbewässerung basiert auf Überflutungskanälen, die von einem Wehr im Fluss seitlich abzweigen. Ihr Nachteil liegt darin, dass bei niedriger Wasserführung des Flusses, meist also zu der Zeit, wenn das Wasser am nötigsten gebraucht wird, der Aufstau zu gering ist und die Kanäle leer bleiben. Dementsprechend war auch der Ausbau eines Netzes von Bewässerungskanälen nur begrenzt möglich.

Eine wesentliche Verbesserung der Kanalbewässerung liegt in ihrer Verbindung mit großen Staudämmen im Oberlauf der Flüsse oder vor ihrem Austritt in die Ebene. Stauseen mit einer Kapazität, die Monsunregen für den Verbrauch des ganzen Jahres speichern, ermöglichen perennierende Kanäle. Besonders günstige Bedingungen für die Kanalbewässerung bieten die vom Himalaya kommenden Flüsse der nördlichen Ganga-Ebene, die ganzjährig Wasser führen und insbesondere das Zwischenstromland zwischen Yamuna und Ganga zu einem der wichtigsten Anbaugebiete machen. Auf der Halbinsel liegen die großen Stauseen, die auch der Abflussregulierung dienen, auf dem Deccan-Hochland. Außer für die unmittelbar daran anschließenden Bewässerungsflächen sind sie wichtig für die Bewässerungsgebiete im Deltabereich mit ihren ausgedehnten Kanalnetzen, die über die Flüsse gespeist werden.

Ein Nachteil der Kanalbewässerung liegt in den Verlusten durch Verdunstung und vor allem durch Versickerung des Wassers. Während die Verdunstung nur die verfügbare Wassermenge verringert, hat das entlang von nicht ausgekleideten Kanälen einsickernde Wasser den Grundwasserspiegel angehoben. Dies führt zu Staunässe und später zur Versalzung der Böden. Da unter den trocken-heißen Klimabedingungen Bodenwasser an die Oberfläche steigt und verdunstet, werden hier die gelösten Salze

Bild 38: *Tank bei Dharwar (Karnataka). Die Tanks dienen nicht nur der Bewässerung, sondern auch zum Waschen von Menschen und Tieren.*

ausgeschieden und bilden eine feste Kruste, die das Land unfruchtbar macht. Die übermäßige Feldbewässerung durch die Bauern, die an den realen Wasserkosten nur im geringen Umfang beteiligt sind, sowie eine unzureichende Drainage haben diesen Prozess verstärkt.

Der Bau von Staudämmen und Kanälen erfolgt durch die Zentralregierung bzw. die Bundesstaaten. Die Verantwortung für die Verteilung des Wassers liegt beim 'Subdivisional Officer', einem Ingenieur, der für den Hauptkanal zuständig ist. In der Regel soll das Kanalwasser über eine größtmögliche Fläche verteilt werden, um sicherzustellen, dass allen Bauern eine Mindestmenge zur Verfügung steht. Da jedoch für die Bewässerung der richtige Zeitpunkt entscheidend ist, und die Wassermengen nicht immer ausreichen, bietet sich ein weites Feld für Bestechung, denn der zuständige Beamte hat sich dieses einträgliche Amt nicht selten von seinen Vorgesetzten gegen eine entsprechende Zahlung gekauft.

Stauweiher und Brunnen

Stauweiher (Tanks) kommen vor allem auf den undurchlässigen Rotlehmböden der südlichen und östlichen Halbinsel vor. In sanften Mulden wird das Wasser eines lokal begrenzten Einzugsgebietes, meist Ödland, während der Monsunperiode durch einen kleinen Erdwall gestaut. An Bachläufen reihen sich solche Tanks oft zu Ketten hintereinander. Sind sie gefüllt, werden sie zur Bewässerung der unterhalb liegenden Felder genutzt. In der Trockenzeit sinkt der Wasserstand schnell. Nur wenige Tanks halten ganzjährig Wasser, denn bei relativ kleinem Volumen und großer Oberfläche ist die Verdunstung sehr hoch. Anschließend ist in den fast ausgetrockneten Tanks aber noch Reisanbau möglich. Die Versickerung aus den Weihern hebt zudem den Grundwasserspiegel unterhalb der Abdämmung an, sodass hier das Wasser leicht mit Pumpen gehoben werden kann. Die Verschlammung durch eingespülte Feinsedimente hat zwar den Vorteil, die Böden der Tanks fruchtbar zu machen, aber im Laufe der Zeit wird so ihre Speicherkapazität stark verringert. 3,1 Mio. ha (5,8 %) der Bewässerungsfläche werden über Tanks versorgt (Ind. Agric. 2000, S. 33), doch ist diese Art der Bewässerung rückläufig (Bild 38).

Bei hohem Grundwasserspiegel werden Brunnen zur Bewässerung der Felder genutzt, wie in der nördlichen Ganga-Ebene vom Punjab bis Bihar und in den Deltagebieten der Ostküste, zum Teil also in den Gebieten mit Kanalbewässerung, aber auch dort, wo der Staudammbau schwierig ist, wie in Teilen des Deccan.

Die einfachen Formen der Wasserförderung mittels traditioneller Brunnen haben sich bis heute erhalten. Die 'Ticottah' besteht aus einem senkrechten Pfahl, auf dem ein waagerechter, beweglicher Pfahl als Hebel aufliegt. An einem Ende ist ein Eimer befestigt, mit dem das Wasser aus dem Brunnen herausgeholt wird. Das andere Ende ist mit einem Stein beschwert, um diese Arbeit zu erleichtern. Wird das Wasser aus mehr als fünf Metern Tiefe gehoben, bedient man sich der so genannten 'Mhote' (in Südindien 'Kabalai'). Dies ist eine Rampe, die an ihrem oberen Ende bis zum Brunnenschacht führt. Büffel werden rückwärts die Rampe hinaufgetrieben und dabei wird das an einem Seil über eine Rolle laufende Gefäß herabgelassen. Dann ziehen die Büffel, indem sie die Rampe abwärts laufen, den gefüllten Eimer wieder hoch. Besonders im Norden ist das 'Persische Rad' weit verbreitet. Es besteht aus einer endlosen Eimerkette, die über ein vertikales Rad läuft, das über Zahnräder mit einem horizontalen Rad verbunden ist. Dies wird von rund um den Brunnen laufenden Ochsen – in Rajasthan auch von Kamelen – angetrieben (vgl. Bild 36).

Wegen des hohen Einsatzes von menschlicher Arbeitskraft und Tieren ist die traditionelle Brunnenbewässerung, auf die 22 % der Bewässerungsfläche entfallen, eine aufwändige Förderung, mit der jeweils nur eine kleine Fläche bewässert werden kann. Sie wird beim Anbau hochwertiger Produkte wie Gemüse oder Zuckerrohr auf guten und gedüngten Böden eingesetzt.

Tiefbrunnen und Grundwasser

Die Einführung von Diesel- und mehr noch von Elektropumpen hat der Brunnenbewässerung eine neue Dimension eröffnet. Motorpumpen gestatten die Anlage von Tiefbrunnen, die größere Flächen bewässern können. Auf dem Deccan und in Rajasthan, wo Grundwasser in größeren Tiefen vorkommt, haben diese Brunnen oft erst eine Bewässerung möglich gemacht. Die 'Tube Wells' können für die Bewässerung gezielter eingesetzt und schneller gebaut werden als große Kanalsysteme. Sie versorgen ein Drittel der Bewässerungsfläche.

Falls der Staat Tiefbrunnen bohrt, übernimmt er auch die Anlage der ersten Kanalkilometer. Den Rest des Verteilungssystems müssen die Bauern erstellen. Für das Wasser wird eine Gebühr verlangt, die aber in der Regel nicht die Kosten deckt. Dennoch wird so ein sorgfältigerer Umgang mit dem Bewässerungswasser erreicht als bei der Kanalbewässerung. Ferner legen vermögende Bauern Tiefbrunnen für den eigenen Verbrauch an, u.U. verkaufen sie einen Teil des Wassers an andere Bauern. Inzwischen werden auch Sprinkleranlagen, die eine rationelle Bewässerung ermöglichen, beim Anbau von Marktfrüchten verwendet.

Eine Gefahr der Tiefbrunnen liegt in einer Wasserentnahme, die weit über die mit traditionellen Methoden erreichbaren Mengen hinausgeht und die Regeneration der Grundwasserreservoire gefährdet. In der Ganga-Ebene trat bisher noch keine Erschöpfung der Grundwasservorräte auf, trotz der wachsenden Zahl der Tiefbrunnen. Das Alluvium bildet hier mit seinen feinen bis groben Sanden ein großes Wasserreservoir. Das Grundwasser wird außer durch den lokalen Niederschlag auch durch den Abfluss vom Himalaya ergänzt, der in die durchlässigen Sedimente am Gebirgsfuß einsickert. Nur in einzelnen Distrikten des Punjab, von Haryana und des westlichen Uttar Pradesh wurden Absenkungen des Grundwasserspiegels festgestellt. Kritischer erscheint die Situation dagegen in den Zuckerrohranbaugebieten von Maharashtra auf dem westlichen Deccan. Doch auch der Untergrund der Halbinsel enthält mehr Grundwasser als ursprünglich angenommen wurde. Vom jährlich nutzbaren Grundwasserpotential auf der Halbinsel wird bislang nur etwa ein Viertel genutzt. Die Schätzungen für das gesamte Grundwasserpotential Indiens bis in 300 m Tiefe belaufen sich auf etwa das Zehnfache des mittleren Jahresniederschlags (Muthiah 1987, S. 76).

Potentiale und Projekte

Trotz der erheblichen Erweiterungen der Bewässerungsfläche sind die Möglichkeiten der Bewässerung noch nicht erschöpft. Das größtmögliche Bewässerungspotential wird mit 113,5 Mio. ha angegeben (Tata 1999 – 2000, S. 66). Solche Zahlen sind jedoch mit Vorsicht zu betrachten, denn sicher liegt eine breite Spanne zwischen dem, was technisch möglich, und dem, was wirtschaftlich und ökologisch sinnvoll ist. So ist es um die Pläne zum Bau eines gigantischen 'National Water Grid' still geworden. Diese entstanden in den 1960er-Jahren und sahen eine Verbindung aller großen Flüsse vor, um Wasser vom Himalaya-Rand durch die Halbinsel bis in den Süden zu leiten.

Bewässerungsprojekte werden nach der jeweils bewässerbaren Fläche (Culturable Command Area) eingestuft. Sie beträgt bei großen Projekten über 10 000 ha, bei mittleren zwischen 2000 und 10 000 und bei kleinen unter 2000 ha. Große und lohnende Projekte wurden bereits in früheren Planungsperioden fertig gestellt. Es sind meist Mehrzweckprojekte, die außer der Bewäs-serung auch der Energiegewinnung und der Flutkontrolle dienen wie z. B. das Damodar- oder Tungabhadra-Projekt. In jüngerer Zeit regt sich immer größerer Widerstand gegen Großprojekte, wie beispielsweise die Narmada- und Theri-Staudämme. Heute wird den kleineren Projekten besondere Aufmerksamkeit geschenkt, weil sie im Verhältnis zum Aufwand günstigere Ergebnisse erzielen. Sie können zudem mit lokalen Hilfskräften durchgeführt werden und damit wenigstens zeitweise die Arbeitslosigkeit in den Dörfern verringern.

Technische und wirtschaftliche Aspekte

Mechanisierung und Elektrifizierung

Die Modernisierung der Landwirtschaft hat auch eine Welle der Mechanisierung in Gang gesetzt; sie ist im Punjab am weitesten fortgeschritten. Dabei hat sich nicht nur die Zahl der Traktoren vervielfacht, sondern auch die der Dieselmotoren und elektrischen Pumpen zum Betrieb von Tiefbrunnen.

Während maschinell betriebene Brunnen zweifellos zur Ertragssteigerung beigetragen haben, fällt es in einem Land mit zahlreichen und billigen Arbeitskräften schwer, einen unmittelbaren Zusammenhang zwischen Traktoreneinsatz und Produktionssteigerung herzustellen. Doch auch in Indien kommt es zur zeitweiligen Verknappung von Arbeitskräften, da sich der größte Teil der Arbeit auf einen kurzen Abschnitt des Jahres konzentriert. In einigen Gebieten, wie in Rajasthan mit sehr geringen und kurzen Niederschlägen, ist der Einsatz von Traktoren für die Aussaat unmittelbar nach den Niederschlägen besonders wichtig. In anderen Gebieten ermöglicht der geringere Zeitaufwand für die Ernte und die nachfolgenden Feldarbeiten oftmals erst eine zweite Ernte. Ein Vorteil des Traktors liegt darin, dass er in der Zeit, in der er nicht gebraucht wird, keine Betriebskosten verursacht. Ferner bietet er zusätzliche Nutzungsmöglichkeiten, beispielsweise beim Transport, und schließlich hebt er das Sozialprestige der Bauern. Im Gegensatz zur traditionellen subsistenzorientierten Landwirtschaft mit leichten Pflügen, Ochsen und einfachen Werkzeugen zielt die Mechanisierung auf eine Marktorientierung und ändert den Charakter der Landwirtschaft nachhaltig. Sie führt mit der Nachfrage nach neuen Maschinen und Geräten auch zu einem Aufschwung der Industrie.

Die ländliche Elektrifizierung zielt vor allem auf die Bewässerungslandwirtschaft und nimmt in allen Fünfjahresplänen eine wichtige Rolle ein, denn die meisten Tiefbrunnen werden mit elektrischer Energie betrieben. Die steigenden Zahlen der an das Netz angeschlossenen Dörfer gehören zu den Erfolgsmeldungen jedes Plans – wobei Anschluss nicht immer gleichbedeutend mit tatsächlicher Versorgung ist. Zwar sind Elektropumpen in der Anschaffung billiger als Dieselpumpen, jedoch wirkt sich die unzureichende und unregelmäßige Stromversorgung nachteilig aus. Aber dies ist ein Mangel, an dem alle Zweige der indischen Wirtschaft leiden. Bis 1996 waren knapp 87 % aller Dörfer und bis 1999 13 Mio. Pumpen an die Stromversorgung angeschlossen (Tata 1999 – 2000, S. 75). Die Bewässerung verbrauchte ein Viertel der indischen Stromerzeugung.

Auf Bundesstaatenebene zeigt die ländliche Stromversorgung erhebliche Unterschiede. Haryana hatte als erster Staat das Ziel der Stromversorgung aller Dörfer erreicht. Inzwischen gilt dies auch für Kerala, Tamil Nadu, Andhra Pradesh, Gujarat, Himachal Pradesh, Karnataka, Maharashtra und den Punjab. Am anderen Ende der Skala liegen Bihar, Orissa, West Bengal,

Uttar Pradesh und die Staaten des Nordostens. Strom wird heute neben dem Antrieb von Bewässerungspumpen zur Verarbeitung von Agrarprodukten, in Ölpressen oder Reismühlen genutzt.

Die Versorgung der Landwirtschaft mit Strom wird in fast allen Staaten subventioniert. Das belastet nicht nur die Staatskassen – die Versorgungsunternehmen (State Electricity Boards) gehören den Bundesstaaten –, sondern verleitet auch zur verschwenderischen Förderung von Wasser aus dem Tiefbrunnen. So sieht man z. B. Sprinkleranlagen zur Mittagszeit in Betrieb, wenn der größte Teil des Wassers durch Verdunstung verloren geht.

Kreditwesen

Für die Modernisierung und Ertragssteigerung im Agrarsektor sind neben den technischen Voraussetzungen auch Verbesserungen der Rahmenbedingungen erforderlich. Hierzu zählen insbesondere das Kreditwesen sowie die Vermarktung der Agrarprodukte. Die ländliche Gesellschaft ist von einer hohen Verschuldung der Kleinbauern gekennzeichnet. Sie sind meist gezwungen, ihre Produktion unmittelbar nach der Ernte zu niedrigen Preisen zu verkaufen, da sie keine Lagermöglichkeit besitzen. Somit erhalten sie nur ein- oder zweimal im Jahr Bargeld, mit dem alle Alltagsausgaben bestritten und zusätzlich zu Beginn der Anbausaison Saatgut und Düngemittel bezahlt werden müssen. Sie können daher keine Reserven anlegen, um Dürren, Fluten oder Rinderseuchen zu überstehen oder die Ausgaben im Fall einer Erkrankung in der Familie zu bestreiten. Landarbeiter sind in einer ähnlichen Situation.

Eine Kreditaufnahme erfolgt sowohl zu produktiven Zwecken, entweder direkt für den Kauf von Saatgut oder Handelsdünger oder indirekt zum Begleichen der Pacht, als auch zum Konsum. Hierzu zählen insbesondere traditionelle Verpflichtungen im Rahmen von Familienfesten wie die Geburt eines Sohnes oder Hochzeiten, die mit unverhältnismäßig hohen Ausgaben verbunden sind.

Zu den Geldgebern gehören neben den Großbauern die professionellen Geldverleiher, die meist auch Getreidegroßhändler und Ladenbesitzer sind. Sie verlangen extrem hohe Zinsen. So kommen schnell Beträge zusammen, die nicht mehr rückzahlbar sind und die Kreditnehmer zwingen, zur Schuldentilgung neue Kredite aufzunehmen oder ihre Ernten schon im Voraus zu verkaufen. Sie geraten in einen Schuldenkreislauf und verlieren schließlich ihr Land an den Gläubiger.

Für den größeren Teil der vergebenen Kredite erhalten die Geldverleiher allerdings keine Sicherheiten. Aber sie kennen jeden Kunden persönlich und wissen, dass er sich zur Rückzahlung verpflichtet fühlt, selbst in der nächsten Generation und auch wenn dann die Höhe der Schulden das anzutretende Erbe weit übersteigt. Der Kredit ist für den Geldverleiher eine Investition, die sich hoch verzinst. Solange Zinsen gezahlt oder dafür Arbeitsleistungen erbracht werden, wird er nicht auf einer Rückzahlung des Kredits bestehen. Um notfalls ihre Ansprüche durchzusetzen, verfügen die Geldverleiher über Anwälte oder eine 'Schlägertruppe'. Es sind zwar Gesetze zum Schutz der Schuldner erlassen worden, darunter eine Festsetzung des Höchstzinssatzes oder eine Höchstgrenze der insgesamt zurückzuzahlenden Beträge, aber in der Regel werden sie umgangen.

In dieser Situation sollten staatlich geförderte Kreditgenossenschaften die Lage der Bauern und Landlosen verbessern, da die Kreditinstitute nur in den größeren Orten des ländlichen Raums vertreten waren und ihre Kreditvergabe von vorhandenen Sicherheiten wie Landbesitz abhängig machten. Kreditgenossenschaften entstanden zwar schon zu Beginn dieses Jahrhunderts, wurden aber erst nach der Unabhängigkeit Indiens kräftig unterstützt. Schleppende Rückzahlungen schränkten jedoch die Möglichkeit zur erneuten Kreditvergabe sehr ein. Die eigentlichen Nutznießer der Kredite sind oft nicht die Kleinbauern, sondern die Wohlhabenderen, die in den Genossenschaften entscheidenden Einfluss erlangten und daher die meisten Kredite erhalten. Ärmere Schichten der Dorfbevölkerung sind dagegen nur unzureichend vertreten. Das Ansteigen der Kreditvergabe an große Bauern und der prozentuale Rückgang bei den Geldverleihern, der in den letzten Jahrzehnten zu beobachten ist, kann sogar darauf schließen lassen, dass die größeren Bauern billige Genossenschaftskredite aufnehmen, um sie dann zu hohen Zinsen an Kleinbauern und landlose Arbeiter weiterzugeben.

Die ländlichen Kreditinstitute nahmen einen Aufschwung, nachdem 1969 die Banken verstaatlicht worden waren und daraufhin zahlreiche Filialen eröffneten. Doch die Banken sind hauptsächlich im Umland der Städte tätig geworden. Sie bevorzugen Gebiete mit günstiger Infrastruktur sowie guten Anbau- und Bewässerungsmöglichkeiten und entsprechend niedrigen Ausfallrisiken für ihre Kredite. Somit verstärkt ihre Tätigkeit die schon vorgegebene Lagegunst solcher Gebiete.

Um auch abgelegene ländliche Gebiete und insbesondere die ärmeren Schichten der ländlichen Bevölkerung zu erreichen, wurden 1975 'Regional Rural Banks' (RRB) in Kooperation der Zentralregierung, der Bundesstaaten und der Banken gegründet. Die RRB sind jeweils einer der Banken angeschlossen, die ihre Betreuung übernimmt und auch an der Bereitstellung des Anfangskapitals beteiligt ist. Die Dachorganisation dieser Institutionen zur Vergabe von Krediten an die Landwirtschaft ist die 'National Bank for Agricultural and Rural Development' (NABARD). Die meisten der RRBs sind auch nach der Anlaufphase auf erhebliche Zuschüsse angewiesen, da die vergebenen Kredite trotz niedriger Zinssätze nicht voll zurückfließen. Zudem verursacht die Tätigkeit in abgelegenen Gebieten sowie die Vergabe von Kleinstkrediten einen relativ hohen Aufwand, dem nur ein unzureichendes Sparpotential gegenübersteht.

Zum Ende der 1980er-Jahre war die Rückzahlung von fast der Hälfte der von den verschiedenen Institutionen vergebenen Kreditsumme überfällig, der größte Teil davon seit mehreren Jahren. Im Budget des Jahres 1990 löste dann die Regierung der Nationalen Front ihr Wahlversprechen ein und erließ alle ausstehenden Agrarkredite bis zur Höhe von 10 000 Rupien. In der Erwartung, dies sei nicht das letzte Mal, dass ein Schuldenerlass gegeben werde, verschlechterte sich die Zahlungsmoral der Schuldner noch mehr, sodass die Quote der Kreditrückzahlungen unter 25 % sank, was die Liquidität der Kreditinstitute erheblich minderte. Das be-

traf besonders die auf den Agrarsektor spezialisierten Banken, die keinen Ausgleich in anderen Geschäftsbereichen hatten.

Trotz der Einrichtung von Kreditinstituten für die Landwirtschaft wird immer noch ein Drittel über nicht institutionalisierte Quellen, d. h. über dörfliche Geldverleiher vergeben. Das hat eine Reihe von Gründen: Die Institute verleihen Geld nur für produktive Zwecke und bevorzugen kreditwürdige Personen mit Landbesitz. Somit gehen Kleinbauern und Landlose leer aus, obwohl NABARD von den nachgeordneten Banken fordert, einen bestimmten Anteil der Kreditsumme an die arme Landbevölkerung zu vergeben. Langwierige bürokratische Prozeduren, eventuell auch die Notwendigkeit zur Bestechung, schrecken jedoch gerade die Armen ab. Demgegenüber sind Geldverleiher im Dorf leicht erreichbar, das Geschäft wird ohne große Formalitäten abgewickelt, und das Geld steht sofort zur Verfügung.

Vermarktung

Mit der Produktionssteigerung und der Monetarisierung haben der Handel mit landwirtschaftlichen Gütern eine neue Dimension erlangt und die Märkte an Bedeutung gewonnen. Ein wesentlicher Teil der landwirtschaftlichen Produktion der Kleinpächter fließt als Pacht an die Grundbesitzer oder als Zinsen für aufgenommene Kredite an die Geldverleiher, die wiederum als Kommissionäre für Großhändler auftreten können.

Bauern, die vermarktbare Überschüsse erzielen, sowie Aufkäufer aus den Dörfern verkaufen ihre Produkte meist an die Händler der Großmärkte. Marktfrüchte, wie Baumwolle, Ölsaaten oder Zuckerrohr, werden dagegen gewöhnlich über regulierte Märkte oder unmittelbar an die weiterverarbeitenden Fabriken verkauft.

Die ersten 'Regulated Markets' mit staatlich festgelegten Mindestpreisen für den Handel mit Baumwolle richteten bereits die Briten ein und dehnten sie später auf weitere Produkte aus. Nach der Unabhängigkeit bemühten sich fast alle Bundesstaaten, die Anzahl der regulierten Märkte zu vergrößern, sodass sie inzwischen auf über 7000 gestiegen ist. Sie werden von einem Komitee verwaltet; es überwacht, dass die festgelegten Produktpreise und Gebühren öffentlich bekannt sind und dass bestimmte Qualitätsstandards eingehalten werden, es vergibt zudem Lizenzen für die am Marktgeschehen Beteiligten und kann Betrügereien bestrafen. Zu seinen Aufgaben gehört auch die Errichtung von Anlagen für den Marktbetrieb sowie von Vorratslagern und Kühlhäusern, welche die Regierung bezuschusst.

Im Ganzen gesehen bringen die regulierten Märkte eine größere Effizenz der Vermarktung, obwohl auch hier Missstände nicht auszuschließen sind. Das Ziel der Regierung in den 1970er-Jahren, den Getreidehandel zu verstaatlichen, hätte etwa 3500 Märkte mit zahlreichen Beschäftigten betroffen. Der Widerstand der Händler und Bauern, aber auch die Unfähigkeit staatlicher Stellen, den Getreidehandel zu organisieren, ließen diesen Versuch nach kurzer Zeit scheitern.

Vermarktungsgenossenschaften für die Agrarprodukte wurden schon Anfang des Jahrhunderts gegründet, hatten aber wenig Erfolg. Nach der Unabhängigkeit erhielten sie staatliche Unterstützungen, doch ist ihr Anteil am Handel noch sehr gering. Erfolgreicher sind Genossenschaften, vor allem im Punjab, in Gujarat und Maharashtra, bei Baumwolle oder Ölsaaten, besonders wenn sie die erste Stufe der Weiterverarbeitung selbst übernehmen. Ferner bestehen Genossenschaften für den Verkauf von Tabak, Früchten und Gemüse sowie von Zuckerrohr an die Zuckerfabriken, die sonst in ihrem Einzugsgebiet die Preise diktieren könnten.

Innerhalb der Dörfer gibt es einen Austausch von Gütern und Dienstleistungen. Wichtiger sind jedoch periodische Märkte, in der Regel Wochenmärkte, die in Teilen Indiens unterschiedliche Bezeichnungen haben wie 'Haat' oder 'Shandy'. Ihr Einzugsgebiet umfasst eine Gruppe von Dörfern im Radius von etwa 7 bis 15 km. Häufig wird der Wochenmarkt in einem größeren Ort abgehalten, kann jedoch auch auf freiem Feld zwischen den Dörfern stattfinden. Die Marktrechte werden von der Gemeinde an Privatunternehmer verpachtet oder versteigert, die sich damit das alleinige Recht sichern, Marktgebühren zu erheben (Bohle 1981, S. 140).

Markttage rotieren von Ort zu Ort und werden jeweils an festen Wochentagen abgehalten. Während professionelle ambulante Händler oder Agenten städtischer Großhändler mehrere Märkte nacheinander besuchen, beschränken sich Kleinbauern meist auf einen benachbarten Wochenmarkt, den sie zu Fuß, mit dem Fahrrad oder dem Bus erreichen. Sie können nur kleine Mengen anbieten, beispielsweise Gemüse, Gewürze oder Geflügel. Auch Handwerker verkaufen hier ihre Erzeugnisse (Bild 39).

Meist sind die Märkte zweigeteilt in einen 'offiziellen' Teil mit gemauerten Verkaufsständen und einem randlichen, informellen Teil. Lagermöglichkeiten sind nicht vorhanden, sodass die Anbieter gezwungen sind, nicht verkaufte Produkte wieder mit zurückzunehmen oder, wenn diese verderblich sind, zu einem Schleuderpreis zu verkaufen.

Inzwischen ist auf vielen Wochenmärkten die Versorgung der ländlichen Bevölkerung mit städtischen Gütern wichtiger als ihre Funktion als Umschlagplatz ländlicher Produkte. Daneben ist ihre soziale Bedeutung nicht zu unterschätzen, denn hier treffen sich vor allem die Frauen benachbarter Dörfer und tauschen Neuigkeiten aus.

Schließlich sei noch auf die Jahresmärkte hingewiesen, die an bestimmten Orten, häufig im Zusammenhang mit religiösen Festen, abgehalten werden. Ihre wichtigste Funktion ist der Viehhandel, wobei die Tiere über größere Entfernungen aufgetrieben werden. Nebenbei dienen sie auch der Heiratsvermittlung.

Das Marktwesen im ländlichen Indien ist durch geographische Fallstudien aus verschiedensten Teilgebieten dokumentiert. Neben der Analyse der raumzeitlichen und funktionalen Verflechtungen traditioneller, periodischer Marktsysteme wurden auch die Auswirkungen der staatlichen Marktregulierung eingehend untersucht (Wanmali 1980; Bohle 1986). Übereinstimmend wird festgehalten, dass die zentralisierten, regulierten Märkte für die Kleinanbieter kaum Vorteile bieten. Ihr Marktzugang ist durch mangelnde Transportmöglichkeiten erschwert oder einfach dadurch, dass ihnen die Feldarbeit keine Zeit lässt. Demgegenüber sind die Wochenmärkte einfach zu erreichen.

Bild 39: *Wochenmarkt im Chota-Nagpur-Plateau. Die Frauen sind Adivasis.*

Von größter Bedeutung für die Ausrichtung der landwirtschaftlichen Produktion auf den Markt ist die Verkehrserschließung. Vielen Dörfern fehlt noch eine Anbindung an die Hauptstraßen, andere sind nur über unbefestigte Straßen zu erreichen, was den Einsatz von Lastwagen erschwert. Diese sind aber notwendig für den rationellen Transport der Produkte zu den Großmärkten, besonders wenn es sich um verderbliche Güter wie Gemüse und Milch handelt.

Der Anbau

Anbauperioden und Landnutzungskategorien

Die Anbaumuster in Indien, d.h. die Auswahl der Feldfrüchte sowie die Daten für Aussaat und Ernte, werden durch die monsunbedingten Jahreszeiten geprägt. Sommeranbau (*Kharif*) und Winteranbau (*Rabi*) sind die beiden wichtigsten Anbauperioden. Die Aussaat der Kharif-Früchte erfolgt zu Beginn des Sommermonsuns, d.h. in Nordindien im Juni und Juli, die Ernte von September bis Oktober. Beim Rabi-Anbau im Winter bzw. in der kühleren Jahreszeit wird in Nordindien zwischen Oktober und Dezember gesät und im Februar/März geerntet. Zwischen März und Juni/Juli bietet sich in einigen Gebieten Indiens die Möglichkeit für eine zusätzliche dritte Ernte. Die Anbauperioden und ihre Bezeichnungen sind regional verschieden. So wird beim Reisanbau in Bengalen unterschieden zwischen *Aus* (Ernte zwischen Juli und September), *Aman* (Ernte November bis Januar) und *Boro* (Ernte Februar bis Mai). Kharif- und Rabi-Früchte können, müssen aber nicht auf der gleichen Fläche angebaut werden. Wo möglich, wird eine Anbaurotation mit verschiedenen Feldfrüchten durchgeführt, so z.B. zwischen Reis und Hülsenfrüchten, zwischen Hirse und Mais, Weizen und Kichererbsen, zwischen Baumwolle und Hirse oder Erdnüssen und Hirse.

Wegen der kleinen Flächen sind die Kleinbauern zum permanenten Anbau gezwungen. Sie können sich keine Brache leisten, weil sie von der Hand in den Mund leben und so sehr auf die Ernte dieses Jahres angewiesen sind, dass sie die Ertragssteigerung im nächsten nicht abwarten können (Spate & Learmonth 1967, S. 265). Eine Anpassungsstrategie ist der gemischte Anbau (Mixed Cropping). Dieser gleichzeitige Anbau von Stickstoff anreichernden Früchten und Getreiden kann auch das Ernterisiko der Bauern in Dürrejahren reduzieren. In der Praxis erfolgt der gemischte Anbau in der Art, dass sich Zeilen der Hauptfrucht mit solchen einer Zusatzfrucht abwechseln. Das Mixed Cropping ist besonders geeignet für Gebiete mit Regenfeldbau, wo es die gesamte Feuchtigkeit des Bodens nutzt. Trotz seiner bodenschonenden Funktion verliert der gemischte Anbau infolge der Rationalisierung der Landwirtschaft stark an Bedeutung.

Etwas mehr als zwei Fünftel der indischen Landfläche werden für den Anbau genutzt. Als eigentliche 'Anbaufläche' (Net Sown Area) von 1,42 Mio. km^2 werden alle Flächen ausgewiesen, die im jeweiligen Berichtsjahr tatsächlich ackerbaulich genutzt wurden. Die Anbaufläche erfuhr seit der Unabhängigkeit bis in die 1970er-Jahre eine Expansion, danach jedoch nur noch geringe Steigerungen. Demgegenüber ist die Erntefläche (Gross Cropped Area oder Total Cropped Area), bei der die Flächen mit mehreren Ernten pro Jahr zusätzlich zur (einfachen) Anbaufläche gezählt werden, seit 1950 – 51 deutlicher angewachsen, da heute etwa ein Drittel der Erntefläche bewässert wird (Ind. Agric. 2000, auch für folgende Zahlen).

Die Verbreitung der Anbauflächen weist die topographisch und edaphisch begünstigten Gebiete Indiens aus. In den Strom- und Küstentiefländern werden zwischen 80 und 90 % ackerbaulich genutzt, während es in den ariden Regionen sowie in den Bergländern weniger als 10 % sind. Auch das Verhältnis zwischen Ernte- und Anbaufläche zeigt eine Differenzierung. Im Mittel wird die Anbaufläche Indiens 1,3-mal pro Jahr bestellt; überdurchschnittliche Werte weisen das feuchtwarme West Bengal (1,6) sowie die Bewässerungsgebiete im Norden auf (Punjab 1,8; Haryana 1,7; Uttar Pradesh 1,5). Dagegen liegen die niedrigsten Werte des Mehrfachanbaus im gebirgigen Nordosten und in den trockenen Gebieten von Rajasthan und Gujarat.

Neben der Anbaufläche im engeren Sinne zählt zum Kulturland (Culturable Land) Indiens auch das Brachland, d.h. die jährliche Rotationsbrache (Current Fallow) und die mehrjährige Brache bis zu maximal fünf Anbaujahren (Fallow Land). Darüber hinaus werden zur potentiellen landwirtschaftlichen Nutzfläche noch weitere Areale, wie Dauerweiden oder Ödland (Culturable Waste) hinzugerechnet, die jedoch nur mit großem Aufwand kultiviert werden können.

Getreide

Reis ist die Hauptnahrung im südlichen und östlichen Indien und nach Anbaufläche und Erntemenge das wichtigste Anbauprodukt des Landes. Indien ist nach China der zweitgrößte Produzent. Der Dauerfeldbau ermöglicht als Nassreisanbau auf bewässerten Feldern sehr hohe ländliche Bevölkerungsdichten. Aufgrund der überaus zahlreichen Varietäten regional sehr unterschiedlicher Land- und Hochertragssorten ist 'Reis' ein Sammelbegriff. Die Reissorten unterscheiden sich u. a. nach der Dauer ihrer Vegetationsperiode, ihrem Wasserbedarf, ihrer Hochwüchsigkeit – denn auf einigen Feldern kann das Wasser sehr hoch steigen – und ihrem Geschmack: Ein beim Kochen lockerer Reis wie der Basmati wird höher geschätzt als ein klebriger.

Der Reis benötigt ein heißes und feuchtes Klima. Er wächst am besten in stehendem Wasser, sodass starke Monsunniederschläge optimale Bedingungen schaffen. Die alte Regel, dass in Indien die Reisanbaugebiete östlich des 80. Längengrads und südlich des 20. Breitengrads liegen, gilt allerdings nur noch als Anhaltspunkt, denn die Erweiterung der Bewässerungsmöglichkeiten und die Fortschritte der Agrartechnik haben eine Ausdehnung ermöglicht. Der Regenfeldbau braucht mindestens 2000 mm Niederschlag in der Vegetationsperiode von 90 bis 150 Tagen. Doch wird der weitaus größte Teil des Reises mit Bewässerung angebaut. Die Anbauperioden variieren mit den regionalen Niederschlags- und Temperaturbedingungen. So sind in ganzjährig feuchtwarmen Regionen mehrere Ernten möglich. Wegen seiner Frostempfindlichkeit gedeiht

Abb. 62: Reisanbau.

Reis in Nordindien nur als Sommerfrucht. Demgegenüber dominiert in Tamil Nadu, bedingt durch die Niederschläge des Nordost-Monsuns, der Winteranbau.

Sobald die ersten Regen es erlauben, werden die Felder mit Büffelgespannen mehrmals gepflügt. Frauen setzen dann die Pflänzchen direkt in die Felder oder setzen die vorher mit reichlicher Düngung in Saatbeeten vorgezogenen Pflanzen um. Diese arbeitsintensive 'japanische' Metho-

de ist die Regel, wenn mehrere Ernten erzielt werden sollen, sie bringt auch höhere Hektarerträge; gesät wird nur in weniger ertragreichen Gebieten. Im Regenfeldbau lässt sich die Wasserversorgung der Pflanzen wesentlich dadurch verbessern, dass man die einzelnen Felder mit kleinen Erdwällen umgibt, welche die Niederschläge festhalten. Da auch bei der Bewässerung solche ebenen Feldparzellen evtl. mit Terrassenbau notwendig sind, prägen diese Formen das Bild der Agrarlandschaft.

Während der Wachstumsperiode reißen die Frauen Unkräuter und Wildreis mit der Hand aus. Bei der Ernte auf traditionelle Art wird der Reis mit Handsicheln geschnitten, zu Bündeln geschnürt, zum Dreschplatz gebracht und durch darüber getriebenes Vieh gedroschen. Indem man den Reis auf großen Schalen im Wind hochwirft, trennt sich die Spreu vom Korn. In Reismühlen wird die Schale entfernt, wobei der Reis allerdings einen Teil seines Nährwertes verliert.

Das Reisstroh wird an Kühe und Büffel verfüttert, hat aber nur geringen Nährwert. Wenn die Reisfelder nicht für eine zweite Ernte zu nutzen sind, dienen sie als Viehweide. Da im Winter kaum Regen fällt, bieten sie aber nur dürre Stoppeln.

Die Verbreitung des Reisanbaus zeigt Abb. 62. Unterschiede zwischen den dargestellten Reisanbaugebieten liegen darin, dass z. B. in Assam der Reis zwar mehr als die Hälfte der gesamten Erntefläche einnimmt, aber die Flächenerträge gering sind. Zu einer zweiten Gruppe zählen die Gebiete mit dominierendem Reisanbau und hohen Erträgen: das sind die Ganga-Ebene und die Deltagebiete, das Chhattisgarh-Becken und Teile der Westküste. Schließlich gibt es Gebiete mit sehr hohen Erträgen, in denen Reis zwar bedeutend ist, aber nicht dominiert. Dies ist in den Kanalbewässerungsgebieten im Punjab und Haryana der Fall, wo der Reisanbau im Zuge der 'Grünen Revolution' intensiviert wurde. Zur Stellung des Nordens als wichtigster Reisüberschussregion Indiens trägt auch bei, dass die Punjabis 'Weizenesser' sind.

Die gesamte Reiserntefläche (Gross Cropped Area) liegt bei 44,6 Mio. ha, der Gesamtertrag bei 86 Mio. t (Ind. Agric. 2000, S. 39). Die höchsten Erträge erzielen die Bundesstaaten Punjab und Tamil Nadu mit über 3000 kg/ha, dagegen erreichen der Nordosten sowie Orissa, Bihar und Madhya Pradesh Erträge, die deutlich unter dem Durchschnitt bleiben. Selbst die günstigsten Werte liegen im weltweiten Vergleich der Reisanbauregionen deutlich unter den potenziell möglichen Hektarerträgen.

Weizen ist die zweitwichtigste Anbaufrucht. Im indischen Nordwesten ist Weizen das Hauptnahrungsmittel in Form eines ungesäuerten Fladenbrotes in zahlreichen Variationen, für die ein Weichweizen genügt. Der zunehmende Genuss von Weißbrot in den Städten hat die Nachfrage nach Hartweizen ansteigen lassen.

Die Weizenaussaat erfolgt im Oktober und November als Rabi-Frucht. Kühle Winter schützen das Saatgut vor dem Austrocknen. Während der Reifeperiode sind höhere Temperaturen günstig. Die wichtigsten Anbaugebiete haben unter 1000 mm Niederschlag. Gerade beim Weizen wird die Bedeutung der Mechanisierung deutlich. Die Zeit zwischen der Kharif-Ernte und dem Bestellen der Felder für den Rabi-Anbau ist knapp. Der Einsatz des Traktors erspart das mehrmalige flachere Pflügen mit dem Ochsengespann und ermöglicht ein Eggen kurz darauf, bevor der Boden austrocknet. Auch für die Saat werden zunehmend Maschinen eingesetzt. Der Punjab, Haryana und das westliche Uttar Pradesh erzeugen bei höchsten Flächenerträgen und optimalen Anbaubedingungen durch Winterregen und Bewässerungsmöglichkeiten zwei Drittel der indischen Weizenproduktion von insgesamt 27 Mio. t. Vom Punjab im Nordwesten mit einer über fünf Monate dauernden Vegetationsperiode werden die Anbaumöglichkeiten nach Süden und Osten zunehmend eingeschränkt. In Maharashtra beträgt sie wegen der zu hohen Herbst- und Frühjahrstemperaturen nur noch etwas über drei Monate. Der Weizen weist im trockenen Gujarat oder im feuchten West Bengal nur kleinere Areale auf. Somit sind große Teile Indiens für den Weizenanbau zu warm oder zu feucht, und die Verteilung der Hauptanbaugebiete ist nahezu invers zu denen des Reisanbaus (Abb. 63).

Die rasche Steigerung der Weizenproduktion begann mit der Einführung mexikanischer Hochertragssorten ab 1965. Neuzüchtungen mit verkürzter Reifeperiode boten zudem die Möglichkeit, den Weizenanbau weiter auszudehnen. Eine Reifeperiode von 100 Tagen erlaubt die Aussaat von Weizen noch im Dezember als Zweitfrucht nach dem Zuckerrohr. Auch im feuchtwarmen Osten wird seit der Verfügbarkeit entsprechender Sorten auf kleinen Arealen Weizen als dritte Ernte anstelle einer Brache angebaut.

Bei den Bundesstaaten zeigen die Hektarerträge eine Bandbreite zwischen 4332 kg/ha im Punjab gegenüber 1289 kg/ha in Maharashtra oder nur 819 kg/ha in Karnataka (Ind. Agric. 2000, S. 196). Im internationalen Vergleich fällt die Produktivität des indischen Weizenanbaus nur gegenüber dem Intensivanbau in Westeuropa zurück. Großbritannien und Frankreich übertreffen die indischen Mittelwerte zwar um fast das Dreifache, doch liegen die Erträge der USA oder Kanadas im Bereich der indischen, allerdings bei extensiven Anbaumethoden.

Hirsen nehmen trotz rückläufiger Entwicklung immer noch eine Fläche ein, die fast der des Weizens entspricht, bringen allerdings nur ein Drittel der Erträge. Sie gelten als das Getreide der armen Leute und

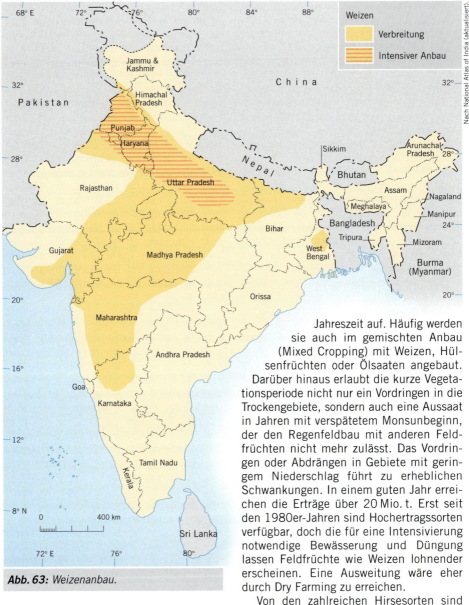

Abb. 63: *Weizenanbau.*

Jahreszeit auf. Häufig werden sie auch im gemischten Anbau (Mixed Cropping) mit Weizen, Hülsenfrüchten oder Ölsaaten angebaut. Darüber hinaus erlaubt die kurze Vegetationsperiode nicht nur ein Vordringen in die Trockengebiete, sondern auch eine Aussaat in Jahren mit verspätetem Monsunbeginn, der den Regenfeldbau mit anderen Feldfrüchten nicht mehr zulässt. Das Vordringen oder Abdrängen in Gebiete mit geringem Niederschlag führt zu erheblichen Schwankungen. In einem guten Jahr erreichen die Erträge über 20 Mio. t. Erst seit den 1980er-Jahren sind Hochertragssorten verfügbar, doch die für eine Intensivierung notwendige Bewässerung und Düngung lassen Feldfrüchte wie Weizen lohnender erscheinen. Eine Ausweitung wäre eher durch Dry Farming zu erreichen.

Von den zahlreichen Hirsesorten sind drei die bei weitem wichtigsten: (Abb. 64) die Sorghumhirse (*Jowar*), die Rohrkolbenhirse (*Bajra*) und die Fingerhirse (*Ragi*).

Die Sorghumhirse gedeiht auch auf armen Böden, liefert ihre höchsten Erträge jedoch auf tiefgründigem dunklem Regur. Durch ihr ausgedehntes Wurzelwerk kann die Sorghumhirse tiefer liegendes Bodenwasser nutzen und Trockenphasen recht gut überdauern. Ihre größte Verbreitung

dienen vornehmlich der Selbstversorgung. Ihr Nährwert ist hoch, besonders im Hinblick auf ihren Gehalt an Mineralien. In Indien erreicht die Pflanze Höhen von zwei Metern, und ihr Stroh wird als Viehfutter genutzt. Wegen der geringen Wertschätzung und wegen der niedrigen Erträge findet man die Hirsen selten auf guten Böden und bewässertem Land. Hier treten sie vielmehr als zweite Ernte in der niederschlagsärmeren

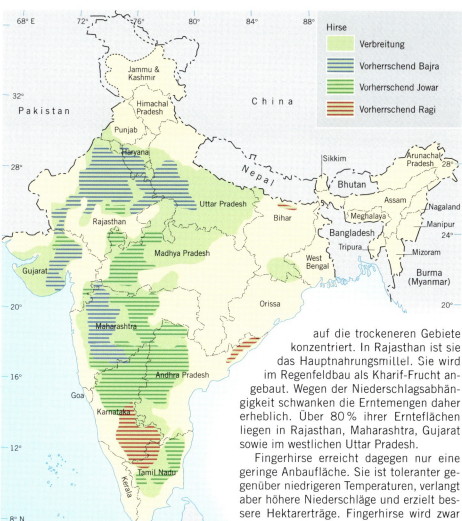

Nach National Atlas of India (aktualisiert).

Abb. 64: Hirsenanbau.

auf die trockeneren Gebiete konzentriert. In Rajasthan ist sie das Hauptnahrungsmittel. Sie wird im Regenfeldbau als Kharif-Frucht angebaut. Wegen der Niederschlagsabhängigkeit schwanken die Erntemengen daher erheblich. Über 80 % ihrer Ernteflächen liegen in Rajasthan, Maharashtra, Gujarat sowie im westlichen Uttar Pradesh.

Fingerhirse erreicht dagegen nur eine geringe Anbaufläche. Sie ist toleranter gegenüber niedrigeren Temperaturen, verlangt aber höhere Niederschläge und erzielt bessere Hektarerträge. Fingerhirse wird zwar als Sommerfrucht in den Himalaya-Vorbergen und in den Bergen der südlichen Halbinsel angebaut, doch sind das südliche Karnataka und das nördliche Andhra Pradesh die Schwerpunkte.

Mais wurde wahrscheinlich von den Portugiesen aus Südamerika gebracht. Die Anbaufläche hat sich mit der Einführung von Hochertragssorten fast verdoppelt und die Erntemenge auf mehr als das Fünffache gesteigert. Die Verbreitung des Mais als Sommerfrucht liegt in Gebieten mit Niederschlägen um 1000 mm in der Vegetationsperiode. Karnataka und der Punjab mit Bewässerungsanteilen von über 50 % erreichen die höchsten Hektarerträge von etwa 1900 bis 2500 kg/ha. Der Maisanbau ist

hat sie auf dem Deccan-Plateau von Karnataka und Andhra Pradesh. In der Regel erfolgt der Jowar-Anbau während des Wintermonsuns als Rabi. Mit zunehmender Aridität wird Jowar von der trockenheitsresistenteren Rohrkolbenhirse oder, wie in Gujarat und auf dem Deccan-Plateau, von der lohnenderen Erdnuss verdrängt.

Die Rohrkolbenhirse kommt mit leichten sandigen Böden aus und ist noch stärker auch im südöstlichen Rajasthan sowie entlang der Himalaya-Südabdachung von Jammu bis Darjeeling verbreitet, wo er wegen seiner höheren Erträge die Fingerhirse verdrängt.

Hülsenfrüchte und Gemüse

Hülsenfrüchte sind wichtig für die Eiweißversorgung der weitgehend vegetarisch lebenden Bevölkerung. Deshalb wird der nur geringe Anstieg der Produktion, der mit einem Rückgang des Pro-Kopf-Verbrauchs verbunden ist, mit Besorgnis gesehen. Durch Stickstoffanreicherung fördern sie die Bodenfruchtbarkeit. Etwa ein Fünftel der Anbauflächen für Nahrungsmittel entfällt auf Hülsenfrüchte. Oft werden sie im Mixed Cropping mit Weizen oder anderen Getreiden auf einem Feld ausgesät oder auf den Wällen der Reisfelder. Nur etwa 10 % der Anbaufläche sind bewässert. Wegen ihrer Bedeutung als tägliche Nahrungsmittel sind Hülsenfrüchte auf kleinen Arealen über ganz Indien verbreitet. Linsen (Dal) in Form von Brei oder Soße gehören zu fast jedem indischen Gericht.

Die Kichererbse (Gram) ist gemessen an der Fläche die wichtigste Hülsenfrucht. Sie wird als Rabi-Frucht in Regionen mit milden Wintern und Winterniederschlag angebaut, die Straucherbse (Tur) dagegen als Sommerfrucht, da sie mehr Feuchtigkeit benötigt. Da der Regenfeldbau vorherrscht, variieren die Erträge mit dem Ausmaß der Niederschläge.

Gemüse wird vornehmlich in unmittelbarer Nähe der ländlichen Siedlungen für den Eigenbedarf oder Verkauf auf lokalen Märkten angebaut. In den letzten Jahrzehnten gelangten steigende Mengen auf die städtischen Märkte. Dazu haben der Bau von Kühlhäusern mit staatlicher Unterstützung, die Verbesserung der Transportverhältnisse durch den Einsatz von Lastkraftwagen und nicht zuletzt der Anstieg der Einkommen bei der städtischen Mittelschicht beigetragen. Damit einher geht in Stadtnähe eine Spezialisierung und eine große Vielfalt des Angebots.

Bei den haltbareren Kartoffeln kam es zu einer beachtlichen Ausweitung der Fläche in den klimatisch bevorzugten Standorten. In der Ganga-Ebene sind die Kartoffeln Winterfrucht (Oktober bis März), in den nördlichen Bergen wachsen sie im Sommer und in den Bergländern des Südens ganzjährig. Die Produktion von Kartoffeln stieg seit 1950–51 von 1,6 Mio. t auf etwa 22 Mio. t.

Zwiebeln gedeihen fast überall, doch werden sie schwerpunktmäßig in Maharashtra angebaut. Beim Export von Zwiebeln liegt Indien weltweit an erster Stelle. Insgesamt stellen Zwiebeln und Kartoffeln jedoch mit weniger als 1 % nur einen geringen Anteil an der gesamten Erntefläche.

Zuckerrohr

Die Heimat des Zuckerrohrs ist wahrscheinlich Assam und Bengalen. Indien nimmt nach Brasilien in der Produktion die zweite Stelle in der Welt ein, doch sind die Flächenerträge bei starken regionalen Unterschieden vergleichsweise gering. Zwischen 1950 und 1999 hat sich die Anbaufläche auf 4 Mio. ha mehr als verdoppelt und die Zuckerrohrproduktion mit 295 Mio. t (die sich daraus ergebende Zuckermenge beträgt etwa 10 %) fast verfünffacht, wozu die steigende Nachfrage und die hohen Gelderträge pro Hektar im Vergleich zu anderen Handelsgewächsen beigetragen haben. Die Pflanzen sind frostempfindlich und gedeihen am besten unter feucht-heißen Bedingungen. Die Niederschläge sollten möglichst gleichmäßig über die Anbauperiode verteilt sein, sonst muss künstlich bewässert werden. Da Zuckerrohr den Boden rasch erschöpft, ist reichliche Düngung erforderlich.

Der alte 'Zuckergürtel' erstreckt sich vom nördlichen Bihar über Uttar Pradesh bis zum Punjab (Abb. 65). Im Gegensatz zu anderen Zuckerrohrproduzenten der Welt liegt dieses Gebiet in den Subtropen und ist klimatisch benachteiligt. Die trockenheiße Vormonsunzeit hemmt das Pflanzenwachstum, und im Winter kann es zu schädlichen Frösten kommen. Seit den späten 1970er-Jahren wird daher versucht, das Anbaurisiko durch die Entwicklung rasch reifender Sorten zu reduzieren. Der Zuckergürtel im nördlichen Indien entstand weniger wegen der günstigen Wachstumsbedingungen; vielmehr kann das Zuckerrohr im östlichen Teil des Gürtels als eine Nachfolgekultur des Indigo angesehen werden. Als mit der Erfindung synthetischer Farbstoffe

Abb. 65: *Zuckerrohranbau.*

Zuckerrohr
Verbreitung
Intensiver Anbau

Nach National Atlas of India (aktualisiert).

der Indigoanbau zum Erliegen kam, nahm das Zuckerrohr die frei werdenden Flächen als neue Cash Crop ein, da sie für Baumwolle oder Jute wenig geeignet waren. Im Norden boten Kanäle auch die Bewässerungsmöglichkeiten, die im südlichen Indien erst nach der Unabhängigkeit durch Bewässerungsprojekte und besonders durch Tiefbrunnen geschaffen wurden. Hier, vor allem auf den Regurböden in Maharashtra und bis zu den Roterdeböden von Tamil Nadu reichend, ist in den letzten Jahrzehnten der Zuckerrohranbau erheblich ausgeweitet worden. Dort werden auch die höchsten Flächenerträge erzielt.

Der Zuckerrohranbau ist sehr arbeitsintensiv und erfordert hohe manuelle Arbeitsleistungen bei der Feldvorbereitung, dem Jäten sowie dem Schnitt und Abtransport der Ernten. Einige wirtschaftlich fortgeschrittene Gebiete sind daher wegen ihrer höheren Lohnkosten das Ziel von Saisonarbeitern aus benachbarten Regionen. Häufig wird das Ratooning-Verfahren praktiziert, wobei nach dem ersten Schnitt keine neue Aussaat erfolgt, sondern die neuen Schößlinge später abgeerntet werden. Die Ergiebigkeit der folgenden Schnitte nimmt jedoch sehr rasch ab. Der gepresste Rückstand des Rohrs (Bagasse) diente früher als Brennstoff für die Zuckerfabriken. Wo er jedoch in reichlichen Mengen verfügbar ist, wird er heute zur Papierherstellung genutzt.

Fast über ganz Indien wird Zuckerrohr kleinflächig zur Eigenversorgung angebaut und zu einem halbraffinierten Zucker (Gur) an Ort und Stelle verarbeitet (Bild 40). Aus einem Viertel der Erntemengen wird in Fabriken, darunter eine große Zahl von Kooperativen, Kristallzucker gewonnen. Wäh-

Bild 40: *Zuckergewinnung im Punjab. Bei der Gewinnung von 'Gur' wird das Zuckerrohr gepresst und der austretende Saft in mehreren Schritten durch Erhitzen eingedickt.*

rend im Norden die Anlagen meist veraltet sind, entstanden die modernen Fabriken des Südens erst nach der Unabhängigkeit. Sie können wesentlich kostengünstiger produzieren.

Seit den 1920er-Jahren beeinflussten staatliche Eingriffe die Zuckerproduktion. Damals gab die Aufnahme der Zuckerfabriken in die Liste der Industrien, die durch Zölle gegen Importe abgeschirmt waren, einen starken Auftrieb. Nach der Unabhängigkeit wurde der Zuckermarkt Indiens von der staatlichen Preispolitik und der Lizenzvergabe an Produzenten reguliert. Für das staatliche Versorgungssystem legte man jährlich verbindliche Abgabequoten und Preise fest; darüber hinausgehende Mengen konnten zu höheren Marktpreisen abgesetzt werden. Inzwischen ist der Zuckermarkt weitgehend liberalisiert, doch unterliegen Importe sehr hohen Zöllen.

Ölsaaten

In einem Land, in dem tierische Fette aus religiösen Gründen oder wegen ihrer beschränkten Verfügbarkeit oder hohen Kosten eine geringe Rolle spielen, sind Ölsaaten für die Ernährung besonders wichtig. Zum Teil finden sie auch industrielle Verwendung. Die Ölsaaten werden mit abnehmendem Anteil auch im Mixed Cropping angebaut. Seit der Unabhängigkeit wurde die Erntefläche für Ölsaaten mehr als verdoppelt. Trotz einer Steigerung auf 22 Mio. t kann die zunehmende Binnennachfrage nicht gedeckt werden, sodass Importe notwendig sind.

Der Handel mit Ölsaaten ist in erheblichem Umfang kommerzialisiert und eine Produktenbörse in Rajkot (Gujarat) veröffentlicht täglich die Preise. In den vergangenen Jahrzehnten haben Genossenschaften vor allem in Gujarat, dem Punjab und Tamil Nadu einen bedeutenden Teil der Produktionssteuerung, des Handels und der Verarbeitung übernommen. Während früher in den Dörfern eine bestimmte Kaste für die Ölgewinnung zuständig war, herrscht heute die industrielle Verarbeitung vor.

Die *Erdnuss* ist mit einer jährlichen Produktion von 9 Mio. t die wichtigste Ölfrucht. Sie gelangte wahrscheinlich schon im 16. Jh. von Brasilien nach Indien. Doch der Anbau verbreitete sich erst im 19. Jh. auf

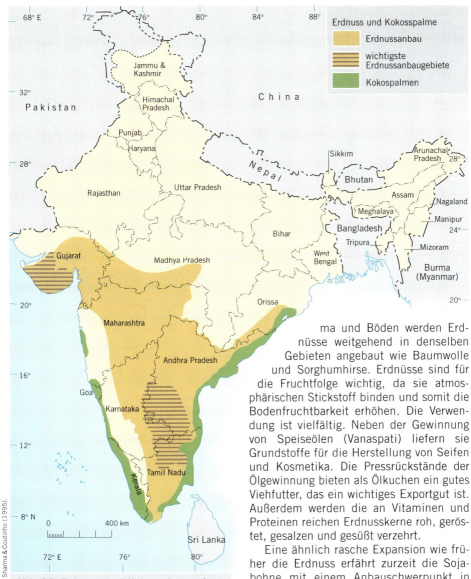

Nach Sharma & Coutinho (1995).

Erdnuss und Kokospalme

Erdnussanbau

wichtigste Erdnussanbaugebiete

Kokospalmen

Abb. 66: *Erdnuss- und Kokospalmenanbau.*

Initiative französischer Kaufleute in Pondicherry. Die trockeneren Gebiete der Halbinsel, vor allem der Südosten, die Plateaus mit leichteren Regurböden und besonders die Saurashtra-Halbinsel in Gujarat sind Hauptanbaugebiete (Abb. 66).

Im Norden baut man sie als Kharif-Frucht, an der Ostküste und im Süden der Halbinsel dagegen auch im Winter an. Aufgrund der ähnlichen Anforderungen an Klima und Böden werden Erdnüsse weitgehend in denselben Gebieten angebaut wie Baumwolle und Sorghumhirse. Erdnüsse sind für die Fruchtfolge wichtig, da sie atmosphärischen Stickstoff binden und somit die Bodenfruchtbarkeit erhöhen. Die Verwendung ist vielfältig. Neben der Gewinnung von Speiseölen (Vanaspati) liefern sie Grundstoffe für die Herstellung von Seifen und Kosmetika. Die Pressrückstände der Ölgewinnung bieten als Ölkuchen ein gutes Viehfutter, das ein wichtiges Exportgut ist. Außerdem werden die an Vitaminen und Proteinen reichen Erdnusskerne roh, geröstet, gesalzen und gesüßt verzehrt.

Eine ähnlich rasche Expansion wie früher die Erdnuss erfährt zurzeit die Sojabohne mit einem Anbauschwerpunkt in Uttar Pradesh und Madhya Pradesh. 1950 war sie in Indien noch unbekannt, inzwischen werden knapp 7 Mio. t geerntet.

In Abhängigkeit von den klimatischen Bedingungen haben die anderen zahlreichen Ölsaaten regionale Verbreitungsschwerpunkte. In den winterkühlen Weizenanbauregionen des Nordens, besonders in Uttar Pradesh, dominiert Raps, in West Bengal und Assam dagegen Senfsaaten. Häufig gewinnt die Küche eines Landesteils ihre besondere Note durch die Verwendung eines bestimmten Speiseöls. Der industriell genutzte Sesam, bei dem Indien die Weltproduktion anführt, ist in den trockeneren Regenfeldbaugebieten südlich der Stromebenen bedeutend. Leinsaat gedeiht am besten im nördlichen Indien bis zu den Regurgebieten der Halbinsel. Der Anbau von Rizinus für medizinische und industrielle Verwendungen ist über ganz Indien verbreitet, hat aber einen Schwerpunkt in Gujarat. Der letzte Neuankömmling unter den Ölsaaten ist die Sonnenblume, die vor allem in den Weizengebieten des Punjab und Haryanas vordringt. Da sie hohe Einnahmen bietet, wird sie auch von Kleinbauern im Mixed Cropping angepflanzt.

Kokospalmen

Die Kokospalme zählt zwar als Dauerkultur in Indien zu den Plantagengewächsen, sie wird jedoch fast ausschließlich in 'Small Holdings' in Verbindung mit anderen Nutzpflanzen angebaut. Der Baum trägt nach sechs bis sieben Jahren Früchte und gibt dann die höchsten Erträge, liefert aber noch 50 bis 60 Jahre lang Nüsse. Um gute Erträge zu erreichen, muss der Boden gepflügt oder gehackt werden. Da die Nüsse in monatlichen Abständen nachwachsen, kann zwar das ganze Jahr über geerntet werden, aber die Haupterntezeit entlang der Westküste sind die Monate März bis Mai. Die Kokospalme braucht ein tropisches Klima mit Niederschlägen, die sich gleichmäßig über das Jahr verteilen. Sie gedeiht bis in Höhen von 800 bis 1000 m, aber die besten Bedingungen bieten die Küsten – 'soweit der Seewind reicht'. Das Hauptverbreitungsgebiet sind die Küstenregionen von Kerala, das der Hauptproduzent ist, von Tamil Nadu, das die höchsten Hektarerträge erzielt, und von Karnataka, wo auch höhere Lagen genutzt werden (Abb. 66). Diese drei Staaten stellen rund neun Zehntel der indischen Produktion; in der Welt steht Indien an dritter Stelle.

In Kerala und an der Koromandel-Küste nimmt die Kokospalme bei der Versorgung mit Pflanzenöl den ersten Platz ein. Doch sind ihre Nutzungsmöglichkeiten sehr vielfältig. Wichtigstes Produkt ist die Nuss selbst. Aus ihrem Fruchtfleisch gewinnt man durch Trocknen Kopra und durch Auspressen Öl, das die Basis zur Herstellung

von Margarine und Seife bildet sowie als Koch- und Lampenöl und zur Massage verwendet wird. Der Saft der grünen Nüsse, die Kokosmilch, bietet ein erfrischendes Getränk. Aus dem zuckerhaltigen Saft der Blütenstände wird durch Einkochen Palmzucker (Jaggery) und durch Gärung 'Toddy', das beliebte alkoholische Getränk des armen Mannes, gewonnen.

Die Faserhülle der Nuss wird zu dem 'Coir' genannten Kokosbast verarbeitet. Aus ihm werden Seile, Taue und Matten hergestellt. Aus der harten Schale lassen sich Haushaltsgeräte schnitzen. Die Palmwedel werden zum Decken der Dächer verwendet und zu Matten und Körben geflochten. Die Stämme der Palmen liefern Bauholz. Die Aufzählung der vielfältigen Nutzung lässt erkennen, wie gut die Kokospalme zum kleinbäuerlichen Betrieb passt. Da sie wenig Arbeit erfordert, ist sie für eine kleinbäuerliche Wirtschaft geeignet, die auch andere Nutzpflanzen zur Selbstversorgung wie Reis, Hülsenfrüchte und Gemüse anbaut oder Cash Crops wie Pfeffer oder Bananen. Für die Verarbeitung der Kopra gibt es kleine, technisch wenig aufwendige Anlagen, die von den Small Holders mit Kokosnüssen oder schon getrockneter Kopra beliefert werden.

Obst, Tabak und Arekanüsse

Die indischen Klimate ermöglichen eine große Vielfalt des Obstanbaus, sowohl in der Bauernwirtschaft mit einzelnen Bäumen, als auch in spezialisierten Betrieben. Allerdings treten ähnliche Probleme auf wie beim Gemüse; sie betreffen die Lagerhaltung, den Transport und die Einhaltung von Qualitätsstandards. Doch sind in jüngerer Zeit große Fortschritte gemacht worden.

Mangos sind die wichtigsten Früchte und mit zahlreichen Varietäten über ganz Indien verbreitet, mit einem Schwerpunkt in Uttar Pradesh und Bihar. Außer als Tafelobst werden Mangos zur Herstellung von Pickles, Chutneys oder Saft verwendet.

Indien ist mit fast 8 Mio. t der weltweit größte Bananenproduzent, jedoch ohne Weltmarktanteil, denn die zahlreichen indischen Bananenvarietäten sind zwar wohlschmeckend, aber unansehnlich. Bananen werden überwiegend in Hausgärten angebaut. Besonders günstig sind die Küstenebenen und die Halbinsel. Soweit Bananen zu entfernteren Märkten geliefert werden, ist ihr Anbau auf bestimmte Distrikte konzentriert, um die Transporte zu erleichtern. Das gilt auch für Orangen, bei denen das Gebiet um Nagpur, der Punjab sowie die höheren Lagen des Südens, besonders Kodagu, Konzentrationen des sonst breit gestreuten Anbaus aufweisen.

In den kühlgemäßigten Bergregionen des Nordwestens gedeihen neben Äpfeln auch Aprikosen, Kirschen, Pfirsiche, Birnen, Granatäpfel, Walnüsse und Mandeln, insbesondere im Kashmir-Tal. In jüngerer Zeit hat auch der Anbau von Weintrauben zugenommen, obwohl keines der indischen Klimate hierfür so recht geeignet ist. Auf dem Deccan-Hochland werden Tafeltrauben angepflanzt, meist auf kleinen Arealen. Bei Hyderabad keltert man eine Art Dessertwein (Golconda) und inzwischen einen trockenen Weißwein. Mit französischer Hilfe sind im Gebiet von Nashik Weingärten mit Rieslingreben entstanden.

Im 16. Jh. wurde der Cashewbaum (*Anacardium occidentale*) aus Brasilien von den Portugiesen an der indischen Westküste eingeführt. Er benötigt hohe Temperaturen und Niederschläge, stellt jedoch nur geringe Ansprüche an die Bodenqualität. Die wichtigsten Anbaugebiete befinden sich im Süden an den Hängen der Westghats und an der Ostküste. Heute ist Indien zu einem Viertel an der Weltproduktion beteiligt, und wertmäßig sind Cashewkerne nach Ölkuchen das wichtigste agrare Exportgut. Um die Cashewkerne zu gewinnen, werden sie von den fleischigen Früchten abgelöst, geröstet und die harten Schalen anschließend vorsichtig zerbrochen und entfernt, eine manuelle Arbeit, die große Fertigkeit verlangt und von Frauen ausgeführt wird. Erhebliche Mengen aus Ostafrika importierter Cashews werden an der südlichen Westküste verarbeitet, wo Quilon als die Hauptstadt der Cashew-'Industrie' galt. Der Anstieg der Löhne in Kerala hat zu einer Verlagerung der Weiterverarbeitung nach Tamil Nadu geführt.

Auch den *Tabak* führten zu Beginn des 16. Jh.s die Portugiesen in Indien ein. Er ist einjährig, klimatisch sehr anpassungsfähig aber frostempfindlich und verlangt fruchtbare, gut drainierte Böden und reich-

liche Düngung, wobei sich allerdings die Anforderungen bei den einzelnen Varietäten unterscheiden. Weit überwiegend wird in Indien die Tabaksorte *Nicotiana tabacum* angebaut und zu Zigaretten und 'Bidis' verarbeitet, die handgerollt, zigarettenähnlich und billig sind. Kleinere Anteile entfallen auf *Nicotiana rustica*, vor allem für Kau- und Schnupftabak und den Tabak für Wasserpfeifen (Hookah). Die Feldvorbereitung, das Auspflanzen, häufiges Unkrautjäten und die Weiterverarbeitung des Tabaks sind sehr arbeitsintensiv.

Die gesamte Erntefläche liegt bei 460 000 ha, die Produktion bei 0,7 Mio. t (Ind. Agric. 2000, S. 41), doch dürfte der Teil, der für den eigenen Verbrauch angebaut wird, nur unzureichend erfasst sein. Einige wenige Distrikte in Andhra Pradesh und Gujarat erzeugen 70 % der Tabakproduktion, wobei die Anbauregionen auf bestimmte Tabaksorten spezialisiert sind (Abb. 67). Zigarettentabake werden vor allem in Andhra Pradesh, in Gujarat sowie in geringem Umfang, aber mit hoher Qualität, im südlichen Karnataka angebaut, Bidi-Tabake in Gujarat, Hookah-Tabak in Nordindien. Kautabake sind in nahezu ganz Indien verbreitet. Weniger als ein Viertel der Produktion entfällt auf Virginia-Tabaksorten, die aber mehr als 80 % der indischen Tabakexporte ausmachen. Doch verbleiben rund vier Fünftel der indischen Tabake im Binnenmarkt.

Im Zusammenhang mit dem Tabak sei auch die *Arekapalme* (Betelnuss) erwähnt. Sie erfordert hohe Temperaturen und Jahresniederschläge. Daher sind Kerala und Karnataka die wichtigsten Standorte. Der Baum, der meist in Hausgärten angepflanzt wird, trägt 60 bis 100 Jahre lang Nüsse, die ersten acht bis zwölf Jahre nach dem Pflanzen. Die Setzlinge müssen gegen starke Sonneneinstrahlung und heftige Regenfälle geschützt werden und werden daher oft unter Schatten spendenden Obstbäumen oder Kokospalmen gezogen.

Die Arekapalme liefert die in Indien sehr beliebten gerbstoffreichen Nüsse. Kleine Stücke der Nuss werden mit Kalk, Akazienextrakt, der rote Gerbstoffe enthält, und anderen Ingredienzien wie Limone, Kardamom u. a. in ein Betelblatt gewickelt und als 'Pan' gekaut. In den Städten finden

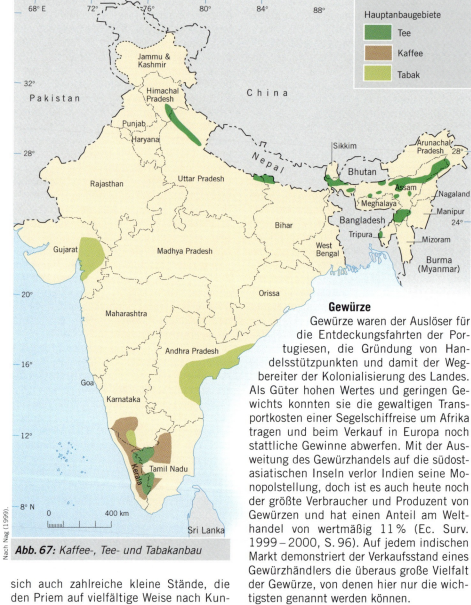

Nach Nag (1999).

Hauptanbaugebiete

- Tee
- Kaffee
- Tabak

Abb. 67: *Kaffee-, Tee- und Tabakanbau*

Gewürze

Gewürze waren der Auslöser für die Entdeckungsfahrten der Portugiesen, die Gründung von Handelsstützpunkten und damit der Wegbereiter der Kolonialisierung des Landes. Als Güter hohen Wertes und geringen Gewichts konnten sie die gewaltigen Transportkosten einer Segelschiffreise um Afrika tragen und beim Verkauf in Europa noch stattliche Gewinne abwerfen. Mit der Ausweitung des Gewürzhandels auf die südostasiatischen Inseln verlor Indien seine Monopolstellung, doch ist es auch heute noch der größte Verbraucher und Produzent von Gewürzen und hat einen Anteil am Welthandel von wertmäßig 11 % (Ec. Surv. 1999–2000, S. 96). Auf jedem indischen Markt demonstriert der Verkaufsstand eines Gewürzhändlers die überaus große Vielfalt der Gewürze, von denen hier nur die wichtigsten genannt werden können.

Der Anbau von *Pfeffer*, der für den Export von großer Bedeutung ist, konzentriert sich vor allem auf die feucht-heiße Küste Keralas und ihr Hinterland. Hier wird auch die Heimat des Pfeffers vermutet. Die Pflanzen gedeihen bis zu einer Höhe von 1200 m. Die erste Pfefferernte kann vier Jahre nach der Anpflanzung erfolgen. Sechs bis acht Monate nach der Blüte (Mai – Juni) werden die ganzen Fruchtstände gepflückt

sich auch zahlreiche kleine Stände, die den Priem auf vielfältige Weise nach Kundenwunsch, häufig nach Herkunftsgebieten differenziert, zubereiten und verkaufen. Die leicht betäubende Wirkung wird von Alkaloiden hervorgerufen. Sie regen die Verdauung und die Speichelproduktion an. Der Speichel färbt sich blutrot, was die zahlreichen roten Flecken auf indischen Straßen, an Haltestellen, vor Kinos oder in Treppenhäusern öffentlicher Gebäude erklärt.

und anschließend getrocknet. Seit 1952 hat sich die Anbaufläche auf 160 000 ha verdoppelt. Pfeffer benötigt Schatten spendende Bäume als Rankhilfe, sodass er häufig als Nebenprodukt in den Kaffeeplantagen auftritt.

Die einfachen Anbaubedingungen, die wenig aufwendige Aufbereitung durch Trocknen oder Einweichen und Entfernung der Schale sowie der hohe Wert machen ihn auch für Kleinbauern interessant, von denen einige sogar Monokulturen auf kleinen Flächen anlegen. Die Vermarktung erfolgt über eine große Zahl von Händlern, die z.T. den Pfeffer schon vor der Ernte kaufen und dann die Aufbereitung übernehmen. In Alleppey und Kozhikode (Calicut) bestehen kleinere Produktenbörsen für Pfeffer und andere Gewürze. Geringere Qualitäten gehen auf den Binnenmarkt, bessere über Großhändler in den Export.

Kardamom wächst zwischen 600 und 1500 m Höhe und benötigt reichlich Niederschlag und hohe Temperaturen, Schattenbäume wegen seiner Sonnen- und Windempfindlichkeit sowie nährstoffreiche Waldböden; zur besseren Drainage werden Hanglagen bevorzugt. In Südindien, wo Kerala der wichtigste Produzent ist, betreiben einige große Kaffee-Plantagen den Kardamomanbau als Nebenprodukt. Hauptsächlich kommt er jedoch von Kleinbetrieben, die allerdings kaum über die finanziellen Mittel und Kenntnisse verfügen, um die Kultivierung zu intensivieren, sodass die Regierung besseres Pflanzenmaterial aus Pflanzgärten zur Verfügung stellt. Geerntet wird einmal jährlich im September und Oktober. Die Kapseln werden nur getrocknet und gesäubert, bevor sie vermarktet werden. Etwa die Hälfte der Kardamomernte geht in den Export, besonders in die arabischen Golfstaaten. Bis Mitte der 1980er-Jahre war Indien noch der größte Kardamom-Exporteur auf dem Weltmarkt. Inzwischen ist ihm in Guatemala ein bedeutender Konkurrent entstanden. Neben dem 'Small Cardamom' Südindiens wird in Sikkim der 'Large Cardamom' angebaut, doch nur der wertvollere Small Cardamom wird exportiert.

Chilli, wohl das wichtigste Gewürz der indischen Küche, wurde erst im 17. Jh. aus Brasilien eingeführt. Überwiegend einjährige Chillisorten kommen als Winter- und als Sommerfrucht vor. Wegen ihres hohen Dünge- und Pflegeaufwandes werden sie im Gartenbau kultiviert und wegen ihrer allseitigen Verwendung in der indischen Küche – frisch, getrocknet, eingelegt, oder pulverisiert – fast überall für den eigenen Bedarf angebaut und regional vermarktet. Nur Kerala weist einen Anbau für den Export auf.

Weitere Gewürze, die überwiegend dem indischen Verbrauch dienen, aber auch exportiert werden, sind Turmeric oder Gelbwurz, Ingwer, Gewürznelken, Zimt sowie Safran, das bei weitem teuerste der Gewürze. Die wichtigste Zutat in der indischen Küche, der Curry, ist nicht ein bestimmtes Gewürz, sondern eine Mischung von bis zu dreißig verschiedenen Gewürzen, welche die indische Hausfrau täglich selbst zubereitet.

Der hohe Verbrauch von Gewürzen gibt der vegetarischen Kost eine große Vielfalt, kann die Haltbarkeit von Speisen verlängern und übertönt ihren schlechten Geschmack, wenn sie nicht mehr frisch sind. Auch werden ihnen heilende medizinische Wirkungen nachgesagt. Die Wiederentdeckung der Gewürze in jüngerer Zeit in den westlichen Ländern sowie die wachsende Nachfrage in Westasien hat zum Anstieg der Exporte beigetragen.

Faserpflanzen

Die *Baumwolle*, die in Indien heimisch ist, benötigt reichlich Wasser zum Wachstum und starke Sonnenbestrahlung während der Reife; zwischen Aufplatzen der Kapsel und Ernte sollte kein Niederschlag fallen. Die wichtigsten Anbauregionen sind die Regurgebiete des Deccan, wo die Böden wegen ihrer Eignung für die Baumwolle auch 'Black Cotton Soils' heißen, Gujarat, das südliche Tamil Nadu sowie der Punjab. Der Baumwollanbau beschränkt sich auf den trockeneren Westen Indiens und zeigt ein inverses Bild zum Juteanbau im feuchten Osten (Abb. 68).

Baumwolle ist in Indien vorwiegend Kharif Crop. In den Bewässerungsgebieten Nordindiens sind Rotationen mit Weizen oder Sorghumhirse verbreitet. Im Regenfeldbau Zentral- und Südindiens wird Baumwolle auch gemischt mit Hirsen, Ölfrüchten oder Leguminosen angebaut. Das reduziert die Bodenerosion und bietet wegen

Nach National Atlas of India (aktualisiert).

Hauptanbaugebiete

Baumwollanbau
Juteanbau
wichtigste Baumwoll-
anbaugebiete

Abb. 68: *Baumwoll- und Juteanbau.*

ssung an die klimatischen Verhältnisse bzw. die Verfügbarkeit von Wasser und die Gefahr von Frösten. Mit billigen Arbeitskräften kann die Ernte auf drei bis vier Kampagnen nach der Reife der Kapseln ausgedehnt werden, wobei die Erträge mit jedem 'Picking' geringer werden.

Die Ausdehnung des Baumwollanbaus, insbesondere im weiteren Hinterland der Häfen Bombay und Karachi, begann nach der Industrialisierung Großbritanniens. Die große Expansion erfolgte durch den Amerikanischen Bürgerkrieg, der die Lieferungen für die britische Textilindustrie unterbrach. Die Kolonialregierung förderte daher den Anbau und führte qualitativ hochwertige, langfaserige amerikanische Baumwollsorten ein. Bis dahin waren in Indien kurzfaserige Sorten dominierend, die das Heimgewerbe zu einfachen Stoffen verarbeitete. In der Mitte des vergangenen Jahrhunderts konnte sich die Baumwollverarbeitung als der erste Industriezweig auf dem Subkontinent etablieren.

Mit der Teilung des Landes fielen die Bewässerungsgebiete des westlichen Punjab und in Sind mit ihren langfaserigen Baumwollsorten an Pakistan. Daraufhin weitete Indien die Anbauflächen auf 9 Mio. ha aus, sodass die Baumwollernten auf durchschnittlich 12 Mio. Ballen (dies sind

der Niederschlagsvariabilität eine gewisse Ertragssicherung. Auf den Roterdeböden des südlichen Tamil Nadu, die nur eine geringe Wasserhaltekapazität haben, bewässert man die Baumwolle aus Stauteichen. Es besteht ein halbjähriger Fruchtwechsel mit Reis, der während des Nordostmonsuns ausgepflanzt wird, danach folgt die Baumwolle im März (Nitz 1977, S. 186). Insgesamt zeigt die Zeitspanne des Anbaus eine große regionale Variationsbreite in Anpas-

2 Mio. t) in den 1990er-Jahren erhöht werden konnten. Das entspricht der Hälfte der US-amerikanischen oder der chinesischen Produktion, wofür Indien aber eine größere Fläche benötigt. Inzwischen weist ein Drittel der Erntefläche langfaserige Baumwolle auf, etwa 60 % mittellangfaserige, der Rest kurzfaserige Sorten.

Wegen der Bevorzugung der tiefgründigen Regure sind die Flächenanteile der künstlich bewässerten Areale insgesamt gering. In den Bewässerungsgebieten werden jedoch die höchsten Erträge erzielt, im Punjab und in Haryana fast das Doppelte der indischen Durchschnittswerte. Etwa ein Drittel der Rohbaumwolle gelangt in Indien auf regulierte Märkte, und insgesamt wird mehr als die Hälfte der gesamtindischen Produktion in Gujarat und Maharashtra weiterverarbeitet (Stang & Schmitz 1988).

Die aus Südasien stammende *Jute*pflanze liefert eine der billigsten Textilfasern – allerdings von minderer Qualität – für die Herstellung von Säcken und Verpackungsmaterial, Teppichen und Unterlagen für Fußbodenbeläge. Die Jute benötigt ein feucht-heißes Klima. Die Lehmböden der Stromebenen sind günstig für den Anbau, insbesondere wenn sie alljährlich überflutet werden und frische Schlickauflagen erhalten. Jute wird im indischen Osten und Nordosten überwiegend im Fruchtwechsel mit Reis angebaut. Die Aussaat erfolgt mit den ersten Monsunniederschlägen, die Ernte nach acht bis zehn Monaten, wobei die frühen Ernten feinere, qualitativ hochwertige Fasern und die späteren Ernten höhere Erträge, aber gröbere Qualität bringen.

Die Feldbestellung, die Ernte und die Aufbereitung der Jutefasern ist ein sehr arbeitsintensiver Prozess, insbesondere das Rösten der Stiele für zwei bis drei Wochen unter Luftabschluss in klarem Wasser sowie das anschließende Trocknen und Lösen der Faser. Nach dem Trocknen wird die Jute vor dem Transport in Ballen gepresst, was nicht nur das Volumen verkleinert, sondern auch verhindert, dass feuchte Luft in die Jute dringt und sie so verderben lässt. Bei der Teilung Bengalens 1947 fielen mehr als drei Viertel der Anbaufläche mit besonders hochwertigen Varietäten an das damalige Ostpakistan, während sich die Verarbeitungskapazitäten in und um Calcutta konzentrierten. Deshalb hatte Indien den Anbau zunächst verdreifacht. In der zweiten Hälfte der 1980er-Jahre kam es jedoch infolge der Konkurrenz von Kunstfasern zu einem Einbruch in der Juteerzeugung. Anbaufläche (ca. 800 000 ha) und Produktion waren rückläufig (Ec. Surv. 1999–2000, S. 16f.).

Die wichtigsten Juteregionen Indiens sind heute die Ebene von West Bengal bis nach Bihar reichend, das untere Brahmaputra-Tal sowie das Mahanadi-Delta. Im Terai des nordöstlichen Bihar und in Uttar Pradesh haben Flüchtlinge aus Ostbengalen Land gerodet und mit Jute bestellt. In West Bengal liegt die Hälfte der indischen Juteanbaufläche; in Bihar, Assam und Orissa ist sie auf bestimmte Distrikte begrenzt. Doch bietet auch West Bengal kein geschlossenes monostrukturiertes Anbaugebiet. Nahezu alle Bauern haben Jutefelder, und häufig stellt Jute die einzige Marktfrucht. Wegen des hohen Bedarfs an Reis bleiben in diesem sehr dicht bevölkerten Landesteil nur etwa 10 bis 20 % der Erntefläche für die Jute übrig.

Die Viehhaltung

Rinderhaltung und -nutzung

Rinder sind Indiens wichtigste Nutztiere. Mit 204,6 Mio. Rindern und 84,2 Mio. Büffeln (Ind. Agric. 2000, S. 115) verfügt das Land weltweit über den höchsten Bestand. Die übliche Rinderart ist das Zebu, das sich in seinem äußeren Erscheinungsbild vom europäischen Rind besonders durch seinen Buckel unterscheidet. Rinder werden als Zugtiere vor dem Pflug, dem Ochsenkarren und bei der Brunnenbewässerung eingesetzt. Die Haltung von Kühen zielt mehr auf die Ergänzung des Bestandes an Zugochsen als auf den Einsatz zur Arbeit. Dementsprechend werden Stierkälber bevorzugt, und die Zahl der weiblichen Kälber wird durch unzureichende Fütterung niedrig gehalten (Weber 1984, S. 20ff.). Wasserbüffel werden weniger als Zugtiere eingesetzt, weil ihr Arbeitstempo geringer ist und sie hitzeempfindlicher sind. Beim Nassreisanbau bietet allerdings der Büffel auf den überfluteten Reisfeldern mehr Zugkraft. Trotz ihrer im Vergleich zu den Kühen geringeren Zahl liefern die Büffelkühe wegen ihrer höheren Milchleistung über die Hälfte der Milchproduktion.

Bei der Milchproduktion gibt es eine Grenze zwischen den feuchten östlichen und südlichen Reisanbaugebieten und den trockenen westlichen und nördlichen Gebieten. Sie trennt auch die milchtrinkende Bevölkerung des Nordwestens von derjenigen mit einem geringeren Milchkonsum, wobei Traditionen eine Rolle spielen mögen.

Wegen der religiös-kulturellen Vorbehalte vieler Hindus gegenüber dem Fleischverzehr und dem Verbot der Tötung, das allerdings weniger die Büffel betrifft, ist die Rolle der Rinder als Fleischlieferant relativ gering. Doch werden Rinder, die eines natürlichen Todes gestorben sind, von Unberührbaren und niederen Kasten verzehrt (Lensch 1985, S. 48). Vom anfallenden Dung dient der größte Teil als Brennmaterial und nur ein kleiner Teil als Dünger. So ist die Viehhaltung wohl der ineffizienteste Zweig der indischen Landwirtschaft.

Abgesehen von Rajasthan, wo man eine Aufzucht von Jungvieh als Zugtiere für die Ackerbaugebiete betreibt, ist der Rinderbestand am höchsten in Regionen mit dichter Besiedlung, intensivstem Anbau und kleinen Betriebsgrößen. Denn jeder Bauer ist bemüht, ein Gespann Ochsen selbst zu halten, auch wenn die Größe seines Betriebes das eigentlich unrationell macht. Er hält zudem zwei Rinder – obwohl das Futter kaum für eines reicht –, um das Risiko zu mindern, das der Verlust eines Tiers bringen könnte. Sieht man von den Büffeln ab, so steht die übergroße Zahl der Rinder in keinem Verhältnis zu ihrem Nutzen, der auch deshalb so gering ist, weil die Menge des verfügbaren Futters nicht für die Ernährung ausreicht. Die klimatischen Bedingungen sind in weiten Gebieten des Landes wenig günstig für eine Viehwirtschaft. Besonders in der langen heißen Trockenzeit wirft die Fütterung Probleme auf, weil alles verdorrt. Die Milchleistung

der Kühe geht stark zurück, und die Ochsen sind zu Beginn des Monsuns, wenn sie zur Feldbestellung am nötigsten gebraucht werden, fast zu entkräftet, um den Pflug zu ziehen. Gerade in den Gebieten intensivsten Reisanbaus und kleinster Betriebsgrößen stehen kaum Weideflächen oder Areale für den Futteranbau zur Verfügung. Nur bei größeren Betrieben, wie z.B. in den Bewässerungsgebieten des Punjab und Gujarats, wo der Wettbewerb zwischen Anbau für die eigene Ernährung und für Viehfutter nicht so ausgeprägt ist, bleibt dem Bauer Land für Futtermittel, oder er kann das Vieh auf abgeernteten Flächen weiden lassen.

Wiesen und Weiden nehmen weniger als 4 % der Gesamtfläche Indiens ein. Aber das sind zum größten Teil keine Weiden im eigentlichen Sinne, sondern es ist meist Ödland, das sich nicht zum Anbau eignet und auf dem oft nur Gestrüpp wächst. Dieses 'Weideland' ist Allmende und überweidet, es wird nicht gepflegt und liegt oft mehrere Kilometer von den Dörfern entfernt. So wird ein Großteil des Viehbestandes von Neben- oder Abfallprodukten der Landwirtschaft ernährt. Aus dem Vorherrschen bestimmter Anbauprodukte ergibt sich eine regionale Differenzierung: Reisstroh wird überwiegend im Osten und Süden, Hirsestroh im zentralen Teil des Landes und Weizenstroh im Norden verfüttert. Nur in den Bergregionen des Nordwestens ernähren sich die Tiere hauptsächlich von Grünfutter und sind daher auch besser mit Proteinen versorgt. Allgemein besitzen jedoch die in Indien vorkommenden Gräser nur einen geringen Nährwert. Getrocknet sind sie kaum nährstoffreicher als Stroh und daher nicht mit dem, was man in Europa als Heu bezeichnet, vergleichbar. In den niederschlagsreichen Gebieten ist es während der entsprechenden Jahreszeit zu feucht um Heu zu machen. In trockenen Gebieten ist kaum etwas vorhanden, woraus man Heu machen könnte (Spate & Learmonth 1967, S. 254 ff.).

Das Fehlen einer ausreichenden Versorgung mit qualitativ gutem Futter ist Hauptursache für die niedrige Milchleistung indischer Kühe, die im Allgemeinen nur ein Zwanzigstel derjenigen in entwickelten Ländern erreicht, sowie für die geringe Leistungskraft der Ochsen. Nach Meinung westlicher Experten würde die Reduzierung des Rinderbestandes um ein Drittel eine ausreichende Fütterung leistungsfähigerer Tiere ermöglichen. Dem steht jedoch das Verbot entgegen, Kühe zu töten, das allen Hindus – trotz der großen Variationsbreite ihres Glaubens – gemeinsam und in vielen Bundesstaaten gesetzlich verankert ist.

Im Übrigen nutzt der indische Bauer die Möglichkeiten, seinen Viehbestand in Grenzen zu halten, indem er Rindern, die durch Altersschwäche nicht mehr auf Nahrungssuche gehen können, nur noch ein Minimum an Futter gibt, sodass sie bald eines 'natürlichen' Todes sterben. Lensch (1985) hat sich eingehend mit dem Problem der 'heiligen Kühe' befasst und weist darauf hin, dass die große Verehrung des Rindes es nicht vor Misshandlungen schützt, die gegen ein normales Tierschutzempfinden verstoßen. Andererseits stehen in den Städten für Kühe, die von ihren Besitzern aufgegeben wurden, sogar Tierheime zur Verfügung, die meist von privaten Institutionen finanziert werden.

Neben den beschriebenen klimatischen Einflüssen sowie der unzulänglichen Futterversorgung bestimmt das genetische Potential der Tiere ihre Produktivität und ihre Leistung. Da die Tiere jedoch frei weiden, ist eine systematische Züchtung schwierig. Sie kann auf zwei Arten erfolgen: entweder durch Selektion, sodass es zu einer Auslese der genetisch gewünschten Tiere kommt, oder durch künstliche Besamung, die es ermöglicht, das genetische Potential vorher zu bestimmen. Selektive Züchtung trifft in Indien aus den aufgezeigten Gründen auf Widerstände, sodass die Zahl unproduktiver Rinder und ihre Degeneration immer größer wurde. Eine geregelte Züchtung durch künstliche Besamung hat sich erst in jüngerer Zeit verbreitet. Ein Großteil der Rinder wird als nicht-klassifizierbare 'Desi'-Rinder bezeichnet. Es handelt sich hierbei um zufällige Kreuzungen, die sich besonders dadurch auszeichnen, Hunger und Durst überstehen und sich erstaunlich schnell von Hungerperioden wieder erholen zu können. Da bei Büffeln keine Vorbehalte bestehen, kam es durch selektive Züchtung einheimischer Tiere zu verschiedenen Rassen, die hohe Milcherträge bringen. Jede

dieser Züchtungen konzentriert sich in einem Gebiet, nach dem sie ihren Namen erhielt, wie z. B. in Gujarat der 'Surati' und der 'Mehsana'. Auch unter den Zeburindern gibt es einige Züchtungen, wobei das Ziel entweder Zugtiere waren oder Milchtiere, die eine Milchleistung von bis zu 1000 kg und mehr liefern oder auch eine Kombination beider (zum Vergleich: durchschnittliche Milchleistung in Europa 5280 kg/Jahr).

Generell kann gesagt werden, dass der Nordwesten, von Gujarat bis zum westlichen Uttar Pradesh und Teile von Karnataka die besten Bestände und den höchsten Anteil von Futteranbau aufweisen. Im Gegensatz dazu stehen die Gebiete im Osten und Süden des Landes, wo die Zunahme von Luftfeuchte und Temperatur einen Abfall der Milchleistung auslösen. Aus Europa eingeführte, in Indien 'exotisch' genannte Rinderrassen, wie Holstein-Friesisch oder Schweizer Braunvieh bringen erheblich höhere Milcherträge. Sie erfordern aber einen wesentlich größeren Aufwand an Pflege und Futter und sind gegen Krankheiten empfindlicher. Durch Kreuzungen mit dem Zeburind soll eine bessere Anpassung an indische Verhältnisse und eine Eignung für Tiefland oder Hochland erreicht werden. Eine Reihe von Rinderzuchtprojekten in Zusammenarbeit mit ausländischen Staaten hat große Erfolge erzielt, so das 'Indo-Swiss Project' mit der Kreuzung einheimischer Kühe und Schweizer Braunvieh in Kerala, das 'Indo-Danish Project' in Karnataka oder das 'Indo-German Project' in Himachal Pradesh. Sehr gute Ergebnisse erzielte die Verbesserung der einheimischen Büffel, bei denen sich keine Kreuzung mit Exoten anbietet. Die eingeführten europäischen Rinder und die neuen Kreuzungen haben einen größeren Bedarf an hochwertigerem Futter, liefern dafür aber höhere Erträge. Damit zeichnet sich allerdings ein Wettbewerb zwischen der Nutzung landwirtschaftlicher Flächen für die direkte menschliche Ernährung und den Futteranbau ab.

In den letzten Jahrzehnten hat sich ein Wandel der Rindernutzung angebahnt. In zunehmendem Umfang ersetzen inzwischen Traktoren den Ochsen als Zugtier und Lastwagen den Ochsenkarren. Auch der Ersatz der alten Bewässerungssysteme wie des

Persischen Rads oder der Mhote durch Tiefbrunnen mit elektrischen Pumpen hat Ochsen überflüssig gemacht.

Milchwirtschaft

Weit durchgreifender ist aber die Veränderung bei der Milchwirtschaft, wo man in Anlehnung an die 'Grüne Revolution' von einer 'Weißen Revolution' gesprochen hat, die vornehmlich auf der Milchleistung der Büffel basiert. Indien ist heute der größte Milchproduzent der Welt.

In der traditionellen, kleinbäuerlichen Rinderhaltung dient die Milcherzeugung dem eigenen Verbrauch oder der Herstellung von Butterfett zum Verkauf. Butterfett (Ghee) verträgt höhere Temperaturen und ist kaum verderblich, was einen Transport zum nächsten Markt oder zur Stadt ermöglicht. Weitere Milchprodukte sind Dickmilch (Dahi) oder dicke Sauermilch (Curd). Das Fehlen geeigneter Transportmöglichkeiten machte früher die Beschaffung größerer Mengen Milch in einwandfreier Qualität so schwierig, dass militärische Einrichtungen selber Milchwirtschaft betrieben, um eine sichere Versorgung zu garantieren. Hier wurden dann auch Milchleistungen von 2000 bis über 5000 kg pro Tier erreicht (Chakravati 1985, S. 522).

Da der Transport frischer Milch unter den in Indien herrschenden klimatischen Verhältnissen schwierig ist, waren die Städter zur Deckung ihres Bedarfs auf Büffel angewiesen, die innerhalb der Stadt von bestimmten Kasten gehalten wurden. Sie betrieben kleine Abmelkbetriebe mit wenigen Büffelkühen, bei denen der Milcherlös meist die einzige Einnahmequelle darstellte (Bild 41). Die Tiere wurden im Freien oder unter überdachten Ständen gehalten, es wurden Futtermittel zugeführt und die Milch von Haus zu Haus verkauft. Schließlich hatten die Verdünnung mit Wasser und Magermilch, die Beimischung anderer Fette oder die Zugabe von Chemikalien zur Haltbarmachung einen solchen Umfang angenommen, dass die Kunden von den Tierhaltern erwarteten, dass sie mit ihrem Büffel von Haus zu Haus zogen, um das Tier vor ihren Augen zu melken. Da Kühlschränke in den Haushalten fehlten, erfolgte die Lieferung in kleinsten Mengen zweimal täglich.

Das Wachstum der großen Städte und vor allem ihre Verdichtung führten bei der Tierhaltung zu hygienischen Problemen, sodass es in den letzten Jahrzehnten zur Gründung von 'Milchkolonien' am Stadtrand kam, in die man kleine Milcherzeugerbetriebe, zum Teil zwangsweise, auslagerte. Hier werden die Tiere in Großstallungen gehalten, bleiben aber im Besitz ihrer Eigentümer, die sie auch versorgen und melken. Eine zentrale Verwaltung betreibt den Futteranbau oder kauft Futter ein und vermarktet die Milch. Vom Erlös erhält der Tierbesitzer seinen Anteil nach Abzug der Aufwendungen, darunter auch für tierärztliche Betreuung (Lensch 1985). Die Milchkolonien können zwar eine effizientere Tierhaltung ermöglichen, doch ist ihr Erfolg unterschiedlich. Eine der ersten, Aarey bei Mumbai, ursprünglich für 15 000 Tiere vorgesehen und zunächst ein Vorzeigebeispiel, hat heute nur noch geringe Bedeutung. Entweder versorgen die Besitzer ihre Tiere nicht mehr selber, sondern lassen die Arbeit vom Personal der Milchkolonie besorgen und beziehen nur noch ihren Besitzerlohn, oder sie fanden die Tierhaltung in Stadtnähe und vor allem den eigenen Verkauf einträglicher. Zum Niedergang von Aarey hat auch der subventionierte Wettbewerb einer Milchwirtschaftsgenossenschaft beigetragen, die im Folgenden beschrieben wird.

Erzeugergenossenschaften

Mit der Gründung von Genossenschaften wurde ein neuer Weg beschritten. Eine der ersten und bis heute die größte ist AMUL (Anand Milk Producers Union Ltd.), 1946 in Anand im Kheda-Distrikt des heutigen Gujarat gegründet. Sie ist beispielhaft für die Entwicklung der Milchwirtschaft in Indien und einer der großen Erfolge der Landwirtschaft. AMUL setzt sich aus dörflichen Genossenschaften zusammen, deren Mitglieder Kühe besitzen, in der Regel Büffelkühe. Sie sind in der 'Union' zusammengefasst, die als Zentrale die Milch sammelt, verarbeitet und eine Reihe weiterer Leistungen für die Dorfgenossenschaften erbringt. Diese finanzieren aus ihren Einnahmen neben den Ausgaben für die Milchwirtschaft auch gemeinnützige Anlagen wie Schulen, Krankenstationen oder die Erweiterung des Elektrizitätsnetzes.

Bild 41: *Milchviehhaltung in der Stadt.*

Nach dem Muster von AMUL entstanden in den 1970er-Jahren weitere Milchgenossenschaften in anderen Distrikten Gujarats. Inzwischen umfassen die Genossenschaften den größten Teil von Gujarat und expandierten auf rund 360 000 Milchproduzenten in 900 Dörfern. Sie waren auch der Initiator für die Gründung weiterer Genossenschaften, z. B. beim Anbau von Ölsaaten und Limonen.

In den Anfangsjahren lieferte die Genossenschaft Milch von Anand ins 420 km entfernte Bombay. Dies geschah im Rahmen des von der damaligen Regierung betriebenen 'Bombay Milk Scheme', das die Zuteilung subventionierter Milch an Kinder und werdende Mütter vorsah. Heute gehen die Milchlieferungen in Kühlzügen vom molkereieigenen Bahnhof bis Delhi und Calcutta. Das Einsammeln der Milch in den Dörfern geschieht zweimal täglich mit Tankwagen, die bestimmte Routen abfahren. In der dörflichen Sammelstelle wird die Milch bei der Anlieferung auf den Fettgehalt getestet. Entsprechend der Qualität erfolgt bei der nächsten Abholung und Rückgabe der leeren und gesäuberten Kannen bereits die Auszahlung. Dabei verpflichtet sich AMUL, jede gelieferte Menge Milch zu einem festen Preis abzunehmen,

sofern sie einen Mindestfettgehalt erreicht, unabhängig von den Schwankungen im Verlauf des Jahres. Sie verlangt dafür von den Tierhaltern, Milch nur an die Genossenschaften zu liefern, um so den privaten Handel auszuschließen.

Mit dem Wachstum der Genossenschaften und der Milchproduktion konnte bald der erhöhte Milchanfall der Wintermonate nicht mehr abgesetzt werden. Daher wurde 1955 eine Molkerei zur Weiterverarbeitung der Milch eingerichtet. Sie ermöglichte es, aus den überschüssigen Lieferungen Milchprodukte herzustellen, und eröffnete damit neue Absatzmöglichkeiten. Nach mehrfacher Erweiterung stellt sie heute gesüßte Kondensmilch, Käse, Babynahrung und Schokolade her, alles – wohl einmalig auf der Welt – aus Büffelmilch. Die Produkte werden mit einer exzellenten Werbung in ganz Indien vertrieben.

Das Bestreben, die Produktivität der Milchtiere zu erhöhen, machte eine Verbesserung der Futterversorgung notwendig. Daher begann die Zentrale Genossenschaft 1964 mit der Herstellung von Futtermitteln. Erdnusskuchen, Baumwollsamen, Getreide, Stroh, Weizenkleie und anderen landwirtschaftlichen Neben- oder Abfallprodukten werden Mineralien zugegeben und so zu einem nährstoffreichen Futterkonzentrat verarbeitet, das unter dem Namen 'Amuldan' zum Selbstkostenpreis an die Mitglieder verkauft wird. Außerdem wurden für den Anbau von Grünfutter gemeinschaftlich genutztes Weideland der Dörfer, das Gochar-Land, in bewässerte Futteranbaugebiete umgewandelt, Silos für die Futterlagerung gebaut und die Herstellung von getrocknetem Grünfutter betrieben.

Um das genetische Potential der Milchtiere zu verbessern, begann AMUL mit künstlichen Besamungen. Ferner beschäftigt die Zentrale Tierärzte, die einmal wöchentlich in mobilen Stationen jedes Dorf aufsuchen. Die benötigten Medikamente und die Behandlung der Tiere ist zu einem niedrigen Festpreis möglich. Ein Notdienst kann rund um die Uhr in Anspruch genommen werden.

Der Erfolg der Genossenschaft beruht auf mehreren Vorteilen:
- ▪ den günstigen natürlichen Voraussetzungen für die Viehhaltung, die das mittlere Gujarat bietet;
- ▪ der besonderen Mentalität einer bestimmten Kaste in Gujarat, die gegenüber genossenschaftlichen Strukturen – sofern sie Gewinn bringend sind – besonders aufgeschlossen ist;
- ▪ einem effizienten nicht-staatlichen Management und
- ▪ der relativen Nähe zu Mumbai, was den Absatz erleichtert;
- ▪ der staatlichen Unterstützung sowie massiven Hilfe der früheren EWG und internationaler Organisationen.

Doch hat AMUL auch Kritiker gefunden. Mit staatlicher Unterstützung konnte die Genossenschaft die private Milchwirtschaft ausschalten, obwohl der Vorwand, diese habe die Bauern ausgebeutet, wegen des Wettbewerbs der Händler untereinander nicht zutrifft. So vergaben z. B. früher die einzelnen Dörfer die Rechte zum Milchaufkauf in einer Versteigerung, bei der derjenige Händler den Zuschlag erhielt, der den höchsten Beitrag für allgemeine Aufgaben des Dorfes 'stiftete'. Widersprochen wird auch der Behauptung der Genossenschaft, dass sie durch ihre demokratische Verwaltung dem Kastenwesen entgegenwirke, was augenfällig dadurch demonstriert würde, wenn Brahmanen und Dalits zusammen in der Schlange vor der Milchsammelstelle anstehen. Sieht man von solchen 'Fortschritten' ab, die auch an jeder Bushaltestelle in den Städten zu beobachten sind, so fällt auf, dass die Zahl der Mitglieder mit dem Namen Patel auf zwei Drittel geschätzt wird und dass die Träger dieses Namens eine führende Rolle in den Dorfgenossenschaften spielen (George 1985, S. 168). Die Patels gehören zur Patidar-Kaste, der Dominant Caste in Kheda und weiten Teilen Gujarats. Sie zeichnen sich durch ihre unternehmerischen Fähigkeiten und den starken Zusammenhalt untereinander aus und haben gute Verbindungen zu führenden Regierungsmitgliedern.

Operation Flood

Der Erfolg AMULs veranlasste die Indische Regierung 1965, den 'National Dairy Development Board' (NDDB) zu gründen. Der NDDB sollte den Aufbau weiterer Milchgenossenschaften im ganzen Land nach dem Muster AMULs fördern. Den Rahmen dazu bildete seit 1970 die Operation Flood. Dies war ein Programm, für das die EWG Butteröl und entrahmtes Milchpulver aus ihren durch die subventionierte Produktion der europäischen Landwirtschaft überquellenden Lagern stiftete. Die zu diesem Zweck gegründete 'Indian Dairy Corporation' (IDC) verkaufte diese zur Wiederaufbereitung an die Molkereien oder Genossenschaften zu niedrigen Preisen, wobei der Löwenanteil auf AMUL entfiel. Das so erzeugte Kapital verwendete man zum Aufbau bzw. zur Erweiterung von Milchgenossenschaften und zur Verbesserung der subventionierten Milchversorgung in den vier Metropolen Mumbai, Delhi, Calcutta und Chennai. Das ermöglichte die Gründung weiterer Genossenschaften in vielen Teilen des Landes und die Einbeziehung von 150 Städten in die Milchversorgung, eine Steigerung der Milcherzeugung sowie des Milchverbrauchs. Nach Abschluss der dritten Phase der Operation Flood im April 1996 bestanden 73 300 Milchkooperativen mit 9,4 Mio. Mitgliedern und 170 Molkereien. Die Milchproduktion hat 80 Mio. t erreicht. Der durchschnittliche Pro-Kopf-Verbrauch stieg auf 217 g/Tag gegenüber 112 g/Tag im Jahr 1970–71 (Ec. Surv. 2001–2002, S. 192).

Zur Verteilung der Milch wurde ein 'National Milk Grid' aufgebaut, ein Transportsystem unter Einsatz von Kühlwagen im Eisenbahn- und Lkw-Verkehr. In einer 'Mother Dairy' in den großen Städten wird die Milch homogenisiert, pasteurisiert und verteilt, in Delhi fast 600 000 l täglich. Die Mother Dairies erhalten ihre Milch von kleineren Molkereien als Sammelstellen (Milksheds) im nahen und weiteren Umland der Städte, in Delhi also aus Haryana, Rajasthan, Uttar Pradesh – den traditionellen Versorgungsgebieten für Delhi –, aber auch aus größeren Entfernungen wie Madhya Pradesh und Gujarat. Engpässe der Versorgung konnten mit den Trockenmilchlieferungen überbrückt werden, die es zudem ermöglichten, die Milchpreise in den Städten niedrig zu halten. Für die Verteilung der Milch an die einzelnen Kunden sind in den Städten kleine Kioske errichtet worden.

Ziel der Operation Flood war also auf der einen Seite die Versorgung der Städter mit Milch zu niedrigen Preisen, auf der anderen Seite die Förderung der Milchproduktion durch die Gründung von Genossenschaften in ländlichen Gebieten. Sie sollen es den Kleinstbauern oder den landlosen Arbeitern bzw. ihren Frauen ermöglichen, ihr Einkommen mit der Haltung von ein oder zwei Büffelkühen im Nebenerwerb zu verbessern.

Doch die Gründung neuer Genossenschaften auf dem Land war von unterschiedlichem Erfolg; er war größer im Westen und Norden Indiens und geringer in den östlichen Bundesstaaten. Eine Reihe von Schwierigkeiten ergab sich, weil hier in kürzester Zeit landesweit geschaffen werden sollte, was in Anand unter günstigen Bedingungen über Jahrzehnte gewachsen war. Die Förderung der Tierhaltung durch Vergabe von Krediten an Kleinbauern oder landlose Arbeiter zum Kauf von Vieh führte zu einer plötzlichen hohen Nachfrage nach Milchvieh, sodass überhöhte Preise verlangt und Futter knapp und teuer wurde. Unzureichende Haltung und Fütterung sowie mangelnde tierärztliche Versorgung verursachten eine hohe Sterblichkeit des Viehs. Der Milchertrag war unter diesen Umständen zu gering, um ein zusätzliches Einkommen zu schaffen. Oft wurde die Kuh nach kurzer Zeit mit Verlust wieder verkauft und der aufgenommene Kredit nicht zurückgezahlt.

In vielen Fällen schenkte man bei der Wahl eines Standortes den lokal gegebenen Möglichkeiten zu wenig Beachtung. So erfolgte die Gründung von neuen Genossenschaften auch in weniger geeigneten Gebieten, wo das Milchaufkommen zu gering war, um eine Molkerei zu tragen, und die kaum Möglichkeiten hatten, eine Infrastruktur aufzubauen, Futteranbau zu betreiben oder deren Verbindungen zu den Absatzmärkten nicht ausreichten. Sie arbeiteten unrentabel, weil sie nicht ausgelastet waren, und zahlten daher zu wenig für die Milch, sodass entweder die Bauern keinen Produktionsanreiz hatten oder weiterhin die Milch an private Händler verkauften. In anderen Fällen beherrschte die Dominant Caste des Dorfes oder des Distrikts die Genossenschaft.

Ähnlich wie bei der Grünen Revolution wurden auch bei der Weißen Revolution größere Betriebe bevorzugt, ebenso wie die von Natur aus für einen Futteranbau ausgestatteten Gebiete. Während sich die Erlöse für den Verkauf der Milch bei Kleinstproduzenten und größeren nicht unterscheiden, sind die Produktionskosten bei Kleinbauern und landlosen Arbeitern höher, weil sie auf den Zukauf von Futter angewiesen sind. Größere Bauern können dagegen ihr Einkommen steigern, wenn sie in der Lage sind, Futteranbau und eine geregelte Zucht zu betreiben und ihre Milch an private Firmen zu verkaufen. Die umstrittenen politischen, sozialen und wirtschaftlichen Auswirkungen der Operation Flood und die Problematik der Selbstversorgung und Auslandshilfe wurden besonders von Doornbos u. a. (1990) untersucht.

In jüngerer Zeit hat die Zahl der großbäuerlichen Milchfarmen mit Futterflächen von 3 bis 10 ha besonders in Punjab und Haryana erheblich zugenommen. Diese Betriebe kaufen auch Rückstände aus dem Erdnuss- und Baumwollanbau als Futter. Neben dem Verkauf von Milch, für die größere Betriebe häufig eine eigene Kühlanlage betreiben, liefern sie Kühe an städtische Abmelkbetriebe.

Wichtige Abnehmer für die Milch sind die nach der Liberalisierung der Milchwirtschaft gegründeten großen privaten Molkereien. Ihr Schwerpunkt liegt bei Milchprodukten wie Käse, Speiseeis oder Joghurt, der mit Eiswasser vermischt als 'Lassi' ein erfrischendes Getränk bietet. Die städtischen Abmelkbetriebe wiederum sind wichtige Fleischlieferanten. Wegen der beengten Platzverhältnisse ist es nicht möglich, die Kühe nach Beendigung der Laktation weiter zu halten. Da in den Städten mit der nicht-hinduistischen Bevölkerung und den untersten Hindukasten eine Käuferschicht für Rindfleisch besteht, bietet sich eine Schlachtung dieser Kühe an, die natürlich nicht von Hindus vorgenommen wird (Weber 1984, S. 21).

Schafhaltung

Mit einem Bestand von 56 Mio. Schafen (1997) steht Indien an fünfter Stelle in der Welt (Fischer Weltalmanach 2000, Sp. 1147). Aber im Vergleich mit Staaten wie Australien und Neuseeland ist der wirtschaftliche Nutzen relativ gering. Für die Textilindustrie muss Wolle guter Qualität in erheblichem Umfang eingeführt werden.

Schafe kommen in den Regionen vor, die für den Anbau oder die Rindviehhaltung zu trocken, zu steinig oder zu gebirgig sind. Mehr als die Hälfte der Schafe entfallen auf die drei Staaten Rajasthan, Andhra Pradesh und Tamil Nadu. Die beste Wolle bringen die Schafe der Himalayaregion, die im Sommer auf 3000 bis 4000 m Höhe weiden und in den Tälern überwintern. Aus dem trockenen Nordwesten, vom westlichen Uttar Pradesh über den Punjab und Rajasthan bis Gujarat, kommt der größere Teil der Wolle. Allerdings ist sie nur von grober Qualität und mehr für die Herstellung von Teppichen geeignet (Coarse Carpet Wool). Eine Hirten-Kaste, die 'Rebari', treibt ihre Herden aus den Regionen, die in der Regenzeit lichten Graswuchs aufweisen, in der Trockenzeit zu den abgeernteten Feldern. Die weidenden Schafe düngen die Felder, denn im Gegensatz zu den Kuhfladen ist der Schafmist als Brennmaterial nicht zu verwenden. Einige Herden wandern auch über sehr große Entfernungen von Rajasthan nach Madhya Pradesh und Uttar Pradesh (Sharma & Coutinho 1983, S. 163).

Die Schafhaltung im semiariden Süden dient vornehmlich der Fleischgewinnung. Hier nimmt man es zumindest bei den untteren Kasten mit dem Verbot des Fleischverzehrs nicht so genau. Aber auch im Norden, vor allem in Teilen von Uttar Pradesh mit einem hohen Anteil an Muslims, besteht eine Nachfrage nach Schaffleisch, das insgesamt etwa ein Viertel des in Indien verzehrten Fleisches stellt. In Südindien tritt zur Weidewirtschaft auch die stationäre Schafhaltung von kleinen Herden in landwirtschaftlichen Betrieben. Meist werden hier die Tiere nur beim Schlachten geschoren.

Übrige Nutztiere

Ziegen sind im ganzen Land verbreitet und wichtige Fleischlieferanten, denn über ein Drittel des verzehrten Fleisches ist Ziegenfleisch. Außerdem liefern die Tiere Häute, die in Indien von hoher Qualität sind, da jüngere Tiere geschlachtet werden, also nicht, wie die Rinder, an Altersschwäche sterben. Das Haar, das von den Tieren in den nördlichen Gebirgsstaaten gewonnen wird, ist als Mohair bekannt. Wegen der Nutzung ihrer Milch gilt die Ziege auch als 'Kuh des kleinen Mannes' und wird dann einzeln oder mit wenigen Tieren gehalten. In den Trockengebieten kommen größere Herden mit Wanderhirten vor. Die Haltung der Tiere erfordert wenig Aufwand, doch sind die Auswirkungen auf die Vegetation, besonders in den Trockengebieten, oft verheerend.

Schweine werden wegen ihres Fleisches gehalten, das aber nur von niederen Kasten, der Stammesbevölkerung und Christen verzehrt wird, nicht aber von Muslims, für die das Schwein als unreines Tier gilt. Streunende Schweine, die sich in Abfällen ihr Futter suchen, sind daher besonders in den Slums der Städte oder in den christlichen Gebieten entlang der Westküste von Goa bis Kerala anzutreffen.

Abschließend sei noch die Haltung von *Geflügel* erwähnt. Sie wird vor allem zur Fleischerzeugung betrieben und beschränkte sich auf die Haltung einiger Hühner für den eigenen Bedarf oder für den Verkauf auf den lokalen Märkten. Die Nachfrage nach Eiern und Hühnerfleisch bei der städtischen Bevölkerung hat im Umkreis der größeren Städte, von Steuervergünstigungen gefördert, zur Gründung zahlreicher gewerblicher Großbetriebe mit Legehennenhaltung geführt. Neben den einheimischen sind auch 'exotische' Rassen, die größere Eier liefern, eingeführt und an die indischen Verhältnisse akklimatisiert worden. Ein Problem der Eierproduktion liegt in der saisonal stark schwankenden Nachfrage. In den heißen Sommermonaten geht der Eierverzehr erheblich zurück, weil Eier zu den sog. 'heißen' Nahrungsmitteln gehören, deren Verzehr während der Sommermonate den Körper übermäßig aufheizen und dadurch zu Krankheiten führen soll (Weber 1984, S. 31).

Die Plantagenwirtschaft

Begriffe und Betriebsformen

Die Plantagenprodukte haben trotz kleiner Anbauflächen große wirtschaftliche Bedeutung. Zur Kolonialzeit war Tee das Hauptausfuhrgut, und noch heute stellen Plantagenprodukte einen bedeutenden Teil der Exporte. Allein in der Tee-'Industrie' sind eine Million Menschen beschäftigt. Die Erzeugung von Plantagenprodukten läuft in Indien unter 'Industries' (Plantation Industries) und wenn auch die Besteuerung der Plantagenbetriebe mehr derjenigen der Industrie als der Landwirtschaft entspricht, so handelt es sich nach deutscher Terminologie wohl kaum um eine Industrie. Auch der Begriff 'Plantage', wie ihn die deutsche Literatur verwendet, wird der indischen Betriebsform nicht gerecht, wenn darunter ein Großbetrieb verstanden wird, der als Kapitalgesellschaft für den Markt arbeitet, seine Produkte vor Ort aufbereitet, auf die Rekrutierung von Arbeitskräften aus größeren Entfernungen angewiesen ist und auf mehrjährigen Kulturen basiert.

Außer dem letztgenannten Kriterium treffen die anderen in vollem Umfang nur auf den Teeanbau zu – und hier sogar mit einer gewissen Einschränkung nur auf Assam. Als 'Plantation' werden in Indien Areale bezeichnet, die mit mehrjährigen Bäumen oder Sträuchern besetzt sind und deren Erzeugung ausschließlich oder überwiegend auf den Markt ausgerichtet ist. Während man die Großbetriebe in Indien als 'Estates' bezeichnet, verbindet sich mit 'Plantation' zwar häufig die Vorstellung großer Flächen im Gegensatz zu den Kleinparzellen, wie sie der indischen Landwirtschaft eigen sind, doch ist eher die Ausrichtung auf ein bestimmtes Produkt als die Größe der Fläche ausschlaggebend, sodass auch Kleinbetriebe unter den Begriff gefasst werden.

Bei Kaffee und Kautschuk gibt es zwar große Betriebe, die Kleinbetriebe (Small Holdings) überwiegen jedoch heute bei weitem. Erschwert wird die Differenzierung noch dadurch, dass selten Angaben über die Flächen vorliegen, die von den jeweiligen Betrieben für Plantagenprodukte genutzt werden. So reicht die Spanne z. B. beim Kaffee von Kleinbetrieben mit Subsistenzwirtschaft und ein paar Kaffeesträuchern für eine Cash Crop bis hin zu großen Kaffeeplantagen mit den Nebenprodukten Orangen oder Pfeffer. Eine Abgrenzung zwischen Kleinbetrieben und 'Plantagen' als Großbetriebe nimmt der indische Coffee Board bei 10 ha vor (Dallmeier 1997). Beim Tee wird dagegen fast die gesamte Anbaufläche von 1500 Estates eingenommen, die in der Mehrzahl zwischen 300 und 700 ha groß sind (Domrös 1993, S. 646). Da auch die Übersetzung der in Indien üblichen Bezeichnung der Anbauflächen für 'Plantagenprodukte' als 'Garden' (Tea Garden, Cardamom Garden) mit 'Gärten' ein falsches Bild ergibt, wird im Folgenden der Begriff 'Plantage' mit Vorbehalt wie das indische 'Plantation' verwendet.

Als die Briten in Indien mit dem Anbau landwirtschaftlicher Produkte für den Weltmarkt begannen, war die Sklaverei bereits abgeschafft. Es kam also nicht zu den Betriebsformen, wie sie aus der Zeit der traditionellen Plantagenwirtschaft in Amerika für Baumwolle oder Zucker bekannt sind, d. h. der Bearbeitung von großen Betrieben im Besitz von Europäern durch afrikanische Sklaven. Aber zu einer Plantagenwirtschaft wie in Amerika gab es in Indien für Baumwolle und Zucker keine Notwendigkeit, wenn man für die Entstehung der Plantagen als wichtiges Kriterium das Fehlen von Arbeitskräften in den entsprechenden Gebieten gelten lässt. Der Anbau von

Baumwolle, Jute oder Zucker lag in Indien in dicht besiedelten Gebieten mit klein-bäuerlichen Betrieben oder auf kleinen Feldern im parzellierten Großgrundbesitz.

Mit der Unabhängigkeit Indiens hat das Plantagenwesen, das oft als eklatantestes Beispiel des Kolonialismus angesehen wird, einen Wandel erfahren. Es kam zwar nicht zur Enteignung wie in Sri Lanka, jedoch zu Erschwernissen für die ausländischen Gesellschaften, z. B. durch Eingriffe des Staates in die Vermarktung, hohe Besteuerung, Beschränkungen des Gewinntransfers oder Arbeiterschutzgesetze, welche die Kosten erheblich steigerten. So ging die Plantagenwirtschaft schrittweise in indische Hände über. Beim Tee sind häufig große indische Gesellschaften eingestiegen, deren Plantagen nur eine Sparte ihres Firmenimperiums darstellen.

Tee

Dem Teeanbau in Indien ging der Teehandel mit China voraus, das bis zur Mitte des 19. Jh.s einziger Lieferant war. Um den Export nach Großbritannien zu finanzieren, wurden Waren aus Indien, wie Rohbaumwolle und Opium, nach China exportiert, dafür Tee eingekauft und mit schnellen Segelschiffen nach Europa gebracht. Anfang des 19. Jh.s stellte der Teehandel das ertragreichste Geschäft der Ostindischen Gesellschaft dar. Die Aufhebung ihres Monopols im Jahre 1833 und die Unsicherheit im Handel mit China waren Auslöser für den Teeanbau in Indien.

Die Versuche mit kleinblättrigem chinesischem Tee blieben erfolglos, sodass man mit breitblättrigen Teepflanzen (*Camellia assamica*), die in Assam wild wuchsen, ab 1834 experimentierte. Das menschenarme Assam bot den großen Vorteil, dass hier reichlich ungenutztes Land zur Verfügung stand, aber den Nachteil, dass Arbeitskräfte über große Entfernungen herbeigeschafft werden mussten. Da der Tee nach dem Pflücken eine Aufbereitung durch Welken, Rollen (wobei die Zellwände zerstört werden), Fermentieren (das den schwarzen Tee ergibt), Trocknen, Sieben und Sortieren mit Maschinen in kapitalaufwendigen 'Fabriken' erfordert, war der Anbau als Plantagenwirtschaft zwingend. Die Preise für das von der Regierung verkaufte Land lagen

zwar niedrig, aber die Anlage einer Plantage erforderte einen hohen Aufwand für Rodung, Urbarmachung und Terrassenbau, der im bergigen Gelände notwendig war, um bei den hohen Niederschlägen die Erosion zu verhindern. Größere Kapitalgesellschaften, die meist ihren Sitz in London hatten, übernahmen im Laufe der Zeit die zunächst noch kleineren Plantagen, legten sie zusammen und ließen sie von Managern vor Ort, evtl. unter Einschaltung einer Agentur in Calcutta, verwalten.

Die Anlage der Plantage, ihre Pflege und vor allem die Ernte erfordern zahlreiche Arbeitskräfte. Im Darjeeling-Distrikt standen diese aus der Umgebung oder aus Nepal zu Verfügung. Aber das abgelegene Assam war dünn besiedelt, und die Einwohner waren nicht bereit, auf den Plantagen zu arbeiten. So rekrutierte man Arbeitskräfte vor allem unter Landlosen in Bihar und Bengalen sowie aus dem östlichen Uttar Pradesh, meist zusammen mit ihren Familienangehörigen. Die Männer wurden zur Rodung und Pflanzung, zum Düngen der Felder und zum Schneiden der Büsche sowie in der Fabrik zur Aufbereitung des Tees eingesetzt. Die Frauen und Kinder übernahmen das Pflücken. Diese Kontraktarbeiter waren teuer, nicht nur wegen der Reisekosten, sondern auch wegen einer Zahlung im heimischen Dorf zur Ablösung der Verschuldung. Bei diesen hohen Rekrutierungskosten versuchten die Plantagenbesitzer in der Anfangszeit eine Flucht der Arbeiter – denen leichtere Arbeit und bessere Lebensbedingungen bei der Anwerbung versprochen worden waren – zu verhindern, indem sie diese auf den Plantagen wie in einem Gefangenenlager hielten. Aber sie hätten auch wenig Chancen gehabt, sich durch den Dschungel durchzuschlagen oder der einheimischen Stammesbevölkerung zu entkommen, die sich mit dem Einfangen der Geflüchteten ein Kopfgeld verdienen konnte. Die schlimmsten Auswüchse wurden später von der Regierung abgestellt. Bis 1930 hatte die Zuwanderung fast aufgehört, da mit der Zeit die auf den Plantagen Verbliebenen oder deren Kinder bereits die erforderlichen Arbeitskräfte stellten.

Auch die Bergländer des Südens boten günstige klimatische Bedingungen für den Tee, und so gingen die ersten Versuche eines Anbaus auf die 50er-Jahre des 19. Jh.s zurück. Der Aufschwung des Teeanbaus im Süden begann in den 1870er-Jahren, als die Kaffeerostkrankheit aus Ceylon nach Südindien übergriff und zahlreiche Kaffeeplantagen zerstörte. Viele Plantagenbesitzer stiegen daher auf Tee um. Die Teeplantagen im Süden waren in der Regel kleiner als die des Nordens; Leitung und Besitz lagen häufig in einer Hand. Das Klima ermöglichte einen für Europäer angenehmen Aufenthalt, und die Nähe der Hill Stations als Inseln westlicher Zivilisation, die man aufsuchen konnte, mag im Gegensatz zu der Isolation vieler Plantagen in Assam auch den Aufenthalt erleichtert haben. Land stand reichlich zur Verfügung. Zwar nutzte es die Stammesbevölkerung der Gebirge extensiv als Weide, in Sammelwirtschaft oder für den Wanderfeldbau, doch bestanden keine individuellen Besitztitel. Das Problem der Rekrutierung von Arbeitern war aufgrund der dicht besiedelten Regionen der Westküste leichter zu lösen, und die Entfernungen waren so gering, dass selbst Saisonarbeiter eingesetzt werden konnten.

Der Teestrauch verlangt einen hohen Jahresniederschlag und hohe Luftfeuchte, wobei möglichst kein Monat ganz trocken sein sollte. Die günstigste Jahresmitteltemperatur liegt über 20 °C. Sinkt die Temperatur unter 12 °C oder übersteigt sie 32 °C, kommt es zum Wachstumsstillstand. An die Böden stellt der Tee geringe Ansprüche, doch sollten sie tiefgründig und locker sein und eine gute Drainage aufweisen. Deshalb wird für Teeanbau eine Hanglage bevorzugt. Ausgiebige Düngung ist notwendig; weitständige Schattenbäume schützen vor zu starker Sonneneinstrahlung und Windwirkung.

Nordostindien ist mit drei Viertel der gesamten Fläche von 400 000 ha das wichtigste Teeanbaugebiet. Dabei entfallen allein 40 % auf das Brahmaputra-Tal in Assam. Die Anbauareale nehmen die Nordseite des Flusses in Hanglagen und einer Höhe von 400 m ein, sodass jährliche Überschwemmungen und Stauwasser der Ernte nichts anhaben können. Die Temperatur steigt bis auf über 31 °C im Juli und fällt nicht unter 10 °C im Januar; Frost kommt nicht vor. Die Jahresniederschläge liegen bei 3000 bis 4000 mm. Seit der Teilung des Landes ist jedoch der direkte Weg zum Hafen Calcutta für die Tee-Exporte Assams durch Ostpakistan bzw. Bangladesh blockiert, was den weiten Umweg über Siliguri notwendig macht und den Tee verteuert.

Das bekannteste Teeanbaugebiet befindet sich im Gebiet des Höhenkurortes Darjeeling, in Höhen von wenigen hundert bis fast 1800 m. In den hohen Lagen sind zwar die Ernteerträge geringer, dafür werden aber Spitzenqualitäten aromatischen Tees produziert, die besondere geschmackliche Charakteristika aufweisen. Ein neues Teeanbaugebiet mit sehr hohen Hektarerträgen entstand in dem schmalen Streifen der Duars am Fuß des Himalaya in West Bengal, der sich nach Westen im Terai von Uttar Pradesh und Himachal Pradesh fortsetzt. Infolge der hohen Teepreise sind hier vor allem im nordwestlichsten Bihar in jüngster Zeit mit dem Aufkauf von Bauernland durch Marwari- und Jain-Industrielle kleinere Teeplantagen entstanden. Das war möglich, weil Plantagen nicht der Begrenzung der Besitzgröße unterliegen.

Nur ein Viertel des Teeanbaus entfällt auf das südliche Gebiet in den Bundesstaaten Kerala und Tamil Nadu mit den Nilgiri-, Cardamom-, Palni- und Anaimalai-Bergen, wo der optimale Bereich zwischen 700 und 1600 m Höhe liegt (Bild 42). Während im Norden die Anbaufläche stetig gewachsen ist, stagniert sie im Süden. Der Grund liegt in der Landvergabeordnung, die zum Schutz der Natur keine Ausdehnung der Plantagen zulässt. So muss man zur kostspieligen Intensivierung und Neuanpflanzung auf bestehenden Flächen übergehen. Dagegen steht im Norden noch Land zur Verfügung (Abb. 67).

Im Norden dauert die Haupterntezeit von Juli bis November. Von Dezember bis März wird kein Tee gepflückt. Im Süden kann dagegen ganzjährig geerntet werden, allerdings mit einem Schwerpunkt von Juli bis November. Die Ernte ist Frauenarbeit und erfordert einige Fertigkeit, da gleichzeitig zwei Blätter und eine Knospe (Bud) gepflückt werden sollten (Fine Plucking, beim Coarse Plucking werden zusätzliche Blätter gepflückt). Um die Ernte zu erleichtern, schneidet man die Büsche auf eine niedrige Höhe zurück.

Bild 42: *Teeplantage im südlichen Indien.*

Die gesamte Teeproduktion Indiens betrug 1998 870 400 t (Ec. Surv. 1999 – 2000, S. 135). Es ist weltweit der wichtigste Produzent und der wichtigste Exporteur, obwohl der Anteil von Tee an den indischen Ausfuhren auf rund 1,6 % während der zweiten Hälfte der 1990er-Jahre gefallen ist (Ec. Surv. 1999 – 2000, S. 90). Heute wird der Tee überwiegend im Land konsumiert, denn er ist zum indischen Volksgetränk geworden. Der Pro-Kopf-Verbrauch hat sich seit den 1950er-Jahren verdreifacht.

Kaffee

Von seiner Heimat Ost- und Zentralafrika gelangte der Kaffe zunächst nach Arabien. Mit dem Anbau im Südjemen seit dem 15. Jh. gewannen die Araber für lange Zeit eine Monopolstellung. Die Holländer begannen mit dem Anbau in Ceylon und Java im 17. Jh. und die Portugiesen in Brasilien im 18. Jh. Kaffeesamen sollen zwar Ende des 17. Jh.s von einem Mekka-Pilger nach Südindien gebracht worden sein, aber die Entwicklung des Kaffeeanbaus war das Werk der Briten, gefördert durch die Ostindische Gesellschaft.

Von den zahlreichen Kaffeesorten sind *Coffea arabica* und *Coffea robusta* die wirtschaftlich wichtigsten. Beide werden im Südwesten Indiens angebaut, stellen aber etwas unterschiedliche Anforderungen. Die optimale Jahresmitteltemperatur für C. arabica beträgt 17 bis 23 °C, das entspricht Höhen zwischen 900 und 1200 m. C. robusta benötigt eine höhere Temperatur. Sein Anbaugebiet liegt daher niedriger und reicht bis 150 m hinab. In der Praxis treten jedoch in einem mittleren Höhenbereich beide Sorten nebeneinander auf.

Die große Frostempfindlichkeit des Kaffees stellt im Süden Indiens kein Problem dar. Die erforderliche Niederschlagsmenge von 1600 bis 2500 mm bringt der Südwestmonsun, die Gebiete in Tamil Nadu erreicht zudem noch der Nordostmonsun. Im März und April sind die 'Blossom Showers' mit ihren nur geringen Niederschlagsmengen zur Entwicklung der Blüte erforderlich. Die Kaffee-'Bäume' werden wegen der leichteren Ernte auf Strauchhöhe gehalten und gegen zu starke Sonneneinstrahlung durch Schattenbäume geschützt. Ein nährstoffhaltiger lockerer Boden bietet günstige Bedingungen. Die Kaffeekirschen brauchen neun bis zehn Monate zum Wachstum. Die Ernte zieht sich über einen längeren Zeitraum hin, da immer nur jeweils reife Früchte geerntet werden, doch weisen die Erträge große Schwankungen auf. Das sucht man auszugleichen, indem man auf der Plantage auch Orangen anbaut.

Der Anbau begann in Mysore und Coorg (Kodagu) um 1830 und steigerte sich zu einem Boom in den 1860er-Jahren, der aber

Bild 43: *Trocknen von Kaffeekirschen.*

um 1880 zusammenbrach, als verschiedene Kaffeekrankheiten auftraten und die brasilianische Überproduktion zu einem Verfall der Preise führte. Viele Plantagen wurden aufgegeben, andere mit Tee bepflanzt.

Im Gegensatz zu den Teeanbaugebieten Assams kamen die Arbeitskräfte in Mysore und Coorg in ein Gebiet, das wohl das angenehmste Klima Indiens aufweist. Auf der Plantage wurden sie in primitiven Unterkünften (Coolie Lines) untergebracht. Infolge einer umfangreichen Zuwanderung von Familien, die sich als Kleinstbauern niederließen, erreichte das Anbaugebiet bald eine hohe Bevölkerungsdichte, sodass es möglich wurde, einen großen Teil der Arbeitskräfte aus der näheren Umgebung der Plantage einzustellen.

Der Anbau von Kaffee ist auch in kleinen Betrieben möglich, da der Aufwand für die Aufbereitung geringer ist als beim Tee. Da die frisch geernteten Kaffeekirschen nur sehr begrenzt haltbar sind, müssen Umhüllung (Fruchtfleisch) und Feuchtigkeit bald entfernt werden. Bei der traditionellen 'trockenen' Aufbereitung werden die Kirschen tagsüber auf flachem zementiertem oder gemauertem Boden ausgebreitet und mehrfach gewendet, bis sie von der Sonne getrocknet sind. Danach lassen sich die Bohnen leicht herausschälen (Bild 43). Bei der sog. 'nassen' Aufbereitung werden die Kaffeekirschen mit Wasser vorsortiert. Dabei

sinken die vollgewichtigen zu Boden. In einem Entpulper werden die Haut und das Fruchtfleisch abgequetscht, die Bohnen noch einmal gewaschen und anschließend getrocknet. Diese Methode ist inzwischen in Südindien weit verbreitet. Der so gewonnene Kaffee wird im Welthandel als 'Milds' bezeichnet.

Bereits seit den 1920er-Jahren hatte ein Teil der Kaffeeplantagen indische Besitzer, die häufig auch Betriebsleiter waren. Nach der Unabhängigkeit haben dann die Eingriffe des Staates zu einem völligen Rückzug der Europäer geführt. Daraus ergaben sich zwei gegenläufige Tendenzen. Zum einen kauften, wie beim Tee, große indische Unternehmen die Plantagen auf und schlossen sie zusammen, zum anderen hat sich die Zahl der kleinen Betriebe erhöht, darunter auch Small Holdings, die etwas Kaffee als Cash Crop neben den Produkten der traditionellen Subsistenzwirtschaft anbauen. Dabei ist ein Zusammenschluss zu Genossenschaften zweckmäßig, welche die nasse Aufbereitung und die Vermarktung vornehmen können. Aber auch die mittleren Betriebe haben sich vergrößert und vermehrt, da die Landreformgesetze die Besitzverhältnisse bei Plantagenprodukten nicht beschränken. 98 % der Kaffeepflanzer bewirtschaften Betriebe unter 10 ha, die 60 % der Produktion liefern.

Von der Gesamtanbaufläche in Indien entfallen 95 % auf die südlichen Staaten Karnataka, Kerala, Tamil Nadu. An den restlichen 5 % sind Gebiete beteiligt, in denen man in jüngerer Zeit versuchte, den Kaffeeanbau zu fördern, z. B. im Nordosten. Die höchsten Hektarerträge erzielt Karnataka, die niedrigsten Kerala. Das kann auf die idealen Wachstumsbedingungen und das Überwiegen von größeren Plantagen in Karnataka und die weniger effizient arbeitenden kleinbäuerlichen Betriebe in Kerala zurückgeführt werden. Im nördlichen Teil des Anbaugebietes überwiegt der Anbau von Coffea arabica (Abb. 67).

Wie beim Tee hat der Staat für den Kaffee eine Vermarktungsorganisation geschaffen, das Coffee Board, dessen Anfänge auf die Zeit zurückgehen, als im Zweiten Weltkrieg der Absatz nach Europa stockte. Nach der Unabhängigkeit war dies die einzige Kauf- und Verkaufsstelle für Kaffee, an die alle Kaffeeproduzenten ihre Produktion zu liefern hatten, was allerdings den Großbetrieben durch den umständlichen staatlichen Verwaltungsapparat hohe Kosten aufbürdete. Die Ziele waren, Preisschwankungen auf dem Weltmarkt für die indischen Produzenten auszugleichen, den Preis des Kaffees auf dem Binnenmarkt niedrig zu halten sowie die Kleinbetriebe zu stützen. Mit der Liberalisierung der indischen Wirtschaft erhielten die Produzenten Quoten zum freien Export, die sich bis 1996 auf 70 % für Large Growers und 100 % für Small Growers erhöhten. Das führte zu einem Anstieg des Kaffeepreises auf dem Binnenmarkt, der heute ein Fünftel der Produktion von 265 000 t aufnimmt (Ec. Surv. 1999 – 2000, S. 136), und zu einer Verlagerung auf den Teekonsum. Indiens Anteil am Weltmarkt liegt nur leicht über 3 %, damit hat es keinen Einfluss auf die Preisgestaltung. Doch besteht der indische Export überwiegend aus hochwertigem Arabica der geschätzten Milds-Qualität, sodass 1995 – 96 die Exporterlöse aus Kaffee die des Tees überstiegen. Ursprünglich wurde nur im Süden Kaffee konsumiert und hier vor allem in Tamil Nadu. Inzwischen ist der Kaffeekonsum in den Norden vorgedrungen, wo in den großen Städten die 'Madras Coffee Houses' zu seiner Einführung beigetragen haben.

Derzeit wird die Einfuhr von Kaffee diskutiert, um mehr guten indischen Kaffee für den Export zur Verfügung zu haben. Für den Binnenmarkt reichen auch mindere Qualitäten, da ohnehin meist Zichorie beigemischt wird. Das aus den Wurzeln der Pflanze gewonnene Pulver ist erheblich billiger als Kaffee. Das Gesetz erlaubt zwar nur einen Zichorie-Anteil bis 49 %, in der Praxis liegt er aber oft wesentlich höher. Erst in jüngerer Zeit wird von großen Firmen reiner Kaffee angeboten. Der größte Teil des Kaffees auf dem Binnenmarkt – von Tamil Nadu abgesehen – ist ohnehin Instantkaffee, mit dem ein multinationales Unternehmen den Markt beherrscht.

Kautschuk

Das Plantagenprodukt Kautschuk hat im Vergleich zu Tee und Kaffee für Indien nur geringe Bedeutung. Die Temperaturen im Süden reichen zwar aus, doch ist das monsunale Klima für die Hevea-Pflanze, die das ganze Jahr über Niederschlag verlangt, nicht optimal. So ist auch nur ein schmaler Streifen von der Südspitze Tamil Nadus über Kerala bis ins Hinterland der Malabar-Küste für den Anbau geeignet. Das sind aber Gebiete mit dichter Besiedlung, in denen kaum Land für die Anlage großer Plantagen zur Verfügung stand. Zudem boten den Briten, als die Gummiproduktion auf Plantagen einsetzte, andere Teile ihres Weltreiches, vor allem Malaya und in gewissem Umfang auch Burma, bessere Bedingungen für Kautschukplantagen.

Hohe Temperaturen, hohe Niederschläge und hohe Luftfeuchtigkeit kennzeichnen das Anbaugebiet. Es liegt in Höhenlagen von 300 bis 450 m, sodass Kautschuk nicht in Flächenkonkurrenz zu Tee oder Kaffee steht. Kleinbetriebe überwiegen bei weitem. Die wenigen Plantagen sind die Zentren der Verarbeitung.

In den letzten Jahrzehnten wurden die Flächen erheblich ausgedehnt und die Hektarerträge gesteigert, um den eigenen Bedarf zu decken und Importe aus Malaysia und Indonesien niedrig zu halten. Indien produziert etwa 600 000 t Naturkautschuk pro Jahr, doch wird der größere Teil des in Indien verwendeten Gummis inzwischen synthetisch hergestellt (Ec. Surv. 1999 – 2000, S. 136).

DIE NUTZUNG NATÜRLICHER RESSOURCEN

Bild 44: *Fischanlandung in Malpe an der Malabar-Küste. Größere Schiffe und Fangmengen machen eine Konzentration der Anlandungen erforderlich.*

Überblick

- Geschlossene Waldbestände sind nur in noch abgelegenen gebirgigen Regionen zu finden. Aufforstungsmaßnahmen sollen den verheerenden Folgen der Entwaldung entgegenwirken, eine Forstwirtschaft ermöglichen und der armen Landbevölkerung einen Zuverdienst bringen.
- Die Seefischerei konnte erst in jüngerer Zeit durch verbesserte technische Ausstattung ihre Fänge steigern. Garnelen aus Fang und Aquakulturen sind zum wichtigen Exportgut geworden. Die Binnenfischerei für den lokalen Bedarf hat erheblichen Umfang.
- Der Bergbau ist seit der Unabhängigkeit überwiegend in staatlicher Hand. Aufgrund der geologischen Verhältnisse besitzt Indien reiche Lagerstätten von Eisen- und Manganerzen, Bauxit und Chrom. Als Energieträger sind Kohlevorkommen in großem Umfang vorhanden. Die eigene Erdölförderung kann nur die Hälfte des Bedarfs decken. Für die Gasversorgung fehlen noch Leitungsnetze.
- Die Energieerzeugung ist unzureichend, sodass Stromausfälle häufig sind. Die Ursachen liegen in der Abhängigkeit der Wasserkraftwerke vom Monsun, der Ineffizienz der Wärmekraftwerke, den hohen Leitungsverlusten und der Stromvergeudung bei der Bewässerung infolge hoher Subventionen.

Waldverbreitung und Waldnutzung

Das Ausmaß der Entwaldung

Die Karte zur Waldverbreitung (Abb. 69) zeigt die unter dem Begriff 'Wald' zusammengefassten Vegetationsformen im weitesten Sinne, die Schwerpunkte der Verbreitung bzw. die Zurückdrängung durch die landwirtschaftliche Nutzung. Im Vergleich zur potentiell möglichen natürlichen Bewaldung ist das Staatsgebiet Indiens sehr waldarm. Eine massive Entwaldung erfolgte insbesondere seit dem frühen 19. Jh. Zu dem steigenden Holzbedarf der Städte kam später die Eisenbahn mit Schwellen für den Gleisbau. Schließlich machte der Bevölkerungsdruck die Neugewinnung von Ackerland erforderlich und steigerte den Verbrauch von Brennholz. In jüngerer Zeit hat sich die Waldzerstörung noch beschleunigt.

Die Angaben zur Waldfläche Indiens sind sehr heterogen und insbesondere hinsichtlich der zeitlichen Entwicklung nur schwer miteinander vergleichbar. Die Flächenangabe von 762 000 km^2 des 'State of Forest Report 1997' liegt erheblich über der wenige Jahre zuvor mit Satellitenbildern durchgeführten Bestandsaufnahme. Außerdem kommt den Werten nur eine geringe Aussagekraft zu, da sie zu großen Teilen Buschland und degradierte Areale einschließen. Als 'dichte Wälder' werden in Indien schon Bestände mit Kronendeckungsgraden von mehr als 40 % gewertet (Tata 1999 – 2000, S. 68).

Bis 1977 waren die einzelnen Bundesstaaten für die Wälder zuständig. Anschließend zog die Zentralregierung die Verfügungsgewalt an sich. Seit 1992 ist ihre Genehmigung erforderlich, wenn Waldflächen für Industrie und Bergbau genutzt werden sollen, weil die einzelnen Staaten in ihrem Bestreben, Investoren anzuziehen, nur allzu willig waren, Waldflächen umzuwidmen, denn der Gegensatz zwischen bewaldeten und rückständigen Gebieten auf der einen Seite sowie waldfreien und entwickelten Gebieten auf der anderen Seite ist sehr deutlich. Das Vorrücken der landwirtschaftlichen Nutzung in bewaldete Gebiete können amtliche Stellen aber kaum aufhalten.

Ein Vergleich der Bundesstaaten zeigt sehr große Unterschiede. Die Staaten mit

der intensivsten landwirtschaftlichen Nutzung, Haryana und Punjab, sind nur zu 0,7 bzw. 1,0 % 'dicht bewaldet', ebenso das aride Rajasthan (1,1%). In Staaten wie Maharashtra (8,3 %) oder Bihar (7,6 %) konzentriert sich die Bewaldung auf bergige Teile, die großen fruchtbaren Ebenen sind waldfrei. Die höchsten Werte – zwischen 17 und 22 % – weisen die Staaten mit Gebirgen und Bergland auf wie Madhya Pradesh, Kerala, Assam, Orissa oder Himachal Pradesh sowie die des Nordostens (Tata 1999 – 2000, S. 68).

Der Brandrodungsfeldbau in Laub abwerfenden Monsunwäldern ist heute auf die Siedlungsgebiete der Stammesbevölkerung in den Bergen des Nordostens sowie im 'Tribal Belt' des zentralen Indiens beschränkt. Bei dieser traditionellen Kombination von Ackerbau und Waldnutzung werden partiell gerodete und anschließend abgebrannte Waldparzellen für etwa zwei bis drei Jahre mit Feldfrüchten bestellt und anschließend der natürlichen Sukzession überlassen. Erfolgt die erneute Rodung und Feldbestellung mit ausreichendem Zeitabstand, etwa nach 15 bis 20 Jahren, so kann sich das Ökosystem wieder regenerieren und bietet ein nachhaltiges Nutzungspotential. Diese Wirtschaftsform trägt jedoch nur eine vergleichsweise geringe Bevölkerungsdichte. Es ist vornehmlich eine solche Nutzung, von der Seuffert (1989) sagt, dass sie die Erosion einschränkt, weil der Boden dauernd mit Vegetation bedeckt ist. Mit zunehmender Bevölkerung werden die Rotationszyklen zwischen den Rodungen jedoch immer kürzer, sodass flächenhafte Degradations- und Erosionsprozesse einsetzen.

Die Waldnutzung

In Indien wird zwischen den Waldhauptprodukten (Major Forest Products), die quantitativ den größten Anteil ausmachen, und den Waldnebenprodukten (Minor Forest Products) unterschieden.

Zu den Hauptprodukten zählen insbesondere Brennholz, Nutzhölzer für den Möbel- und Bausektor sowie Holzfasern für die Papierherstellung und andere Industrien. Der Brennholzbedarf der Bevölkerung nimmt mit zwei Drittel des Holzeinschlages den größ-

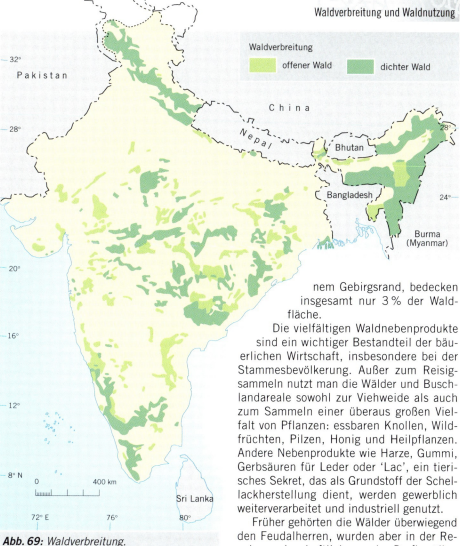

Waldverbreitung

offener Wald   dichter Wald

Pakistan

China

Nepal

Bhutan

Bangladesh

Burma
(Myanmar)

Sri Lanka

0   400 km

Nach Schwartzberg (1978), (verändert).

Abb. 69: *Waldverbreitung.*

ten Anteil ein. Die offiziellen Angaben liegen bei 58 Mio. t (INDIA 1995, S. 195), doch dürfte er tatsächlich mehr als das Zweifache dieser Menge betragen. Indien ist Nettoimporteur von Holz und Holzprodukten sowie von Papier und Papiererzeugnissen, was wesentlich zum Defizit der indischen Handelsbilanz beiträgt. Deshalb weicht man bei der Papierherstellung auf Bambus als Rohstoff aus. Laubbäume wie Teak, Sal oder Shisham liefern die wichtigsten Nutzhölzer, für die schon in der zweiten Hälfte des 19. Jh.s Forstplantagen angelegt wurden. Koniferen wie Kiefern und Zedern, insbesondere im Himalaya und sei-

nem Gebirgsrand, bedecken insgesamt nur 3 % der Waldfläche.

Die vielfältigen Waldnebenprodukte sind ein wichtiger Bestandteil der bäuerlichen Wirtschaft, insbesondere bei der Stammesbevölkerung. Außer zum Reisigsammeln nutzt man die Wälder und Buschlandareale sowohl zur Viehweide als auch zum Sammeln einer überaus großen Vielfalt von Pflanzen: essbaren Knollen, Wildfrüchten, Pilzen, Honig und Heilpflanzen. Andere Nebenprodukte wie Harze, Gummi, Gerbsäuren für Leder oder 'Lac', ein tierisches Sekret, das als Grundstoff der Schellackherstellung dient, werden gewerblich weiterverarbeitet und industriell genutzt.

Früher gehörten die Wälder überwiegend den Feudalherren, wurden aber in der Regel gemeinschaftlich von der Dorfbevölkerung genutzt. Das Fällen wertvoller Baumstämme war jedoch nur gegen eine gebührenpflichtige Genehmigung (Royalty) der Landesherrschaft erlaubt. Nachdem sich die Briten zunächst damit begnügt hatten, das System von den indischen Fürsten zu übernehmen, erforderte die steigende Nachfrage nach Bau- und Nutzholz eine Waldbewirtschaftung, die eine dauerhafte kommerzielle Nutzung zuließ.

1864 richtete die Regierung eine Forstverwaltung mit wissenschaftlich geschultem Personal ein und ernannte den Deutschen Dietrich Brandeis zum ersten Generalinspektor der Forsten. Es entstand eine noch heute gültige Klassifizierung der Wälder, die deutliche Nutzungseinschränkungen für die Landbevölkerung vorsah. Das Forstgesetz von 1878 unterschied zwischen den *Reserved Forests*, *Protected Forests* und *Unclassified Forests*. Die offizielle Waldklassifikation orientierte sich dabei weniger an der tatsächlichen Waldbedeckung als vielmehr an den in den Katastern festgehaltenen Landbesitztiteln und Steuerpflichten, sodass aus ihr nicht immer auf den Zustand des Waldes geschlossen werden kann.

Die Reserved Forests weisen die stärksten Nutzungsbeschränkungen auf. Diese Wälder befinden sich in Staatsbesitz und dienen primär der kommerziellen Ausbeutung durch die Forstverwaltung. Eine bäuerliche Waldnutzung ist weitgehend ausgeschlossen; Holzeinschlag und Rodungen zur Neulandgewinnung sind nur mit staatlicher Genehmigung möglich. Eine Klassifizierung als Protected Forest erfolgt vor allem im Hinblick auf eine zukünftige kommerzielle Bewirtschaftung. Zum Erhalt des Holzpotentials wurde deshalb auch hier die allgemeine Nutzung stark eingeschränkt. Die übrigen, als Unclassified Forests bezeich-

neten Wälder schließen vielfältige Eigentums- und Nutzungsformen ein; es sind vor allem Privat- und Gemeindewälder oder Staatswälder, für welche die Forstverwaltung nicht zuständig ist. Von der Waldfläche sind 54 % als Reserved, 29 % als Protected und 17 % als Unclassified Forests ausgewiesen (INDIA 1998, S. 155).

Auf die Einschränkung ihrer Nutzungsrechte reagierte die betroffene Bevölkerung mit Protesten, da sie ihre Existenzgrundlage bedroht sah. Vor allem ihr Bedarf an Brennholz blieb weitgehend unberücksichtigt. So konzentriert sich die bäuerliche Waldnutzung zunehmend auf die verbleibenden Waldareale, sofern nicht die geschützten Wälder illegal aufgesucht werden. Das geschieht allerdings in großem Umfang und führt zu einem Degradationsprozess, dessen Folgen weit über die eigentliche Waldvernichtung hinausgehen.

Im ländlichen Haushalt ist Holz die wichtigste Energiequelle. Der steigende Verbrauch und die Vernichtung des Waldes zwingt die Frauen zu immer weiteren Wegen, um den täglichen Bedarf zu sammeln (Bild 45). Brennstoffbedarf, Weidenutzung und unzureichende Düngung stehen in einem verhängnisvollen Teufelskreis, denn in entwaldeten Gebieten ist nur Rinderdung als Brennmaterial verfügbar. Unzureichende Weideflächen bei hoher Rinderpopulation führen zur Überweidung, die das Nachwachsen der Wälder verhindert.

Zur Deckung des steigenden Holzbedarfs der Industrie förderte die indische Forstpolitik zum einen die Erschließung zuvor unzugänglicher Wälder durch den Bau von Forststraßen, zum anderen wurden als unproduktiv bewertete Naturwälder kahl geschlagen und mit rasch wachsenden oder wertvolleren Nutzbaumarten zu 'High Value Plantations' aufgeforstet. Es wurden insbesondere Eukalyptus für die Papierherstellung oder Teak, Sal und Pinusarten als Bau- und Nutzholz angepflanzt, um die niedrigen Holzerträge zu steigern (Haeuber 1993).

Bild 45: *Laub abwerfender Monsunwald in den Dangs (Gujarat). Der Holzbedarf der ländlichen Haushalte, die Brandrodung und die Beweidung gefährden den Bestand der Wälder.*

Social Forestry

Seit Mitte der 1970er-Jahre entwickelte man mit finanzieller Unterstützung der Regierung und der Weltbank sowie technischer Hilfe der Forstverwaltung die Social

Forestry in verschiedenen Formen. Sie wendet sich vor allem an die Masse der ländlichen Bevölkerung, die unter der Armutsgrenze lebt und einen Zuverdienst erzielen soll.

Als *Community Forestry* bezeichnet man die Baumanpflanzungen auf Gemeindeland und entlang von Bewässerungskanälen und Straßen sowie auf Ödland. Die staatlichen Stellen vergeben die Setzlinge unentgeltlich, doch ist es schwierig, ein Nutzungsrecht zu finden, das die Landbevölkerung an den Erträgen beteiligt und sie veranlasst, sich für die Pflege der Bäume einzusetzen. Das 1990 eingeführte 'Joint Forest Management Programme' unterstützt die Forstverwaltung bei Neuanpflanzungen. Die Teilnehmer sollen für ihre Arbeiten und die Pflege der Setzlinge Nutzungsrechte an den Bäumen und festgelegte Anteile an den Verkaufserlösen des Holzes erhalten, sofern sie sich in Genossenschaften organisieren (Shingi 1993, S. 160f.).

Bei den ebenfalls geförderten Anpflanzungen auf Privatland (*Farm Forestry*), sowohl auf Ödland als auch auf Kulturland, erkannten die Bauern schnell, dass solche Pflanzungen oft höhere Hektarerlöse ermöglichen als Cash Crops. Insbesondere Eukalyptus ist auf Privatland weit verbreitet, weil er von der Papierindustrie genutzt wird und schnell Erträge bringt. Doch schränken die Eukalyptusplantagen auf Kulturland – z.T. sogar auf bewässerten Flächen – die Nahrungsmittelproduktion ein. Sie liefern kein geeignetes Laub für Viehfutter und ermöglichen keinen Unterwuchs. Das Holz ist für die Kochstellen ungeeignet, weil es zu schnell brennt. Zudem werden negative Auswirkungen auf den Bodenwasserhaushalt sowie die Bodenqualität durch diese Monokulturen befürchtet (Centre for Science and Environment 1985, S. 63 – 70). Deshalb werden Baumarten empfohlen, die Holz und Reisig als Brennholz sowie Laub als Viehfutter für den lokalen Bedarf liefern.

Evaluierungen der Social-Forestry-Programme in verschiedenen Bundesstaaten zeigen deutlich, dass kollektive Formen der Forstwirtschaft in der Regel schlechter abschneiden, weil die arme Dorfbevölkerung befürchtet, die Früchte ihrer Arbeit könnten anderen zufallen, und daher nicht bis zur Ernte des Waldes warten will. So wird sogar das Vieh zum Weiden in die Schonungen getrieben. Dagegen haben die Erfolge der privaten Farm Forestry die Vorgaben der staatlichen Entwicklungspläne weit übertroffen.

Der Wald als Schutzgebiet

Die Waldgebiete Indiens sind auch die Heimat des überwiegenden Teils der frei lebenden Tierwelt; ein Lebensraum, der jedoch immer stärker von Siedlungen, Bergbau, Straßen sowie die Anlage von Stauseen und Bewässerungsprojekten eingeschränkt und zerstückelt wurde. Viele Arten sind deshalb in ihrem Bestand gefährdet und konnten nur durch die Einrichtung von Reservaten geschützt werden. Indien zählt zu den Staaten mit den meisten Schutzgebieten. Die größten sind, mit Ausnahme weniger Reservate oder Nationalparks an der Küste oder in der Wüste, mit den Waldgebieten identisch (Abb. 70).

In einem ersten Schritt wurden *Wildlife Sanctuaries* zum Schutz bestimmter Tierarten geschaffen. Sie umfassen 3,5 % der Fläche Indiens. Hinzu kamen *National Parks* zum Erhalt der natürlichen Lebensräume bedrohter Tier- und Pflanzenarten und schützenswerter Ökosysteme (1 % der Fläche). Die Maßnahmen sollten besonders den asiatischen Löwen, das Panzernashorn, den wilden Elefanten und die Tigerbestände schützen. Tigerknochen und das Horn des Nashorns erzielen als Aphrodisiaka hohe Preise in Südost- und Ostasien, Elefantenbullen werden wegen des Elfenbeins gejagt.

Aufgrund der Symbolfunktion der Tiger für den Erhaltungszustand der Wälder begann 1973 das *Project Tiger*. Schutzmaßnahmen für den Lebensraum der Tiger, deren Population auf nur noch 2000 Exemplare zurückgegangen war, dienen auch den übrigen Arten, die an die entsprechenden Ökosysteme angepasst sind. Tiger-Reservate gibt es im Norden, Nordosten, in Zentralindien und im Süden. Am bekanntesten sind die Sunderbans, ein Sumpfwald in West Bengal, in dem die letzten Bengalischen Königstiger (Royal Bengal Tiger) leben, und Madhya Pradesh, das ein Viertel der indischen Tiger aufweist. Das rasche Anwachsen der Tigerpopulation auf rund 4000 Tiere wird zwar als Erfolg des

Projektes gewertet, doch kommt es inzwischen zu Problemen mit benachbarten Siedlern, da die Tragfähigkeit der Reservationen überschritten ist.

Wilderei und Konflikte mit der Bevölkerung haben die Elefanten in den Mittelpunkt der jüngeren Naturschutzbemühungen gerückt; 1990 initiierte die Unionsregierung das *Project Elephant*. Im Gegensatz zu den Tiger Reserves umfassen die 'Elephant Reserves' größere Regionen und häufig mehrere benachbarte Schutzgebiete, um einen Populationsaustausch zu ermöglichen. Die Zahl der Elefanten im Nordosten, dem zentralen Indien und im Süden beträgt insgesamt über 12 000.

Der Schutz der letzten indischen Löwen im Gir Forest auf der Saurashtra-Halbinsel gilt als einer der größten Erfolge. Infolge der Jagd und der Degradierung ihrer natürlichen Lebensräume war die Löwenpopulation auf knapp 20 Tiere im Gir Forest geschrumpft. Bereits der Nawab von Junagadh hatte die verbliebenen Löwen daraufhin unter Schutz gestellt. Heute leben dort 300 Löwen. Sie sind sowohl innerhalb als auch außerhalb des Gir Forest geschützt.

Was von den Naturschützern als Erfolg gewertet wird und in den reichen westlichen Ländern große Zustimmung findet, sieht die betroffene arme Landbevölkerung allerdings anders. In den Schutzgebieten leb-

Abb. 70: *Schutzgebiete.*

Nach Bradnock & Bradnock (1997) (verändert).

ten 3 Mio. Menschen, und wenn hier auch keine Bevölkerungsdichten wie in fruchtbareren Regionen vorkamen, so mussten doch viele umgesiedelt werden, um zusammenhängende Areale zu schaffen. Die den Schutzgebieten benachbarte Bevölkerung nutzte sie zum Sammeln von Holz und Früchten oder als Viehweide. Jetzt brechen die Tiere, deren Zahl ständig zunimmt, in die Felder und Siedlungen ein. Die Elefanten richten große Schäden an, und jährlich sterben 300 Menschen durch ihre Angriffe (Bradnock, R. & Bradnock, A. 1997, S. 43). Die Regierung versucht mit Ausgleichszahlungen die Probleme zu mildern oder mit der Anlage von Gräben oder elektrischen Zäunen das Eindringen von Elefanten in Siedlungen zu verhindern. Weit höher sind die Verluste durch Tiger, für die eine weidende Kuh eine leichte Beute ist, die aber auch Menschen anfallen. Besonders beim Honigsammeln in den Sunderbans kommen viele Männer durch Tiger um, und auch die Löwen des Gir-Reservates haben schon Menschen getötet. Die lokale Bevölkerung fordert die Abschaffung von Schutzgebieten, um sie wieder nutzen zu können. Daher ist in Wildlife Sanctuaries schon heute eine begrenzte Nutzung eingeräumt, dagegen nicht in Nationalparks.

Die Fischerei

Seefischerei

Seine lange Küste bietet Indien günstige Bedingungen für die Fischerei. Besonders die Westküste, der ein Kontinentalschelf vorgelagert ist, der in Gujarat eine Breite von 200 km erreicht und sich nach Süden bis auf 50 km in Kerala verengt, hat reiche Fischgründe; sie liefern 70 % der indischen marinen Fangmenge von insgesamt 2,9 Mio. t (INDIA 2000, S. 414).

Die heutige Bedeutung der Fischerei ist erst ein Ergebnis der Entwicklung der letzten Jahrzehnte. Die Gründe für die lange Vernachlässigung dieser wichtigen Nahrungsquelle liegen in naturgegebenen und kulturellen Faktoren. Die Stürme des Monsuns bringen zwar an der Westküste infolge der besseren Durchmischung des Wassers ein größeres Planktonwachstum, doch macht der hohe Wellengang die traditionelle Fischerei in den Sommermonaten unmöglich, sodass die Fangsaison erst im September beginnt. Ab Januar vermindert sich die Fischdichte wegen des geringeren Nahrungsangebotes und nimmt ab März mit den ansteigenden Temperaturen im Schelfbereich, die zu einem Rückgang des Sauerstoffgehaltes im Wasser führen, weiter ab.

Im Osten kann an der Andhra-Küste von Juli bis Oktober und an der Koromandel-Küste von September bis April gefischt werden. Der Nordostmonsun ist weniger stürmisch, und deshalb ist die Wasserzirkulation geringer als an der Westküste. Der Kontinentalschelf ist zwar an der Ostküste schmaler, doch bieten die großen Flussdeltas und Küstenseen wie der Chilka- und Pulicat-See hier günstige Bedingungen für die Fischerei.

Die saisonale Beschränkung der Fischerei bedeutet einerseits eine arbeits- und verdienstlose Zeit für die Fischer, andererseits wird die Versorgung der Verbraucher mit Fisch unterbrochen. Ein weiterer Nachteil für die indische Fischerei ist das heiße Klima in Verbindung mit unzureichenden Transportmöglichkeiten. Weite bevölkerungsreiche Teile Nordindiens wie Uttar Pradesh und Bihar, sind daher für die Belieferung mit Seefisch fast unerreichbar. Zwar kann der Fisch durch Salzen oder Trocknen haltbar gemacht werden, er erfährt aber damit eine erhebliche Geschmacksminderung (Bild 46). Fisch wird daher vornehmlich in den küstennahen Gebieten verzehrt, wo er die wichtigste Proteinquelle bietet und von etwa drei Viertel der Bevölkerung gegessen wird, da hier die geringsten Vorbehalte gegen den Fischkonsum bestehen.

Die Entwicklung der Fischerei wird aber auch dadurch behindert, dass die Fischer, weil sie Fische töten, zu den untersten Kasten zählen. Sie sind daher ungebildet und arm. Auch haben sie kaum die Möglichkeit Innovationen aufzugreifen oder Investitionen, z. B. in neue Netze oder größere Boote, zu tätigen. Da sie den Verkauf und Vertrieb nicht selbst organisieren können, müssen

Bild 46: Trocknen von Fisch in Diu.

sie die Fänge an Händler verkaufen, die erhebliche Gewinne erzielen und deshalb oft als Geldverleiher auftreten. Die Versuche der Regierung, die Fischer in Kooperativen zu organisieren, hatten nur begrenzten Erfolg.

Noch bis in die 1980er-Jahre verwendete man überwiegend hölzerne Auslegerboote, die sich kaum weiter als 5 bis 10 km von der Küste entfernen konnten. Gefangen wurde eine große Vielfalt an Fischen, hauptsächlich Sardinen, Sardellen, Makrelen, Black Pomfret (*Formio niger*) und Heringe. Der Garnelenfang setzte ab den 1960er-Jahren ein.

Zu den Bemühungen der indischen Regierung, die bereits von den Briten begonnene Förderung der Fischerei zu verstärken, gehörten zunächst die Ausstattung der traditionellen Boote mit Außenbordmotoren – was aber bei den an der Küste von Kerala verwendeten Auslegerbooten schwierig ist –, ferner Finanzierungshilfen zum Bau kleiner Trawler für den Garnelenfang. Doch konnten sich nur wenige Kleinfischer einen Trawler leisten oder sie scheiterten an den hohen Betriebskosten, sodass die Geldverleiher oder Fischhändler die Trawler betrieben.

Die angeheuerte Besatzung erhält einen Prozentsatz vom Erlös der Fänge als Lohn. Im Gegensatz zu den traditionellen kleinen Booten, die bei den Fischerdörfern einfach auf den Strand gezogen werden konnten, benötigen die Trawler Häfen oder zumindest geschützte Buchten als sichere Anlandeplätze, die wegen der größeren Fangmengen über Kühlhäuser, Verarbeitungsstätten und gute Verkehrsverbindungen zum Hinterland verfügen müssen. Damit ergibt sich eine Konzentration der Fischerei auf wenige Zentren. Bei der Verarbeitung der Garnelen werden junge Frauen aus Kerala eingesetzt, die wegen ihrer besonderen Fertigkeit aber auch der großen Arbeitslosigkeit in ihrer Heimat als Wanderarbeiterinnen in allen Fischereihäfen der Westküste anzutreffen sind.

Mit der Organisation des Absatzes konnten neue Käuferschichten erschlossen werden – allerdings zu höheren Kosten –, sodass sich die Fangflotten auf wertvollere Fischarten spezialisierten. Kleinere oder für sie nicht mehr nutzbare Fische werden zum Abfallprodukt oder bestenfalls zu Fischmehl verarbeitet. Zwischen den modernen und traditionellen Fischern kam es vor allem in Kerala zum Kampf um die Fischgründe. Ursprünglich war man davon ausgegangen, dass die Trawler weiter draußen fischen würden. Tatsächlich betreiben sie den Garnelenfang in Küstennähe und zerstören häufig mit ihren Schleppnetzen die im Wasser stehenden Kiemennetze der Kleinfischer. Mit der Verwendung von Ringwaden (Purse-Seine) wurden auch jene Fischarten gefangen, die bis dahin den Kleinfischern vorbehalten waren (Weber 1997, S. 119 f.). Die Bestimmungen, die den Trawlern das

Fischen in Küstennähe, wo der Fischreichtum besonders groß ist und die Betriebskosten geringer sind, verbieten, werden kaum durchgesetzt.

Die Weltmarktpreise haben inzwischen zu einer Überbesetzung der Fanggründe mit Trawlern und Ringwaden geführt und die Fischbestände reduziert. Kleinfischer finden nur in begrenztem Umfang neue Arbeitsplätze auf den motorisierten modernen Fangschiffen, insgesamt hat sich ihre Situation erheblich verschlechtert. Da sie kein Land besitzen, auf dem sie Anbau betreiben können, sind sie auf den Kauf von Nahrungsmitteln angewiesen, wofür ihnen aber das Geld fehlt, wenn sie keine Fische zu verkaufen haben.

Während sich die Versorgung der Bevölkerung mit billigem Fisch in den Küstengebieten verschlechtert hat, sind die Exporte von Garnelen erheblich angestiegen. Indien ist der drittgrößte Garnelenproduzent der Welt, und Garnelen machen wertmäßig drei Viertel und mengenmäßig 37 % des gesamten Fischexportes aus. Die Exportzunahme bei Qualitätsfisch und Garnelen ist auch auf die Zulassung von Joint Ventures zurückzuführen. Mit der Liberalisierung erhielten ausländische Firmen die Lizenz, innerhalb der 200-Meilen-Zone – der 'Exclusive Economic Zone' – zu fischen. Da der Einsatz ihrer großen Trawler während der für die Fänge besonders ergiebigen Monsunzeit möglich ist, haben sich die Garnelenbestände für die traditionellen Fischer weiter verringert, da jetzt die Schonzeit während des Monsuns entfällt.

Aquakulturen

Infolge der hohen Gewinne sind seit 1990 Aquakulturen angelegt worden, aus denen rund die Hälfte der Garnelenproduktion stammt. In diesen werden wertvolle Garnelenarten, wie die 'Tiger Prawns', für den Export gezüchtet. Während in Kerala noch der Fang überwiegt, ist besonders die Ostküste für die Anlage von Aquakulturen geeignet. In Andhra Pradesh liegt der überwiegende Teil der Aquakulturen entlang der Flüsse und Kanäle, insbesondere 20 bis 25 km flussaufwärts von der Mündung des Kandaleru-Flusses im Nellore-Distrikt. Ein weiteres wichtiges Gebiet ist der Pulicat-See, der zweitgrößte Brackwassersee Indiens. Insgesamt stammt aus Andhra Pradesh rund ein Fünftel der gesamten Garnelenproduktion. Andere bedeutende Verbreitungsgebiete für Aquakulturen sind in Orissa der Chilka-See und das Subarnarekha-Mündungsgebiet sowie in Tamil Nadu das Kaveri-Delta.

Zunächst war die Garnelenzucht auf kleine 'Farmen' mit 1 bis 5 ha beschränkt. Später stiegen wegen der hohen Gewinnerwartungen Großunternehmen ein, für die eine Betätigung in der Fischerei nur eine Sparte ihrer vielfältigen Aktivitäten war, die sie vornehmlich wegen der Deviseneinnahmen beim Export und der damit verbundenen Importlizenzen betrieben (Nerreter 1989). Sie errichteten an der Ostküste große 'Shrimp Farms', die sie mit Zuchtbecken, Futtermühlen und den entsprechenden Verarbeitungskapazitäten ausstatteten. Die erhöhte Nachfrage nach Land ließ die Bodenpreise um das Vielfache ansteigen. Waren Aquakulturen ursprünglich auf unkultiviertes Land beschränkt, so wurden jetzt landwirtschaftlich genutzte Flächen, die einem ertragreichen Reisanbau dienten, zu Garnelenteichen umgewandelt, und wohlhabendere Reisbauern wechselten von der Landwirtschaft zur Aquakultur. Trotz höherer Investitionskosten ist der Gewinn wesentlich größer und der Arbeitsaufwand geringer, was zahlreiche Landarbeiter beschäftigungslos macht.

In Kerala herrscht noch die traditionelle Form der Aquakultur vor, bei der das Meerwasser mit der Flut in die Garnelenteiche gelangt; sie erbringen eine Ernte im Jahr. Beim intensiven Shrimp Farming an der Ostküste, insbesondere in Andhra Pradesh und Orissa, wird das Meerwasser über Pipelines in die Teiche gepumpt und durch Schaufelräder bewegt, sodass die wertvollen Krustentiere, die mit Granulat gefüttert werden, optimal gedeihen und nicht ersticken. Zur Verhinderung und Bekämpfung von Infektionen, die bei dem dichten Besatz der Teiche verheerende Folgen haben können, werden Antibiotika reichlich – und häufig unsachgemäß – verwendet. Die Einleitung von Meerwasser in die Garnelenteiche führt zur Versalzung der Böden und des Grundwassers, wodurch umliegende Reisanbauflächen beeinträchtigt und Brunnen unbrauchbar werden.

Um den Umweltschäden zu begegnen, beschränkt seit 1997 ein Gesetz die Anlage von Aquakulturen bis 500 m hinter der Hochwasserlinie und verbietet die Umwandlung von landwirtschaftlich genutztem Land in Aquafarmen. Eine große Zahl von Betrieben muss daher schließen. Besonders die Großunternehmen ziehen sich aus der Aquakultur zurück. Für sie ist es kostengünstiger, das Shrimp Farming kleineren Betrieben als Zulieferer zu überlassen.

Binnenfischerei

Die Bedeutung der Binnenfischerei hat in den letzten Jahren noch erheblich zugenommen, sodass Indien mit fast 2,4 Mio. t (INDIA 2000, S. 414) weltweit der zweitgrößte Produzent ist. Damit trägt die Binnenfischerei rund 45 % zur Gesamtfangmenge bei. Den größten Anteil haben die Staaten West Bengal, Bihar und Assam. Etwa ein Drittel der binnenländischen Fangmengen stammen aus der Flussfischerei. Außerdem stehen Tanks, Stauseen, Binnen- und Brackwasserseen zur Verfügung. Gefischt wird in der Zeit von Oktober bis März, wenn die Flüsse ihren Tiefstand erreichen; dagegen bringt die Regenzeit nur geringe Erträge. Fortschreitende Entwaldung, steigende Wasserentnahme sowie zunehmende Wasserverschmutzung beeinträchtigen die Flussfischerei.

Die Teichfischerei ist besonders in West Bengal, Bihar und Orissa weit verbreitet. Dagegen trocknen die kleineren Gewässer im Nordwesten und auf der Deccan-Halbinsel während der niederschlagsarmen Zeit aus. In kleinen Dorfteichen oder Tanks werden schnellwüchsige Friedfische, insbesondere Karpfenarten, ausgesetzt, die man zuvor in den Flüssen gefangen hat (Bild 47). Auch Reisfelder werden manchmal für die Binnenfischerei genutzt, da sie etwa drei bis acht Monate im Jahr unter Wasser stehen. Die eingesetzten Fischarten müssen schnellwüchsig sein und sollten hohe Temperaturen sowie seichtes und trübes Wasser ertragen können. Da bei intensivem Reisanbau immer mehr Düngemittel und Chemikalien eingesetzt werden, ist diese Methode der Fischzucht rückläufig. Der Versuch, die Fischereirechte auf den neuen Stauseen an die Bauern zu vergeben, die hier ihr Land aufgeben mussten, hatte wenig Erfolg, da sie nicht über die entsprechenden Kenntnisse verfügen.

In jüngerer Zeit hat sich die Süßwasserkultur in Teilen Indiens zu einer kommerziellen Tätigkeit entwickelt, insbesondere im weiteren Umland Delhis, also im Punjab, in Haryana, Uttar Pradesh und Rajasthan, wo vor allem Karpfen gezüchtet werden. Mit der Gründung von 'Fish Farmers Development Agencies' fördert die Regierung schon seit den 1970er-Jahren diese Entwicklung und versucht durch Verkaufskooperativen den Absatz zu erleichtern.

Bild 47: *Abfischen eines Dorfteichs.*

Die Bodenschätze

Die Gliederung des indischen Subkontinents in die drei strukturellen Einheiten der Deccan-Scholle, der nordindischen Tiefebene und des nördlichen Hochgebirgsgürtels ist auch wirtschaftsgeologisch von Bedeutung. In den jungen nördlichen Gebirgen ist ein Abbau mineralischer Rohstoffe aufgrund der morphologischen Verhältnisse nur eingeschränkt möglich; in weiten Teilen sind sie erst unvollständig exploriert. Selbst dort, wo Bodenschätze vorkommen, wie z. B. Kupfer im nördlichen Uttar Pradesh oder in Himachal Pradesh, erschwert die Verkehrsfeindlichkeit eine Ausbeutung. Dagegen ist die mit mächtigen Sedimentschichten angefüllte nordindische Ebene wegen ihrer Erdöl- und Erdgaslagerstätten von größerer wirtschaftsgeologischer Bedeutung.

Die meisten Rohstofflagerstätten birgt jedoch die Deccan-Halbinsel, der geologisch älteste der drei Großräume. Das wichtigste Bergbaugebiet, sowohl nach der Abbaumenge als auch nach der Vielfalt der vorhandenen Rohstoffe, liegt im nordöstlichen Teil der Halbinsel. Hier bilden die Eisenerze des Chota-Nagpur-Plateaus und die Kohle des benachbarten Damodar-Gebietes die Basis der indischen Schwerindustrie. Weitere Bodenschätze haben vor allem die östliche Halbinsel mit Eisenerzen und der südliche Teil sowie das Aravalli-Gebirge im Nordwesten. Im Westen und Nordwesten des Deccan liegen die Lavamassen auf dem Grundgebirge, in dem weitere Bodenschätze vorkommen könnten.

Obwohl die Förderung von Edelmetallen und Edelsteinen, von Eisen und anderen Erzen Jahrtausende zurückreicht, wird Bergbau in größerem Umfang erst seit der zweiten Hälfte des 19. Jh.s betrieben. Der entscheidende Aufschwung setzte aber erst mit der indischen Unabhängigkeit ein, parallel zur forcierten Industrialisierung des Landes. Jetzt kam es zu erheblichen Veränderungen der Besitzverhältnisse im Bergbau. Früher lagen die Rechte an den Bodenschätzen beim Grundbesitzer, was häufig zur Zersplitterung des Abbaus durch eine Vielzahl von Kleinstunternehmen mit komplizierten Pachtverhältnissen führte. Mit zunehmender Einflussnahme der öffentlichen Hand wurden diese Unternehmen verstaatlicht, umstrukturiert und zu größeren Einheiten zusammengefasst sowie neue Lagerstätten erschlossen. Die Zentralregierung besitzt die Bergrechte im marinen Bereich, während auf dem Festland die jeweiligen Bundesstaaten zuständig sind, wobei sich die Zentralregierung Mitspracherechte vorbehalten hat. Die meisten großen Bergbauunternehmen befinden sich in der Hand der Zentralregierung. Kleinere Lagerstätten werden von Gesellschaften der Bundesstaaten oder von Privatunternehmen abgebaut. Zur Prospektierung und zum Abbau von Rohstoffen bedarf es einer Konzession (Prospecting License, Mining Lease), die zwar jeder indische Staatsbürger beantragen kann, bei deren Vergabe aber staatliche Unternehmen bevorzugt werden.

Zur Entwicklung des Bergbaus und zur Umsetzung der Rohstoffpolitik bestehen zahlreiche Organisationen, von denen einige bereits auf die Kolonialzeit zurückgehen. Zu diesen gehört der 1851 gegründete 'Geological Survey of India' (GSI), der sich mit der geologischen Kartierung des Landes und der Prospektion und Exploration von Rohstoffen befasst. Detaillierter und stärker an den technischen Anforderungen des Abbaus orientiert ist die 'Mineral Exploration Corporation Ltd.' (MECL). Die Bereitstellung von Daten, Marktinformationen und beratenden Dienstleistungen fällt in den Aufgabenbereich des 'Indian Bureau of Mines' (IBM). Ein großer Teil des Außenhandels mit Rohstoffen wird von der staatlichen 'Minerals and Metals Trading Corporation' (MMTC) abgewickelt.

Indien gehört zu den Ländern, die reichlich mit industriellen Rohstoffen ausgestattet sind. Vorräte, die zu den größten der Welt gehören, bestehen bei Eisen- und Manganerzen, Chromit und Bauxit; sie werden in erheblichem Umfang exportiert. Nicht ausreichend für den eigenen Bedarf ist die Gewinnung von Erdöl, Buntmetallen sowie Schwefel und Phosphaten, Gold und Silber. Vor allem die Erdölimporte führen dazu, dass wertmäßig die Einfuhr von Rohstoffen die Ausfuhr deutlich überwiegt.

Abbau und Außenhandel sind nicht immer an wirtschaftlichen Gesichtspunkten orientiert. Auf der einen Seite scheinen

Bild 48: *Erzabbau in den Iron Ore Hills. Noch in den 1970er-Jahren wurde er durch Adivasis manuell betrieben.*

Vorbehalte gegen den Export von Rohstoffen zu bestehen, die nicht nur aus dem Bestreben zu erklären sind, eine Weiterverarbeitung selbst vorzunehmen, sondern deren Ursprung wohl auf die Ausbeutung in der kolonialen Vergangenheit zurückgeht. Auf der anderen Seite fördert man, um Devisen zu sparen und unabhängig zu sein, Rohstoffe zu Kosten, die weit über den Weltmarktpreisen liegen.

Die bei der Besprechung einzelner Rohstoffe angeführten Mengenangaben über Reserven (im Folgenden nach INDIA 1998) sollen nur als Anhaltspunkte dienen. Sie werden beeinflusst durch weitere Explorationen, durch technische Verfahren, welche die Möglichkeit des Abbaus oder der Nutzung verbessern, die verkehrsmäßige Erschließung der Lagerstätten sowie durch die Rohstoffpreise.

Erze

Die indischen *Eisenerz*reserven werden mit 12,7 Mrd. t angegeben. Mit bis zu 68 % ist ihr Fe-Gehalt sehr hoch. Sie sind weitgehend frei von Verunreinigungen und leicht abbaubar. Der größte Teil der Gewinnung konzentriert sich auf die Hämatiterze. Gegenüber diesen Reicherzen hat die Gewinnung von Magnetiterzen mit einem geringeren Eisengehalt derzeit weniger Bedeutung. Nicht abgebaut werden wegen ihres niedrigeren Eisengehalts Siderit (Spateisenstein) und Limonit (Brauneisenerz) sowie die noch geringerwertigen Laterite, die auf der Deccan-Halbinsel weit verbreitet sind. Die Hämatit- und Magnetitlagerstätten werden geologisch der Iron-Ore-Serie der oberen Dharwar-Formation aus dem Präkambrium zugerechnet. Ihr hoher Eisengehalt ist wohl auf sekundäre Anreicherung zurückzuführen. Wichtigste Abbaugebiete sind die Iron Ore Hills und die Iron Ore Range im Grenzgebiet von Jharkhand und Orissa. Die Erze bilden Kappen auf einzelnen Bergen (Iron Ore Hills) oder niedrige Bergketten (Iron Ore Range). Ihre Beschaffenheit schwankt zwischen einem kompakten, sehr reichen Erz von dunkelbrauner bis fast schwarzer Farbe, das in einer Mächtigkeit bis zu 30 m auf dem Scheitel der Bergketten und an ihren Hängen ansteht und zu großen Blöcken verwittert, einem blättrigen und schiefrigen Erz in größerer Tiefe und einem pulverartigen Erz, das einen sehr hohen Fe-Gehalt hat. Letzteres wird vor der Verhüttung einem Sinterprozess unterzogen.

Die Förderung erfolgt im Tagebau, indem die Hügel in Stufen abgebaut werden. Früher geschah der Abbau manuell, und nur die härteren Erze wurden gesprengt oder mit Bohrern gelockert. In der Regel arbeiteten Zweiergruppen, meist Mann und Frau. Jedes Paar bekam einen etwa 3 m breiten Streifen des Hanges zugewiesen; gegen die Nachbargruppe blieb ein schmaler Grat stehen. Das mit Hacken gebrochene Erz wurde in hölzernen Eimern zu den Sammelplätzen getragen und ohne Maschinen verladen (Bild 48).

Die Beschaffung der zahlreichen Arbeitskräfte, die diese Art des Abbaus benötigte, war nicht leicht, denn die Erzgruben liegen in bewaldetem Gebiet, das nur sehr dünn

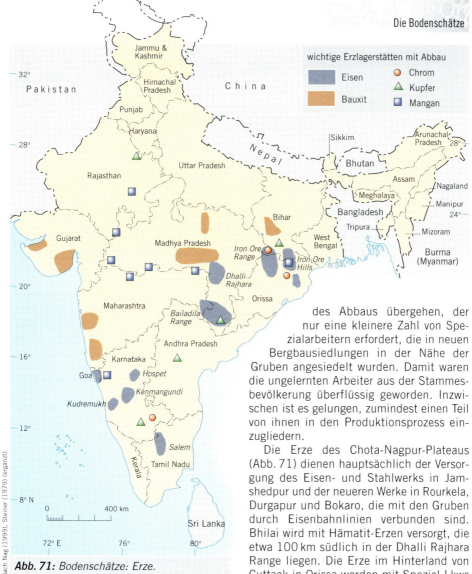

Nach Nag (1999), Steiner (1979) (ergänzt).

Abb. 71: Bodenschätze: Erze.

besiedelt ist. Die Arbeiter warb man daher aus der Stammesbevölkerung der Umgebung an. Sie waren Bauern, die den Bergbau als Nebenbeschäftigung und Möglichkeit eines zusätzlichen Einkommens für die Zeit des Jahres betrachteten, in der die Arbeit auf den eigenen Feldern gering war. In den Monsunmonaten gingen sie zur Feldbestellung und von November bis Dezember zur Ernte in ihre heimatlichen Dörfer zurück (Stang 1970).

Wegen des steigenden Erzbedarfs reichten die verfügbaren Arbeitskräfte nicht mehr aus, und man musste zur Mechanisierung

des Abbaus übergehen, der nur eine kleinere Zahl von Spezialarbeitern erfordert, die in neuen Bergbausiedlungen in der Nähe der Gruben angesiedelt wurden. Damit waren die ungelernten Arbeiter aus der Stammesbevölkerung überflüssig geworden. Inzwischen ist es gelungen, zumindest einen Teil von ihnen in den Produktionsprozess einzugliedern.

Die Erze des Chota-Nagpur-Plateaus (Abb. 71) dienen hauptsächlich der Versorgung des Eisen- und Stahlwerks in Jamshedpur und der neueren Werke in Rourkela, Durgapur und Bokaro, die mit den Gruben durch Eisenbahnlinien verbunden sind. Bhilai wird mit Hämatit-Erzen versorgt, die etwa 100 km südlich in der Dhalli Rajhara Range liegen. Die Erze im Hinterland von Cuttack in Orissa werden mit Spezial-Lkws zum Hafen von Paradip gebracht und dort für den Export verladen. Weitere wichtige Eisenerzvorkommen befinden sich in der Bailadilla Range im Bastar-Distrikt. Die anfänglich mit japanischer Hilfe erschlossenen Erze werden über den Hafen von Vishakhapatnam nach Japan exportiert sowie seit jüngster Zeit im neuen Eisen- und Stahlwerk von Vishakhapatnam verhüttet.

Im Westen haben die zwischen Küste und Western Ghats liegenden hämatitischen Eisenerze Goas zwar einen etwas niedrigeren Eisengehalt, doch können sie mit geringen Kosten über kurze Flussstrecken zum Hafen Marmagao transportiert und exportiert werden. Weitere wichtige Eisenerzlagerstätten besitzen Karnataka und Tamil Nadu, die aber nicht über Kohle zur Verhüttung verfügen.

Indien baute 1998/99 71 Mio. t Eisenerz mit einem durchschnittlichen Fe-Gehalt von 63 % ab (Produktionszahlen nach INDIA 2000). Der größte Teil des Eisenerzbergbaus befindet sich in staatlicher Hand. Wichtige Ausnahmen stellen die firmeneigenen Gruben des Eisen- und Stahlwerks der TISCO in Jamshedpur dar sowie die exportorientierten privaten Tagebaue in Goa.

Indien ist einer der größten *Mangan*produzenten der Erde. Die nutzbaren Reserven werden auf 167 Mio. t geschätzt, davon sind 40 Mio. t nachgewiesen. Die Produktion beträgt 1,5 Mio. t. Sie konzentriert sich auf hochwertige Lagerstätten, die in metamorphen Gesteinen präkambrischen Alters vorkommen, meist als leicht abbaubare Erzkörper nahe der Oberfläche. Die größten Lagerstätten erstrecken sich als ein fast 160 km langer und 20 km breiter Erzgürtel an der Grenze zwischen Maharashtra und Madhya Pradesh. Ihr Mangangehalt beträgt mehr als 46 %; die Verunreinigungen mit Phosphor und Kieselsäure machen eine Aufbereitung oder Mischung mit andern Erzen erforderlich. Die Erze des Chota-Nagpur-Plateaus sind zwar ärmer, haben jedoch weniger Verunreinigungen. Kleinere Vorkommen mit mittlerem und geringerem Mangangehalt befinden sich in Goa und Rajasthan. An der Erzgewinnung sind wenige große, meist staatliche und eine Vielzahl von kleinen privaten Unternehmen beteiligt. Der Abbau erfolgt überwiegend im Tagebau, zum geringen Teil aber auch in primitiven Anlagen untertage.

Neben der Deckung des Bedarfs der Stahlwerke für Legierungen und der Herstellung von Ferromangan, geht ein erheblicher Teil in den Export, der allerdings je nach Nachfrage von Jahr zu Jahr große Schwankungen aufweist und rückläufig ist. Entscheidend für den Rückgang der Ausfuhren waren nicht nur die Schwankungen der Nachfrage, sondern auch ein in den 1970er-Jahren von der indischen Regierung erlassenes Exportverbot für Erze mit hohem Mangangehalt, um den Bedarf der eigenen Industrie zu sichern. Für die geringwertigen Erze, die man exportieren wollte, war jedoch international nur eine begrenzte Nachfrage vorhanden, und so drängten neue Anbieter auf den für Indien wichtigen japanischen Absatzmarkt.

Chrom ist wie Mangan ein wichtiger Stahlveredler, findet aber auch Verwendung bei der Herstellung feuerfester Steine. Die reichen Vorkommen decken nicht nur den Bedarf der indischen Industrie, sondern ermöglichen umfangreiche Exporte. Mit einer Jahresproduktion von fast 1,4 Mio. t gehört Indien zu den weltgrößten Produzenten von Chromit, dem wirtschaftlich bedeutendsten Chromerz. Die wichtigsten Vorkommen finden sich in den präkambrischen Gesteinen Orissas. Das hochwertige Erz kommt in linsen- bis plattenförmigen Erzkörpern vor und erreicht Mächtigkeiten bis zu 15 m. Der Abbau findet über- und untertage durch eine Reihe kleinerer Unternehmen sowie eine staatliche Gesellschaft statt. In der Nähe des Abbaus befinden sich auch die Aufbereitungsanlagen, welche das Erz von Verunreinigung befreien und 'Charge Chrome' herstellen, das zur Produktion von rostfreiem Stahl verwendet wird. Ein weiteres Gebiet der Chromitproduktion ist der Süden Karnatakas. Zunächst überwog der Export, wobei vor allem Japan und Europa wichtige Abnehmer waren. Inzwischen ist der Eigenverbrauch insbesondere durch die gestiegene Herstellung von Ferrochrom und die Produktion feuerfester Materialien stark gestiegen.

Kupfer gehört zu den Metallen, deren Abbau nicht ausreicht, um den indischen Bedarf zu decken, obwohl mit großen Anstrengungen und Kosten die Förderung des Kupfererzes von unter 0,7 Mio. t im Jahre 1971 auf heute 4,2 Mio. t gesteigert wurde. Kupfervorkommen sind zwar weit verbreitet, doch finden sich die wichtigsten Lagerstätten in den alten kristallinen Gesteinen vornehmlich in Rajasthan und im südlichen Bihar. Weitere Vorkommen liegen in Karnataka und in Andhra Pradesh. Das Erz wird untertage, neuerdings auch im Tagebau gewonnen. Der Erzgehalt beträgt meist unter 1,5 %, kann aber bis 3 % ansteigen. Die Kupferhütten, die gewöhnlich auch Nebenprodukte gewinnen, befinden sich bei den Lagerstätten.

Indiens *Bauxit*reserven betragen über 2,5 Mrd. t. Bauxit wurde in Indien vorwiegend während des Tertiärs gebildet und findet sich vergesellschaftet mit Kaolin und Lateriten in vielen Teilen des Landes. Umfangreiche Lagerstätten gibt es im Westen der Halbinsel und von Bihar bis Gujarat. Die Bauxitproduktion Indiens beträgt 6,5 Mio. t; die Förderung stammt aus Tagebauen.

Die großen Tonerdefabriken bilden in Indien häufig eine Standortgemeinschaft mit den Aluminiumhütten. Sie sind entweder im Besitz des Staates, zum Teil mit ausländischen Beteiligungen, oder gehören multinationalen Konzernen. Wegen des hohen Energiebedarfs orientierte sich die Tonerde- und Aluminiumerzeugung an Kohlekraftwerken, die geringwertige Kohle nutzen

(z. B. Asansol in West Bengal und Korba in Chhattisgarh), oder an Wasserkraftwerken (Belgaum in Karnataka, Mettur in Tamil Nadu, Alwaye in Kerala und Hirakud in Orissa). Der große Aufschwung der Aluminiumindustrie erfolgte erst in den letzten Jahrzehnten. Dazu hat neben dem industriellen Bedarf auch die Verwendung des Aluminiums für Haushaltsgeräte beigetragen. Es wird versucht, das in Indien knappe Kupfer durch Aluminium zu substituieren, dies insbesondere bei Überlandleitungen. Für die Aluminiumhütten ist die prekäre Energieversorgung ein Problem, und die Kapazitätsauslastung kann bis unter 50 % absinken.

Die Energieträger

Die *Steinkohle* ist der wichtigste Energieträger Indiens. 70 % der in Indien geförderten Kohle dienen der Stromerzeugung. Weitere wichtige Abnehmer sind insbesondere die Eisen schaffende Industrie, die Zementindustrie und bis in die 1980er-Jahre auch noch die Dampflokomotiven der Eisenbahn. Als Hausbrand hat Kohle aus klimatischen und Kostengründen kaum Bedeutung – in ländlichen Gebieten wird meist mit Dung und mit Holz gekocht, in den Städten mit Petroleum oder Flüssiggas.

Für die Förderung wirken sich die oberflächennahe und fast horizontale Lage der Vorkommen sowie die enorme Mächtigkeit vieler Flöze vorteilhaft aus. Verkokbare Kohle ist nur in geringem Umfang vorhanden. Außerdem weist die indische Kohle einen hohen Aschegehalt sowie einen geringen Heizwert auf. Die Reserven bis zu einer Teufe von 1200 m werden auf über 200 Mrd. t geschätzt.

Die weitaus wichtigsten Kohlevorkommen der Union stammen aus dem unteren Gondwana, besonders aus der Damuda-Serie des Perm. Sie entstanden etwa zur selben Zeit wie diejenigen Australiens oder Südafrikas und sind jünger als die europäische Steinkohle. Die Inkohlungsstadien reichen von Flamm- bis Fettkohle.

Die Kohle tritt in den Trögen des Gondwana-Systems auf, in denen heute die Täler der Flüsse Damodar und Son, Mahanadi

und Brahmani sowie Wardha und Godavari liegen. Die beiden ersten Gürtel vereinigen sich im südlichen Baghelkhand und werden nach Westen von jüngeren Trapplagen überdeckt. Es kann daher angenommen werden, dass unter den Deccan-Laven flözführende Schichten begraben sind (Wadia 1961). Entsprechend der räumlichen Verteilung der Vorkommen konzentriert sich die Kohleförderung, die rund 300 Mio. t erreicht, zu mehr als drei Viertel auf die Bundesstaaten Bihar, Jharkhand, West Bengal und Madhya Pradesh. Besondere Erwähnung verdienen die Lagerstätten des Damodar-Gebietes, u. a. Raniganj sowie Jharia und westlich davon Bokaro. Die Bemühungen, die bessere Kohle und Kokskohle des Damodar-Gebietes für die Verwendung in der metallurgischen Industrie zu reservieren, gibt den kleinen Revieren im zentralen Indien und in den Tälern von Wardha und Godavari wachsende Bedeutung. Sie liegen zudem näher zu den Verbrauchern im Westen des Landes und versorgen vor allem Thermalkraftwerke (Abb. 72).

Den entscheidenden Impuls erhielt der Kohlebergbau durch die indischen Eisenbahnen und vor allem mit der Schienenverbindung zwischen den Kohlerevieren des Damodar-Gebietes und dem 200 km entfernten Calcutta. Gesellschaften unter britischer Leitung dehnten den Kohlebergbau nach Westen auf neue Reviere aus. Zwi-

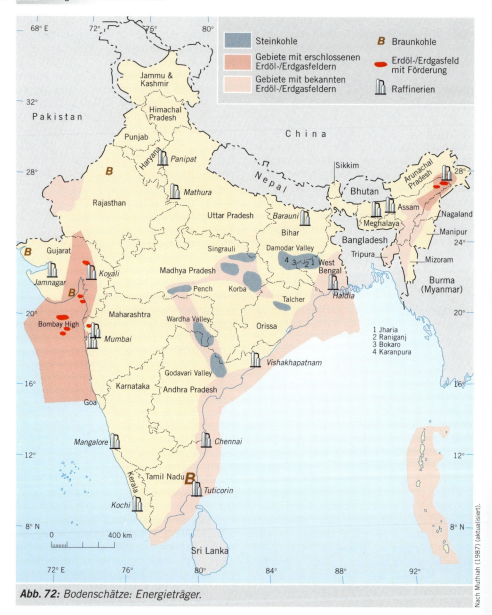

Abb. 72: *Bodenschätze: Energieträger.*

Nach Muthiah (1987) (aktualisiert).

schen 1890 und 1900 verdreifachte sich die Fördermenge auf über 6 Mio. t pro Jahr. Sie stieg bis 1950 auf 38,2 Mio. t und 1970 auf 73 Mio. t.

Mit dem Aufbau der Schwerindustrie im zweiten Fünfjahresplan und der Entwicklung anderer Industrien konnte der Bedarf an Kohle nicht mehr gedeckt werden. Den kleinen Zechen, die unter primitiven Bedingungen arbeiteten, war es nicht möglich, ihre

Förderung entsprechend zu steigern. Es kam zur Verstaatlichung des Abbaus, die Mitte der 1950er-Jahre mit der Übernahme der eisenbahneigenen Zechen begann und, von wenigen Ausnahmen abgesehen, zu Beginn der 1970er-Jahre abgeschlossen war. Damit erfolgte eine Umstrukturierung, welche die Zahl der Zechen reduzierte, die Mechanisierung vorantrieb und große moderne Tagebaue erschloss (Bild 49). Der Bergbau auf

Steinkohle wurde der staatlichen Gesellschaft 'Coal India Ltd.' unterstellt, die heute mit ihren Tochtergesellschaften fast 90 % der Produktion liefert.

Trotz gewaltiger Investitionen und Produktionssteigerungen ist der Kohlebergbau mit Problemen belastet. Sie entstehen einmal durch die Konzentration der wichtigsten Kohlelagerstätten im Osten des Landes, was lange Transporte erforderlich macht, denen die Eisenbahnen nicht immer gewachsen sind. Ferner ist die Aufbereitung der Kohle in Wäschereien hinter den Erfordernissen zurückgeblieben. Bei den Zechen besteht ein erheblicher Überbesatz an Arbeitskräften, sodass die Schichtleistungen zu den weltweit niedrigsten gehören; die Löhne der indischen Bergarbeiter sind zwar im internationalen Vergleich gering, für indische Verhältnisse jedoch sehr hoch.

Schließlich sei noch auf die zahlreichen, von Gewerkschaften oder politischen Parteien und Gruppierungen angefachten Streiks hingewiesen, die zur Folge haben, dass sich nahezu immer ein Teil der Belegschaft im Ausstand befindet. Besonders schlimm sind die Verhältnisse im Damodar-Gebiet, soweit es früher zu Bihar gehörte. Hier existieren starke mafiaähnliche Organisationen, die einen beträchtlichen Teil des Kohlehandels kontrollieren. Unter dem Schutz bestochener Angestellter, Polizisten und Politiker wird Kohle in großem Umfang abgezweigt und verkauft. Darüber hinaus werden illegale und mit gestohlenen Geräten ausgerüstete Gruben betrieben, in denen die Arbeiter zu niedrigsten Löhnen und völlig unzureichenden Sicherheitsbedingungen und wahrscheinlich nicht immer freiwillig bereits aufgegebene Lagerstätten wieder abbauen. Das unglückselige Erbe der Contractors hat hier eine neue Dimension erreicht.

Infolge der Liberalisierung der Importe hat sich die Kohleversorgung entspannt. Der Zollsatz für Importkohle wurde von 85 % in den Jahren bis 1993 auf 10 % in 1997 reduziert. Damit drängten Anbieter wie Südafrika und Australien auf den indischen Markt, deren Kohle nicht nur billiger, sondern wegen ihres höheren Heizwertes und geringeren Aschegehalts auch besser als indische Kohle ist. Bei der ohnehin in Indien nur begrenzt verfügbaren Kokskohle sicherten sich Australien und China einen wesentlichen Marktanteil.

Die indischen Braunkohlereserven werden auf 24 Mrd. t geschätzt. Die wichtigsten Lagerstätten liegen 200 km südlich von Chennai in Neyveli und fördern jährlich rund 23 Mio. t. Ihre Erschließung begann erst 1961 unter Verwendung moderner Techniken, die hauptsächlich aus Deutschland übernommen wurden. Die große Bedeutung dieser Braunkohle liegt darin, dass das südliche Indien über keine Steinkohlevorräte verfügt. Kleinere Vorkommen in Gujarat, in den Gebirgsstaaten des Nordostens und in

Bild 49: *Kohle-Tagebau im Damodar-Gebiet. Das Abräumen der Deckschichten verwandelte die kleinen Kohlegruben, deren Stollen noch erkennbar sind, zu Tagebauten.*

Assam sowie in Kashmir haben nur lokale Bedeutung.

Nach der Kohle ist *Erdöl* der wichtigste fossile Energieträger Indiens. Der größte Verbraucher ist der Transportsektor. Ferner bietet Erdöl die Rohstoffbasis für die Petrochemie, eine der bedeutendsten Wachstumsindustrien. Auch der Verbrauch der übrigen Industrie ist erheblich, da viele Unternehmen Dieselgeneratoren betreiben, um die häufigen Ausfälle im öffentlichen Stromnetz zu überbrücken.

Erdöl wird in Indien hauptsächlich in Assam, im Cambay-Becken von Gujarat, wo sich Öl- und Gasfelder sowohl auf dem Festland wie auch im Off-shore-Bereich befinden, sowie vor der Küste Maharashtras gefördert. In Assam finden sich zwar zahlreiche oberflächennahe Hinweise auf Erdöl, doch liegen die wirtschaftlich wichtigen Lagerstätten in sehr großen Teufen. 1892 begann die britische Assam Oil Co. mit der Produktion in Digboy. Acht Jahre später nahm sie die erste Raffinerie auf indischem Boden in Betrieb. Zum Zeitpunkt der Unabhängigkeit konzentrierte sich die indische Ölproduktion im Wesentlichen auf Assam. Doch die Marktferne der kleinen Lagerstätten verteuert das hier geförderte Öl. In jüngerer Zeit haben Aufständische, die für eine größere Unabhängigkeit von Teilen Assams kämpfen, die Förderung und den Transport mehrfach unterbrochen.

Nach dem Abzug der Briten lag die Explorationstätigkeit zunächst in der Hand internationaler Konzerne, die jedoch eine Verstaatlichung befürchteten und daher mit ihren Investitionen zurückhaltend waren. 1956 wurde der Erdölsektor tatsächlich verstaatlicht. Mit sowjetischer und rumänischer Hilfe begann eine breit angelegte Explorationstätigkeit. Die ersten Erfolge waren 1958 die Funde in Gujarat im Cambay-Becken, denen weitere hochwertige Öl- und Gasvorkommen folgten. Die Lagerstätten Gujarats befinden sich, verkehrsmäßig günstiger als die Assams, in der Nähe großer Verbrauchszentren sowie mit etwa 1700 m in geringerer Teufe. Bald schon entstand hier eine petrochemische Industrie mit Vadodara (Baroda) als wichtigstem Standort.

Bereits in den frühen 1960er-Jahren begann die Exploration des Bombay Off-shore-Beckens, der seeseitigen Fortsetzung des Cambay-Beckens vor der Küste Maharashtras. Die Produktionsaufnahme verzögerte sich, weil die sowjetischen Partner nur über geringe Erfahrungen bei Off-shore-Lagerstätten verfügten, die hier zudem sehr starken Gezeitenströmungen und starken Winden während der Monsunzeit ausgesetzt sind; außerdem wollte man die Ausrüstung für die Bohrinseln in Indien selbst herstellen. So konnte die Produktion erst 1974 mit Hilfe der Japaner aufgenommen werden. 'Bombay High', dessen Name sich von einem submarinen Höhenzug ableitet, ist das wichtigste Ölfeld der Indischen Union. Mit der Verlegung einer Pipeline nach Mumbai stieg die Förderung so weit, dass Bombay High zwei Drittel zur gesamten indischen Erdölproduktion beiträgt. In der Folgezeit wurden in der Region weitere Vorkommen entdeckt, so u. a. die Lagerstätte von Bassein.

Da Indien nicht in der Lage ist, seinen wachsenden Bedarf an Erdöl, der sich von 1985 bis 1999 auf 95 Mio. t mehr als verdoppelt hat, aus der eigenen Förderung zu decken, die seit Mitte der 1980er-Jahre bei etwa 32 bis 35 Mio. t stagniert, müssen rund 58 Mio. t Rohöl und -Produkte eingeführt werden. Daher explorierte man in höffigen Gebieten. Das sind sowohl die Sedimentbecken der nordindischen Tiefebene als auch der Schelfbereich. Kommerziell verwertbare Funde erbrachten das Krishna-Godavari-Becken, das Kaveri-Delta und das Palk-Strait-Gebiet. Die Reserven werden mit 650 Mio. t angegeben, davon zwei Drittel off-shore (Tata 1999–2000, S. 249).

Das Defizit zwischen Bedarf und eigener Produktion hat in jüngerer Zeit dazu geführt, dass ausländische Gesellschaften sowie private indische Unternehmen in der Erdölförderung und insbesondere bei der Verarbeitung wieder zugelassen werden. Einige der Raffinerien gehören inzwischen zum Joint Sector, d. h., sie werden vom Staat und privaten Unternehmen gemeinsam betrieben. Die größte Erdölraffinerie befindet sich in Jamnagar (Saurashtra, Gujarat) und ist in privatem indischem Besitz.

Bei den Raffineriestandorten lassen sich drei Typen unterscheiden. Der erste umfasst die Raffinerien an der Küste, die importiertes Rohöl verarbeiten. Das sind Kochi, Chennai, Vishakhapatnam, Jamnagar und

Mumbai, das aber auch Öl von Bombay High erhält. Einen weiteren Typ stellen die rohstofforientierten Raffinerien, die für die Verarbeitung lokal geförderten Erdöls errichtet wurden, z. B. in Assam und in Gujarat. Der dritte Typ sind die absatzmarktorientierten Raffineriestandorte wie Mathura (Uttar Pradesh), Barauni (Bihar) und Panipat (Haryana), die über Pipelines versorgt werden. Barauni ist sowohl mit Assam als auch mit dem Hafen Haldia, Mathura mit Barauni, mit Kandla und dem mittleren Gujarat verbunden. Eine Produktenpipeline führt von Mumbai nach Pune. Da die großen Hafenstädte gleichzeitig wichtige Verbrauchszentren sind, spielt hier auch der Absatz für die Standortorientierung eine Rolle. Die gesamte Raffineriekapazität Indiens betrug Mitte 1999 68,5 Mio. t pro Jahr (INDIA 2000, S. 514). Eine Erweiterung auf ca. 95 Mio. t ist geplant. Um dieses Ziel zu erreichen, wurde der Erdölsektor liberalisiert. Da die Raffinerien nicht ausreichend auf die Erfordernisse des Binnenmarktes abgestimmt sind, kommt es derzeit sowohl zur Einfuhr als auch zur Ausfuhr von Erdölprodukten.

Seit den 1980er-Jahren hat die Förderung von *Erdgas* Bedeutung erlangt und sich seit 1990 verdoppelt. Zu den wichtigen Lagerstätten gehören insbesondere die Offshore-Felder Tapi North und Tapi South im Golf von Cambay. Von Hajira bei Surat, wo das Gas ans Festland gelangt und entschwefelt wird, reicht eine Pipeline in das nördliche Indien, die es einer Reihe von Kunstdüngerfabriken als Rohstoff zuführt. Weitere wichtige Erdgasabnehmer sind die privaten Haushalte, die das Gas zu Kochzwecken in Flaschen beziehen, denn erst in wenigen Städten gibt es Gasleitungsnetze. Die größte Vermarktungsgesellschaft im Bereich der Gaswirtschaft ist die 'Gas Authority of India Ltd.' (GAIL). Gefördert wurden 1997/98 25 Mrd. m^3 Erdgas, davon ca. 18,1 Mrd. m^3 off-shore (Tata 1999–2000, S. 73).

An *spaltbaren Mineralien* verfügt Indien sowohl über Uranerz als auch über sehr große Lagerstätten von Thorium, welches als Ausgangsprodukt für die Herstellung radioaktiven Materials dient. Seit der Zündung atomarer Sprengsätze – der erste bereits 1974 – ist bekannt, dass Indien Uran, das es hauptsächlich aus Lagerstätten im Chota-Nagpur-Plateau gewinnt, zur Herstellung von Kernwaffen benutzt, die heute mit mehr oder weniger selbst entwickelten Trägersystemen eingesetzt werden können.

Thorium, das aufgrund der größeren Vorräte für die Energiegewinnung des Landes langfristig eine wesentlich größere Bedeutung als das Uranerz haben dürfte, findet sich hauptsächlich in Monazit angereichert. Die schwarzen Monazitsande werden an den Stränden Keralas abgebaut. Größere Vorkommen von Thorium befinden sich ferner in Tamil Nadu, in Andhra Pradesh, in Bihar und Rajasthan. Erschließung und Abbau liegen in der Hand der staatlichen 'Indian Rare Earth Ltd.'

Die Energieerzeugung

Die Energiewirtschaft ist eine der Schwachstellen in der wirtschaftlichen Entwicklung Indiens. Das fällt umso mehr ins Gewicht, als viele Industrien energieintensiv sind oder wegen veralteter Anlagen nur einen geringen Wirkungsgrad erzielen. So ist der industrielle Sektor mit geschätzten 39 % der größte Stromverbraucher. Weitere große Energieverbraucher sind die Bewässerung, bei der die Energieverschwendung besonders ausgeprägt ist, mit 25 % und die privaten Haushalte mit 21%. Seit langem besteht ein Energiedefizit, obwohl die Produktion seit 1980 fast vervierfacht wurde und heute rund 400 Mrd. kWh beträgt. Der durchschnittliche Pro-Kopf-Verbrauch von Primärenergie gehört mit 476 kg Erdöläquivalenten immer noch zu den niedrigsten der Welt. Dem steht ein jährlicher Verbrauch von 4000 kg Öläquivalenten in Japan oder 3600 kg in Südkorea und 4200 kg in Deutschland gegenüber, und selbst Länder wie China (900 kg) erreichen wesentlich höhere Werte als Indien (Tata 1999–2000, S. 74, 250).

Bereits Ende des 19. Jh.s wurde in Indien in den großen Städten Elektrizität von kleineren Thermalkraftwerken, meist zu Beleuchtungszwecken, erzeugt. Noch 1943 verbrauchten Bombay und Calcutta knapp die Hälfte der Energie. Seit der Verstaatlichung des Energiesektors nach der Unabhängigkeit sind die 'State Electricity Boards' der Bundesstaaten für den größten Teil der Erzeugung und Verteilung zuständig. Die installierte Kraftwerkskapazität beträgt 105 Mio. kW (Tata 1999–2000, S. 74), die man entsprechend der technischen Entwicklung mit dem Bau immer größerer Kraftwerkblöcke erreichte. Der Anteil der Wasserkraftwerke an der Stromerzeugung, der im ersten Jahrzehnt nach der Unabhängigkeit noch überwog, sank zugunsten der Thermalkraftwerke, die heute drei Viertel der Energie erzeugen. Um die Engpässe in der Stromversorgung zu verringern, werden inzwischen wieder in- und ausländische private Investitionen im Kraftwerksektor zugelassen.

In den *Thermalkraftwerken* wird Kohle minderer Qualität eingesetzt, die wegen ihres hohen Schwefel- und Aschegehalts die Energieerzeugung zu einer besonderen Umweltbelastung macht. Viele der Thermalkraftwerke haben ihren Standort beim Verbraucher, d. h. bei den großen Städten, die in der Regel auch Industriezentren sind. Häufig führt die unzureichende Bereitstellung von Waggons für den Kohletransport zu Versorgungsengpässen. Bei den Kraftwerken auf der Kohle im Damodar-Gebiet und den zentralindischen Zechen sind dagegen die Leitungsverluste das Hauptproblem. Sie werden auf ein Viertel geschätzt, liegen wahrscheinlich aber noch höher. In jüngster Zeit sind auch Thermalkraftwerke auf der Basis von Erdgas geplant, deren Investitionskosten geringer sind und die bei Bedarf schneller angefahren werden können.

Die wichtigsten *Wasserkraftwerke* liegen im Nordwesten an den Zuflüssen der Ganga, in den Western Ghats, den Gebirgen des Südens mit ihren hohen Niederschlägen und Flüssen mit großem Gefälle sowie am Oberlauf der Deccan-Flüsse. Wegen der klimatischen Verhältnisse, die den Niederschlag auf eine kurze Zeit des Jahres begrenzen, sind die Schwankungen der Wasserführung bei den Flüssen der Halbinsel so extrem, dass umfangreiche Staumaßnahmen notwendig werden. Die erosionsbedingte Schwebstofffracht der Flüsse führt

zu erheblichen Sedimenteinträgen in die Staubecken und verkürzt deren Lebensdauer. Aber nicht nur die schwankenden Abflussmengen im Verlauf des Jahres, sondern mehr noch über Jahre anhaltende Dürren können die Stromversorgung beeinträchtigen. Die Thermalkraftwerke sind dagegen nicht in einem Zustand, um über längere Zeit unter Volllast zu fahren und einen Ausgleich zu bieten. Dürren beeinflussen daher den gesamten industriellen Sektor und darüber hinaus auch die Landwirtschaft wegen des zu geringen Stromangebots für Wasserpumpen.

Die Stromversorgung aus Wasserkraftwerken überwiegt in Karnataka und Kerala sowie in einigen Staaten im Norden der Union, diejenige aus Thermalkraftwerken im übrigen Land. Insgesamt wird das umfangreiche Wasserkraftpotential bisher nur zu etwa 20 bis 25 % genutzt. Allerdings ist dabei zu berücksichtigen, dass zuerst die optimalen Standorte der Wasserkraftgewinnung erschlossen wurden und weitere Anlagen mit zunehmendem Aufwand verbunden sind. Große Teile des bisher ungenutzten Hydropotentials entfallen auf Regionen, in denen die Energienachfrage gering ist, weil sie – wie am Himalaya-Rand – zu weit von den Verbrauchszentren entfernt liegen. Außerdem sind diese Regionen durch Erdbeben besonders gefährdet, denen zwar mit entsprechenden Staudammkonstruktionen begegnet werden kann, die aber die Baukosten erheblich steigern. Die großen Staudammanlagen sind meist 'Multi Purpose Projects', die neben der Energiegewinnung auch der Hochwasserkontrolle, der Bewässerung und der Trinkwasserversorgung dienen (Bild 50).

Indien verfügte als erstes asiatisches Land bereits Ende der 1950er-Jahre über einen Atomreaktor. Heute haben seine 14 *Kernkraftwerke* eine Gesamtkapazität von 2,2 Mio. kW und tragen 2 % zur Stromerzeugung bei. Wurden die ersten Reaktoren mit kanadischer und US-amerikanischer Hilfe errichtet, so zogen sich die ausländischen Partner nach Zündung der ersten indischen Atombombe im Jahre 1974 zurück. Indien kann zwar heute Kernkraftwerke ohne fremde Hilfe bauen; wegen seiner Weigerung, den Atomwaffensperrvertrag zu unterzeichnen, ist es jedoch vom Zugang

Bild 50: *Tungabadhra-Staudamm. Neue Großprojekte, besonders am Narmada-Fluss, stoßen inzwischen auf Kritik, weil sie die Umwelt beeinträchtigen, die Umsiedlung hunderttausender Menschen notwendig machen und ihr Nutzen bestritten wird.*

zu internationaler Kerntechnologie ausgeschlossen.

Aufgrund der großen Thoriumreserven der Union könnte der Kernkraft langfristig eine höhere Bedeutung als anderen Energieträgern zukommen. Bisher birgt die Kernkraftnutzung in Indien aufgrund der Sicherheitsmängel erhebliche Gefahren, die nicht nur die Kraftwerke selbst, sondern auch die Gewinnung der Rohstoffe, die Aufbereitung des Brennmaterials und die Endlagerung betreffen. Wirtschaftlich arbeiten die Kraftwerke bisher unbefriedigend. Trotz jahrzehntelanger Erfahrungen und aufwändiger Forschungsaktivitäten wird wegen zahlreicher Störungen nur ein geringer Lastfaktor erreicht. Der Grund der hohen Aufwendungen für das Kernenergieprogramm dürfte wohl im militärischen Bereich liegen, wie die erneute Zündung von Kernwaffen im Mai 1998 deutlich machte.

Die Regierung ist bemüht, die Verwendung *alternativer Energien* zu fördern. Der Bau von Biogasanlagen wird staatlich subventioniert – ihre Zahl liegt bei etwa 2,5 Mio. Das Hauptverbreitungsgebiet sind die relativ fortgeschrittenen Staaten wie Gujarat, Haryana und Maharashtra. Biogasanlagen liefern mehr Energie als die direkte Verbrennung von Dung, und nach der Energienutzung kann das verwendete Material noch als Dünger auf die Felder aufgebracht werden. Doch nur etwa 15 Mio. Haushalte verfügen über vier bis fünf Rinder, die zum Betrieb einer solchen Anlage notwendig sind. Zusammenschlüsse von mehreren Haushalten scheitern an den sozialen Strukturen des Dorfes. Außerdem bleibt immer weniger für die Ärmsten im Dorf übrig, die ihren Brennstoffbedarf durch das Aufsammeln kostenlosen Dungs zu decken pflegen. Bisher gibt es nur wenige größere Anlagen, die den Abfall eines ganzen Dorfes nutzen.

Wegen der klimatischen Verhältnisse, die für einen großen Teil des Jahres Windstille oder nur geringe Windgeschwindigkeiten bringen, spielt die Nutzung der Windkraft kaum eine Rolle. Dagegen hätte die Nutzung von Solarenergie aufgrund der hohen Sonneneinstrahlung bei wolkenlosem Himmel gerade während der trockenen Jahreszeit ein großes Potential zum Betrieb von Bewässerungspumpen. Die Anschaffungskosten liegen jedoch noch sehr hoch, und ähnlich wie bei den Biogasanlagen braucht es in den traditionsbehafteten Dörfern viel Überredung zur Installation solch teurer Anlagen, deren Unterhalt und Wartung dann oft vernachlässigt wird. Zudem wird der Strom aus dem allgemeinen Netz für die Landwirtschaft vom Staat subventioniert und ist damit günstiger als die Investition in eine Solaranlage.

Der Einsatz von Menschen und Tieren stellt nach Schätzungen noch fast 40 % des indischen Energieverbrauchs. Nicht nur ein großer Teil der Feldarbeit beruht auf menschlicher Handarbeit und tierischer Muskelkraft, sondern auch der Transport von Gütern erfolgt noch in großem Umfang durch Träger oder durch Wagen, die von Ochsen gezogen werden. Auf die Verwendung von Brennholz und Dung wurde bereits bei der Behandlung der Landwirtschaft hingewiesen. Die Bezeichnung von Brennholz und Dung als 'nicht-kommerzielle Energieträger' ist für Indien nur bedingt richtig, denn neben dem Sammeln für den eigenen Bedarf werden diese Brennmaterialien auch verkauft.

Die *Energieversorgung* ist regional sehr unterschiedlich, und die Defizite steigen. Damit wird für die Industrie die Wahl von Standorten mit einigermaßen ausreichender Stromversorgung zur Existenzfrage. Das Defizit reicht von 1–2 % in Kerala und Maharashtra über 12 % und 17 % in Uttar Pradesh und Karnataka bis zu 33 % in Bihar – bei einem indischen Durchschnitt von 7 % (Tata 2000–01, S. 133). Rationierung des Stroms ist üblich. Es gibt Zwangsruhetage, an denen in bestimmten Gebieten kein Industriebetrieb produzieren darf. Aber auch unangekündigte Stromabschaltungen kommen häufig vor; so sind in Teilen von Bihar oder Orissa Stromausfälle von fünf bis sechs Stunden pro Tag die Regel. Sogar moderne Dienstleistungsbetriebe in den Großstädten, wo die Stromversorgung verlässlicher ist, sind auf Zusatzgeräte angewiesen, die ihre Computer vor Stromausfällen oder Spannungsschwankungen schützen. Große energieintensive Unternehmen erzeugen ihren Strom häufig selbst mittels eigener kleinerer Thermalkraftwerke – allerdings zu sehr hohen Kosten. Da jedoch viele Betriebe häufig nicht in der Lage sind, ihren Strombedarf mit Generatoren selbst zu decken, kommt es zu gewaltigen Verlusten durch Produktionsausfälle.

Ein Grund für die unzureichende Energieversorgung liegt in der ineffizienten Nutzung der Energie. Während sich bei den Industrienationen das Wirtschaftswachstum aufgrund von Energieeinsparungen und besserer Energienutzung zunehmend von der Entwicklung des Energieverbrauchs abkoppelt, wachsen in Indien Energiebedarf und -produktion stärker als das Bruttoinlandsprodukt. Wegen der nicht kostendeckenden Stromtarife fehlen in Indien die wirtschaftlichen Anreize, in energiesparende Maßnahmen zu investieren. So benötigt die metallurgische Industrie zur Erzeugung von 1 t Stahl das Mehrfache an Energie wie diejenige der OECD-Länder. Es wird geschätzt, dass in der indischen Industrie Einsparungen von bis zu 25 %, im Transportbereich bis zu 20 % und in der Landwirtschaft, wo der Energieverbrauch in den letzten beiden Jahrzehnten erheblich anstieg, sogar bis zu 30 % möglich sind.

Eine Verbesserung der Versorgung und ein Ausgleich zwischen Wasserkraftwerken und Thermalkraftwerken wäre durch ein angestrebtes unionsweites Verbundsystem möglich, doch entwickelte zunächst jeder Bundesstaat sein eigenes Netzsystem. 1991 wurde die 'Power Grid Corporation of India Ltd.' geschaffen, ein zentralstaatliches Unternehmen, in dem die fünf regionalen Netze vereinigt sind. Die Gesellschaft soll mittelfristig die Stromverteilung sowie Stromübertragung für Indien insgesamt übernehmen.

Die Strompreise werden von den einzelnen Staaten festgesetzt und decken nur einen Teil der Erzeugungs- und Verteilungskosten, in den ländlichen Gebieten durchschnittlich nur zu 13 %. Die Elektrifizierung der Dörfer für den Einsatz von Bewässerungspumpen hat auch einen politischen Hintergrund, denn Bauern stellen den größten Teil der Wählerstimmen. Häufig wird der Verbrauch nur geschätzt, und Stromdiebstahl in großem Umfang ist die Regel. Die Elektrizitätsgesellschaften sind daher hoch verschuldet und nicht in der Lage, die Brennstoffe zu bezahlen, sodass sie ihre Produktion einschränken. Diese Verhältnisse sind ein wichtiger Grund für die Zurückhaltung von privaten indischen und ausländischen Investoren sowie der Weltbank und des Internationalen Währungsfonds als Kreditgeber für den Kraftwerksbau.

DIE INDUSTRIE IN DER KOLONIALZEIT – ANSÄTZE UND HEMMNISSE

Bild 51: *Lokomotive im Eisenbahnmuseum in Delhi. In der Kolonialzeit wurden alle Lokomotiven oder Maschinen aus Großbritannien importiert.*

Überblick

- Die meisten Zweige des weit entwickelten indischen Handwerks wurden durch die Konkurrenz der Industriegüter verdrängt. Obwohl die Briten an einer Industrialisierung Indiens nicht interessiert waren, nahmen Baumwoll- und Juteindustrie eine schnelle Entwicklung. Während die Juteindustrie ihren ursprünglichen Standort in Calcutta beibehielt, breitete sich die Baumwollindustrie ins Binnenland aus.
- Die indischen Geschäftsleute und Unternehmer gehörten bestimmten Religionen oder Kasten, den sog. Business Communities, an. Einige schufen riesige Konzerne, welche die Wirtschaft dominieren.
- Ihre Arbeiter rekrutierten die Industrien aus dem ländlichen Raum; ihnen fehlte daher eine entsprechende Ausbildung. In den Städten lebten sie unter extrem schlechten Bedingungen. Zu einer Organisation in Gewerkschaften kam es unter diesen Verhältnissen nicht.
- Zwischen den Weltkriegen konnten zwar einige neue Industriezweige unter Zollschutz entstehen, doch führte die Ausrichtung auf den Bedarf der Kolonialmacht zu einer Konzentration der Wirtschaft, der Industrien und der Bevölkerung in den Hafenstädten.

Der Niedergang des Handwerks

Vor dem Aufkommen der Industrie wurde der bescheidene Güterbedarf vom Handwerk befriedigt. Die meisten Handwerker arbeiteten in den Dörfern und waren auf die Herstellung bestimmter Güter oder auf Dienstleistungen spezialisiert. Als Weber, Schmiede, Schreiner, Barbiere oder Töpfer gehörten sie einer Kaste an und waren einem 'Jajman' zugeordnet, von dem sie Aufträge erhielten. Wegen dieser Abhängigkeitsverhältnisse gelangten ihre Produkte nicht in einen größeren Wirtschaftskreislauf. Das gilt auch für die Erzeugnisse der Handwerker in den Städten, die den Bedarf der dortigen Bevölkerung deckten. Von ihnen unterschied sich das straff nach Branchen organisierte städtische Handwerk, das Luxusgüter für die Fürstenhöfe herstellte. Seine Erzeugnisse konnten wegen ihres hohen Wertes über große Entfernungen transportiert werden und wurden wegen ihrer Qualität gerühmt. Baumwollstoffe und Seide gehörten zu den wichtigsten Gütern, die innerhalb Indiens und über seine Grenzen hinaus gehandelt wurden. Bei der Gewinnung und Verarbeitung von Eisen hatte Indien einen hohen Standard erreicht. Hochwertige Schwerter mit Ziselierungen gelangten als 'Damaszenerklingen' bis nach Europa.

In den Anfängen der britischen Herrschaft entstanden an der Coromandel-Küste Siedlungen, in denen Weber ausschließlich für den Export arbeiteten. Als sich diese Produktion auf das Hinterland Calcuttas ausdehnte, übertraf der Handel der Ostindischen Gesellschaft mit Bengalen bald den mit dem ganzen übrigen Land. Die Importe indischer Stoffe nach England wuchsen so erheblich, dass man im 18. Jh. Gesetze erließ, welche die Einfuhr feiner Baumwolltuche und die Ausfuhr von Edelmetallen nach Indien unterbinden sollten, denn Europa hatte sonst wenig zu bieten, was in Indien begehrt gewesen wäre.

Mit der industriellen Revolution in Großbritannien übernahmen Fabriken das Spinnen und Weben von Baumwolle. Die Konkurrenz der britischen Fabrikware traf zunächst diejenigen Weber, die überwiegend für den Export gearbeitet hatten und jetzt ihre Existenz verloren, dann aber auch die für den heimischen Bedarf arbeitenden. Die Industrie ersetzte zwar das Handwerk nicht völlig, aber der Preisdruck ließ die Weberkasten verarmen, und ihre Arbeit sicherte ihnen kaum das Existenzminimum. Die später aufkommende indische Textilindustrie konnte den Verlust der Arbeitsplätze im Handwerk nicht kompensieren. Vielmehr drängten jetzt viele Handweber noch zusätzlich in die schon überbesetzte Landwirtschaft.

Der Verdrängungsprozess von handwerklicher Fertigung durch Industrieprodukte sollte sich noch oft wiederholen. Zunächst schützten hohe Transportkosten die Handwerker im Binnenland. Doch der Mitte des 19. Jh.s begonnene Bau der Eisenbahnen und des Suez-Kanals (1869), der den Seeweg zwischen Indien und Europa verkürzte, senkte die Transportkosten, sodass britische Industrieprodukte auch in die binnenländischen Gebiete vordringen konnten. Schließlich blieben für das Handwerk diejenigen Güter übrig, die so einfach und billig waren, dass sich eine industrielle Fertigung oder ein Transport nicht lohnte, oder Luxusartikel, wie Seidensaris, Gold- oder Silberschmuck.

Die Importe nach Indien umfassten so gut wie alles, was britische Industrien produzierten. Nur die Textilindustrie, die in der Regel am Anfang jeder Industrialisierung steht, konnte sich im kolonialzeitlichen Indien mit der Baumwoll- und Juteindustrie durchsetzen. Der Freihandel und der technische Vorsprung der Briten ließen jedoch kaum weitere Industrien in Indien aufkommen. Die Kolonialmacht hatte kein Interesse an einer Industrialisierung des Landes, sondern versuchte eher, sie zu verhindern. Von dieser Wirtschaftspolitik abgesehen, haben aber auch endogene Faktoren eine frühe Industrialisierung Indiens erschwert, darunter besonders die Verhältnisse im Unternehmertum und die Situation der Arbeiter.

Die Anfänge der Textilindustrie

Die Baumwollindustrie

Die Entwicklung der britischen Textilindustrie im Gefolge der industriellen Revolution ließ die Nachfrage nach Baumwolle erheblich ansteigen. Bombay, in dessen Hinterland sich der Anbau rasch ausbreitete – insbesondere als der Sezessionskrieg die amerikanischen Baumwolllieferungen nach Großbritannien unterbrach –, wurde zum wichtigsten Exporthafen. Der Handel brachte das Kapital für die Gründung einer eigenen Industrie. Die erste Spinnerei Bombays entstand in den 50er-Jahren des 19. Jh.s. Bis 1865 war die Zahl der Fabriken bereits auf 10 und bis zum Ende des Jahrhunderts auf 82 angestiegen. Maschinen und technisches Personal wurden aus Lancashire, dem britischen Zentrum der Textilindustrie, importiert; Arbeiter kamen aus der Landwirtschaft des dürregeplagten Deccan.

Die Konzentration der Baumwollverarbeitung auf Bombay findet ihre Erklärung in der überragenden Bedeutung des Exports nach China, das fast zwei Drittel der Produktion aufnahm. Infolge der Nachfrage Chinas nach Garn für seine Handweber entstanden in Bombay in der Anfangsphase überwiegend Spinnereien. Die Baumwolle, die nach der Entkernung kein Gewichtsverlustmaterial ist, wurde also nach Bombay gebracht, wo die Energie für die Fabriken verfügbar war – zunächst Kohle aus England und Südafrika. Dorthin konnten auch Maschinen aus Großbritannien leichter als nach binnenländischen Standorten transportiert werden. Ferner haben ein einheimisches Unternehmertum und das in Bombay verfügbare Kapital, das zu einem großen Teil auch aus dem Opiumhandel mit China stammte, entscheidend zur Entwicklung beigetragen. Obwohl es keinen Schutz vor der Konkurrenz Lancashires gab – von den Transportersparnissen abgesehen –, waren die Voraussetzungen so günstig, dass sich die Textilindustrie Bombays durchsetzen konnte (Stang & Schmitz 1988).

Die zweite Phase in der Entwicklung der indischen Baumwolltextilindustrie kennzeichnet ihre Binnenwanderung: die Gründung von Spinnereien vornehmlich in der Bombay Presidency und hier wiederum in Gujarat in Ahmadabad, Bharuch (Broach)

und in Surat (Abb. 73). Auch Städte, die verkehrsgünstig an den neuen Eisenbahnstrecken lagen, wie Nagpur oder Sholapur, sowie die Häfen Madras und Calcutta besaßen schon früh Textilfabriken. Die große Ausbreitung begann jedoch erst nach der Jahrhundertwende und wurde vom Rückgang des Garnexports nach China ausgelöst, das selber Spinnereien eingerichtet hatte. Die indische Textilindustrie musste sich auf den einheimischen Markt einstellen, was wegen der steigenden Nachfrage durchaus lohnend war. Damit änderte sich die Produktionsstruktur der Betriebe und die Wertung der Standorte. Bisher hatten industriell hergestellte Garne im Wesentlichen über die Weiterverarbeitung durch das Handwerk den Endverbraucher erreicht. Nun ging man dazu über, die Stufen des Webens und Ausrüstens in den industriellen Produktionsprozess einzugliedern: Es entstanden vertikal integrierte Betriebe.

Die räumliche Verlagerung des Absatzes hatte zur Folge, dass binnenländische Standorte, von denen aus die indischen Märkte direkt versorgt werden konnten, an Attraktivität gewannen (Bild 52). Fast alle neuen Textilfabriken lagen in den Baumwollanbaugebieten, die früher Bombay belieferten, und deren Umland aufgrund des Anbaus von Baumwolle als Cash Crop eine relativ hohe Kaufkraft besaß. Gegenüber Bombay hatten sie den Vorteil niedrigerer Löhne. Zudem waren die Preise für Grund und Boden in dem Industriegürtel, der sich um den Kern der Stadt gelegt hatte, erheblich gestiegen. Die höheren Lebenshaltungskosten für die Arbeiter in der Großstadt führten zum Anstieg der Löhne, der jedoch nicht durch höhere Produktivität ausgeglichen wurde (Sharma 1954, S. 23f.).

Der große Aufschwung der Textilindustrie im Süden Indiens begann erst in den 1930er-Jahren im Fürstenstaat Mysore sowie vor allem in den Baumwollanbaugebieten von Coimbatore und Madurai, als die Nutzung der Wasserkraft eine Energieversorgung ermöglichte. Wegen der großen Bedeutung der Handweberei, die sich im südlichen Indien noch am besten gehalten hatte, dominierten hier die Spinnereien als Zulieferer von Garn.

Anzahl der Produktionseinheiten

- 1
- 2 – 3
- 4 – 6
- 7 – 10
- 11 – 15

- 1891
- 1929
- 1947

▬▬ Haupteisenbahnlinie

Nach Stang & Schmitz 1988 (verändert).

Abb. 73: *Expansion der Baumwolltextilindustrie 1891–1947.*

Der Absatz von indischen Textilien erhielt neue Impulse durch die von Gandhi propagierte 'Swadeshi'-Bewegung, die mit dem Boykott britischer Erzeugnisse ihre größte Wirkung in den 1920er und 1930er-Jahren entfaltete. Gandhi forderte von den Indern, sich durch das Swadeshi-Gelübde zu verpflichten, nur Kleidungsstücke aus indischer und in Indien gewebter Baumwolle oder Seide zu tragen. Damit war allerdings keine Stärkung der indischen Textilindustrie beabsichtigt, sondern die Förderung des Handspinnens und -webens. Mit dem Tragen von 'Khadi'-Kleidung aus handgesponnenem und handgewebtem Stoff dokumentierte man seine traditionell indische Einstellung und seinen politischen Standort (Draguhn 1970, S. 170 f.). Als

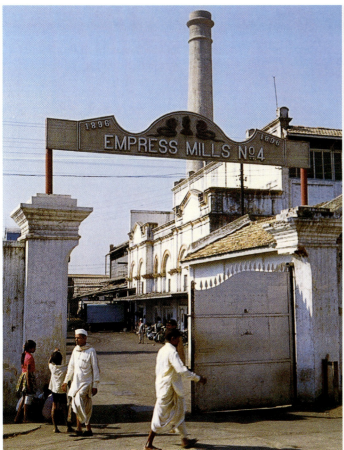

Bild 52: *Die 'Empress-Mills' in Nagpur. Sie können als ein Meilenstein in der Wanderung der Baumwolltextilindustrie ins Binnenland angesehen werden.*

nach der Unabhängigkeit das anti-britische Ziel des Swadeshi-Gelübdes gegenstandslos geworden war, beeinflusste die anti-industrielle Tendenz der Khadi-Bewegung immer noch das Denken und Handeln indischer Politiker und trug zur Umstrukturierung der Textilherstellung bei.

Die Juteindustrie

Die Anbaugebiete der Jute konzentrieren sich auf die frühere Provinz Bengalen, insbesondere auf ihren östlichen Teil, das heutige Bangladesh. Im schottischen Dundee, wo Flachs aus Russland versponnen wurde, stellte man nach dem Ausfall der Lieferungen während des Krimkrieges auf Jute um. Als es zudem gelungen war, Jute mit Maschinen zu verarbeiten, kam es zu einer Steigerung des Exports der Rohjute aus Bengalen nach Dundee und zu einer Aus-

dehnung des Anbaus in Bengalen. Die Erschließung Amerikas, Südafrikas und Australiens brachte eine gewaltige Nachfrage nach Säcken und Verpackungsmaterial für Wolle, Baumwolle und Getreide. 1855 eröffnete ein Brite die erste Jutespinnerei in Calcutta, der bald weitere folgten.

In kurzer Zeit setzte mit der maschinellen Verarbeitung der völlige Niedergang des Handwerks ein. Die Jutespinner und -weber strömten nach Calcutta, um Arbeit in den neuen Fabriken zu finden, deren Zahl bis 1875 auf 16, bis 1926 auf 90 und bis 1947 auf 106 gestiegen war. Im Gegensatz zu der Baumwolltextilindustrie in Bombay und im westlichen und südlichen Indien waren hier fast alle Unternehmen in britischer Hand und unter britischer Leitung. Am Ende des 19. Jh.s hatte Calcutta den Weltmarkt für Juteverpackungen erobert,

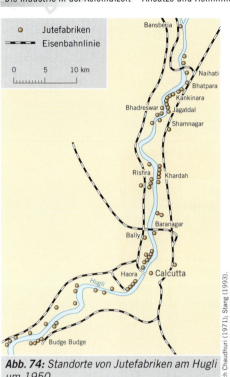

Abb. 74: *Standorte von Jutefabriken am Hugli um 1950.*

ging, war Calcutta der optimale Standort (Abb. 74). Seine Anziehungskraft wurde vom reichlichen Angebot an Arbeitskräften, die aus dem armen Hinterland zuströmten, und der Möglichkeit, die Maschinen zu importieren und später sogar hier zu bauen, verstärkt. Wahrscheinlich hat auch die Tatsache, dass die Juteindustrie in britischer Hand war und die Besitzer wenig Neigung besaßen, die Annehmlichkeiten der Stadt gegen einen Standort im Binnenland zu tauschen, zum Erhalt der Konzentration beigetragen. In neu erschlossenen Juteanbaugebieten, wie Bihar, Assam und Orissa, entstanden zwar einige Jutefabriken, die für den einheimischen Bedarf arbeiteten, aber 1945 lagen noch 95 % der Produktion im Raum Calcutta (Sharma 1954, S. 99).

Calcutta hatte somit fast ein Weltmonopol in der Verarbeitung der Jute. Die mit der Steigerung des Welthandels verbundene Nachfrage nach Jutesäcken und -verpackungen und der Bedarf an Sandsäcken in den beiden Weltkriegen bescherten Calcuttas Juteindustrie goldene Jahre. Der Rückschlag kam mit der Teilung Britisch-Indiens. Der größte Teil des Anbaus fiel an Ost-Pakistan, und die Feindschaft der beiden neuen Länder verhinderte die Rohstoffversorgung der Fabriken Calcuttas. Indien weitete seine Anbaugebiete aus, und Ost-Pakistan baute Jutefabriken, die es nun mit modernen Maschinen ausstattete. In der Zwischenzeit war die Versorgung des Weltmarktes unzuverlässig geworden, und andere Länder nahmen den Anbau von Jute oder vergleichbaren Faserpflanzen auf. Die Nachfrage ging auch zurück, weil synthetische Produkte die Jute ersetzten und weil Güter wie Getreide, die man früher in Säcken verpackte, inzwischen als Schüttgüter transportiert wurden.

Nach der Unabhängigkeit zogen sich die Briten aus der Juteindustrie zurück. Ihre indischen Nachfolger haben die Betriebe weiter heruntergewirtschaftet und die Erträge in zukunftsträchtigeren Branchen und in anderen Landesteilen Indiens investiert statt im streikgeplagten Calcutta. Viele Jutefabriken wurden vom Staat übernommen, der sie trotz Verlusten weiter betreibt, um eine größere Arbeitslosigkeit zu verhindern. Auflagen an die Industrien, bestimmte Güter, wie Zement, in Jute zu verpacken, haben den Rückgang nicht aufhalten können.

während Dundee auf die Herstellung besserer Qualitäten auswich und neue Verwendungsmöglichkeiten erschloss.

Die Schwerpunktsetzung in der Juteproduktion mit den besseren Qualitäten in Dundee und den minderen in Calcutta entsprach den Verhältnissen zwischen Lancashire und Bombay bei der Baumwolle. Während jedoch die Baumwolltextilindustrie zu neuen Standorten im Binnenland wanderte, blieb die Konzentration der Jutefabriken auf den Raum Calcutta erhalten. Hierfür waren zwei Gründe verantwortlich: zum einen der hohe Exportanteil der Juteprodukte, zum anderen die Verkehrsverhältnisse. Bengalen ist eine Deltalandschaft, in der viele Flussarme den Eisenbahnbau erschwerten. Dagegen boten sich die Wasserstraßen für den Transport der Rohjute nach Calcutta an. Die Zufuhr von Kohle für die Energieversorgung der Jutefabriken war nach dem Bau der Eisenbahn (1855) vom Damodar-Gebiet nach Calcutta sehr viel einfacher als zu einem Verarbeitungsstandort im bengalischen Delta. Da der größte Teil der Juteprodukte ohnehin in den Export

Baumwollindustrie und Juteverarbeitung sind also zwei Industriezweige, die sich in der Kolonialzeit gegen die Konkurrenz Großbritanniens durchsetzen konnten. Der Baumwollindustrie sind die Vorteile eines Billiglohnlandes bei der Produktion und – nachdem die Exportmöglichkeiten nach China verloren gegangen waren – das schnelle Wachstum eines einheimischen Marktes zugute gekommen. Der Juteindustrie half ihre Lage im wichtigsten Anbaugebiet der Welt bei wachsender Nachfrage zu einer Monopolstellung. Ein Merkmal beider Industrien ist ein relativ einfacher Produktionsgang, der durch geringen Maschinenaufwand und großen Arbeitseinsatz gekennzeichnet ist.

Das Unternehmertum

Business Communities

Die für Deutschland so charakteristische Entwicklung vom Handwerk zum kleineren oder mittleren Industriebetrieb fand in Indien nicht statt. Die meisten Handwerkerkasten hatten einen niedrigen sozialen Status, sodass ein Aufstieg behindert oder gar nicht angestrebt wurde. Trotz hervorragender Fähigkeiten in ihren speziellen Arbeitsbereichen waren die Handwerker durch ihre Traditionsgebundenheit und geringe Bildung nicht in der Lage, Innovationen aufzunehmen oder gar selbst zu entwickeln, und es hätte ihnen auch das Kapital gefehlt, um sie zu verwirklichen. Viele der für den Markt produzierenden Handwerker in den Städten waren bei den Händlern verschuldet und von ihnen abhängig, da diese nicht nur ihre Produkte verkauften, sondern auch das Rohmaterial zur Verfügung stellten.

Die Gründer der ersten Industrien, soweit es sich nicht um Briten handelte, waren daher kapitalkräftige Inder, die nach Religion, Kaste oder geographischer Herkunft bestimmten Gruppen angehörten, die man als 'Business Communities' bezeichnet. Man sagte ihnen nach, dass sie bevorzugten, Vermögen durch Handel und Geldverleih und nicht durch langfristige Investitionen im industriellen Bereich zu erwerben, aber zu Letzteren gab es sicher zunächst wenig Möglichkeiten. Andererseits zeigt das Beispiel der Baumwollindustrie, die schon in ihren Anfängen überwiegend in indischer Hand war, dass Mitglieder von Business Communities durchaus unternehmerisch tätig wurden, wenn sich dazu eine Gelegenheit bot (vgl. Draguhn 1970, S. 57 ff.). Hier sind vor allem drei Gruppen hervorzuheben, die enge Beziehungen zur Kolonialmacht hatten: die Parsen, die Gujaratis und die Marwaris. Die Parsen, die schon früh 'verwestlicht' waren und ihr Geld im Baumwoll- und Opiumhandel verdient hatten, gründeten als erste in Bombay Textilfabriken. Sie drangen später mit ihren Unternehmungen ins Binnenland vor, ihr Hauptsitz blieb jedoch Bombay. Den Parsen folgten bald die Gujaratis, zu denen neben Hindus auch Muslims gehörten, mit Textilfabriken in Bombay und Ahmadabad und anderen Orten der Bombay Presidency.

Die dritte der bedeutenden Business Communities sind die *Marwaris*, die inzwischen in ganz Indien verbreitet sind. Ursprünglich Händler und Geldverleiher, gehören sie den Religionsgemeinschaften der Hindus oder der Jains an. Sie stammen aus Rajasthan, und der Name der dort gelegenen Stadt Marwar in der Landschaft Shekawati wurde auf die Gruppe übertragen. Ihre Heimat ist ein armes, häufig von Dürren betroffenes Gebiet, dessen Bewohner daher versuchen mussten, wirtschaftliche Aktivitäten in anderen Landesteilen zu entfalten. Die Abwanderung der Marwaris begann schon vor der Kolonialherrschaft. Ihre große Zeit kam jedoch unter den Briten. Jetzt brachten sie als Händler und Finanziers den binnenländischen Handel, insbesondere in Bengalen und Assam, in ihre Hand. Bereits in der ersten Hälfte des 20. Jh.s beteiligten sie sich an der Juteindustrie. Sie gründeten auch Fabriken, die eng mit dem von ihnen beherrschten Rohstoffhandel verknüpft waren, wie Jute- und Baumwollpressen oder Zuckerfabriken, und sie engagierten sich im Kohle- und Glimmerbergbau. Besonders nach der Unabhängigkeit gelang es ihnen, britische Firmen zu übernehmen, von Jutefabriken bis zu Zeitungsverlagen.

Über ein Jahrhundert treue Gefolgsleute der Briten, deren Herrschaft erst die Bedingungen zum großen Gelderwerb geschaffen hatte, schwenkten sie in den 1930er-Jahren auf die Linie des indischen Nationalismus ein. Als es mit Calcutta und seinen Industrien wirtschaftlich bergab ging, zogen viele ihr Geld ab und investierten es in anderen Landesteilen. Bangalore, die Wachstumsmetropole im südlichen Indien, ist heute ein Schwerpunkt ihrer Tätigkeiten. Zu den Marwaris gehören bedeutende Industrielle, wie die Birlas, Dalmias und Goenkas. Ihre Konzerne, die eine große Vielfalt von Branchen umfassen, sind Familienunternehmen, die von Familienmitgliedern geleitet werden. Erst unter dem Druck der Modernisierung der Industrie rücken ausgebildete Manager, die nicht zur Familie gehören, in führende Positionen auf.

Im Süden Indiens – mit Ausnahme von Kerala, wo Muslims, Juden und Christen die Händler waren – beherrschte vor allem die Kaste der *Chettiars* (*Chettis*) den Handel. Sie beteiligten sich in den 1930er-Jahren maßgeblich an der Entstehung der Textilindustrie in Coimbatore. Die *Sindis*, ursprünglich in der Region Sind beheimatet, wanderten nach der Teilung von Pakistan nach Indien. Schwerpunkte ihrer Ansiedlung sind Maharashtra und Gujarat. Innerhalb von zwei Jahrzehnten waren sie in fast alle Sparten des Handels eingedrungen und zu harten Wettbewerbern für die etablierten Communities geworden.

Die genannten Business Communities beeinflussten durch ihre Initiative die wirtschaftliche Entwicklung einzelner Landesteile wesentlich, so vor allem im Westen in der Bombay Presidency. In Bombay stellten Inder nicht nur die Inhaber von Textilbetrieben und anderen Unternehmen, sie saßen auch gleichberechtigt oder führend in der Handelskammer. Sogar die Briten waren bereit, in Firmen gujaratischer oder parsischer Unternehmer zu investieren. In Calcutta dagegen war die Juteindustrie und die Metallverarbeitung fast ausschließlich eine britische bzw. schottische Domäne, obwohl auch hier einheimische Bengalen durch den Handel für die East India Company zu beträchtlichen Vermögen gekommen waren. Aber das wurde überwiegend in krisensicheren Grundbesitz investiert,

und die bengalische Mittelklasse strebte in den öffentlichen Dienst oder in akademische Berufe, für welche die Hauptstadt zahlreiche Möglichkeiten bot. Generell wird man sagen können, dass in Bengalen Geschäftsleute keinen hohen Sozialstatus hatten, und auch die Briten behandelten sie eher abwertend. Die Gründung kleiner Industriebetriebe durch Bengalen zur Zeit der Swadeshi-Bewegung war mehr eine Manifestation nationalistischer Bestrebungen, als dass sie auf einem gesunden wirtschaftlichen Fundament gestanden hätte.

Die Business Communities und Händlerkasten (*Banias*), von denen hier nur die für die Industrialisierung wichtigsten vorgestellt wurden, machen deutlich, dass das im Westen oft vorhandene Bild von dem materielle Werte ablehnenden 'Inder' unscharf ist. Die westliche Meinung wird von einer Interpretation des Hinduismus geprägt, wie sie die Brahmanen vermitteln, welche die Erfüllung des Weltgesetzes und das Bemühen um Erlösung in den Vordergrund ihres Handelns stellen und daher das höchste Ansehen genießen. Sicher hat auch Gandhi zum Bild des bedürfnislosen Inders beigetragen, dem materielle Güter nichts bedeuten, obwohl er zur Kaufmannskaste gehörte. Aber viele Inder verehren auch Ganesha, den Gott des Reichtums, und betonen einen anderen Lebensbereich: das Streben nach Macht und Vermögen. Das wird von den Brahmanen für sich selbst zwar abgelehnt, aber durchaus anerkannt, denn schließlich müssen ja auch die Tempel finanziert werden. Bei den Briten fanden viele Brahmanen einen Platz in der Verwaltung, der ihnen Ansehen und Einkommen sicherte.

Während man im traditionellen Indien eine höhere Einstufung der Kaste und Ansehen durch Geschenke an Brahmanen zu erkaufen suchte, verbindet sich heute mit Reichtum oft auch ein höherer sozialer Status, der über die Zugehörigkeit zu einer niedrigen Kaste hinwegsehen lässt – allerdings kaum im privaten Bereich, z.B. wenn es um eine Heirat geht.

Managing Agencies

Einen wichtigen Beitrag zur anfänglichen Industrialisierung leisteten die so genannten Managing Agencies, eine Form der Unternehmensführung, die für Indien typisch war. Der Ursprung der Managing Agencies liegt in Calcutta, wo britische Händler sich in der Entwicklung der Juteindustrie, der Plantagen und des Bergbaus seit der Mitte des 19. Jh.s engagierten. Das Kapital für diese Unternehmen wurde in Großbritannien oder von den Händlern selbst und ihren Geschäftsfreunden, später auch von finanzkräftigen Indern aufgebracht. Im Laufe der Jahre etablierten sie sich als Agenturen von Wirtschaftsexperten, die dem ausländischen Kapitalgeber ihre Landeserfahrung, die Kontakte am Produktionsort und – da der einzelne Geschäftsmann nur begrenzte Zeit in Indien tätig war – die Kontinuität der Geschäftsleitung boten (Draguhn 1970, S. 150).

In einer nächsten Phase übernahmen sie, da indische Industriebanken und ein Kapitalmarkt fehlten, die Finanzierung der Unternehmen sowie die Montage der Fabriken, den anfänglichen Einsatz europäischer Facharbeiter, die Geschäftsführung und Verwaltung, die Beschaffung der Rohstoffe und den Verkauf der Endprodukte. Sie erhielten dafür, außer einem festen jährlichen Betrag, Provisionen, die sich an der Produktion, am Absatz und – seltener – auch am Gewinn orientierten. Für die Investoren bedeutete es eine Minderung des Risikos, wenn die Managing Agencies die Kreditwürdigkeit eines Unternehmens garantierten. Das aber gab ihnen eine überragende Machtstellung und damit Möglichkeiten, diese zu missbrauchen, denn im Laufe der Zeit wurden immer mehr Unternehmen von Managing Agencies geleitet. Die großen Managing Agencies beherrschten den Markt und wuchsen zu konzernartigen Unternehmen mit Fabriken, Bergwerken, Plantagen und Schifffahrtslinien. Ihr Schwerpunkt lag im Außenhandel und dementsprechend auf Investitionen in exportorientierten Unternehmen. Die Managing Agencies haben damit zur Konzentration von Wirtschaft und Industrie auf die Hafenstädte wesentlich beigetragen. Die Wirtschaft Calcuttas wurde von den britischen Agencies weitgehend beherrscht, während die in Bombay entstandenen Managing Agencies häufiger in indischer Hand waren. Das Eindringen der Marwaris in die Agencies von Calcutta änderte wenig an deren Strukturen. Mehr als der Abzug der Briten hat die staatliche Reglementierung nach der Unabhängigkeit das System geschwächt, das die Regierung schließlich in seiner alten Form 1970 auflöste.

Die Arbeiter

Die Arbeitskräfte für die jungen Industrien Indiens kamen vom Land, wo sie als landlose Arbeiter oder Handwerker zu den unteren Kasten oder den Unberührbaren gehörten. Da die niedrigen Löhne in der Fabrik für den größten Teil des Jahres immer noch höher lagen als in der Landwirtschaft, bot sich hier für viele die einzige Chance, ein Existenzminimum zu erreichen. Weil in den ländlichen Bereichen kaum Industrien entstanden, zogen die Arbeiter in die Städte, während die Familien im Dorf zurückblieben. Anfangs erfolgte die Zuwanderung aus dem Umland der Städte, bei den Metropolen bald aber auch über erhebliche Entfernungen.

Der einzelne Arbeitsuchende war als Analphabet und oft ohne die Landessprache am Arbeitsort zu beherrschen hilflos. Seine Rekrutierung im Dorf übernahm meist ein 'Contractor', auch 'Mokkadam' oder 'Mistry' genannt, der dann häufig Vorarbeiter und Übersetzer war. Bei der Anwerbung erhielt er von den Arbeitern eine Provision. Damit waren sie schon zu Beginn ihres Kontraktes bei ihm verschuldet und mussten in der Folge einen Teil des Lohnes an ihn zahlen. Lohnzahlungen, die nicht wöchentlich, sondern nur monatlich oder zweimal monatlich erfolgten, trugen zur Verschuldung und zum Geldverleiherunwesen bei. Die Arbeitsbedingungen waren extrem schlecht: Die nach britischen Plänen erbauten Fabriken entsprachen zwar dem damaligen Stand der Technik, nahmen aber wenig Rücksicht auf das indische Klima. Die Arbeitszeit richtete sich zunächst nach dem Tageslicht, was die Nutzung der Maschinen in einer 90-Stunden-Woche erlaubte.

Bild 53: *Arbeiterwohnungen bei den Jutefabriken in Calcutta.*

Die Frauenarbeit in den Fabriken war dadurch begrenzt, dass Frauen und Männer aus traditionellen Gründen nicht nebeneinander arbeiteten. Kinderarbeit war dagegen weit verbreitet. Erst 1922 wurde die Arbeitszeit auf 11 Stunden pro Tag und 60 Stunden pro Woche gesetzlich festgelegt und Nachtarbeit für Frauen und Kinder verboten; Kinder unter 12 Jahren durften nicht beschäftigt werden.

Die Wohnverhältnisse entsprachen den Arbeitsbedingungen. Die meisten Arbeiter, mussten sich eine Unterkunft in der Nähe der Fabrik suchen. Seit Ende des 19. Jh.s begannen die Fabrikbesitzer, Wohnraum für ihre Stammarbeiter zu erstellen: mehrstöckige Häuser mit Einraum-Wohnungen, wie die 'Chawls' der Baumwollfabriken Bombays, oder Reihen von einstöckigen 'Lines' der Jutefabriken in den Bustees um Calcutta (Bild 53)

Viele Arbeiter bauten selbst Hütten aus Lehm, Stroh oder Wellblech auf freien Flächen in der Nähe der Fabriken, die aber nur deshalb noch frei waren, weil sie sich eigentlich nicht zur Bebauung eigneten. Allen Behausungen waren die bedrückende Enge und die fehlenden oder völlig unzu-reichenden sanitären Anlagen gemeinsam. Häufig teilte sich eine Gruppe von Arbeitern einen Raum, der dann eine Belegung von vier bis sieben Personen aufwies.

Elende Wohnverhältnisse, unzureichende Ernährung und schlechte Arbeitsbedingungen sowie die klimatischen Faktoren bewirkten eine geringe Leistungsfähigkeit, die eine unrationelle Arbeitsorganisation noch verminderte. Daraus resultierte ein übermäßig hoher Besatz mit Arbeitskräften, und das wiederum führte trotz des sehr niedrigen Lohnniveaus zu hohen Lohnkosten. Unter diesen Verhältnissen war auch die hohe Abwesenheitsquote verständlich, und die Arbeitgeber kalkulierten eine bestimmte Zahl von Ersatzarbeitern (Badly Workers) ein. Sie wurden allerdings nur dann bezahlt, wenn sie tatsächlich für einen fehlenden Arbeiter einsprangen, der wiederum an Fehltagen keinen Lohn erhielt. Es gehörte zu den Regeln, dass der Badly Worker seinen Arbeitsplatz wieder abtrat, wenn der Fehlende zurückkehrte (Draguhn 1970, S. 53).

Abgesehen vom kurzfristigen Fehlen war die hohe Abwesenheitsquote vornehmlich durch die engen Beziehungen bedingt, die zum heimatlichen Dorf und zur Großfamilie aus Tradition oder aus wirtschaftlichen Gründen unterhalten wurden. Ins Dorf reiste man zu religiösen und familiären Festen und zur Erntezeit, wenn die Löhne auf dem Land erheblich anstiegen. Da in der Industrie eine soziale Absicherung völlig fehlte, bot die Familie im Dorf Unterstützung bei längerer Krankheit, bei Verlust des Arbeitsplatzes oder beim Ausscheiden aus der Beschäftigung im Alter. Dafür versuchte man, Ersparnisse vom Fabriklohn an die Familie im Dorf zu überweisen. Der Aufenthalt in der Stadt wurde nur als vorübergehend angesehen, sodass sich ein fester Arbeiterstamm nur sehr langsam entwickelte.

Eine Bilanz: Tendenzen und Standorte

Überblickt man die Industrialisierung der Kolonialzeit in ihrem zeitlichen Ablauf und ihrem regionalen Erscheinungsbild, so lassen sich verschiedene Perioden und charakteristische Standorte erkennen. In die Phase der frühen Industrialisierung zwischen der Mitte des 19. Jh.s und dem Ersten Weltkrieg fällt neben der Entwicklung der Baumwoll- und Juteindustrie die Erschließung der Kohlevorkommen für den Bedarf der Eisenbahnen und der Textilindustrie. Kurz vor dem Ersten Weltkrieg sind schließlich, nach wenig erfolgreichen früheren Versuchen, die eigentlichen Anfänge der indischen Schwerindustrie mit der Gründung des Eisen- und Stahlwerkes von Jamshedpur anzusetzen. Aber die gewaltigen Investitionen für den Eisenbahnbau, die in den europäischen Ländern oder Nordamerika zum Aufschwung der Eisen- und Stahlindustrie und des Maschinenbaus geführt hatten, blieben in Indien aus. Schienen, Lokomotiven und Waggons wurden aus Großbritannien importiert. Nachdem das Eisenbahnnetz in Großbritannien im Wesentlichen fertig gestellt war, standen dort nicht nur die industriellen Kapazitäten, sondern auch das Kapital für den Bau der Eisenbahnen in Indien zur Verfügung, das private Gesellschaften mit staatlicher Zinsgarantie aufbrachten.

Der Erste Weltkrieg unterbrach die Zufuhren aus Großbritannien. Indiens wenige Fabriken waren voll ausgelastet, aber eine Expansion fand kaum statt, weil die Investitionsgüterindustrie fehlte; nur für Jutefabriken konnten in Calcutta Maschinen gebaut werden.

In den Jahren zwischen den Weltkriegen ermöglichte die zollfreie Einfuhr von Maschinen eine Expansion kleinerer Konsumgüterindustrien, deren Absatz die Swadeshi-Bewegung förderte. Unter dem Druck der Unabhängigkeitsbestrebungen räumte die Kolonialregierung seit den 1920er-Jahren einen Zollschutz für Industrien ein, die eine einheimische Rohstoffbasis hatten. In dieses System wurden neben der jungen Eisen- und Stahlindustrie von Jamshedpur, die wohl nur aufgrund dieser Zölle überlebte, später auch die Zucker- und Papierindustrie sowie die Herstellung von Zündhölzern einbezogen.

Der Zweite Weltkrieg schnitt Indien, das jetzt über eine günstigere industrielle Basis als 1914 verfügte, abermals von Importen ab und trug so zum Entstehen einer Reihe von Industrien bei. Um die einheimische Produktion zu steigern, sicherte die Kolonialregierung neuen Branchen für die Nachkriegsjahre einen Schutz vor internationaler Konkurrenz zu. Vor diesem Hintergrund entwickelten sich u. a. Betriebe zur Herstellung von Elektrogeräten, Werkzeugmaschinen, Fahrrädern, Chemikalien und Nähmaschinen. Am Vorabend der Unabhängigkeit verfügte Indien neben den genannten Industrien noch über die Produktion bzw. Verarbeitung von Zement, Glas, Leder und Wolle, in Ansätzen über eine Aluminiumproduktion und -verarbeitung sowie über Gießereien, Ersatzteil-, Zuliefer- und Reparaturbetriebe und eine breitere Konsumgüterproduktion, bei der kleine Betriebe vorherrschten. Berücksichtigt man noch das von den Briten hinterlassene Eisenbahnnetz und die gut funktionierende Verwaltung, so hatte Indien zwar mehr als andere ehemalige Kolonien aufzuweisen, an der Bevölkerungszahl und den Erfordernissen gemessen, war es jedoch zu wenig (Stang 1977, S. 209).

Bis zur Unabhängigkeit hatte sich Indien kaum über die erste Stufe der Industrialisierung hinaus entwickelt, die von absatzorientierten Konsumgüter- und Leichtindustrien gekennzeichnet ist. Sie förderte besonders das Wachstum der städtischen Zentren, vor allem der großen Hafenstädte. Die von der Produktion her einseitige Entwicklung führte somit zu ausgeprägten räumlichen Ungleichgewichten. Die Konsumgüterherstellung Indiens hatte als arbeits- und marktorientierte Industrie kaum eine andere Möglichkeit, als Standorte in den großen Städten zu bevorzugen, denn die ländlichen Räume entbehrten jeder Infrastruktur und einer kaufkräftigen Nachfrage.

Beim Industrialisierungsprozess in den Staaten der westlichen Welt folgte bald nach dem Entstehen der Textilindustrie ein zweites Stadium, das von der Schwerindustrie kennzeichnet ist. Sie orientierte sich an den Rohstoffen, besonders an der Kohle, und ließ neue Städte und Industriegebiete entstehen, wie das Ruhrgebiet oder die englischen Midlands. So wuchsen neben den alten Zentren wirtschaftlicher Tätigkeit neue Ballungsgebiete. In Indien dagegen ist Jamshedpur zum Zeitpunkt der Unabhängigkeit die einzige Großstadt, die auf der Schwerindustrie basiert. Das Damodar-Gebiet mit seinen Kokskohlevorkommen hätte sicher ein ähnliches Potential wie das Ruhrgebiet aufzuweisen gehabt, aber die hier geförderte Kohle diente hauptsächlich der Energieversorgung Calcuttas und darüber hinaus der Industrie im übrigen Indien. Im Damodar-Gebiet selbst gab es keine Stadt mit mehr als 100 000 Einwohnern; der Industriebesatz war spärlich und die Bevölkerungsdichte relativ gering.

Die Konzentration der Industrie auf wenige Städte bildete daher das charakteristische Standortmuster. Die regionale Verflechtung dieser Zentren war gering, und trennende, industrieleere Räume unterstrichen noch ihre Isolierung.

Eine weitere räumliche Auswirkung der Kolonialzeit ist darin zu sehen, dass Indien, als ein einheitliches Wirtschaftsgebiet, im Inneren keine Zollgrenzen aufwies. Dies mag aus unserer heutigen Sicht als Vorteil erscheinen, aber der Vergleich mit Europa zur Zeit der Industrialisierung lässt erkennen, dass eine Aufsplitterung in zahlreiche

Staaten Vorteile mit sich bringen kann. Die Anzahl der Industrien, die sich damals hinter Zollmauern entwickeln und behaupten konnte, war beträchtlich. So wiesen auch solche Regionen Industrien auf, die sonst leer ausgegangen wären.

Bei der Größe Indiens hätten zwar die Transportkosten eine ähnliche Schutzfunktion wie Zollgrenzen für die Industrien in den einzelnen Landesteilen übernehmen können. Dem aber stand die Tarifpolitik der Eisenbahnen entgegen. Der Aufbau des Eisenbahnnetzes, zunächst unter strategischen Gesichtspunkten vorgenommen, erleichterte gleichzeitig die Umsetzung der britischen Freihandelspolitik. Da die militärisch wichtigsten Linien die großen Hafenstädte mit dem Inneren des Landes verbanden, konnten Rohstoffe schnell und billig zu den Häfen befördert werden, um sie von dort weiter nach Großbritannien zu transportieren. Für den Import bedeutete es, dass britische Industriegüter durch niedrige Transportkosten auf der Eisenbahn in das Landesinnere vordringen konnten. Die Tarifpolitik begünstigte die Häfen noch zusätzlich, indem Frachten zwischen Häfen und binnenländischen Standorten wesentlich billiger waren als Transporte zwischen Orten im Landesinneren über vergleichbare Entfernungen.

Die Sonderstellung der großen Hafenstädte ist aber auch eine Folge der dualistischen Wirtschaftsstruktur der Kolonialzeit. Während ein großer Teil der indischen Wirtschaft der Deckung des indischen Bedarfs diente, wurden die Häfen Calcutta und Bombay zu Umschlagplätzen für den Teil der Produktion, der auf den Weltmarkt ausgerichtet war. Über die Ausfuhr der Rohstoffe und die Einfuhr von Fertigwaren hinaus entwickelten sie sich nicht nur zu Zentren des Handels, sondern übernahmen die Verarbeitung von Exporten und schließlich in einigem Umfang den Ersatz von Importen durch eigene Fertigung. Der Ausbau des Eisenbahnnetzes und das Wachstum eines indischen Marktes ließen zwar neue Industrien in den Städten des Binnenlandes entstehen, die aber zu einseitig ausgerichtet waren, um ernsthafte Konkurrenten für die Hafenstädte zu werden.

DIE INDUSTRIE IM UNABHÄNGIGEN INDIEN

Bild 54: *Das Eisen- und Stahlwerk in Rourkela. Die neue Schwerindustrie wurde als wichtiger Wegbereiter zum Industriestaat gesehen. Rourkela sollte auch Entwicklungsimpulse für eine rückständige Region geben.*

Überblick

■ Die industrielle Entwicklung Indiens, zu der staatliche und private Betriebe in einer 'Mixed Economy' beitragen sollten, wurde durch Fünfjahrespläne gesteuert.

■ Die Kleinindustrie des privaten Sektors sollte den Bedarf an Konsumgütern decken und die Arbeitsplätze schaffen, welche die kapitalintensive Großindustrie nicht bieten konnte. Doch herrschen in diesem Sektor häufig Arbeitsbedingungen vor, die an die frühindustriellen Verhältnisse Europas erinnern.

■ Eine industrielle Regionalplanung versucht die krassen, räumlichen Disparitäten mit der Gründung staatlicher Großbetriebe und der Einrichtung von Industrial Estates in 'Backward Regions' auszugleichen. Trotz hoher Aufwendungen zu ihrer Förderung haben sich die Gegensätze eher verschärft.

■ Das Streben nach wirtschaftlicher Autarkie und die staatliche Lenkung durch Genehmigungsverfahren führte zu einer Krise, die eine Liberalisierung erzwang. Damit werden aber die Möglichkeiten einer Steuerung der Industrieansiedlung vermindert.

■ Indien steht hinsichtlich seiner Branchenvielfalt den Industriestaaten kaum nach. Am Beispiel wichtiger Industrien, sowohl im traditionellen wie im modernen Bereich, werden ihre Standorte und ihre Strukturen sowie die Stärken und Schwächen der bisherigen Industrialisierung aufgezeigt.

Rahmenbedingungen der Entwicklung

Ideologie und Ziele der Mixed Economy

Schon in den 1930er- und 40er-Jahren hatten indische Politiker und Unternehmer Konzepte zur Wirtschafts- und Industrieentwicklung für die Zeit nach der Unabhängigkeit erarbeitet. Beeindruckt von den sowjetischen Erfolgen bei der Umwandlung des zaristischen Agrarstaates in eine Industrienation, sahen sie eine maßgebliche Beteiligung und Einflussnahme des Staates in Wirtschaft und Industrie vor. Hinsichtlich der Schwerpunkte gingen jedoch die Meinungen in der indischen Nationalbewegung auseinander. Nach Gandhis Vorstellungen sollte die Wirtschaft auf die Bedürfnisse der ländlichen Bevölkerung ausgerichtet sein und der Armutsbekämpfung dienen. Den traditionellen Klein- und Kleinstbetrieben fiel dabei die Aufgabe der dezentralen Arbeitsplatzbeschaffung besonders in den Dörfern zu. Doch wurden nur Bruchstücke von Gandhis Ideen umgesetzt, z. B. die Förderung und Subventionierung von traditionellen Heim-'Industrien'.

Nehru glaubte hingegen, dass wirtschaftlicher Fortschritt nur mit einer raschen Industrialisierung und insbesondere mit dem Aufbau einer staatlichen Schwerindustrie erzielt werden könnte. Eine Förderung kleiner Betriebe war allerdings notwendig, weil die Großindustrie nicht in der Lage sein würde, genügend Arbeitsplätze zu schaffen. Nehrus Zielrichtung, die sich schließlich durchsetzte, sah eine weitgehend staatlich gelenkte Wirtschaft und eine kasten- und klassenlose sozialistische Gesellschaft vor. Er prägte mit seiner Forderung des 'Socialist Pattern of Society' das wesentliche Leitmotiv der Sozial- und Wirtschaftspolitik Indiens.

1948 wurde eine 'Industrial Policy Resolution' verabschiedet, welche erstmals die indische Industriepolitik umfassend formulierte. Zu den wichtigsten Zielen gehörten

- rasches Wachstum einer modernen Industrie als Motor der gesamtwirtschaftlichen Entwicklung,
- die Bereitstellung von Arbeitsplätzen,
- die Förderung von Kleinbetrieben,
- der Abbau regionaler Disparitäten,
- die Selbstversorgung durch Importsubstitution und

- die Verhinderung privatwirtschaftlicher Monopole und Kartelle.

Die Industrial Policy Resolution von 1956 enthielt genauere Vorgaben und hat die industrielle Entwicklung Indiens maßgeblich geprägt. Ein Kernstück war die Aufgliederung der Wirtschaft in drei Teilbereiche, so genannte *Schedules*.

Schedule A umfasste 17 Branchen der Grundstoff- und Schlüsselindustrien, wie die Eisen- und Stahlerzeugung, der Infrastruktur, wie Luftfahrt und Eisenbahn, und bestimmte Zweige des Bergbaus. Neugründungen in diesen Bereichen waren dem Staat vorbehalten und sollten der Zentralregierung die Steuerung der Wirtschaft ermöglichen. Bereits bestehende private Unternehmen blieben erhalten, durften jedoch nur begrenzt expandieren, und die Regierung behielt sich vor, sie im Falle nationalen Interesses zu verstaatlichen. Einige Branchen wie Rüstungsindustrie, Nuklearenergie und Telekommunikation waren ausschließliche Staatsmonopole; später übernahm der Staat auch Banken und Versicherungen.

Unter Schedule B fielen der Maschinenbau, der Straßen- und Seetransport sowie der Bergbau auf bestimmte Mineralien. Hier konnten sich sowohl staatliche als auch private Unternehmen betätigen, doch sollte dem Staat im Laufe der Zeit eine immer größere Bedeutung zukommen. In allen übrigen Branchen, d. h. insbesondere bei der weiterverarbeitenden und der Konsumgüterindustrie (Schedule C), behielt sich der Staat zwar Unternehmensgründungen vor, doch lag der Schwerpunkt bei der Privatwirtschaft, solange sie sich im Einklang mit den wirtschaftlichen und sozialen Absichten der Regierung befand (Stang 1977, S. 210).

Damit hatte sich der Staat nahezu alle Möglichkeiten der Intervention in die Wirtschaft offen gehalten. Zwar wurden diese nicht ausgeschöpft und auch die Verstaatlichungen nicht so konsequent durchgeführt, wie dies die Resolution ankündigte. Aber allein die Option genügte, viele große Unternehmen zu verunsichern, und die Gefahr der Enteignung dämpfte die Investitionsfreudigkeit. Die Expansion bestehender Großbetriebe war an Lizenzen gebunden und diese konnten von der Regierung verweigert oder an viele Auflagen gekoppelt werden. Da aber der technische Fortschritt oft eine Vergrößerung der Kapazitäten notwendig machte, wenn man rationell produzieren wollte, erwies sich eine festgeschriebene, zu niedrige Produktion häufig als unwirtschaftlich.

Steuerung durch Fünfjahrespläne

Die staatliche Lenkung der Volkswirtschaft erfolgt mit Fünfjahresplänen, die von der 1950 gegründeten 'Planning Commission' entworfen werden. Der erste Fünfjahresplan 1951/52 bis 1955/56 (entsprechend dem indischen Wirtschaftsjahr vom 1. April bis zum 31. März des Folgejahres) war von seinem Umfang her relativ bescheiden und wurde teilweise aus den Kriegsschulden Großbritanniens gegenüber Indien finanziert. Im Vordergrund stand die Überwindung der wirtschaftlichen Schwierigkeiten, die durch den Zweiten Weltkrieg und die Teilung des Subkontinents entstanden waren. Wegen der unzureichenden Eigenversorgung mit Nahrungsmitteln bemühte man sich mit Erfolg um eine Erhöhung der landwirtschaftlichen Produktion.

Der zweite und die folgenden Fünfjahrespläne waren wesentlich ehrgeiziger. Neben der Errichtung von kapitalintensiven Chemie- und Maschinenbaufabriken musste insbesondere für den Bau von drei großen staatlichen integrierten Stahlwerken (Rourkela, Durgapur, Bhilai) umfangreiche technische und finanzielle Hilfe aus dem Ausland in Anspruch genommen werden. Da die arbeitsintensive Konsumgüterherstellung demgegenüber vernachlässigt wurde, konnten neue industrielle Arbeitsplätze nur in unzureichendem Maße geschaffen werden. Bevölkerungswachstum und Kapitalmangel machten viele Ziele des zweiten Planes (1956/57 bis 1960/61) nicht oder erst im dritten Plan (1961/62 bis 1965/66) erreichbar. Schlechte Ernten, hohe Preissteigerungen und Kriege mit den Nachbarn Pakistan und China stürzten das Land in den 1960er-Jahren in eine Wirtschaftskrise.

In den erst 1969 verabschiedeten vierten Fünfjahresplan (1969/70 bis 1973/1974) fielen weitere Auseinandersetzungen mit Pakistan und die Abtrennung von Bangladesh, die Indien mit großen Flüchtlingsströmen belastete. Streiks führten zu Engpässen besonders im Energie- und Transportbereich sowie bei der Rohmaterialversorgung, sodass Indira Gandhi den Ausnahmezustand ausrief.

Die fünfte Planperiode (1974/75 bis 1978/79) förderte besonders die Herstellung von Konsumgütern und die Exporte und vereinfachte die Lizenzvergabe an private Unternehmen. Wegen Nichterfüllung der Planziele wurde ein Einjahresplan nachgeschoben. Der Verlauf des sechsten Planes (1980/81 bis 1984/85) wurde von der zweiten Ölkrise betroffen sowie von schlechten Ernten infolge von Dürren und vom Ansteigen der Inflation. Erste Ansätze einer Liberalisierung zeichneten sich bereits ab. Sie setzten sich im siebten Plan (1985/86 bis 1989/90) fort, sodass die Privatwirtschaft weiter an Bedeutung gewann. Mehrere Regierungswechsel und die kritische Devisenlage trugen dazu bei, dass sich der achte Fünfjahresplan (1992/93 bis 1996/1997) um zwei Jahre verzögerte. Er war gekennzeichnet von einer Lockerung der Importrestriktionen, was die indische Industrie einem erheblichen Konkurrenzdruck aussetzte. Er reduzierte den Lizenzzwang, förderte ausländische Investitionen und machte die Rupie teilweise konvertierbar.

Der neunte Fünfjahresplan (1997/98 bis 2001/02) nennt als Ziele die Verbesserung der 'Lebensqualität', die Schaffung produktiver Arbeitsplätze und den regionalen Ausgleich. Sie sollen durch ein beschleunigtes Wirtschaftswachstum und die Verbesserungen der Infrastruktur insbesondere bei der Energieversorgung und im Transportsektor erreicht werden. Dabei ist den einzelnen Staaten ein größerer Freiraum für die Festlegung ihrer Prioritäten eingeräumt. Die Politik der Liberalisierung wird fortgesetzt, aber staatliche Eingriffe zur Verhinderung von Monopolen sind nicht ausgeschlossen.

Unternehmensformen und Arbeiterschaft

Die Großbetriebe des Public und Private Sector

Nach den Besitzverhältnissen lassen sich die großen Industriebetriebe (Large Scale Industries, LSI) in drei Gruppen gliedern:

- staatliche Unternehmen (Public Sector),
- private Unternehmen (Private Sector) und
- Betriebe, die von der öffentlichen Hand und Privatunternehmen gemeinsam gegründet und geleitet werden (Joint Sector).

Der *Public Sector* wird von Großunternehmen dominiert. Ein Teil der Betriebe arbeitet mit Verlust, eine Folge der Überbesetzung mit Arbeitskräften sowie des nicht immer effizienten Managements. Ferner stellt die Übernahme bankrotter Privatbetriebe und ihre Weiterführung zur Erhaltung der Arbeitsplätze eine Belastung dar. Insgesamt macht der Public Sector zwar Gewinne, doch ist das überwiegend auf den Mineralölsektor zurückzuführen. Wegen des Mangels an tüchtigen Managern griff man für die Besetzung der Stellen in den staatlichen Betrieben auf Beamte zurück. Das Ergebnis war ein Trend zur Bürokratisierung wirtschaftlicher Vorgänge. Man war eher geneigt, Verlust zu verhüten als Gewinne zu machen.

Der Anzahl nach gehört der größte Teil der indischen Industrie zum *Private Sector*. Unter den privaten Großbetrieben nehmen die 'Industrial Houses' eine besondere Stellung ein. Ihr gewaltiges Anlagevermögen befindet sich in der Regel in der Hand von Industriellenfamilien. Unternehmerdynastien wie die Tatas und die Birlas gehen bis in die Kolonialzeit zurück. Ihre Unternehmenskonglomerate sind sehr vielseitig. Doch was heute wie eine geplante Diversifizierung aussehen mag, beruhte oft auf einem eher zufälligen Zusammenkaufen von 'Sonderangeboten', oder es wurden Produktionszweige angegliedert mit dem Zweck, Exporterlöse zu erwirtschaften, die dann zum Import von Maschinen für andere Teile des Unternehmens verwendet werden durften. So umfasst der Tata-Konzern nicht nur die TISCO (Tata Iron and Steel Company), den größten privaten Stahlproduzenten Indiens, die Kfz-Werke der TELCO, Zement- und Chemiefabriken, sondern auch Teeplantagen und Anlagen zur Garnelenzucht, Forschungsinstitute, Beraterfirmen und eine Exportagentur, über die man Güter vom Lippenstift bis zur schlüsselfertigen Zementfabrik beziehen kann. In diesen Industrial Houses konzentriert sich eine gewaltige wirtschaftliche Macht, welche die Regierung durch den 'Monopolies and Restrictive Trade Practices Act' (MRTP) einzudämmen versucht.

Die Betriebe des *Joint Sector* sind gewöhnlich kapitalintensive Firmen, bei denen private Unternehmer nicht bereit oder in der Lage sind, die Investitionskosten allein zu übernehmen. Da sie aber vom Staat als wichtig erachtet werden, übernimmt er einen Teil der Finanzierung und hat auch ein Mitspracherecht. Das laufende Management wird jedoch vom privaten Unternehmen übernommen, bei dem es sich meist um einen großen Konzern handelt.

Mit der Expansion der indischen Wirtschaft entstanden zahlreiche nicht-staatliche mittlere und große Betriebe, da man mit der Zeit auch Privatunternehmen in den Branchen zuließ, die vorher dem Staat vorbehalten waren. Sie wurden aber vom Staat reglementiert; zur Gründung, Erweiterung oder vor der Produktionsaufnahme für ein neues Erzeugnis mussten sie eine Lizenz einholen.

Zwischen Großindustrie und Kleinindustrie gibt es die *Medium Scale Industries* (MSI), ein Begriff, der nicht klar definiert ist.

Die Kleinindustrie

Die Definition der *Small Scale Industries* (SSI) hat sich im Laufe der Jahre geändert. Einige Kriterien, die aber nur als Anhaltspunkte dienen können, werden nach dem derzeitigen Stand aufgezählt (Datt & Sundharam 1998, S. 620f.):

- die Beschäftigtenzahl: bis zu 50 beim Einsatz kommerzieller Energie und 100 ohne Energieeinsatz;
- das investierte Kapital: die Obergrenze wurde mehrfach erhöht und beträgt 30 Mio. iRs;
- die Betriebsführung: in der Regel wird davon ausgegangen, dass sie beim Besitzer liegt.

Bild 55: *Aligarh: Die Herstellung von Schlössern ist ein Beispiel für 'traditionelle Kleinindustrie'.*

Die Einstufung als Small Scale Industry ist wichtig für die Gewährung staatlicher Zuschüsse, stimmt aber nicht mit der Trennung zwischen 'Organized' und 'Unorganized Sector' überein, für die andere Kriterien gelten (s. u.).

Die Regierung fördert Small Scale Industries mit Krediten und Subventionen, weil man sich von ihnen die Schaffung zahlreicher Arbeitsplätze mit verhältnismäßig geringem Kapitaleinsatz, die Reduzierung räumlicher Disparitäten wegen ihrer dezentralen Verbreitung sowie eine bessere Deckung der Konsumgüternachfrage erhofft. Die Herstellung zahlreicher Produkte ist für die Kleinbetriebe reserviert, um sie vor der Konkurrenz der Großunternehmen zu schützen. Das Wachstum eines kaufkräftigen Mittelstandes mit einem vielfältigen Bedarf an Verbrauchsgütern wie auch die Nachfrage der Industrie nach Zulieferern haben sich günstig auf die Entwicklung der Kleinindustrien ausgewirkt.

Von seiner Struktur her ist der kleinindustrielle Sektor außerordentlich vielfältig, und für viele Betriebe ist die Bezeichnung 'Industrie' kaum zutreffend. Die 'traditionellen' Betriebe sind Handwerksbetriebe, in denen fast ohne Einsatz von Maschinen gearbeitet wird (Bild 55). Die modernen Unternehmen setzen dagegen spezialisierte Fertigungsmethoden und fortgeschrittene Technologien ein. Auf ihnen ruhen die großen Hoffnungen für die Entwicklung einer wettbewerbsfähigen Produktion. Ihre Unternehmer kommen aus zwei Personenkreisen. Die eine Gruppe stellen Techniker und Ingenieure, die häufig als Angestellte Erfahrungen in der Industrie gesammelt haben. Die zweite Gruppe besteht aus Kaufleuten, die Geld in einem kleinen Betrieb anlegen, ohne selbst über branchenspezifische Kenntnisse zu verfügen.

Zwischen traditionellen und modernen Betrieben liegt ein breites Band von arbeitsintensiven Kleinbetrieben, für welche die Elektroindustrie typisch ist. Sie findet sich meist in großstädtischen Zentren, wo billige Arbeitskräfte reichlich zur Verfügung stehen und ein Absatzmarkt vorhanden ist. Zur Produktion, die bei einigen Erzeugnissen eine räumliche Spezialisierung aufweist, gehören z. B. die unentbehrlichen Ventilatoren, die zu drei Vierteln aus Calcutta kommen. Die meisten Klimaanlagen, Kühlschränke und Radiogeräte werden in Mumbai hergestellt; Delhi und der Punjab führen bei Fernsehgeräten. Der überwiegende Teil dieser Geräte wird unter Markennamen großer Unternehmen vertrieben, welche die Einzelteile bei Kleinbetrieben kaufen, die wegen ihrer geringeren Besteuerung und der niedrigen Löhne billiger produzieren.

Eine besondere Form der modernen SSI stellen die *Ancillaries* dar, die als Zulieferer einen bestimmten, gesetzlich vorgeschriebenen und vertraglich abgesicherten Teil ihrer Produktion an Großbetriebe liefern. Wegen der Unzuverlässigkeit der Zulieferer waren früher größere Betriebe bemüht, möglichst alle benötigten Teile selbst herzustellen. Das hatte wegen kleiner Serien eine teure Fertigung zur Folge. Die finanzielle und technische Unterstützung von Zulieferfirmen durch den Staat und die großen Abnehmerfirmen hat die Entstehung und Ausbreitung von kleineren modernen Betrieben mit einem hohen Qualitätsstandard gefördert. Ein erfolgreiches Beispiel liefert die neue indische Automobilindustrie.

Noch kleiner als die SSI sind die *Khadi and Village Industries*. Die englischsprachige Literatur nennt sie 'Industries', in der deutschen Terminologie werden sie dem Handwerk zugerechnet. Es sind Familienbetriebe mit Heimarbeit. Zu den wichtigen Zweigen gehören die Herstellung groben Tuchs (Khadi) auf Handwebstühlen, Töpferei, Grobschmiede und die Herstellung hochwertiger Artikel wie Lackarbeiten, Schnitzereien, Brokate usw. Im ländlichen Raum bieten diese Fertigungen häufig einen Nebenerwerb, leisten so einen bescheidenen Beitrag zur Armutsbekämpfung und werden deshalb vom Staat besonders gefördert. Ohne diese Hilfe sind sie gegenüber der Industrie kaum lebensfähig. Sie stellen zwar wenig infrastrukturelle Anforderungen, weisen aber wegen des geringen Mechanisierungsgrades nur eine niedrige Arbeitsproduktivität auf. So bieten sie zwar Arbeit, aber nur geringe Einkommen.

Arbeiter und Beschäftigungsverhältnisse

Arbeitslosigkeit und Unterbeschäftigung stellen die indische Regierung vor unlösbare Aufgaben. Allein infolge des hohen Bevölkerungswachstums müssten jährlich mehrere Millionen neue Arbeitsplätze geschaffen werden. Dagegen drängen die Wirtschaftsreformer und die internationalen Kreditgeber aus Kostengründen auf Personaleinsparungen.

Die Grenzen zwischen Arbeitslosigkeit und Teilzeit- und Gelegenheitsarbeit sind fließend. Völlige Arbeitslosigkeit bedeutet

für die meisten den Entzug der Existenzgrundlage, da soziale Absicherungen fehlen. Unter diesen Umständen sind die Zahlen der registrierten Arbeitslosen von 40 Mio. (Tata 2000 – 01, S. 171) völlig irrelevant. Die Unterbeschäftigung ist jedoch sehr hoch. Sie schlägt sich in einer großen Zahl von Gelegenheitsarbeitern oder ambulanten Kleinstgewerbetreibenden (Self-Employed Persons) nieder.

Für die Arbeitsbedingungen ist von größter Bedeutung, ob das Beschäftigungsverhältnis im *Organized Sector* oder im *Unorganized Sector* besteht. Der organisierte Sektor umfasst alle Arbeitsverhältnisse, die einer Regelung durch Gesetze unterliegen und damit unter einer staatlichen Aufsicht stehen. Dazu gehören der öffentliche Dienst sowie die zahlreichen staatlichen Industrieunternehmen des Public Sector. Der organisierte Sektor umfasst ferner die 'Registered Factories' der Privatindustrie. Betriebe, die kommerzielle Energie nutzen und mindestens zehn Arbeiter permanent beschäftigen, müssen sich unter dem 'Factories Act' registrieren lassen (Datt & Sundharam 1998, S. 651). Sie können bestimmte Vergünstigungen in Anspruch nehmen, doch sind damit auch eine Reihe von Verpflichtungen verbunden, so z. B. ein sehr eingeschränktes Kündigungsrecht, die Beachtung von Gesundheits- und Sicherheitsvorschriften, Regelungen zur Arbeitszeit, Sonderbestimmungen für die Beschäftigung von Frauen, Urlaubsleistungen usw.

Registrierte Unternehmen müssen vor Entlassungen die Genehmigung der Regierung einholen, und mit zunehmender Größe nimmt die Chance ab, Arbeiter entlassen zu können. Wegen dieser weitgehenden Restriktionen versucht die Privatindustrie auf Kontraktarbeiter zurückzugreifen oder möglichst wenige Arbeiter einzustellen und sie durch Maschinen zu ersetzen, sodass trotz einer riesigen Zahl verfügbarer Unterbeschäftigter viele Betriebe eine kapitalintensive Produktion vorziehen. Die Schwierigkeit, Arbeitskräfte zu entlassen, wird auch für die mangelnde Arbeitsdisziplin vor allem in den staatlichen Werken, die personell völlig übersetzt sind, verantwortlich gemacht.

Viele kleinere Betriebe, die aufgrund ihrer Belegschaftsgröße unter den Factories Act fallen würden, umgehen eine Registrierung, indem sie z. B. einen Teil der Arbeiter nur mit Kurzzeitverträgen bzw. ohne Verträge beschäftigen oder sie nicht auf der Gehaltsliste führen: Sie gehören dann zum Unorganised Sector, dessen tatsächliche Beschäftigtenzahlen daher nicht erfassbar sind.

Die Löhne der fest angestellten Arbeiter in den registrierten Fabriken werden durch verschiedene Zuschläge (Ausgleich der Teuerungsrate, Bonus, Wohngeld o. ä.) aufgestockt. Hinzu kommen bei großen Unternehmen im günstigen Fall die Bereitstellung von Wohnungen, Freizeiteinrichtungen, kostenlose medizinische Betreuung, firmeneigene Kinderkrippen, Schulen, Freizeitclubs, die Zahlung von Pensionsgeldern bis zu Ansätzen einer Hinterbliebenen- und Unfallfürsorge. Angehörige des Managements erhalten darüber hinaus weitere Zusatzleistungen.

Diesen relativ gut versorgten und abgesicherten Beschäftigten steht die breite Masse der Arbeiter des nicht-organisierten Sektors gegenüber, für die kein Schutz besteht und keinerlei Versorgung vorgesehen ist. Selbst Regelungen wie z. B. die Zahlung von Mindestlöhnen werden umgangen. Die soziale und wirtschaftliche Position der Arbeiter in Kleinbetrieben ist daher ungleich schlechter als im organisierten Sektor und hat sich seit der Kolonialzeit wenig verbessert. Nur in Ausnahmefällen können sie Forderungen durchsetzen. Die Gewerkschaften haben sich auf die großen Betriebe und damit auf die Arbeiter in festen Beschäftigungsverhältnissen konzentriert.

Weit verbreitet ist die *Kinderarbeit*. Nach Angaben der Regierung gehen etwa 200 000 überwiegend aus niedrigen Kasten stammende Kinder einer Arbeit nach. Die International Labour Organization schätzt ihre Zahl auf über 10 Mio., Kinderhilfsorganisationen sogar auf 50 Mio. In diesen Zahlen dürfte allerdings die Mithilfe von Kindern in der Landwirtschaft oder im Heimgewerbe enthalten sein, die von den Eltern als selbstverständlich und notwendig erachtet wird, auch wenn die Kinder dann keine oder nur eine abgebrochene Schulausbildung erhalten. Es kommt vor, dass Eltern aus wirtschaftlicher Not ihre Kinder an Betriebe verkaufen. Die gravierendsten Missstände treten in Manufakturen auf, in denen Kinder z. B. Schlösser oder Armreifen herstel-

len, am Arbeitsplatz untergebracht sind und keinen Kontakt mehr zu ihren Eltern haben. Im 'Teppich-Gürtel' von Uttar Pradesh sollen über hunderttausend Kinder mit dem Knüpfen von Teppichen beschäftigt sein. Kinderarbeit ist in Indien nicht grundsätzlich verboten. Beschränkungen, die aber nicht streng durchgesetzt werden, existieren lediglich im Bergbau, in registrierten Fabriken und gefährlichen Bereichen.

Gewerkschaften und Arbeitskämpfe

Die Gewerkschaftsaktivitäten und die Streikfreudigkeit weisen so deutliche regionale Unterschiede auf, dass sie zum standortbestimmenden Faktor für indische Industrieunternehmen wurden. Bereits gegen Ende des 19. Jh.s trugen die Streiks und Lohnsteigerungen in Bombay zur Binnenwanderung der Textilindustrie bei. Nach der Unabhängigkeit haben die Streiks in West Bengal, dem ehemals industriell führenden Unionsstaat, viele Unternehmen zur Abwanderung in andere Regionen veranlasst und den wirtschaftlichen Niedergang mit verursacht. Auf der anderen Seite gehört Gujarat zu den Staaten, in denen die Arbeitgeber-Arbeitnehmer-Beziehungen wesentlich problemloser sind; die pragmatische Art der Schlichtung, wie sie hier zuerst Gandhi praktizierte, ist noch lebendig. Die geringere Streikbereitschaft hat dazu beigetragen, Investoren anzulocken, und der Staat ist inzwischen einer der industriell fortgeschrittensten des ganzen Landes. Auch andere Regionen, wie das Umland von Delhi, der Punjab und Karnataka, also Gebiete mit jungen Wachstumsindustrien, gelten als problemloser und haben aus Calcutta abwandernde Betriebe oder ihre Unternehmer aufgenommen.

Eine sehr militante Arbeiterbewegung weist Kerala mit einigen tausend registrierten Gewerkschaften auf. Hier ist es gelungen, überdurchschnittlich gute Arbeitsbedingungen und die höchsten Löhne des Landes durchzusetzen. Das hat allerdings zu Abwanderungen von Industriebetrieben in das benachbarte Tamil Nadu geführt, wo die Löhne wesentlich niedriger liegen, und bei der Standortwahl neuer Betriebe rangiert Kerala ziemlich am Ende. In Maharashtra sind die Gewerkschaften besonders stark in den modernen Großindustrien von

Pune und in Mumbai. Der Streik der Textilarbeiter in Mumbai 1981/82 war einer der härtesten Arbeitskämpfe der Stadt: Damals gingen etwa 250 000 Arbeiter in einen 18-monatigen Ausstand. Der Streik verfehlte sein Ziel, die Durchsetzung höherer Löhne, weil die meisten Textilfabriken ohnehin nicht mehr überlebensfähig waren und weil die Produktion von den großen Unternehmen auf Kleinbetriebe verlagert werden konnte. Da die Gewerkschaften sich hauptsächlich aus Mitgliederbeiträgen finanzieren, die angesichts der geringen Löhne der Arbeiter sehr niedrig sind, bedeuten lange Streiks erhebliche Entbehrungen und werden oft nur durch gewaltsames Vorgehen gegen Streikbrecher aufrecht erhalten.

Vorläufer einer indischen Arbeiterbewegung entstanden bereits gegen Ende des 19. Jh.s mit den Arbeiterschutzgesetzen, die in Indien unter dem Druck der öffentlichen Meinung in Großbritannien eingeführt wurden – von indischer Seite wird den Briten unterstellt, dass sie sich damit einer Billiglohn-Konkurrenz entledigen wollten. Die Ziele waren bessere Arbeitsbedingungen, wie z. B. eine Begrenzung der Arbeitszeit oder der Schutz von arbeitenden Frauen und Kindern. Eine umfassende Organisation der Arbeiter scheiterte jedoch am Analphabetentum und den Gegensätzen innerhalb der Arbeiterschaft durch Religion, Kaste, regionale Herkunft und Sprache. Nach der Unabhängigkeit kam es zu einem Erstarken der Arbeiterbewegung und zu umfangreichen Streiks, denn die Führer des Unabhängigkeitskampfes hatten für das Ende der Kolonialherrschaft nicht nur die Hoffnung auf mehr Freiheit, sondern auch auf größeren materiellen Wohlstand geweckt.

Die registrierten Gewerkschaften haben zwischen 6 und 13 Mio. Mitglieder; genaue Angaben gibt es nicht. Die meisten sind Betriebsgewerkschaften mit nur wenigen hundert Mitgliedern, sodass die Gesamtzahl der Gewerkschaften über 50 000 liegt (Datt & Sundharam 1998, S. 652). Bei dieser Zersplitterung einigen sie sich nur selten auf ein gemeinsames Vorgehen. Zudem können in einem Betrieb mehrere – im Extremfall einige Dutzend – miteinander konkurrierende und häufig verfeindete Gewerkschaften existieren, was die Verhandlungen zwischen Arbeitgebern und Arbeitnehmern erschwert. Da eine Betriebsleitung nur eine Gewerkschaft anzuerkennen braucht, und das ist gewöhnlich die mit den meisten Mitgliedern, kommt es zu Absplitterungen, Neugründungen und blutigen Kämpfen um die höchsten Mitgliederzahlen, und Forderungen werden immer sehr hoch geschraubt. Als Gegenmittel zu den Streiks greifen die Unternehmer zu Aussperrungen, die sich bis über ein Jahr hinziehen können. Besonders in West Bengal haben sich die Unternehmer mit diesem Druckmittel in krisengeschwächten Branchen wie Jute- und Metallverarbeitung gegenüber den Arbeitnehmern durchgesetzt. In ganz Indien entfielen 1999 von den durch Arbeitskämpfe verlorenen 24,5 Mio. Arbeitstagen 14,9 Mio. auf Aussperrungen und 9,6 Mio. auf Streiks (Tata 2000/01, S. 171).

Die Führer der Gewerkschaften stammen nur selten aus den Reihen der Arbeiter, sondern sind meist Außenstehende wie Rechtsanwälte, die eine oder mehrere Gewerkschaften haupt- oder nebenberuflich führen und an betriebswirtschaftlichen Zusammenhängen weniger interessiert sind. Unter indischen Verhältnissen, die nun wirklich viel Spielraum für eine Steigerung von Löhnen böten, ist es erstaunlich, wie viele Streiks um Status und Prestige geführt werden. So bestehen Gewerkschaften bei einer Beförderung zum Vorarbeiter, dem ja eine wichtige Rolle im Produktionsablauf zukommt, ausschließlich auf dem Senioritätsprinzip. Die so Arrivierten haben in der Regel eine zu geringe Ausbildung, um den Produktionsprozess zu durchschauen oder z. B. die Bedeutung von Qualitätskontrollen zu erkennen.

Einen Rückhalt suchen die Gewerkschaften bei den nationalen Dachverbänden, die den einzelnen Parteien nahe stehen. Während Arbeiter und Gewerkschaften nicht selten für parteipolitische Ziele benutzt werden, ist der Einfluss der Gewerkschaften auf die politischen Parteien gering. Ein eigentliches 'Industrieproletariat' mit Ansätzen eines solidarischen, Kasten- und Sprachbarrieren überschreitenden Klassenbewusstseins existiert allenfalls in den Metropolen, wo es auch zu stadtweiten Zusammenschlüssen der Gewerkschaften einzelner Branchen kommt.

Industrielle Regionalplanung, räumliche Disparitäten und Backward Regions

Städtische Konzentrationen

Nach der Unabhängigkeit richtete sich die Produktion auf den Binnenmarkt aus; damit gewannen die im Landesinneren gelegenen Standorte an Bedeutung. Dennoch setzte sich die Konzentration der Industrie auf die Hafenstädte, besonders Mumbai, zunächst fort. Wie das schnelle Wachstum von Unternehmen in Delhi und seinem Umland zeigt, sind jedoch nicht mehr die Funktionen eines Seehafens ausschlaggebend, sondern andere Vorteile, die in einem Land, dessen Infrastruktur in weiten Regionen unzureichend ist, die Standortwahl bestimmen: Wasser- und Stromversorgung, Verkehrs- und Kommunikationsverbindungen, Banken, Dienstleistungs-, Reparatur- und Zulieferbetriebe sowie ein reichliches Arbeitskräfteangebot, insbesondere von angelernten und ausgebildeten Arbeitern. Für Unternehmer und leitende Angestellte spielen darüber hinaus die höhere Lebensqualität – trotz oft verheerender Umweltbelastung – durch Einkaufs- und Unterhaltungsmöglichkeiten, eine bessere medizinische Versorgung, Schulen und Ausbildungsmöglichkeiten eine wichtige Rolle.

Die Ballung der Industrie auf wenige sehr große Städte widersprach den landesplanerischen Zielen der Regierung. Sie strebte eine breitere Streuung der Industriestandorte und eine regional ausgewogenere Entwicklung an. Auch im ländlichen Raum sollten moderne Fabriken der Bevölkerung Arbeitsplätze außerhalb der Landwirtschaft bieten. Die ersten Ansätze einer industriellen Regionalpolitik gehen auf die frühen 1950er-Jahre zurück und bedienten sich der 'Industrial Licences', die für die Gründung eines größeren Betriebs erforderlich waren, und koppelte deren Vergabe an Auflagen zur Standortwahl. In den Metropolen erfolgte die Vergabe von Lizenzen zunehmend restriktiver. Um dort eine weitere unerwünschte Industrialisierung zu vermeiden, die zur Überfüllung der Wohnquartiere, Slumbildung, Verkehrschaos, Umweltschäden und Überlastung der Versorgungseinrichtungen führt, wurde die Strategie des 'Metropolitan Planning' entwickelt, die das Umland der jeweiligen Städte mit einbezog. Entsprechende Pläne bestehen heute für die meisten indischen Großstädte. Besondere Bedeutung haben sie für Delhi, Mumbai und Calcutta, in denen man nur noch kleine und mittlere, nichtumweltbelastende Betriebe erlaubte. Da neue Betriebe nicht auf die Nutzung der Infrastruktur in den Metropolen verzichten wollten, ließen sie sich unmittelbar jenseits der Stadtgrenze, entlang von Ausfallstraßen oder in benachbarten Orten nieder. So konnte zwar die weitere Konzentration in den Metropolen abgeschwächt werden, doch blieb die Erschließung abgelegener unterentwickelter Regionen aus. Dazu bot die mit Auflagen und Beschränkungen operierende Lizenzvergabepolitik des Metropolitan Planning auch wenig Anreize.

'Industrie-Inseln' des Public Sector

Die Zentralregierung griff aktiv in die industrielle Regionalentwicklung ein, indem sie Unternehmen des Public Sector in unterentwickelten Gebieten ansiedelte, soweit bestimmte Voraussetzungen gegeben waren. Sie gründete die integrierten Hüttenwerke von Rourkela, Durgapur und Bhilai sowie einige Jahre später Bokaro in rohstoffreichen Gebieten. Rourkela und Bhilai galten im Rahmen der regionalen Entwicklungspolitik als Standorte in besonders rückständigen Regionen und Ansatzpunkte für eine breite Industrialisierung. Das neue Industriezentrum von Durgapur sollte zu einer Auflockerung in Calcutta führen oder zumindest einer weiteren Ballung entgegenwirken. Mit Bokaro in randlicher Lage zum Damodar-Gebiet wurde ein Vorrücken der Industrie nach Westen in bisher noch wenig erschlossene Gebiete erwartet.

Auch politische Konzessionen, die den einzelnen Staaten gemacht werden mussten, haben bei der Standortwahl der neuen Werke eine wichtige Rolle gespielt. Mit dem Argument einer gleichmäßigen Entwicklung aller Landesteile wachen die Regierungen der Unionsstaaten argwöhnisch über ihre Berücksichtigung bei den von Delhi gesteuerten Entwicklungsprojekten. Nachdem der rückständige Bundesstaat Orissa ein Stahlwerk in Rourkela und Madhya Pradesh eines in Bhilai erhalten hatte, konnte mit Durgapur dem Wunsch des Staates West Bengal und mit Bokaro dem von Bihar nach einem „eigenen" Stahlwerk entsprochen werden (Stang 1970; vgl. Bild 54). Die neuen Stahlwerke hatten aber als Wachstumszentren nur begrenzten Erfolg, denn Eisen und Stahl unterlagen einer besonderen Tarifregelung, der 'Freight Equalization'. Um Abnehmer in weiter entfernten Landesteilen nicht zu benachteiligen, setzte man einheitliche Produktpreise fest, welche die Transportkosten einschlossen. Diese Regelung, die erst die Liberalisierung aufhob, hat dazu beigetragen, dass sich weiterverarbeitende Betriebe kaum in der Nähe der Produzenten, sondern bei den Absatzmärkten – d. h. bei den etablierten Metropolen – niedergelassen haben. Auch für die Ansiedlung von Zulieferbetrieben ergaben sich wenig Ansatzpunkte. Die Erwartung, dass die massiven Investitionen in Projekten des staatlichen Sektors sich nach unten fortsetzen und die Entstehung von Klein- und Zulieferindustrien anregen würden, hat sich kaum erfüllt. Vielmehr hat die Finanzierung der Großprojekte anderen wichtigen Entwicklungsvorhaben die Mittel entzogen. Die Werke des Public Sector in unerschlossenen Regionen blieben meist isolierte 'Industrie-Inseln', die nur wenig Einfluss auf ihr Umland hatten. Ihre Standorte machten zudem neben den Kosten für die Industrieanlagen gewaltige zusätzliche Aufwendungen notwendig, denn es mussten Werkssiedlungen im Ausmaß einer Großstadt mit allen Versorgungseinrichtungen gebaut werden. Die lokale Bevölkerung, die gefördert werden sollte, war für eine Beschäftigung in den Hüttenwerken nicht ausgebildet, sodass die neuen Arbeitsplätze mit qualifizierten Zuwanderern aus anderen Teilen Indiens besetzt wurden.

Erfolgreicher war dagegen der Versuch, große rohstoffunabhängige staatliche Unternehmen bei bereits bestehenden, aber industriearmen Städten zu errichten, wobei sich zunächst eine Bevorzugung von Hauptstädten wie Bangalore, Bhopal oder Hyderabad abzeichnete. Die Investitionskosten waren dort deutlich geringer, da man auf eine schon vorhandene Infrastruktur zurückgreifen konnte, die allerdings den neuen Ansprüchen bald nicht mehr genügte.

Es entstanden Industriestandorte, die zwar neue Konzentrationen bildeten, jetzt aber – im Gegensatz zu den Hafenstädten der Kolonialzeit – im Binnenland lagen.

Das Problem der Backward Regions

Zu den erklärten Zielen indischer Politik gehört neben dem Ausgleich der krassen sozialen und wirtschaftlichen Gegensätze innerhalb der Bevölkerung auch die Förderung rückständiger Regionen (Backward Regions). Außer anderen Kriterien galt als besonderes Kennzeichen einer solchen Region, dass sie keine Industrien aufwies. Deshalb hatte schon die 'Industrial Policy Resolution' von 1956 gefordert, eine Entwicklung der Industrie in jeder Region zu erreichen. Nur so könne das ganze Land einen höheren Lebensstandard erlangen; die Überwindung regionaler Disparitäten würde auch die sozialen Disparitäten ausgleichen. Eine breite Streuung der Industrie sollte einer verarmten Landbevölkerung Arbeitsplätze und höhere Einkommen bieten und sie in den wirtschaftlichen Fortschritt einbeziehen. Von modernen Industrien erwartete man auch eine qualitative Verbesserung der rückständigen Verhältnisse durch Modernisierungsprozesse, welche die traditionellen Handwerks- und Heimbetriebe nicht auslösen konnten. Ein selbsttragendes Wachstum sollte der Migration in die Städte entgegenwirken. Zumindest auf dem Papier ist diese Resolution ein Eckpfeiler der Regierungspolitik geblieben und in den Entwürfen der Fünfjahrespläne immer wieder bekräftigt worden.

Der Einstieg in eine neue umfassende Regionalplanung begann mit einem Bericht der 'Planning Commission' von 1969. Anhand einer Reihe von Kriterien wie dem Pro-Kopf-Einkommen, der Anzahl von Arbeitern in Fabriken, dem Energieverbrauch und der infrastrukturellen Ausstattung u. a. wurden zunächst die Bundesstaaten ausgewiesen, deren Entwicklung unter dem nationalen Durchschnitt lag, und für eine Förderung durch die Zentralregierung vorgesehen. Das waren Assam, Bihar, Himachal Pradesh, Jammu und Kashmir, Madhya Pradesh, Nagaland, Orissa, Rajasthan und Uttar Pradesh. Innerhalb der rückständigen Staaten sollte sich die Förderung landesweit auf 20 bis 30 Distrikte konzentrieren, die in ihrem Entwicklungsniveau unter dem Durchschnitt des jeweiligen Staates blieben, vorrangig solche rückständigen Distrikte, die über ausreichende Ressourcen verfügten. Damit konnte einerseits die Zahl der zu bezuschussenden Gebiete begrenzt bleiben, andererseits wollte man sicherstellen, dass die Gebiete überhaupt die Möglichkeit besaßen, von Vergünstigungen im industriellen Bereich zu profitieren. Für die Identifikation bildeten administrative Einheiten die Basis und nicht Wirtschaftsräume, weil für diese statistische Grundlagen fehlten.

Einige der reicheren Bundesstaaten lehnten den Plan ab, denn sie sahen ihre eigene Entwicklung gefährdet. Sie wiesen darauf hin, dass die Gegensätze der Entwicklung nicht nur zwischen den Staaten bestehen, sondern in extremer Form auch zwischen einzelnen Regionen innerhalb der wirtschaftlich fortgeschrittenen Staaten. Deshalb wollte jeder Staat eigene Distrikte als 'backward' für die Förderung bestimmen. Damit wurde das Konzept erheblich modifiziert und aufgeweicht. Schließlich konnten alle Bundesstaaten anhand eines empfohlenen, aber nicht bindenden Kriterienkatalogs 'Backward Districts' ausweisen, in welchen die Zentralregierung Investitionsanreize bot. Da das Entwicklungsniveau nicht mehr am gesamtindischen Durchschnitt, sondern an dem der einzelnen Staaten gemessen wurde, erhielt die 'Rückständigkeit' einen sehr relativen Charakter, denn ein rückständiger Distrikt in einem prosperierenden Staat kann wesentlich weiter fortgeschritten und besser erschlossen sein als ein Backward District in einem unterentwickelten Bundesstaat (Stang 1984). Nicht nur die Kriterien für die Rückständigkeit variierten von Staat zu Staat, sondern auch die Zahl der als rückständig eingestuften Gebiete. Denn zusätzlich zur Zentralregierung entwickelten die Bundesstaaten eine eigene Regionalpolitik, indem sie rückständige Gebiete förderten, die überhaupt nicht mit denen der Zentralregierung übereinstimmten. West Bengal, der Bundesstaat mit dem damals höchsten Pro-Kopf-Einkommen – allerdings von hohen Einkommen Calcuttas beeinflusst –, wies z. B. 13 seiner 16 Distrikte als 'backward' aus, während im benachbarten, wesentlich ärmeren Bihar der Industrie nur in wenigen Gebieten Inve-

stitionsanreize geboten wurden (Brüsseler 1992). Im Laufe der Zeit stieg die Zahl der Backward Districts erheblich an und umfasste über 70 % der Landesfläche mit etwa 60 % der Einwohner Indiens. Die Abb. 75 der ausgewiesen rückständigen Distrikte gibt daher die tatsächliche Situation nur unzureichend wieder, lässt aber erkennen, dass die Förderung nach dem „Gießkannenprinzip" erfolgte.

Zu den wichtigsten Investitionsanreizen, die Industrieansiedlungen in diesen Gebieten erhalten, gehören Kredite, Steuererleichterungen und Investitionssubventionen; hinzu kommt ein verstärkter Ausbau der Infrastruktur. Zusätzlich bot man großen Betrieben, die sich als erste in Regionen niederließen, die bisher über keine Fabriken verfügten, weitere Vergünstigungen. Diese 'Pionierunternehmen' sollten eigenständig zum Ausbau der lokalen Infrastruktur beitragen und den Weg für die Ansiedlung von Kleinbetrieben bereiten. Darüber hinaus erhoffte man sich von ihnen einen Beitrag zum Aufbau einer sozialen Infrastruktur, von Schulen bis zu Clubs, um den oft trostlosen Orten abseits der großen Städte mehr Lebensqualität zu verleihen.

Geht man von den ursprünglichen Zielen aus, so ist der Ausgleich zwischen den Staaten nicht gelungen, vielmehr haben sich die Gegensätze vergrößert. Hier zeigt sich das Dilemma indischer Entwicklungspolitik. Ähnlich wie sich die Förderung der Landwirtschaft wegen der begrenzten Mittel zunächst auf Gunstgebiete beschränken musste, um so die höchsten Erträge für die Ernährung der wachsenden Bevölkerung zu erreichen, war auch bei der Industrie die Steigerung der Produktion wichtiger als die Streuung der Produktionsstätten. Man war davon ausgegangen, dass ein gesamtwirtschaftliches Wachstum auch rückständige Regionen in den Entwicklungsprozess einbeziehen würde. Doch dann ergab sich das Gegenteil: Rückständige Regionen fielen gegenüber Wachstumsregionen immer weiter zurück. Das hat eine Reihe von Gründen. Meist sind die Gebiete abgelegen oder verkehrsmäßig schlecht erschlossen, sodass höhere Transportkosten entstehen. Es fehlt an technischer und sozialer Infrastruktur. Infolge der natürlichen oder sozialen Verhältnisse ist auch ihre Landwirt-

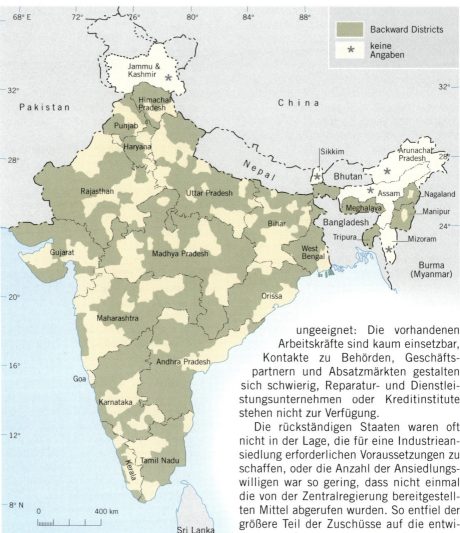

Abb. 75: Backward Districts.

schaft wenig produktiv. Geringe Einkommen beschränken die Kaufkraft und erlauben keine Initiativen. Schließlich weisen sie oft eine an Traditionen gebundene Bevölkerung mit einem hohen Anteil an Analphabeten auf, die für einen Fortschritt wenig aufgeschlossen ist. Die Gegensätze zu entwickelteren Gebieten sind daher so gewaltig, dass für Unternehmen, die sich hier niederlassen, das Risiko zu groß ist. Auch das Umfeld ist für eine industrielle Betätigung ungeeignet: Die vorhandenen Arbeitskräfte sind kaum einsetzbar, Kontakte zu Behörden, Geschäftspartnern und Absatzmärkten gestalten sich schwierig, Reparatur- und Dienstleistungsunternehmen oder Kreditinstitute stehen nicht zur Verfügung.

Die rückständigen Staaten waren oft nicht in der Lage, die für eine Industrieansiedlung erforderlichen Voraussetzungen zu schaffen, oder die Anzahl der Ansiedlungswilligen war so gering, dass nicht einmal die von der Zentralregierung bereitgestellten Mittel abgerufen wurden. So entfiel der größere Teil der Zuschüsse auf die entwickelteren Staaten. Diese bemühten sich, ein für die Industrieansiedlung geeignetes Umfeld zu schaffen, indem sie die Förderung auf einzelne Städte oder Standorte in weniger industrialisierten Gebieten konzentrieren, statt sie sehr breit über unerschlossene Gebiete zu streuen. Damit erfolgt die Industrialisierung zwar punktuell, aber auf mehrere Standorte verteilt. Als *Wachstumszentren* wurden Orte identifiziert, die bereits über eine Mindestausstattung mit Infrastruktur zur Überbrückung der ersten Ausbauphase und eine gute Verkehrsanbindung verfügen. Um eine Eigenständigkeit zu sichern, musste auch die Entfernung von bestehenden Ballungen berücksichtigt werden.

Das Konzept der Wachstumszentren ist ein Kompromiss zwischen einer gleichmäßigen Verteilung der Industrie und der wirtschaftlichen Notwendigkeit, die Kosten gering zu halten. Die Beschränkung auf wenige Orte ermöglicht einen gezielten Einsatz der begrenzten Mittel und bietet damit bessere Chancen. Erst wenn die neuen Zentren einen selbsttragenden Entwicklungsstand erreicht haben, wird die Förderung auf ein neues Gebiet verlagert.

Die Bedeutung der Industrial Estates

Die Förderung der Kleinbetriebe zur Schaffung von Arbeitsplätzen und für die Ausbreitung von Industrien in ländliche Räume ist ein Leitmotiv der Regionalpolitik. Aus einer Reihe von Gründen, besonders aber wegen der Verfügbarkeit einer Mindestinfrastruktur waren Kleinbetriebe überwiegend an größere Städte gebunden. Dort liegen sie im eng verbauten Stadtinneren oder in randlichen Slums und tragen zum chaotischen Erscheinungsbild und zur Luft- und Wasserverschmutzung sowie zur Lärmbelastung erheblich bei. Um die Städte zu entlasten und einer weiteren Verdichtung vorzubeugen, stellte man daher zunächst an der Peripherie der Städte Industriegelände als 'Industrial Estates' bereit. Erst in den 1980er-Jahren rückte das ursprüngliche Hauptziel des 'Industrial Estate Programme', die Förderung ländlicher Regionen durch die Ansiedlung von modernen Kleinindustrien, in den Vordergrund. Die Konzentration von kleineren Betrieben in Estates sollte die Erschließung erleichtern und ihnen ein Vordringen in Gebiete ermöglichen, in denen sie einzeln kaum existenzfähig sind. Dafür müssen aber erst die Grundvoraussetzungen geschaffen werden, was mit erheblichem Aufwand verbunden ist.

Der Industrial Estate ist in Indien, das inzwischen wohl die weltweit größte Zahl aufweist, ein zur industriellen Nutzung ausgewiesenes parzelliertes und von einem Träger nach einem einheitlichen Plan infrastrukturell erschlossenes Areal. Der Träger, der kommerzielle oder gemeinnützige Interessen verfolgt, kann eine staatliche Organisation, eine Kooperative oder ein Privatunternehmen sein. Bei den Unternehmen, die sich den von der Leitung des Industrial Estate aufgestellten Regelungen unterwerfen müssen, sollten kleine oder mittelgroße Industriebetriebe überwiegen. Zu den von der Erschließungsgesellschaft bereitgestellten Minimaleinrichtungen gehören Straßen-, Strom- und Wasseranschluss. Größere Industrial Estates weisen auch Banken, Post, Krankenstationen und evtl. ein Hotel oder Gästehaus auf. In den Estates stehen den Unternehmen auf Wunsch Standard-Fabrikhallen unterschiedlicher Größe zur Pacht oder zum Kauf zu günstigen Bedingungen zur Verfügung (Brüsseler 1992, S. 226 ff.). Wo in unbebauten, aber erschlossenen Arealen nur die Grundstücke zum Kauf angeboten werden, spricht man von 'Industrial Areas'. Ihre Einrichtung führte aber zu wilden Spekulationen und zu einer sehr lückenhaften Nutzung, sodass für die Bebauung der Grundstücke und Inbetriebnahme der Fabriken eine feste Frist gesetzt werden musste.

Obwohl die Förderung von Kleinindustrien ein besonderes Anliegen bei der Errichtung von Industrial Estates war, gibt es auch viele mittlere und größere Betriebe mit einigen hundert Beschäftigten. Dementsprechend besitzen die Estates eine sehr unterschiedliche Größe. Sie reicht von einigen Hektar mit wenigen Betrieben bis zu 2000 Hektar und fast 100 000 Beschäftigten bei sehr großen Estates (Abb. 76). Häufig weisen größere Estates Produktionsschwerpunkte auf, z. B. im Bereich der Chemie, oder sie werden gleich als 'Functional Estates' eingerichtet, z. B. mit Ausrichtung auf die Elektronikindustrie.

Zum wichtigsten Vorteil der Industrial Estates gehört die kostengünstige Bereitstellung von Infrastruktur. Die Anlaufschwierigkeiten bei der Unternehmensgründung, die sich aus dem zeitaufwendigen Einholen von Genehmigungen, der Versorgung mit Baumaterial, dem Anschluss an das Stromversorgungs- oder das Telefonnetz usw. ergeben, werden minimiert. Ein weiterer Vorteil liegt darin, dass die Estates nicht nur ein bloßes Nebeneinander von Betrieben darstellen, sondern eine Standortgemeinschaft bilden. Dies drückt sich nicht unbedingt in einem hohen Verflechtungsgrad der Unternehmen aus, der oft sogar erstaunlich gering ist, fördert aber Dienstleistungsunternehmen wie Speditionen oder Reparaturwerkstätten. Wichtig ist auch die ge-

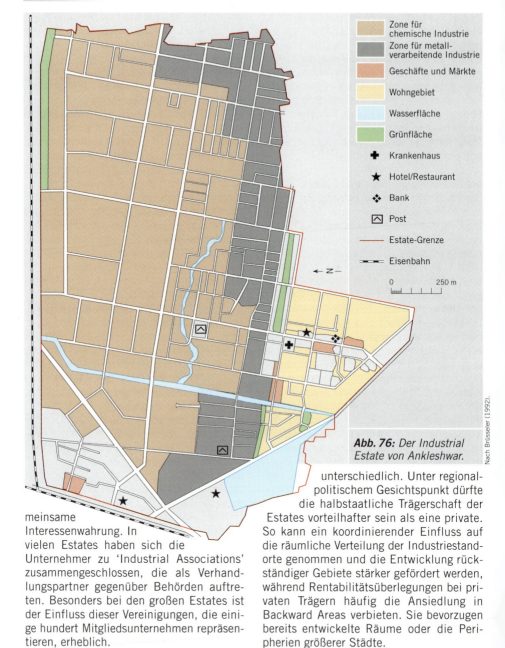

Zone für
chemische Industrie

Zone für metall-
verarbeitende Industrie

Geschäfte und Märkte

Wohngebiet

Wasserfläche

Grünfläche

✚   Krankenhaus

★   Hotel/Restaurant

❖   Bank

Post

Estate-Grenze

Eisenbahn

0   250 m

Abb. 76: *Der Industrial Estate von Ankleshwar.*

Nach Brüsseler (1992).

meinsame
Interessenwahrung. In
vielen Estates haben sich die
Unternehmer zu 'Industrial Associations'
zusammengeschlossen, die als Verhand-
lungspartner gegenüber Behörden auftreten. Besonders bei den großen Estates ist
der Einfluss dieser Vereinigungen, die einige hundert Mitgliedsunternehmen repräsen-
tieren, erheblich.

Industrieentwicklungsgesellschaften der
einzelnen Bundesstaaten sind heute die
wichtigsten Träger der Industrial Estates.
Sie betreiben eine größere Anzahl von Estates und verfügen über entsprechende Erfahrungen und Routine, um auftretende
Probleme zu bewältigen. Allerdings ist ihre
Effizienz in den einzelnen Bundesstaaten

unterschiedlich. Unter regional-
politischem Gesichtspunkt dürfte
die halbstaatliche Trägerschaft der
Estates vorteilhafter sein als eine private.
So kann ein koordinierender Einfluss auf
die räumliche Verteilung der Industriestandorte genommen und die Entwicklung rückständiger Gebiete stärker gefördert werden,
während Rentabilitätsüberlegungen bei privaten Trägern häufig die Ansiedlung in
Backward Areas verbieten. Sie bevorzugen
bereits entwickelte Räume oder die Peri-
pherien größerer Städte.

Generell kann gesagt werden, dass die
Estates bei mittleren Städten erfolgreich
waren. Im industriellen Neuland des ländlichen Raums entwickelten sie sich jedoch
nur dann zufrieden stellend, wenn sie an
ausgebauten überregional bedeutenden
Straßen lagen, die eine gute Verbindung zu
entwickelten Zentren boten.

Außer der Entlastung von Städten und der Erschließung von rückständigen Gebieten spielte bei einigen Bundesstaaten die Konkurrenz zu Nachbarstaaten bei der Einrichtung von Industrial Estates eine Rolle. Besondere Vergünstigungen sollten Betriebe veranlassen, einen Standort im betreffenden Bundesstaat zu wählen. Bei dieser Abwerbung waren Gujarat mit seiner an Maharashtra grenzenden südlichen Region oder Tamil Nadu an seiner Grenze zu Karnataka besonders erfolgreich, indem sie größere Industriegebiete in ihren Grenzregionen zu den Nachbarstaaten gründeten.

Ein Problem ist die Bereitstellung von Wohnraum für die z. T. sehr erhebliche Zahl von Beschäftigten und der zuziehenden Mantelbevölkerung im Dienstleistungsbereich. Von den Trägern des Estate oder staatlichen Gesellschaften wurden in einigen Estates Wohnviertel gebaut oder den Unternehmern Grundstücke zum Wohnungsbau angeboten. Die bereitgestellten Wohnungen reichen aber nur für einen kleinen Teil der Beschäftigten. Bevorzugt werden bei der Belegung Facharbeiter und leitende Angestellte, also Gruppen, die angeworben und aus größerer Entfernung zugezogen sind. Die Übrigen müssen selber eine Unterkunft suchen. Neben Slumbildung in benachbarten größeren Orten, aber auch einer regen privaten Bautätigkeit kommt es zu einer erheblichen Verdichtung in den umliegenden Dörfern.

Export Processing Zones

Eine besondere Form staatlich geplanter Industriestandorte sind die 'Export Processing Zones' (EPZ), die der Zentralregierung in Delhi unterstehen. In der Anlage und Ausstattung den Industrial Estates verwandt, dienen sie nur indirekt der regionalen Entwicklung. Hauptzweck ist die Erwirtschaftung von Devisen, der Erwerb von technischem Know-how und die Schaffung von Arbeitsplätzen, was natürlich auch zur Entwicklung einer Region beiträgt. Die EPZ sind Areale, die aus dem binnenländischen Zollbereich (Domestic Tariff Area, DTA) ausgegliedert werden und auf den Export orientiert sind. Rohstoffe und andere für die Produktion benötigte Güter können zollfrei aus dem Ausland eingeführt werden, vorausgesetzt, die Produktion wird zu 100 % und mit einem Wertzuwachs von 30 bis 40 % wieder ausgeführt. So bleibt die Verflechtung mit der binnenländischen Wirtschaft gering. Anfänglich sollten nur ausländische Firmen, deren Beteiligung hier keiner Begrenzung unterliegt, zugelassen werden. Doch denen boten die südostasiatischen EPZs, die man sich zum Vorbild genommen hatte, bessere Bedingungen. So besteht die weit überwiegende Zahl der Firmen aus indischen Gründungen.

Die erste EPZ mit einer hauptsächlich auf die UdSSR ausgerichteten anspruchslosen Produktion von Bekleidung entstand beim neuen Hafen Kandla in Gujarat, die zweite 1974 in Santa Cruz, beim Flughafen Mumbai für die Herstellung elektronischer Güter als 'Santa Cruz Electronics Export Processing Zone' (SEEPZ). Auf die SEEPZ entfallen 52 % der Exporte und 35 % der Arbeitsplätze aller indischen EPZs, wozu inzwischen die dort etablierte Diamantenbearbeitung und die Softwarebetriebe wesentlich beitragen. Mitte der 1980er-Jahre gingen die 'Chennai Export Processing Zone' (CEPZ) und die 'NOIDA Export Processing Zone' (NEPZ), Letztere bei Delhi in Uttar Pradesh, in Betrieb. Der anfängliche Schwerpunkt hat sich von den Branchen der Textil- und Bekleidungsindustrie auf hochwertige Produkte wie die Verarbeitung von Edelsteinen und Schmuckherstellung sowie die Herstellung von Elektronik, Computern und Software verlagert. Die NOIDA Export Processing Zone bietet heute in fast 200 Betrieben über 10 000 Arbeitsplätze. Weniger erfolgreich waren bisher die Falta EPZ in West Bengal und die Kochi (Cochin) EPZ in Kerala.

Es stellt sich die Frage, wie weit der Sonderstatus der EPZs bei einer weitergehenden Liberalisierung der indischen Wirtschaft überflüssig wird und sie schließlich nur noch Industrial Estates mit einer besonders guten Infrastruktur sind. Eine neue Entwicklung verfolgt der Plan der Zentralregierung, in *Export Promotion Industrial Parks* (EPIPs) exportorientierte Unternehmen in einem Industrial Estate zusammenzufassen. Es wird erwartet, dass die Ausrichtung auf den internationalen Standard sowohl eine bessere Ausbildung der Arbeitskräfte als auch ein höheres Qualitätsniveau der Produkte bringt, das sich dann auf die einheimische Wirtschaft überträgt. Neu ist die Einbeziehung der Bundesstaaten in die Planung. Diese betrachteten die Exportförderung als Angelegenheit der Zentralregierung und waren kaum bereit, hierfür fiskalische Anreize bereitzustellen, weil sich für sie daraus keine steuerlichen Einnahmen ergaben. Jetzt aber stellt ihnen die Zentralregierung bis zu 75 % der Kosten für die Infrastruktur zur Verfügung. Inzwischen sind zahlreiche EPIPs in verschiedenen Staaten ausgewiesen.

Erfolge und Probleme

Das Streben nach wirtschaftlicher Autarkie
Heute wird die Wirtschaftspolitik der ersten Jahrzehnte nach der Unabhängigkeit oft negativ beurteilt und von der Nehru-Zeit als den 'lost years' gesprochen. Vergleiche zeigen die Fortschritte der kleineren südostasiatischen Staaten, die sie allerdings auch mit erheblichen staatlichen Eingriffen erzielten. Dabei wird übersehen, dass das indische Vorgehen weitgehend der damaligen Entwicklungsökonomie entsprach und ausländische Kreditgeber einschließlich der Weltbank auf einer Planwirtschaft bestanden (Rieger 1995).

Indien beschritt Neuland, denn für diese Planwirtschaft gab es noch kein Vorbild oder Modell. Sie wurde von einer Planungskommission, deren Vorsitz sich Nehru vorbehielt, ausgearbeitet. Man ging damals davon aus, dass Indien trotz seiner Armut und technologischen Rückständigkeit in etwa drei Jahrzehnten die wirtschaftliche Entwicklung des Westens seit der Mitte des 19. Jh.s durchlaufen könne. Damit sollte der Lebensstandard der armen Bevölkerung angehoben werden, d. h. dass soziale Verbesserungen im Vordergrund standen. Diese konnten wiederum nur durch das Eingreifen des Staates in die Steuerung der Wirtschaft durchgesetzt werden. Hierüber bestand bei allen Parteien – von ganz rechts und ganz links abgesehen – ein völliger Konsens (Mozoomdar 1999).

Vordringliches Ziel indischer Wirtschaftspolitik war eine vielseitige Industrie, die in der Lage war, das Land mit allen Gütern selbst zu versorgen. Das Streben nach wirtschaftlicher Unabhängigkeit wird mit zwei Begriffen gekennzeichnet: 'Self-Reliance' und 'Self-Sufficiency'. Der erste proklamiert zwar eine weitgehende Selbstversorgung im landwirtschaftlichen und industriellen Bereich, sieht aber begrenzte Importe von Produkten vor, die im Land nur mit erheblichem Aufwand hergestellt werden könnten. Sie sollten mit Exporten von Gütern bezahlt werden, bei denen Indien einen Vorsprung gegenüber anderen Ländern hat. Aber Indien erwirtschaftete keine Überschüsse für einen Ausgleich der Handelsbilanz. Tatsächlich liefen daher die Bemühungen auf eine Self-Sufficiency hinaus, eine möglichst völlige Unabhängigkeit von Importen. In den Dokumenten, welche die Self-Reliance propagieren, zeigt sich, dass tatsächlich eine Self-Sufficiency gemeint ist. Diese sollte Indien auch als subkontinentale Wirtschaftsmacht ausweisen. Außerdem besteht seit der von Gandhi initiierten Swadeshi-Bewegung ein enger Zusammenhang zwischen wirtschaftlicher und politischer Unabhängigkeit, der tief im nationalen Bewusstsein verwurzelt ist.

Der Aufbau einer diversifizierten Industrie, die fast alles selbst herstellen kann, ist Indien in weitem Umfang gelungen. Aber es hat dafür einen hohen Preis gezahlt. Um die junge einheimische Industrie vor ausländischer Konkurrenz zu schützen, waren Importe nur in Ausnahmefällen oder unter prohibitiven Zollsätzen erlaubt. Die strikten Einfuhrbeschränkungen und die unzureichende eigene Produktion ließen einen umfangreichen Schmuggel entstehen. Ursprünglich wurde Gold geschmuggelt, später kamen Konsumgüter hinzu, die in Indien nicht oder nur zu hohen Preisen erhältlich waren. Gegen Mitte der 1980er-Jahre reichte die Palette der illegal eingeführten Güter von Reißverschlüssen und Synthetiktextilien über Uhren und Elektronikartikel bis zu Medikamenten. Der Schmuggel lief von den Golfstaaten über die nördliche Westküste, wo ganze Dörfer damit beschäftigt waren.

Die geringe Kaufkraft hielt den Markt für Güter so klein und machte die Produktion häufig so unwirtschaftlich, dass man die Konkurrenz indischer Betriebe untereinander durch Festsetzung der Produktionsmengen begrenzte und damit den Wettbewerb weitgehend ausschaltete. Die Zuweisung der Ressourcen erfolgte nicht nach optimalen wirtschaftlichen Gesichtspunkten, und viele Unternehmer genossen durch die Zuteilung von Rohstoffen und Produktionsmengen eine Vorzugsstellung. Das Ergebnis waren Produkte zu hohen Kosten, die mit veralteter Technologie in schlechter Qualität hergestellt wurden. Die personelle Überbesetzung der staatlichen Betriebe verminderte zwar die Arbeitslosigkeit, trug aber zu einer niedrigen Arbeitsproduktivität bei, sodass trotz geringer Löhne hohe Arbeitskosten entstanden. Die meisten indischen Betriebe waren international nicht konkurrenzfähig, und der Anteil Indiens an den Exporten im Welthandel ging immer weiter zurück.

Die Planwirtschaft war geprägt von einer überaus vielschichtigen Reglementierung der Unternehmen mit Lizenzauflagen und Kontrollen und der Herrschaft einer allmächtigen, aber schlecht bezahlten Bürokratie – in Anspielung auf den Raj, die britische Herrschaft, auch 'Licence Raj' genannt. Für Korruption bot sich ein weites Feld. Bestechung und sehr hohe Spitzensteuersätze führten zu einem Schwarzgeldmarkt und zur Steuerhinterziehung von gigantischem Ausmaß.

Während der ersten drei Dekaden der Planung lag das indische Wirtschaftswachstum bei jährlich durchschnittlich 3,5%, einem Wert, den man ironisch als 'Hindu Rate of Growth' bezeichnet hat. Die Industrie wuchs in den meisten Jahren deutlich schneller als das BIP, blieb jedoch hinter den Planzielen und erst recht hinter den Entwicklungen in anderen asiatischen Ländern zurück. Vor allem war die Wachstumsrate der Industrie zu gering, um die dringend benötigten Arbeitsplätze zu schaffen, und andererseits die Bevölkerungszunahme zu hoch, um den Trickle down-Effekt zu erzeugen, den man bei der Planung erwartet hatte. In absoluten Zahlen ist die industrielle Produktion zwar eindrucksvoll, aber auf den Kopf der Bevölkerung umgerechnet blieb sie unzureichend. Obwohl der Misserfolg der Wirtschaftspolitik deutlich erkennbar war, erfolgten keine oder nur sehr zaghafte Veränderungen.

New Economic Policy und Liberalisierung

Der Anstieg der Kreditnahme aus dem Ausland hatte zwar in den 1980er-Jahren wirtschaftliches Wachstum gebracht, aber die Zahlungsbilanz ungünstig beeinflusst und die Inflation angeheizt. Als 1990 der Irak in Kuwait eindrang, verdoppelten sich die Ölpreise. Viele Inder, die am Persischen Golf gearbeitet hatten, kehrten nach Hause zurück, sodass ihre Überweisungen an die Familien und damit ein wichtiger Beitrag zur indischen Zahlungsbilanz entfielen. Der Zuwachs des Bruttosozialproduktes sank auf 1,3 % im Jahre 1991, der Wechselkurs der Rupie verfiel, und Indien stand vor der Zahlungsunfähigkeit. Unruhen wegen der Einführung höherer Quoten für Dalits und die Erstürmung der Ayodhya-Moschee durch fanatisierte Hindus hatten zum Sturz der Zentralregierung (1990) beigetragen. Diese Ereignisse verunsicherten die ausländischen Kreditgeber, und Indien war gezwungen, der Weltbank und anderen Organisationen für die Gewährung von Krediten Zugeständnisse im Hinblick auf eine Liberalisierung der Wirtschaft einzuräumen.

1991 erfolgte unter der neuen Regierung von N. Rao und seinem Finanzminister ein grundlegender Wandel von der staatlich gesteuerten zu einer marktwirtschaftlichen Politik, als 'New Economic Policy' (NEP) bezeichnet. Das Lizenzsystem wurde weitgehend aufgehoben, darunter auch die für einen Standort erforderlichen Genehmigungen, mit Ausnahme von 23 Großstädten mit mehr als 1 Mio. Ew., bei denen – abgesehen von nicht-umweltbelastenden Industrien wie Elektronik und Software – ein Abstand von 25 km von der Peripherie der Stadt eingehalten werden muss. Ferner verblieben für den Staat nur noch acht reservierte Industriezweige, die strategische Bedeutung haben.

Die Liberalisierung sollte der Wirtschaft neuen Auftrieb geben und das Wachstum beschleunigen. Ihre Hauptziele waren
■ die Beseitigung des Haushaltsdefizits durch den Abbau der zahllosen umfangreichen Subventionen und die Privatisierung staatlicher Unternehmen;

■ der Ausgleich der Handelsbilanz durch eine Stärkung der Wettbewerbsfähigkeit indischer Unternehmen und eine Förderung ausländischer Investitionen.

Für ausländische Investoren wurden günstigere Bedingungen geschaffen, die Genehmigungsverfahren vereinfacht und eine Beteiligung von 51 % zugelassen, bei Technologietransfer, hohem Exportanteil oder bei bestimmten Branchen auch mehr; Einfuhren wurden erleichtert und Zölle reduziert – womit dem Staat aber eine der wichtigsten Einnahmequellen verloren ging. Mengenbegrenzungen für Importe wurden aufgehoben, die Patentgesetzgebung der des Westens angeglichen, der Transfer von Dividenden, Gewinnen und Lizenzgebühren grundsätzlich erlaubt. Inzwischen ist auch die indische Rupie weitgehend konvertierbar.

Die Öffnung des Industriesektors für ausländische Firmen hat nicht nur Technologieimporte erleichtert, es drangen auch multinationale Firmen in Branchen ein wie Limonaden, Waschmittel u. Ä., wo indische Unternehmen genauso gut produzierten. Betroffen sind außerdem viele Unternehmen, die bis dahin eine unangefochtene Stellung auf dem indischen Markt hatten. Die Verdrängung indischer Firmen und der Transfer der Gewinne ins Ausland wecken Ressentiments, die sich z. B. in Angriffen auf amerikanische Schnellimbissketten Luft machen. Obwohl die neue Regierung den Weg der Liberalisierung weiter beschreitet, versucht sie es inzwischen mit kleineren Schritten.

Die Liberalisierung vergrößert den Abstand zwischen rückständigen und entwickelten Bundesstaaten. Über drei Viertel der genehmigten Auslandsinvestitionen (20 Mrd. US-$) entfallen auf sechs Staaten: Maharashtra, Gujarat, Tamil Nadu, Andhra Pradesh, West Bengal, Karnataka. Nur sie haben inzwischen annähernd die Wachstumsraten erreicht, die ganz Indien braucht, um die Armut zu überwinden. Die Abb. 77 lässt den unterschiedlichen Industrialisierungsstand in den Bundesstaaten erkennen und zeigt auch den insgesamt geringen Anteil der in Fabriken Beschäftigten.

Die wirtschaftlichen Disparitäten verschärfen die politischen Gegensätze. Die wichtigsten Steuern – Einkommensteuer, Verbrauchssteuern und Zölle – gehen an die Zentralregierung, die sie an die einzelnen Staaten verteilt, aber den rückständigen Staaten einen steigenden Anteil zuweist, während derjenige der reicheren Staaten rückläufig ist. Diese sehen sich für ihren Fortschritt und ihre Anstrengungen bestraft. Ihr Protest hat Gewicht, denn die Stimmen der Regionalparteien sind für die Koalitionsregierung in Delhi unentbehrlich. Dagegen weisen Bihar und Uttar Pradesh, die rückständigen Staaten im Norden, auf die fast ein Viertel der Sitze im Parlament in Delhi entfällt, auf die nachteiligen Folgen der Liberalisierung insbesondere bei der Landwirtschaft hin. Sie werden vom Absenken der von der Regierung garantierten Preise für landwirtschaftliche Produkte oder die Reduzierung der Subventionen für Kunstdünger und Elektrizität empfindlich getroffen.

Das räumliche Muster der Industrialisierung

Die räumlichen Strukturen der indischen Industrie nach der Unabhängigkeit sind zwar immer noch von der aus der Kolonialzeit stammenden Dominanz der großen Hafenstädte bestimmt. Doch ist ihre Stellung als Industriestandort relativ rückläufig und wird in zunehmendem Maße von ihrer Bedeutung als Zentren des tertiären Sektors überlagert.

Die Ausrichtung der Wirtschaft auf den inländischen Bedarf und die außenwirtschaftliche Abschottung nach der Unabhängigkeit begünstigten binnenländische Standorte. Delhi, in dessen Umland sich heute eines der wichtigsten Industriegebiete befindet, ist ein deutliches Beispiel. Andere Städte, die noch aus britischer Zeit eine bessere Infrastruktur und angenehmere Lebensbedingungen aufweisen, wie Pune oder Bangalore, sind enorm gewachsen, ebenso die besonders geförderten Hauptstädte der Bundesstaaten. Während hier früher der leichtere Kontakt mit Politikern und Beamten für die vielen erforderlichen Genehmigungen eine Rolle spielte, bevorzugen jetzt ausländische Firmen diese Standorte, weil sie über Flugverbindungen gut erreichbar sind. Sie bilden die neuen Brückenköpfe für die Unternehmen der Industriestaaten. Die Ansiedlungsbeschränkungen in den Metropolen haben bewirkt,

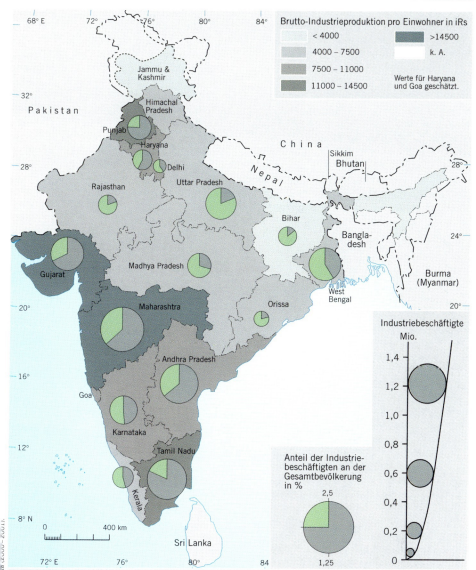

Abb. 77: *Brutto-Industrieproduktion pro Einwohner und Industriebeschäftigte (Factory Sector) in ausgewählten Bundesstaaten (1998).*

dass sich neue Industrien in ihrem Umland niederlassen, sodass es zu einer räumlichen Ausweitung der Zentren und zur Ausbildung von Industriekorridoren oder doch Ansätzen dazu gekommen ist.

Die Programme zur Erschließung der Backward Regions finden in den letzten Fünfjahresplänen nur noch allgemeine Erwähnung. Die Erschließung rückständiger Regionen und der Ausgleich regionaler Dis-

paritäten entsprach nicht den Erwartungen. Der flächenhafte Ausbau der Infrastruktur, der es ermöglicht hätte, Industrie auf dem Lande anzusiedeln, erwies sich als zu aufwändig. Auch die an Rohstoffe gebundenen Industrien des Public Sector haben nur begrenzt eine Initialzündung für die Ansiedlung weiterer Betriebe gegeben: Es musste die Kräfte Indiens übersteigen, ein Gebiet von der Größe der Europäischen Union gleichmäßig zu industrialisieren. Die Überwindung ungünstiger geographischer und sozialer Faktoren, wie sie in vielen Teilen des Landes vorherrschen, trifft auf weit größere Schwierigkeiten als in reichen Industriestaaten.

Die Liberalisierung, welche die Standortbeschränkungen weitgehend aufhob und die Förderung rückständiger Regionen kürzte, wird die Tendenz zur Ansiedlung in bevorzugten Gebieten verstärken. In diesen zeigt sich allerdings eine räumliche Ausbreitung, indem von den älteren Zentren ausgehend Industrieansiedlungen in neuen Standorten entstehen. In Ansätzen zeichnet sich

zwischen Industriezentren entlang wichtiger Verbindungsstraßen ein linienhaftes Muster ab. Die Bedeutung des Lkw, auf den der überwiegende Anteil des Gütertransports entfällt, kann für die Ausbreitung insbesondere der kleineren Industrien kaum überschätzt werden. Abb. 78 gibt einen Überblick über die industrialisierten Regionen Indiens, wobei zwischen stärker industrialisierten mit hoher Dichte und solchen mit lockerem Industriebesatz – der aber deutlich über dem Landesdurchschnitt liegt – unterschieden wird. Darüber hinaus weisen jede große und viele mittlere Städte Industrien auf.

Abb. 78: Industriegebiete und -korridore, stärker industrialisierte Städte.

Wichtige Industrien – Standorte und Strukturen

Aufgrund des Bestrebens, alles im Land selbst zu produzieren, weist Indien die ganze Vielfalt der Fertigungen eines Industriestaates auf. Die folgende Darstellung kann daher nur einige Industrien aufzeigen, die von besonderer Wichtigkeit sind und typische Probleme der Wirtschaftsentwicklung und -politik erkennen lassen.

Die Textil- und Bekleidungsindustrie – Der Siegeszug der Kleinbetriebe

Die Textilproduktion gehört als Konsumgüterindustrie zum privaten Sektor der Wirtschaft. Sie bietet ein gutes Beispiel, wie staatliche Einflussnahme die Strukturen einer Branche außerhalb des Public Sector und die Verteilung der Standorte völlig manipuliert hat. Die Herstellung von Baumwolltextilien weist dazu günstige Voraussetzungen auf. Da sich beim Spinnen, Weben und Ausrüsten das Gewicht der Ware nicht ändert, ist eine Aufteilung der einzelnen Produktionsprozesse auf verschiedene Betriebe und deren räumliche Trennung wirtschaftlich möglich.

Zum Zeitpunkt der Unabhängigkeit erfolgte die Herstellung von Baumwolltextilien zum weit überwiegenden Teil in großen, vertikal integrierten Fabriken, den 'Composite Mills', deren Standorte in großen Städten lagen. Um zahlreiche dezentrale Arbeitsplätze mit geringem Kapitalaufwand zu schaffen, unterwarf man diese großen 'Spinn-Webereien' Regelungen und Einschränkungen. Expansionen und Neugründungen sowie die Produktion bestimmter Stoffe wurden untersagt, und man verpflichtete sie zur Herstellung von 'Controlled Cloth', bei dem die Qualität und der Preis staatlichen Vorgaben folgen mussten. Dagegen wurde die Einrichtung neuer Spinnereien gefördert, um die Versorgung der Handweber mit preisgünstigem Garn zu gewährleisten. Ziel der Eingriffe war also die Förderung des Handwerks (Stang & Schmitz 1990, S. 102 ff.).

Unter diesen Verhältnissen verschlechterte sich die Ertragslage der Composite Mills zunehmend. Investitionen rentierten sich nicht mehr, die Ausrüstungen veralteten, die Produktivität sank. Entlassungen waren nicht möglich, und seit Anfang der 1970er-Jahre wurden viele Betriebe zah-

lungsunfähig. Um sie vor der endgültigen Schließung zu bewahren und die Arbeitsplätze zu erhalten, übernahm eine staatliche Organisation die Betriebe, doch gelang es nur in Ausnahmefällen, sie aus der Verlustzone zu führen. Exporte boten keinen Ausweg, weil die internationale Konkurrenzfähigkeit fehlte. Lediglich die UdSSR importierte in größerem Umfang indische Textilien, da die Qualitätsansprüche hier geringer waren und die Rechnungen nicht in harten Devisen beglichen werden mussten. Die Behinderung der integrierten Textilfabriken begünstigte jedoch nicht wie beabsichtigt die Handwebereien. Die Gewinner waren vielmehr Kleinbetriebe mit maschinellen Webstühlen. Ähnlich wie bei den Handwebern wurden diesen mit *Powerlooms* arbeitenden Kleinbetrieben des 'Dezentralised Sector', die offiziell jeweils bis zu vier Webstühle betreiben durften, erhebliche Steuervorteile gewährt. Sie produzierten sehr kostengünstig, und da sie sich gegenüber der Nachfrage als sehr anpassungsfähig erwiesen, verzeichneten sie den größten Zuwachs. Sie haben heute einen Anteil von 75 % an der Gesamtproduktion.

In den 1970er-Jahren erwuchs der Baumwolle eine neue Konkurrenz in den Kunstfasern. Da die indische Produktion den Bedarf nicht befriedigen konnte und die Fasern durch Verbrauchssteuern und prohibitive Zölle sehr teuer waren, wurden sie in erheblichem Umfang ins Land geschmuggelt. Den großen Textilfabriken war zunächst die Kunstfaserverarbeitung untersagt, sodass es den Powerlooms gelang, sich auch in diesem sehr gewinnträchtigen Markt zu etablieren und damit den weitaus größten Anteil an der indischen Textilproduktion zu gewinnen (Bild 56). Ihre Zahl hat sich seit der Unabhängigkeit vervielfacht und dürfte heute bei über einer Million liegen. Das sind jedoch grobe Schätzungen, denn viele Betriebe umgehen die vorgeschriebene Registrierung ihrer Webstühle. Gegenüber den Fabriken konnten sie sich durchsetzen, da sie ihren Arbeitern wesentlich geringere Löhne zahlen. In der arbeitsintensiven Handweberei liegen die Löhne zwar nur halb so hoch wie in den Kleinbetrieben, doch infolge der geringen Arbeitsproduktivität

Bild 56: *Kleinbetrieb mit Maschinenwebstühlen in Surat. Die Powerlooms produzieren heute den weitaus größten Teil der Stoffe.*

sind hier die Herstellungskosten am höchsten. Der Niedergang der großen Textilfabriken veranlasste die Regierung mit einer 'New Textile Policy' zu einer schrittweisen Lockerung der bestehenden Auflagen und zu dem Versuch, das Wachstum der Powerlooms einzudämmen.

Den in Powerloom-Betrieben erzeugten Stoffen fehlt die Standardisierung, bei Handwebereien wird sie gar nicht erst erwartet. Breite, Farbe und Webstruktur weisen Unterschiede auf, sodass eine Massenproduktion schwierig ist. Die indischen Exporteure haben aus der Not eine Tugend gemacht. Sie liefern kleine Partien, deren Fertigung in anderen Ländern mit höherer Mechanisierung der Produktion – dazu zählen auch Sri Lanka und Bangladesh – unökonomisch wäre.

Das Aufkommen der Powerlooms hat zu einer Dezentralisierung geführt und sicher mehr Arbeitsplätze geschaffen, als durch die Schließung großer Fabriken verloren gingen. Allerdings sind die Arbeitsbedingungen in den Kleinbetrieben außerordentlich schlecht. Bei knappem Kapitaleinsatz nutzen sie vor allem die reichlich vorhandenen Arbeitskräfte als billigen Produktionsfaktor. So finden sich hier Verhältnisse wie im frühindustriellen Europa. Die Arbeitszeiten sind lang, eine Versicherung für den Krankheitsfall oder bei Arbeitslosigkeit gibt es nicht. Noch schlechter ist die Situation der meisten Handweber. Viele sind nur Lohnempfänger, denen größere Unternehmen oder ein 'Master Weaver' Webstühle und Rohmaterialien stellen. Bezahlt wird nach Menge und Qualität des fertigen Tuches, bei dessen Herstellung oft Familienangehörige und Kinder helfen müssen, um überhaupt einen bescheidenen Verdienst zu erzielen (Stang & Schmitz 1988, S. 105).

Die regionalen Schwerpunkte der Baumwollverarbeitung liegen im Süden und Westen, besonders in Maharashtra und Gujarat. Im Süden bestehen zahlreiche Spinnereien zur Versorgung der Handweberei. Sie hat sich in Tamil Nadu mit einem Drittel der indischen Handwebstühle bis heute am besten behauptet und wird durch ein umfangreiches, staatlich unterstütztes Genossenschaftswesen gefördert.

Fabriken, Kleinbetriebe und Handwebereien lassen unterschiedliche Standorttypen erkennen. Die Fabriken, die von allen Industriebranchen die weiteste Verbreitung haben, liegen zumeist in großen Städten. Die Handweber, die für den lokalen Bedarf produzieren, arbeiten zwar auch heute noch in Dörfern. Wegen der besseren Zugangsmöglichkeiten zu Garnlieferanten und Abnehmern sowie der zunehmenden Bedeutung eines regionalen Marktes ziehen sie aber kleinere Städte vor. Die Powerlooms, die auf eine funktionierende Infrastruktur und besonders auf eine verlässliche Energieversorgung angewiesen sind, haben sich häufig in Mittelstädten – was in Indien eine Einwohnerzahl von über 100 000 bedeutet – niedergelassen.

Ein Beispiel für einen solchen Standort ist die Stadt Bhiwandi, die etwa 65 km von Mumbai entfernt am National Highway nach Agra liegt. Als Anfang der 1980er-Jahre ein langer Streik die Textilfabriken in der Hauptstadt Maharashtras lahm legte, waren deren Produkte trotzdem verfügbar, weil sie von den Powerlooms in Bhiwandi hergestellt wurden. Viele Arbeiter aus den Fabriken Mumbais fanden während des Streiks eine neue Beschäftigung in Bhiwandi. Ähnliche Konzentrationen von Maschinenwebstühlen finden sich z. B. in Ichalkaranji im Südwesten Maharashtras oder in Surat in Gujarat.

Die *Wollverarbeitung* hat im Verhältnis zur Kunstfaser- und Baumwolltextilindustrie aus klimatischen Gründen geringere Bedeutung. Die erste große Wollfabrik entstand 1876 in der Garnisonsstadt Kanpur und war auf den Bedarf der Armee ausgerichtet. Wenig später wurden weitere Fabriken im Punjab gegründet, denn der kühlere Norden bot den größten Absatzmarkt (Sharma 1954, S. 81). Mit der Teilung des Subkontinents fielen wichtige, auf hochwertige Wolle ausgerichtete Gebiete der Schafhaltung an Pakistan. Viele der ausgebildeten Arbeitskräfte waren Muslims und verließen den Nordwesten der Union. Heute befinden sich die meisten großen Unternehmen der Wollverarbeitung in Maharashtra, in Rajasthan und Gujarat. Der weit überwiegende Teil der Branche besteht jedoch aus Kleinbetrieben und 'Cottage Industries', die vor allem in Kashmir zahlreiche Arbeitsplätze bieten. Wirkwaren wie Pullover, Schals oder Socken werden im Punjab und in Haryana hergestellt. Für feinere Produkte ist Indien auf die Einfuhr von qualitativ hochwertiger Wolle aus Australien, Südafrika und Südamerika angewiesen. Von größerer Bedeutung ist die Herstellung grober Decken und vor allem die Teppichproduktion, deren Erzeugnisse auch exportiert werden. Räumlich konzentriert sich die Teppichknüpferei auf die ärmsten Bundesstaaten mit den niedrigsten Löhnen, das östliche Uttar Pradesh, Bihar und Rajasthan.

Eine *Bekleidungsindustrie* konnte in einem Land, in dem ein großer Teil der Bekleidung aus Stoffbahnen besteht – seien es nun Saris oder Dhotis – und in dem die Kosten für einen Schneider außerordentlich niedrig lagen, kaum aufkommen. Ihre Entwicklung begann erst in den 1960er- und 70er-Jahren, und sie war zunächst auf den Export in westliche Länder ausgerichtet, gefördert vom Geschmack für 'Indisches', den in den USA die 'Hippies' kreierten. Heute gehört die Herstellung von Bekleidung zu den größten Industriezweigen des Landes und trägt maßgeblich zu seinen Deviseneinnahmen bei. Dennoch ist Indiens Anteil am Welthandel mit Bekleidung noch sehr gering und wird von Ländern wie Süd-Korea, Taiwan und den Philippinen bei weitem übertroffen. Zu Indiens wichtigsten Abnehmern gehören die USA, die EU, Afrika und die Golfregion. Der Trend zur Naturfaser in den reichen Ländern brachte Indien weiteren Auftrieb. Nachgefragt werden vor allem aus Baumwolle gefertigte Blusen, Kleider, Röcke, Herrenhemden und -hosen der Sommerkollektion.

Da die indische Bekleidungsindustrie arbeitsintensiv ist, bedeutet eine Steigerung der Produktion die Neueinstellung von mehr Arbeitern, was bei den großen Betrieben gewöhnlich mehr Arbeitskämpfe zur Folge hat. Weil zudem die Auftragslage im Verlauf eines Jahres sehr schwankt und nicht alle Arbeiter durchgehend beschäftigt werden können, verteilt man die Produktion auf Subunternehmer. Kleinere Betriebe, deren Arbeiter nicht organisiert sind, herrschen bei weitem vor. Sie haben selten direkten Kontakt zum Kunden im Ausland und liefern an Exporteure, die ihren Sitz in Mumbai, Delhi, in geringerem Umfang in Chennai und neuerdings auch in Bangalore haben. Delhi und Mumbai sind die Städte mit den besten internationalen Flugverbindungen, was für die Exporteure von großer Bedeutung ist, denn fast alle Lieferungen werden per Luftfracht ausgeführt und konzentrieren sich auf die Monate Januar bis März.

Sieht man von T-Shirts und ähnlichen Erzeugnissen ab, für die im Land ein riesiger Markt besteht, so wurde die Ausrichtung der indischen Bekleidungsindustrie auf den heimischen Bedarf von den Exporten vorbereitet. Der Branche gelang der Einstieg in den indischen Markt mit Hemden und Hosen, die zuerst als sehr teure Markenartikel und mit einer Werbung, die auf den Export in westliche Länder Bezug nahm, angeboten wurden. Dann erst schritt man zur

Massenproduktion von preisgünstiger Ware, darunter auch Jeans. Inzwischen lassen selbst die großen US-Firmen, deren Jeans früher nur als Schmuggelware ins Land kamen, in Indien produzieren. Die großen Spinn-Webereien, die bereits für ihre Stoffe über zahlreiche Verkaufsstellen in den großen Städten verfügten, sahen sich zur Aufnahme der Konfektion gezwungen, weil sie ihre wichtigsten Stoffkunden, die kleinen Bekleidungsbetriebe und Schneidereien, an die billiger liefernden Powerloom-Betriebe verloren hatten. Mit dem Einstieg in die Bekleidungsindustrie erwarten sie, den Absatz für ihre eigenen Stoffe zu erhalten und zu vergrößern. Die Kosten für maßgefertigte Kleidung sind gestiegen, und es gilt als modern und Zeit sparend, Konfektion zu kaufen. Die Inlandsnachfrage hat sich seit Beginn der 1980er-Jahre vervielfacht und nimmt heute den größten Teil der Produktion auf. Die schnelle Entwicklung der Bekleidungsindustrie ist ein gutes Indiz für den gewaltigen Absatzmarkt für Konsumgüter, der in Indien mit wachsendem Wohlstand der städtischen Mittelschicht entsteht.

Die Lederindustrie – Traditionelles Handwerk neben moderner Industrie

Die indische Lederverarbeitung zeigt den Einfluss religiöser Vorschriften auf wirtschaftliche Betätigungen. Da Hindus die Berührung und die Verwertung von toten Tieren als unrein ansehen, ist die Lederherstellung und -verarbeitung eine Domäne der Muslims und der 'Unberührbaren'.

Indien hat zwar die höchste Rinderpopulation der Welt und sollte eigentlich über ausreichend Rohmaterial verfügen, doch ist die Qualität der Häute sehr schlecht. Weil das Schlachten von Rindern von der hinduistischen Bevölkerung abgelehnt wird und in vielen Bundesstaaten gesetzlich verboten ist, stammen die meisten Häute von Tieren, die an Altersschwäche, Krankheit oder Unterernährung verendet sind. Die Art der Viehhaltung bringt es mit sich, dass die frei streunenden Tiere, aber auch die Zugtiere häufig Verletzungen haben oder mit Parasiten infiziert sind. Wenn dann noch beim Abziehen die Haut beschädigt wird oder der Transport – besonders in der Monsunzeit – zum Markt und von dort in die Gerbereien zu lange dauert, kommt es

zur Qualitätsminderung. Günstiger ist die Versorgung mit Ziegen-, Schaf- und Wasserbüffelhäuten, weil diese Tiere geschlachtet werden. Die Verfügbarkeit von Häuten zeigt im Jahresverlauf Schwankungen. Im Norden ist das Angebot in den Wintermonaten größer, weil wegen der kalten Nächte mehr Kühe verenden.

In den 60er-Jahren des 19. Jh.s gründeten die Briten die erste Fabrik, um den Bedarf der Armee in zuverlässiger Qualität zu decken. Ihr Standort, Kanpur, wuchs zu einem Zentrum der indischen Lederindustrie, die vor allem in den beiden Weltkriegen einen Aufschwung nahm. Die rasche Expansion der industriellen Lederverarbeitung ist jedoch eine junge Entwicklung, und das Handwerk spielt immer noch eine wichtige Rolle; die Übergänge sind fließend. Traditionelle handwerkliche Fertigung und moderne Produktions- und Vertriebsmethoden stehen nebeneinander oder ergänzen sich.

Zunächst wurden nur Gerbstoffe verwendet, die man aus den Früchten, Blättern und Rinden bestimmter Pflanzen gewann. Dieses pflanzliche Gerben, als 'East India Tanning' bezeichnet, ist heute noch bei den ländlichen Gerbereien, die für den lokalen Bedarf arbeiten, gebräuchlich. Das seit Anfang des 20. Jh.s praktizierte Chromgerben hat eine länger anhaltende Gerbwirkung, erfordert aber eine durchgehende Verarbeitung des Rohmaterials zum Fertigprodukt. Die weiteste Verbreitung fand es im Norden und in Calcutta, weil hier pflanzliche Gerbstoffe in geringerem Umfang zur Verfügung standen als im Süden (Sharma 1954, S. 181). Inzwischen werden auch andere Chemikalien zum Gerben benutzt, vornehmlich für Leder besserer Qualität. Die Großbetriebe mit Standorten in Kanpur, in Chennai und seinem Umland, in Tonk (Rajasthan), Mumbai und Agra stellen heute überwiegend chromgegerbtes Leder her.

Eine Konzentration mittlerer und kleinerer Betriebe hat Calcutta. Hier haben sich in Indien altansässige Chinesen, die früher im Zentrum der Stadt wohnten, am östlichen Stadtrand in einer festungsartigen Siedlung niedergelassen, wo sie ca. 200 kleine Chromgerbereien betreiben. In ihrem Umkreis ist der Gestank unerträglich. Die Abwässer werden seit Jahrzehnten in einen

Bild 57: *Handwerkliche Gerbereien. Sie belasten nicht nur die Umwelt, sondern auch die Gesundheit der Beschäftigten.*

nahe gelegenen Salzsee abgeleitet, dessen Giftbrühe inzwischen zu einer soliden Decke verfestigt ist. Die Auswirkungen der Gerbereien auf die Umwelt werden hier besonders deutlich. Daher hat die indische Regierung speziell für die Lederindustrie ein Förderprogramm vorgesehen, um die von den Gerbereien hervorgerufenen Umweltbelastungen zu reduzieren (Bild 57).

Ein wesentlicher Teil des in Indien gewonnenen Leders ging früher in den Export. Chennai ist der wichtigste Umschlagplatz, da sich im Süden die meisten Gerbereien befinden und bessere Lederqualitäten verarbeitet werden. Zwei gegenläufige Bewegungen haben den Export beeinflusst. Die Nachfrage der Industrieländer stieg, weil ihre Firmen wegen steigender Lohnkosten und der mit dem Gerben verbundenen Umweltbelastung diesen Teil der Produktion in die Entwicklungsländer verlagerten und sich auf die Herstellung von Fertigprodukten, wie z. B. Schuhe, verlegten. Auf der anderen Seite verlor Indien einen Teil seines Lederexports, weil südamerikanische Länder besseres und billigeres Leder auf den Weltmarkt brachten. So hat sich der US-amerikanische Markt auf Brasilien ausgerichtet. Auch die Konkurrenz der Nachbarländer China, Pakistan und Bangladesch wächst. Chennai ist allerdings wegen seiner hochwertigen Produkte aus Schaf- und Ziegenleder, mit denen Indien noch den Weltmarkt beherrscht, weniger beeinträchtigt.

Unter den Leder verarbeitenden Industrien nimmt die Herstellung von Schuhen die erste Stelle ein. Bei einer Jahresproduktion von 350 Mio. Paar müsste zwar im statistischen Durchschnitt jeder Inder bis zu drei Jahren auf ein neues Paar Schuhe warten, doch tragen viele, vor allem im Süden und in den ländlichen Gebieten, nur Plastiksandalen oder gehen barfuß, sodass sich der Absatz der Schuhindustrie auf die Städte und den Norden konzentriert. Das Wachstum einer städtischen Mittelschicht ließ die Nachfrage steil ansteigen. Nur etwa ein Drittel der Produktion von Schuhen westlichen Stils wird von Großbetrieben hergestellt, die etwa 100 000 Beschäftigte haben – gegenüber 800 000 in der Klein- und Heimindustrie.

Bekanntestes und größtes Unternehmen ist die Bata-Schuhfabrik südlich von Calcutta, gegründet von einem tschechischen Emigranten. Batanagar ist die zugehörige Werkssiedlung, welche die Größe einer kleinen Stadt erreicht. Bata, inzwischen ein multinationales Unternehmen, unterhält wie andere große Schuhhersteller eine über ganz Indien reichende Kette eigener bzw. konzessionierter Läden. Von den Vorteilen

Bild 58: *Kleinstbetrieb in Kolhapur. Hier werden die 'Kolhapuri Chappals' hergestellt.*

Eine Sonderstellung nimmt die Stadt Kolhapur auf dem Deccan-Plateau in Maharashtra ein. Es ist die Heimat der 'Kolhapuri Chappals', der dekorativen indischen Ledersandalen. Über 10 000 Handwerker, die jährlich 3 Mio. Paar Sandalen herstellen, sind in der Stadt und ihrem Umland beschäftigt (Bild 58). Die Chappals werden im Zentrum der Stadt in zahllosen Läden sowie in ganz Indien und sogar dort verkauft, wo Inder im Ausland leben, wie in den Golfstaaten und Mauritius. In einem anderen Stadtteil befinden sich die meist kleineren Gerbereien, die fast alle noch pflanzliche Stoffe nutzen und Kolhapur zu einem der wichtigsten Zentren der Gerberei in Indien machen. In wieder einem anderen Stadtteil liegen die etwa 400 kleineren Fabrikationsstätten.

Der Export von Schuhen und anderen Fertigartikeln aus Leder wird gegenüber der Rohlederausfuhr von der indischen Regierung gefördert, weil die Mehrwertproduktion Devisen einbringt und Arbeitsplätze schafft – wobei nach der Qualität der Arbeitsplätze wenig gefragt wird. Stil und Design werden vom ausländischen Abnehmer bestimmt, der die schnelle Anpassungsfähigkeit bei neuen Trends und die Lieferung auch kleiner Partien besonders schätzt. Die internationalen Modetrends finden sich bald im Angebot für den indischen Markt wieder. Während sich die Ausfuhr zunächst auf Oberteile beschränkte, weil die indischen, aus Büffelleder gefertigten Sohlen für kühlere Klimate ungeeignet sind, werden inzwischen immer mehr komplette Schuhe für den Export hergestellt. Zwischen den größeren Schuhherstellern und ausländischen Unternehmen, die von den niedrigen Löhnen profitieren, bestehen zahlreiche Joint Ventures, besonders bei Sport- und Hausschuhen.

des eigenen Vertriebs abgesehen, ist dies die einzige Möglichkeit, dem Verkauf von minderwertigen Schuhen, die von Kleinstbetrieben imitiert und mit dem Bata-Markennamen versehen werden, zu begegnen.

Die großen Unternehmen vergeben unter genauen Produktionsanweisungen und strenger Qualitätskontrolle auch Auftragsarbeiten an Kleinbetriebe; sie vertreiben diese Schuhe unter ihrem Namen zusammen mit solchen aus eigener Fabrikproduktion. Zwei Drittel der Schuhe werden von halbmechanisierten Klein- und Kleinstbetrieben oder von Heimindustrien in Handarbeit hergestellt. Diese haben eine breite Streuung im Lande, sind aber in der Regel an Städte gebunden, von denen besonders Lucknow, Jaipur und Jalandhar im Punjab große Bedeutung haben. Wichtiger Standort ist neben Kanpur Agra, das eine lange Tradition in der Herstellung von Fußbekleidung besitzt. Hier beschäftigen ca. 5000 Werkstätten 100 000 Arbeiter, darunter viele Kinder. In zwei- oder dreistöckigen Wohnhäusern, die im Stadtbild kaum auffallen, wird arbeitsteilig produziert: Eine Gruppe schneidet die Sohlen, eine andere Teile des Oberleders, eine weitere befestigt das Oberleder oder die Absätze.

Die Eisen- und Stahlindustrie – Symbol der Unabhängigkeit

Wie andere blühende Gewerbe ist auch die Eisengewinnung im 19. Jh. dem Import erlegen. Frühe Versuche der Briten, Eisen mit modernen Produktionsmethoden herzustellen, endeten als Fehlschläge. Das erste, in den 1870er-Jahren gegründete Hüttenwerk Indiens in Kulti (West Bengal) hatte seinen Standort auf der Kohle und dem Eisenstein des Raniganj-Reviers, ebenso wie das später bei Asansol gebaute Stahlwerk von Burnpur, die 'Indian Iron and Steel Co.' (IISCO); beide gerieten immer wieder in Schwierigkeiten.

Den eigentlichen Beginn der indischen Eisen- und Stahlindustrie stellt die Gründung der 'Tata Iron and Steel Co.' (TISCO) im heutigen Jamshedpur dar, deren erster Hochofen 1911 angeblasen wurde. Das Werk entstand auf Initiative von Jamshedji Tata, einem Parsen, der in Bombay und anderen Städten des westlichen Indiens Textilfabriken besaß. Er entschied sich für einen Standort in einem unerschlossenen Gebiet, aber in der Nähe der Erze der Iron Ore Hills an der Bahnstrecke von Calcutta nach Bombay, die sowohl die Zufuhr der Kokskohle aus dem Damodar-Gebiet als auch den Absatz der Produkte insbesondere nach Calcutta, dem wichtigsten Zentrum der Metallverarbeitung, ermöglichte.

Kalkstein konnte in der Nähe gewonnen werden, und eine ganzjährige Wasserversorgung war durch den Subarnarekha-Fluss gesichert. Versuche, das Werk auf dem englischen Kapitalmarkt zu finanzieren, scheiterten, doch der Enthusiasmus der nationalen Bewegung half, die Aktien in kürzester Zeit in Indien unterzubringen. Damit wurde zum ersten Mal ein Großunternehmen mit indischem Kapital gegründet. Bei den Eisen- und Stahlwerken entstand eine Werksiedlung, die heutige, nach dem Gründer benannte Stadt Jamshedpur mit über 850 000 Einwohnern (1991). Als der Erste Weltkrieg die europäischen Importe unterbrach, konnte die TISCO auf den indischen Markt vordringen und darüber hinaus Stahl für den Eisenbahnbau zu den Kriegsschauplätzen des Nahen Ostens liefern.

Zu einer Zeit, als Kohle und Erz auch in den Industriestaaten der westlichen Welt noch weitgehend ohne Maschinen abgebaut wurden, brachten die niedrigen indischen Löhne der TISCO einen erheblichen Vorteil. Am Ende des Ersten Weltkrieges gehörte sie zu den billigsten Produzenten von Roheisen. Demgegenüber war ihr Stahl auf dem Weltmarkt nicht konkurrenzfähig, denn der Vorsprung in der ersten Phase der Produktion, der Gewinnung von Roheisen, ging in der zweiten, der schwierigeren und aufwändigeren Stahlherstellung, wieder verloren. Das Vordringen ausländischen Stahls in der weltweiten Rezession der 1920er-Jahre brachte das Unternehmen an den Rand des Ruins. Rettend wirkte sich der Zollschutz aus, der 1924 eingeführt und bis 1934 mehrmals erhöht wurde. Hinter der Zollmauer konnte eine Verkaufsorganisation aufgebaut werden. Mit größerem Absatz sanken die Herstellungskosten, sodass TISCO Mitte der 1930er-Jahre drei Viertel der indischen Eisen- und Stahlproduktion lieferte (Stang 1970, S. 37 f.).

Ein weiteres Eisen- und Stahlwerk wurde 1923 in Bhadravati vom Herrscher des damaligen Fürstenstaates Mysore gegründet. Die Standortwahl richtete sich nach den dortigen reichen Eisenerzlagerstätten; Kalk und Dolomit, Mangan- und Chromerze sind ebenfalls lokal vorhanden. Da jedoch Südindien über keine Kokskohle verfügt, wurde in Bhadravati Holzkohle zur Verhüttung genutzt, die man im Waldgürtel der Western Ghats mit systematischer Forstwirtschaft gewann. Zur anfänglichen Roheisenproduktion kam 1936 die Stahlgewinnung, als der Anschluss an das Wasserkraftwerk bei den Kaveri-Fällen den Einsatz von Elektroöfen ermöglichte.

Mit der Unabhängigkeit Indiens begann ein neuer Abschnitt in der Entwicklung der Eisen- und Stahlindustrie, denn mehr als andere Industrien galt sie als Symbol der wirtschaftlichen Unabhängigkeit. Vorbild war die Sowjetunion, welche die Eisen- und Stahlerzeugung an den Anfang ihrer Industrialisierung gestellt hatte. Die Industrial Policy Resolution von 1956 behielt zwar Neugründungen von Eisen- und Stahlwerken dem Public Sector vor, unter dem Zwang der unzureichenden Stahlproduktion gestand man den privaten Betrieben jedoch eine Vergrößerung der Kapazitäten zu. Während das Werk der TISCO erfolgreich modernisierte und expandierte, verschlechterte sich die Situation der IISCO im Laufe der Zeit aufgrund der Überalterung der Anlagen, sodass das Unternehmen in den 1970er-Jahren verstaatlicht wurde. Das 1962 von der staatlichen Gesellschaft SAIL übernommene Stahlwerk von Bhadravati blieb hinsichtlich seiner Produktionsmenge klein, entwickelte sich jedoch zum wichtigen Produzenten von Spezialstählen.

1953 vereinbarten die indische Regierung und deutsche Firmen den Bau eines integrierten Hüttenwerkes; 1955 gingen die Inder auf ein entsprechendes Angebot der sowjetischen Regierung ein; 1956 kam ein Vertrag mit britischen Firmen zustande. Außer dem Bau der Stahlwerke umfassten die Verträge die Anlage von großen Werksstädten. Rourkela im Bundesstaat Orissa war Standort für das mit deutscher Hilfe zu bauende Stahlwerk, Bhilai in Madhya Pradesh für das sowjetische und Durgapur in West Bengal für das britische. Ein viertes großes Stahlwerk baute man wenige Jahre später in Bokaro. Die Versuche, hierfür amerikanische Hilfe zu gewinnen, scheiterten – vornehmlich, weil die USA darauf bestanden, das Werk komplett zu liefern, aufzubauen und bis zur vollen Produktionsfähigkeit die Leitung in der Hand zu halten. Der Auftrag wurde daher an die UdSSR vergeben, die bereit war, einen großen Teil der Ausrüstungen von der Schwermaschinenfabrik in Ranchi bauen zu lassen.

Die Standorte der Werke sind rohstofforientiert. Die Lage beim Erz (Jamshedpur, Rourkela, Bhilai) und bei der Kohle (Durgapur, Bokaro) ermöglicht einen Pendelverkehr, sodass ein Leerlauf bei den Transportmitteln reduziert wird. Für die Standortwahl hat die Wasserversorgung der Werke eine wichtige Rolle gespielt. Da die Wasserführung der Flüsse wegen des monsunalen Klimas sehr unausgeglichen ist, war die Anlage zusätzlicher Stauseen zur Sicherung der Wasserversorgung notwendig. Die Orientierung an den bestehenden Eisenbahnlinien erfolgte, weil nur so der Antransport der Werksausrüstungen und die Versorgung der Arbeiter möglich war. Der Transport der Erzeugnisse zu den Märkten machte die Haupteisenbahnstrecke zwischen den Häfen Mumbai und Calcutta zur Leitlinie für die Stahlwerke.

Von den weiteren geplanten Stahlwerken sind bisher nur zwei realisiert worden. Das kleine, Anfang der 1980er-Jahre gegründete Werk von Salem (Tamil Nadu) stellt auf Basis lokaler schwefel- und phosphorarmer Magnetiterze hochwertige rostfreie Stähle in Elektroöfen her. Das wesentlich größere Stahlwerk in Vishakhapatnam mit einem Küstenstandort in Andhra Pradesh ist seit Anfang der 1990er-Jahre in Betrieb. Eisenerz der Bailadilla Range in Madhya Pradesh, das schon seit längerer Zeit über Vishakhapatnam nach Japan exportiert wurde, bildet die Rohstoffgrundlage, Kokskohle kommt aus dem Damodar-Gebiet und Australien.

Die integrierten Hüttenwerke sind, mit Ausnahme der TISCO, staatliche Unternehmen und unterstehen der 'Steel Authority of India Ltd.' (SAIL). Wegen der unzureichenden Kohlequalität, mangelnder Stromversorgung, Transportengpässen und schlecht gewarteter Anlagen arbeiteten sie meist unter ihrer Kapazität, sodass umfangreiche Stahlimporte notwendig waren. Ihre Belegschaft ist weitaus größer als erforderlich, denn Stellen in einem staatlichen Betrieb gehören zu den Wahlversprechen der Politiker. Die Preise ihrer Produkte legte der Staat unter Berücksichtigung der Kosten und der Gewinnspanne fest – sicher kein Verfahren, das die Effizienz förderte. Die Liberalisierung der Wirtschaft bringt die staatlichen Werke in Bedrängnis. Sie lässt sowohl die Konkurrenz neuer privater Unternehmen zu, deren Anlagen dem letzten Stand der Technik entsprechen, als auch den Import ausländischen Stahls besserer Qualität infolge der Reduzierung der Zollsätze.

Neben den großen, sehr kapitalintensiven integrierten Werken, deren Stahlproduktion auf der Verhüttung von Eisenerzen beruht, hatten die Engpässe in der Stahlversorgung zur Genehmigung von kleineren privaten Werken (Mini Steel Plants) geführt, die Stahl mittels Elektroöfen aus Schrott gewinnen. Anfang der 1990er-Jahre gab es etwa 200 solcher Unternehmen (Etienne 1992, S. 77). Seit der Liberalisierung ist ihre Anzahl und Größe gestiegen. Ihre Produktion lag (1999–2000) bei 16 Mio. t, das ist mehr als die der integrierten Hüttenwerke (11,3 Mio. t). (Ec. Surv. 2000–2001, S. 140). Ein Vorteil liegt in den weitaus geringeren Investitionen. Sie sind zudem flexibel genug, um Spezialstähle in kleinen Mengen herzustellen, und können ihre Standorte in der Nähe der Verbrauchszentren wählen. Schwierigkeiten resultieren daraus, dass elektrische Energie nicht kontinuierlich zur Verfügung steht und dass ihre wichtigste Rohstoffgrundlage Schrott ist, der in einem Land wie Indien nur begrenzt zur Verfügung steht und daher zu

60 % eingeführt werden muss. Von Bedeutung ist daher der Import ausgemusterter Schiffe, die auf primitivste Art z. B. in Alang (Gujarat) abgewrackt werden.

Zur Überbrückung des Schrottengpasses bemühte man sich um die Gewinnung von Schwammeisen durch Direktreduktion des Erzes mit nichtkokender Kohle, das sich dann mit einem Fe-Gehalt von über 90 % als Beimengung zum Schrott eignet. Die Schwammeisenwerke haben ihren Standort bei den Erzvorkommen. Der Rückgang der Schrottpreise auf dem Weltmarkt und die Liberalisierung der Einfuhren haben inzwischen die Erzeuger von Schwammeisen in Schwierigkeiten gebracht, sodass vorgesehene Neugründungen unterblieben.

Der Maschinenbau –
Der Schritt zur Industrienation
Der indische Maschinenbau und die Metallverarbeitung begannen in der Kolonialzeit mit der Ersatzteilfertigung für Textilmaschinen in Calcutta, Bombay und Ahmadabad. Hieraus entwickelte sich – ähnlich wie in der frühen Industrialisierung Deutschlands – der Nachbau importierter Maschinen. Daneben waren insbesondere Reparaturbetriebe, der Waggonbau für die Eisenbahnen – die allerdings alle Lokomotiven aus England importierten –, der Bau kleinerer Schiffe und der Stahlbau von Bedeutung. In der Regel wurde jedoch der Bedarf an Maschinen und Maschinenkomponenten durch Importe gedeckt.

Wichtigstes Zentrum des Maschinenbaus in der Kolonialzeit war Calcutta. Die Möglichkeit, fast jedes Maschinenteil hier herstellen und reparieren zu lassen, hatte die Stadt allen anderen Industriestandorten voraus. Die Kleinstbetriebe lagen in den Vororten Calcuttas, Hugli-aufwärts, besonders aber in Haora auf dem jenseitigen Ufer des Hugli.

Die Unterbrechung der Importe im Zweiten Weltkrieg sah eine Vielzahl von Unternehmensneugründungen. Nach der Unabhängigkeit hatte der Maschinenbau als Basis der Industrialisierung Priorität. Ab dem zweiten Fünfjahresplan kam es zur Expansion der Branche und ihrer räumlichen Ausbreitung. Neben dem noch dominierenden Calcutta entwickelten sich vor allem Bombay und Madras zu wichtigen Standorten

des Maschinenbaus. In Nordindien entstanden zahlreiche Kleinbetriebe, wie im Umland von Delhi, in Kanpur und im Punjab, wo entsprechende Arbeitskräfte vorhanden waren.

Mit ausländischer Hilfe, vor allem von Staaten des ehemaligen Ostblocks wie der UdSSR und der Tschechoslowakei, später auch westlicher Firmen, begann in den 1950er-Jahren der Aufbau staatlicher Großunternehmen. Ein Beispiel hierfür ist das riesige, mit Unterstützung einer schweizerischen Firma errichtete Unternehmen 'Hindustan Machine Tools' (HMT) mit Fabriken in Bangalore, Hyderabad, bei Chandigarh und in Kerala, dessen Produktion von Schwermaschinen über Werkzeugmaschinen bis hin zu Armbanduhren reicht. Ein anderes bedeutendes staatliches Unternehmen ist die 'Heavy Engineering Co.' in Ranchi, die Hochöfen und sonstige Ausrüstungen für die regierungseigenen integrierten Hüttenwerke herstellt. Zu den Zentren des Maschinenbaus gehören ferner Durgapur für Bergwerksausrüstungen, Vishakhapatnam für den Anlagenbau und Allahabad für Kompressionsgeräte.

Im Elektromaschinenbau ist die staatliche, mit sowjetischer und tschechischer Hilfe errichtete 'Bharat Heavy Electricals Ltd.' (BHEL) das größte Unternehmen. Sie betreibt Werke in Bhopal, Tiruchchirapalli, Hyderabad, Hardwar, Jagdishpur und Bangalore und stellt unter anderem Generatoren und Transformatoren sowie komplette Kraftwerke her. Wie die Aufzählung zeigt, wurden die großen staatlichen Werke des Maschinen- und Elektromaschinenbaus zwar unter dem Gesichtspunkt der Regionalentwicklung in industrieschwachen Regionen errichtet, hier aber vorwiegend bei großen industriearmen Städten, die über ein Mindestmaß an Infrastruktur verfügen.

Neben den staatlichen Großbetrieben sind zahlreiche moderne und spezialisierte kleine und mittlere Betriebe des privaten Sektors z.T. mit ausländischer, in jüngster Zeit besonders japanischer Kooperation im Maschinenbau entstanden. Im Werkzeugmaschinenbau stellen sie über die Hälfte der Produktion. Teilweise konzentrieren sich Unternehmen bestimmter Branchen auf einzelne Standorte und verleihen diesen überregionale Bedeutung. Ein Beispiel ist

Rajkot auf der Saurashtra-Halbinsel, wo Werkzeugmaschinen, Pumpen, Dieselmotoren und Ersatzteile für den gesamtindischen Markt hergestellt werden. Der Punjab hat sich mit der Herstellung von Maschinen für die Landwirtschaft zu einem 'ländlichen' Industriegebiet entwickelt.

Zu den bedeutenden Zentren der Textilmaschinenherstellung gehören immer noch die Standorte der Textilindustrie: Mumbai, Ahmadabad, Calcutta-Haora und Coimbatore. Textilmaschinen machen inzwischen fast ein Viertel der Kapitalgüterexporte der Union aus. Auch andere Bereiche des Maschinenbaus zeigen räumliche Schwerpunkte. Etwa 75 % der Dieselmotoren stammen aus Maharashtra, ca. 80 % der Pumpen aus Tamil Nadu, Gujarat und Maharashtra.

Indien verfügt heute über eine sehr breite Basis im Maschinen- wie auch im Anlagenbau, sodass es nicht nur in der Lage ist, komplette Stahlwerke, Düngemittel-, Baumwolltextil- oder Zementfabriken ohne ausländische Hilfe zu bauen, sondern sie auch in andere Entwicklungsländer zu exportieren. Doch befürchtet der Werkzeugmaschinenbau Rückschläge. Inzwischen wirken sich Liberalisierung des Außenhandels und technologischer Rückstand zum Weltmarkt dahingehend aus, dass die Binnennachfrage nach Werkzeugmaschinen, die früher die eigene Produktion deckte, nunmehr zu wachsenden Importen führt.

Die Kraftfahrzeugindustrie – Fabrikneue Oldtimer

Deutlicher noch als bei anderen Industrien lassen sich bei der Kraftfahrzeugindustrie die Folgen der indischen Wirtschaftspolitik der vergangenen Jahrzehnte aufzeigen. Die Importsubstitution hat zwar den Aufbau einer eigenen Kfz-Industrie ermöglicht, ihre Produkte waren jedoch international weder qualitativ noch preislich wettbewerbsfähig. Infolge der völligen Abschirmung von Importen bauten die Firmen, von einigen geringfügigen Veränderungen abgesehen, ihre Autos noch genau so wie in den 1950er-Jahren: In Indien verließen fabrikneue Oldtimer die Fertigungshallen, allerdings zu Preisen von modernen Wagen in Industrieländern.

In den 1920er-Jahren begannen ausländische Firmen mit der Montage von Personen- und Lastkraftwagen in Calcutta und Bombay, doch herrschte der Import kompletter Fahrzeuge vor. Die Kolonialregierung war nicht am Aufbau einer Industrie interessiert, die eine Konkurrenz für britische Unternehmen geboten hätte. Eine eigene Automobilindustrie entstand erst nach der Unabhängigkeit. Zwei Firmen beherrschten den indischen Pkw-Markt bis in die 1980er-Jahre. Zur Stützung der eigenen Kraftfahrzeugherstellung verbot die Regierung die Montage ausländischer Fahrzeuge. Die Angebotsvielfalt schränkte man zugunsten einer Standardisierung ein, um den Firmen bei der geringen Aufnahmekapazität des indischen Marktes einen höheren Absatz zu garantieren. Beide Firmen übernahmen Lizenzen ausländischer Automobilkonzerne und bauten deren Modelle mit leichten Modifikationen, um sie den indischen Verhältnissen anzupassen. So stellte Hindustan Motors den Pkw 'Ambassador' auf Basis des alten britischen Morris Oxford in Calcutta her, Premier Automobiles ein Modell auf der Grundlage des alten Fiat 1100 in Mumbai. Trotz bescheidener Leistung wiesen sie einen hohen Treibstoffverbrauch auf. Die hohen Anschaffungskosten, zu denen auch eine extrem hohe Besteuerung beitrug, ließen nicht Pkw, sondern Motorroller und Motorräder zum Standardfahrzeug des aufkommenden Mittelstandes werden. Bis zu Beginn der 1980er-Jahre gingen etwa 80 % der verkauften Wagen an (Regierungs-) Institutionen, was zu langen Wartelisten bei den privaten Kaufinteressenten führte. Da auch die Gebrauchtwagenpreise sehr hoch sind, werden die Wagen immer wieder repariert – wozu nahezu jede kleine Werkstatt im ganzen Land in der Lage ist – und bringen es auf ein Alter von über dreißig Jahren.

Erst im Zuge der ersten Liberalisierung der 1980er-Jahre ergaben sich durchgreifende Veränderungen. Bereits in den 1970er-Jahren hatte Sanjay Gandhi, ein Sohn Indira Gandhis, einen Automobilkonzern gegründet, der einen preiswerten Kleinwagen herstellen sollte. Der Versuch, ihn allein mit indischer Technologie zu produzieren, scheiterte, und das bankrotte Unternehmen wurde schließlich verstaatlicht. 1982 entschloss man sich zur Zusammenarbeit mit der japanischen Firma Suzuki Motors, um einen Pkw und einen Lieferwagen zu Preisen zu bauen, die für eine größere Bevölkerungsschicht erschwinglich sein würden. Das Unternehmen nahm 1983 als 'Maruti Udyog Ltd.' in Gurgaon bei Delhi seine Produktion auf und erwies sich als überaus erfolgreich – wobei auch die staatliche Unterstützung eine wichtige Rolle spielte. Bereits 1985 war fast jedes zweite in Indien gefertigte Auto ein 'Maruti'. Gleichzeitig explodierten die Produktions- und Verkaufszahlen – 1980 stellte Indien etwa 30 000 Personenwagen her (zuzüglich etwa 15 000 Jeeps), 1989/90 verließen fast 180 000 Pkw, darunter knapp 82 % Marutis, die Fabriken. Damit hatte Maruti Udyog Ltd. in den ersten fünf Jahren des Bestehens mehr Pkw produziert als die übrigen Hersteller zusammen während der letzten vier Jahrzehnte – mit entsprechenden Folgen für die Belastung der Straßen. Die Kraftfahrzeugdichte, die für Gesamtindien 3912 Kraftfahrzeuge pro 100 000 Ew. beträgt, weist im Vergleich der Bundesstaaten deutliche Unterschiede auf (Abb. 79).

Die Bedeutung des Maruti für die Revolutionierung des indischen Automobilmarktes ging jedoch über Produktions- und Verkaufszahlen hinaus. Im Werk wurden japanische Managementformen und moderne Produktionsmethoden eingeführt, sodass die Produktivität um ein Vielfaches höher lag als bei den indischen Konkurrenzunternehmen. Ferner bereitete Maruti den Weg für weitere Kooperationen mit japanischen und europäischen Firmen für Pkw, Lkw und sonstige Nutzfahrzeuge. Inzwischen haben eine Reihe europäischer, amerikanischer, japanischer und koreanischer Firmen die Produktion oder Montage von Pkw aufgenommen. Ihre Werke liegen bei Chennai, Delhi, Mumbai und Pune.

Auch für die indische *Lkw*- und *Autobusproduktion* gab es nur zwei Firmen: TELCO, ein früher mit der deutschen Daimler-Benz zusammenarbeitendes Werk des Tata-Konzerns, und die mit British Leyland kooperierende Ashok Leyland. Eine größere Zahl von Produzenten existiert bei den *Light Commercial Vehicles*, offene Lieferwagen bzw. Lkw unter 6 t Gesamtgewicht. Unter den Kleintransportern für Güter und oft auch für Personen verdient ein Dreiradfahrzeug besondere Erwähnung:

der 'Tempo' (Bild 59). Die Produktion des in Deutschland schon in den 1930er-Jahren gebauten Fahrzeugs stellte man nach dem Krieg ein und vergab die Fabrikationsanlagen nach Indien, wo das Fahrzeug in einem Vorort von Pune gefertigt wurde. Der Tempo, dessen Name zum Gattungsbegriff für Kleinlaster wurde, und seine Vierradentwicklung, der 'Matador', robuste, unkomplizierte und billige Fahrzeuge, erwiesen sich für indische Verhältnisse als sehr geeignet.

Die Herstellung von *Traktoren* begann erst nach der Unabhängigkeit in Kooperation mit ausländischen Firmen. Da der Bau eines Traktors weniger aufwendig ist als der eines Pkw, mit geringeren Stückzahlen erfolgen kann und die Regierung die Zahl der Produzenten nicht beschränkte, gibt es fast 20 Firmen in diesem Bereich. Zunächst waren die Staaten Haryana und Punjab mit ihrer fortschrittlichen Landwirtschaft Schwerpunkte des Absatzes und wichtigste Produktionsstandorte. Doch wurden mit der Ausbreitung der Grünen Revolution neue Gebiete für die Traktornutzung erschlossen, z. B. Gujarat, das westliche Uttar Pradesh, Karnataka und Maharashtra mit seinem Zuckerrohranbau. Je nachdem, ob die Niederschläge eine gute oder schlechte Ernte bringen, schwankt der Absatz von Traktoren von Jahr zu Jahr. Er lag 1999 bei über 250 000.

Zu den *zweirädrigen Kraftfahrzeugen* gehören Motorroller, Motorräder und Mopeds, zu den dreirädrigen die motorisierten Rickshas, die eine preiswerte Alternative zu den Taxen in den Städten und ihren Randbereichen bilden, sowie der bereits erwähnte Tempo. Da es für die Zweiradproduzenten nicht die strikten Genehmigungsverfahren gab wie bei der Autoindustrie, stieg ihre Zahl auf über zwanzig. Hier setzte auch die Kooperation mit japanischen Konzernen und die Übernahme ihrer Technik ein. Die Jahresproduktion liegt bei über 3,4 Mio., und Indien ist einer der größten Absatzmärkte. Während der indische Automobilbau im internationalen Vergleich völlig unbedeutend ist, gehört das Land zu den weltgrößten Produzenten von Motorrollern, die auch exportiert werden und die für die italienischen Hersteller, die ursprünglichen Lizenzgeber, eine ernsthafte

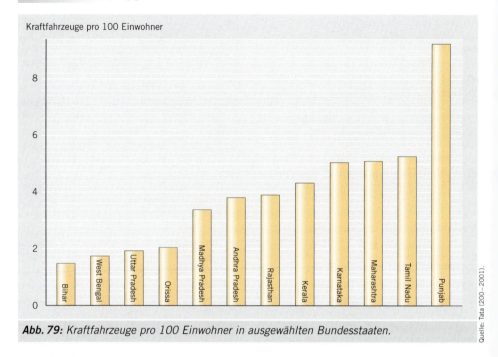

Kraftfahrzeuge pro 100 Einwohner

Bihar · West Bengal · Uttar Pradesh · Orissa · Madhya Pradesh · Andhra Pradesh · Rajasthan · Kerala · Karnataka · Maharashtra · Tamil Nadu · Punjab

Abb. 79: *Kraftfahrzeuge pro 100 Einwohner in ausgewählten Bundesstaaten.*

Quelle: Tata (200 – 2001).

Konkurrenz auf dem Weltmarkt darstellen. Einen großen Aufschwung hat in jüngster Zeit die Herstellung von Mopeds und Kleinkrafträdern genommen. Etwa ein Drittel der Zweiradkraftfahrzeuge geht in den Export, hauptsächlich in Einzelteilen zur Montage, um die Zollbelastung in den betreffenden Ländern niedrig zu halten. Wichtigste Abnehmer sind südamerikanische und afrikanische Länder, der Iran und Vietnam.

Die *Zulieferindustrie* entwickelte sich in Indien sehr schleppend, denn die meisten indischen Kfz-Hersteller haben eine vertikale Integration angestrebt. Die Gründe lagen in ihrem geringen Vertrauen in unabhängige Zulieferer hinsichtlich der Qualität kritischer Komponenten. Unter entsprechender Auflage der indischen Regierung haben die Japaner mit der Aufnahme der Produktion des Maruti-Kleinwagens eine konsequente Indigenisierung der Teilefertigung verfolgt, indem sie die Zulieferbetriebe technisch und finanziell unterstützten und Joint Ventures mit Privatbetrieben eingingen. Trotz der sehr hohen Anforderungen, die das Unternehmen an die Qualität der zugelieferten Teile stellt, kamen sie bereits zu Beginn der 1990er-Jahre überwiegend

aus indischer Produktion. Entsprechend verfahren auch andere ausländische Automobilhersteller, die in den letzten Jahren die Produktion in Indien aufgenommen haben. Die Standorte der Zulieferbetriebe liegen meist in der Nähe des von ihnen versorgten Kfz-Werks. Außer diesen autorisierten Zulieferern gibt es zahlreiche Kleinstbetriebe, die Ersatzteile herstellen, für die beim hohen Alter indischer Autos eine große Nachfrage besteht. Sie sind zwar billiger als Originalersatzteile und nur vom Fachmann als Kopie zu erkennen, aber in aller Regel von schlechterer Qualität.

In diesem Zusammenhang sei noch die *Fahrradindustrie* erwähnt. Für den größten Teil der Bevölkerung sind Fahrräder das einzige erschwingliche Transportmittel. In der Kolonialzeit hatten Fahrräder aus Großbritannien eine Monopolstellung. Seit der Unabhängigkeit entwickelte sich eine eigene Fahrradindustrie zunächst in Zusammenarbeit mit britischen Unternehmen; heute gehört Indien zu den größten Fahrradproduzenten der Welt. Bis 1990 fertigte man fast ausschließlich für den eigenen Bedarf Tourenräder auf dem technischen Stand der 1950er- oder 60er-Jahre. Inzwischen werden Fahrräder in asiatische und

Bild 59: Der 'Tempo'-Klein-transporter. Er spielte jahrzehnte-lang eine wichtige Rolle im Personen- und Güterverkehr auf Kurzstrecken.

afrikanische Länder ausgeführt und Einzel-teile in westliche Industrienationen expor-tiert, für die seit jüngstem auch Sport- und Sondermodelle gefertigt werden. Die weni-gen Großbetriebe – vier von ihnen liefern 80 % der Fahrräder – haben eher den Cha-rakter von Montagewerken. 85 % der Fahr-radeinzelteile werden von rund 3400 Klein-betrieben des nicht-organisierten Sektors z.T. in Heimarbeit hergestellt, wobei eine weitgehende Spezialisierung vorherrscht. Wichtigste Standorte der Fahrradherstel-lung sind Ludhiana im Punjab – mit der größten Fahrradproduktion der Welt – und Sonepat in Haryana, wo die Zulieferung zu den Großbetrieben die umliegenden Dörfer und Distrikte prägt. Einige Bedeutung ha-ben auch die Bundesstaaten West Bengal und Tamil Nadu.

Die chemische und die pharmazeutische Industrie – Wachstum und Patente

Die Anfänge der chemischen Industrie rei-chen in die Mitte des 19. Jh.s zurück, doch hatten sich bis zur Unabhängigkeit erst Ansätze einer chemischen Grundindustrie entwickelt. Schwefelsäure, die aufgrund der Schwierigkeiten beim Transport einen Schutz vor Importen genoss, wurde vor allem in Mumbai, Calcutta und Chennai hergestellt, alkalische Chemikalien hauptsächlich in Saurashtra mit Kalkstein und Salz als wichtigste Rohstoffe. Begünstigt durch Roh-stoffvorkommen, die Nähe wichtiger Ver-brauchszentren und ihre relativ gute Infra-struktur gehören Gujarat und Maharashtra zu den bedeutendsten Standorten der Chemie.

Die Vielfalt der chemischen Produktio-nen mit unterschiedlichen Standortfakto-ren lässt hier eine detaillierte Betrachtung nicht zu, doch können einige Schwerpunk-te herausgestellt werden. Die Phase einer auf Kohlevorkommen basierenden chemi-schen Industrie, die anfänglich in Europa standortbestimmend war, hat Indien mit Ausnahme der Stickstoffgewinnung über-sprungen. Seine Petrochemie basiert auf Raffineriestandorten. An die meisten Raffi-nerien schließen sich Gruppen petrochemi-scher Betriebe (Petrochemical Complexes) an, die eine Vielzahl von Produkten her-stellen bzw. Zulieferer anderer Firmen sind. Zu den nachgelagerten Industrien der Pe-trochemie gehört die Herstellung von Kunst-stoffen sowie von synthetischen Fasern.

Während die großen Werke der Petro-chemie außerordentlich kapitalintensiv sind, stammt die Produktion von Kunststoffarti-keln, darunter z.B. Haushaltsgegenstände oder Sandalen, aus vielen tausend arbeits-intensiven Kleinbetrieben, weil die Her-stellung zahlreicher Kunststofferzeugnisse dem SSI-Bereich vorbehalten wurde. Diese Kleinbetriebe haben eine weite Verbrei-tung.

Ein anderer wichtiger Zweig der chemi-schen Industrie ist die Kunstdüngerindus-trie. Die erste große Fabrik besteht seit 1951 in Sindri im Damodar-Gebiet auf der Basis von Kokereigas. Damals wies Indien einen Düngemittelverbrauch auf, der zu den geringsten der Welt gehörte. Der Bedarf an Stickstoffdünger stieg infolge der Grünen Revolution ab der zweiten Hälfte der

1960er-Jahre. Zunächst orientierten sich die Werke wegen der geringeren Investitionen an den Erdölraffinerien, die aber den Bedarf nicht decken konnten. Dann entstanden große Stickstoffdüngerfabriken bei den Eisen- und Stahlwerken von Rourkela, Bhilai und Durgapur auf der Basis der verfügbaren Kokereigase, bei der Kohle von Talcher, Ramagundam und Korba, bei der Braunkohle in Neyveli und beim Nangal-Staudamm, wo Elektrizität zur elektrolytischen Erzeugung von Wasserstoff zur Verfügung steht. Zurzeit wird eine Leitung fertig gestellt, die Erdgas von Hajira in Gujarat über 1300 km durch das nordwestliche Indien bis nach Bijaipur und Jagdishpur bringt (HBJ-Pipeline). An ihr entstehen ein halbes Dutzend Stickstoffdüngerfabriken, die eine Versorgung ihres weiteren Umlandes mit einem Minimum an Transportbelastung für Bahn und Straße ermöglichen werden. Nachdem die Werke lange Zeit den Bedarf an Kunstdünger nicht decken konnten, sind heute die Kapazitäten nicht immer voll genutzt. Die Gründe sind Energie- und Wasserknappheit, unzureichende Versorgung mit Gas, Streiks oder Schäden an den Anlagen.

Verschwendung von Energie, Wasser und Rohstoffen sowie erhebliche Umweltbelastungen sind für Indiens chemische Industrie charakteristisch. Häufig entsprechen auch die Sicherheitsvorkehrungen nicht den Standards der Industrienationen. Die Katastrophe von Bhopal im Dezember 1984, bei der giftige Gase über 2500 Todesopfer forderten, ist ein Beispiel technischer Unzulänglichkeiten und grober Fahrlässigkeit. Zwar sind die Bestimmungen seither verschärft worden, aber ihre Einhaltung und das Erkennen der Gefahren ist unzureichend. Jüngere Untersuchungen in dem Mumbai benachbarten Thane-Distrikt, der eine der größten Massierungen chemischer Industrie in Indien aufweist, ergaben beängstigende Resultate. Selbst die bedeutenden Firmen sind kaum in der Lage, größere Unfälle zu bekämpfen. Gegen die Gefahr, dass durch Explosionen oder Brände auch benachbarte Werke betroffen werden und es so zu einer Kettenreaktion kommt, bestehen keine Vorkehrungen. Das Personal ist meist nicht ausreichend geschult, die Kapazität der Krankenhäuser völlig un-

zureichend, und es gibt kein Warnsystem für die Bevölkerung bzw. keine Pläne für ihre Evakuierung.

Die *pharmazeutische Industrie* Indiens dürfte unter den Entwicklungsländern eine der größten und fortgeschrittensten sein. Etwa 350 Basispharmaka (Bulk Drugs) werden hergestellt, die Zahl der Medikamente (Formulations) beträgt ein Vielfaches hiervon, da über 14 000 Hersteller gleiche oder ähnliche Medikamente unter eigenem Markennamen in unterschiedlichen Verpackungs- und Darreichungsformen auf den Markt bringen.

Beim Aufbau der pharmazeutischen Industrie nach der Unabhängigkeit spielten große staatliche Unternehmen mit Produktionsstätten in einer Reihe von Bundesstaaten eine wichtige Rolle sowie multinationale Firmen, die in Joint Ventures ihre Lizenzen und Erfahrungen einbrachten. Um die Preise von Arzneien in einem Land mit armer Bevölkerung niedrig zu halten, unterlagen die wichtigsten Medikamente Preiskontrollen. Inzwischen werden Basispharmaka auch in westliche Industrieländer exportiert und dort für die Herstellung teurer Medikamente genutzt.

Die geringe Bedeutung der Pharmaforschung hat mehrere Gründe. Da die indische Regierungspolitik darauf zielte, vorhandene Medikamente einer möglichst großen Bevölkerungsschicht zugänglich zu machen, amortisierten sich hohe Entwicklungskosten wegen der Preisfestsetzung zu langsam. Wichtiger noch war das indische Patentschutzgesetz, dem Pharmaka nur mit Einschränkungen unterlagen. Multinationale Konzerne waren infolge der Begrenzung ihrer Teilhaberschaft unter 50 % beim Transfer von Lizenzen und Technologie zurückhaltend. Der zeitlich sehr begrenzte Patentschutz beschränkte sich auf Herstellungsprozesse und nicht auf Produkte. Daher waren indische Firmen in der Lage, neue Pharmaka, die auf den Weltmarkt gelangten oder auch von der indischen Konkurrenz entwickelt wurden, zu analysieren, dann leicht modifizierte Produktionsprozesse zu entwickeln und die entsprechenden Arzneien zu vermarkten – was natürlich eigene Forschung erübrigte. Als Beispiel sei angeführt, dass die deutsche Bayer AG 1992 auf die Genehmigung für den Verkauf eines von ihr produzierten Antibiotikums wartete, dessen Entwicklung den Konzern etwa 200 Mio. DM gekostet hatte. Bis zur Genehmigung stellten jedoch bereits 24 indische Firmen Kopien dieses Antibiotikums her. Derartige Praktiken haben zwar das Wachstum der indischen Pharmaindustrie gefördert und billige Medikamente verfügbar gemacht, forderten jedoch auch Gegenmaßnahmen anderer Länder heraus, wie z. B. das Verbot des Imports indischer Pharmaka in den USA.

Seit einiger Zeit – und neuerdings verstärkt durch die Forschungsergebnisse in der Gentechnologie – drängen die Vereinigten Staaten auf eine Änderung der indischen Patentgesetze und ihre Anpassung an die Regelung der Industrieländer. Die Patentgesetze stellten eine der größten Belastungen in den wirtschaftlichen Beziehungen zwischen Indien und den USA dar. Während Amerika mit Sanktionen drohte, fürchtete Indien als Technologienehmer eine Beherrschung des Marktes durch ausländische Firmen und den Niedergang der eigenen Industrie. Seit der Liberalisierung lenkt Indien ein: Es hat seine Patentgesetzgebung der internationalen angepasst und sich gegenüber der Welthandelsorganisation (WTO) verpflichtet, bis zum Jahre 2005 ein entsprechendes Patentrecht durchzusetzen.

Wie in Indien gegenüber der modernen Medizin die traditionelle Heilkunst eine große Bedeutung hat, so sind auch neben den Medikamenten der Pharmaindustrie ayurvedische Arzneien weit verbreitet, die hauptsächlich auf pflanzlichen Präparaten basieren und nur zum Teil im industriellen Maßstab gefertigt werden.

Die Softwareproduktion – Niedriglohnland im High-Tech-Bereich

Ein steiles Wachstum hat seit Ende der 1980er-Jahre die Softwareindustrie erfahren. Die Bezeichnung 'Industrie' ist eigentlich unzutreffend, denn hier handelt es sich weniger um Produkte als vielmehr um Serviceleistungen. Indien wird als Standort wegen der geringen Kosten bevorzugt. Die Löhne sind weitaus niedriger als in den Industrieländern, steigen allerdings in jüngster Zeit an.

Der Anfang der Softwareindustrie lag in den späten 1970er-Jahren im Geschäfts-

zentrum von Mumbai. Wegen des Anstiegs der Mieten und der chaotischen Verkehrsverhältnisse verlagerte sich die Industrie in die Santa Cruz Electronics Export Zone (SEEPZ) und trug wesentlich zu deren Aufschwung bei. Aber die aus der Überfüllung Mumbais resultierenden Probleme belasteten auch die SEEPZ.

Das war einer der Gründe für den Aufstieg Bangalores zum wichtigsten Zentrum der Softwareproduktion. Die Standortvorteile, die Bangalore bot, bestanden in

- der Verfügbarkeit von qualifizierten Arbeitskräften aufgrund der Bildungsinstitutionen und der ansässigen Großfirmen der Elektronikbranche des Public Sector,
- der besseren Infrastruktur insbesondere bei der Versorgung mit Elektrizität und der – damals noch – geringeren Verkehrsbelastung sowie
- der besseren Lebensqualität.
- Außerdem waren Arbeitskämpfe und kommunale Unruhen hier fast unbekannt.

Der eigentliche Durchbruch kam, als sich die amerikanische Firma 'Texas Instruments' 1985 mit einer Filiale hier niederließ und Satelliten-Kommunikation nutzte. Die Berichterstattung in den Medien der Vereinigten Staaten richtete die Aufmerksamkeit auf Bangalore, das sich bald den Ruf eines 'Silicon Valley' erwarb, obwohl diese Bezeichnung nicht ganz zutreffend ist, denn Neuentwicklungen im Bereich der Halbleitertechnik, die das amerikanische Silicon Valley bekannt machten, sind bisher nur selten von Bangalore ausgegangen.

Andere Städte haben sich an den Erfolg Bangalores angehängt, indem sie 'Software Estates' oder 'Software Technology Parks' (STPs) mit Unterstützung der Zentralregierung einrichteten. Zu den erfolgreichsten Standorten gehören Chennai, Delhi und neuerdings Hyderabad/Secunderabad. Zahlreiche Softwareunternehmen in Hyderabad wurden von Indern gegründet, die nach Arbeitsaufenthalten in Amerika in ihre Heimat zurückgekehrt sind. Dort stehen für die Softwareunternehmen 70 ha zur Verfügung: 'Hi-Tec City', einer der größten Technologieparks Asiens. Ferner verfügen die Städte Gandhinagar, Thiruvananthapuram, Bhubaneshwar, Calcutta, Jaipur sowie Mohali bei

Chandigarh über entsprechende Einrichtungen.

Heeks (1996) führt die Konzentration darauf zurück, dass neue Firmen – in der Anfangsphase oftmals Garagenbetriebe – von Angestellten bestehender Unternehmen gegründet werden. Nur hier können sie auf entsprechende Infrastruktur und Kontakte zurückgreifen, was einen Lawineneffekt auslöst. Enge Kontakte untereinander und zu den ausländischen Kunden sind von überragender Bedeutung und lassen sich am besten in der Konzentration erreichen. Die Bevorzugung bestimmter Standorte hat aber auch einen Grund darin, dass viele in der Softwarebranche Beschäftigte bei ihrem Aufenthalt in den USA eine Lebensqualität und einen Lebensstil kennen lernten, den sie – angenähert – nur in wenigen indischen Städten finden.

Seit dem Ende der 1980er-Jahre verzeichnen die Exportwerte jährliche Steigerungsraten von 30 bis 65 %. Zum Anstieg im Jahr 1998/99 hat der 'Millennium Bug' wesentlich beigetragen. Mit 63 % ging der größte Teil der Exporte in die USA und nach Kanada, 23 % nach Europa und 11,5 % nach Asien und Australien. Nach Angaben der 'National Association of Software and Services in India' (NASSCOM) beträgt der Anteil der Software an den gesamtindischen Exporten rund 6 %.

Anfangs fanden die Arbeiten fast ausschließlich am Standort des Kunden – überwiegend in den USA – statt, was den Aufenthalt indischer Softwareingenieure in den Vereinigten Staaten bedingte, der allerdings von der amerikanischen Visa-Politik abhängig war. Dieser zeitweilige Einsatz mit einem 'indischen' Gehalt plus Unterbringung und Lebenshaltungskosten wird als 'Body Shopping' bezeichnet. Doch haben zahlreiche indische Computerfachleute in den USA bei Softwarehäusern auf Dauer einen Arbeitsplatz gefunden oder eigene Firmen gegründet. Die Verbesserung der Satellitenkommunikation in den letzten Jahren macht es kostengünstiger, umfangreichere Aufträge direkt in Indien abzuwickeln. Die Zeitverschiebung ist für den Datentransfer eher ein Vorteil, weil sich die Arbeitszeiten in den verschiedenen Erdteilen ergänzen.

Obwohl Indien heute über 17 % des Weltmarktes für kundenspezifische Software produkte beherrscht, war das Land auf dem wesentlich größeren Markt für standardisierte Produkte, die auf einen breiteren Anwenderkreis zugeschnitten sind, bisher nicht so erfolgreich. Selbstentwickelte Programme und Softwarepakete nehmen nur 5 % der Exporte ein, und auch auf dem indischen Markt findet sich fast ausschließlich importierte Software. Dass Indien auf diesem Gebiet nicht Fuß fassen konnte, liegt nicht nur an den fehlenden direkten Kontakten zu westlichen Märkten und ihrem Bedarf, sondern vornehmlich an den hohen Kosten für die Vermarktung von Programmen. Diese machen etwa 80 % der gesamten Entwicklungskosten aus; die damit verbundenen hohen Risiken können von indischen Firmen nicht getragen werden. Die Alternative, die Vorteile der niedrigen Löhne und Gehälter zu nutzen und Programme für ausländische Firmen nach deren Vorgaben zu entwickeln, die diese dann unter ihrem Markennamen verkaufen, ist wenig lohnend, denn der Anteil der indischen Produzenten am Erlös wäre zu gering. So sind die indischen Firmen weit überwiegend mit Dienstleistungen im Rahmen der Programmierung, wie beispielsweise der Wartung oder Erweiterung von Programmen und der Erstellung von Zusatzprogrammen, beschäftigt (Heeks 1996). Dennoch werden die Software-Exporte in die Industrieländer als großer Erfolg angesehen, der das indische Selbstbewusstsein stärkt.

Die Herstellung von *Hardware* (hier begrenzt auf Computer) ist von kleinen Anfängen 1980 bis Ende der 1990er-Jahre auf etwa 450 000 Einheiten gestiegen. Der lokale Bedarf wurde für 1999 auf 800 000 Einheiten geschätzt, und für die nächsten Jahre rechnet man mit einer Vervielfachung, dies insbesondere im institutionellen Bereich. Trotz steigender Verkaufszahlen zeigt die Produktion wertmäßig in den letzten Jahren eine negative Entwicklung infolge des allgemeinen Preisverfalls für Personalcomputer. Zwar beherrschen die indischen Produzenten den heimischen Markt für einfache Geräte, deren Komponenten müssen aber zum größten Teil importiert werden. Das gilt auch für die exportierten Geräte, für die Indien als Niedriglohnland in der Montage zuständig ist.

VERKEHR UND TOURISMUS

Bild 60: *Taj Mahal bei Agra. Es steht auf der Liste ausländischer Besucher obenan.*

Überblick

■ Aufgrund seiner Größe hat die Verkehrserschließung für Indien eine überragende wirtschaftliche und politische Bedeutung. Die Reiche, die in der vorbritischen Geschichte große Teile des Subkontinents umfassten, konnten nie ein zusammenhängendes Wirtschaftsgebiet etablieren.

■ Das von den Briten in wenigen Jahrzehnten geschaffene Eisenbahnnetz bildete eine wichtige Voraussetzung für die Einheit Indiens. In jüngerer Zeit erlaubte der Lkw-Verkehr ein Eindringen in die Fläche und trug zur Minderung räumlicher Disparitäten bei. Durch den Luftverkehr sind auch randliche Regionen leichter erreichbar.

■ Natürliche und politische Verhältnisse bedingen, dass fast der gesamte Außenhandel über die Seehäfen abgewickelt wird. Die großen Häfen der Kolonialzeit dominieren noch, vor allem was die Vielfalt der Güter angeht, doch ist eine Reihe neuer Häfen entstanden.

■ Der internationale Tourismus spielt als Wirtschaftsfaktor in Indien eine bescheidene Rolle, obwohl es für den 'Bildungstouristen' lohnende Ziele gibt. Die Inder selbst sind überaus reisefreudig. Wallfahrten zu heiligen Stätten bringen viele Millionen auf Bahn und Straße. In jüngerer Zeit gewinnen auch Besichtigungs- und Erholungsreisen an Bedeutung.

Der binnenländische Verkehr

Das Eisenbahnnetz

Die Briten betrieben den Bau von Eisenbahnlinien zunächst aus militärstrategischen Gründen. Der große Aufstand von 1857 hatte gezeigt, wie wichtig es war, Truppen und Material schnell bewegen zu können. Eisenbahnstrecken sollten daher die Provinzen und die wichtigsten Städte und Stützpunkte miteinander verbinden. 1853 fuhr der erste Zug von Bombay nach dem 33 km entfernten Thane, und 1854 wurde die Strecke vom Kohlenrevier von Raniganj nach Calcutta/Howrah in Betrieb genommen.

Der weitere Bahnbau ging überaus rasch voran und überstieg oft 1000 km im Jahr. Bis 1872 waren die großen Verbindungen fertig gestellt: von Calcutta Ganga-aufwärts über Delhi nach Amritsar und Lahore, eine zweite von Bombay ins Ganga-Tiefland bis zum Knotenpunkt Allahabad und eine dritte von Bombay quer über die Halbinsel nach Madras (Abb. 80). Erst 1893 kam die vierte Hauptstrecke von Calcutta nach Madras hinzu, denn hier hatten die Mündungsdeltas der großen Flüsse den Bau besonders erschwert.

Nach den strategischen rückten bald wirtschaftliche Gesichtspunkte in den Vordergrund. Die Eisenbahnlinien und das Tarifsystem waren auch auf den Export von Rohstoffen und den Import von industriellen Gütern über die Häfen abgestimmt. Günstige Frachttarife zu den Seehäfen und Entfernungsstaffeln mit relativ abnehmenden Kosten bei wachsender Distanz sorgten dafür, dass Transporte von den Häfen ins Binnenland und umgekehrt weitaus billiger waren als zwischen Stationen im Binnenland. Letztere wurden zusätzlich benachteiligt, weil mehrere Eisenbahngesellschaften bestanden, die den Ausgangspunkt ihrer Tarife jeweils in einem Hafen ansetz-

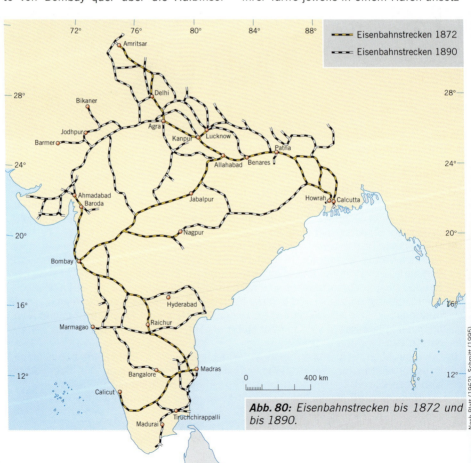

Abb. 80: *Eisenbahnstrecken bis 1872 und bis 1890.*

Eisenbahnstrecken 1872
Eisenbahnstrecken 1890

Nach Platt (1962) Schmitt (1995)

ten. Bei binnenländischen Transporten war aber oft ein Übergang zu einer anderen Eisenbahngesellschaft notwendig, und damit setzte die Entfernungsstaffel wieder neu ein.

Britisches Kapital finanzierte die Strecken, denn nach Abschluss des Eisenbahnbaus in Großbritannien und der ersten Phase der Industrialisierung stand es dort reichlich zur Verfügung. Den Investoren sicherte man eine Mindestverzinsung zu, welche die Regierung garantierte, wenn sie von den Eisenbahngesellschaften nicht aufgebracht werden konnte. Das hatte zur Folge, dass diese mehr am Bau der Strecken als an ihrer Rentabilität interessiert waren. Nach Versuchen, den Staat zum direkten Eisenbahngesellschafter und Finanzier zu machen, setzte sich ab 1880 ein System durch, in dem er Darlehen aufnahm, die er gegen relativ geringe Zinsen zum privaten Kapital der Gesellschaften beisteuerte. Im Laufe der Zeit dehnte sich die staatliche Kontrolle über die großen Eisenbahngesellschaften und über die zahlreichen Kleinunternehmen weiter aus. Der Eisenbahnhaushalt wurde vom allgemeinen Haushalt getrennt, und man stellte sicher, dass die Eisenbahnen einen bestimmten Gewinnanteil abführten. Diese Einnahmen ermöglichten dem Staat ab der Wende vom 19. zum 20. Jh. den Ausbau des Netzes selbst voranzutreiben.

Das Eisenbahnnetz weist vier Spurweiten auf: eine Breitspur von 1,67 m, die Meterspur und zwei Schmalspurweiten von 76,2 cm und 61,0 cm. Die Breitspur, auf allen großen Verbindungen üblich, ist die bei weitem wichtigste und meist zwei- und mehrgleisig ausgebaut. Der Anteil der Schmalspuren, die vor allem in den Gebirgsregionen verlegt wurden, beträgt etwa 5 % des Streckennetzes. In Saurashtra und dem westlichen Rajasthan bauten die einzelnen Fürsten ihre eigenen Eisenbahnen, aber aus Kostengründen und der Größe ihrer Territorien entsprechend in Schmal- oder Meterspur. Meterspuren weisen insbesondere Assam und der Deccan auf. Damals war das Umladen der Waggons wegen der niedrigen Löhne und weil man Zeit hatte kein wichtiger Faktor, heute aber ist es unrentabel und zudem mit Diebstählen verbunden.

Man hat die Eisenbahn als wertvollste Hinterlassenschaft der Briten bezeichnet, von der bei der Unabhängigkeit eine Streckenlänge von 53 600 km auf die Indische Union entfiel. Vorrangig war jetzt der Ausbau auf Breitspur und zweigleisige Strecken sowie die technische Verbesserung des Betriebs. Rund 20 % des Netzes sind inzwischen elektrifiziert. Neue Strecken verbinden binnenländische Zentren und die Rohstofflagerstätten und bilden die Voraussetzung für eine Regionalpolitik, die nicht mehr nur auf die Hafenstandorte ausgerichtet ist (Abb. 81).

Nach der Teilung des Landes wurde eine neue Strecke (Assam Rail Link) strategisch und wirtschaftlich besonders wichtig. Die Linie umgeht Bangladesh und verbindet Assam mit dem übrigen Indien. Erst in den 1990er-Jahren finanzierte und baute eine private Gesellschaft die 'Konkan Railway', die über 760 km von Roha bei Mumbai nach Mangalore entlang der Westküste führt. Sie ist eine gewaltige technische Leistung, denn sie muss 140 Flüsse, Sporne der Westghats, Schluchten und Sümpfe queren, sodass 10 % der gesamten Strecke aus Brücken oder Tunnels bestehen. Diese Schwierigkeiten waren der Hauptgrund, dass man sich erst so spät an diese Aufgabe wagte. Bis dahin war die südliche Konkan-Küste ein rückständiges Gebiet, denn die Küstenschifffahrt musste jedes Jahr monatelang wegen des Monsuns eingestellt werden.

Am internationalen Standard gemessen, sind die indischen Eisenbahnen veraltet. Tausende Kilometer müssen dringend überholt werden, und viele Abschnitte erlauben keine höheren Geschwindigkeiten oder ein größeres Gewicht als die bisher üblichen 22-Tonnen-Waggons. Von den fast 7000 Lokomotiven waren 1995 noch über 200 Dampfloks, doch wurde ihre Produktion 1971 zugunsten von Diesel- und Elektroloks eingestellt.

Seit Anfang der 1970er-Jahre kann sich Indien mit rollendem Material selbst versorgen. Große staatliche Lokomotivwerke sind in Chittaranjan, Varanasi und Bhopal. Staatliche und private Werke sowie die Railway Workshops, die seit britischer Zeit bestehenden großen eisenbahneigenen Reparaturbetriebe bauen Güterwaggons. Passagierwaggons werden in Perambur bei Chennai, Kapurthala, Calcutta und in Kolar Gold Fields hergestellt. Indien ist heute in

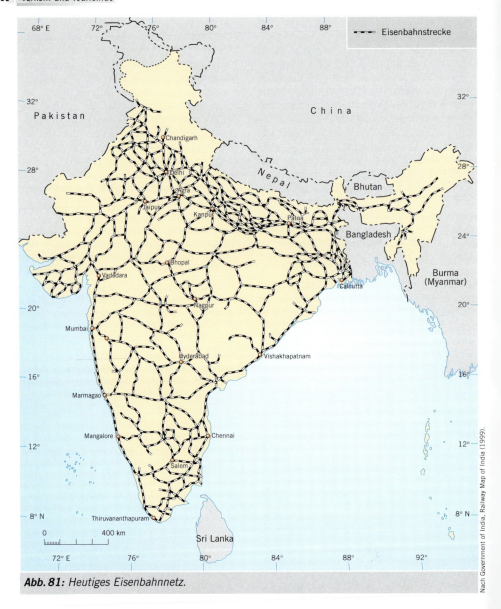

Abb. 81: *Heutiges Eisenbahnnetz.*

der Lage, seine Dienste im Ausland anzubieten. Im Eisenbahnbau der Entwicklungsländer und als Lieferant von Eisenbahnma-
terial hat es sowohl im Nahen Osten als
auch in Afrika Erfolg.

Zahlen über die indischen Bahnen bieten Superlative: Sie sind mit 1,6 Mio. Beschäftigten der größte Arbeitgeber des Landes, und sie transportieren rund 446 Mio. t
Güter, das entspricht 287 Mrd. tkm (Tata
1999–2000, S. 97), hauptsächlich Massengüter über größere Entfernungen. Ferner
befördern sie pro Jahr 4,3 Mrd. Fahrgäste,
was 380 Mrd. Fahrgastkilometern entspricht.
Ein großer Teil entfällt auf den Pendlerver-
kehr der Metropolen. So fährt in Mumbai auf
beiden der zwei Zubringerlinien während
20 Stunden täglich alle zwei Minuten ein
Zug, der in den Spitzenzeiten das Dreifache
der zugelassenen Personenzahl befördert.
Bei solch überfüllten Zügen ist eine Fahr-
scheinkontrolle kaum möglich. Ein Teil der

Fahrgäste sind ohnehin Trittbrett- oder Dachfahrer, die aber nicht nur aus Kostengründen außen am Zug hängen, sondern weil man in den überfüllten Abteilen fast erstickt. Die Fahrpreise liegen aus politischen Gründen extrem niedrig, zumindest in der unteren Klasse und bei Nicht-Expresszügen. Wesentlich komfortabler, schneller, aber auch doppelt so teuer sind die auf einigen Hauptstrecken verkehrenden klimatisierten Züge. Eine wichtige Unterscheidung ist die nach 'Express' oder 'Mail Trains' und Passagierzügen. Erstere erreichen nach Angaben von 'Indian Railways' eine Durchschnittsgeschwindigkeit von 47 km/Std. – obwohl Verbindungen wie Calcutta-Delhi oder Mumbai-Delhi erheblich schneller sind –, die Passagierzüge nur 27 km/Std. Trotz der gewaltigen Streckenlänge von über 63 000 km ist die Eisenbahndichte gering und das Land sehr ungleichmäßig erschlossen, weil große Gebiete zu weit von der nächsten Eisenbahnstation entfernt liegen.

Die Eisenbahn ist den Anforderungen, welche das Wachstum der Bevölkerung und eine beschleunigte Industrialisierung stellen, kaum gewachsen. Ihre Unzulänglichkeit hat zur schnellen Entwicklung des Lkw-Verkehrs beigetragen. 1950 entfielen auf die Eisenbahnen 89 % des Güterverkehrs und 74 % des Personenverkehrs. Bei einer erheblichen Zunahme des Verkehrs bei beiden Verkehrsträgern hat jedoch beim Güter- und Personentransport schon 1974 der Straßenverkehr die Eisenbahn überholt. Heute werden 60 % des Güterverkehrs und 80 % des Personenverkehrs über die Straße abgewickelt (Ec. Surv. 1997–98, S. 130). Vier Fünftel des Eisenbahntransports umfassen Massengüter, wie Kohle, Erze, Getreide, Mineralöle, Zement, Eisen und Stahl, Kunstdünger (in der Reihenfolge ihrer Bedeutung), die zu niedrigen Tarifen transportiert werden müssen. Das lohnende Stückgut ist dagegen auf den Lastwagen abgewandert. Auch die Vergrößerung der durchschnittlichen Transportweite bei der Eisenbahn ist unter dem Aspekt des Lkw-Wettbewerbs zu sehen, der die Kurzstreckentransporte an sich gerissen hat.

Der Straßenverkehr

Straßen, die den Subkontinent durchzogen, lassen sich bereits im Reich Ashokas nach-

weisen. Die Briten hatten schon vor der Eisenbahn ein Grundgerüst von Allwetterstraßen gebaut, um ihre Herrschaft zu festigen. Berühmtheit erlangte die 'Grand Trunk (G.T.) Road', die von Calcutta über Delhi, Lahore nach Peshawar die ganze nördliche Ebene durchzog. Geteerte Überlandstraßen, die für Kraftfahrzeuge geeignet sind, gibt es jedoch erst seit 1920. Die Hinterlassenschaft der Briten von 400 000 km Straßen ist heute auf 2,8 Mio. km angestiegen, etwa die Hälfte ist unbefestigt (Kutcha Roads), während die Pucca Roads einen festen Unterbau haben. An der Spitze stehen die 'National Highways' (Abb. 82). Sie verbinden die Hauptstädte der Bundesstaaten und führen zu den wichtigsten Häfen. Obwohl sie mit rund 34 100 km nur einen geringen Teil am Gesamtstraßennetz haben, rollen auf ihnen rund 40 % des gesamten Straßenverkehrs, hauptsächlich Lkws (INDIA 1998, S. 469). In sehr unterschiedlichem Zustand sind die *State Highways* der Bundesstaaten (insgesamt 130 000 km). Viele Straßen haben nur eine einspurige geteerte Fahrbahn, was bei Gegenverkehr ein Ausweichen und starke Nerven erfordert. Personenwagen sind auf den Überlandstrecken selten, weil Straßenzustand und Lkw-Verkehr keine größeren Geschwindigkeiten zulassen.

Der Nagpur-Plan von 1943 hatte vorgesehen, dass innerhalb von 20 Jahren kein Dorf in einem entwickelten ländlichen Gebiet mehr als 8 km von einer Hauptstraße entfernt sein sollte und in einem weniger entwickelten Gebiet nicht mehr als 32 km. Dieses Ziel ist bei weitem noch nicht erreicht. Dennoch ist die Erschließung des ländlichen Raums durch Buslinien, die auch unbefestigte Straßen benutzen, erstaunlich gut.

Für das Jahr 1998 wird ein Bestand von 512 000 Omnibussen sowie 2,4 Mio. Lastwagen angegeben (Tata 2000–2001). Den Gütertransport auf der Straße besorgen überwiegend private Firmen. Mit ihrem Transport von Tür zu Tür sind sie sogar über längere Entfernungen wesentlich schneller als die Eisenbahn und sicherer vor Diebstählen.

Auch ein großer Teil des Busverkehrs ist heute privatisiert. Der Standard reicht von klapprigen Kisten, die kaum noch eine Federung haben, bis zu modernen Luxusbussen, die fahrplanmäßig auch für Fernfahr-

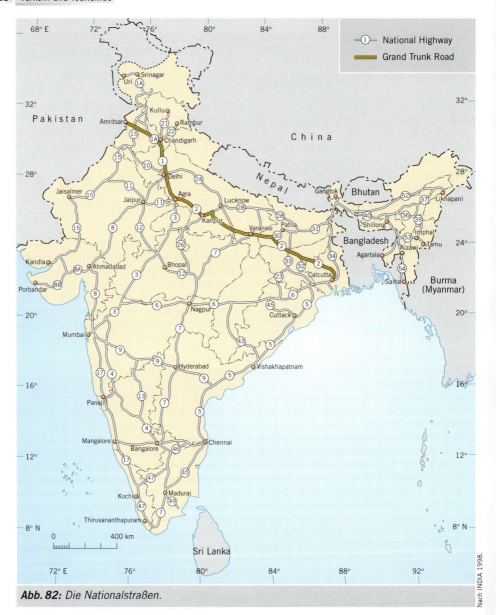

Abb. 82: Die Nationalstraßen.

Nach INDIA 1998.

ten über mehrere Tage oder Nächte eingesetzt werden und dem Fahrgast bei verdun-
kelten Fenstern pausenlos Videoprogram-
me bieten.

Die Zahl der Pkw ist von 682 000 im
Jahr 1971 auf über 5 Mio. angestiegen, die
der motorisierten Zweiradfahrzeuge auf
28 Mio. (Tata 2000–01, S. 75). Trotz der
im Vergleich zu westlichen Staaten noch
überaus geringen Fahrzeugdichte sind die

Straßen diesem neuen Ansturm bei weitem
nicht gewachsen. Einige Schnellstraßen, für
deren Benutzung eine Maut erhoben werden soll, sind im Bau. Die wichtigste von
Mumbai nach Pune ist kreuzungsfrei und
sechsspurig. Die Fahrt von 120 km auf der
alten Ghat-Straße konnte bis zu sechs
Stunden in Anspruch nehmen. Ein kleiner
Schrein am Straßenrand, wo man im Vor-
beifahren etwas Geld opferte, hatte seine

Berechtigung: Die Zahl der Verkehrstoten auf dieser Strecke lag bei 100 pro Jahr.

Wichtige traditionelle Transportmittel sind immer noch die Ochsenkarren, besonders in ländlichen Gebieten und im Umland der Städte, die sie mit den Produkten der Landwirtschaft versorgen. Ihre Transportleistung wird auf 10 Mrd. tkm geschätzt, wobei sich diese Transporte meist über kurze Entfernungen bewegen. Sie können Wege benutzen, die für Lkws nicht mehr befahrbar sind – bilden allerdings auf den besseren Straßen Verkehrshindernisse –, und sie können Güter transportieren, für die der Einsatz eines motorisierten Fahrzeugs unwirtschaftlich wäre. Darüber hinaus bietet der Ochsenkarrentransport Millionen Arbeitsplätze. Inzwischen sind durch die Verwendung alter Lkw-Räder mit Gummireifen und sogar von Blattfedern technische Verbesserungen an den Ochsenkarren erfolgt (Stang 1981). Sicher wird der Ochsenkarren noch für längere Zeit eine wichtige Rolle im Transportwesen spielen. Doch allmählich dringt der Traktor vor, nicht nur für den Gebrauch auf den Feldern, sondern mit einem Anhänger versehen auch für den Transport von landwirtschaftlichen Produkten zu den Marktzentren und für die Personenbeförderung.

Die Binnenschifffahrt

Für die Binnenschifffahrt benutzte man 'Country Boats', die Segel führten, getreidelt oder gestakt wurden. In der Voreisenbahnzeit war sie auf Abschnitten der großen Flüsse, besonders an der unteren und mittleren Ganga, wichtig für den Gütertransport. Die Eisenbahn verdrängte sie jedoch, und sie erlebte nicht die moderne Phase der motorisierten Binnenschiffe. Das lag an dem zu geringen Frachtaufkommen und daran, dass mit Ausnahme Calcuttas kein Seehafen über einen Fluss als Hinterlandverbindung verfügt. Die Ostküstenflüsse münden in versandeten Deltas, die Westküstenflüsse zwar häufig in Buchten, aber sie sind zu kurz und zu steil, um einen Zugang ins Binnenland zu ermöglichen. Zudem liegen sie, außer in Goa, abseits von Bodenschätzen oder Rohstoffen, den wichtigsten Transportgütern der Binnenschifffahrt.

Auch eignen sich die natürlichen Bedingungen Indiens kaum für die Flussschifffahrt. Das monsunale Klima bringt außerordentliche Schwankungen der Wasserführung, sodass die Schifffahrt für einen großen Teil des Jahres entweder durch zu viel oder zu wenig Wasser behindert oder unmöglich gemacht wird. Während der Regenzeit verursachen die gewaltigen Abflussmengen eine zu starke Strömung und eine häufige Verlegung von Flussarmen sowie Beschädigungen der Uferböschung. Während der Trockenzeit verteilt sich der geringe Abfluss über ein viel zu breites Bett mit zu wenig Wassertiefe. Die Entnahme von Wasser für Bewässerungszwecke gerade während der Zeit der geringsten Wasserführung bedeutet eine zusätzliche Behinderung der Flussschifffahrt. Zudem fehlte es an Verladeplätzen oder Anschlüssen zum Landtransport (Stang 1965). Die für die Kleinschifffahrt noch vor der Eisenbahn gebauten Kanäle an der Ostküste, der Orissa-Küsten-Kanal und der Buckingham-Kanal in Tamil Nadu, sind seit langem bis auf Teilstücke aufgegeben. Der nach der Unabhängigkeit erstellte Damodar-Seitenkanal, über den Calcutta mit Kohle versorgt werden sollte, dient inzwischen nur der Bewässerung. Der Versuch, durch Schleusen beim Stauwehr von Farakka die Schifffahrt auf der Ganga – die inzwischen bis Allahabad als National Waterway ausgewiesen ist – wieder zu beleben, blieb bisher ohne Erfolg.

Gegenüber den Landverkehrsmitteln hat die Binnenschifffahrt daher keine Bedeutung. Die Angaben von 14 500 km Wasserwegen, die laut Statistik von Kleinfahrzeugen genutzt werden können (INDIA 1996, S. 465), sind völlig unrealistisch. Für motorisierte Fahrzeuge schrumpft die Kilometerlänge der Wasserwege wegen des erforderlichen größeren Tiefganges noch weiter, und tatsächlich können nur 2000 km einen bescheidenen lokalen Binnenschiffsverkehr aufweisen. Die Schifffahrt zwischen Assam, dem östlichen Bengalen und Calcutta über den Brahmaputra kam nach der Teilung des Landes für lange Zeit völlig zum Erliegen und hat auch heute nur geringen Umfang, da Bangladesh nicht daran interessiert ist, den größten Teil des Landes wieder zum Hinterland von Calcutta werden zu lassen (Bild 61). Wichtigstes Gebiet der indischen Binnenschifffahrt ist Goa, wo auf kürzere Entfernungen jährlich über 18 Mio. t Eisen-

Bild 61: Flussschiffe auf dem Hugli. Sie fuhren früher über den Brahmaputra bis nach Assam.

erz mit modernen Lastkähnen zur Küste transportiert werden. Kerala mit seinen ausgedehnten Lagunen, den Backwaters, bietet Möglichkeiten für einen Binnenschiffsverkehr mit kleineren Fahrzeugen, in bescheidenem Umfang auch das Deltagebiet von Godavari/Krishna sowie Assam.

Nachdem ein Projekt zur Diskussion stand, das die Ganga quer durch Indien mit dem Kaveri-Fluss verbinden und neben der Bewässerung auch der Schifffahrt dienen sollte (National Water Grid), ist es um den Ausbau der Binnenschifffahrtsstraßen wieder still geworden. Die begrenzten Mittel und der gewaltige Aufwand für die Schiffbarmachung von Flüssen lassen es zweckmäßiger erscheinen, sich auf den weiteren Ausbau der bestehenden Landverkehrswege und -transportmittel zu konzentrieren.

Der Luftverkehr

Der innerindische Luftverkehr begann in den 1930er-Jahren mit der Verbindung einiger Städte Britisch-Indiens durch 'Tata Airlines'. Der große Aufschwung kam nach dem Zweiten Weltkrieg, erleichtert durch den Flugplatzbau der britischen und amerikanischen Luftwaffe, einem Netz von meteorologischen sowie Radio- und Radarstationen, von Werkstätten für die Wartung des Fluggerätes und die Verfügbarkeit von Militärmaschinen, die für den zivilen Dienst umrüstbar waren. Der Staat subventionierte die damals noch privaten Fluggesellschaften. 1953 wurde der Flugverkehr verstaatlicht und international von 'Air India' betrieben, national einschließlich der benachbarten Staaten von 'Indian Airlines'. Später kam eine dritte staatliche Fluggesellschaft 'Vayudoot' hinzu, vor allem für die Zubringerdienste von kleineren Flughäfen. Sie ging inzwischen in Indian Airlines auf. Bei den schlechten Landverbindungen und den großen Entfernungen verkürzte der Flugverkehr die Reisedauer, brachte eine bessere Verbindung zu abgelegenen Regionen und gewann große Bedeutung für den Luftpostdienst. Indian Airlines fliegt alle größeren Städte des Landes an, Verbindungen zwischen den Metropolen bestehen mehrmals täglich. Ein Teil der Fluggäste sind höhere Beamte, deren Wichtigkeit nach der Anzahl ihrer Flüge bewertet zu werden scheint.

Als staatlicher Monopolist kennzeichnete Indian Airlines ein schlechter Service an Bord, häufige Verspätungen und der Ausfall von Flügen. Das besserte sich in den letzten Jahren nach der Aufhebung der Regulierung und der Zulassung privater Fluggesellschaften, die offiziell als Air Taxis bezeichnet werden und zunächst die lohnenderen Rou-

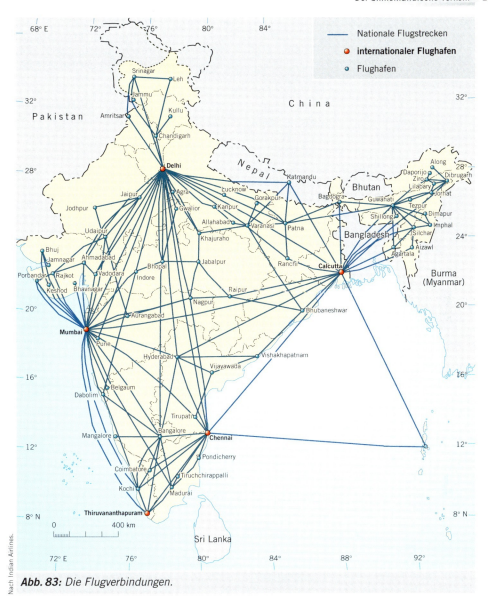

Abb. 83: *Die Flugverbindungen.*

ten bedienten, aber verpflichtet sind, eine Mindestzahl von Flügen auf weniger frequentierten Strecken wie im Nordosten zu übernehmen. Auch wenn einige der neuen Gesellschaften bald in Konkurs gingen, hat doch der Wettbewerb den Standard der Inlandsflüge erheblich angehoben, indem er auch Indian Airlines zwang, die Leistungen zu verbessern. Doch immer noch beträgt das Verhältnis von Flying zu Non-Flying Time bei Indian Airlines 1:13 gegenüber

1:3 bei der Lufthansa (Business India, 25.01.1999, S. 63). Neben den neuen wie 'Jet Airways', 'East West' oder 'Sahara Airlines' ist Indian Airlines immer noch die größte der Fluggesellschaften im binnenländischen Verkehr.

Die Karte des Flugverkehrs (Abb. 83) zeigt die Bedeutung von Delhi und Mumbai, aber auch Calcutta und Chennai sind sehr frequentiert. Auffallend sind die zahlreichen Flüge von Calcutta in die Staaten des

Nordostens, die auf dem Landweg kaum erreichbar sind, und von Mumbai zu den kleinen, aber wirtschaftlich mit Mumbai eng verbundenen kleinen Städten Saurashtras. Internationale Flughäfen sind Mumbai, Delhi, Calcutta, Chennai und Thiruvananthapuram doch haben auch andere Flughäfen direkte Verbindungen zu den Golfstaaten. Inzwischen hat man auch kleinere Flughäfen, wie Dabolim in Goa oder Agra, für internationale Charterflüge freigegeben, und der Ausbau weiterer ist vorgesehen. Insgesamt beläuft sich die Zahl der indischen Flughäfen und -plätze auf 120, doch sind die technischen Einrichtungen vieler Flughäfen modernisierungsbedürftig.

Die großen Seehäfen

Die natürliche Abgrenzung Indiens hat zur Folge, dass aller Außenhandel – vom traditionellen Trägerverkehr über die Himalayapässe und dem modernen Flugverkehr abgesehen – über See abgewickelt wird. Von den beiden Nachbarländern, mit denen Indien über Landverkehrswege Handel treiben könnte, ist Bangladesh relativ unbedeutend, und die Feindschaft mit Pakistan behindert den Austausch im Westen. Die großen Vermittler des Außenhandels sind daher die Häfen, deren Bedeutung sich mit den wirtschaftlichen und technischen Veränderungen gewandelt hat. Größere und schnellere Schiffe verlangen tiefere Häfen und einen schnelleren Umschlag. Damit sind eine Reihe der Häfen, die in der vorindustriellen Zeit florierten, bedeutungslos geworden. Beispiele sind Bharuch und Surat an der Küste von Gujarat, die für den Handel mit Arabien, mit Ostafrika und später mit Europa wichtig waren und die inzwischen aufgegeben sind. Die kleinen Haffs und Buchten der südlichen Halbinsel genügen nicht mehr den Ansprüchen moderner Schiffe, und die flachen Küsten machen während der Monsunzeit wegen der gefährlichen Brandung ein Ausbooten auf der Reede unmöglich.

Der Seeverkehr konzentriert sich auf zwölf große Häfen, die entweder als Naturhäfen oder nach entsprechenden Ausbauten Zugang und Sicherheit bieten (Abb. 84). Auf sie entfallen rund 90 % des Güterumschlags. Als 'Major Ports' unterstehen sie der Zentralregierung, werden aber jeweils von einem Port Trust verwaltet. Die kleineren Häfen der Bundesstaaten (Intermediate und Minor Ports) sind nur sehr eingeschränkt und für kleine Schiffe, die hauptsächlich in der Küstenschifffahrt verkehren, nutzbar. Gewöhnlich fehlen ihnen gute Verbindungen zum Hinterland sowie eine moderne Organisation mit Speditionen und Handelsfirmen. Die rund 255 Mio. t (1998 – 99) Güterverkehr in den Major Ports sind keine beeindruckende Menge für ein Land von der Größe Indiens. Hier haben sich die Beschränkungen des Außenhandels durch die Wirtschaftspolitik deutlich ausgewirkt. Aufgrund der Liberalisierung nahm der Seeverkehr in den letzten Jahren zu; daran sind vor allem die Massenguthäfen Kandla und Vishakapatnam und der neue Hafen bei Mumbai beteiligt. Ein weiterer Anstieg wird erwartet, sodass die Regierung bemüht ist, die Kapazität der Häfen zu erweitern. Sie sieht private und ausländische Beteiligungen beim Betrieb vor sowie die Anlage neuer Häfen auf 'Build-Operate-Transfer-Basis'.

Die britische Herrschaft hatte Indien systematisch vom Übersee- und sogar vom Küstenverkehr ausgeschlossen und den Aufbau einer indischen Handelsschifffahrt unterbunden. Britische Schiffe wickelten damals 70 % des Überseeverkehrs ab. Seit der Unabhängigkeit war Indien bemüht, durch den Kauf von Schiffen und den Bau auf eigenen staatlichen Werften eine eigene Handelsflotte aufzubauen. Die größte Werft in Kochi kann Schiffe bis 86 000 BRT bauen, die Werft in Vishakhapatnam bis zu 45 000 BRT sowie Ölplattformen. Darüber hinaus gibt es eine Anzahl kleinerer Werften, die teils im privaten und teils im staatlichen Besitz sind. Indien hat 73 Schiffahrtsgesellschaften, von denen aber 38 ausschließlich Küstenschifffahrt betreiben. Das größte Unternehmen ist die staatliche 'Shipping Corporation of India', die mit 3,2 Mio. BRT knapp die Hälfte der in-

Abb. 84: Die großen Seehäfen.

dischen Tonnage besitzt. Weitere elf private Schifffahrtsgesellschaften haben eine Tonnage von jeweils über 100 000 BRT. Der Anteil indischer Schiffe am Seeverkehr Indiens liegt jedoch unter einem Drittel.

Die Häfen der Westküste
Mumbai liegt als Naturhafen in einer großen Bucht an der Ostseite von Mumbai Island, die Wassertiefe und Schutz vor dem Monsun bietet. Diese Vorteile trugen dazu bei, dass Mumbai unter britischer Herrschaft die Nachfolge der alten gujaratischen Häfen antreten konnte. Nach der Öffnung des Suezkanals war es der Europa nächstgelegene Hafen und für den Passagierverkehr das Tor zu Indien. Allerdings erschwerten die östlich des Hafens steil aufragenden Ghats den landseitigen Verkehr. Sie überwand eine Eisenbahnstrecke, die

über Allahabad die Verbindung zur Ganga-Ebene herstellte. Weitere Eisenbahnlinien erschlossen den Deccan und Gujarat. Das Hinterland Mumbais umfasst heute den Nordwesten bis Uttar Pradesh, das zentrale Indien und den Süden bis Karnataka, mit wichtigen Industriestandorten im westlichen Maharashtra und im südlichen Gujarat.

Schlechte Organisation und Schwierigkeiten mit den Gewerkschaften der Hafenarbeiter – die auch andere indische Häfen kennzeichnen – machen Mumbai zu einem der teuersten Häfen der Welt. Die Liegezeiten, die in Singapur oder Hongkong nach Stunden gerechnet werden, nehmen in Mumbai eine entsprechende Anzahl von Tagen in Anspruch. Der jährliche Umschlag beträgt über 30 Mio. t, davon zwei Drittel Empfang und ein Drittel Versand. Obwohl einige andere Häfen höhere Umschlagszahlen erreichen, liegt die Bedeutung Mumbais in der Vielseitigkeit seiner Frachten, doch stehen Erdöl und Erdölprodukte wie bei fast allen indischen Häfen mengenmäßig an erster Stelle. Zur Entlastung Mumbais wurde auf der Ostseite der Bucht der moderne Hafen in Nheva Sheva (Jawaharlal Nehru Port, JNP) gebaut, dessen direkter Zugang vom Hinterland her den Weg durch die Stadt erspart. Er dient insbesondere dem Umschlag von Massengütern und Containern. Im Gesamtverkehr des Hafenkomplexes, der sehr vielfältig ist, überwiegen die Importe, vor allem von Erdöl, das in zwei Raffinerien weiterverarbeitet wird. Ein völlig neuer Hafen ist 100 km nördlich von Mumbai bei Vadhawan mit einer Beteiligung der australischen Tochtergesellschaft der P&O-Gruppe vorgesehen. Der Bau trifft aber zurzeit noch auf die Proteste von Umweltschützern und der lokalen Bevölkerung.

Der Hafen *Kandla* entstand als Major Port erst 1957 im äußersten Nordwesten am Golf von Kachchh. Er sollte als Ersatz für Karachi dienen, das vor der Teilung der wichtigste Hafen für den Nordwesten Indiens war. Der Hafen ist ganzjährig nutzbar, monsungeschützt und durch einen Kanal, der aber regelmäßig ausgebaggert werden muss, mit dem Meer verbunden. Vom internationalen Seeverkehr wurde Kandla jedoch kaum angenommen, wozu seine periphere Lage, das Übergewicht Mumbais und die schlechten Verbindungen mit einer nur ein-

spurigen Eisenbahnlinie zu seinem potentiellen Hinterland, Rajasthan, Delhi, Haryana, dem Punjab und dem westlichen Uttar Pradesh, beitrug. Kandla steht zwar mit über 55 Mio. t mengenmäßig an der Spitze der indischen Häfen, verdankt das aber dem Empfang von Erdöl, das an einem Off-shore-Terminal entladen wird und per Pipeline zu den Raffinerien von Koyali und Mathura gelangt. Eine weitere Pipeline zu einer Raffinerie in Panipat im Punjab ist im Bau. Im Versand ist Zement von Bedeutung.

Mormugao (Marmugao) in Goa liegt an der Mündung des Flusses Zuari und ist für Bulk Carrier erreichbar. Der Umschlag besteht zu über 80 % aus dem Versand von Eisenerz, das mit Binnenschiffen über die Flüsse Mandovi – mit einer kurzen Fahrt entlang der Küste – und Zuari angeliefert und zum großen Teil auf der Reede umgeschlagen wird (Bild 62). In den letzten zwei Jahrzehnten sind die Kaianlagen und Lagermöglichkeiten erweitert worden, um eine ganzjährige Beladung der Seeschiffe zu ermöglichen, denn die Küstenfahrt kommt während der Monsunzeit weitgehend zum Erliegen. Über die Ghats besteht nur eine wenig leistungsfähige einspurige Eisenbahnstrecke, die zurzeit ausgebaut wird, und die Straßen sind steil und sehr kurvenreich. Daher beschränkt sich der Einzugsbereich des Hafens auf Goa selbst, für das er eine Vielfalt von Gütern in kleinen Mengen umschlägt.

Auch in *New Mangalore* überwiegt bei weitem der Versand von Eisenerz. Es wurde als Tiefwasserhafen von Karnataka gebaut, nachdem der alte Hafen von Mangalore für moderne Schiffe nicht mehr erreichbar war. Importiert werden Erdöl und Flüssiggas, Rohstoffe für die in Mangalore ansässige Düngemittelindustrie und andere Fabriken sowie Cashews zur Verarbeitung. Eine neue Eisenbahnlinie über Hassan nach Bangalore macht jetzt auch das früher nach Chennai orientierte südliche Karnataka dem Hafen zugänglich.

Kochi (Cochin), der Major Port Keralas, gehört zu den ältesten indischen Häfen. Als Naturhafen ist er für große moderne Schiffe nutzbar, während Häfen der vorkolonialen Zeit, wie Kannur (Cannanore) oder Kozhikode (Calicut), bedeutungslos geworden sind. Sein Umland ist der am stärks-

Bild 62: Erzverladung in Marmugao. Ein großer Teil der Erze wird direkt vom Binnenschiff auf Erzfrachter umgeladen.

ten industrialisierte Teil Keralas. Wegen der Raffinerie sind Erdöl und Erdölprodukte die Hauptumschlaggüter. Kochi ist der wichtigste Exporthafen und Handelsplatz für die Tee- und Kaffeeplantagen sowie die Gewürze des südlichen Indiens. Der größte Teil seines Containerverkehrs läuft als Zubringerdienst über Colombo, das günstiger zu den Hauptrouten des Seeverkehrs liegt. Zum Hinterland gehören außer Kerala das südliche Tamil Nadu, das mit Eisenbahnlinien und guten Straßen angebunden ist. Dagegen werden die verfügbaren Backwaters als Binnenschifffahrtswege für den Güterverkehr kaum genutzt.

Die Häfen der Ostküste

Von den Häfen an der Bucht von Bengalen sind die kleineren, von denen aus in der frühen indischen Geschichte die Eroberungen und der Handel mit Südostasien ausgingen, heute bedeutungslos. *Chennai* hat sich in britischer Zeit zum größten Hafen entwickelt, obwohl er keine günstigen natürlichen Voraussetzungen für die Schifffahrt bot. Noch bis zum Ende des 19. Jh.s mussten die Schiffe auf offener Reede ankern und die Ladung mit Leichtern löschen. 1881 baute man zwei halbkreisförmige Hafenmauern mit einer Öffnung zum Meer hin, um ein geschütztes Be- und Entladen zu gewährleisten. Kaianlagen ent-

standen erst zu Beginn des 20. Jh.s. Seitdem wurde der Hafen ständig vergrößert und vertieft sowie ein Containerhafen angelegt. Auch in Chennai überwiegt der Empfang von Erdöl für die im Hafen ansässige Raffinerie und Kohle für das Kraftwerk, der Versand umfasst Eisenerz, Stückgüter wie Textilien, Leder und Lederwaren, Tabak und Tee. Etwa 20 km vom Haupthafen entfernt liegt der Ennore Satellite Port, ausschließlich für Massengüter, vor allem Kohle für drei Kraftwerke. Mit der geplanten Erhöhung ihrer Kapazität wird eine Vergrößerung dieses Hafens notwendig, der dann auch für Erdöl genutzt werden soll.

Seit zwei Jahrzehnten besteht *Tuticorin* als zweiter Major Port Tamil Nadus. Der alte Hafen war vornehmlich als Standort der Perlenfischerei und für den Versand von Salz bekannt. New Tuticorin ist künstlich angelegt, zwei etwa 4 km ins Meer reichende Wellenbrecher bieten Schutz. Kohle und Rohstoffe für die Düngemittelfabrik dominieren den Empfang, Granitsteine, Salz und Stückgüter den geringen Versand. Zu den Spezialitäten Tuticorins gehören die Cashewimporte und der Export von Meeresfrüchten. Der Containerumschlag wächst schnell, wozu die Nähe der großen Seeverkehrswege beiträgt, die wichtige Rolle, die private Unternehmen im Umschlag spielen, und die hier noch seltenen Arbeitskämpfe. Die Hafenverwaltung von Singapur baut einen weiteren Kai für den Containerumschlag, von dem eine Steigerung im Güteraufkommen erwartet wird und eine geringere Abhängigkeit von Colombo als Zwischenstation für den Containerverkehr. Die Entfernung von 540 km nach Chennai macht es möglich, im südlichen Tamil Nadu ein eigenes Hinterland für den Hafen zu gewinnen.

Vishakhapatnam ist der einzige große Naturhafen an der Ostküste, der ein natürliches, von Hügeln umgebenes Becken hat. Er entstand ursprünglich für den Export von Eisen- und Manganerzen aus der Bailadilla Range in Madhya Pradesh und aus Orissa. Für Erzfrachter und Öltanker von über 100 000 BRT gibt es einen Außenhafen, der allerdings wegen der Sandablagerungen durch den Küstenversatz ständige Ausräumarbeiten erfordert. Als Massenguthafen hat Vishakhapatnam ein Gütervolumen von 30 Mio. t. Wichtigste Empfangsgüter sind Erdöl für die Raffinerie und australische Kokskohle für das neue Stahlwerk. Vishakhapatnam besitzt eine Schiffswerft und größere Industriebetriebe in Hafennähe. Etwa auf halbem Weg zwischen Calcutta und Chennai liegt Vishakhapatnam zwar günstig, doch sind seine Hinterlandverbindungen schlecht.

Die Regierung Orissas baute 1958 *Paradip*, das die Zentralregierung später als Major Port übernahm. Die erforderliche Wassertiefe lässt sich hier im Delta des Brahmani nur mit ständigen Baggerarbeiten erhalten. Die Verkehrserschließung zum Hinterland ist unzureichend, und der Umschlag besteht hauptsächlich aus dem Versand von Eisen- und Chromerzen nach Japan und von Kohle aus dem Talcher-Revier für indische Verbraucher an Küstenstandorten sowie im Empfang aus Erdölprodukten und Rohstoffen für die Düngemittelfabrik im Hafen.

Als einziger großer indischer Hafen liegt *Calcutta* nicht an der Küste, sondern flussauf am Hugli, einem Mündungsarm der Ganga. Die Lage war sicher zur Zeit der Briten ein Vorteil. Sie gründeten den Hafen und schlugen die anderen europäischen Wettbewerber, die sich in der Umgebung niedergelassen hatten, aus dem Feld. Calcutta ist nur nach einer zweitägigen Flussfahrt mit Lotsen und nicht mehr für die

heute üblichen Schiffsgrößen erreichbar. Die schlechten Fahrwasserverhältnisse sind eine Folge der geringen Wasserführung des Hugli, der früher einmal Hauptmündungsarm der Ganga war, die sich aber Mitte des 18. Jh.s zum großen Teil auf einen heute durch Bangladesh fließenden Arm verlagerte. Wegen der verminderten Wasserführung werden die Sedimente vor Erreichen des Meeres im Flussbett abgelagert und von den Gezeitenströmen flussaufwärts zurückgeschoben. Der Farraka-Damm 100 km oberhalb Calcuttas nahe der Grenze zu Bangladesh soll Wasser in den Hugli ableiten und dessen weitere Versandung verhindern. Da sich aber der Fluss unterhalb Calcuttas bei Diamond Harbour auf 10 km verbreitert und die Gezeitenströme ein gewaltiges Volumen haben, reicht die zusätzliche Wassermenge nicht aus, um die Fahrrinne tief zu halten. Wegen des Tidenhubs, der sich auf dem Hugli noch weit stromaufwärts auswirkt, musste Calcutta mit Docks ausgestattet werden.

Nicht nur die Nachteile eines Flusshafens, sondern auch der Verlust wichtiger Wasserstraßenverbindungen und eines großen Teils des Hinterlandes infolge der Teilung Indiens ließen Calcutta gegenüber anderen Häfen zurückfallen. Zudem ist die Produktivität der Arbeitskräfte noch niedriger als in anderen indischen Häfen. Damit sind die Liegezeiten länger und die Kosten wegen der schlechten Ausnutzung der Kapazitäten wesentlich höher. Ein Streik von nur einer der über einem Dutzend Gewerkschaften, die es im Hafen gibt, kann den Betrieb lahm legen. Die Verwaltung hat in den letzten Jahren mit Erfolg versucht, die Verhältnisse zu verbessern.

Der Entlastung Calcuttas soll ein neuer Dockhafen in *Haldia* dienen. Doch liegt Haldia immer noch 30 km vom Meer entfernt, und Sandbänke erschweren die Zufahrt. Haldia ist vornehmlich ein Massenguthafen, der die Kohle des Damodar-Gebietes zu anderen indischen Häfen sowie die Eisenerze von Bihar und Orissa versendet und Erdöl für seine Raffinerie empfängt. Es war zwar der erste indische Hafen mit einem Containerterminal, aber die schlechte Straßenverbindung sowie die nur einspurig ausgebaute Bahnstrecke nach Calcutta, die beide über einen großen Umweg dorthin führen, haben zur Folge, dass der größere Teil des Containerumschlags noch über Calcutta abgewickelt wird. Ein Zubringerdienst über die Flussschifffahrt, um nicht nur Calcutta selbst, sondern den ganzen Industriegürtel entlang des Flusses an Haldia anzubinden, fehlt bisher. Haldia ist auch als Industriestandort mit einer neuen Stadt geplant, doch verlief die Entwicklung äußerst schleppend. Erst in den letzten Jahren haben sich, basierend auf der Ölraffinerie des Hafens, petrochemische Industrien niedergelassen.

Administrativ bilden beide Häfen eine Einheit und werden vom Calcutta Port Trust verwaltet. Ihre Funktionen sind jedoch unterschiedlich. Calcutta weist eine breite Palette von Gütern auf, bei denen im Versand Tee und Juteprodukte eine wichtige Rolle spielen, außerdem dient der Hafen dem Empfang hochwertiger Stückgüter. Inzwischen ist der Containerverkehr erheblich angestiegen und läuft mit kleineren Zubringerschiffen zu den großen Sammelpunkten Colombo und Singapur.

Der unbestrittene Teil des Hinterlandes von Calcutta, zu dem neben Assam auch die kleinen Staaten des Nordostens gehören, ist nur auf einem weiten Umweg um den Norden Bangladeshs über die neue Eisenbahnstrecke zu erreichen. Zu seinem und Haldias Kernhinterland gehören die wichtigsten Industrieregionen des östlichen Indien, im Damodar-Gebiet und am Hugli sowie das übrige West Bengal, Bihar, das östliche Uttar Pradesh und Orissa.

Der Tourismus

Internationaler Tourismus

Beim internationalen Tourismus gehört Indien nicht zu den bedeutenden Reiseländern. Das spiegelt sich in der Zahl der Pauschalreiseangebote in den Katalogen deutscher Reiseveranstalter wider, wo die Karibik, Mexiko, Thailand und selbst Sri Lanka unter den Fernreisezielen wesentlich häufiger und mit einem breiteren Angebotsspektrum präsent sind. Zwar hat sich die Zahl der ausländischen Besucher seit 1980 um 65 % erhöht, doch stellen die 2 Mio. Indienreisenden (1998) lediglich 0,4 % des weltweiten Fremdenverkehrsaufkommens. Außerdem umfasst die Zahl nicht nur Touristen im eigentlichen Sinne, vielmehr werden alle Personen fremder Staatsangehörigkeit erfasst, die sich mindestens 24 Stunden in Indien aufhalten und deren Reisegrund Freizeit, Geschäft, Konferenz oder Familienbesuch ist. Wahrscheinlich beeinflussen die Verwandtenbesuche der Auslandsinder die im Vergleich zu anderen Ländern relativ lange Verweildauer von 28 Tagen sowie die große Zahl von Touristenankünften aus Großbritannien und Nordamerika, die mit Abstand die meisten Besucher stellen. Für Nicht-Inder aus diesen Ländern spielt sicher die Verbreitung der englischen Sprache im Gastland eine Rolle. Die Reisenden aus Japan, Australien, Singapur und Malaysia sehen in Indien oft nur eine Zwischenstation auf ihrer Reise nach Europa. 'Echte' Touristen, für die Indien das Ziel ihrer Reise ist, kommen hingegen besonders aus Europa, darunter 91 000 Deutsche.

Aufgrund der überaus vielfältigen landschaftlichen und kulturellen Sehenswürdigkeiten zählt Indien sicher zu den interessantesten Ländern der Erde. Abschreckend wirkt das Elend, mit dem sich der Tourist außerhalb der Hotels konfrontiert sieht, sowie die oft mangelhafte Hygiene und die völlige Andersartigkeit. So gibt es zwei Gruppen von Indientouristen: diejenigen, die nie mehr nach Indien fahren werden, und die, die immer wieder kommen.

Für den Individualreisenden ist das Reisen trotz vieler Erleichterungen immer noch beschwerlich. Dies beginnt mit dem kostenpflichtigen Visum und den relativ teuren Flügen und setzt sich im Land selbst bei den Buchungen für Inlandsflüge, Eisenbahn oder Busse – obwohl ausländische Touristen in der Regel bevorzugt werden – und der Suche nach einer Unterkunft fort. Bei Gruppenreisen werden diese Mühen dem Touristen abgenommen, der sich nach seinem Ausstieg aus dem Bus nur noch der Andenkenverkäufer und Bettler zu erwehren braucht. Ärgerlich sind die für Ausländer hohen Eintrittspreise zu historischen Monumenten.

Ein Teil der ausländischen Touristen stört sich jedoch wenig an Hotelstandards sowie langsamen und unbequemen Verkehrsmitteln: Indien ist eines der beliebtesten Reiseziele für junge Menschen, die zwar viel Zeit, aber wenig Geld haben. Fast nirgendwo sonst kann man nach westlichem Maßstab so billig reisen und leben wie in Indien. Mit dem 'Lonely Planet' – dem wohl verbreitetsten Reiseführer für junge Individualreisende – ausgestattet, sind sie überall in Indien zu finden, geballt allerdings in den Orten, Unterkünften und Restaurants, die im Lonely Planet empfohlen sind. Zu den indischen Deviseneinnahmen tragen sie zwar wenig bei, doch ist es ihnen zu verdanken, dass Indien und vor allem Goa im Westen als Reiseziel populär wurden.

Es dauerte einige Zeit, bis man in Indien die positiven wirtschaftlichen Auswirkungen des Tourismus erkannte. Dazu gehören aufgrund der hohen Arbeitsintensität im Fremdenverkehr insbesondere die Arbeitsplätze. Neben den direkten Beschäftigungseffekten im Beherbergungsgewerbe und in der Gastronomie sind Sekundär- und Tertiäreffekte z.B. beim Baugewerbe, beim Transportwesen, der Souvenirherstellung usw. zu berücksichtigen sowie der Multiplikatoreffekt der Ausgaben von Touristen. Besonders interessiert ist Indien an der Einnahme von Devisen, die 1998 US-$ 3 Mrd. betrugen. Während diese in einigen anderen Entwicklungsländern zu einem hohen Prozentsatz für den Einkauf von Gütern wieder in die Industriestaaten abfließen, sind in Indien die Rückflüsse ins Ausland gering, weil die Leistungen zum überwiegenden Teil im Land selbst erbracht werden können und relativ wenig Importe erfordern.

Da für die Entwicklung des Tourismus dem privaten Sektor – von der Oberoi-Kette aus der Kolonialzeit abgesehen – die Mittel fehlten und ohne ausländische Partner auch die Kenntnisse, wurden von staatlicher Seite eine Reihe von Organisationen zur Förderung des Fremdenverkehrs geschaffen. Dazu zählen das einem Ministerium ähnliche 'Department of Tourism', Ausbildungsinstitute für Fachkräfte, und vor allem die 'Indian Tourism Development Corpora-

tion' (ITDC). Sie ist für die Bereitstellung touristischer Dienstleistungen, wie Unterkünfte und Transport, zuständig und ist heute mit der Ashok-Gruppe Indiens größter Hotelkettenbesitzer. Nach einer anfänglichen Konzentration auf die großen Städte erschloss die Ashok-Gruppe auch touristische Entwicklungsgebiete und wurde sogar in anderen Entwicklungsländern unternehmerisch oder beratend tätig. Heute ist sie im Zuge der Privatisierung von Staatseigentum eine der ersten Gesellschaften, die verkauft werden.

Für die jüngere Entwicklung ist die Lockerung der Bedingungen für eine Beteiligung ausländischer Gesellschaften kennzeichnend. Das brachte zunächst einen Bauboom bei den Fünf-Sterne-Hotels, die mittlerweile wegen eines Überangebotes oft unterbelegt sind. Daher bauen die ausländischen Unternehmen inzwischen auch Hotels der gehobenen Mittelklasse. Hier stoßen sie aber bereits auf indische Konkurrenten, die seit Anfang der 1980er-Jahre mit steuerlichen Konzessionen gefördert werden. Heute sind auch in mittleren Städten brauchbare und in den Metropolen und großen Städten preisgünstige Hotels zu finden. Ein naturgegebener Nachteil des internationalen Tourismus ist die Begrenzung der Nachfrage auf die kühlere Jahreszeit. Man versucht, dies durch Werbung für den Kongresstourismus in den übrigen Monaten des Jahres etwas zu mildern.

Der internationale Fremdenverkehr konzentriert sich auf bestimmte Kernregionen, deren Zahl jedoch wächst. Immer noch ist Indien in erster Linie das Ziel von Bildungsurlaubern und weniger von erholungssuchenden Badetouristen. Da die Touristen als Fernreisende innerhalb kurzer Zeit möglichst viel sehen wollen, machen die Größe Indiens und die räumliche Verteilung der touristischen Attraktionen eine Kombination verschiedener Sehenswürdigkeiten eigentlich nur mit dem Flugzeug möglich.

Ausgangspunkte sind Delhi und Mumbai, die über internationale Flughäfen verfügen und zugleich Drehscheiben des Binnenverkehrs sind. Von Delhi aus kann eine Anzahl von Sehenswürdigkeiten im weiteren Umland auf Ausflügen von einem oder wenigen Tagen per Flugzeug, Bahn oder Bus besucht werden. Die Route Delhi-

Bild 63: *Nalanda (Bihar). Die Ruinen des Klosters und der Universität gehören zum 'Buddhist-Circuit'.*

Agra-Jaipur gilt als das 'Goldene Dreieck' für den Fremdenverkehr (Bild 60), doch auch die Tempel von Khajuraho oder die heilige Stadt Varanasi sind gut erreichbar. Wegen seiner Nähe zu Delhi hat Rajasthan einen erheblichen Aufschwung genommen. Besonders hier werden ehemalige Residenzen von Fürsten als Luxushotels eingerichtet und als 'Heritage Hotels' vermarktet. Delhi ist ferner Ausgangspunkt oder Zwischenstation für eine Nepalreise oder – für eine begrenzte Zahl von Touristen – den Besuch des von der buddhistischen Kultur geprägten Ladakh.

Statistisch ist im Westen Mumbai das Hauptziel. Zwar bietet Mumbai in seinem Umland die Höhlentempel von Elephanta, und mit dem Flugzeug gelangt man in einer Stunde zu den Felsentempeln von Ajanta und Ellora. Abgesehen von wohlhabenden Besuchern aus den Golfstaaten, die nur wegen der Attraktionen der Metropole kommen, dürfte Mumbai aber lediglich ein Ausgangspunkt für Indienreisende sein. Das östliche Indien mit Calcutta und Darjeeling in den Vorbergen des Himalaya hat am internationalen Tourismus nur geringen Anteil. Entsprechend verfügen auch Delhi und Mumbai über ein etwa fünfmal größeres Bettenangebot als Calcutta.

Weit weniger besucht, weil abseits der Hauptreisegebiete gelegen, sind die Tempelstädte des Mahanadi-Deltas in Orissa: Bhubaneshwar, Puri und Konarak oder die Ruinen der Hauptstädte der alten Deccan-Reiche. Eine Sonderstellung nimmt der Religionstourismus in Bihar ein, wo die heiligen Stätten der Buddhaverehrung die Ziele sind. In Bodh Gaya hat der Prinz Gautama die Erleuchtung empfangen, die ihn zum Buddha werden ließ. Das macht den kleinen Ort im Winter für wenige Wochen zum Ziel von buddhistischen Pilgern aus aller Welt. Sie haben ihre eigenen Tempel erbaut, und so gibt es einen japanischen und tibetischen Tempel, einen Bhutan-, Thai- und chinesischen Tempel. Die Ruinen der Klosteranlage von Nalanda, die auch eine buddhistische Universität umfassten, wurden in der ersten Hälfte des 20. Jh.s ausgegraben (Bild 63). Japan hat die Mittel zum Ausbau der Infrastruktur eines 'Buddhist Circuit' zur Verfügung gestellt, der die Pilgerstätten, zu denen auch Sarnath bei Varanasi gehört, verbindet.

Der Süden Indiens bietet auf relativ kleinem Raum eine große Vielfalt touristischer Ziele. Er hat ein recht ausgeglichenes, wenn auch heißes Klima, abwechslungsreiche

Landschaften, imposante Tempel und Ruinenstädte, Hill Stations, Wildreservate und attraktive Metropolen, wie Chennai oder Bangalore. Seit wenigen Jahren gibt es direkte Linienflüge zwischen Chennai und Europa sowie Amerika.

Die zentralen Organisationen zur Tourismusförderung haben sich zusammen mit den Fremdenverkehrsämtern der Bundesstaaten bemüht, weitere Gebiete zu erschließen, darunter vor allem die Nationalparks und Wildschutzgebiete. Die meisten sind jedoch so schwer zu erreichen, dass sie nur von wenigen ausländischen Touristen besucht werden. Zu anderen, wie z. B. dem Periyar Lake in den Gebirgen Keralas, kommen täglich – insbesondere sonntags – ganze Busladungen indischer Ausflügler, die sich aber meist mit einem Besuch am Rand des Gebietes oder einer Bootsfahrt zufrieden geben.

Größere Gebiete können als gesperrte Zonen überhaupt nicht von ausländischen Touristen bereist werden. Dazu gehören neben den Grenzgebieten im westlichen Himalaya insbesondere die Bundesstaaten des Nordostens, wo die Stammesbevölkerung für ihre Unabhängigkeit kämpft. 'Special Permits' können zwar erteilt werden, doch kaum jemand hat die Zeit oder die Beziehungen, eine solche Genehmigung zu bekommen. Die Verbote, so heißt es, seien zur Sicherheit der Reisenden erlassen worden. Im Übrigen dürfte Indien aber eines der sichersten Reiseländer für den ausländischen Touristen sein.

Trotz der langen Küstenlinie und der vielen Strände hat sich ein Erholungsurlaub am Strand erst mit dem internationalen Tourismus entwickelt. Kein Kolonialbrite und kein Inder wäre unter den dortigen Klimaverhältnissen auf den Gedanken gekommen, sich in die Sonne zu legen. Goa, wo heute Luxushotels überwiegen, machte den Anfang. Dann wurden mit staatlicher Förderung Kovalam in Kerala und einige Strände an der südlichen Ostküste erschlossen. Da in den indischen Seebädern die großen Hotels separat liegen, entstehen kaum zusammenhängende Badeorte (Bender 1993). Für viele Urlauber bildet der einwöchige oder kürzere Strandurlaub den Abschluss einer Besichtigungsreise durch Indien. Eine Entwicklung der Andaman und Lakshad-

weep Islands für den Badetourismus ist geplant.

Nationaler Tourismus

Insgesamt stellen die Ausländer nur eine sehr geringe Zahl der 'Touristen'. Dagegen sind die Inder selbst überaus reisefreudig – trotz Hitze und überfüllter Züge. Doch liegen für diesen Tourismus nur die Übernachtungsmeldungen von Hotels vor, die unzuverlässig ausgewertet sind und ohnehin nur einen Teil der Reisenden erfassen. Von den Gründen zum Reisen sind – sieht man von Geschäftsreisen und Beamtenreisen ab – Verwandtenbesuche und Pilgerfahrten wohl die wichtigsten. Die engen Beziehungen innerhalb der Familie machen den Besuch von Familienfeiern, z. B. bei Geburten und Heiraten, selbstverständlich, und wegen der Größe der Familien treten solche Ereignisse häufig auf. Aber auch ohne besonderen Anlass finden längere Besuche im heimatlichen Dorf statt, mit dem der Großstadt-Inder eng verbunden bleibt. Da man meist bei den Verwandten Unterkunft nimmt, werden für diesen Tourismus nur die Transportmittel in Anspruch genommen.

Für die Hindus ist Hindustan das heiligste Gebiet. Entlang der Ganga liegen von der Quelle bis zur Mündung die wichtigsten religiösen Zentren und Pilgerorte. Am Eintritt der Ganga in die Ebene ist Haridwar am Fuß der Shiwaliks, wo Vishnu seinen Fußabdruck am Flussufer hinterlassen haben soll, eine der sieben heiligen Städte des Hinduismus. Auch die 'Mahabaratha' nimmt Bezug auf den Ort.

Allahabad ist heilig, weil hier Yamuna und Ganga zusammenfließen. Die rituelle reinigende Kraft von Flüssen ist am stärksten an der Quelle, an Zusammenflüssen und an der Mündung. Schon der Himalayalauf der Ganga weist fünf Zusammenflüsse (Prayags) auf, die berühmte Pilgerstätten sind, doch ist Allahabad die wichtigste. Während der Magh Mela für zwei Wochen jedes Jahres im Januar und Februar kommen Millionen Pilger nach Allahabad, die durch ein Bad am Zusammenfluss Vergebung und Erlösung finden wollen. Bei der Kumbh Mela, die mit den heiligen Städten Haridwar, Nashik und Ujjain alternierend alle zwölf Jahre stattfindet, lag die Zahl der

Pilger im Januar/Februar 2001 bei über 20 Mio.

Auch Ayodhya, am Ghaghara-Fluss, einem nördlichen Zufluss der Ganga, ist eine der sieben heiligen Städte des Hinduismus. Es gilt als der Geburtsort des Gottes Rama. Hier stand einmal ein Tempel, den die muslimischen Eroberer abrissen und an dessen Stelle sie unter Kaiser Babur die Babri-Moschee errichteten. 1992 wurde nach kreuzzugartigen Agitationen die verlassene Moschee von Anhängern einer militanten Hindu-Organisation zerstört, die an ihrer Stelle einen Tempel bauen wollen.

Varanasi, die heiligste der Städte, soll die Vorzüge aller Pilgerorte in sich vereinen. Hierhin kommen unzählige Pilger, um am frühen Morgen an einem der Ghats, den breiten Treppen am Steilufer, ihr rituelles Bad zu nehmen. Infolge des großen Ganga-Bogens ist es von hier wie nirgendwo anders möglich, über den Fluss nach Osten zur aufgehenden Sonne zu blicken. Genauso unerschütterlich wie das Vertrauen der Badenden in die reinigende Kraft der Ganga ist ihr Glaube an die Sauberkeit des Wassers, obwohl diesem fast alle Abwässer ungeklärt zugeleitet und Zehntausende nur teilweise oder gar nicht verbrannter Leichen übergeben werden. Untersuchungen haben allerdings ergeben, dass die Selbstreinigungskraft der Ganga, wie bei vielen tropischen Flüssen, erstaunlich hoch ist (Bradnock & Bradnock 1997, S. 263). Die Ghats werden infolge der Hochwasser der Ganga, die in der Monsunzeit bis zu 15 m steigen kann, unterspült und drohen wegzusacken. Hinter den Ghats liegt der Basar der Stadt mit den Devotionalien- und Andenkengeschäften; hier gehen Religion und Kommerz ineinander über.

Da jeder, der in Varanasi stirbt, die Erlösung aus dem Kreislauf der Wiedergeburten erlangt, kommen viele gläubige Hindus – darunter auch Witwen, die sich in klosterartige Heime zurückziehen –, um hier zu sterben und nach ihrer Verbrennung auf einem der zahllosen Scheiterhaufen am Ufer die Asche in den Fluss streuen zu lassen. Die Verbrennung wird von einer bestimmten, auf der untersten Stufe eingeordneten Kaste (Dhoms) vorgenommen, die aber aufgrund ihrer Tätigkeit zu enormem Reichtum gekommen ist. Obwohl der Tod für den Hindu nicht mit Trauer verbunden ist, geben Sterbende, Bettler, nackte Sadhus und Geschäftemacher, welche die Pilger zu schröpfen suchen, Varanasi eine bedrückende Atmosphäre. In Varanasi sollen 50 000 Brahmanen leben; viele haben eine bestimmte Klientel von Pilgern, deren Betreuung sie übernehmen.

Südlich von Patna erfüllt Gaya (Bihar) eine ähnliche Funktion wie Varanasi. Vishnu hat die Stadt ausersehen, Sünden zu vergeben. Doch wird hier der kleine Phalgu-Fluss, in dem man ein Bad nimmt und an dessen Ufer die Leichen verbrannt werden, nur für wenige Monate als heilig angesehen.

Kommt auch Hindustan eine zentrale Bedeutung im religiösen Leben der Hindus zu, so ist es doch nicht das einzige Gebiet, wo sich ihr Glaube manifestiert. Außer den genannten gehören zu den heiligen Städten, die riesige Besucherströme aufweisen, Dwarka auf der Saurashtra-Halbinsel (Gujarat) und Kanchipuram (Tamil Nadu). Darüber hinaus gibt es Tausende heilige Stätten und religiöse Feste, die zu bestimmten Zeiten stattfinden (Bild 64). Aber nicht nur die Hindus haben ihre Heiligtümer, sondern auch alle übrigen Religionen.

Die Pilgerfahrten, bei denen zu bestimmten Gelegenheiten Millionen von Besuchern an einem Ort zusammenkommen, erfordern eine gewaltige Organisation, sowohl beim Transport mit Eisenbahn und Bussen als auch bei der Verpflegung, Wasserversorgung und Unterbringung, für welche die Armee riesige Zeltstädte errichtet. Oft werden die Bereiche als eine Art Sperrbezirk ausgewiesen, vor dessen Betreten eine Impfung obligatorisch ist – die im Vorübergehen mit derselben Nadel erfolgt.

Für die Nutzung heiliger Stätten, die das ganze Jahr über einen konstanten Zustrom von Gläubigen haben, bietet der Tirumala-Tempel ein gutes Beispiel. Der auf einem Berg der Ostghats oberhalb der Stadt Tirupati gelegene Tempel empfängt täglich Zehntausende von Pilgern. Hier wird Sri Venkatesvara, eine Inkarnation Vishnus, verehrt, dessen Bildnis man in Südindien überall sieht. Die Pilger versammeln sich in einer riesigen Halle, die mit Fernsehgeräten ausgestattet ist, um nach stundenlangem Warten in einer langen Schlange am Bildnis des Gottes vorbeige-

Bild 64: *Pilgergruppe auf dem Weg zu einem südindischen Tempel.*

leitet zu werden. Der Blick auf die Gottheit dauert zwei Sekunden. Gegen eine Gebühr kann man sich in eine kürzere Schlange einreihen. Die Pilger opfern Geld, Gold und Schmuck – und ihre Haare, die dann exportiert werden. Das Jahreseinkommen des Tempels, einschließlich der Einnahmen aus Stiftungen und Dienstleistungen für die Pilger, beträgt 2 Mrd. iRs. Es handelt sich um ein Wirtschaftsunternehmen mit 16 000 Angestellten, Herbergen und Gästehäusern – in denen man sogar auf 'Time Share Basis' eine Suite erwerben kann –, einer eigenen Wasserversorgung und einem Elektrizitätswerk. Außerdem werden Krankenhäuser, Bildungsinstitutionen und Heime für Behinderte unterhalten. Tirumala ist der bei weitem meistbesuchte und reichste Tempel Indiens. Aber auch andere Tempel haben ansehnliche Einnahmen. Die Zahl ihrer Besucher hängt von deren Glauben ab, dass besonders hier ihre Anliegen erfüllt werden.

Viele Pilgerreisen haben inzwischen einen touristischen Charakter, wie Grötzbach (1985) am Beispiel des westlichen Himalaya aufzeigt. Die meist mit großen Entbehrungen verbundene traditionelle Wallfahrt zu Fuß ist vom Autobus zurückgedrängt worden. Der Bau von Straßen im Grenzgebiet zu China ermöglicht es, bis in die Nähe der Heiligtümer zu fahren und diese dann auf einem immer noch anstrengenden Fußmarsch in Stunden (wie den Berg Kedarnath) oder Tagen (Amarnath) zu erreichen. Moderne Hotels ergänzen die spartanischen Pilgerunterkünfte der 'Dharamshalas'.

Ein Urlaubstourismus hat sich erst in den letzten Jahrzehnten entwickelt, getragen von wohlhabenderen Indern. Er hat Destinationen als Ziel, die Möglichkeiten des 'Sightseeing' bieten, von attraktiven Städten bis zu Wildreservaten, oder der Erholung dienen. Das sind vornehmlich die Hill Stations der früheren Kolonialherren, wo Angehörige des neuen Mittelstands während der heißen Jahreszeit Zuflucht suchen. Das früher bedeutendste Sommerurlaubsziel, Kashmir, ist wegen der politischen Verhältnisse zu unsicher. Der reiche Inder zieht zur Hebung seines Sozialstatus eine Auslandsreise nach Südostasien, Europa oder den USA vor – ersatzweise einen Kurzaufenthalt in Goa, das heute zu den beliebtesten Urlaubszielen und Konferenzorten gehört. Dazu trägt auch bei, dass es hier – im Gegensatz zu vielen 'trockenen' Bundesstaaten – Alkohol in beliebigen Mengen zu niedrigen Preisen gibt.

VIER GROSSREGIONEN – DIE VIELFALT INDIENS

Bild 65: Regierungsgebäude in Delhi. Das 'Secretariat' vermittelt die gigantischen Dimensionen der Planung Neu-Delhis.

Überblick

■ Wie so oft in der langen Geschichte Indiens, stellt Delhi heute wieder das Zentrum der politischen Macht dar. Mit seinem Umland, der National Capital Region, ist es auch einer der bedeutendsten Industriestandorte des Landes geworden. Hindustan, das 'Hindi Heartland', umfasst die Ganga-Ebene und bildet als Kernland des Hinduismus eine kulturelle Einheit. Doch bestehen extreme Unterschiede zwischen dem wohlhabenden Westen und dem rückständigen Osten.

■ Bei der Industrialisierung liegen die Bundesstaaten Maharashtra und Gujarat auf den vordersten Plätzen. Beide bemühen sich um eine Erschließung ihrer rückständigen Regionen. Mumbai ist das wichtigste Wirtschaftszentrum Indiens.

■ Der Süden unterscheidet sich vom übrigen Indien. Das gilt für seine Landschaften und seine Bewohner, die dravidischen Ursprungs sind. Der kulturelle und politische Gegensatz zum Norden manifestiert sich besonders in den Bundesstaaten Tamil Nadu und Kerala.

■ Calcutta war der Ausgangspunkt für die Eroberung der Ganga-Ebene und die Hauptstadt Britisch-Indiens. Schon früh wurde es zum wichtigsten Industriestandort. Die damit verbundene Zuwanderung machte Calcutta zur bevölkerungsreichsten Stadt Indiens, die wie keine andere ihr Hinterland beherrschte. Die Teilung des Subkontinents führte die Stadt in eine wirtschaftliche Krise, welche sich durch die politischen Verhältnisse noch verschärfte.

Delhi und das Hindi Heartland – Tradition und Entwicklung

Delhi als historisches Zentrum der Macht

Die frühen Vorgänger Delhis sind legendär. Bereits vom 9. Jh. v. Chr. bis zum 4. Jh. n. Chr. soll eine Stadt 'Indraprastha' südöstlich des heutigen Alt-Delhi existiert haben. Die sieben historischen Städte beginnen jedoch mit Lal Kot im Süden des heutigen Delhi. Es wurde von Rajputen-Fürsten gegründet, von muslimischen Invasoren erobert und 1193 zur Hauptstadt ihres Reiches gemacht. Hier liegen die Quwwat-ul-Islam-Moschee und das 72 m hohe Qutab Minar – Siegesturm und Minarett zugleich.

Die eigentliche Bedeutung Delhis beginnt mit der muslimischen Herrschaft. Für die Eroberer, die alle aus dem Nordwesten kamen, lag hier das Einfallstor in die Ganga-Ebene. Die Wasserscheide zwischen Indus und Ganga ist zwar kein Hindernis, denn die Ebenen gehen unmerklich ineinander über. Aber westlich davon beginnen die Aravallis und die Trockengebiete, im Osten liegen die für Armeen schwer zu überquerenden nördlichen Ganga-Zuflüsse. So entstand auf dem Westufer der Yamuna, zwischen Fluss und Ridge, einem Hügelzug als Ausläufer der Aravallis, eine Reihe befestigter Städte. Alle Vorgängerstädte Delhis sind Neugründungen an einem anderen Standort, mit denen ein neuer Herrscher seine Macht demonstrierte. Da vielfach das Baumaterial aus der aufgegebenen Stadt geholt wurde, blieben von dieser nur Ruinen übrig.

Einen Bruch mit der Delhi-Tradition gab es zur Zeit des Mogulkaisers Akbar, der den Hof nach Agra verlegte. Er baute dort das Red Fort, das seine Nachkommen erweiterten, und sogar eine neue Hauptstadt, Fatehpur Sikri, etwa 50 km westlich von Agra, die aber bald wieder verlassen wurde. Akbars Enkel Shahjahan (1627–1665) war nicht nur der Erbauer des Taj Mahal in Agra, sondern auch der Gründer Shahjahanabads, des heutigen 'Alt-Delhi', das er zur neuen Hauptstadt machte. Wie in Agra war das Red Fort in Delhi nicht nur Festung, sondern auch ein Palast mit Gärten und Pavillons, in dem die Großmoguln ihre ganze Pracht entfalteten. Westlich des Forts entstand die Stadt, von einer 9 km langen Mauer umgeben, von der einige Tore noch erhalten sind. Vom Fort verlief in Ost-West-Richtung zur Fatehpuri-Moschee die Prachtstraße Chandni Chowk mit großartigen Häusern und Palästen, die heutige Hauptgeschäftsstraße Alt-Delhis, mit einem Netzwerk von schmalen verwinkelten Gassen dahinter. Nach Süden versetzt lag die Jama Masjid, die größte und eine der schönsten Moscheen Indiens.

Zur Zeit der Gründung Shahjahanabads hielten die Portugiesen schon über ein Jahrhundert lang ihre befestigten Handelsstationen an der indischen Küste. Aber nicht von ihnen drohte die neue Gefahr für die Mogulherrscher, sondern von den erst später auftauchenden Briten, die von Calcutta aus die fruchtbare Ganga-Ebene eroberten. Nach dem Aufstand in Nordindien (1857) wurde das Land offiziell unter den Schutz der britischen Krone gestellt, der letzte Großmogul, der in Delhi residierte, abgesetzt und Indien von einem britischen Generalgouverneur, später Vizekönig, regiert. Calcutta war die Hauptstadt, wo sich die politische und besonders die wirtschaftliche Macht konzentrierte. Delhi blieb nur die Funktion eines Handelsplatzes für den Norden, die es sich noch mit Lahore teilen musste. Damit entging es aber den Auswüchsen eines frühkapitalistischen Booms, denn die Industrien entstanden in Calcutta und Bombay. Nördlich Shahjahanabads richteten die Briten die Civil Lines ein, von denen aus sie das nördliche Indien verwalteten.

In Calcutta blieben die äußeren Kennzeichen der britischen Herrschaft – vom Victoria Memorial oder der Residenz des Vizekönigs abgesehen – eher unauffällig. Als die Briten sich jedoch 1911 entschlossen, die Hauptstadt nach Delhi zu verlegen, wollten sie ihrer Macht auch architektonisch und stadtplanerisch Ausdruck geben. Delhi war kein Brückenkopf wie Calcutta, sondern hier knüpfte man bewusst an indische Traditionen an. Von Delhi aus war Indien viele Jahrhunderte regiert worden, und hier sollte jetzt der britische König bzw. der Vizekönig die imperiale Nachfolge der Mogulherrscher präsentieren. Rückblickend kann man nur staunen, wie fest noch – nur wenige Jahrzehnte vor der Unab-

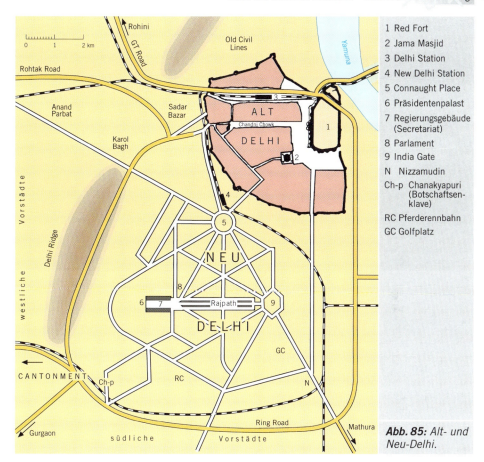

1 Red Fort
2 Jama Masjid
3 Delhi Station
4 New Delhi Station
5 Connaught Place
6 Präsidentenpalast
7 Regierungsgebäude
  (Secretariat)
8 Parlament
9 India Gate
N Nizzamudin
Ch-p Chanakyapuri
  (Botschaftsen-
  klave)
RC Pferderennbahn
GC Golfplatz

Abb. 85: *Alt- und Neu-Delhi.*

hängigkeit Indiens – das britische Selbst-verständnis einer immer währenden Welt-herrschaft war und mit welchem Aufwand es demonstriert wurde.

Die neue Hauptstadt

Der Standort der völlig neuen Hauptstadt wurde südlich Shahjahanabads festgelegt, in einem kaum besiedelten Areal. Beim Bau der Stadt, deren Fertigstellung der Erste Weltkrieg bis 1931 verzögerte, schufen die planenden Architekten Lutyens und Baker eine gigantische Anlage, die zwar auf den Stadtplänen erkennbar ist, in der aber eine Orientierung schwer fällt. Das Grundgerüst Neu-Delhis ist ein hexagonales Netz von Monumentalstraßen mit Hauptachsen von nahezu fünf Kilometern Länge. Die Schwerpunkte sind das Regierungsviertel mit dem Secretariat, dem Palast des Vizekönigs und dem kolosseumartigen Gebäude des Parla-

ments, das India Gate – ein Denkmal für die im Ersten Weltkrieg gefallenen indischen Soldaten und der Connaught Place, ein Einkaufszentrum mit mehreren konzentrischen Kolonnaden (Abb. 85). Ähnlich der Kastengliederung der traditionellen indischen Stadt war Delhi nach Klassen gegliedert.

Es hatte Viertel für die Residenzen der höchsten Beamten und der hohen Beamten, für die indischen Prinzen, die je nach ihrer Bedeutung außer ihrem heimatlichen Palast auch eine Residenz in Delhi unterhielten, Viertel für die britischen Angestellten und für die indischen Angestellten bis hinunter zum Bürodiener. Von den offiziellen Bauten und den Unterkünften für das indische Personal abgesehen, herrschten in Neu-Delhi einstöckige Bungalows vor, die in großen Gärten an breiten, alleeartigen Straßen lagen.

Bild 66: *Die Ruinen einer der alten Hauptstädte im Süden Delhis (Siri). Sie sind heute von modernen Wohnbauten umgeben*

Das Cantonment mit den Unterkünften und Exerzierplätzen der Truppe wurde mit dem Bau Neu-Delhis in den Süden der neuen Stadt verlegt, allerdings in seiner Funktion auf das eigentliche Cantonment beschränkt, denn im Grunde bestand ja ganz Neu-Delhi aus Civil Lines.

Die Prachtstraße Neu-Delhis, der Rajpath, führt vom India Gate nicht etwa zum Parlamentsgebäude, sondern zum Rashtrapati Bhavan, der früheren Residenz des Vizekönigs, heute des indischen Präsidenten. Links und rechts reihen sich Gebäude für die schnell wachsende Verwaltung. Der fast 400 m breite Rajpath ist nicht nur ein ideales Gelände für Paraden und Festzüge, sondern auch für Demonstrationen, und der ausländische Tourist, der angesichts unzuverlässiger Zugverbindungen und verspäteter Flüge resigniert, erlebt hier plötzlich eine Organisation, die es schafft, 100 000 Menschen aus allen Teilen Nordindiens rechtzeitig zu einer politischen Demonstration nach Delhi zu bringen.

Mit der Etablierung der Indischen Union wurde die Hauptstadt Delhi zum Union Territory erklärt, das der Zentralregierung unterstand. Seit 1995 ist es 'National Capital Territory' (NCT) und hat ein eigenes Parlament, dessen Rechte allerdings eingeschränkt sind. Alt- und Neu-Delhi sind verwaltungsmäßig, aber auch wirtschaftlich

voneinander getrennt. Während in Alt-Delhi gehandelt und gearbeitet wird, steht in Neu-Delhi das Regieren im Vordergrund. Damit unterscheidet es sich von den anderen Metropolen. Überspitzt könnte man sagen, dass man sich auf einer Party in Calcutta über neue Bucherscheinungen oder Theaterstücke unterhält, in Mumbai über den letzten Besuch in New York, den neuesten Mercedes und natürlich die Aktienkurse, in Neu-Delhi dagegen sind politische Intrigen das Hauptthema.

Die Hauptstadtfunktion für das neue Indien hatte zwei Konsequenzen: Zum einen kam eine Welle von qualifizierten Zuwanderern für die Verwaltung und die Wirtschaft aus allen Teilen des Landes. Vornehmlich im Süden Neu-Delhis entstanden zahlreiche Vorstädte und Wohnsilos, sodass Delhi weit über seine alten Grenzen hinauswuchs und die Areale der früheren Hauptstädte im Süden überwucherte (Bild 66). Die neuen Vorstädte im Westen liegen jenseits der Ridge, im Osten jenseits des Yamuna-Flusses, und nördlich der alten Civil Lines ist als Großprojekt Rohini mit zunächst 400 000 und in der Endphase mit 2 Mio. Einwohnern im Bau. Dabei wurden auch alte Dörfer umschlossen. Einige existieren weiter als Siedlungen 'nicht-städtischen' Charakters. Andere sind zu Basaren geworden, denn Einkaufsmöglichkeiten waren in den Neubauvierteln nur unzureichend eingeplant (Rütgers 1998).

Als weitere Konsequenz der Hauptstadtfunktion stieg die Zahl der Verwaltungssitze von Firmen und der Residenzen von Firmeninhabern und Lobbyisten. Der 'License Raj', die Politik einer Wirtschaftsplanung, die alles von Genehmigungen abhängig machte, hatte dazu geführt, dass sich hier die engsten Kontakte zu Regierungsstellen aufrechterhalten ließen, und sich das Ambiente für eine entsprechende 'Hofhaltung' bot. Aber auch die Chefs der Unternehmen des Public Sector fanden Delhi unwiderstehlich und haben heute dort ihren Sitz, obwohl es im weiten Umland Delhis keine Unternehmen des Public Sector gibt. Neben den Fühlungsvorteilen und einer Lage an überregional wichtigen Eisenbahnlinien, Straßen und dem internationalen Flughafen bietet Neu-Delhi eine gute Infrastruktur mit verlässlichen Versorgungseinrichtungen und ein umfangreiches Dienstleistungsangebot mit Banken, Versicherungen, Ausbildungsstätten, Einkaufsmöglichkeiten usw. Besonders deutlich wird diese neue Funktion in den vom Connaught Place nach Süden abzweigenden Straßen, wo die Bungalows inzwischen Bürohochhäusern und Luxushotels gewichen sind, welche die Silhouette der Stadt völlig veränderten. Außerhalb der Innenstadt und in den südlichen Vorstädten entstanden neue Geschäftszentren wie Nehru Place oder Hauz Khas. Der alte 'Cordon Sanitaire' zwischen Neu- und Alt-Delhi ist z.T. bebaut, die verbliebene Freifläche dient politischen Mammutveranstaltungen.

Shahjahanabad – Alt-Delhi

Von der Teilung des Subkontinents und den damit verbundenen Flüchtlingsströmen wurde Alt-Delhi weit stärker betroffen als Neu-Delhi. Der Anteil der muslimischen Bevölkerung, der über 40 % betragen hatte, sank auf weniger als 7 %. Etwa 330 000 Muslims verließen die Stadt, fast eine halbe Million hinduistischer Flüchtlinge und Sikhs kamen aus Pakistan nach Delhi (Krafft 1996, S. 106).

Die Flucht der Muslims und die Besitzergreifung ihrer Häuser, Wohnungen und Geschäfte durch Hinduflüchtlinge, teils durch Zuweisung, teils durch Aneignung, veränderte die Strukturen. Heute bilden die

Muslims nur eine kleine Minderheit und bevorzugen deshalb einen Wohnsitz in der Altstadt, weil sie sich hier in eigenen Vierteln sicherer fühlen, denn kommunale Konflikte kommen immer wieder vor (Krafft 1993).

Darüber hinaus besteht eine ausschließlich muslimische Siedlung südöstlich von Neu-Delhi: Nizzamuddin. Sie geht auf das 13. Jh. zurück und liegt bei der Grabmoschee eines Heiligen, der zum mystischen Sufi-Zweig des Islam gehörte. Migranten aus ländlichen Gebieten der benachbarten Unionsstaaten, die um ihre Sicherheit fürchteten oder eine Arbeit in Delhi suchten, strömten in das ehemalige Dorf, in dem traditionelle Lebensformen vorherrschen und die Frauen Schleier tragen. Die Steinhäuser des Siedlungskerns sind hoffnungslos überfüllt und stehen so eng, dass kaum Licht in die Innenhöfe fällt. Als der Platz nicht mehr reichte, errichteten die Zuwanderer ihre Squatter-Hütten am Rand der Siedlung neben dem Friedhof. Die hygienischen Bedingungen sind verheerend, weit über die Hälfte der Bewohner lebt in ärmlichsten Verhältnissen.

Die Flüchtlinge aus Pakistan hatten in ihrer Heimat meist zum städtischen Mittelstand gehört. Ihre Energie und Mentalität haben wesentlich zum wirtschaftlichen Aufschwung Alt-Delhis beigetragen. Sie waren zunächst im Handel tätig und kamen in den folgenden Jahren wieder zu Vermögen. Damit gründeten sie Kleinbetriebe, zum größten Teil im informellen (unregistered) Sektor. Da für die Betriebe alle verfügbaren Räume genutzt wurden, unabhängig vom ursprünglichen Zweck der Gebäude, trug dies wesentlich zu dem Chaos bei, in dem sich die Altstadt heute befindet.

In den 1950er- und 60er-Jahren versuchte die Verwaltung noch, solche Betriebe aus der Stadt fern zu halten oder an den Stadtrand umzusiedeln. Aber das Beziehungsgeflecht der Kleinfirmen war so eng, dass sie nicht bereit und auch wohl nicht in der Lage waren, ihren Standort in der inneren Stadt aufzugeben. Die intensive Nutzung primitiver Werkstätten in Alt-Delhi verursachte erheblich geringere Kosten als ein Umzug in moderne Gebäude außerhalb (Bild 67). So begnügte man sich damit, die großen Firmen, die auf Genehmigungen

Bild 67: *Kleinbetrieb in Delhi. Alt-Delhi und die benachbarten Stadtteile sind überfüllt mit solchen Kleinbetrieben.*

angewiesen waren, im Umland anzusiedeln und für die Kleinbetriebe eine Reihe von Industrial Estates, meist an den Ausfallstraßen, einzurichten. Aber hier ließen sich vor allem neue Betriebe nieder, eine Verlegung aus Alt-Delhi fand kaum statt. Wegen der Preise und der Unzulänglichkeit der öffentlichen Verkehrsmittel siedelten die Beschäftigten in den neuen Industriearealen möglichst nahe am Arbeitsplatz, sodass bald wieder Kleinbetriebe und dicht besiedelte Wohnviertel in unmittelbarer Nachbarschaft oder sogar vermengt lagen.

Als Beispiel sei Anand Parbat, westlich der Altstadt, genannt, das im Delhi Master Plan als offenes Areal zur Erholung ausgewiesen ist. Es weist 5000 Betriebe auf, mit Grundstücksgrößen von meist unter 50 m², oft sogar unter 20 m², die insgesamt 50 000 Arbeiter beschäftigen. Diese Werkstätten stellen unter primitiven Bedingungen überraschend anspruchsvolle Produkte her, wie Werkzeugmaschinen und Präzisionsdrehbänke oder Klimageräte. Auf die Bedeutung der Kleinstbetriebe Delhis für die Elektronikproduktion wurde bereits im Industriekapitel eingegangen, ebenso auf die führende Rolle Delhis beim Export von Bekleidung, die aber weniger in Delhi selbst, sondern in Kleinbetrieben in anderen Landesteilen, besonders im Westen und Süden gefertigt wird.

Schon zur britischen Zeit waren Projekte zur Sanierung Alt-Delhis initiiert worden, wie z. B. der Abriss der Stadtmauer im Süden der Altstadt für mehrstöckige Geschäfts- und Wohnhäuser, doch die Verslumung der Altstadt haben sie nicht gebremst. Die Verschärfung der Situation durch die Massenzuwanderung führte 1962 nach einer Reihe von Untersuchungen über die Slums und die weitere Entwicklung Delhis zu einem umfangreichen 'Delhi Master Plan', mit dessen Durchsetzung seit 1974 die 'Delhi Development Authority' (DDA) betraut ist. Zu ihren wichtigsten Aufgaben gehört die Beseitigung der Slums, die Entwicklung von Neubaugebieten mit entsprechender Infrastruktur und die Steuerung der Industrieansiedlung im Umland von Delhi (Rütgers 1998). Die Beseitigung von Slums konzentrierte sich vornehmlich, aber nicht nur, auf Alt-Delhi. In der Zeit des Notstands unter Indira Gandhi wurden Umsiedlungen zwangsweise vorgenommen. Das löste blutige Unruhen aus, denn die betroffenen Muslims in der Altstadt betrachteten es als eine gegen sie gerichtete Maßnahme. Sie trug damals zum Verlust der Wahlen für die Congress-Partei bei und wurde danach z.T.

zurückgenommen, teils in veränderter Form realisiert. Zur Besserung der Verhältnisse in Alt-Delhi hat sie kaum beigetragen.

Das zur Umsiedlung der Slumbewohner u. a. im Osten jenseits des Yamuna-Flusses vorgesehene Gelände war wegen der Überflutungsgefahr und des hohen Grundwasserspiegels wenig geeignet. Es bot aber den Vorteil einer kurzen Verbindung nach Delhi über eine neue Straßenbrücke. Shahdara, früher eine Kleinstadt, bei der schon im Gefolge der Teilung große Flüchtlingssiedlungen entstanden waren, ist Zentrum der Entwicklung der Trans-Yamuna-Region und ein typisches Beispiel für die Erschließungsprobleme. Zwischen den zehn 'Resettlement Colonies', deren Bebauung sich verzögerte, den Wohnbauten von Privaten und der Delhi Development Authority und zahlreichen kleinen Gewerbebetrieben wuchsen Squatter-Kolonien, in denen jetzt rund 50 % der Bevölkerung der Trans-Yamuna-Region hausen. Sie liegen an den Abwasserkanälen und den Hauptverkehrsstraßen, die von Delhi ins Umland führen. Die ursprünglich nicht genehmigten Squatter-Siedlungen sind inzwischen z.T. legalisiert und werden damit weiter bestehen. Zwar könnten jetzt die Behörden etwas für die bessere Versorgung dieser neuen Slums unternehmen, aber dafür fehlen die Mittel.

Der Delhi Master Plan von 1962 galt als ein Modell, nach dessen Schema über 100 Pläne für indische Städte entworfen, aber wie das Vorbild gewöhnlich nicht oder nur teilweise umgesetzt wurden. Ein neuer Entwicklungsplan für Delhi, der Master Plan 2001 trat 1991 in Kraft. Doch aus einer Stadt der Verwaltung und des Handels war Delhi inzwischen auch zu einem Industrie- und Gewerbestandort geworden. Die Zahl der Klein- und Kleinstbetriebe ist bis zum Jahr 2000 auf 126 000 gestiegen, die 2 Mio. Arbeiter beschäftigen. 98 000 dieser Betriebe arbeiten außerhalb der für die Industrie ausgewiesenen Gebiete in 'Non Conforming Areas', d. h. überwiegend in Wohnbereichen. Viele Betriebe gefährden die Umwelt oder belasten sie erheblich. Aufgrund eines Gerichtsurteils sollen einige hundert Betriebe geschlossen oder ins Umland verlegt werden. Mit einer Verlagerung aus Delhi verlieren aber die Beschäftigten ihre Arbeit, denn sie können

nicht die Fahrtkosten zu ihrem neuen Arbeitsplatz tragen, wo zudem niedrigere Löhne gezahlt werden als in Delhi selbst.

Zur Luftverschmutzung tragen auch die drei Thermalkraftwerke Delhis bei, die pro Tag außer Schwefeldioxid und Stickstoffoxyd 6000 t Flugasche erzeugen. Erst in den letzten Jahren sind Einrichtungen installiert worden, um diese Emissionen zu reduzieren. Die größte Belastung entsteht jedoch durch den Kraftfahrzeugverkehr, mit qualmenden Dieselbussen und zahllosen Rickshas und Rollern mit Zweitaktmotoren. Die Stilllegung der ältesten Busse und Rickshas hat zu einem Transportproblem geführt und viele Ricksha-Fahrer um ihre Existenz gebracht. Dennoch können die Nacht- und Morgennebel im Winter infolge der Luftverschmutzung eine solche Dichte erreichen, dass jeder Verkehr zum Erliegen kommt. Auch die Aufbereitung der Abwässer von Haushalten und Industrie ist völlig unzureichend, sodass die Yamuna, die Delhi auf 25 km durchfließt, die Stadt als Kloake verlässt.

Das Umland und die National Capital Region
Bereits der Delhi Master Plan von 1962 hatte vorgeschlagen, die Städte im Umland von Delhi zu fördern, um so Delhi selbst von einem weiteren Zuzug von Industrien zu entlasten. Darüber hinaus sollte die Zuwanderung nach Delhi durch Bereitstellung industrieller Arbeitsplätze schon vor den Grenzen der Stadt aufgefangen werden. Dazu wurde zunächst eine Metropolitan Area ausgewiesen, die außer dem Union Territory (heute National Capital Territory) die unmittelbar benachbarten Städte der angrenzenden Staaten als 'Ringstädte' einschloss. Das Gebiet erwies sich aber als zu klein, sodass es auf eine 'National Capital Region' (NCR) ausgeweitet wurde, die auch Teile der Bundesstaaten Haryana, Uttar Pradesh und Rajasthan umfasst (Abb. 86).

Infolge der Unstimmigkeiten zwischen den beteiligten Staaten konnte der 'NCR Planning Board' erst 1985 institutionalisiert werden. Die Planung, der mehr als zehnjährige Vorarbeiten vorausgegangen waren, sieht vor, Städte entlang von Korridoren in der Region zu entwickeln. Damit sie sich nicht zu stark auf Delhi ausrichten, mussten sie eine hohe Selbständigkeit

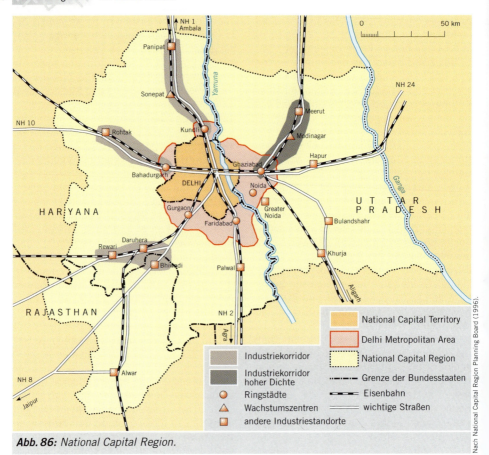

Abb. 86: National Capital Region.

besitzen und industrielle und wirtschaftliche Kernpunkte bilden. Ergänzend wurden für die Landwirtschaft weitere zentrale Orte ausgewiesen, die jeweils bestimmte Dienste für das umliegende Gebiet zur Verfügung stellen konnten. In den Bereich der Planung fielen außer den Industrieansiedlungen auch die Verbesserung der Landwirtschaft und der gesamten Infrastruktur. Das Entwicklungskonzept blieb aber Theorie. Einen beeindruckenden Aufschwung nahmen vornehmlich die Orte unmittelbar jenseits der Grenzen des Union Territory: Faridabad und Gurgaon in Haryana, Ghaziabad und NOIDA in Uttar Pradesh. Aber die hätten ihn wegen ihrer Nähe zu Delhi und den weniger umständlichen Genehmigungsverfahren ohnehin genommen.

In *Haryana* wurde nach der Teilung des Subkontinents Faridabad bei einer kleinen Siedlung zunächst als Barackenlager ge-

gründet, um Flüchtlinge aufzunehmen. 1991 hatte der Faridabad-Komplex 618 000 Einwohner. Es ist eine der modernsten Industrieansiedlungen Indiens, die sich durch eine breit gestreute und technisch anspruchsvolle Produktion auszeichnet, wie z. B. die Herstellung von Autoreifen, Traktoren, Motorrädern, Kraftfahrzeugteilen, elektrischen Geräten, kühltechnischen Einrichtungen u. ä.

Zunächst war vorgesehen, einen Teil der Behörden der Zentralregierung nach Faridabad auszulagern. Das scheiterte, weil die höheren Beamten Delhi nicht verlassen wollten, einmal um den ständigen Kontakt zur Regierung nicht zu verlieren, zum anderen um die Annehmlichkeiten, die Delhi bietet, nicht aufzugeben.

Die Nachteile der Entwicklung Faridabads zeigen sich in der Art des Wachstums. Der Komplex erstreckt sich auf einem schmalen Streifen über 20 km entlang Eisenbahn und Straße. Der Bau von Wohnungen und öffentlichen Einrichtungen, wie Schulen und Krankenhäuser, blieb hinter der industriellen Entwicklung zurück. Faridabad wurde keine eigenständige Stadt, sondern ein Industriegebiet Delhis. Die Mehrzahl der Beschäftigten wohnt nicht in Faridabad, sondern in benachbarten Dörfern und fährt mit dem Fahrrad zur Arbeitsstätte. Die qualifizierten Arbeiter pendeln täglich mit Werksbussen aus Delhi. Die leitenden Angestellten der Unternehmen wohnen ohnehin in Delhi, wo die Geschäftsführung ihren Sitz hat. Fast der gesamte Handel wird über Delhi abgewickelt, sogar der Handel der Firmen in Faridabad untereinander. Damit hat Faridabad den Druck auf Delhis Infrastruktur noch verstärkt.

Das gilt auch für das übrige Delhi benachbarte Haryana. Auf seinem zur NCR gehörenden Gebiet, das etwa ein Drittel seiner Staatsfläche ausmacht, befinden sich die Hälfte der Kleinbetriebe und über drei Viertel der Groß- und Mittelbetriebe des Bundesstaates. Der bis dahin bedeutungslosen Stadt Gurgaon gab die Maruti-Autofabrik großen Auftrieb. Bei Gurgaon entstanden neue, auf Delhi ausgerichtete Wohnviertel mit anspruchsvollen Komplexen von Eigentumswohnungen, Einfamilienhäusern und den Luxushäusern der ganz Reichen. Als 'Farms' deklariert, sind sie steuerlich begünstigt.

Unabhängiger von Delhi ist die älter etablierte Fahrradindustrie von Sonepat, die in großem Umfang auf der Zulieferung von in Heimarbeit gefertigten Einzelteilen basiert, die Stahlverarbeitung in Rohtak und die Textilindustrie in Panipat. Ambala in der Nähe Chandigarhs fertigt die Hälfte der in Indien verkauften Küchengeräte sowie Laborgeräte, insbesondere Mikroskope.

Der Einfluss Delhis wird besonders deutlich an der Nordgrenze von *Rajasthan*, das in seinen übrigen Teilen zu den armen Staaten gehört. Es weist wenig Industrien auf und seine Landwirtschaft ist infolge der geringen Niederschläge benachteiligt. Obwohl nicht direkt an das National Capital Territory grenzend, sind benachbarte Orte im Rahmen der National Capital Region in die Förderung einbezogen worden, zunächst die alte Stadt Alwar, dann Bhiwadi am Na-

tional Highway nach Jaipur mit einem neuen Industriegebiet. Alwar ist Distrikthauptort auf der Hälfte der Strecke zwischen Delhi und Jaipur und mit beiden Städten durch die Eisenbahn und eine Straße verbunden. Nachdem Alwar zum 'Backward District' erklärt worden war, gründete in den 1970er-Jahren die staatliche 'Rajasthan Industrial Investment Corporation' (RIICO) einen großen Industrial Estate. Wegen seines alten Kerns und seiner Entfernung von Delhi, die auch eine selbsttragende infrastrukturelle Ausstattung erforderlich machte, unterscheidet sich Alwar von den 'inneren' Ringstädten. Es kann als Musterbeispiel für die erfolgreiche Förderung von Mittelstädten angeführt werden, für welche die Nähe Delhis allerdings günstige Voraussetzungen bot. Die rasch fortschreitende Industrialisierung führte in den 1980er-Jahren zu einer erheblichen Zuwanderung, hauptsächlich aus dem Distrikt Alwar, aber auch aus dem übrigen Rajasthan, was zu einer gewissen Entlastung Delhis beiträgt. Allerdings überfordert der schnelle Anstieg der Einwohnerschaft die anfänglich relativ gute Infrastruktur.

Das im Staat *Uttar Pradesh* gelegene Ghaziabad grenzt an das National Capital Territory, ist aber von der Stadt durch den Fluss Yamuna getrennt, den hier eine kombinierte Eisenbahn- und Straßenbrücke überquert. Ghaziabad ist ein wichtiger Brückenkopf und Verkehrsknotenpunkt, in dem drei wichtige Straßen zusammentreffen. Parallel zu den Straßen verlaufen Eisenbahnlinien von überregionaler Bedeutung. Zwischen Ghaziabad und Delhi gibt es zahlreiche Eisenbahn- und Busverbindungen. Da die Mieten in Ghaziabad nur ein Drittel bis die Hälfte der Mieten in Delhi betragen, liegen die Mietersparnisse über den Fahrtkosten. Dennoch ist Ghaziabad nicht als 'Schlafstadt' von Delhi anzusehen. Neben einer Vielzahl von Kleinstbetrieben, die in ihrer primitiven Ausstattung denen Alt-Delhis gleichen, gibt es als jüngere Gründungen zahlreiche größere Betriebe. Die Entwicklung Ghaziabads (1961: 70 000 Einwohner, 1991: 512 000 Einwohner) wäre ohne die Nachbarschaft Delhis undenkbar. Doch hat sich Ghaziabad – im Gegensatz zu Faridabad – eine ausgeprägte Eigenständigkeit bewahrt und kann nur bedingt als Vorstadt Delhis angesehen werden. Es ist mit Wohnungen, Schulen und Einkaufsmöglichkeiten ausreichend versorgt, wobei allerdings die höchste Ausbildungsstufe, Spezialgeschäfte oder bessere Krankenhäuser fehlen. Doch weist es eine eigene technische Infrastruktur auf, die besser ist als die großer Teile Delhis, was sich besonders bei der Wasserversorgung zeigt. Ghaziabad ist die einzige der Ringstädte, die derzeit das mit diesem Begriff verbundene NCR-Konzept erfüllt – aber zu nahe an Delhi liegt.

Die wichtigste der von Delhi ausgehenden Entwicklungsachsen in Uttar Pradesh verläuft über Ghaziabad, Modinager, einer Company Town mit Industrien – vom Stahlwerk bis zur Textilindustrie, die alle der Familie Modi gehören – nach Meerut entlang der Nationalstraße Delhi – Dehra Dun. Mehr als die Hälfte dieser über 60 km langen Strecke ist heute Industriegelände unterschiedlicher Dichte.

Meerut, am anderen Ende des Korridors, mit ca. 850 000 Einwohnern die wichtigste Stadt im westlichen Uttar Pradesh, ist eine multifunktionale Stadt mit ausreichender Infrastruktur. Für sein Umland ist Meerut wichtiger zentraler Ort. Zu einem Gegenpol Delhis hat es sich, entgegen dem ursprünglichen Konzept, nicht entwickelt.

Uttar Pradesh, das bereits mit Ghaziabad und dem Meerut-Industriekorridor an der NCR beteiligt war, gründete unmittelbar an der Grenze zu Delhi ein Industriegebiet, die 'New Okhla Industrial Development Area' (NOIDA). Zu dieser gehört eine 'Export Processing Zone', in der besonders Softwarebetriebe ansässig sind und Edelsteine und Schmuck bearbeitet werden. Seit 1991 richtet die Regierung von Uttar Pradesh östlich von NOIDA das Industrie- und Wohngebiet Greater NOIDA ein. Da es sich außerhalb des 25-km-Radius um Delhi befindet, werden hier auch Großindustrien angesiedelt. Ein Schwerpunkt liegt auf Walzwerken, Gießereien, Metallverarbeitung und der Automobilindustrie mit ausländischen Produzenten. Zusammen mit den entsprechenden Unternehmen in Gurgaon und Faridabad machen sie Delhi zum bedeutendsten Standort der Kfz-Industrie Indiens. Besonders wichtig ist die Vielzahl von Zulieferern, die damit entstehen. Wie in NOIDA ist auch in Greater NOIDA eine Wohnbebauung als selbständige moderne Stadt für eine halbe Million Einwohner vorgesehen. Da jedoch zunächst viele Flächen noch nicht bebaut sind, entstanden große Squatter-Siedlungen.

An der Entwicklung in NOIDA lassen sich Schwierigkeiten und Probleme der NCR aufzeigen. Im Gegensatz etwa zu Maharashtra, wo neue Wachstumszentren zur Förderung unterentwickelter Regionen und zur Entlastung Mumbais von der Regierung des Bundesstaates gesteuert werden konnten, sind die Verhältnisse in der NCR komplizierter. Die das Union Territory umgebenden Bundesstaaten Haryana, Uttar Pradesh und Rajasthan sind ebenso bestrebt Industrien anzusiedeln, wie Delhi eine weitere Industrialisierung im National Territory verhindern will. Aber die Bundesstaaten haben ihre eigenen Vorstellungen und versuchen möglichst viele der Belastungen auf Delhi oder die Zentralregierung abzuwälzen. Das gilt für die Erschließungskosten der Industriegebiete wie für die Nutzung der Infrastruktur Delhis, denn die Hauptstädte der betreffenden Bundesstaaten – Chandigarh für Haryana, Lucknow für Uttar Pradesh und Jaipur für Rajasthan – sind weit entfernt. Von den ansiedlungswilligen Industrien werden die Vorteile, welche die einzelnen Staaten bieten – z. B. Höhe der Steuern und der Subventionen, der Stromkosten, der zuverlässigen Stromversorgung –, gegeneinander abgewogen. Unter diesen Umständen und den Interessengegensätzen greifen die Vollmachten des NCR Planning Boards häufig zu kurz und machen eine effektive Planung schwierig.

Eine spürbare Entlastung Delhis ergibt sich unter den beschriebenen Verhältnissen nur sehr bedingt. Die inneren Ringstädte werden nicht zu einer Auflockerung in Delhi führen, sondern ihr Zusammenwachsen wird einen Ballungsraum von gigantischem Ausmaß erzeugen. Daher ist jetzt vorgesehen, die Förderung stärker auf einen äußeren Ring von Städten zu erweitern, vor allem aber 'Counter Magnets' in größerer Entfernung von Delhi in den benachbarten Bundesstaaten zu bilden, aus dem der weit überwiegende Teil der Zuwanderung nach Delhi stammt. Sie sollen zudem eine eigenständige Entwicklung ihrer Regionen fördern.

Den *Punjab* in seinen heutigen Grenzen wird man schon wegen seiner überwiegend dem Sikhismus zugehörigen Bevölkerung sicher nicht zum Hindi Heartland rechnen können. Über die Zuordnung zum Umland Delhis lässt sich streiten. Die gegenseitigen Beziehungen und Abhängigkeiten sind ausgeprägt, aber doch nicht so wie im westlichen Uttar Pradesh, dessen jüngere Entwicklung ohne Delhi schwer vorstellbar ist.

Der Punjab hat seinen Weg zum reichsten Staat Indiens weitgehend aus eigener Kraft gemacht. Dies ist das Gebiet, wo die Grüne Revolution ihre großen Erfolge verzeichnete. Bewässerungsmöglichkeiten, rationelle Besitzgrößen und eine aufgeschlossene Bauernschaft haben einen modernen Anbau ermöglicht, der große Überschüsse an Weizen und Reis für die Versorgung des Landes erbringt und Delhi mit Gemüse und Milch versorgt. Hier wird deutlich, welche Bedeutung eine prosperierende Landwirtschaft für die wirtschaftliche Gesamtentwicklung hat.

Die frühere Vorherrschaft der Textilindustrie im Punjab, besonders in Amritsar und Ludhiana, die für ihre Energie noch auf die Kohle aus dem fernen Damodar-Gebiet angewiesen war, wurde inzwischen durch Fabriken der Stahlverarbeitung, des Maschinenbaus und der Elektroindustrie ergänzt. Entlang der Grand Trunk Road, dem National Highway No. 1, reihen sich zwischen Jalandhar und Ludhiana Fabrikhallen und Schuppen aneinander. In keinem anderen Staat Indiens hat die Kleinindustrie eine solche Bedeutung wie im Punjab. Ihre Produktion reicht von Maschinenteilen über Sportartikel bis zu medizinischen Geräten. Gobindghar, ein früher unbedeutendes Städtchen, ist mit seinen Walzwerken zu einem der größten stahlverarbeitenden Zentren Indiens geworden. In Ludhiana schließlich, der reichsten Stadt des Punjabs, erreichen die Industriebetriebe eine solche Dichte, dass die Stadt an den Emissionen erstickt. Industrial Estates bieten neue Standorte, die mit Strom aus den Wasserkraftwerken versorgt werden. Dass dieser nicht ausreichend zur Verfügung stehe und auch die Infrastruktur zu wünschen übrig lasse und dass die Zentralregierung den Punjab vernachlässige – jedenfalls im Ver-

hältnis zu dem, was er in den Bundeshaushalt einbringe, ist die ständige Klage der Punjabis.

Das Hindi Heartland

Historische Entwicklung

Von der Pforte von Delhi bis zur Pforte von Rajmahal, wo die Ganga nach Südosten abknickt, reicht das Hindi Heartland oder Hindustan, die Ganga-Ebene mit den Bundesstaaten Uttar Pradesh und Bihar. Im Westen umfasst sie die blühenden Landschaften im Umland von Delhi, aber je weiter man nach Osten kommt, umso mehr nehmen Entwicklung und Wohlstand ab, und in Bihar herrscht die Armut.

Die dicht besiedelte Ebene ist seit Jahrtausenden der wichtigste politische und historische Kernraum des südasiatischen Subkontinents. Um 1000 v. Chr. drangen die Arier aus dem Nordwesten in das obere Yamuna-Ganga-Zwischenstromland vor. Etwa vier Jahrhunderte später etablierten sie ihr kulturelles und politisches Zentrum im Osten. Von hier aus baute Chandragupta Maurya das erste indische Großreich auf. Mit der muslimischen Herrschaft verlagerte sich das Machtzentrum nach Westen, wo meist Delhi die dominierende Stellung einnahm. Damit ging ein Verfall der alten östlich gelegenen Zentren einher (Deshpande 1992, S. 228) (Abb. 87).

Das westliche Hindustan war zwar der politische Schwerpunkt des indischen Islam, entsprach aber nicht den Gebieten muslimischer Bevölkerungsmehrheit. Diese lagen einmal im westlichen Punjab und Sind, zum anderen in Ostbengalen. Doch waren vor der Teilung des Subkontinents rund 15 % der Bevölkerung der damaligen United Provinces, dem heutigen Uttar Pradesh und Bihar, Muslims. In einigen Städten lag ihr Anteil höher und erreichte in Delhi 42 %, in Aligarh, wo sich die Muslim University befindet, sogar 46 % (Alsdorf 1955, S. 208). Dieser Anteil ist besonders in den Städten erheblich zurückgegangen, aber immer noch spricht man von einem 'Muslim Belt' zwischen Aligarh und Faizabad, wo Muslims ein Fünftel bis ein Viertel der Bevölkerung ausmachen. Dementsprechend ist dies ein wichtiges Verbreitungsgebiet der Urdu-Sprache.

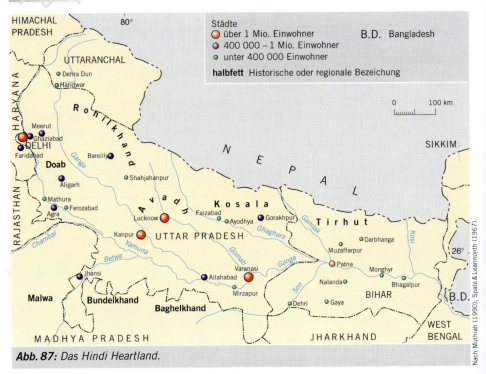

Abb. 87: *Das Hindi Heartland.*

Nach Muthiah (1990); Spate & Learmonth (1967).

Naturraum und Landwirtschaft

Hindustan ist eine riesige, sehr fruchtbare, intensiv landwirtschaftlich genutzte und waldarme Ebene, die zwar bei genauer Betrachtung ihrer Böden und Bewässerungsmöglichkeiten, der landwirtschaftlichen Nutzung und der Verteilung der Siedlungen Differenzierungen zeigt, beim Reisenden aber den Eindruck monotoner Gleichförmigkeit hinterlässt. Ein physiographischer Gegensatz Hindustans ergibt sich vornehmlich durch den Unterschied der Niederschläge, da der Osten ein feuchteres Klima als der Westen aufweist. Im Westen, wo im Zwischenstromland zwischen Yamuna und Ganga die intensive Landwirtschaft auf Bewässerung basiert, liegt der Schwerpunkt bei Weizen und Baumwolle, doch auch mit Reis als Sommerfrucht werden Überschüsse erzielt. Im feuchteren Osten dominiert der Reis und als Cash Crop das Zuckerrohr. Die Böden sind fruchtbar, und die Bewässerung ermöglicht zwei Ernten (Bild 68). Allerdings ist wegen der sehr hohen Bevölkerungsdichte die pro Kopf verfügbare landwirtschaftliche Nutzfläche äußerst gering, sodass die Bevölkerung in bitterster Armut lebt. In Bihar liegt der fruchtbare Norden verkehrsmäßig im Abseits und war lange Zeit vom südlichen Landesteil her nur mit Fähren erreichbar; südlich der Ganga ist auf kleinsten Flächen Gemüseanbau von Bedeutung.

Der Süden Bihars mit seinem Anteil am Chota-Nagpur-Plateau gehört nicht mehr zum Hindi Heartland. Er unterscheidet sich auch kulturell und wirtschaftlich völlig vom Norden. Das Gebiet, das jetzt als neuer Bundesstaat Jharkhand seine politische Selbständigkeit erreichte, ist Teil des Tribal Belt mit einem hohen Anteil von Stammesbevölkerung.

Städte und Industrien

Trotz der hohen Bevölkerungsdichte ist der Urbanisierungsgrad nicht hoch und ein städtisches System wenig ausgeprägt. Die meisten Städte sind in ihrer Morphologie und ihren Problemen typisch indisch: eine überfüllte Altstadt mit slumartigem Charakter, die neueren Geschäftsstraßen zum Bahnhof hin, moderne Wohnviertel außerhalb der Altstadt, gewöhnlich in den ehemaligen Civil Lines, und neue Industriean-

Bild 68: *Östliche Ganga-Ebene. Intensiv genutzte Felder mit Bewässerung.*

siedlungen am Rand. Die wichtigsten Städte Uttar Pradeshs sind Kanpur, Allahabad, Varanasi, Agra und Lucknow. Mit Ausnahme Agras sind ihre Beziehungen zu Delhi, aber auch untereinander gering (Deshpande 1992, S. 231).

Lucknow ist nicht nur die heutige Hauptstadt von Uttar Pradesh, sondern gewann eine entsprechende Funktion schon nach der Gründung der Avadh-Dynastie im frühen 18. Jh. Der Erbauer des 'modernen' Lucknow bemühte sich um eine besonders großartige Stadt, doch fielen die Gebäude etwas kitschig aus. Von den Künsten und Wissenschaften, die zu Zeiten des Nawab in Lucknow gepflegt wurden, ist nicht allzu viel geblieben, auch wenn es immer noch das kulturelle Zentrum der Region ist.

Von den anderen Städten weist besonders Kanpur (2 Mio. Ew.) größere Industrien auf. Sie gehen auf die britische Zeit und britische Initiative zurück und zeigen mit qualmenden Schloten und erbärmlichen Arbeiterquartieren die Charakteristika der frühen Industrialisierung. Der Aufschwung zum wichtigsten Industriestandort Nordindiens begann mit dem Anschluss an die Eisenbahn 1859. In der Folgezeit schossen große Baumwollspinnereien und -webereien sowie Betriebe der Lederbearbeitung und -verarbeitung, für welche die Armee ein wichtiger Abnehmer war, aus dem Boden.

Die erste Hälfte des 20. Jh.s war von weiteren Neugründungen gekennzeichnet. Um 1950 beschäftigten die Textilfabriken mit 50 000 und die Lederindustrie mit 6000 (überwiegend Muslims) zusammen über 82 % der Arbeiter in registrierten Fabriken (Tewari & Cummings 1998, S. 445). Der Rückgang nach der Unabhängigkeit kann besser als Zusammenbruch bezeichnet werden, auch wenn die Betriebe und die Beschäftigtenzahl z.T. durch staatliche Neugründungen – bei der chemischen Industrie und dem Maschinenbau – zunahm. Mitte der 1990er-Jahre waren die meisten Textilfabriken geschlossen oder arbeiteten weit unter ihrer Kapazität. Dafür gibt es eine Reihe von Gründen: Als sich die Briten zurückzogen, hinterließen sie einen veralteten Maschinenpark, den ihre indischen Nachfolger bis zum Ende nutzten. Beide zogen ihre Gewinne ab. Statt der geforderten Lohnerhöhungen gab es Entlassungen, was wiederum zu langen Streiks und Aussperrungen führte – eine Situation, die mit der Calcuttas vergleichbar ist. Die Förderung der 'Handlooms' durch die Wirtschaftspolitik, die aber tatsächlich die 'Powerlooms', die schärfsten Konkurrenten der Fabriken, begünstigte, trug zu deren Niedergang bei.

In Allahabad und Varanasi liegen einige neuere staatliche Großbetriebe in den Vororten. Allahabad, zur britischen Zeit die

Hauptstadt der Vereinigten Provinzen, ist ein bedeutender Eisenbahnknotenpunkt, wo sich die Bahnlinien von Delhi, Mumbai und Calcutta vereinigen. Vor dem Bau der Eisenbahnen war die Stadt Endpunkt der Flussschifffahrt und damit wichtiger Handelsplatz. Sie hat zudem große Bedeutung als Pilgerort zum jährlichen Magh-Mela-Fest und alle zwölf Jahre zur Kumbh Mela.

Varanasi ist die heiligste Stadt der Hindus, der wichtigste Pilgerort Indiens. Die Pilger bilden das Klientel für die umfangreiche lokale Produktion von Luxusgütern, wie Seidensaris, Zardozis (Goldstickereien auf Samt oder Satin) und Messingartikel. Varanasis kulturelle Bedeutung demonstriert die Hindu University – aber im Umland Varanasis ist die Analphabetenrate extrem hoch.

Typisch für die 'Industrien' Uttar Pradeshs ist Agra mit seinen Kleinbetrieben der Leder- und Textilbranche oder Aligarh mit der Herstellung von Schlössern. Der Arbeitskräfteüberschuss dieses Bundesstaates und die Abhängigkeitsverhältnisse seiner verarmten Bevölkerung haben dazu beigetragen, dass einige Orte und Regionen eine spezialisierte gewerbliche Produktion von großem Umfang aufweisen. Doch während im Punjab selbständige handwerkliche und kleinindustrielle Betriebe vorherrschen, handelt es sich in Uttar Pradesh um Manufakturen und Heimarbeit, die auf der Ausbeutung billiger Arbeitskräfte basieren. Ein Beispiel bietet Ferozabad 45 km östlich von Agra. Hier werden pro Jahr 60 000 t Glas verarbeitet, um fast den gesamten Bedarf an gläsernen Armreifen, den 'Glass Bangles', mit denen sich indische Frauen so gern schmücken, zu decken. Obwohl am Ort keine Rohstoffe für die Glasherstellung vorhanden sind, trugen die handwerklichen und künstlerischen Fähigkeiten der Einwohner bereits in der Mogulzeit zur Entwicklung dieser Branche bei. Heute beschäftigt sie etwa 200 000 Arbeiter, darunter viele Kinder, und ist hauptsächlich auf Familienbasis organisiert, wenn auch viele Manufakturen inzwischen von Banians übernommen wurden.

Ein anderes Beispiel ist die Herstellung von Teppichen. Der Mirzapur-Distrikt im armen Südosten von Uttar Pradesh ist das Zentrum des indischen 'Teppich-Gürtels', dessen Existenz auf persische Knüpfer zurückgeht, die zur Zeit der Herrschaft Akbars in das Mogulreich kamen. Die noch vor einigen Jahren hier ansässigen großen Teppichfabriken haben wegen Gewerkschaftsaktivitäten, verschärften Arbeitergesetzen und unter dem Druck westlicher Abnehmerländer geschlossen bzw. sich auf bestimmte Produktionsabschnitte spezialisiert, sodass die eigentliche Teppichknüpferei dezentral in kleinsten Betrieben und z.T. unter Einsatz von Kinderarbeit stattfindet. Andere wichtige Zentren der Teppichherstellung sind Bhadhoi und Gopiganj im benachbarten Varanasi-Distrikt. Insgesamt beschäftigt die besonders für den Export produzierende Branche über 100 000 Menschen.

Stärker als eine der fast gleichrangigen Städte Uttar Pradeshs hebt sich in Bihar seine Hauptstadt Patna, das Pataliputra der frühen Geschichte, heraus. Lange Zeit im wirtschaftlichen Schatten Calcuttas, verzeichnet es zwar in den letzten Jahrzehnten ein schnelles Bevölkerungswachstum, mit dem aber seine wirtschaftliche Entwicklung nicht Schritt gehalten hat.

Die politischen Verhältnisse

Die beiden Bundesstaaten Uttar Pradesh und Bihar erstrecken sich zusammen über knapp 470 000 km^2 (etwa 85 % der Fläche Frankreichs). Die Bevölkerung betrug 2001 249 Mio. (ohne die im Jahr 2000 abgetrennten neuen Staaten Uttaranchal und Jharkhand), das sind über 24 % der indischen Gesamtbevölkerung oder nur etwa 10 % weniger als diejenige der USA.

Uttar Pradesh, die ehemaligen *United Provinces of Agra and Avadh (Oudh)*, hat mit 166 Mio. etwa so viele Einwohner wie Frankreich, Großbritannien und die Benelux-Staaten zusammen. Wäre Uttar Pradesh ein souveräner Staat, so stünde es an fünfter Stelle der bevölkerungsreichsten Länder der Erde. Bei dieser Größe hat man Überlegungen angestellt, ob Uttar Pradesh nicht zu groß sei, um es effizient zu verwalten oder wirtschaftlich entwickeln zu können. 2000 hat sich Uttaranchal abgelöst, aber das ist lediglich ein kleines randliches Gebiet, dessen Selbständigkeit für Uttar Pradesh keinen großen Unterschied macht. Wegen seiner großen Zahl von Abgeordneten im Parlament von Delhi bildet Uttar Pradesh das Schwergewicht unter den indischen Bundesstaaten. Es stellte in der Ära der Nehru/Gandhi-Familie die indischen Ministerpräsidenten.

Ist schon das östliche Uttar Pradesh arm, korrupt und unterentwickelt, so nimmt Bihar meist den ersten Platz auf der Negativliste indischer Bundesstaaten ein. Es hat das niedrigste Pro-Kopf-Einkommen, die höchste Analphabetenrate, den geringsten Prozentsatz der ans Stromnetz angeschlossenen Dörfer, das höchste Energiedefizit und die geringsten ausländischen Direktinvestitionen – und wohl auch die schlechteste Verwaltung.

Überbevölkerung auf dem Lande, Kleinstbetriebe und Zamindari-System sind verantwortlich für eine rückständige Landwirtschaft, und nirgendwo war die Landreform so erfolglos. Die Grundbesitzer widersetzen sich ihr mit Gewalt. Die 'Ranvir Sena', ihre Terrortruppe, brennt zur Einschüchterung die Dörfer der Dalits nieder und ermordet ihre Einwohner. Die Landlosen fordern eigenes Land und die gesetzlichen Mindestlöhne für ihre Arbeit. Die beiden kommunistischen Parteien, vornehmlich die radikalere CPI (ML), organisieren sie zu Gruppen linksradikaler Untergrundkämpfer, die im Gegenzug Überfälle auf die Grundbesitzer begehen.

Nirgendwo ist die Unterdrückung der unteren Kasten so ausgeprägt wie in Bihar. Bis vor einem Jahrzehnt wurden Unberührbare (was die Dalits in Bihar tatsächlich noch sind) verprügelt, z. B. wenn sie Schuhe oder eine Armbanduhr trugen oder sie sich nicht vor dem Mitglied einer oberen Kaste verneigten. Die Dörfer sind in drei Tolas (oder Viertel) gegliedert: In einem wohnen die landbesitzenden Rajputen, Bhumihars und Brahmanen, im zweiten die Yadavs, die zu den unteren rückständigen Kasten gehören, und im dritten die Dalits, die immer noch kein Wasser aus den Brunnen der oberen Kaste holen dürfen. Die kleinste Übertretung der Regeln führt zu Gewalttätigkeiten. Die Polizei ist keine Hilfe, denn sie rekrutiert sich aus Rajputen, Bhumihars und neuerdings Yadavs, die auch voller Hass gegen die Dalits sind. Zum Aufbegehren der Dalits kam es auch, weil sie als Saisonarbeiter im Umland von Delhi die Erfahrung machen, dass die Feudalstrukturen dort nicht so ausgeprägt sind

und ihre Löhne viel höher liegen. Was sie bis dahin als Schicksal akzeptierten, wird jetzt als Unterdrückung erkannt.

Der Ministerpräsident, Laloo Prasad Yadav, der mit den Stimmen der Yadavs und der Muslims an die Macht kam, hat den Staat ruiniert, aber nichts für die Dalits getan. Er stürzte über einen Unterschlagungsskandal und ließ daraufhin seine Frau als Ministerpräsidentin einsetzen. Er bzw. seine Frau gewann mit der Rashtriya Janata Party erneut die 1999er-Wahlen in Bihar, bei denen auch acht Abgeordnete mit Erfolg kandidierten, die wegen Mord, Entführung oder Erpressung angeklagt sind und den Wahlkampf aus einem Versteck oder dem Gefängnis führten.

Der große Gegensatz

Das Hindi Heartland umfasst also zwei in ihrem Entwicklungsstand völlig unterschiedliche Regionen: im Westen das fortschrittliche Delhi und sein Umland, im Osten das rückständige östliche Uttar Pradesh und Bihar, die früher dem wirtschaftlichen Hinterland Calcuttas zugehörten. Wie Calcutta hat auch Delhi sein Umland beeinflusst und geprägt. Aber während Calcutta die Rohstoffe und billigen Arbeitskräfte seines Hinterlandes ausnutzte, breitet sich der Wohlstand Delhis in sein Umland aus. Gewiss sind die Voraussetzungen unterschiedlich. Die Restriktionen für die Industrieansiedlung in Delhi haben moderne Industrien in sein Umland gedrängt, wo sie weitere Industrialisierungswellen auslösten. Die neuen Industrien waren nicht – wie in Calcutta – vornehmlich auf den Export ins 'Mutterland' Großbritannien ausgerichtet, sondern in den binnenländischen Markt eingebunden. Sie entstanden, als die Wirtschaftspolitik eine einheimische Industrialisierung forcierte und nicht in der kolonialen Wirtschaft, als die Briten sie zu bremsen suchten. Aber die gleiche Politik hat im östlichen Uttar Pradesh und in Bihar, von einigen staatlichen Großbetrieben abgesehen, wenig gebracht.

Der Gegensatz ist in der Landwirtschaft noch größer als bei der Industrie. Der Westen ist das Gebiet der Grünen Revolution mit einer Produktion von Überschüssen, im Osten dagegen herrscht eine arme Landwirtschaft mit den alten Strukturen vor.

Naturgegeben ist das nicht, denn die Ausstattung des Ostens ist nicht schlechter als die des Westens: Höhere Niederschläge, Bewässerung und gute Böden würden durchaus eine hohe landwirtschaftliche Produktion ermöglichen.

So drängt sich auf der Suche nach Gründen für die unterschiedliche Entwicklung ein Vergleich der sozialen Strukturen auf. Der Gegensatz wird bei Einbeziehung des Punjabs und Haryanas noch deutlicher, die früher eine Einheit bildeten.

Der Osten stand unter dem Zamindari-System, das die Bauern in Armut hielt. Jahrhundertelange Unterdrückung, die extreme Ausprägung des Kastenwesens und die Akzeptanz des Karmas erstickten jede Initiative. Die Landlosen flüchteten in die Industrien Calcuttas, wo sie für Hungerlöhne arbeiteten, und die Zamindaris verlebten als Absentee Owners ihre Grundrente in den Städten.

Der Westen war dagegen Bauernland, das nach dem Mahalwari-System veranschlagt wurde. Es ermöglichte den Bauern nicht nur ein selbständiges Arbeiten, sondern ließ ihnen auch den Ertrag dieser Arbeit. Das Kastenwesen spielte unter dem Einfluss der Sikhs eine geringere Rolle und verliert heute mit zunehmendem Wohlstand gegenüber dem wirtschaftlichen Erfolg weiter an Bedeutung. Zahllose große und kleinste Industriebetriebe haben den Punjab zu einem Industrieland gemacht. In der Landwirtschaft hat man die Möglichkeiten, welche die gestiegene Nachfrage Delhis bietet, genutzt.

Die Punjabis, die nach Delhi kommen, arbeiten nicht für Hungerlöhne – diese Arbeiter stellen Rajasthan und das östliche Uttar Pradesh –, sondern streben eine selbständige Tätigkeit an, zumindest als Taxifahrer. Die Entwicklung in Delhi und seinem Umland bietet ihnen neue Chancen, die sie begierig aufgreifen. Schließlich ist auch die Urbarmachung von Teilen des Terai, in den die Landwirtschaft aus dem benachbarten, übervölkerten Uttar Pradesh nie vorgedrungen war, erst während der letzten Jahrzehnte durch zugewanderte Sikhs erfolgt.

Maharashtra und Gujarat – die indischen 'Tigerstaaten'

Zwischen Maharashtra und Gujarat bestanden im Verlauf der Geschichte enge kulturelle Beziehungen. Doch gibt es einen charakteristischen Gegensatz, auf den Deshpande (1992, S. 117) hinweist. Während die Marathen mehr zur Erweiterung ihres Territoriums durch militärische Eroberungen tendiert hatten, engagierten sich die Gujaratis vornehmlich im Handel und Gewerbe und später in der Industrie. So beherrschten zwar die Marathen im 18. Jh. Gujarat, doch im 19. Jh. haben gujaratische Geschäftsleute Bombay erobert.

Zur Zeit der Briten bildeten beide Regionen die Bombay Presidency. Die Möglichkeiten, welche die neue Dimension des Handels und die Industrialisierung boten, wurden von den Gujaratis schnell aufgegriffen. Das geschah natürlich auch in Gujarat, aber Bombay, das sich zum Zentrum der Wirtschaft des indischen Westens entwickelte, war ein besonders lohnendes Feld für ihre Aktivitäten. Bei der Aufteilung der ehemaligen Bombay-Provinz in die Staaten Maharashtra und Gujarat im Jahre 1956 lag der Anteil der Gujaratisprechenden in Bombay so hoch, dass die Zuordnung der Stadt zu einem Problem wurde.

Mumbai –
das Zentrum der Entwicklung im Westen

Der Aufstieg Bombays
Mumbai hat keine alten Wurzeln. Wie die beiden anderen großen Hafenstädte Calcutta und Chennai ist es eine Gründung der Briten. Sie übernahmen die Inseln von den Portugiesen, auf die der ehemalige Name Bombay (*Bom Bahia* = gute Bucht) zurückgehen soll, als sie dem englischen König als Mitgift seiner portugiesischen Gemahlin zufielen. Damit erhielten sie einen Stützpunkt, der das bieten konnte, was ihre Niederlassung in Surat an der versandeten Mündung des Tapi-Flusses in Gujarat vermissen ließ: einen hervorragenden Naturhafen und ein Territorium unter ihrer Souveränität, das leicht zu verteidigen war.

1672 verlegte die Ostindische Gesellschaft ihr Hauptquartier hierhin. Durch Landgewinnungsmaßnahmen entstand aus sieben kleinen, aus Deccan-Lavagestein bestehenden Inseln die zusammenhängende Bombay-Insel – aber auch das Problem der schwierigen Entwässerung, unter dem die Stadt noch heute leidet.

Der Handel blühte auf, und schon um 1800 hatte die Stadt 150 000 und um 1864 über 800 000 Einwohner. Die Ausbreitung britischer Macht ins Binnenland begann erst 1818 nach dem Zerfall der Marathen-Herrschaft (Alsdorf 1955, S. 253). Das große Hindernis des Ghat-Abfalls auf dem Weg ins Innere und damit die Erschließung eines Hinterlands für Bombay wurde 1830 mit der Straße über das Bhorghat, welche die Transporte von Baumwolle mit Ochsenkarren aus dem Deccan in größerem Umfang ermöglichte, und 1864 durch die Eisenbahn überwunden. Die Öffnung des Suezkanals (1869) verkürzte den Seeweg nach Großbritannien und machte Bombay zum indischen Hafen, der Europa am nächsten lag.

Britische Initiative beim Handel und bei der Industrialisierung gaben zwar entscheidende Impulse für Bombays Entwicklung. Von größter Bedeutung war jedoch das Engagement in der Wirtschaft durch Parsen, Jains, hinduistische Händlerkasten und Muslims, die zum großen Teil aus Gujarat kamen. Darin lag der große Gegensatz zur Hauptstadt Calcutta, deren Wirtschaft die Briten dominierten. Die bereitwillige Aufnahme westlicher Ideen und Sitten integrierte hier wie in keiner anderen indischen Stadt West und Ost.

1854 begann die Baumwollindustrie mit einer Fabrik, bis 1885 waren es fast 50 mit 30 000 Arbeitern. Der Zustrom von Arbeitskräften erfolgte außer aus Gujarat aus dem ganzen Süden Indiens, besonders der Konkan-Küste und dem Deccan, doch auch aus dem heutigen Uttar Pradesh kamen Arbeiter. In den 1960er-Jahren lag die Zahl der Beschäftigten in Textilfabriken aller Art bei einer viertel Million; sie stellten weit über die Hälfte der Industriearbeiter. In den 1980er-Jahren setzte der Niedergang ein, der zur Schließung vieler Fabriken und zu über 100 000 Entlassungen führte.

Die Textilindustrie hatte den Auslöser für die weitere Industrialisierung gebildet. Aus der Fertigung von Textilmaschinen wuchs der Maschinenbau, und aus der Farbenproduktion eine chemische Industrie. Nach der Unabhängigkeit entstand eine Vielzahl neuer Industrien, darunter die Petrochemie, basierend auf den beiden Raffinerien, die Pharmaindustrie meist mit ausländischer Beteiligung, die Kraftfahrzeugindustrie und schließlich, gestützt von den örtlichen Forschungsinstituten, die Elektronik und andere Zweige moderner Technologie.

Bombay schwang sich zum wirtschaftlichen Schwerpunkt Indiens auf und überholte seine alte Rivalin Calcutta. Heute konzentriert sich hier die finanzielle Macht in Banken, Versicherungen, dem Sitz von Unternehmen und der Börse wie in keiner anderen Stadt Indiens (Bild 69). Es ist der bedeutendste Platz für den Außenhandel, es besitzt den wichtigsten Seehafen und den am meisten frequentierten Flughafen. Sein Umland ist Industriestandort erster Ordnung und begehrtestes Ziel ausländischer Investoren. Die Zuwanderung aus ganz Indien machte Bombay zur kosmopolitischsten Stadt des Landes und der größten Bevölkerungsballung. Hier wohnen die reichsten Inder, und hier gibt es die größten Slums.

Die verschiedenen zugewanderten Gruppen lebten in Bombay friedlich nebeneinander. Der verzweifelte Kampf um Arbeitsplätze und Unterkünfte bot opportunistischen Politikern die Gelegenheit, die ethnischen und religiösen Gegensätze zu schüren, denn sowohl unter den reichen Geschäftsleuten als auch unter den Arbeitern sind die einheimischen Marathis unterproportional vertreten. Der Shiv Sena, einer nationalistischen Hindu-Partei mit ausgeprägt faschistischen Zügen, ist es gelungen, mit der Parole 'Mumbai den Marathen' blutige Unruhen anzuzetteln und Stimmen zu gewinnen. Sie setzte auch die Umbenennung Bombays in Mumbai durch, ein Name, der von der lokalen Bezeichnung für die Göttin Parvati abgeleitet ist.

Die Expansion der Stadt

Die Entwicklung Bombays spiegelt sich im Stadtbild. Das *Fort*, die erste portugiesische Ansiedlung, wuchs zum britischen

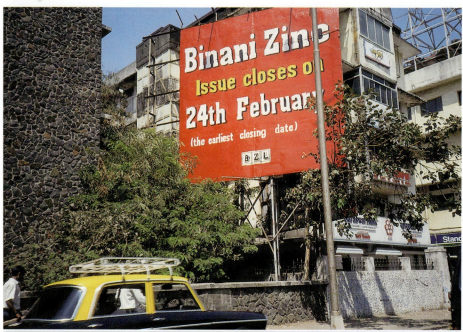

Bild 69: *Mumbai: Werbung für eine Aktienemission. Nur hier wird man eine solche Werbung finden.*

Stadtkern mit Verwaltung, Banken, großen Geschäftshäusern und öffentlichen Gebäuden (Abb. 88). Heute hat hier die Wohnfunktion ihre Bedeutung verloren und damit auch die der zugehörigen Geschäfte. Nordwestlich vom Fort lag die 'indische' Stadt mit engen Basar-Straßen und zunächst dichtester Besiedlung. Doch der tertiäre Sektor verdrängte die Wohnbevölkerung in den letzten Jahrzehnten. Nördlich davon erstreckten sich am früheren Stadtrand zwischen den Eisenbahnlinien die Textilfabriken mit ihren Arbeiterwohnungen. Zunächst boten sich noch Bebauungsmöglichkeiten um die Back Bay in Colaba und in Malabar, Letzteres das vornehmste Wohnviertel. Dazwischen entstanden auf der Landgewinnung der Churchgate Reclamation Etagenwohnungen gehobenen Standards und eine Reihe von Clubs. Vom Malabar Hill setzen sich die besseren Wohnviertel auf der Westseite der Halbinsel über Worli bis Mahim fort. Ihre Ostseite wird von den Hafenanlagen eingenommen.

Hatte sich zwischen den beiden Weltkriegen die vorstädtische Entwicklung auf das Gebiet zwischen Parel und dem Mahim Creek beschränkt, so erfolgte danach eine 'Explosion' der Stadt. In Malabar mussten die in großen Gärten gelegenen Bungalows und Villen modernen Hochhäusern mit Luxuswohnungen weichen. Am Nariman Point, dem 'indischen Manhattan', sind Bürohochhäuser aus dem Boden geschossen, deren Mietpreise auf dem Niveau der teuersten Millionenstädte der Welt liegen, und Colaba wurde mit Wohnhochhäusern zugebaut. Die Verkehrsprobleme, die sich aus der exzentrischen Lage des wirtschaftlichen Zentrums an der Südspitze Mumbais ergeben, verschärften sich damit erheblich und haben wohl nur deshalb noch nicht zum völligen Zusammenbruch geführt, weil die beiden Eisenbahnlinien aus dem Umland direkt bis in dieses Zentrum führen und täglich mehr als eine Million Pendler befördern.

Die Stadt ist weit über den Gürtel der Textilfabriken mit ihren Arbeiterkolonien aus der zweiten Hälfte des 19. Jh.s in Parel hinausgewachsen. Die Fabriken stehen jetzt auf Grundstücken, die wertvoller sind als die Betriebe selbst. Die Steuern, die Preise für Wasser und Elektrizität sowie die Arbeitslöhne sind erheblich gestiegen und machen die Betriebe unrentabel, sie gelten als 'sick'. Die Fabrikbesitzer möchten daher ihr Land verkaufen, um Eigentumswohnungen oder moderne Industrien zu errichten, doch die Arbeiter und ihre Gewerkschaften befürchten den Verlust ihrer Arbeitsplätze und Unterkünfte und einige Politiker den eines Klientels, das sie lange Zeit gepflegt haben. Die Umwidmung des alten Industriegürtels wird damit zum Politikum, das die in Mumbai etablierte Mafia für ihre Geschäfte nutzt. Sie ermordet Gewerkschaftsführer und Bauunternehmer, die sich widersetzen oder sie nicht beteiligen. So wachsen Bürokomplexe und Luxuswohnungen, wie z. B. 'Falcon's Castle' mit Swimming-Pools und Tennisplätzen inmitten von Slums, in denen das Dienstpersonal haust, für dessen Unterbringung die teuren Wohnungen keinen Platz mehr bieten.

Nördlich des Mahim-Flusses liegt an der nach Ahmadabad führenden Eisenbahnlinie und am Western Express Highway die in Greater Bombay eingemeindete Kette der Vororte (Abb. 89): Bandra – mit einem hohen Anteil aus Goa zugewanderter Christen –, das als Ersatz für das fast unerreichbare Stadtzentrum im Süden Standort der Reserve Bank of India, eines Kongresszentrums mit Luxushotels und einer Reihe von Firmensitzen ist, ferner Santa Cruz, Vile Parle, Andheri, Juhu, Letzteres mit Strand und Hotels. Dies sind nicht nur Schlafstädte, sondern Orte, die mit ihren Einkaufsstraßen und modernen Geschäften ein Eigenleben aufweisen. Hier ist auch der Standort einer Filmindustrie, die mehr und noch schlechtere Filme produziert als Hollywood und für die man die Bezeichnung 'Bollywood' geprägt hat.

Eine zweite Städtekette im Nordosten entlang der Central Railway und des Eastern Express Highways wächst ungehemmt. Thane hat die Millionengrenze erreicht und Kalyan hat sie überschritten. Auf den Kalyan-Komplex mit den Großstädten Ulhasnagar, Dombivli und Anbarnath entfällt der größte Teil des jüngeren Bevölkerungswachstums.

Zur Entlastung der Stadt wurde New Mumbai als neue Stadt für 2 Mio. Ew. auf der Festlandseite des Thane Creek gegründet. Obwohl es gelungen ist, einen Teil des

Nach Spate & Learmouth 1967; Burman Shell Guide Map of Greater Bombay.

Abb. 88: Mumbai (Bombay) Island.

Großhandels, der ja ohnehin aus dem Hinterland versorgt wird, aus der Innenstadt dorthin zu verlagern und einige Industrien entstanden sind, entspricht die Einwohnerzahl von ca. 600 000 nicht den Erwartungen. Das größte Wachstum weist Vashi, der zentrale Teil New Mumbais, auf, weitere städtische Zentren sind östlich des Mahim Creek entwickelt worden und zusätzliche geplant. Doch ist die Verkehrsanbindung zur Innenstadt Mumbais über Damm und Brücke des Thane Creek noch unzureichend.

Die Erschließung des Binnenlandes von Maharashtra

Da Mumbai an seinem Wachstum zu ersticken drohte, erließ die Regierung Re-

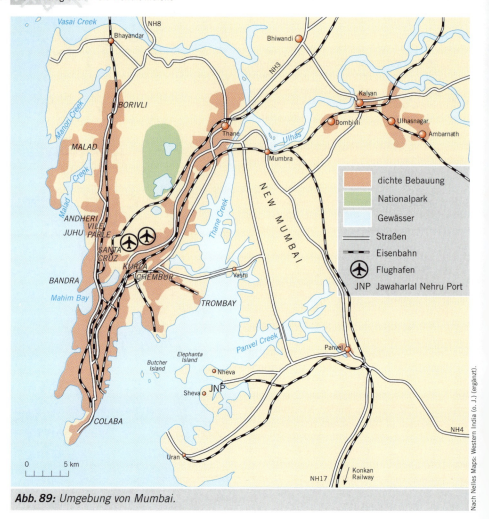

Abb. 89: *Umgebung von Mumbai.*

striktionen für die Industrieansiedlung und erschloss Industrieareale im Umland. Das Ergebnis war im Ganzen gesehen eine räumliche Erweiterung des Ballungsraumes Mumbai, vornehmlich in einem Bereich, der Thane, Bhiwandi und den Kalyan-Komplex umfasst. Das von der Stadt ausgehende Wachstum entlang von Verkehrswegen stellt jedoch keine echte Dezentralisierung dar, sondern vielmehr eine Ausdehnung der Agglomeration, weil die im Umland entstehenden Industrien mit Mumbai aufs Engste verbunden sind, auf seine Infrastruktur zurückgreifen und daher seine Belastung noch steigern.

Während die industrielle Entwicklung im näheren Umland Mumbais, in Thane und im Kalyan-Komplex ungeplant erfolgte und New Mumbai erst nach anfänglichen Schwierigkeiten gute Voraussetzungen für die geplanten Industrieansiedlungen bot, erforderte die Erschließung des Binnenlandes von Maharashtra einen größeren Aufwand. Die Regierung entwickelte daher als erste in Indien eine Regionalplanung, die den ganzen Bundesstaat einbezog und die jeden Distrikt berücksichtigen sollte. Wegen des Aufwands und der Kosten, die eine flächenhafte Industrialisierung verursacht hätte, konzentrierte man sich zunächst auf Städte, die eine ausreichende Infrastruktur aufwiesen. Die Zahl dieser Wachstumszentren war begrenzt, wurde aber schrittweise vergrößert, indem man Standorte, die weiter im Binnenland

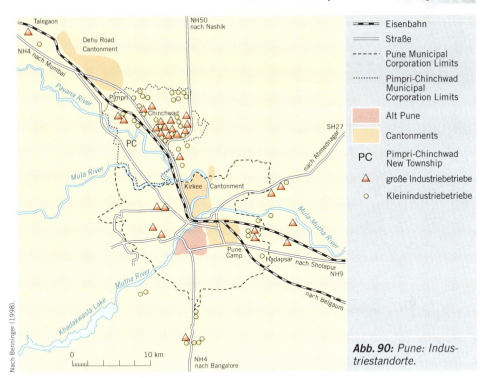

Nach Benninger (1998).

Eisenbahn	
Straße	
Pune Municipal Corporation Limits	
Pimpri-Chinchwad Municipal Corporation Limits	
Alt Pune	
Cantonments	
PC	Pimpri-Chinchwad New Township
△	große Industriebetriebe
○	Kleinindustriebetriebe

Abb. 90: *Pune: Industriestandorte.*

oder zwischen bereits bestehenden Zentren lagen, in die Förderung einbezog. Musterbeispiele solcher Wachstumszentren sind Nashik, Ahmednagar und Aurangabad.

Pune und
die Industrialisierung im westlichen Deccan

Eine wichtige Funktion bei der Industrialisierung des Binnenlands nahm das 160 km von Mumbai entfernte Pune ein, dessen Ausgangssituation mit der von Bangalore vergleichbar ist. Da es in 580 m Höhe angenehmere klimatische Verhältnisse aufwies als Bombay, hatten die Briten hier zwei Cantonments eingerichtet, es zur Sommerhauptstadt der Provinz gemacht und mit einer guten Infrastruktur ausgestattet. Der engen Altstadt standen die großflächigen Bungalow-Viertel mit viel Grün gegenüber. Die zahlreichen Bildungsinstitutionen trugen ihm den Ruf eines 'Oxford des Ostens' ein. Dagegen fielen ein paar Fabriken – die übliche Textilfabrik, eine Papier- und eine Glasfabrik – nicht ins Gewicht.

Das änderte sich in den 1960er-Jahren mit den Restriktionen in Mumbai, aber auch durch die Attraktivität von Pune – wie

Poona seit 1962 geschrieben wird – und beschleunigte sich seitdem: moderne Unternehmen der Pharmaindustrie, des Maschinenbaus und vor allem der Kraftfahrzeugindustrie ließen sich hier nieder; die letztere hatte Tausende von Kleinbetrieben als Zulieferer im Gefolge. Die Fabriken ballen sich in Pimpri und Chinchwad, heute eine Doppelstadt, an der Straße und Eisenbahnlinie nach Mumbai. Auch die anderen Ausfallstraßen weisen Industriestandorte auf, denn neuere Beschränkungen lassen keine Gründungen großer Betriebe in der Stadt mehr zu (Abb. 90).

Die Kleinbetriebe, die auf die allgemein verfügbaren Versorgungseinrichtungen angewiesen sind, drängen sich dagegen im Stadtbereich. Sie gliedern sich in Kleinstbetriebe auf, um den Vorschriften und Auflagen des 'Factory Act' zu entgehen. So stehen den kapitalintensiven modernen Großbetrieben, die ihren Facharbeitern relativ hohe Löhne bieten, zahllose arbeitsintensive Kleinstbetriebe mit niedrigsten Löhnen als Zulieferer gegenüber.

Die Industrialisierung Punes brachte die Einwohnerzahl der Urban Agglomeration auf

3,8 Mio. (2001). Über die Hälfte der Bevölkerung haust in Squatter-Siedlungen, der weit überwiegende Teil sind Zuwanderer aus Dürregebieten Maharashtras. Benninger (1998, S. 395f.) führt an, dass die wohlhabenderen Gruppen selbst in einer kosmopolitischen Stadt wie Pune in bestimmten Vierteln oder Nachbarschaften zusammenwohnen bzw. dort dominieren. Das sind neben den Brahmanen und einheimischen Maratha-Oberkasten vornehmlich Hindus und Muslims aus Gujarat, Marwaris aus Rajasthan, Südinder, Punjabis, Christen und Sindis, Letztere Flüchtlinge aus Pakistan. Die große Zahl dieser Zuwanderer drängt den Gebrauch des Marathi zugunsten des Englischen, des Hindi und anderer indischer Sprachen zurück, wogegen sich die Alteingesessenen, für die Pune das Zentrum des Marathenlandes und seiner Traditionen ist, zu wehren suchen.

Die günstige Entwicklung in Pune hat zur weiteren Industrialisierung im westlichen Maharashtra beigetragen. Wegen der Überfüllung in Pune fiel es leicht, das nordöstlich gelegene Ahmednagar als Alternative anzubieten. Bei der Stadt sowie an der Straße zwischen Pune und Ahmednagar siedelten moderne Industrien, z.T. Filialen aus Pune, die es als Vorteil ansahen, auf die dort bereits verfügbaren Serviceangebote zurückgreifen zu können. Auch südlich von Pune beginnt sich ein Industriekorridor entlang des National Highway No. 4 auszubilden, mit Schwerpunkten in Sangli und Kolhapur, der sich über die Grenze Maharashtras in Karnataka mit Hubli-Dharwar fortsetzt. Im Norden ist Nashik, ein altes kulturelles und religiöses Zentrum, als Alternativstandort zu Mumbai, von dem es 180 km über eine Haupteisenbahnlinie und den National Highway No. 3 entfernt liegt, als erstes Wachstumszentrum massiv gefördert worden. Hier ließen sich Industriezweige mit anspruchsvollerer Technologie wie Elektronik, Fahrzeug- und Maschinenbau nieder.

Bei einem Überblick über die wichtigen Industriestandorte Maharashtras – außerhalb Mumbais und seines Umlands – fällt ihre Häufung in einem Gürtel im westlichen Teil des Deccan auf. Seine Entwicklung dürfte darauf zurückzuführen sein, dass seine bäuerliche Landwirtschaft mit dem Anbau von Cash Crops, vor allem von Zuckerrohr und Baumwolle, einen gewissen Wohlstand und den Aufbau einer Infrastruktur begründete, dass hier die wichtigste Nord-Süd-Achse von Eisenbahn und Straße verläuft und dass es geographisch und verkehrstechnisch am nächsten zu Mumbai liegt.

Die Problemgebiete

Die östlichen Landschaften Vidarbha und Marathwada gelten als Problemgebiete im Vergleich zum westlichen Maharashtra. Sie kamen erst bei der Neugliederung der Bundesstaaten zu Maharashtra, weil ihre Bevölkerung Marathi spricht. *Vidarbha* gehörte früher zu den Central Provinces mit der Hauptstadt Nagpur. In Maharashtra liegt es peripher, und Nagpur hat seine Stellung als administratives Zentrum weitgehend an Mumbai abtreten müssen. Als politische Konzession an das Regionalgefühl hält das Parlament Maharashtras auch Sitzungen in Nagpur ab, und einige Regierungsstellen sind hierhin verlegt worden, zudem erhält Vidarbha eine kräftige Wirtschaftsförderung. Dennoch wird hin und wieder die Forderung nach mehr Autonomie oder sogar nach einem eigenen Staat gestellt. Nagpur verzeichnet wie fast jede Millionenstadt Indiens eine breite Industrialisierung, die sich auch auf verkehrsgünstig gelegene Orte in seinem weiteren Umland ausdehnt. Bei Wardha liegt ein wichtiges Kohlevorkommen und ein großes Thermalkraftwerk (Abb. 91).

Marathwada ist wohl die rückständigste Region des Maharashtra-Plateaus. Früher Teil des Fürstenstaates Hyderabad, leidet es noch heute an den Folgen des extrem feudalistischen Regimes des Nizams. Da alles der Größe und Pracht seiner Hauptstadt dienen musste, blieben die übrigen Städte nur Verwaltungszentren zum Eintreiben der Steuern. Um dem in Marathwada verbreiteten Gefühl der Vernachlässigung im neuen Staat entgegenzuwirken, erhielt es eine eigene Entwicklungsgesellschaft. Neben einigen kleineren Städten wie Beed und Parbhani wurde besonders Aurangabad mit erheblichem Aufwand gefördert, doch sind im Gegensatz zum Westen seine Industrien mehr auf die Verarbeitung von Produkten der Landwirtschaft ausgerichtet.

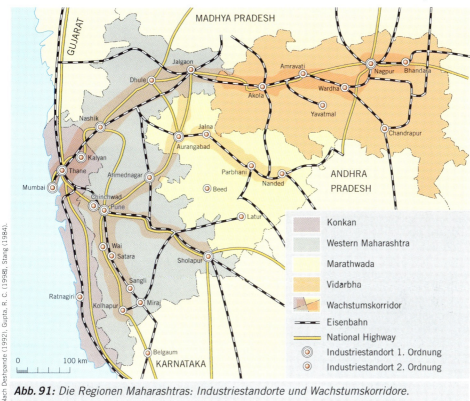

Nach Deshpande (1992), Gupta, R. C. (1998), Stang (1984).

Abb. 91: *Die Regionen Maharashtras: Industriestandorte und Wachstumskorridore.*

Überblickt man die Entwicklung Maharashtras in den letzten Jahren, so ist ein deutlicher Erfolg bei der Ausbreitung von Industrien in den rückständigen Gebieten zu verzeichnen. Die Einrichtung von Industrial Estates hat die Ansiedlung bei mittleren Städten sowie im Umland großer Städte gefördert. Zwar sind Groß-Mumbai und die Distrikte Thane und Pune immer noch die eindeutigen Schwerpunkte. Doch die Anteile ihrer Industrien im Rahmen Gesamt-Maharashtras, die 1961 noch zwischen 75 und 85 % des investierten Kapitals, der Arbeitskräfte, der Produktion und der Wertschöpfung betragen hatten, sind – bei absolutem Wachstum – bis Mitte der 1990er-Jahre um fast 20 % zurückgegangen.

Eine weitere Großregion Maharashtras, die *Konkan*-Küste, die von der Grenze Gujarats bis Goa reicht, weist auf den lehmigen Alluvialböden ihres nördlichen Teils Gemüse- und Obstanbau auf, den die Nachfrage Mumbais belebt. Der zentrale Teil gehört zum direkten Umland von Mumbai.

Hier expandierte die Industrie in Thane und Kalyan und in jüngster Zeit mit New Bombay, dem Hafen von Neva Sheva und Panvel auf das Ostufer des Thane Creek. Demnächst werden auch die Strände weiter südlich im Raigar District mit Industrien besetzt sein, die nicht zu den umweltfreundlichen zählen.

Die südliche Konkan-Küste gilt dagegen als sehr armes Gebiet. Das liegt z.T. an ihrer verkehrsmäßigen Abgeschlossenheit. Die kleinen Häfen haben jede Bedeutung verloren. Die Küstenstraße ist wegen der Sporne der Westghats und den tief rückgreifenden Flussmündungen überaus kurvenreich und die Fahrt langwierig. Vom Binnenland ist die Konkan-Küste durch die Mauer der Westghats getrennt. Trotz der höheren Niederschläge sind die landwirtschaftlichen Möglichkeiten sehr begrenzt und beschränken sich in dieser kleingekammerten Landschaft auf die Flusstäler. Industrien gab es aufgrund der Verkehrssituation nicht, mit Ausnahme von Ratnagiri, wo die Regierung einen Industrial Estate förderte. Die Erwartungen, die sich an die neue Konkan-Bahn knüpfen, sind daher sehr groß, und seit 1999 steigen die Investitionen im südlichen Konkan steil an.

Unter den früheren Verhältnissen war die Abwanderung nach Mumbai außerordentlich hoch, was für die Region seit anderthalb Jahrhunderten einen permanenten Aderlass bedeutete. Die Gebildeten, denen es in Mumbai besser ging, kamen nicht mehr zurück. Die Arbeiter kehrten zwar im Alter heim – aber ohne Ersparnisse. Deshpande (1992, S. 138) weist auf den Gegensatz zu den Verhältnissen in Goa hin, das im Wesentlichen die gleiche Naturausstattung und die gleichen Menschen hat. Auch Goa ist übervölkert, aber die christlichen Schulen gaben seiner Bevölkerung eine bessere Ausbildung, die sie in den anderen überseeischen Gebieten Portugals, aber auch in Britisch-Indien einsetzen konnte. Wo immer die Goaner arbeiteten, schickten sie Geld an die Familie zu Hause, und im Alter kehrten sie mit einem kleinen ersparten Vermögen zurück, um ihren Lebensabend in der Heimat zu verbringen – was jeder, der Goa kennt, verstehen wird.

Gujarat, das 'Wirtschaftswunder'

Gujarat gilt als das Wirtschaftswunderland Indiens. Obwohl es nur etwas mehr als die Hälfte der Bevölkerungszahl Maharashtras aufweist, liefern sich die beiden Bundesstaaten seit Jahrzehnten ein Kopf-an-Kopf-Rennen um die Neugründungen von Industrien, und jedes Jahr werden die Ergebnisse mit Spannung erwartet und kommentiert.

Bereits bei der Beschreibung der Auslandsinder wurde deutlich, dass die Gujaratis als Unternehmer mehr Initiative entwickeln als die Angehörigen anderer Landsmannschaften. Das Verlangen, die eigene wirtschaftliche Situation zu verbessern und selbständig zu sein, scheint in jedem Gujarati zu stecken. Eine Stellung in der Verwaltung mit sicherem Gehalt ist demgegenüber wenig erstrebenswert. Man trifft auf Beamte, die sich fast dafür entschuldigen, dass sie hier sitzen, und versichern, dass sie ihrem Sohn raten würden, einen Beruf zu ergreifen, in dem er selbständig wäre. Diese Einstellung findet sich über die Kasten und Religionszugehörigkeiten hinweg.

Obwohl die meisten Geschäftsleute Hindus und Jains sind, gehören zu ihnen auch Muslims und natürlich die Parsen. Sogar die Brahmanen und Kshatriyas, die geschäftliche Tätigkeit als unter ihrer Würde ansehen, passen sich diesem allgemeinen Verhalten an. Schon die erste Spinnerei in Gujarat wurde von einem Brahmanen und ehemaligen Beamten gegründet.

Ein weiteres Kennzeichen gujaratischen Unternehmertums ist Sparsamkeit. Das Zurschaustellen von Reichtum ist verpönt – man kann sich dabei sogar auf Gandhi, einen Gujarati aus einer Händlerkaste, berufen. Schließlich ist vor dem indischen Hintergrund ein weiterer Aspekt von Bedeutung: Auf die Frage, warum es in Gujarat besser laufe als im übrigen Indien, antwortete ein hoher Regierungsbeamter: „Wir sind weniger korrupt als die anderen."

Die Regionen Gujarats

In seinen heutigen Grenzen besteht Gujarat erst seit der Aufteilung der Bombay-Provinz. Außer der zentralen Ebene Gujarats umfasst der neue Staat die Halbinsel Saurashtra, die Halbinsel Kachchh sowie das Gebiet der Dangs im gebirgigen Südosten, das zur britischen Zeit wegen seiner Stammesbevölkerung einen Sonderstatus hatte.

Das wirtschaftlich wichtigste Gebiet ist die sich in Nord-Süd-Richtung erstreckende *zentrale Ebene* (Abb. 92). Hier trifft man auf die größten Städte, die höchste Bevölkerungsdichte, die bedeutendsten Verkehrsadern und die wichtigsten Industrien des Staates. Im mittleren und südlichen Teil erlauben gute Alluvialböden und ausreichende Niederschläge eine intensive Landwirtschaft mit Weizen, Reis und Hirsen sowie einem hohen Anteil von Marktfrüchten, wie Baumwolle, Tabak, Zuckerrohr, Obst und Gemüse. Der Süden ist auch das Gebiet der intensiven kooperativen Milchwirtschaft. Eine schmale, etwa 10 km breite Küstenniederung, die versalzene Böden und ein hoher Salzgehalt des Grundwassers für die Landwirtschaft ungeeignet machen, trennt die fruchtbare Ebene vom Meer.

Im Osten bildet eine 75–150 m hohe Piedmontzone den Übergang zum anschließenden, bis 600 reichenden, im Süden sogar bis über 1000 m ansteigenden Hügel-

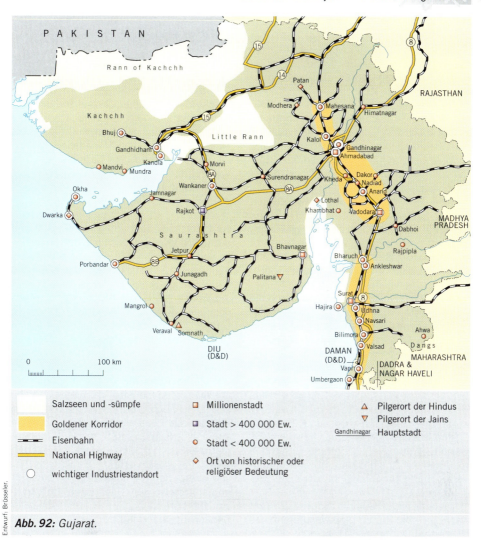

Abb. 92: *Gujarat.*

und Gebirgsland. Es ist ein Rückzugsgebiet der Stammesbevölkerung, der westlichste Teil des sich durch das zentrale Indien ziehenden Tribal Belt. Hier handelt es sich hauptsächlich um Stämme der Bhils, wohl die Urbevölkerung Gujarats. Bei armen Böden und Waldbedeckung herrscht Subsistenzwirtschaft vor, z.T. im Brandrodungsfeldbau. Für die Landwirtschaft der Ebene stellt die Stammesbevölkerung ein wichtiges Reservoir von Saisonarbeitern.

Die extremen regionalen Disparitäten, die im südlichen Gujarat auf engstem Raum bestehen, werden statistisch nicht deutlich, weil die Distrikte als Basis der Erhebungen

in schmalen Streifen von der Ostgrenze des Staates bis zum Meer verlaufen, also außer dem florierenden zentralen Teil auch jeweils eine rückständige Waldregion und das unfruchtbare Küstenland umfassen. Andererseits bot sich so die Möglichkeit, für eine Förderung das ganze südliche Gujarat als 'backward' auszuweisen.

Die *Saurashtra-Halbinsel* (auch Kathiawar genannt) ist ein Auslieger des Deccan-Lava-Plateaus und im Innern mit Hügeln bis 300 m Höhe durchsetzt; in der Gir Range im Süden werden über 1000 m erreicht. Die Regurböden Saurashtras sind aber wenig mächtig und nicht so fruchtbar wie auf dem

Deccan. Da auch die Jahresniederschläge unter 800 mm betragen, liegt hier das Hauptanbaugebiet von Erdnüssen, die etwa die Hälfte der landwirtschaftlichen Nutzfläche einnehmen und ein Drittel der indischen Produktion stellen.

Geschichtlich und politisch hat Saurashtra eine Sonderstellung eingenommen. Es lag im Abseits, und so konnten sich bis zur Unabhängigkeit zahlreiche kleine und kleinste von Rajputenfürsten regierte Staaten erhalten. Das dichte Eisenbahnnetz mit verschiedenen Schmalspurbreiten entsprach weniger der wirtschaftlichen Notwendigkeit als dem Geltungsdrang der Fürsten. Die größeren Fürsten bemühten sich, ihren Hauptstädten eine besondere Bedeutung zu geben, wozu z. B. in Rajkot eine Eliteschule im Stil einer englischen Public School mit überregionaler Bedeutung gehörte.

Kachchh, vom übrigen Gujarat durch die vegetationslosen, monsunzeitlich überfluteten Salzebenen des Rann fast abgetrennt, bildet den Übergang zur Wüste Thar. Nur mit Bewässerung ist der südliche alluviale Teil für den Anbau von Hirse, Weizen und Baumwolle nutzbar. Der Rest weist eine extensive Weidewirtschaft auf. Bauxit, Gips sowie Braunkohle, die jetzt zur Energiegewinnung erschlossen wird, sind die wichtigsten Bodenschätze, ferner hat die Salzgewinnung erheblichen Umfang. Der Hafen von Kandla, fast ein wirtschaftlicher Fremdkörper, hatte für Gujarat bisher wenig Bedeutung.

Das nördliche Gujarat, Saurashtra und Kachchh sind durch Schwankungen des Niederschlags immer wieder durch Dürreperioden bedroht. Tiefbrunnen haben den Grundwasserspiegel abgesenkt und in Küstennähe seine Versalzung verursacht.

Erwähnt seien noch die drei ehemals portugiesischen Enklaven, die jetzt als Union Territories von gujaratischem Gebiet umgeben sind. Diu auf einer kleinen Insel in Saurashtra liegt im Abseits, aber Daman mausert sich zu einem Ziel einheimischer Touristen. Das liegt weniger an seinen Badestränden als daran, dass hier – wie in Goa – Alkohol billig angeboten wird, während Gujarat ein 'trockener' Staat ist. Die Steuervergünstigung eines Union Territory haben dem früher verträumten Dadra und Nagar Haveli in seinem Hauptort Silvassa

einige Industrien der Fotobranche und eine Reihe von Firmensitzen gebracht.

Der 'Goldene Korridor', Saurashtra und die Backward Regions

Der *Goldene Korridor* ist wohl das eindrucksvollste Beispiel neuerer Industrieansiedlungen in Indien. Er erstreckt sich über 450 km von der Südgrenze Gujarats bis Mehsana, nördlich von Ahmadabad, entlang der Eisenbahn und dem National Highway. Vier Faktoren haben wesentlich zu seiner Entstehung beigetragen: die Verkehrserschließung, das Vorkommen von Erdöllagerstätten, die Planung und die Unterstützung durch die Regierung von Gujarat und die Initiative gujaratischer Unternehmer – gemeint sind damit nicht nur die Unternehmer in Gujarat, sondern vor allem die gujaratischen Unternehmer in Mumbai. Vor die Wahl gestellt, ein neues Unternehmen oder eine Filiale in Maharashtra oder in Gujarat zu gründen, entschieden sie sich für den Staat, zu dem sie die engsten Bindungen hatten. Dazu mögen die Einschränkungen für die Industrieansiedlung in und um Mumbai und die Wasserknappheit für die chemische Industrie im Binnenland beigetragen haben. Aber es war nicht nur die Heimatliebe, die sie nach Gujarat trieb. Um Maharashtra zu übertreffen, zahlte die Regierung Subventionen, versprach Steuernachlässe, erleichterte die Genehmigungsverfahren, richtete Industrial Estates ein und stattete sie mit einer guten Infrastruktur aus (Brüsseler 1992). Die Nähe der Serviceangebote Mumbais, das in wenigen Stunden einer mörderischen Autofahrt und inzwischen auch telefonisch gut erreichbar ist, bot einen weiteren Vorteil.

Die Industrien beginnen gleich hinter der Grenze in Umbergaon. Vapi, der erste große Estate, der sich sehr schnell seit Ende der 1960er-Jahre entwickelte, liegt 25 km nördlich im Valsad Distrikt, 180 km von Mumbai, aber 330 km von Ahmadabad entfernt, was seine Ausrichtung deutlich macht. Auf der Achse des National Highway reihen sich weitere Industrial Estates mit einer Massierung um Surat, Ankleshwar und Bharuch. Vadodara (Baroda), wo schon der Fürst in seiner Regierungszeit – die bis zur Gründung des Staates Gujarat währte – die Ansiedlung von Industrien ge-

Bild 70: *Raffinerie bei Vadodara. An die Raffinerien schließen sich zahlreiche weiterverarbeitende Betriebe an.*

fördert hatte, ist zu einem Schwerpunkt der Entwicklung geworden. In jüngerer Zeit ist der Korridor über Ahmadabad bis Mehsana gewachsen. Im mittleren Teil des Korridors, im landwirtschaftlich besonders begünstigten Kheda-Distrikt, ist unabhängig von der übrigen Entwicklung eine Reihe von Betrieben entstanden, die agrarische Produkte verarbeiten.

Unter den Industrien des südlichen Gujarat ist neben der Metallverarbeitung insbesondere die Chemie in allen möglichen Formen vertreten. Gewaltige giftige Abwassermengen entsorgt man ohne ausreichende Klärung. Hier bahnt sich eine Umweltkatastrophe an, und große Areale werden für die Landwirtschaft unbrauchbar, ohne dass den Betroffenen eine Alternative zur Verfügung steht. Bei Hinweisen auf Umweltschäden erhielt man noch vor einigen Jahren die offene Antwort, dass die Industriestaaten des Westens ja auch so angefangen haben. Hätte man erst einmal ihren Wohlstand erreicht, könne man sich auch um die Umwelt kümmern. Heute wird die chinesische Konkurrenz angeführt, die im globalen Wettbewerb billiger produziert, weil sie noch wenige Umweltschutzauflagen belasten.

Die Ausrichtung der Industrien im Goldenen Korridor auf die Chemie und Petrochemie, auf die über die Hälfte der Investitionen entfällt, zeigt eine gewisse Einseitigkeit (Bild 70). Es wird mit Sorge gesehen, dass andere indische Bundesstaaten, vor allem Tamil Nadu und Andhra Pradesh, das Rezept der Industrieförderung von Gujarat übernommen haben und erfolgreich in Konkurrenz treten, wie die Bevorzugung Tamil Nadus für den Standort der neuen Autofabrik eines ausländischen Unternehmens deutlich macht. Bisher sind Kleinbetriebe als Zulieferer und Weiterverarbeiter nicht in dem Umfang entstanden wie in Tamil Nadu oder im Punjab. Auch die Informationstechnologie hat nicht recht Fuß gefasst, soll aber jetzt zusammen mit der Biotechnologie besonders gefördert werden.

Saurashtra hat einige große Unternehmen, die auf den lokalen Rohstoffen basieren. Salz ist die Grundlage der chemischen Industrie und Kalkstein diejenige einer Reihe von Zementfabriken. Bemerkenswert sind die zahlreichen jungen Klein- und Mittelbetriebe. Für ihren Standort ist charakteristisch, dass sie mit einer bestimmten Produktionsausrichtung geballt auftreten: Rajkot – das durch die Förderung sei-

nes Fürsten schon ein älterer Gewerbestandort war – ist ein Zentrum für die Herstellung von Pumpen und Motoren, Jamnagar für Messingteile und Maschinenzube-
hör, Morvi für Keramik und Uhren, Jetpur
für die Baumwoll- und Kunstfaserverarbeitung, Amreli für die Edelsteinschleiferei.
Gerade die letztgenannte Branche ist ein
gutes Beispiel für einen Ausbreitungsef-
fekt, der sogar über die kleinen Städte hinausgeht und bis in die Dörfer vordringt.
Viele der Arbeiter in der Diamantenbearbeitung kehren mit ihren in Surat erlernten
Fertigkeiten nach Saurashtra zurück, um
ihre Ersparnisse und die ihrer Familie zu
Hause in einen eigenen Kleinbetrieb zu
investieren. Einen Hinweis auf die wachsende wirtschaftliche Bedeutung Saurashtras und seine engen Beziehungen zu
Mumbai geben die direkten Flugverbindungen selbst seiner kleineren Städte dorthin.
Jüngere Pläne zielen auf eine Wiederbele-
bung der maritimen Tradition der Küste
Gujarats, dessen Häfen mit dem Aufkommen der modernen Seeschifffahrt ihre Bedeutung verloren. Der Bau neuer Häfen soll
sowohl der Kohleversorgung von Kraftwerken und der Rohölzufuhr für die Raffineri-
en als auch dem Containerverkehr dienen.
Aber nachdem schon im Juni 1998 ein
Orkan an der Küste von Kachchh und Saurashtra gewaltigen Schaden verursachte,
hat das verheerende Erdbeben vom Januar
2001 Gujarat um Jahre zurückgeworfen.

Wie schwierig es sein kann, rückständige Regionen in die wirtschaftliche Entwicklung einzubeziehen zeigt das Beispiel der
Piedmontregion im Osten Gujarats in unmittelbarer Nachbarschaft des 'Goldenen
Korridors'. Der Versuch, sie durch eine
neue Straße parallel zum National Highway
zu erschließen, blieb bisher ohne Erfolg,
trotz der Einrichtung eines Industrial Estate in Rajpipla. Weder die Bevölkerung
der Stammesgebiete, noch ihre bisherige
Landwirtschaft bieten ein Potential für die
Ansiedlung von gewerblichen oder industriellen Betrieben, in denen die Einheimischen ohnehin nur als billige Arbeiter eingesetzt würden. Die Gegensätze zwischen
bevorzugten und benachteiligten Regionen
vergrößern sich so selbst über geringe Entfernungen in einem Ausmaß, wie es in Industrieländern kaum vorstellbar ist.

Surat –
von der 'Medium Town' zur Millionenstadt

Die frühen Industrien Gujarats sind so alt
wie die Mumbais, aber Ahmadabad war
schon eine bedeutende Handels- und Gewerbestadt, und Surat und Bharuch waren
wichtige Häfen, als es Mumbai noch nicht
gab. An der Entwicklung der Textilindustrie
hat neben Ahmadabad auch der zentrale
Teil Gujarats, besonders Bharuch und
Surat, teilgenommen.

Surat, heute eine Millionenstadt, kann
als Beispiel für eine 'Medium Town' gelten,
denn es begann seine neuere Entwicklung
mit einer Einwohnerzahl von unter 300 000
in den 1950er-Jahren. Das ist ein Startloch,
in dem heute hundert Medium Towns stehen, deren Wachstum – wie in Surat – nicht
mehr von großen staatlichen Unternehmen
beeinflusst wird, sondern von kleineren privaten Betrieben abhängt. Surat zeigt auch
die Probleme, die mit einer schnellen Expansion verbunden sein können.

Die Krise der Textilindustrie, die Ahmadabad mit seinen Fabriken erschütterte, hat
Surat, einen anderen alten Standort, kaum
betroffen, sondern zu einem Aufschwung
verholfen, weil hier die Branche anders
strukturiert war. Surat hatte nur wenige
große Spinnereien. Die Fertigung der Stoffe
lag vielmehr bei Handwebereien. Damit bot
sich der Ansatz für eine explosionsartige
Expansion der Produktion in Kleinbetrieben,
als Maschinenwebstühle verfügbar wurden
und nach der Unabhängigkeit die Wirtschaftspolitik diese Betriebe begünstigte.
Ihr Schwerpunkt lag beim Weben von Kunst-
faser- oder Mischgeweben, von dem die
Textilfabriken ausgeschlossen waren, sodass
es wegen der großen Nachfrage zu einer
enormen Expansion kam. Da die Handwebstühle mit elektrischer Energie betrieben
werden – während die alten Fabriken
Dampfmaschinen benötigten –, konnten sie
in jedem Haus aufgestellt werden. Die Innenstadt und die innere Peripherie Surats
sind voll davon, und der Lärm der Maschinen liegt über der Stadt wie das Geräusch
einer Brandung. In ähnlicher Weise bevorzugten die in den 1950er-Jahren aufkommenden und sich schnell vermehrenden
Kleinbetriebe der Diamantenschleiferei die
Wohnhäuser der Innenstadt. Da die Betriebe – von wenigen größeren Unternehmen

abgesehen – als 'Heim-Industrien' gelten, gibt es kaum ein Areal in der Stadt, das keine gemischte Nutzung von Wohn- und Gewerbefunktionen aufweist.

Von den 20 000 Kleinbetrieben der Stadt sind nicht einmal 100 registriert, was bedeutet, dass sie dem Unorganised Sector angehören und den Factory Act umgehen können (Ghosh & Ahmad 1996, S. 23 f.).

Infolge der arbeitsintensiven 'Industrien' stieg die Bevölkerung auf über 1,5 Mio. (1991). Selbst wenn die Wachstumsrate wie bei den meisten Millionenstädten Indiens zwischen 1981 und 1991 etwas rückläufig war, erreichte sie immer noch 66%. Diese Zuwanderung konnte die überfüllte Altstadt nicht aufnehmen, sodass eine Erweiterung der Stadtgrenzen notwendig war. Heute leben 43% der Einwohner in der inneren Peripherie und 28% in der Altstadt; früher war es umgekehrt.

Neben den Maschinenwebereien ist die *Diamantenbearbeitung* das zweite Standbein der Wirtschaft Surats. Es nimmt die führende Stellung in Indien ein, dessen Exporte an Schmuck und Edelsteinen – das sind weit überwiegend bearbeitete Diamanten – 15% der Gesamtausfuhren ausmachen. Allerdings ist Surat in den letzten Jahren eine Konkurrenz durch moderne größere Betriebe in den Exportzonen von Mumbai, Delhi und anderen Städten erwachsen. Auch weitere Niedriglohnländer wie Sri Lanka und Thailand versuchen in den Markt einzudringen.

Die Diamanten werden unbearbeitet als so genannte 'Roughs' importiert und in einem arbeitsaufwendigen Prozess für den Export geschnitten und geschliffen. Es ist Indien gelungen, die Standortvorteile eines typischen Billiglohnlandes zu nutzen und einen hohen Anteil am Weltmarkt zu erreichen. Bei der Bearbeitung kleiner und sehr kleiner Steine (Makeables) verfügt Indien sogar über eine monopolartige Stellung.

Die Entwicklung dieser Diamantenbearbeitung ist erst jungen Ursprungs. Indien war zwar von der Antike bis ins 18. Jh. der bedeutendste Diamantenlieferant der Welt – hier wurden einige der größten Steine überhaupt gefunden, z. B. der Koh-i-Noor –, doch ist die Diamantenförderung der Union heute unbedeutend.

In den 20er-Jahren des 20. Jahrhunderts hatte sich Antwerpen zum führenden Zentrum des Handels und der Verarbeitung von Diamanten entwickelt. Der Zweite Weltkrieg, steigende Lohnkosten im Belgien der Nachkriegsjahre und der hohe Anteil von Juden am Diamantenhandel brachten die Etablierung der Diamantenindustrie in Israel. Wegen militärischer Konflikte und hoher Inflationsraten in den 1960er-Jahren erfolgte eine erneute Verlagerung von Teilen der Branche. Während die Verarbeitung großer Steine ihren Standort in Israel und Antwerpen behielt, konnte sich Indien bei der Bearbeitung kleiner Diamanten, die auf dem Weltmarkt immer größere Bedeutung erlangten, durchsetzen. Da die Bearbeitung dieser Steine zwar nur geringen Kapitalaufwand erfordert, aber besonders arbeitsintensiv ist, war der Produktionsfaktor Arbeit standortbestimmend. Die Transportkosten sind beim hohen Wert und minimalen Gewicht der Ware zu vernachlässigen, sodass Gewinnungs-, Verarbeitungs- und Vermarktungsort über sehr große Entfernungen getrennt sein können. Günstig für Indien wirkte sich aus, dass in den Industrieländern mit wachsendem Wohlstand ein neuer Abnehmerkreis für diese billigeren Steine entstand (Brüsseler 1992).

Zunächst wurde die Diamantenbearbeitung in Indien im Auftrag ausländischer Händler oder Warenhäuser vorgenommen. Dann gelang es in New York geschäftstüchtigen Jains aus Gujarat, sich auf diesem Markt, der vorher von Juden beherrscht war, zu etablieren. Jüngere wichtige Absatzmärkte für 'indische' Diamanten sind Westeuropa und Japan. Der Aufschwung der indischen Diamantenindustrie begann in der Stadt Surat. Eine wenn auch bescheidene Tradition und qualifizierte Arbeitskräfte, aber vor allem das Engagement der Jains haben zur Entwicklung dieses Standortes beigetragen. Da die Kleinstbetriebe nicht registriert sind und größere Unternehmen die Zahl ihrer Beschäftigten oft zu niedrig ausweisen, um einer Registrierung und den damit verbundenen gesetzlichen Auflagen zu entgehen, gibt es keine zuverlässigen Daten über die Zahl der Beschäftigten in der Edelsteinbearbeitung. Sie wird aber allein für Surat auf weit über 100 000 geschätzt.

Bild 71: *Diamantenschleiferei in Surat. Die Wohnhäuser beherbergen im Erdgeschoss die kleinen Betriebe.*

Die Arbeiter in den Diamantenschleifereien kommen meist aus Saurashtra, gehören der Pathidar-Kaste an und wohnen als homogene soziale Gruppe in bestimmten Vierteln zusammen, z.T. aber auch am Arbeitsplatz zwischen den Maschinen (Bild 71). Die Arbeitsbedingungen gefährden die Gesundheit: Schädigung der Augen durch Überanstrengung oder Erkrankungen der Atemwege durch Staub sind weit verbreitet. Dennoch ergeben sich einige positive Unterschiede zur Situation der Arbeiter in Kleinbetrieben anderer Branchen. Das mag an der Knappheit qualifizierter Arbeitskräfte liegen oder an der Zugehörigkeit von Besitzer und Arbeitern eines Betriebs zur gleichen Kaste, denn bei der Diamantenbearbeitung ist Vertrauen ein wichtiges Kriterium, das am ehesten durch die Zugehörigkeit zur gleichen Kaste erfüllt ist. Die Beziehung zwischen den Arbeitnehmern und den Arbeitgebern haben einen persönlichen Charakter. Mahlzeiten werden zusammen eingenommen und den Arbeitern Kredite gewährt, die oft zinslos sind – was in Indien höchst ungewöhnlich ist. Beim Verdienst bestehen zwischen Arbeitgebern und Arbeitnehmern in den kleinen Betrieben kaum Unterschiede. Den großen Gewinn machen die Kommissionäre und die Jains als Zwischenhändler.

Dagegen sind die Arbeiter bei den Powerloom-Betrieben und in den Textilindustrien schlechter gestellt: Sie erhalten keine festen Löhne, haben keinen Dauerarbeitsplatz, keinen Urlaubsanspruch und keine Versicherung. Häufig unterstehen sie einem Contractor, der sie in ihrer Heimat, meist in den benachbarten Staaten, aber auch in Uttar Pradesh, angeheuert hat und sie den einzelnen Betrieben nach Bedarf zuteilt. Bei ihren geringen Löhnen, von denen sie noch einen Teil nach Hause überweisen, bleiben ihnen nur die Slums als Unterkunft, wo sie gewöhnlich nicht nach Herkunft und Kaste getrennt leben. Diese Mischung wird von den mittleren und größeren Betrieben bevorzugt, weil so keine Kristallisationspunkte für gemeinsame Aktionen wie Streiks geboten werden.

In den Slums wohnen rund eine halbe Million Menschen, oft bis zu einem Dutzend Arbeiter in Schichten in einer Ein-Raum-Hütte. Die Ausstattung war lange Jahre verheerend und die Zahl der Latrinen völlig unzureichend. Das Trinkwasser, das den Haushalten der Altstadt umschichtig nur für zwei Stunden am Tag zugeteilt wurde, musste in den Slums überwiegend mit Tankwagen angeliefert werden. Die Brunnen waren durch industrielle Abwässer verseucht, denn am Rand der Stadt liegen zahlreiche Betriebe, die Gewebe färben oder Farben herstellen. 10–20 % der täglich in der Stadt anfallenden Abfälle wurden nicht abgeholt, industrielle Betriebe kippten ihren Abfall auf öffentliches Gelände in der Nachbarschaft. Surat galt nicht nur als die übervölkertste, sondern auch als eine der schmutzigsten Städte Indiens.

1994 erhielt die Stadt die Quittung. Ende September brach eine Pestepidemie aus, unmittelbar ausgelöst durch eine Überschwemmung des Tapi-Flusses. Das Wasser stand in den Hütten der Slums und trieb die Ratten aus ihren Löchern. Die Seuche konnte zunächst nicht identifiziert werden, denn die Hälfte der 1000 in Surat praktizierenden Ärzte waren überwiegend unqualifiziert und nicht registriert. Später wurde sie als *Yersinia pestis* erkannt. 1300 Menschen erkrankten, und 70 starben. In Panik versuchten Hunderttausende zu fliehen, alle Züge waren überfüllt, und es ist fast ein Wunder, dass die Seuche nicht weitere Teile Indiens erfasste.

Der wirtschaftliche Schaden für ganz Indien war jedoch gewaltig. Der internationale Tourismus brach zusammen, ausländische Investoren wurden abgeschreckt, einige Länder verboten die Einfuhr von Nahrungsmitteln, steckten Reisende aus Indien in Quarantäne, und die ausländischen Medien nutzten die Gelegenheit, Indien als primitives Land darzustellen, das Ratten verehrt und im Aberglauben lebt. Auf der anderen Seite hatte die Katastrophe zur Folge, dass Surat heute als eine der saubersten Städte Indiens gilt – ein Wandel, der wohl nur in Gujarat in so kurzer Zeit möglich ist.

Die Slums sind aber nur eine Seite Surats. Daneben herrscht ein Bauboom, der das Gesicht der Stadt verändert. Die wilde Bautätigkeit lässt es glaubhaft erscheinen, dass es für jedes Gebäude zwei Pläne gibt: einen für die genehmigende Behörde und einen für die tatsächliche Bauausführung.

Surat liegt im Goldenen Korridor und seine wachsende Bedeutung beruht nicht mehr nur auf seinen Industrien, sondern auch auf seiner Stellung als städtisches Zentrum für sein Umland. Gleich jenseits der Stadtgrenzen beginnt Hajira, wo eine Pipeline von den Off-shore-Gasvorkommen die Grundlage für einen neuen Industrieschwerpunkt mit Chemie, Zement, Kunstdünger und Energiegewinnung bietet.

Der Süden – das andere Indien

Zur Abgrenzung des Südens

Der Begriff 'Süden' wird hier als kulturgeographische Abgrenzung gebraucht, die auch eine politische ist. Er umfasst den dravidischen Sprachraum mit den Bundesstaaten Tamil Nadu, Kerala, Karnataka und Andhra Pradesh, deren politische Grenzen von den Sprachen (Tamil, Malayalam, Kanada und Telugu) bestimmt werden, die keine Verwandtschaft zu den indo-arischen haben. Um die politische Gliederung zu vervollständigen sei die ehemalige französische Besitzung, das heutige Unionsterritorium Pondicherry genannt, mit seinen Exklaven Mahé in Kerala, Karaikal in Tamil Nadu und Yanam in Andhra Pradesh.

Die Bevölkerung des Südens ist dravidischen Ursprungs und unterscheidet sich von der des übrigen Indiens. Ihre Herkunft ist unklar. Es wird angenommen, dass sie an der Indus-Kultur beteiligt war und von den Ariern aus dem Norden verdrängt wurde. Jedenfalls ist ihre frühe Kultur im Süden vor 500 v. Chr. unabhängig vom Norden Indiens entstanden, denn dessen erste Sendboten kamen erst nach dieser Zeit. Danach hat der Norden die geschichtliche Entwicklung oft beeinflusst, doch mit einem Phasenunterschied von mehreren Jahrhunderten. Seine Eigenständigkeit konnte der Süden meist wahren, allerdings im südlichen besser als im nördlichen Teil, der später lange Zeit unter muslimischer Herrschaft stand.

Innerhalb ihrer Grenzen weisen die südlichen Bundesstaaten keine einheitliche Struktur auf. Der größte physiographische Gegensatz, der sich in Geschichte und Kultur widerspiegelt, besteht zwischen den Küstentiefländern und den Gebirgs- und Plateauregionen. Hier bietet sich ein Ansatz für die Teilung des Gebietes in einen dravidischen Süden mit Kerala und Tamil Nadu und einen dravidischen Norden mit Karnataka und Andhra Pradesh. Die beiden Staaten im Norden auf der einen Seite und die im Süden auf der anderen weisen jeweils stärkere Gemeinsamkeiten auf, und ihre Sprachen sind näher verwandt. Im Süden bilden die Tiefländer die politischen und wirtschaftlichen Schwerpunkt, auch wenn die großen Gebirgsblöcke zu den südlichen Staaten gehören. Die beiden nördlichen Deccan-Staaten werden dagegen von Hauptstädten auf den Plateaus regiert, haben aber auch Anteile am Küstentiefland. Regionen des Übergangs sind von unscharfen Sprachgrenzen gekennzeichnet. Die folgende Betrachtung konzentriert sich auf den 'tiefen' Süden und hier besonders auf Tamil Nadu, seinen volkreichsten und typischsten Staat.

Kultur und Geschichte

Der Süden mit Tamil Nadu und Kerala ist ältestes Kulturland und weist wechselseitige Beeinflussungen auf, die weit in die Geschichte zurückreichen. Die keralitische Kultur hat ihre Wurzeln in der tamilischen; die Sprache Keralas, Malayalam, spaltete sich erst im Mittelalter endgültig vom Tamil ab, entwickelte dann aber eine eigene reiche literarische Tradition. Gemeinsame Basis beider Kulturen ist der Hinduismus, der hier weniger von den kulturellen und politischen Entwicklungen beeinflusst wurde, die im Norden wiederholt tief greifende Veränderungen hervorriefen. So behauptete sich der Hinduismus im Süden, als ihn der Buddhismus im Norden zurückdrängte, und das Wiederaufleben des Hinduismus gegenüber dem Buddhismus ging im 8. Jh. n. Chr. von Kerala aus. Nirgendwo hat der Hinduismus orthodoxere Formen angenommen, waren die Kasten so differenziert und die Dominanz der Brahmanen so ausgeprägt. Doch die Frauen sind im Süden freier, und das strenge Gebot des Nordens, außerhalb der Familie zu heiraten, wird hier durch die Möglichkeit der Heirat zwischen 'Cross Cousins' ersetzt.

Geschichtlich hatte es Auswirkungen, dass die niedrigeren Ostghats kein großes Hindernis darstellten, sodass immer wieder Invasionen der Deccan-Herrscher ins Tamilenland stattfanden. Die Westghats waren zwar kaum überwindbar, doch boten die Palghat-Senke und das Tiefland am Kap Kanniyakumari (Cape Comorin), mit dem Tamil Nadu im Süden um die Gebirge reicht, eine leichte Verbindung für die kulturellen, politischen und sozialen Beziehungen zwischen dem Tamilen-Gebiet und Kerala. Das frühe Vordringen der Herrscher Keralas ins südliche Tamil Nadu umfasste nur kurze Perioden. Meist nahmen die Eroberungen den umgekehrten Weg, zunächst durch die Pallavas und dann die Cholas. Auch die Herrschaft Vijayanagars erreichte Kerala über Tamil Nadu.

Beide Küsten des Südens verdankten einen wesentlichen Teil ihres Wohlstands dem überseeischen Handel, der durch römische Münzfunde belegt ist, aber viel weiter zurückreicht. Die Ostküstenreiche konnten sich zeitweilig in Südostasien etablieren, Kerala spielte dagegen eher eine passive Rolle gegenüber den arabischen Händlern und portugiesischen Eroberern, die über das Meer kamen. Diese brachten den Islam und das Christentum, doch gehen die ersten Christen im Süden schon auf die Zeit des Apostels Thomas zurück.

Auch die Briten drangen von Osten über Land vor, als sie Teile Keralas der Madras-Provinz angliederten. Straßen und Eisenbahnverbindungen zwischen der Ost- und Westküste brachten eine stärkere ökonomische Integration der Teilräume. Die neuen Wirtschafts- und Verkehrsverhältnisse hatten demographische Folgen. Die aufstrebenden Industriezentren des heutigen Tamil Nadu, wie Coimbatore, Chennai und Madurai, zogen zahlreiche Zuwanderer von der übervölkerten Malabar-Küste an. Außerdem führte die Kolonialmacht die Plantagenwirtschaft in das bis dahin fast unbesiedelte südindische Hochland ein.

Gemeinsamkeiten und Gegensätze der naturräumlichen Ausstattung

Landschaftseinheiten

Die kleinmaßstäblichen Karten erwecken den Eindruck breiter Tiefländer entlang der Küsten, die durch Gebirgsblöcke voneinander getrennt sind. Tatsächlich besteht aber vom Meer zum Landesinneren eine Dreigliederung: Über dem alluvialen Küstenland erheben sich niedrige Lateritplateaus

Bild 72: *Die Backwaters von Kerala.*

und darüber erst als Kern das Hochland aus kristallinem Grundgebirge, an dem beide Bundesstaaten mehr (Tamil Nadu) oder weniger (Kerala) beteiligt sind.

Bei näherer Betrachtung zeigen sich weitere Unterschiede. Das sich über 600 km von Nord nach Süd erstreckende Tiefland Keralas ist im Norden etwa 25 km breit und weitet sich im Süden auf 100 km. Es beginnt meerseitig mit einer kilometerbreiten dünenbesetzten Strandwallzone (Nitz 1982). Dahinter liegt im zentralen Teil Keralas eine Kette von Lagunen, die das Absinken des Landes unter den Meeresspiegel entstehen ließ. Diese 'Backwaters' sind durch Einschnitte in den Strandwällen mit dem Meer und durch Kanäle miteinander verbunden. Sie bilden für kleinere Boote einen Binnenschifffahrtsweg von über 200 km Länge, dessen besonderer Wert darin liegt, dass er vor der Brandung des offenen Meeres Schutz bietet (Bild 72). Zwischen der niedrigen Küstenzone und dem Hochland liegt das 'Midland' (Singh 1988, S. 335), ein mit Lateriten und rotbraunen Lehmböden bedecktes Hügelland in 50 – 150 m Höhe mit vereinzelten Inselbergen, das von Flusstälern durchschnitten wird. An einigen Küstenabschnitten im Süden und Norden treten die Laterithügel direkt bis ans Meer und bilden eine Steil-

küste. Das Hügelland ist der Kernraum Keralas und überaus dicht besiedelt. Kulturell und wirtschaftlich sind Küstenzone und Midland eng miteinander verbunden, während der steile Anstieg zum Hochland in eine andersartige Welt führt.

Auch Tamil Nadu weist die Dreigliederung in Nord-Süd-verlaufende Landschaftseinheiten auf. Der Dünenstreifen ist schmal und die Lagunen sind mit Ausnahme des Pulicat-Sees mit sandigen Ablagerungen aufgefüllt. Die Versetzungen sind so stark, dass die Küste geradlinig verläuft. Das Tiefland erstreckt sich in einer Höhe bis 150 m und nach Osten sanft abfallend vom Kap Kanniyakumari im Süden bis zum Pulicat-See nördlich von Chennai, wo es die Nagari Hills einengen. Charakteristisch sind zahlreiche Inselberge mit Höhen von 75 – 150 m, einige über 200 m, von denen viele mit Tempeln (Tiruchchirappalli) oder Burgen (Dindigul) gekrönt sind.

Die zweite Landschaftseinheit bilden die Plateaus aus archaischen Graniten und Gneisen, die zu den Ostghats gehören. Ihre Ausläufer gliedern das Tiefland in die Ebene von Madurai im Süden, das Kaveri-Delta im mittleren sowie das Tiefland von Arcot im nördlichen Tamil Nadu. Die Plateaus werden nach Süden höher und erreichen vereinzelt 1500 m in den Shevaroy Hills. Die

Ränder sind stark erodiert. Zwischen Ostghats und dem Karnataka-Plateau verläuft eine Senkungszone in rund 300 m Höhe mit dem Distrikt von Salem und dem davon durch den mittleren Kaveri getrennten niedrigen Plateau von Coimbatore (Abb. 93).

Die dritte Landschaftseinheit, die Gebirgsblöcke des Südens, greift über die Grenze beider Staaten. Den nördlichsten Block bilden die Nilgiris. Sie erheben sich steil über die Ebenen von Malabar und das Coimbatore-Plateau. Die dicht bewaldeten Hänge sind tief zerschluchtet, die Bäche bilden herrliche Wasserfälle und besonders auf der Südostseite ist der Abfall atemberaubend. Auch gegen das nördliche Hochland von Mysore fallen die Nilgiris mit einem 1000 – 1200 m hohen gestuften Bruchrand ab (Krebs 1965, S. 176). Der zentrale Teil des Gebirges bildet eine flachwellige Landschaft mit Grasflächen und Hochmooren, denen in 1800 – 2400 m Höhe Kuppen aufsitzen, überragt vom Dodabetta (2636 m).

Die Nilgiris werden von den Gebirgsblöcken des Südens durch das Palghat getrennt, eine nur 370 m hohe Bruchzone, die den wichtigsten Durchgang zwischen Tamil Nadu und Kerala bildet. Südlich des Palghat setzen sich die Gebirge in den Anaimalai und Palani (Palni) Hills mit dem Anaimudi als höchstem Berg des Südens (2694 m) und den niedrigeren Cardamom Hills fort. Der Anaimalai-Palani-Komplex hat eine Höhe von 2000 m und fällt zu den benachbarten Ebenen schroff ab (Abb. 93).

Klimatische Verhältnisse

Was Ost- und Westseite grundlegend unterscheidet, sind die Niederschlagsmengen und ihre Verteilung. Mit hohen Niederschlägen und ganzjährig ausgeglichenen hohen Temperaturen entspricht Kerala als einziger Bundesstaat dem Bild eines Tropenlandes. 'Kerala ist grün', träumen die zahlreichen Keralites, die es in den Norden Indiens verschlagen hat.

Die Regenzeit beginnt Ende Mai. Ihr gehen ab März einzelne Schauer voraus. Zwischen Juni und September, der Hauptregenzeit, fallen in der Ebene durchschnittlich über 2500 mm Niederschlag, direkt an den Western Ghats liegt dieser Wert erheblich höher. Im südlichsten Kerala nehmen zwar die Niederschläge ab, zeigen aber durch den Nordostmonsun zwischen Oktober und Dezember und geringe Regenmengen zwischen Dezember und Mai eine gleichmäßigere Verteilung. Die Variabilität der Niederschläge ist gering. Dürren kommen nicht vor. Insgesamt braucht nur ein geringer Teil der Anbaufläche Keralas künstlich bewässert zu werden (Spate & Learmonth 1967, S. 675). Im Tiefland Keralas herrschen ganzjährig hohe Temperaturen um 26 – 27 °C mit geringen Abweichungen bei den Sommer- und Winterdurchschnittswerten.

Im Osten, in Tamil Nadu, erhalten nur die Westseiten der Shevaroys und das Palghat sowie Kanniyakumari noch Niederschläge des Südwestmonsuns, der sonst von den Gebirgen abgehalten wird. Die Hauptniederschläge fallen hier zwischen August und Dezember mit einem Maximum im Oktober. Die Ebene von Madurai ist ein Trockengebiet, und Coimbatore erhält aufgrund seiner Leelage nur 710 mm. Die hohe Variabilität der Niederschläge vergrößert die Gefahr von Dürren und gibt der Bewässerung besondere Bedeutung. Die Temperaturen sind ganzjährig hoch, und im Mai, dem heißesten Monat, steigen die Maxima über 40 °C.

In den Höhen der Nilgiris liegen die Temperaturen bei 3 – 20 °C im Winter und 13 – 24 °C im Sommer. Die Niederschläge, an denen Südwest- und Nordostmonsun beteiligt sind, steigen je nach Exposition bis 4000 mm – Werte, die sonst nur im Nordosten Indiens erreicht werden –; dementsprechend ist die Luftfeuchte sehr hoch.

Bodenschätze und Energiegewinnung

Mit Ausnahme der Magnetit-Lagerstätten bei Salem sind Kerala und Tamil Nadu nur dürftig mit Bodenschätzen ausgestattet. In Kerala werden an den Stränden südlich von Kollam (Quilon) Monazit-Sande genutzt, die in Alwaye aufbereitet werden.

Fossile Brennstoffe kommen nur als Braunkohle bei Neyveli, südlich von Pondicherry vor. Seit 1961 werden sie im Tagebau gewonnen und in einem Thermalkraftwerk sowie zur Kunstdüngerproduktion genutzt. Weitere Kraftwerke, für welche die Steinkohle über See kommt – aus dem Damodar-Gebiet oder importiert –, stehen bei Chennai und Tuticorin. Kerala ist vollstän-

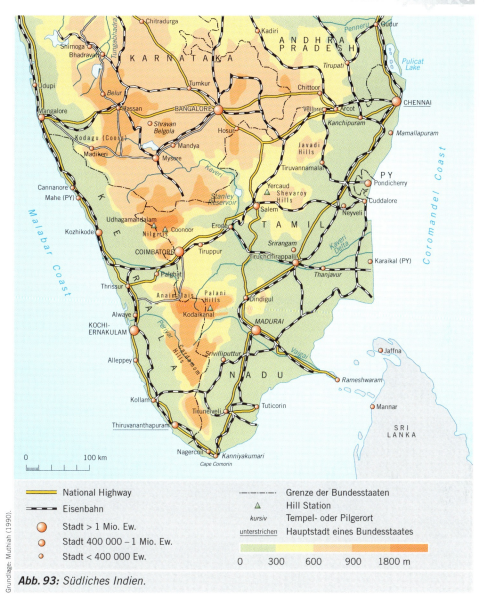

National Highway
Eisenbahn
Stadt > 1 Mio. Ew.
Stadt 400 000 – 1 Mio. Ew.
Stadt < 400 000 Ew.

Grenze der Bundesstaaten
Hill Station
kursiv Tempel- oder Pilgerort
<u>unterstrichen</u> Hauptstadt eines Bundesstaates

0   300   600   900   1800 m

Grundlage: Muthiah (1990).

Abb. 93: *Südliches Indien.*

dig auf Wasserkraftwerke angewiesen. Die Energieversorgung ist in Tamil Nadu ein Engpass. Sie basiert etwa zur Hälfte auf Wasserkraftwerken in den Western Ghats, den Nilgiris und den südlichen Bergen, wo hohe Niederschläge sowie schmale und tief eingeschnittene Flusstäler gute Voraussetzungen für die Anlage von Staudämmen bieten. Die Nutzung der Wasserkraft ab den 1930er-Jahren erleichterte die Industrialisierung des Südens.

Landwirtschaft und ländliche Siedlungen

In Kerala ist der Anbau wegen der klimatischen Begünstigung sehr vielfältig. Reis nimmt als einziges Getreide etwa ein Drittel der Anbaufläche ein. Standorte sind vor allem die Alluvionen des Küstentieflandes und hier besonders die Flusstäler und Deltagebiete, die während der Regenzeit unter Wasser stehen. Die hohen und während eines großen Teils des Jahres fallenden Niederschläge ermöglichen meist zwei Ernten, schaffen aber auch Probleme mit der Entwässerung. Dennoch kann Kerala den eigenen Bedarf nicht decken. Ein Zehntel der Erntefläche wird für den Gemüseanbau genutzt. Einen ähnlichen Umfang hat der Maniok-Anbau, er dient vor allem der ärmeren Bevölkerung zur Ernährung. Auf den weniger fruchtbaren Böden des lateritischen Hügellands der Midlands liegt der Schwerpunkt der Baum- und Gartenkulturen. Zu den wichtigsten Obstsorten Keralas gehören Bananen, Mangos und Jackfruits. Nitz (1982) führt als weiteren Wirtschaftsraum die Strandzone mit der Fischerei an.

In Tamil Nadu reichen die Niederschläge für die Landwirtschaft kaum aus. Im Tiefland ist fast die Hälfte des gesamten für den Anbau genutzten Landes bewässert, im Thanjavur-Distrikt im Kaveri-Delta sind es sogar vier Fünftel (Singh 1988, S. 292). Die Kaveri, die Lebensader dieser Bewässerung, entspringt in den Western Ghats, empfängt dort die Niederschläge des Südwestmonsuns, im Mittellauf geringe Niederschläge beider Monsunperioden und im Unterlauf die des Nordostmonsuns. Dennoch sind die Wasserstandsschwankungen im Jahresverlauf ganz erheblich. Unterhalb Tiruchchirappalli zweigt der Nordarm der Kaveri ab sowie ein Fächer von Kanälen. Die übrigen Flüsse sind nicht perennierend. Im Grenzgebiet zu Kerala kann Tamil Nadu den Regenreichtum des Westens anzapfen: Der zur Westküste fließende Periyar-Fluss wurde aufgestaut und durch einen Tunnel nach Osten geleitet. Die anderen größeren Flüsse entspringen in Karnataka und werden auch dort gestaut, sodass Tamil Nadu nicht nur von den Niederschlägen, sondern auch von Vereinbarungen mit den Nachbarstaaten abhängig ist, was besonders bei der Kaveri zu Auseinandersetzungen führt.

Trotz der Bedeutung der Kanalbewässerung gilt Tamil Nadu in den Roterdegebieten auch als das Land der Tanks, deren Zahl allerdings zurückgeht. Dagegen ist der Anteil von Brunnen dank günstiger Grundwasserverhältnisse und der für Pumpen verfügbaren Elektrizität erheblich gestiegen, besonders im Nordosten, im Süden und im Coimbatore-Gebiet.

Im Küstentiefland Tamil Nadus ist, soweit es genügend Niederschläge und Bewässerung zulassen, Reis dominierend, und wo ganzjährige Bewässerung verfügbar ist, können drei Anbauperioden genutzt werden. Außer Reis als der bei weitem bedeutendsten Frucht werden auch Hirsen im Regenfeldbau angebaut; sie stellen für die ärmere Bevölkerung das wichtigste Nahrungsmittel. Ragi-Hirse wird dagegen bewässert und bringt höhere Erträge; die Senke von Salem ist eines der wichtigsten Produktionsgebiete Indiens. Im Süden bildet Baumwolle eine Cash Crop, die im September/Oktober gesät und nach den Niederschlägen im Januar bis April geerntet wird. Ferner ist im Regenfeldbau die Erdnuss wichtig, und die Distrikte North Arcot und Salem bringen ein Fünftel der indischen Erträge. Zuckerrohr hat im Norden Bedeutung.

Besondere Hervorhebung verdient das Coimbatore-Plateau wegen seiner intensiven auf den Markt ausgerichteten Produktion. Die Niederschläge sind zwar gering, aber Baumwolle, Ölsaaten und Tabak gedeihen mit Brunnenbewässerung. Durch relativ große Betriebe und eine fortschrittliche Bauernschaft war hier die Grüne Revolution besonders erfolgreich. Mit der Zucht von Rindern befassen sich spezialisierte Farmen, die außer dem Weidegang auch Futteranbau auf abgezäunten Flächen betreiben.

Kerala und Tamil Nadu gehören zu den dichtestbesiedelten indischen Bundesstaaten (2001: Kerala 819 Ew./km^2, Tamil Nadu 478 Ew./km^2), obwohl die Gebirgsregionen nur eine geringe Bevölkerung aufweisen und damit den Durchschnitt drücken. In den Tiefländern und Deltagebieten von Tamil Nadu und Kerala werden weit höhere Dichten erreicht. Im trockenen und offenen Tamil Nadu schließen sich die ländlichen Siedlungen zu großen Dörfern zusammen. Dagegen ist in Kerala die Siedlungsweise aufgelockert, jedes Haus steht in seinem Garten, in dem ein intensiver Anbau, meist Gemüse und Kokospalmen, erfolgt. Der Garten ist durch eine Mauer oder durch Korbgeflecht gegen den Nachbarn abgegrenzt, größere Häuser sind aus Stein, zweistöckig und mit Ziegeln gedeckt, kleinere haben geflochtene Mattenwände und ein Dach aus Palmblättern. Dazwischen überrascht gelegentlich ein moderner Bungalow, den sich ein Heimkehrer aus den Golfstaaten bauen ließ. Nicht die Häuser, aber die Grundstücke reihen sich aneinander; die Dörfer gehen ineinander über und bilden kilometerlange Siedlungsbänder.

Die Siedlungsweise der Dörfer und die lockere Bebauung in den Randbereichen der Städte verwischen in Kerala den Gegensatz zwischen Stadt und Land. Infolge der hohen Bevölkerungsdichte und der Landknappheit spielt auch der nicht-landwirtschaftliche Erwerb, der aber häufig mit der Landwirtschaft in Beziehung steht, eine wichtige Rolle. Die wenigsten in der Landwirtschaft Beschäftigten arbeiten auf eigenem Land, doch gehört ihnen seit der Landreform wenigstens das Grundstück, auf dem ihr Häuschen steht.

Städte und Industrien

Die beiden größten Städte *Keralas*, Trivandrum und Cochin-Ernakulam, sind ehemalige Fürstenresidenzen. Trivandrum als Zentrum des südlichen Kerala und Hauptstadt des ehemaligen Staates Travancore ist heute – als Thiruvananthapuram – Hauptstadt Keralas. Trotz des rasanten Wachstums ist sie vielleicht die gemütlichste und wegen der aufgelockerten Bebauung sicher die grünste der Hauptstädte Indiens. Sie lebt hauptsächlich von ihrer Verwaltungsfunktion. Nahe der verwinkelten Altstadt mit ihren roten Ziegeldächern ist der Padmanabhaswami-Tempel aus dem 18. Jh., der nur für Hindus zugänglich ist, das auffallendste Bauwerk. Die neueren Viertel dehnen sich vor allem nach Norden aus und vermitteln den Eindruck separater Einheiten.

Die Doppelstadt Kochi (Cochin)-Ernakulam besitzt den wichtigsten Hafen Keralas. Kochi ist im Wesentlichen eine frühe europäische Gründung, vom Festland durch Backwaters getrennt. Mattancheri hieß der alte Hafen, den die arabischen Händler und portugiesischen Eroberer anliefen. Kochi legt noch heute Zeugnis davon ab: mit der ältesten, 1503 von portugiesischen Franziskanern erbauten christlichen Kirche Indiens, einem Palast der Portugiesen, den später die Holländer renovierten, und den engen Straßen mit alten Häusern im portugiesischen Stil. Die jüdische Gemeinde in Kochi war jedoch viel älter. Von den Juden, die im Handel tätig waren, sind nur einige in Kochi verblieben. Das Gebiet um die Synagoge bildet eines der Zentren des Gewürzhandels, für den Kochi-Ernakulam wichtigster Umschlagplatz ist. Ernakulam auf dem Festland, die ehemalige Residenz des Herrschers von Cochin, ist das wirtschaftliche Zentrum des neuen Kerala. Der Hafen, Industrien und Handelshäuser machen es zu einer Stadt, in der rege Bautätigkeit, zahlreiche Hotels und Blöcke luxuriöser Eigentumswohnungen ein Bild des Wohlstands vermitteln.

In Calicut (Kozhikode) landete Vasco da Gama 1498. Die Portugiesen zerstörten die Stadt, als ihre Eroberung scheiterte. 1792 kam es unter britischer Herrschaft zur Madras-Provinz. Die Verlagerung des portugiesischen Handels nach Kochi – das später auch die Holländer nutzten – und nach Goa ließen Kozhikode im Wettbewerb unterliegen, ein Nachteil, den es bis heute nicht aufholen konnte. Seine frühere Bedeutung als Handelsplatz mit den Arabern wird noch an der Religion seiner Bewohner deutlich. Hier im Norden Keralas liegt der Anteil der Muslims an der Bevölkerung am höchsten. Mit den Invasoren des nördlichen Indien haben sie allerdings nichts zu tun. Es waren Araber, die wegen des Gewürzhandels kamen oder die der Herrscher zum Kampf gegen seine Rivalen im Süden anwarb. Arabisch-indische Ehen waren nicht selten; die daraus hervorgegangenen Nachkommen werden als 'Moplahs' bezeichnet.

In Kerala dominieren die weit verbreiteten 'Village and Cottage Industries', die überwiegend auf der Verarbeitung von landwirtschaftlichen Produkten basieren (Bild 73). Die moderne Großindustrie konzentriert sich vor allem auf Kochi-Ernakulam und dessen Umland und in geringerem Umfang auf Thiruvananthapuram. In Kochi-Ernakulam ist der Bezug zum Hafen eindeutig: Schiffsbau, eine Raffinerie mit angeschlossenen Chemiebetrieben und der Herstellung von Kunstdünger. Aufgrund der damals noch reichlich verfügbaren Hydroenergie entstand im Umland bei Alwaye eine Aluminiumhütte, die Alumina aus dem Ranchi-Distrikt in Bihar bezieht. Aus importierten Konzentraten werden Blei und Zink gewonnen. Außerdem besitzt Kochi-Ernakulam eine Export Processing Zone. Die Elektro- und Elektronikindustrie in Thiruvananthapuram wird – wie in vielen Haupt-

Bild 73: *Cottage Industries in Kerala. Die 'Bidis', die Zigaretten des armen Mannes, werden von Hand gerollt.*

städten – von der Regierung gefördert. Im Palghat haben sich kleine und mittlere chemische und Metall verarbeitende Betriebe niedergelassen, die versuchen, von der besseren Infrastruktur des industriell fortgeschritteneren Coimbatore jenseits der Grenze in Tamil Nadu zu profitieren.

Die trotz der zahlreich verfügbaren gut ausgebildeten Arbeitskräfte geringe Industrialisierung Keralas hat sicher einen Grund in der Stellung der Kommunistischen Partei und der damit verbundenen Streikfreudigkeit sowie den im Vergleich zum benachbarten Tamil Nadu höheren Löhnen. Die Keralites selbst haben weniger unternehmerische Initiative entwickelt, und Unternehmer aus anderen Teilen Indiens schrecken vor einem Standort in Kerala zurück. Wirtschaftlich ist Kerala so ein Opfer seines sozialen Fortschritts und rangiert auch auf der Liste der Auslandsinvestitionen im unteren Bereich. Die inzwischen unzureichende Stromversorgung hat diese Situation noch verschärft.

Tamil Nadus Hauptstadt Chennai ist eine Gründung der Briten. Als Hafen wies sie keine besonderen Vorzüge auf, aber südlich davon hatten sich schon Holländer und Franzosen festgesetzt. Das Fort St. George an der Mündung eines Flüsschens bildete für die Briten die Basis der Eroberung Südindiens gegen Franzosen und einheimische Herrscher. Erst mit dem Anschluss an die Eisenbahn überlagerte der Handel die administrativen Funktionen der Stadt. Seit der Unabhängigkeit hat sich Madras zu einem industriellen Schwerpunkt entwickelt mit staatlichen Betrieben, wie der Waggonfabrik und privaten Unternehmen des Automobilbaus sowie zahlreichen Zulieferern. Eine Reihe von Industrial Estates produzieren eine überaus vielfältige Palette von Industriegütern. Infolge der erst späten Ansiedlung von Industrie liegen die Fabriken randlich. Die nach Norden, Osten und Süden führenden Eisenbahnen und Straßen bilden die Leitlinien (Deshpande 1992, S. 70f.). Inzwischen unternimmt Chennai erfolgreiche Anstrengungen, sich als ein Zentrum der Informationstechnologie zu etablieren.

Der alte koloniale Gegensatz zwischen den Civil Lines und der indischen Stadt wurde von einem neuen ersetzt: dem der Hochhäuser in den Geschäftsvierteln und in einigen Vor- und Satellitenstädten auf der einen und der Slums auf der anderen Seite, denn mit dem wirtschaftlichen Aufstieg hatte eine erhebliche Zuwanderung eingesetzt. Die Areale hoher Bevölkerungsdichte im Kern und in den Vorstädten trennten ursprünglich offene Flächen, die sich wegen ihrer schlechten Entwässerung nicht zur Bebauung eigneten. Hier breiten sich die Slumhütten der 'Cheris' aus. Jetzt werden die Areale durch Anschüttung bebaubar gemacht und die Slumbewohner verdrängt. Die Verbindung zu den Vorstädten durch elektrische Bahnen ist relativ gut. Außerhalb der Rush Hour kann man hier noch Straßenbahn fahren, ohne sich den Einstieg erkämpfen zu müssen.

Das Gebiet der Chennai Metropolitan Area umfasst nach zahlreichen Eingemeindungen 6,4 Mio. Ew. (2001). Dafür reicht die Infrastruktur schon lange nicht mehr. Größtes Problem der Stadt ist die Wasserversorgung, die in den Sommermonaten immer wieder unterbrochen wird, sodass zur Werbung der Hill Stations in den südlichen Bergen der Hinweis gehört, dass hier reichlich Wasser verfügbar sei.

Die Industrie Tamil Nadus orientiert sich an den Städten. Die Textilindustrie im Süden und die Lederverarbeitung im Norden bilden zwar noch einen Grundstock, aber neue Industrien sind hinzugekommen, darunter auch viele Kleinindustrien, die Arbeitsplätze bieten. Tamil Nadu steht hinsichtlich der Industriebeschäftigten in der vordersten Reihe der indischen Staaten. Zu seinen Vorteilen gehören fähige Arbeitskräfte, niedrige Löhne und weniger Streiks. Tamil Nadu hat mit Erfolg die Politik der Industrieförderung durch 'Incentives' von Maharashtra und Gujarat übernommen und bildet jetzt einen bevorzugten Standort für Industrieansiedlungen und ausländische Investitionen. Dass darunter zwei Autofabriken sind, wird wegen der damit verbundenen Zulieferbetriebe als besonderer Erfolg angesehen.

Ein Gebiet schneller Entwicklung ist neben Chennai und seinem weiteren Umland sowie der Straße über Hosur nach Bangalore besonders der Süden. Entlang der Straße und der Eisenbahn zum Palghat reihen sich von Salem nach Coimbatore zahlreiche Industrien. Salem, am Knotenpunkt wichtiger Straßen gelegen, hat seine alte

Rolle als Handelsplatz mit der Ansiedlung eines Stahlwerks als Standort der Schwerindustrie ergänzt. Coimbatore, das Mitte der 1970er-Jahre die Millionengrenze überschritt, ist über seine Stellung als dominierendes Zentrum der Textilindustrie in Südindien, das ihm mit seinen 200 Spinnereien den Beinamen 'Manchester des Südens' eingetragen hat, hinausgewachsen. Nach Chennai ist es der wichtigste industrielle Schwerpunkt Tamil Nadus geworden, eine Boom Town, die auch die benachbarten Städte einbezieht. Neben der Textilindustrie dominiert der Maschinenbau, der mit Textilmaschinen begann, aber inzwischen eine große Vielfalt, besonders bei den Small Scale Industries, aufweist. 300 Betriebe fertigen 60 % der in Indien verwendeten Pumpen, weitere 300 Unternehmen produzieren Elektromotoren. 450 Gießereien sind Zulieferer des Maschinenbaus. Die Atmosphäre ist mit der Gujarats vergleichbar. Ein selbständiger Geschäftsmann gilt mehr als ein hochgebildeter Angestellter. Jeder scheint einen zweiten Job zu haben, um mehr zu verdienen.

Die Tempelstädte Tamil Nadus – das Beispiel Madurai

Was Tamil Nadu für den Besucher zum anderen Indien, vielleicht zum 'eigentlichen' Indien macht, ist die Vielzahl seiner großartigen Tempel. Sie beherrschen das Erscheinungsbild vieler Städte – umso mehr als eine muslimische Architektur weitgehend fehlt.

Da sie vor Invasoren geschützt waren, blieben die Bauwerke des Südens auch besser erhalten. Gutschow & Pieper (1986) zählen etwa 30 Tempelstädte unterschiedlicher Größe und Ausstattung im Dravidenland auf und stellen Grundzüge heraus. Danach liegen die meisten Tempelstädte am rechten Ufer von Flüssen; hier befinden sich die Ufertreppen (Ghats), die zur Verbrennung der Toten dienen und den Pilgern und Stadtbewohnern zur rituellen Waschung. Geeignete topographische Bedingungen vorausgesetzt, hat die Stadt einen quadratischen oder rechteckigen Grundriss mit dem Tempelkomplex im Zentrum. Um diesen ordnen sich die Straßen an, welche die einzelnen, ursprünglich nur einer Kaste zugeordneten Wohnviertel gegeneinander

Bild 74: *Madurai: Einer der überreich verzierten Tortürme des Sri-Meenakshi-Tempels.*

abgrenzen. In ihrer Anordnung entsprechen sie der rituellen Hierarchie mit dem Viertel der Brahmanen am Tempel und denen der niederen Kasten nach außen anschließend. Die Größe der Grundstücke entspricht der sozialen Stellung.

Die Reihe der berühmtesten Tempel und Pilgerorte Tamil Nadus beginnt südlich von Chennai mit den Höhlentempeln und Felsenreliefs von Mamallapuram (Mahabalipuram). Kanchipuram war die alte Hauptstadt des Reiches der Pallavas. Sie, die Cholas und die Rajas von Vijayanagar, die alle einmal hier herrschten, waren an der Errichtung der Tempel beteiligt, Tipu Sultan von Mysore an der Zerstörung vieler. Doch blieben von den ursprünglich tausend Tempeln noch über hundert erhalten, darunter der mitten in der Stadt gelegene Tempel von Chidambaram. Kanchipuram gilt als das 'Benares des Südens' und ist eine der sieben heiligen Städte Indiens. Wie dort hat die Herstellung von Seidensaris besondere Bedeutung; ihre Abnehmer sind indische

Touristen, die sich aus Bussen zu Kurzaufenthalten über die Stadt ergießen.

Thanjavur ist die bedeutendste Tempelstadt des Kaveri-Deltas und die alte Hauptstadt der Chola-Könige. In der Nähe von Tiruchchirappalli liegt auf einer Insel der Kaveri der Tempel von Srirangam (Sri Ranganathaswami), eine der größten Tempelanlagen Indiens. Der Tempel von Rameswaram auf einer Insel im Golf von Mannar ist berühmt für seinen über einen Kilometer langen Korridor. Kanniyakumari, die äußerste Südspitze Indiens, wo sich die Wasser des Arabischen Meers und der Bucht von Bengalen treffen, ist einer der wichtigsten Pilgerorte Indiens.

Die größte und älteste Tempelstadt aber ist *Madurai*, ein frühes Zentrum tamilischer Kultur und bereits den Griechen und Römern bekannt. Als Hauptstadt der Pandyas hatte es seine Blütezeit vom 6. bis zum Beginn des 10. Jh.s. 1310 von einem Muslim-Eroberer völlig zerstört, fiel es 1364 an Vijayanagar, das es bis 1565 durch Gouverneure, die Nayakas, regierte, ihnen aber ein hohes Maß an Selbständigkeit ließ. Später erbauten diese den gewaltigen zentralen Komplex des Sri-Meenakshi-Tempels, ein grandioses Beispiel dravidischer Architektur, an der Stelle eines älteren Tempels vom 16. bis 17. Jh. Der Tempelkomplex nimmt eine Fläche von 254 m × 237 m ein und besteht aus drei Prakramas, konzentrischen Ringen, die auf das Heiligtum bezogen sind. Der äußere umfasst das Heiligtum einer weiblichen Gottheit, einen Teich und neben zahlreichen Hallen (Mandapas), wo u.a. die Tempelwagen untergebracht sind, die 'Halle der tausend Pfeiler'. Der mittlere wird von Korridoren eingenommen und im Innersten liegt das Hauptheiligtum. Von den Tempeleingängen, über denen sich die zehn über und über mit Skulpturen versehenen Tortürme, die Gopurams, erheben (Bild 74), deren höchster fast 60 m misst, führen Straßen in die vier Himmelsrichtungen in die Stadt (Gutschow & Pieper 1986). Da die Straßen auf den Tempel ausgerichtet sind, spricht Niemeier (1961, S. 132) von einem Silpa Sastra-ähnlichen Stadtplan. Um den Tempel legen sich die Ritualstraßen, durch die bei den Stadtfesten in Prozessionen die Götter getragen oder auf Tempelwagen gefahren werden.

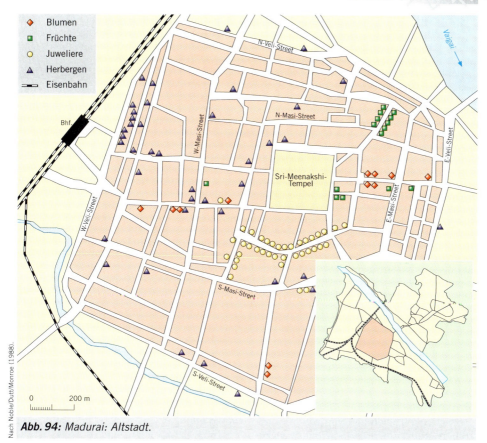

Blumen
Früchte
Juweliere
Herbergen
Eisenbahn

N-Veli-Street
N-Masi-Street
W-Masi-Street
N-Veli-Street
Bhf.
W-Veli-Street
Sri-Meenakshi-Tempel
E-Veli-Street
E-Masi-Street
S-Masi-Street
S-Veli-Street
Vaigai

0   200 m

Nach Noble/Dutt/Monroe (1988).

Abb. 94: *Madurai: Altstadt.*

Das größte Fest findet einmal im Jahr auf den Masi-Straßen statt.

Der Tempel steht im Mittelpunkt der Aktivitäten von Madurais Altstadt. Seine wirtschaftliche Bedeutung spiegelt sich in der Konzentration von Geschäften in seiner Umgebung und in der Zahl der Pilger und Touristen wider, die zwischen 10 000 pro Tag und einem Vielfachen davon während der Festtage liegt und der Stadt einen jahrmarktähnlichen Charakter geben. Eine Untersuchung von Noble, Dutt & Monroe (1988) hat die auf den Tempel ausgerichteten Tätigkeiten kartiert (Abb. 94). Vor dem Ost- und Haupteingang zum Tempel und entlang der Straße, die zum Fluss führt, konzentrieren sich die Läden und Stände für den Verkauf von Blumen, Obst und Kokosnüssen, die bei der Verehrung der Götter geopfert werden. Nach Berührung der Götterbilder gelten sie als heilig und werden von den Pilgern nach Hause mitge-

nommen. Neben diesen festen Geschäften gibt es noch Heerscharen ambulanter Händler, die den Besucher vor oder im Tempel bedrängen. Die auffallende Konzentration der Juweliere und Goldschmiede ist sicher auch in anderen indischen Städten zu finden. In Madurai lässt jedoch ihr Standort in Tempelnähe darauf schließen, dass sie sich besonders auf die zahlreichen Besucher ausrichten. Diese sind auch die Kunden der überdurchschnittlich häufig vertretenen Herbergen und Andenkengeschäfte – vornehmlich zwischen Tempel und Bahnhof – und der in der ganzen Stadt verteilten Restaurants und Imbissstände. Die kleinen Gasthöfe sind nur aufs Einfachste ausgestattet, bieten aber die Möglichkeit, das Essen selbst zuzubereiten. Die 'Choultries' haben unmöblierte Räume, wo Gruppen von Pilgern ihre eigenen Matten zum Schlafen ausbreiten können. Auch wenn die Mehrheit der Pilger nicht vermögend ist, so addieren sich doch ihre Ausgaben zu einem beträchtlichen Umsatz.

Berühmt ist Madurai als Umschlagplatz für Jasmin aus seinem Umland, zweifellos ein Anbau, der aus der Nachfrage der Tempelbesucher hervorging. Heute werden die Blumen mit dem morgendlichen Frühflug nach Mumbai geliefert, wo sie gute Preise erzielen können. Der Verdienst bleibt aber bei den Kommissionären, während die bäuerlichen Familienbetriebe für ihren Anbau auf kleinen Feldern nur geringe Einnahmen erzielen.

Aus dem 17. Jh. stammt der Palast des Herrschers (Thirumala Nayak Palace) im Südosten am Rand der Stadt, aber noch innerhalb der Befestigungen. Nach dem Untergang Vijayanagars behaupteten sich die Nayakas für weitere zwei Jahrhunderte. Zur Befestigung umgaben sie die Stadt mit doppelten Mauern, die sie mehrere Male erweiterten. Während der Muslim-Periode zeigten Hyder Ali und Tipu Sultan (1736 bis 1799) zwar wenig Interesse an der Entwicklung Madurais, bauten aber einige Moscheen in der Nähe des Tempels. Die zweite Hälfte des 18. Jh.s war geprägt von dauernden Kämpfen mit der East India Company, die 1809 Madurai eroberte und dann die Stadt ziemlich verkommen ließ. 1840 wurden die Stadtbefestigungen geschleift und die Gräben aufgefüllt. Die vier breiten Ringstraßen, die auf ihnen entstanden – die Veli-Straßen –, markieren bis heute die Grenzen der Altstadt. Südlich der Altstadt weist die katholische St. Mary's Church auf die Bedeutung des Christentums hin, das im Tamilenland sehr alte Wurzeln hat.

Die Briten setzten 1875 eine Stadtverwaltung (Municipal Council) ein. Im gleichen Jahr erfolgte der Anschluss an die Eisenbahn. Danach begann eine Zuwanderung aus den umgebenden Distrikten, die eine Überfüllung der Innenstadt auslöste. Nördlich des Vaigai-Flusses, der den Cordon Sanitaire bildete, entstanden das britische Cantonment und die Civil Lines. Seit dem Ende des 19. Jh.s verbindet eine Straßenbrücke die neue Stadt am anderen Ufer des Flusses mit der Altstadt. In den letzten Jahrzehnten wuchsen zwischen Civil Lines und Fluss eine Reihe moderner Vororte als 'Colonies', während sich die 'indische' Stadt vornehmlich jenseits der Bahnlinie über einen Gürtel von Fabriken hinaus nach Westen ausdehnte. Vom Tempel abgesehen, weist Madurai damit das Muster anderer indischer Städte auf: eine überfüllte enge Altstadt, deren Ummauerung von breiten Straßen ersetzt wurde, und eine von den Briten geschaffene Siedlung in einiger Entfernung davon, die jetzt zur 'modernen' Stadt gewachsen ist, sowie die Slumviertel am Flussufer und entlang der Eisenbahn.

1892 wurde in Madurai als erste große Fabrik eine Spinnerei von zwei Schotten gegründet, die zwar die Handspinnerei zum Erliegen brachte, aber der Handweberei billiges Garn lieferte. Die Spinnereien sind mit 22 Firmen bis heute der wichtigste Industriezweig Madurais geblieben und beschäftigen in der Stadt selbst und ihrem Umland 18 000 Menschen. Unter weiteren größeren Firmen ist ein Reifenhersteller für Zweiradfahrzeuge, ein Unternehmen, das Transportbänder fertigt, und ein Zulieferer für die Autoindustrie. In der Ausrichtung der größeren Betriebe – einschließlich der für die Färberei notwendigen Chemiebetriebe und sogar der Zulieferbetriebe der Automobilindustrie – zeigt sich ein ursprünglicher Zusammenhang mit der Baumwollverarbeitung.

Die Klein- und Mittelindustrie ist in Madurai mit 70 000 Beschäftigten bei weitem vorherrschend; das entspricht der allgemeinen Situation in Tamil Nadu. Fallschirmseide, Automobilzulieferer, Chemie, Plastikprodukte, Gießereien, Maschinenbau und ein kleines Walzwerk sind besonders hervorzuheben. Neuere Betriebe liegen in Industrial Estates im Umland der Stadt. An einigen sind westliche oder japanische Firmen beteiligt.

Die Stadt hat mit Eingemeindungen 1,2 Mio. Ew. (2001) und ist der zentrale Ort des südlichen Tamil Nadu. Die kulturelle Bedeutung spiegelt die Madurai Kamaraj University (MKU). Außer den 1800 Studenten am Sitz der Universität in Pal-Kail Nagar, nahe Madurai, werden von hier aus 61 000 Studenten in angeschlossenen Colleges betreut.

Die aktivsten Industriestädte Tamil Nadus wie Chennai oder Coimbatore sind zwar keine Orte von religiöser Bedeutung, doch haben die großen Tempelstädte und Hauptstädte der alten Reiche fast alle – wie Madurai – den Übergang zum neuen Wirtschaftszentrum und viele zum Industriestandort geschafft. Im Gegensatz dazu erreichte im Deccan-Gebiet des heutigen Karnataka keine Hauptstadt eines frühen Herrschaftsbereichs größere wirtschaftliche Bedeutung. Einige sind Marktorte der ländlichen Umgebung mit etwas Industrie oder Verwaltungssitze wie Bijapur, Gulbarga und Bidar, andere dagegen bedeutungslose Dörfer, wieder andere Ruinenstädte wie Hampi.

Die Bergregionen und ihre Wirtschaft

Obwohl die Küstentiefländer schon sehr früh eine dichte Besiedlung aufwiesen, führte das nicht zur Erschließung der Bergregionen, denn die Lebensbedingungen waren zu verschieden. Sie blieben das Rückzugsgebiet zahlreicher kleiner Stämme, meist Sammler und Jäger. Die wohl bekannteste Gruppe ist die der Todas in den Nilgiri-Bergen, deren Stamm nur noch wenige tausend Menschen umfasst. Die ursprünglich nomadisierenden Hirten, die Tauschhandel mit Ackerbau treibenden benachbarten Bergstämmen wie den Badagas betrieben, leben jetzt in permanenten Siedlungen, umgeben von Weideland.

Erst zu Beginn des 19. Jh.s drangen die Briten in das Bergland vor und fühlten sich fast wie zu Hause. Das Klima war weit angenehmer als die tropische Hitze der Tiefländer, und das Landschaftsbild weckte Erinnerungen an England und Wales. Der erste der hier gegründeten Erholungsorte war Ootacamund, kurz und liebevoll Ooty genannt, das heutige Udhagamandalam, in 2240 m Höhe in den Nilgiris. Bald folgten Kodaikkanal (Kodai, 2100 m hoch) in den Palani Hills, wohl die schönste Hill Station mit Coonoor in der Nähe, 200 m tiefer gelegen. Ooty wurde Sommersitz der Verwaltung von Madras, was ihm einige größere Bauten im kolonialen Stil bescherte, aber auch zahlreiche einstöckige Cottages, die wie in England an verschlungenen Wegen in Gärten liegen. Zum Bild der Siedlung gehören die steinernen Kirchen, private Internatsschulen, der Botanische Garten, der Club, die Pferderennbahn und die Ruderboote auf dem künstlichen See.

Die Briten beeinflussten die Wirtschaft im Umland der Hill Stations. Es entstand ein auf sie ausgerichtetes Dienstleistungsgewerbe, und zudem breitete sich der Anbau von europäischem Gemüse aus, der vornehmlich von den Badagas betrieben wird. Eine rege Bautätigkeit hat inzwischen Hotels und Ferienwohnungen entstehen lassen. In der Saison – das ist die heiße Zeit – ergießen sich besonders an den Wochenenden Scharen von Großstadttouristen mit Kofferradios über den Ort und hinterlassen Berge von Abfall.

Die eigentliche Erschließung des südlichen Gebirgslandes erfolgte jedoch durch die Plantagenwirtschaft (Bild 75). Für die Plantagen wurden große Flächen gerodet, in Monokulturen umgewandelt und das Landschaftsbild grundlegend verändert. Die Vorliebe der britischen Pflanzer für die Jagd dezimierte die Tierwelt und zerstörte so eine Lebensgrundlage der Bergstämme. Einige Adivasis nutzten zwar die Möglichkeit auf den Plantagen Beschäftigung zu finden, aber der größte Teil der Plantagenarbeiter kam aus den Tieflandgebieten vor allem Tamil Nadus, zunächst nur als Saisonarbeiter. Eine Aufsiedlung verfügbarer Flächen durch Kleinbauern aus dem nördlichen Karnataka erfolgte dagegen vornehmlich im angrenzenden Mysore und in Coorg.

In der britischen Zeit erhielten die Plantagenarbeiter wöchentlich nur einen Teil ihres Lohnes für den unmittelbaren Verbrauch. Der Rest wurde am Jahresende ausgezahlt; damit kauften sie in ihrer Heimat etwas Ackerland und kehrten schließlich dorthin zurück, um als Kleinbauern zu wirtschaften (Nitz 1982, S. 84). Seit die Gewerkschaften, die in den Plantagengebieten sehr stark sind, eine monatliche oder wöchentliche Auszahlung durchsetzen konnten, wird das Geld meist sofort ausgegeben. Für Landkäufe bleibt nichts übrig und damit entfällt die Rückwanderung in das Tiefland. Viele Plantagenarbeiter bewirtschaften ihren eigenen Gemüsegarten, besonders wenn sie in Siedlungen außerhalb der Plantage leben, aber auch die Plantagen haben dafür kleine Parzellen zur Verfügung gestellt, um ihre Arbeiter zu binden.

Der Anbau der wichtigen Plantagenprodukte zeigt einen Stockwerkbau – zuoberst der Tee in 1000 bis 2000 m Höhe. Die mögliche Obergrenze liegt noch höher, wird aber wegen der topographischen Verhält-

Bild 75: *Kaffeeplantage bei Mercara in Coorg (Kodagu).*

nisse kaum erreicht. Etwas tiefer, aber in den Teeanbau übergreifend, folgt Arabica-Kaffee, darunter bis 750 m Höhe Robusta-Kaffee. Mit entsprechenden Höhenlagen qualifizieren sich aber auch Regionen außerhalb der Nilgiris und Cardamom-Berge für die Plantagenwirtschaft, vor allem die Berge und Plateauregionen des südwestlichen Karnataka, das der wichtigste Kaffeeproduzent ist.

**Die soziale und
politische Sonderstellung des Südens**

Der politische Abstand *Tamil Nadus* vom übrigen Indien ist deutlicher als der Keralas. Hier nahm die 'Dravidische Bewegung' ihren Ausgang, doch ging ihre Bedeutung kaum über den tamilischen Raum hinaus. Sie richtete sich zunächst vornehmlich gegen die extreme Dominanz der Brahmanenkaste, die weniger als 4 % der Bevölkerung Tamil Nadus ausmachte. Aus der Bewegung gingen die beiden wichtigsten Parteien Tamil Nadus, die 'Dravida Munnetra Kazhagam' (DMK) und die 'All India Anna Dravida Munnetra Kazhagam' (AIADMK) hervor, die mit der Anti-Brahmanen-Politik auch eine Anti-Nord-Politik verbanden, wobei die Erstere weit vor die Unabhängigkeit zurück-

geht. Bereits Anfang des 19. Jh.s begannen die Brahmanen vom Land in die Städte abzuwandern und dort – zum Teil in britischen Diensten oder doch in Verbindung mit der von den Briten ausgelösten wirtschaftlichen Entwicklung – eine dominierende Stellung zu etablieren. Sie waren so erfolgreich, dass Kasten, die in der dörflichen Umgebung noch zum sozialen Mittelfeld gehörten, in den Städten zu 'Nicht-Brahmanen' abgewertet und praktisch den Shudras gleichgesetzt wurden (Weber 1997, S. 177 f.). Den sozialen Konflikt untermauerte ein historischer und kultureller Gegensatz, der die Brahmanen als arische Kolonisatoren und die Draviden als Unterworfene herausstellte, denen die arische Sprache und Religion aufgedrängt worden war.

Den britischen Kolonialherren, die ihre anfängliche Abhängigkeit von den Brahmanen in der Verwaltung lockern wollten, kam die Dravidische Bewegung gerade recht. Sie sah die nicht-brahmanische Elite als Unterstützung gegen das Monopol der Brahmanen an und reservierte ihr Sitze im Provinzialparlament. Viele Tamilen betrachteten den nationalen Unabhängigkeitskampf mit gemischten Gefühlen und verlangten ein unabhängiges 'Dravida Nadu'.

Doch schließlich überschwemmte sie der indische Nationalismus.

So konnte nach der Unabhängigkeit zunächst 20 Jahre lang die Congress-Partei in Tamil Nadu regieren, was durch die Streitigkeiten innerhalb der dravidischen Parteien und deren Aufspaltung erleichtert wurde. Doch gelang es Tamil Nadu, eine Reihe von Vergünstigungen bei der Zentralregierung durchzusetzen, die mit dazu beitrugen, dass der Staat einen sehr hohen Industrialisierungsstand erreicht hat. Als die Zentralregierung Hindi als Verwaltungssprache einführen wollte, verstärkte sich die Protestbewegung, und bei den Wahlen für das Parlament von Tamil Nadu gewann 1967 die DMK die absolute Mehrheit. Mit der Etablierung der DMK im Parlament in Delhi wurde der Anspruch auf eine Loslösung aus der Indischen Union aufgegeben, aber die Forderung nach mehr Unabhängigkeit vom Zentrum verstärkt.

1977 kam die andere dravidische Partei (AIADMK) mit M.G. Ramashandra als Ministerpräsident für zehn Jahre an die Macht. MGR, wie er genannt wurde, war Filmschauspieler gewesen. In seinen Filmrollen gehörte er immer zu den Unterprivilegierten und verhalf stets der Gerechtigkeit zum Sieg über das Böse. Bei dem hohen Stellenwert, den das Kino für die armen und ungebildeten Zuschauer hatte, verschwammen Realität und Fiktion. MGR wurde zum populärsten Politiker Tamil Nadus und wie ein Gott verehrt. Eine identische Karriere hatte der verstorbene Ministerpräsident von Andhra Pradesh, N.T. Rama Rao.

Nach Ramashandras Tod setzte sich in der AIADMK J. Jayalalitha durch, eine Filmschauspielerin, die mit MGR assoziiert gewesen war. Ihre Regierung war von der Konzentration der Macht auf ihre Person gekennzeichnet. Als sich der Korruptionsverdacht erhärtete, wurde unter dem Druck der Oppositionsparteien 1995 ein Verfahren eingeleitet. Doch da die schwachen Koalitionsregierungen in Delhi auf die Stimmen der AIADMK angewiesen waren, konnte Jayalalitha sie erpressen. Im April 1999 scheiterte die BJP bei einem Misstrauensvotum an einer Stimme, nachdem ihr Jayalalitha mit ihrer AIADMK die Gefolgschaft aufgekündigt hatte. Heute ist sie wieder Chief Minister – obwohl der Korruptionsprozess gegen sie noch nicht abgeschlossen ist – und mit der Congress-Partei verbündet.

Ein besonderes Kennzeichen der Politik Tamil Nadus ist die Beziehung und Sympathie zu den Tamilen im Norden und Osten Sri Lankas, mit denen man sich enger verbunden fühlt als etwa mit Biharis aus dem indischen Norden. Seit Anfang der 1980er-Jahre entwickelte sich Tamil Nadu zu einem Stützpunkt der nach Unabhängigkeit strebenden Gruppen. MGR und Indira Gandhi hatten sie unterstützt und zunächst auch Rajiv Gandhi, nachdem er Ministerpräsident geworden war. Die Verhältnisse spitzten sich jedoch so zu, dass Rajiv Gandhi 1986 mit seiner 'Friedenstruppe' in Sri Lanka einmarschierte. Sie wurde 1990 von seinem Amtsnachfolger abgezogen, ohne eine grundlegende Veränderung bewirkt zu haben. 1991 wurde Gandhi beim Wahlkampf in Tamil Nadu von Terroristen der 'Tamil Tigers' ermordet.

In *Kerala* verbindet zwar die gemeinsame Sprache, das Malayalam, die Einwohner der ehemaligen Fürstentümer Travancore und Cochin und der Madras-Provinz. Doch weist kein Teil Indiens – von Kashmir und den kleinen Staaten des Nordostens abgesehen – einen höheren Anteil von Nicht-Hindus auf. In Kerala leben Hindus (rund 60 %) sowie Christen und Muslims zu fast gleichen Teilen ohne größere Konflikte zusammen bzw. nebeneinander.

Die Auswüchse des Kastenwesens waren jedoch extrem. Eine sehr kleine Schicht von Brahmanen (Nambudiris), die aus Nordindien stammten, sowie von dravidischen Nayars (oder Nairs), Letztere aus der Armee der Herrscher hervorgegangen, stellten die Spitze der sozialen Pyramide, die auch eine wirtschaftliche war, denn ihre Mitglieder waren die Landbesitzer. Die anderen Kasten waren völlig abgestuft, sodass es nicht nur Unberührbare, sondern auch „Unnahbare" gab, die sich einem Nambudiri überhaupt nicht und einem Nair nur auf 24 Fuß nähern durften. Diese extrem konservative Gesellschaftsordnung und völlige Unterdrückung mag dazu beigetragen haben, dass die katholischen Missionare und später die Kommunisten hier so erfolgreich waren. Dennoch ist sogar bei Christen und Kommunisten das Kastenwesen ausgeprägt. Eine katholische Gemeinde würde nicht einen Priester aus jeder Kaste akzeptieren, und die Spitze der Kommunistischen Partei wird von den Nambudiris gestellt.

Für indische Verhältnisse ist besonders bemerkenswert, dass bei den Nairs ein Matriarchat bestand. Es hat sich zwar inzwischen aufgelöst, aber – weil die Normen hoher Kasten nachgeahmt werden – sicher dazu beigetragen, der Frau in Kerala eine gehobene Stellung in der Gesellschaft einzuräumen. Sie findet unter anderem im geringen weiblichen Analphabetentum ihren Niederschlag. Zum hohen Ausbildungsstand in Kerala haben die christlichen Schulen und die Förderung der Erziehung durch die früheren Herrscher wesentlich beigetragen. Ihre bessere Ausbildung hat den Keralites seit langem den Weg zu gehobenen Stellen in den Städten des übrigen Indien geebnet und in jüngerer Zeit in die Golfstaaten. In Kerala konnte 1956 mit der CPI eine kommunistische Partei auf demokratischem Weg die Mehrheit erringen, die Regierung stellen und eine Landreform durchführen.

Calcutta und sein Hinterland – der koloniale Brückenkopf

Mit kaum einer anderen Metropole ist die Vorstellung von Armut, Verfall und Hoffnungslosigkeit so eng verbunden wie mit Calcutta, der Hauptstadt des Bundesstaates West Bengal. Der 'Kulturschock', den der westliche Besucher erlebt, ist überwältigend – in der vollen Bedeutung des Wortes, weil Elend und Chaos Calcuttas alle Sinne erfassen. Das mag dazu beigetragen haben, dass Fernsehen, Schriftsteller oder Journalisten wohl öfter über Calcutta berichtet haben als über andere Städte des Subkontinents – sehr zum Missfallen der Inder, die sich darüber beschweren, dass im Westen überwiegend die negativen Seiten ihres Landes herausgestellt werden.

Noch empfindlicher reagieren die Calcuttaner selbst – mit 'Calcuttaner' sind hier der bengalische Mittelstand und die Intellektuellen gemeint. Sie lieben ihre Stadt tatsächlich und nehmen die verfallenden Wohnungen, die erdrückende Enge, die mangelnde Wasserversorgung, den Schmutz, die täglichen Stromausfälle, die überfüllten Verkehrsmittel seit Jahrzehnten mit schimpfender Resignation hin. Für sie ist Calcutta die indischste aller Städte und das kulturelle Zentrum Indiens, soweit man in einem so vielfältigen Land von einem Zentrum sprechen kann. In Calcutta gibt es hunderte von literarischen Magazinen, die auch gelesen werden, hunderte von Theatern, zum großen Teil mit Amateurschauspielern, eine jährliche Buchausstellung mit 2 Mio. Besuchern, die allermeisten aus Calcutta und sehr viele darunter, die sich gar kein Buch leisten können. Kurz: In Calcutta findet sich ein geistiges Leben wie in keiner anderen indischen Stadt, auch wenn die endlosen Diskussionen – eine Lieblingsbeschäftigung der Calcuttaner – in der Regel ohne Ergebnis bleiben (Stang 1993).

Bis zur Unabhängigkeit Indiens war Calcutta nach London die zweitgrößte Stadt des britischen Weltreiches, die größte und reichste Stadt Indiens, sein wichtigster Hafen und sein bedeutendster Industriestandort. Es war die koloniale Stadt par excellence, der Brückenkopf der Briten in Indien, von dem aus das Hinterland ausgebeutet wurde, woran sich auch die indischen Eliten in Calcutta beteiligten.

Die Verarmung des Hinterlandes und die Bevölkerungsexplosion trieben eine verelendete Landbevölkerung in die Stadt. Der Strom der Zuwanderer wurde nach der Teilung Indiens durch die Flüchtlinge aus dem östlichen Bengalen noch verstärkt. Aber die Wirtschaft in der Stadt stagnierte und bot keine neuen Arbeitsplätze mehr; das ohnehin diffizile Gleichgewicht von Einwohnerzahl und Lebensmöglichkeiten in der Stadt war zerstört.

Die Gründung als Handelsplatz

Erst 300 Jahre ist es her, dass die Briten Calcutta gründeten. Außer der East India Company suchten sich auch andere europäische Gesellschaften am Indienhandel zu beteiligen, und am Hugli (Hooghly), einem Mündungsarm der Ganga, dem Tor zur reichen nordindischen Ebene, waren sie alle vertreten. Die Portugiesen kamen als Erste und trieben einen blühenden Handel, bis ihr wichtigster Stützpunkt, 40 km flussaufwärts des heutigen Calcutta, 1632 von den Truppen des Kaisers Shahjahan erobert wurde. Die Niederländer hatten eine Faktorei in Chinsura und zeitweilig in Baranagar, die Dänen in Serampur und die Franzosen in Chandernagore eingerichtet.

Die Briten ließen sich, wohl aus strategischen Gründen, am Ostufer nieder. Dies war die Zeit, als in Indien die Marathen ihre Macht ausdehnten. Vor ihren Angriffen bot der Fluss einen ersten Schutz, und die dem Fluss abgewandte Ostseite des Stützpunktes war von schwer zu durchdringenden Salzseen und Sümpfen umgeben. Vor dem Ostufer des Flusses reichte die Wassertiefe für die Segelschiffe der damaligen Zeit aus; zwar war die über 200 km lange Flussfahrt vom Meer her schwierig zu navigieren, aber immer noch müheloser als ein Landtransport. Nach Norden und Osten erschlossen die zahlreichen Wasserwege des Deltas das bengalische Hinterland. Für diese strategisch und verkehrsmäßig günstige Lage mussten allerdings klimatische Verhältnisse in Kauf genommen werden, die mörderisch waren. Von zwei bis drei angenehmen Wintermonaten abgesehen, verbanden sich hier, im sumpfigen Deltagebiet, nur wenige Meter über dem Meeresspiegel, sehr hohe Luftfeuchtigkeit und große Hitze und schufen einen Keimboden für tropische Krankheiten.

Calcutta war bedeutendster Handelsplatz für Seide, Opium und Indigo, einem damals sehr geschätzten pflanzlichen Farbstoff. Am wichtigsten waren jedoch feine weiße Baumwollstoffe, die nach England exportiert, dort bedruckt und dann auf den europäischen Märkten abgesetzt wurden. Der Handel mit Bengalen überstieg bald den mit dem restlichen Indien und weckte damit auch das britische Interesse, weitere Gebiete Bengalens und der indischen Ebene unter Kontrolle zu bringen. Diese Möglichkeit ergab sich nach einer Schlacht gegen den Nawab von Bengalen, einem Vasall des Kaisers, der zuvor Calcutta überfallen und erobert hatte, und nach einem weiteren Sieg über den Mogulkaiser (1764). Die Gesellschaft ließ sich mit den Provinzen Bengalen, Bihar und Orissa belehnen, was auch das Recht der Steuererhebung einschloss, die jetzt mit weit größerer Effizienz betrieben wurde als unter den indischen Feudal-

herrschern. Damit setzte die Ausbeutung des Landes in großem Umfang ein. Die Angestellten der Gesellschaft erhielten nur eine geringe Entlohnung, nutzten aber die Möglichkeit, Geschäfte auf eigene Rechnung zu machen, und konnten meist nach einem mehrjährigen Aufenthalt als reiche Leute nach England zurückkehren – falls sie Klima und Tropenkrankheiten überlebt hatten. 1813 hob das britische Parlament das Monopol der Ostindischen Gesellschaft auf und trennte Verwaltung und kommerzielle Betätigung. Nach der Auflösung der Gesellschaft 1858 wurde Calcutta zum Sitz des Vizekönigs und damit zur Hauptstadt Britisch-Indiens.

Die Entwicklung der Stadt gegen Ende des 18. Jh.s gibt die Abb. 95 wieder. Die erste Befestigung, das Fort William im Gebiet des Dorfes Kalikata, war bei dem Angriff des Nawab zerstört worden, und der Marathengraben, der die Stadt im Osten umgeben sollte, wurde nie ganz fertig gestellt. 1773 errichtete man ein neues Fort William. Eine riesige Freifläche, der Maidan, umgab es als freies Schussfeld. Nördlich davon entstand das Verwaltungs- und Handelszentrum (Bild 76). Östlich der den Maidan begrenzenden breiten Chowringhee-Straße und später auch südlich in Alipur waren die bevorzugten Wohngebiete der Briten. Villen von z.T. palastartigem Charakter lagen in breit gestreuter offener Bebauung in Parkgrundstücken.

Nördlich und östlich des britischen Geschäfts- und Verwaltungsviertels erstreckte sich die indische Stadt, im Gegensatz zur 'White Town' der Europäer als 'Black Town' bezeichnet. Sie wies eine sehr dichte Bebauung, mit engen Gassen und ohne Freiflächen auf; eine Kanalisation fehlte. Zunächst wurde einstöckig, später mit der Verknappung von Grund und Boden in den Basararealen auch mehrstöckig gebaut. Handel, Gewerbe und Wohnungen waren gemischt, doch konzentrierte sich der Handel vornehmlich in drei Basaren der Black Town. Hinter den Warenhäusern und Verladeeinrichtungen der Gesellschaft am Hugli-Ufer lag der 'Bara Bazar' mit Geschäften und Wohnstätten von Indern sowie von Armeniern, Juden, Arabern und Persern, die sich schon vor den Europäern im Mogulreich auf den Handel mit bestimmten

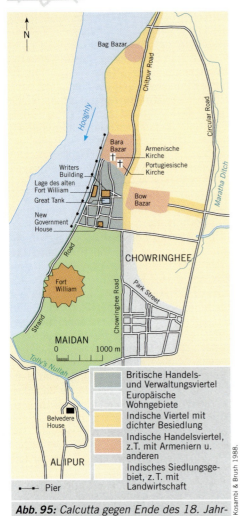

Abb. 95: *Calcutta gegen Ende des 18. Jahrhunderts.*

Nach Kosambi & Brush 1988.

Reichtum. Die ersten, die mit der Gesellschaft handelten, waren die Weber. Sie wurden schon bald von Beratern, Steuereintreibern und Zwischenhändlern abgelöst, welche die Briten benötigten, solange sie selbst noch nicht mit den indischen Verhältnissen genügend vertraut waren. Dann übernahmen die bengalischen Goldhändler und Geldverleiher die führende Rolle. Sie versorgten die Gesellschaft mit Krediten, stiegen zu Finanziers auf und konnten das Recht zum Eintreiben der Grundsteuern in Bengalen von den Briten ersteigern. Mit dem so erlangten Reichtum erwarben sie Titel in der Hierarchie der Muslim-Herrscher, um so ihr Sozialprestige zu steigern, und bauten östlich des Basarareals palastartige Residenzen im Stil europäischer Rokokoarchitektur (Herrle 1981). Um die Residenzen scharten sich die Siedlungen der Bediensteten und der Klientel aus selbstgebauten Lehm- oder Steinhütten, die wohl als frühe Form der Slums bezeichnet werden können. Heute sind die meisten Paläste verfallen. Soweit die Besitzer ihre Vermögen nicht durch einen aufwändigen Lebensstil verbrauchten, zerrannen sie durch die Erbstreitigkeiten der Nachkommen.

Industrialisierung und Wachstum

Mitte des 19. Jh.s beginnt mit der Industrialisierung eine neue Phase der Entwicklung Calcuttas. Sie war von großer Bedeutung für das wirtschaftliche Wachstum und für die Ausdehnung der Stadt entlang des Hooghly (Hugli)-Flusses. Die Verarbeitung der Jute wurde zum Schwerpunkt der industriellen Tätigkeit.

Die Jutespinner und -weber in den ländlichen Gebieten Bengalens waren dem Wettbewerb der Maschinen nicht gewachsen. Sie verloren ihre Existenzgrundlage und mussten Arbeit in den Fabriken Calcuttas suchen. Einer ersten Zuwanderungswelle aus Bengalen folgten weitere aus den übervölkerten Provinzen im Hinterland Calcuttas, denn seine Anziehungskraft war durch den Bedarf an Arbeitskräften gewaltig.

Selbst wenn es schlecht bezahlte Arbeitsplätze und elende Lebensbedingungen waren, boten sie doch für die meisten Zuwanderer bessere Chancen, ihren Unterhalt zu verdienen, als die verarmte Landwirtschaft im heimatlichen Dorf. Jede Krise wie

Waren spezialisiert hatten. Östlich des Verwaltungsviertels folgte der Basar der Bengalis, die eng mit der Company zusammenarbeiteten (Bow Bazar), und weiter nördlich der 'Bag Bazar', der mehr auf den Austausch einheimischer Güter mit Bengalen ausgerichtet war. Die Expansion Calcuttas machte Investitionen in städtischen Grund und Boden krisensicher und sehr lohnend, sodass schließlich der Grundbesitz im nördlichen und östlichen Teil der Stadt in den Händen weniger reicher indischer Familien lag.

Mit der britischen Herrschaft gewannen auch einheimische Gruppen Einfluss und

Bild 76: *Das heutige Bild des Verwaltungs- und Bankenzentrums. In der Mitte das Writers Building, im Hintergrund die Haora Bridge.*

der Verfall der Preise für landwirtschaftliche Produkte, mehr aber noch Dürren und Überschwemmungen lösten eine Zuwanderung von landlosen Arbeitern, Kleinbauern oder Pächtern aus, die ihre Existenzgrundlage verloren hatten. Häufig waren es nur die Männer, die in Calcutta Arbeit suchten und mit ihrem Verdienst die Familie im Dorf miternähren mussten. Die Notwendigkeit, von den geringen Löhnen noch Geld nach Hause zu überweisen, hat sicher dazu beigetragen, dass viele Zuwanderer in der Stadt extrem schlechte Lebensbedingungen akzeptierten; für Calcutta bedeutete es einen Aderlass, weil dieses Geld nicht in der Stadt ausgegeben wurde.

Der Industriegürtel der suburbanen Gebiete verzeichnete eine noch stärkere Zuwanderung als die Kernstadt selbst. In kurzer Zeit wurden verschlafene alte Handelsstädtchen der vorbritischen Zeit und ländliche Gebiete zu Industrieorten, die jedoch kein Eigenleben als Städte entwickelten, sondern, da sie dem Ansturm der Bevölkerung nicht gewachsen waren, slumartigen Charakter annahmen.

Die Entstehung dieser 'Städte', die sehr unterschiedlicher Größe sind, geht überwiegend auf die Zeit zwischen 1860 und 1890 zurück und ist im Wesentlichen eine Folge des Wachstums der Juteindustrie.

Um die Jutefabriken entstanden die Siedlungen der Arbeiter. Dann wurden städtische Verwaltungen eingerichtet, deren Aufgabe es war, im Umkreis einer Fabrik oder einer Gruppe von Fabriken ein Minimum an Versorgungs- und Entsorgungseinrichtungen bereitzustellen sowie Märkte einzurichten und zu überwachen. Im Laufe der Zeit weiteten sich die zunächst verstreut liegenden Siedlungen bei den Jutefabriken auf jeder Seite des Flusses aus (vgl. Abb. 74). Ihre baufälligen Hütten und Basare wuchsen zu einem fast ununterbrochenen verstädterten Streifen zusammen, der mit den Städten Calcutta und Haora (Howrah) einen Gesamtkomplex bildete. Im Vergleich mit britischen Industrie- und Siedlungsballungen an Flussmündungen hat man ihn treffend als 'Hugli Side' bezeichnet. Die physische Verschmelzung ging allerdings nicht mit der Entwicklung einer einheitlichen Verwaltung einher – wie in Groß-Bombay. Trotz Bevölkerungswachstum und geänderter Flächennutzung haben sich die Verwaltungsstrukturen seit 1900 ohne große Veränderung erhalten.

Die meisten dieser Städte sind nicht in der Lage, ein Minimum der erforderlichen öffentlichen Dienstleistungen zu bieten. Die Wasserversorgung ist unzureichend, eine Kanalisation fehlt häufig. Die Straßen sind in sehr schlechtem Zustand, neue Straßen werden kaum gebaut. Schulen und Krankenhäuser entsprechen nicht den einfachsten Anforderungen. Steuern werden schlecht erfasst und noch schlechter eingetrieben. Zahlreiche Ressorts sind auf eine Vielzahl von Behörden verteilt, was sich vor allem bei übergreifenden Funktionen verheerend auswirkt. Da die Mittel nicht einmal für die täglich anfallenden Aufgaben ausreichen, ist man nicht in der Lage, eine langfristige Entwicklungspolitik zu betreiben. Diese ist einer Reihe von Körperschaften übertragen worden, die von der Regierung von West Bengal eingesetzt, kontrolliert und z.T. mit Hilfe von Organisationen wie der Weltgesundheitsbehörde finanziert werden.

Nach der Juteindustrie wurde mit zeitlichem Abstand die Metall verarbeitende Industrie und der Maschinenbau die wichtigste Branche mit etwa einem Drittel der Beschäftigten in der Agglomeration Calcutta. Ihre Standorte liegen vornehmlich in Haora, dem Endpunkt der Eisenbahnlinie auf dem Westufer des Hugli, doch gibt es auch Betriebe entlang des Hugli-Gürtels. Größere Unternehmen entstanden unter britischem Management Ende des 19. Jh.s. Hierzu zählen Eisenbahnreparaturwerkstätten, die Herstellung von Ersatzteilen und später auch die Eigenfertigung von Jutepressen, Spinnmaschinen und Eisenbahnwaggons. Sie beschäftigten eine Vielzahl von Zulieferern, meist kleine Gießereien. Der große Aufschwung des Maschinenbaus ist aber erst in den 1930er- und 40er-Jahren mit der Zollgesetzgebung zum Schutz indischer Produzenten anzusetzen und als der Zweite Weltkrieg die Importe erschwerte. Aus dieser Zeit stammen auch die Anfänge der Herstellung langlebiger Verbrauchsgüter, die sich allerdings nur eine kleine städtische Oberschicht leisten konnte.

Haora wurde zum industriellen Brückenkopf Calcuttas. Bestimmte Branchen konzentrieren sich zwar in einigen Vierteln, aber Industrie und Wohnflächen liegen eng vermischt. Die Stadt bietet ein chaotisches Bild, denn sie wuchs völlig planlos. Über die Hälfte der Einwohner lebt in Slums. Ein weiterer industrieller Gürtel legte sich um die Innenstadt Calcuttas. Er besteht zumeist aus Kleinstbetrieben, die mehr auf den städtischen Bedarf ausgerichtet sind.

Zuwanderung und soziale Strukturen

Die Migration hat dazu geführt, dass die Stadt eine Vielzahl sozialer und ethnischer Gruppen aufweist. Sie unterscheiden sich nicht nur untereinander, sondern auch von den einheimischen Bengalis durch ihre Kultur, z.T. auch durch die Religion. So ist der Anteil der Muslims besonders groß bei den Zuwanderern aus Bihar.

Insbesondere die Sprache ist ein Indiz für die Herkunft. In Calcutta beträgt der Anteil der Bevölkerung mit Bengali als Muttersprache nur rund 61 %, obwohl diese Gruppe durch die Flüchtlingsströme aus dem östlichen Bengalen noch verstärkt wurde. An zweiter Stelle steht Hindi mit 23 %. Die Hindisprechenden kommen aus dem Nachbarstaat Bihar und aus Uttar Pradesh, aus Rajasthan und Madhya Pradesh. Urdu wird noch von vielen Muslims gesprochen; in Calcutta sind es 12 % der Einwohner.

Sehr häufig besteht ein enger Zusammenhang zwischen der Herkunft und der in Calcutta ausgeübten Tätigkeit, weil die Zuwanderer die Unterstützung derjenigen suchten, die ihre Sprache sprechen, ihrer Religion oder ihrer Kaste angehören, aus ihrem Dorf oder zumindest aus der weiteren Umgebung ihres Dorfes kommen. In den Fabriken überwiegen daher meist bestimmte Gruppen in bestimmten Tätigkeiten. So stellen Muslims aus Bihar den größten Teil der Arbeiter in den Jutefabriken und im Hafen. Im Druckereigewerbe dominieren eindeutig die Bengalis, aber auch an der Metallverarbeitung sind sie zu fast zwei Dritteln beteiligt. Andere Berufe sind von der Religion oder Kaste bestimmt. Eine für Hindus als rituell verunreinigend betrachtete Tätigkeit wie die Verarbeitung von Leder ist daher eine Domäne der Muslims, die Abfallbeseitigung ist Sache der 'Unberührbaren'.

Eine für Calcutta typische Minderheit sind die *Anglo-Inder*, Nachkommen britischer Väter und indischer Mütter. Sie stammen meist aus der frühen Zeit der Kolonialherrschaft, als die Reise zwischen Großbritannien und Indien noch sehr mühselig war und daher nur wenige Frauen nach Indien kamen. Zur Zeit der Ostindien-Gesellschaft bekleideten sie wichtige Stellungen in der Verwaltung und der Armee. Ab Ende des 18. Jh.s waren die Briten jedoch bemüht, den Einfluss der Anglo-Inder einzudämmen. Ihre Kinder durften nicht mehr in England studieren, und damit waren ihnen höhere Ämter verschlossen. Erst nach dem indischen Aufstand von 1857, der die Anglo-Inder auf britischer Seite sah, änderten sich diese Vorbehalte. Sie erhielten jetzt Stellen beim Zoll, der Polizei, der Armee und im Gesundheitswesen. Der Ausbau der Eisenbahnen und des Postwesens ergab zahlreiche neue Beschäftigungsmöglichkeiten. Als sich aber die Briten Anfang des 20. Jh.s gezwungen sahen, den Indern mehr Stellen in der Verwaltung einzuräumen, ging das zu Lasten der Anglo-Inder. Mit der Unabhängigkeitsbewegung gerieten sie zwischen die politischen Fronten: auf der einen Seite die Briten, mit denen sie sich immer völlig identifiziert hatten, die sie aber nicht als ebenbürtig akzeptierten, auf der anderen die Inder, die ihnen misstrauten. Unter diesen Umständen führte die Unabhängigkeit zu einem Exodus in die englischsprachigen Länder des Commonwealth. Dennoch hat sich eine Gruppe in Calcutta erhalten, die ihre Identität durch endogame Heirat, eigenen Lebensstil, eigene Clubs und soziale Organisationen bewahrt hat.

In einem Umfang, der weit über ihre Zahl hinausgeht, haben die Anglo-Inder durch ihre Schulen und Colleges, die mit dem Ausschluss der Anglo-Inder vom Erziehungswesen in Großbritannien entstanden, Calcutta mitgeprägt. Viele Generationen von Bengalis sind hier ausgebildet und tief beeinflusst worden. Vielleicht kann man auch sagen, dass die Anglo-Inderinnen zur Emanzipation der Frau beigetragen haben: Sie waren die Ersten, die als Sekretärinnen in Firmenbüros arbeiteten, zu einer Zeit, als für indische Frauen eine solche Beschäftigung und das Auftreten in der Öffentlichkeit noch tabu war.

Obwohl die *Bengalis* nur eine schwache Mehrheit sind, bestimmen sie das kulturelle und intellektuelle Leben Calcuttas. Politik und Verwaltung sind von der Spitze bis zum Aktenträger fest in bengalischer Hand; das gilt auch für die freien Berufe, z. B. Rechtsanwälte oder Ärzte. Aber im wirtschaftlichen Leben haben sie sich weniger engagiert als andere Gruppen. Die bengalischen Calcuttaner stellen den typischen Mittelstand, wobei Mittelstand weniger das Einkommen als die soziale Stellung bezeichnet, in die man sich selber einordnet. Hier trifft man gelegentlich auch auf Ressentiments gegen die Zugewanderten, die, wenn sie reich sind, Calcuttas Wirtschaft ausbeuten und, wenn sie arm sind, durch ihre Anspruchslosigkeit die Löhne drücken.

Der Aufschwung Calcuttas in der kolonialen Zeit hatte eine bengalische Elite entstehen lassen. Ihre Kenntnis des Englischen gab ihr Zugang zum westlichen Erziehungswesen, zur westlichen Denkweise, Literatur, Kultur und Politik. Man hat diese gebildeten Bengalis als 'Bhadraloks' bezeichnet. Sie spielten nicht nur eine wichtige Rolle in Calcutta, sondern wurden von den Briten auch in anderen Teilen Indiens als Mittelsmänner für ihre wirtschaftlichen und politischen Interessen eingesetzt. Außerdem nahmen sie im Erziehungswesen eine wichtige Stellung ein.

Zu den westlichen Ideen, die übernommen wurden, gehörten aber auch Nationalismus und Demokratie. Daher sind die Anfänge der indischen Unabhängigkeitsbewegung – die sich allerdings auf Intellektuelle beschränkte – in Calcutta zu finden, wo man sich den Briten am besten angepasst und weitgehend mit ihnen identifiziert hatte. Die Opposition gegen ihre Herrschaft erhielt Auftrieb durch die von den Briten 1905 vorgenommene Teilung der Provinz Bengalen in einen westlichen und einen östlichen Teil mit der Hauptstadt Dacca. Da der westbengalische Teil auch nicht-bengalische Gebiete wie Bihar und Orissa umfasste, bildeten die Bengalis in der neuen Provinz keine Mehrheit mehr. Möglicherweise wurden die Ressentiments noch dadurch verstärkt, dass die Vormachtstellung der Bhadraloks im übrigen Indien durch das Aufkommen eines regionalen, lokal verwurzelten Mittelstandes eingeschränkt und in Calcutta selbst durch das Eindringen von Geschäftsleuten aus dem nordwestlichen Indien geschwächt wurde. Es brachen Unruhen aus, die die Briten nach einigen Jahren zur Rücknahme der Teilung veranlassten. Aber Bengalen blieb unruhig, sodass die Briten 1911 die Verlegung der Hauptstadt von Calcutta nach Delhi dekretierten (Bild 77).

Bild 77: *Das* Victoria Memorial. *Es ist eines der beeindruckendsten Bauwerke, welche die Briten Calcutta hinterließen.*

Die Krise der Wirtschaft und der Stadt

In den vergangenen Jahren ist zwar Calcutta mit West Bengal wieder in die vordere Reihe der Bundesstaaten für Investitionen gerückt. Dazu haben eine bessere Energieversorgung, der Rückgang der Streiks und die Bemühungen der Regierung um die Ansiedlung neuer Industrien wesentlich beigetragen. Aber der Nachholbedarf nach Jahrzehnten des Stillstands ist so gewaltig und die Konkurrenz anderer Staaten so groß, dass die Region wohl kaum den früheren Status als reichstes und am stärksten industrialisiertes Gebiet Indiens erlangen wird.

Die Teilung des Landes, die nach der Unabhängigkeit Ostbengalen zu Ost-Pakistan, dem späteren Bangladesh machte, schnitt Calcutta von einem wesentlichen Teil seines Hinterlandes völlig ab und machte den Zugang zu dem bei Indien verbliebenen Teil – Assam und dem Nordosten – sehr schwierig. Messbar zeigt sich das am Rückgang des Hafenverkehrs, der für Calcutta größte Bedeutung hatte. Die wirtschaftliche Belastung, die der Verlust des Hinterlandes brachte, wurde noch unerträglicher, weil sich die Zuwanderung aus diesem Hinterland durch Flüchtlingsströme noch verstärkte.

Im industriellen Bereich traf die Teilung des Landes besonders die Juteindustrie mit ihrer kritischen Rohstoffversorgung und ihrem veralteten Maschinenpark. Eine Rationalisierung stieß auf den Widerstand der Regierung, die eine Entlassung der Arbeiter befürchtete. Viele der überschuldeten Betriebe übernahm der Staat und führte sie mit Verlust weiter, um die Arbeitsplätze zu erhalten.

Auch die großen Betriebe der Metallverarbeitung und des Maschinenbaus gerieten in Schwierigkeiten. Die Gleichstellung der Verkaufspreise von Kohle und Stahl für ganz Indien, unabhängig von der Transportentfernung, hatte den Standortvorteil Haoras und Calcuttas, der auf der Nähe zur Kohle des Damodar-Gebietes und seinen Eisen- und Stahlwerken als Rohstofflieferanten beruhte, aufgehoben. Arbeitskämpfe brachten monatelange Stilllegungen. Für den Schiffsbau und den Lokomotiv- und Waggonbau entstanden neue, modernere staatliche Großunternehmen in anderen Städten Indiens. Die Briten zogen sich aus der Branche zurück. Der Niedergang der großen, vormals britischen Firmen hat die Klein- und Kleinstbetriebe dieser Branche schwer getroffen, denn sie waren als Zulieferer spezialisiert. Die Möglichkeit, fast jedes Maschinenteil in einem Kleinstbetrieb herstellen und reparieren zu lassen, hatte Calcutta den meisten anderen Industriestandorten voraus, deren Betriebe praktisch alle Schritte der Produktion selbst übernehmen mussten.

Die Kleinunternehmer und ihre Arbeiter beherrschten zwar die handwerkliche Seite der Produktion hervorragend, sie hatten jedoch nicht die technische Ausbildung und auch nicht die finanziellen Möglichkeiten, um von sich aus neue Fertigungsweisen anzuwenden und neue Produkte herzustellen. So entstanden neue Zentren des Maschinenbaus, z. B. in Rajkot in Gujarat oder in Ludhiana im Punjab. Sie sind technisch viel besser und moderner ausgestattet, sodass sie trotz wesentlich höherer Löhne billiger produzieren können. Außerdem hatten sie eine problemlosere Energieversorgung. In Calcutta dagegen mussten wegen der Stromausfälle die größeren Betriebe stundenweise ihre Arbeit einstellen oder selbst teuren Strom mit eigenen Generatoren erzeugen. In den Kleinbetrieben wird das geringe Einkommen der Arbeiter geschmälert, da sie untätig vor ihren Maschinen sitzen müssen.

Die Hafenfunktion Calcuttas stand schon bei der Gründung der Stadt im Vordergrund, und seitdem sind ihr Handel und ihre Wirtschaft aufs Engste mit dem Hafen verknüpft. Fast lassen sich Aufschwung und Niedergang der Stadt an den Umschlagzahlen des Hafens ablesen. Noch Anfang der 1950er-Jahre übertraf der Umschlag Calcuttas den jedes anderen indischen Hafens. Während jedoch der Verkehr in Calcutta in den folgenden Jahrzehnten auf etwa gleichem Niveau blieb, wuchs er in anderen indischen Häfen erheblich. Erst im letzten Jahrzehnt ist auch der Umschlag in Calcutta wieder angestiegen, ohne dass allerdings der Hafen seine frühere Spitzenstellung, die Mumbai eingenommen hat, wiedererlangt hätte.

Von den 1960er-Jahren an verschärfte sich die Lage durch die Kämpfe politischer Gruppierungen. Die wirtschaftliche Rezession hatte dazu beigetragen, dass die kommunistische Partei die Regierung bilden konnte. Dabei war es zur Absplitterung lin-ker Gruppen gekommen, sodass sich jetzt die kommunistische Partei Indiens der Marxisten – CPI(M) – und der Marxisten-Leninisten – CPI(ML) – gegenüberstanden. Zu den verschiedenen Gruppen der Letzteren gehörten die Naxaliten, eine im Untergrund operierende Opposition, deren Hauptziel zunächst die gewaltsame Enteignung des Großgrundbesitzes auf dem Lande war. Die Bewegung griff auf Calcutta über, wo Terror mit Gegenterror beantwortet wurde und die Kämpfe zwischen Naxaliten und der von der CPI(M) beherrschten Polizei bürgerkriegsähnlichen Charakter annahmen. Allein in der Stadt forderten sie über tausend Tote.

In der Industrie nahmen die Streiks und die von den Betrieben durchgeführten Aussperrungen, die beide meist mit Gewalttätigkeiten einhergingen, einen Umfang an, der das Wirtschaftsleben Calcuttas lahm legte. In den 1970er-Jahren entfielen auf West Bengal – und das ist im Wesentlichen Calcutta – etwa 45 % der in der gesamten Indischen Union aufgrund von Streiks und Aussperrungen verlorenen Arbeitstage.

Diese Verhältnisse schreckten Unternehmer ab, einen Industriestandort in Calcutta in Betracht zu ziehen. Die von der Congress-Partei gestellte Zentralregierung in Delhi hatte zudem wenig Interesse daran, das kommunistische West Bengal zu fördern. Das war besonders verhängnisvoll in einer Zeit, die man in Indien als 'Gründerjahre' bezeichnen könnte. Auch von der Unternehmerschaft Calcuttas gingen wenig Initiativen aus. Im Gegensatz zum Westen Indiens, wo einheimische Unternehmer Industrien gegründet hatten und im Handel tätig waren, engagierten sich die Bengalis kaum in der Wirtschaft, wenn man von Grundstücksspekulationen absieht. Sie zogen administrative, politische und intellektuelle Betätigungen vor. Calcuttas Industrien wurden von den Briten gegründet und geleitet, und die Juteindustrie war eine schottische Domäne. Als sich die Briten zurückzogen, übernahmen nicht die Bengalis Calcuttas Industrien, sondern bestimmte Handelskasten aus dem Nordwesten Indiens, insbesondere die Marwaris. Aber aufgrund der chaotischen Verhältnisse wurde jetzt das, was noch an Gewinnen herauszuziehen war, zum Aufbau neuer zukunftsträchtiger Industrien in anderen Teilen Indiens, vornehmlich im Großraum Delhi, in Gujarat oder in Bangalore investiert.

Dennoch haben die Marwaris – vor allem die Birlas als reichste und mächtigste Marwari-Familie, die in Calcutta ein Gegenstück zu der parsischen Tata-Familie in Mumbai bildete – der Stadt eine Vielzahl von Stiftungen hinterlassen: Schulen und Colleges, Krankenhäuser und Forschungsinstitutionen, Tempel und Pilgerherbergen.

Lähmend auf die Wirtschaft Calcuttas wirkte auch die Ineffizienz eines korrupten Verwaltungsapparates, gegen die das Engagement Einzelner nicht ankommt. Die ohnehin verbreitete Vetternwirtschaft wurde durch eine Parteienwirtschaft ergänzt, die zur Sicherung ihrer Klientel zahllose neue Stellen schuf und die Bürokratie aufblähte. Der Besuch in einem der Großraumbüros der Stadtverwaltung oder Regierung, falls es nicht wegen einer Gewerkschaftsversammlung oder Demonstration geschlossen ist, beeindruckt. In einem Raum, der wie eine Lagerhalle für verstaubte Aktenberge aussieht, ist mehr als die Hälfte der Bürotische unbesetzt, weil die Angestellten an diesem Tag zu Hause blieben, noch nicht gekommen, schon wieder weg sind oder sogar einen Teestand im Hofe des Gebäudes betreiben. Man hört sogar, dass Leute, die auf der Gehaltsliste stehen, gar nicht existieren. Im Büro vertreibt man sich die Zeit mit Schlafen, Plaudern, Zeitunglesen. Gewiss wird man Entschuldigungen für dieses Verhalten finden, denn wer könnte nach einer langen Fahrt ins Büro schweißgebadet noch Leistung erbringen – aber warum beginnt man in der Hitze der Sommermonate erst um 10.30 Uhr, wenn die Temperatur nicht nur auf dem Weg zur Arbeit, sondern auch im Büro unerträglich wird?

Die Beschäftigten der Stadtverwaltung (Municipal Corporation) sind in zahllosen Gewerkschaften organisiert, welche die extremen Usancen britischer Gewerkschaften früherer Jahrzehnte noch auf die Spitze getrieben haben. So würde sich der Fahrer eines Müllwagens nicht dazu herablassen, den Reifendruck seines Fahrzeuges zu prüfen. Eine solche Einstellung scheint verständlich, wenn es darum geht, Arbeitsplätze zu erhalten – oder vielleicht haben hier die Berufsgliederungen des Kastenwe-

sens eine neue Erscheinungsform –, aber einem reibungslosen Funktionieren des Betriebes ist es höchst abträglich.

Die Flächennutzung

Calcutta ist auf dem Dammufer des Hugli entstanden, wo es mit etwa 7 km seine größte Breite erreicht, also zwischen dem Maidan und den Salzseen im Osten. Weiter nördlich schrumpft das etwas höher gelegene Land auf 3 bis 5 km auf jeder Seite des Flusses, was das lineare Wachstum der Agglomeration erklärt. Die Hauptverkehrsachse Calcuttas, die Chowringhee Road (Rabindra Sarani) verläuft im Scheitel 6 m über dem Meeresspiegel. Nach Osten fällt das Gelände auf 4 m im Gebiet der Salzseen und -marschen sanft ab. 6 m bieten zwar Sicherheit vor direkten Überschwemmungen durch den Fluss, reichen jedoch kaum aus, während der Monsunregen einen schnellen Abfluss der Niederschläge zu garantieren. Durch Rückstau in der Kanalisation und den Abflussgräben kommt es dann häufig zur Überflutung von Straßen und ganzen Stadtteilen. Regen- und Abwasser mischen sich und gefährden die Gesundheit der Bevölkerung. Bei der Trinkwasserversorgung geht nicht nur ein Drittel des Wassers über undichte Leitungen verloren, sondern durch Unterdruck kann Schmutzwasser von außen eindringen.

Aufgrund der topographischen Verhältnisse entwässert der größte Teil der Stadt nicht zum Hugli, sondern zu Vorflutern im Osten. Südlich der neuen Satellitenstadt Salt Lake City fährt man kilometerweit an Weihern vorbei, die mit Abwässern gefüllt sind. Das sind die 'Wet Lands', Calcuttas natürliche Kläranlage. Die hier betriebene Fischzucht liefert Süßwasserfische, die von den Bengalis bevorzugt werden und die von jeder Verseuchung frei sein sollen. Die Trockenlegung großer, für den natürlichen Abfluss und die Fischzucht unentbehrlicher Areale und Weiher durch die Gewinnung von Bauland für Salt Lake City hat in den letzten Jahren Anzahl und Fläche der Fischteiche erheblich reduziert.

Hier im Osten liegen die städtischen Mülldeponien, über denen ein unvorstellbarer Gestank lastet. Auf den aus dem Gebiet der Corporation abgeladenen Müll stürzen sich die 'Rag Pickers', meist Kinder, die

Bild 78: *Hauptstraße in Calcutta. Die Nutzung der Bürgersteige und der gemischte Verkehr machen die Straßen fast unpassierbar.*

alles irgendwie Verwertbare für den Wiederverkauf sammeln und sortieren: Metallteile, Flaschen, Folien, Gummi, Plastik, Papier, Lumpen, Holz, Knochen usw. Was übrig bleibt, wird zu Humus kompostiert. Wenn ein Abfallhügel eine bestimmte Höhe erreicht hat, wird er mit Bulldozern planiert, und nach etwa zwei Jahren beginnt man mit dem Anbau von Gemüse und hält Vieh, insbesondere Schweine. Weiterer Abfall wird auf die umgebenden 'Müllfarmen' verteilt. Dieser Boden bringt hohe Erträge im Gartenbau, der frisches Gemüse auf den Markt von Calcutta liefert. Zählt man zu den Fischern, Gemüsebauern und den hier tätigen Abdeckern noch die Familienmitglieder, so leben fast 200 000 Menschen vom Abfall Calcuttas.

Die Straßen reichen schon lange nicht mehr für den Verkehr, der aus Pkw, Motorrollern, Fahrrädern, Lkw, Straßenbahnen, Bussen, Rickshas, Ochsenkarren, handgezogenen Wagen und Fußgängern besteht. Selbst in den Hauptstraßen steht nur ein kleiner Teil für die Fahrzeuge zur Verfügung. Die Bürgersteige sind von Verkaufsständen der Händler besetzt (Bild 78). Zur Zeit der großen Flüchtlingsströme wurde dieser Straßenhandel geduldet, um den

Flüchtlingen eine Existenz zu ermöglichen. Heute ist, nach Angaben der Verwaltung, eine Räumung der besetzten Straßen nicht mehr möglich. Die Fußgänger müssen daher auf die Fahrbahn ausweichen und vermindern so die für den Straßenverkehr noch übrig bleibende Fläche. Während der Regenzeit stehen nicht selten ganze Straßenzüge unter Wasser, sodass der gesamte motorisierte Verkehr zum Erliegen kommt. Nur Rickshas können noch passieren, und das ist, neben der Erhaltung von Arbeitsplätzen, eine der Rechtfertigungen für die weitere Existenz dieser Fahrzeuge, deren Verbot nach Protesten und Demonstrationen wieder zurückgenommen werden musste. Calcutta ist wohl die einzige Metropole der Welt, in der die mit der Hand gezogene Ricksha noch ein wichtiges Verkehrsmittel ist. Ihre Zahl wird auf 36 000 geschätzt, zwei Drittel haben keine Lizenz.

Die meisten Taxis befinden sich in einem Zustand, dass sie bei uns sofort aus dem Verkehr gezogen würden. Die auf verbeulten Schienen durch Calcutta schlingernden Straßenbahnen sind veraltet, die klapprigen Busse besonders in der Hauptverkehrszeit völlig übersetzt. Auf den überfüllten Straßen gibt es kein Durchkommen mehr, und die durchschnittliche Tagesstrecke pro Bus wird immer geringer. Zudem fällt ein beträchtlicher Teil des Fuhrparks aufgrund technischer Mängel durch ständige Überladung auf schlechten Straßen und unzureichender Wartung aus. Doch die U-Bahn, die in der am meisten belasteten Nord-Süd-Richtung verkehrt, ist die erste Indiens und der ganze Stolz Calcuttas, das damit seine führende Rolle herausgestellt hat. Der Besucher ist beeindruckt: Die Züge fahren pünktlich, und die Bahnsteige sind wohl die einzigen öffentlichen Flächen in der Stadt, die sauber sind.

Wegen der Lage auf alluvialen Aufschüttungen wies Calcutta kaum hohe Gebäude auf. Erst ab den 1960er-Jahren entstanden Bürohochhäuser, hauptsächlich entlang der Chowringhee Road an der Ostseite des Maidan; seit Ende der 1970er-Jahre wird die Bautätigkeit südöstlich des Maidan von mehrstöckigen Bauten und Hochhäusern mit Büros und Eigentumswohnungen geprägt. Diese Eigentumswohnungen, die auch vermietet werden, sind z.T. Spekulationsobjekte, denn ihr Preis ist im Bauboom der jüngsten Zeit außerordentlich gestiegen. Sie sind nur für Reiche erschwinglich, umso mehr, als ein wesentlicher Teil der Kaufsumme in 'Schwarzgeld' gezahlt werden muss – ein bei vielen Transaktionen in Indien übliches Verfahren.

Durch die enge Bebauung sind der Anteil der Wohnfläche und die Bevölkerungsdichte in der Kernstadt sehr hoch. Noch weit darüber liegen die Dichten in der Nordstadt, insbesondere in Bara Bazar. Unter dem Durchschnitt sind sie südlich der Park Street in den besseren Vierteln, aber auch im Slumgürtel im Osten wegen der hier vorherrschenden einstöckigen Bebauung.

An Freiflächen, die der Erholung dienen könnten, steht in Calcutta nur der riesige Maidan zur Verfügung, denn als Grün- oder offene Flächen ausgewiesene Areale, wie das Gelände des Cricket-Clubs oder des Golf-Clubs in der Südstadt, sind ja der Öffentlichkeit nur sehr begrenzt zugänglich. Die Nordstadt weist dagegen überhaupt keine Freiflächen auf, und erst weiter im Norden und im Osten gibt es einige offene Flächen, die aber ihrem Zustand nach keineswegs zur Erholung geeignet sind. Ursprünglich bot die Südstadt viel Grün, weil die alten Villen von Gärten umgeben waren. Die neuen Wohnbauten haben jedoch wenig davon übrig gelassen. Auch im Umland von Calcutta finden sich keine Naherholungsgebiete.

Der Handel konzentriert sich in den Basarvierteln, aber hier nicht nur in den Geschäften der größeren Straßen, sondern auch auf der ganzen Breite der Bürgersteige als Straßenhandel, und dahinter fast flächenhaft entlang zahlreicher engster Gassen. Zwischen Bara Bazar im Norden und den Regierungsgebäuden am Maidan im Süden liegt die City mit Banken, den Verwaltungsgebäuden großer Firmen, Industrieverbänden usw. (Abb. 96).

Slums und Obdachlose

Die Slums bilden einen wesentlichen Teil Calcuttas. Schon die Wohnungen in den mehrstöckigen Häusern haben in der Kernstadt slumartigen Charakter. Hier sollen besonders die *Bustees* herausgestellt werden, eine in Calcutta typische Form der Slums. Ein Bustee besteht aus einer Ansammlung von einstöckigen Behausungen. Mehrere dieser Hütten, die meist ein bis zwei Räume haben, bilden ein um einen Innenhof gruppiertes 'Hutment'. Größe und Einwohnerzahl der Bustees, von denen es in der Kernstadt über tausend gibt, sind sehr unterschiedlich. Eine Konzentration findet sich im industriellen Randbereich der Stadt in der Nähe der Eisenbahnen und Dockanlagen, wo Klein- und Kleinstindustrien innerhalb der Bustees liegen. Diese Gemengelage zeigt die Abb. 97 im Bereich des Bahnhofes Sealdah. Bustees sind jedoch über das ganze Stadtgebiet gestreut, häufig in der Nähe von Geschäftsvierteln oder besseren Wohnvierteln, wo sich Stellen für Gelegenheitsarbeiter und Dienstboten bieten. Wichtig ist ein schneller Zugang zu Arbeitsplätzen, denn viele Bustee-Bewohner, wie z. B. die Lastenträger in den Basaren, müssen täglich erst eine Beschäftigung suchen. Zwar sind die Bustee-Bewohner zum größten Teil Gelegenheitsarbeiter, aber wegen der Lage der Bustees zwischen den Kleinindustrien ist der Anteil qualifizierter Arbeiter relativ hoch.

Charakteristisch für die Bustees in Calcutta sind die Besitzstrukturen. Die Hütten werden von so genannten 'Thika Tenants'

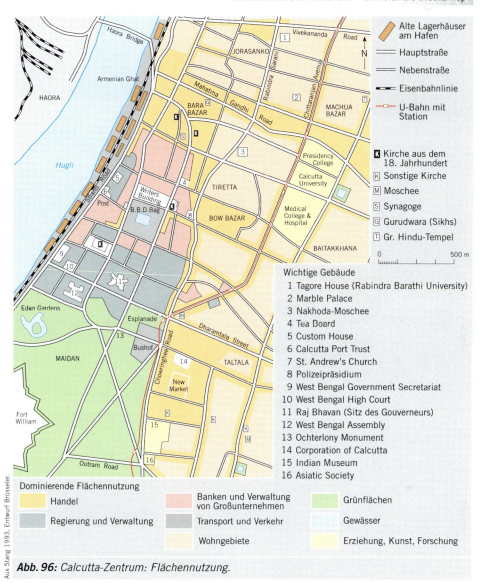

Abb. 96: *Calcutta-Zentrum: Flächennutzung.*

Legende:

Alte Lagerhäuser am Hafen
Hauptstraße
Nebenstraße
Eisenbahnlinie
U-Bahn mit Station

N

Ⓚ Kirche aus dem 18. Jahrhundert
Ⓚ Sonstige Kirche
Ⓜ Moschee
Ⓢ Synagoge
Ⓖ Gurudwara (Sikhs)
Ⓣ Gr. Hindu-Tempel

0   500 m

Wichtige Gebäude
1 Tagore House (Rabindra Barathi University)
2 Marble Palace
3 Nakhoda-Moschee
4 Tea Board
5 Custom House
6 Calcutta Port Trust
7 St. Andrew's Church
8 Polizeipräsidium
9 West Bengal Government Secretariat
10 West Bengal High Court
11 Raj Bhavan (Sitz des Gouverneurs)
12 West Bengal Assembly
13 Ochterlony Monument
14 Corporation of Calcutta
15 Indian Museum
16 Asiatic Society

Dominierende Flächennutzung

Handel
Regierung und Verwaltung
Wohngebiete
Banken und Verwaltung von Großunternehmen
Transport und Verkehr
Grünflächen
Gewässer
Erziehung, Kunst, Forschung

Aus Stang 1993, Entwurf Brüsseler.

gebaut. Sie zahlen an die Grundbesitzer eine Pacht und erhalten von den Hüttenbewohnern eine Miete. An den Grundbesitzverhältnissen in der Stadt hat sich zwar seit der Kolonialzeit wenig geändert. Doch sind die Thika Tenants, die oft selbst in den Bustees wohnen, durch den nach der Unabhängigkeit erlassenen 'Calcutta Thika Tenancy Act' vor Kündigung der Grundbesitzer geschützt. Ziel des Gesetzes war eine Art von Enteignung der Grundbesitzer und ein Anreiz für die Thika Tenants, in den

Bustees Verbesserungen vorzunehmen (Bild 79). Soweit das aber geschah, hat es sich auch in den Mieten niedergeschlagen, denn die von den Behörden in den Bustees durchgeführten infrastrukturellen Verbesserungen sind von den Thika Tenants ausgenutzt worden, um die Mieten zu erhöhen. Die städtischen Steuern, welche die Thika Tenants jetzt direkt an die Municipal Corporation zu zahlen haben, sollten dazu verwendet werden, die Bustees im sanierten Zustand zu erhalten. Die Umgehung der

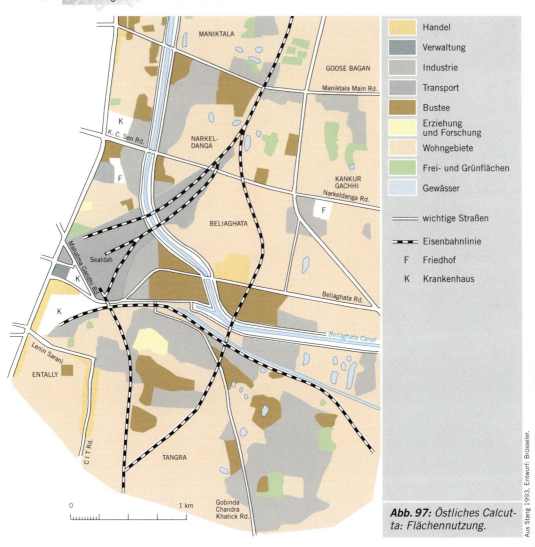

Aus Stang 1993, Entwurf: Brüsseler.

Abb. 97: *Östliches Calcutta: Flächennutzung.*

Steuerzahlung hat der Korruption ein weites Feld eröffnet. Da nur ein kleiner Teil der Steuern und keine Gebühren, z. B. für Wasser, gezahlt werden, ist die Corporation nicht in der Lage, Erhaltungsmaßnahmen durchzuführen. So setzt, wie bei vielen Projekten in Indien, mit der Fertigstellung schon wieder der Verfall ein. Die Sanierung der Bustees hat aber auch zur Folge, dass eine grundlegende Sanierung der Kernstadt erschwert wird. Der desolate Zustand Calcuttas wird zementiert, weil eine andere Nutzung dieser Areale nicht mehr möglich ist.

Die *Pavement Dwellers* sind wahrscheinlich in Calcutta noch zahlreicher als in anderen großen Städten. Eine Untersuchung von 1988/89 ermittelte 55 571 Pavement Dwellers. Auch wenn unter den gegebenen Verhältnissen an der Genauigkeit der Zahl Zweifel aufkommen, wird man sie doch als Anhaltspunkt nehmen können. Die allermeisten stammen aus der näheren Umgebung Calcuttas, über die Hälfte aus dem an Calcutta anschließenden Distrikt 24-Parganas. Landverlust, Verschuldung, Arbeitslosigkeit sind die Gründe, die sie nach Calcutta treiben. Die Nähe des Heimatortes macht es möglich, während der Erntezeit, wenn es Arbeit gibt, dorthin zurückzukehren. Aber zwei Drittel der

Bild 79: *Ein saniertes Bustee. Für indische Verhältnisse ist es kaum noch als Slum zu bezeichnen.*

Pavement Dwellers leben seit Jahren permanent in Calcutta. Etwa die Hälfte hat eine mehr oder weniger feste, aber immer schlecht bezahlte Arbeit. Andere sind Gelegenheitsarbeiter, die täglich auf Arbeitssuche gehen – nur manchmal mit Erfolg. Viele Frauen und Kinder sind Bettler. Dementsprechend findet man Pavement Dwellers nicht in den randlichen Slumgebieten, sondern vielmehr in der Innenstadt, wo sich eher die Möglichkeit eines Verdienstes bietet.

Nicht mehr als Slums im indischen Maßstab einzuordnen sind heute die meisten *Flüchtlingskolonien*. Die Hinduflüchtlinge aus Ostpakistan gehörten in ihrer Heimat nicht zu den Armen. Sie hatten als Händler, in den freien Berufen oder als Angestellte und Beamte eine sichere Existenz. Da sie keine Bauern waren, ließen sie sich in West Bengal nicht auf dem Land, sondern hauptsächlich in Calcutta nieder. Als gut organisierte Gruppen besetzten sie unbebaute Flächen im öffentlichen oder privaten Besitz und errichteten darauf ihre Hütten, die sie im Laufe der Zeit durch ein- oder zweistöckige Steinbauten ersetzten. Der Grund

und Boden wurde ihnen später übereignet. Es gibt noch Flüchtlingskolonien ohne offiziellen Landtitel. Sie gelten zwar als illegal, aber es ist nicht vorstellbar, dass sie jemals wieder geräumt werden.

Salt Lake City
Östlich der Kernstadt entstand seit den 1960er-Jahren die Satellitenstadt Salt Lake City, offiziell nach dem ersten Ministerpräsidenten von West Bengal 'Bidhan Nagar' benannt. Durch Ausbaggern des Hugli wurde Sand und Schlamm gewonnen, mittels einer Rohrleitung nach Salt Lake City gepumpt und das Gelände um 1,5 m aufgeschüttet und verfestigt. Größere Bauten erforderten allerdings einen Pfeilerunterbau. Das Endziel für Salt Lake City ist eine Einwohnerzahl von 500 000.

Zwei Drittel des Areals von Salt Lake City, das sind drei Sektoren, sind für Wohnzwecke reserviert. Hier wohnen Angehörige des oberen Mittelstandes, die in Calcutta beschäftigt sind. Um Spekulationsgeschäfte auszuschließen, wurden die Grundstücke zunächst in Erbpacht und mit einem Verbot des Wiederverkaufs günstig angeboten, wobei die Einnahmen ausreichten, um die Kosten der Erschließung zu decken. Das Verbot wurde so häufig umgangen, dass schließlich die Regierung aufgab, es durchzusetzen. Die Grundstückspreise sind inzwischen auf ein Vielfaches gestiegen. Zwei Sektoren, die von der Wohnbebauung getrennt sind, wurden als Industriegelände für solche Unternehmen, die keine Umweltbelastung verursachen, ausgewiesen. Nach anfänglich zögernder Entwicklung ließen sich inzwischen moderne Großunternehmen wie Philips und Siemens hier nieder. Auch eine Reihe von Behörden und Institutionen ist aus Calcutta ausgelagert worden. Im zentralen Teil der Siedlung liegt ein aufwändiges Sportstadion für 120 000 Besucher und ein etwas dürftiger Park. Das vorgesehene Geschäftszentrum mit Büros, Banken und einem Markt entwickelt sich nur sehr schleppend. Ein langweiliges, schlecht sortiertes Einkaufszentrum wird von den Bewohnern nicht als Ersatz für die Einkaufsmöglichkeiten Calcuttas angesehen. Die Fertigstellung einer Schnellstraße hat zwar die Fahrt nach Calcutta erleichtert, doch sind die Busverbindungen weder bequem noch pünktlich, sodass das Pendeln zur Arbeit oder das Einkaufen in Calcutta eine Belastung darstellt.

Die Kritiker Salt Lake Citys wenden sich gegen den Aufwand, der getrieben wurde, um eine großflächige Gartenstadt mit breiten Straßen und Grünflächen anzulegen, gegen die Beschränkung der Bebauungshöhe auf zwei bis drei Stockwerke und das Überwiegen von Einfamilienhäusern für Kernfamilien – die sich allerdings inzwischen mit der zweiten und dritten Generation, die keinen anderen Wohnraum in Calcutta finden, wieder zu Großfamilien auffüllen – und schließlich dagegen, dass eine solche Stadt in unmittelbarem Anschluss an die völlig überfüllten Stadtteile Maniktala und Beliaghata, die zu den elendsten Slums Calcuttas gehören, errichtet wurde. Die Antwort der Stadtplaner, dass sie doch nicht Gelände mit großem Aufwand erschließen können, um es als Slumersatz zu verbauen, und dass sich die alten Slums in kürzester Zeit ohnehin wieder füllen, wirft ein deutliches Licht auf die Situation Calcuttas und die Hilflosigkeit einer Planung gegenüber seinen Problemen.

Das Hinterland

Die Probleme Calcuttas sind so gewaltig und über einen so langen Zeitraum gewachsen, dass ihre kurzfristige Lösung kaum möglich erscheint. Vor allem können sie nicht durch Maßnahmen korrigiert werden, die sich auf Calcutta beschränken.

Die Verknüpfung Calcuttas mit seinem Hinterland war immer sehr eng. Der Aufschwung der Stadt stand in direktem Zusammenhang mit der Ausbeutung der Ressourcen des Hinterlandes – eine einseitige Beziehung, die Calcutta reich machte, während das Hinterland verarmte. Alle Rohstoffe brachten keinen Gewinn für die sie produzierenden Gebiete, sondern gingen nach Calcutta: die Jute Bengalens, der Tee Assams, die Kohle des Damodar-Gebietes. So hatte das Damodar-Gebiet im Gegensatz zum Ruhrgebiet, mit dem es oft verglichen wird, kaum eigenständige Industrie auf der Basis von Kohle und Erzen entwickelt, sondern war nur eine Rohstoffbasis Calcuttas.

Das Hinterland lieferte aber nicht nur seinen Reichtum nach Calcutta, sondern schließlich auch seine Armut, und damit trug es zur Krise der Stadt bei. Die Probleme der ländlichen Gesellschaft Indiens fanden sich im Hinterland Calcuttas in extremer Ausprägung: Bevölkerungswachstum und Besitzzersplitterung, Zamindar-Unwesen und Verschuldung. Schließlich gehört zum Hinterland Calcuttas auch Bihar mit seinem ungebrochenen Kastenwesen, seinem Hindu-Chauvinismus, seiner Korruption und seinen mafiaähnlichen Organisationen.

In West Bengal dagegen ist die Aufteilung des Großgrundbesitzes konsequenter durchgeführt worden als in anderen Teilen Indiens. Die kommunistische Regierung West Bengals hat ihre Entwicklungshilfe besonders auf die ländlichen Gebiete konzentriert, weil hier die Mehrzahl ihrer Wähler war. Diese Politik hat Früchte getragen; sie gab den Bauern die Sicherheit, nicht vom Land vertrieben zu werden, sodass sich ein größerer Aufwand auch lohnte und nicht, wie früher, höhere Erträge durch höhere Pachtablieferungen wieder abgeschöpft wurden. So hat hier die Grüne Revolution mit Verzögerung gegriffen. Die Nahrungsmittelproduktion ist in den letzten beiden Jahrzehnten um fast die Hälfte gestiegen, für Jute gibt es einen garantierten Mindestpreis, und die Löhne der Landarbeiter haben sich wesentlich erhöht. Die Verbesserungen in der Landwirtschaft trugen dazu bei, die Zuwanderung nach Calcutta zu verringern. Aber das ist nur eine Atempause. Die nächste Welle der Bevölkerungsvermehrung wird diesen Fortschritt wieder überholen. Auf Dauer wird die Landwirtschaft der wachsenden Bevölkerung keinen Lebensunterhalt bieten können. Industrie in die ländlichen Gebiete zu bringen, denen jede Infrastruktur fehlt, ist jedoch zu aufwändig. Eine Abwanderung in Städte, die industrielle Arbeitsplätze bieten, ist notwendig.

Aber diese Städte fehlen. Calcutta hat wie ein Magnet alle wirtschaftlichen Aktivitäten auf sich bezogen. Es wurde zur 'Primate City' des ganzen östlichen Indien, und sein Hinterland umfasst nicht nur West Bengal mit Assam und dem Nordosten, sondern auch Bihar, das östliche Uttar Pradesh und Orissa – ein Gebiet mit einer Bevölkerung von über 250 Mio. und fast 600 000 km². In diesem Hinterland erreichte keine andere Stadt auch nur annähernd die Bedeutung und Anziehungskraft Calcuttas. Notwendig ist daher die Förderung neuer industrieller Wachstumspole, welche die Migration der Landbevölkerung auffangen und so Calcutta entlasten können. Dazu bräuchte es allerdings eine Planung, die nicht, wie bisher, an den Grenzen des Bundesstaates endet.

Die Gründung der Stadt Kalyani 60 km nördlich sollte den Bevölkerungsdruck in Calcutta mindern. Doch für Pendler ist die Eisenbahnfahrt zu langwierig, und trotz einer neuen Universität und der Aussiedlung einiger Industrie wird sich Kalyani nicht zu einem Gegenpol von Calcutta entwickeln. Zu den möglichen Wachstumszentren gehört Haldia, mit seinem neuen Hafen. Aber die Entwicklung ist weit hinter dem Zeitplan zurückgeblieben. Kharagpur (1991 280 000 Einwohner) im südlichen West Bengal ist ein weiterer wichtiger Schwerpunkt. Als Eisenbahnknoten verfügt es seit langem über Eisenbahnreparaturwerkstätten. In jüngerer Zeit ist der Bau von Motorrollern und Maschinen hinzugekommen. Es ist Sitz einer Technischen Universität, von der Impulse für eine anspruchsvolle Industrialisierung, vor allem im Bereich der Elektronik, erwartet werden. Mit dem unmittelbar benachbarten Midnapur bildet Kharag-

pur Ansätze einer Agglomeration mit etwa einer halben Million Einwohner.

Das als Wachstumspol ausgewiesene Siliguri (1991 215 000 Einwohner) im Norden von West Bengal hat sich durch seine Lage am schmalen nach Assam führenden Korridor zu einem wichtigen Handelsplatz entwickelt, über den die Güter nicht nur von und nach dem nordöstlichen Indien fließen, sondern auch schon in bescheidenem Umfang verarbeitet werden (Abb. 98).

Das größte Entwicklungspotential weist das über die Grenzen von West Bengal ausgreifende Damodar-Gebiet auf. Seine Aneinanderreihung von Bergbau- und Industrieorten bildet jedoch noch keine funktionale Agglomeration, und es ist für viele Dienstleistungen auf Calcutta angewiesen, wo sich auch die meisten Hauptverwaltungen der im Damodar-Gebiet ansässigen Firmen befinden. Einige Industrien entstanden schon in der Kolonialzeit, doch beschränkten sie sich meist auf Zulieferungen für die Weiterverarbeitung in Calcutta, wie die Hüttenwerke von Kulti und Burnpur bei Asansol. Nach der Unabhängigkeit gründete der Staat eine Reihe von Großbetrieben, so ein Lokomotivwerk, eine Aluminiumhütte, eine Zement- und eine Düngemittelfabrik, alle in dem Teil des Damodar-Gebietes, der noch zu West Bengal gehört.

Bei der Gründung des mit Calcutta über eine viergleisige Eisenbahn verbundenen Durgapur als neuer Stadt mit Stahlwerk und weiteren modernen Industrien im staatlichen und privaten Besitz war die Entlastung Calcuttas bereits ein wichtiger Aspekt. Durgapur wächst mit der völlig ungeplanten Stadt Asansol, die ihre Einwohnerzahl von 1981 bis 1991 auf 764 000 mehr als verdoppelte, zu einem verstädterten Korridor zusammen. Weitere große Städte jenseits der Grenze in Bihar (heute zum neuen Bundesstaat Jharkhand gehörend) sind Dhanbad als zentraler Ort, Bokaro mit Kohlezechen, Elektrizitätswerken und Schwerindustrie, Ranchi als Zentrum des Schwermaschinenbaus sowie Jamshedpur, das älteste der indischen schwerindustriellen Zentren. Die Stahlstadt Rourkela liegt schon im Bundesstaat Orissa, gehört aber zum Hinterland Calcuttas.

Diese Städte sind in den letzten zwei Jahrzehnten weitaus schneller gewachsen

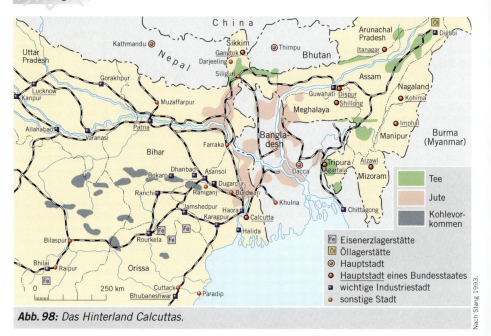

Abb. 98: Das Hinterland Calcuttas.

Nach Stang 1993.

als Calcutta. Patna, die Hauptstadt Bihars, hat die Millionengrenze überschritten – damit aber erst ein Zehntel der Einwohnerzahl der Calcutta-Agglomeration. Der Ausgleich der über einen langen Zeitraum entstandenen Ungleichgewichte braucht Zeit. Er erfordert nicht nur ein Wachstum von Städten mit einem Angebot von Arbeitsplätzen, sondern ihre Anbindung an Verkehrswege, ihre Wasser- und Energieversorgung, Wohnungsbau, Krankenhäuser und Schulen. Um diese Aufgaben gleichzeitig zu erfüllen, fehlen die finanziellen Mittel, weil die Einnahmen – wie früher – nach Calcutta fließen.

Zur Demonstration sei die rasch wachsende Stadt Asansol angeführt, die sich in einem Zustand befindet, der selbst für indische Verhältnisse als katastrophal bezeichnet werden muss. Die Stadt ist ungeplant gewachsen, und die erst 1980 gegründete Development Authority hat kein Geld. Obwohl ein Entwicklungsplan besteht, sind die Straßen in verheerendem Zustand, das knappe Wasser aus dem Leitungsnetz ist kaum zum Waschen geeignet, die Energieversorgung funktioniert nur

stundenweise, die Abfallentsorgung fast überhaupt nicht, die Umweltverschmutzung ist überaus groß, Parks und Freizeiteinrichtungen fehlen. Die Royalties aus dem Kohleabbau und die Umsatzsteuer der Unternehmen fließen an die Regierung des Bundesstaates West Bengal. Diese setzt ihrerseits die Ausgaben gemäß ihren Prioritäten ein und verteilt sie entsprechend auf Städte und Gemeinden. Da der Bedarf für Calcutta jedoch außerordentlich hoch ist, bleibt für die übrigen Städte nur wenig übrig, sodass selbst elementare Maßnahmen nicht durchgeführt werden können. So gab das Gebiet von Asansol Anfang der 1990er-Jahre etwa 1,5 Mrd. iRs an die Regierung ab, erhielt jedoch als Zuweisung für Entwicklungsmaßnahmen kaum 10 Mio. iRs.

Die Entwicklung der Städte im Hinterland könnte zwar zu einer Entlastung Calcuttas vom Bevölkerungsdruck führen, dies aber auf die Gefahr hin, dass viele der heutigen Probleme Calcuttas auf diese Städte übertragen werden. Denn bisher ist wirtschaftliches Wachstum in Indien mit einer ungehemmten Zuwanderung und der Entstehung neuer Slums verbunden gewesen.

359

Einblicke

Die Religionen

Hinduismus

Der Hinduismus durchdringt das indische Leben und seine Kultur vollständig. Er bestimmt das Zusammenleben – oder Nichtzusammenleben – der Menschen, die sozialen Strukturen, Politik und Wirtschaft. Er umfasst ein Streben nach Erfahrungen, die dem westlichen Verständnis schwer zugänglich sind. Er hat keinen Gründer, keine für alle verbindliche Lehre, keine anerkannte Autorität und keine organisierte Kirche. Dass er eine Vielzahl von Interpretationen und Formen erlaubt, lässt ihn noch fremder erscheinen.

Während für die aus dem Vorderen Orient stammenden Religionen die Anerkennung eines einzigen Gottes höchstes Gebot ist, können Hindus einen oder mehrere Götter verehren. Welcher Gott oder welche Göttin das ist, kann nach Kaste oder Region oder nach der persönlichen Einstellung und Bildung verschieden sein. Die bedeutendsten Götter des indischen Pantheons sind Brahma, Vishnu und Shiva. Brahma ist der Schöpfer, Vishnu der Erhalter und Shiva der Zerstörer, aber auch Erneuerer und Wiederschöpfer. Vishnu und seine verschiedenen Inkarnationen werden ebenso wie Shiva verehrt, dagegen gibt es kaum Tempel, die Brahma geweiht sind. Von den neun Inkarnationen Vishnus gelten diejenigen als die wichtigsten, in denen er in menschlicher Gestalt als Rama und Krishna auftritt. Vishnu ist der Wohltäter der Menschheit. Shiva und seine Gemahlin Parvati mit mehreren Erscheinungsformen, darunter die grausame Kali, flößen dagegen Furcht ein. Der Shivaismus ist besonders beim einfachen Volk verbreitet und in zahlreiche Sekten mit vielen Kulten und weiblichen Gottheiten gespalten.

Da die Menschen nach Herkunft, gesellschaftlicher Stellung, Begabung und Bildung verschieden sind, können sie auf unterschiedlichen Wegen zum gleichen Ziel gelangen. Aus dieser Freiheit resultiert eine gewisse Gleichgültigkeit gegenüber anderen Formen der Religionsausübung, die im Westen häufig als Toleranz

Bild 80:
Leichenverbrennung an der Ganga in Patna. Der Tod ist kein Grund zur Trauer, da er im Kreislauf der Wiedergeburten einen Schritt zur Erlösung darstellt.

interpretiert wird. Eine Missionierung findet keine Grundlage, denn man kann nicht zum Hinduismus bekehrt, sondern nur als Hindu geboren werden, und das innerhalb einer Kaste.

Fast alle Hindus glauben an die Offenbarung der Veden, die Kastenordnung mit den Brahmanen an der Spitze und die Wiedergeburt. Die Seele des Menschen verbindet sich immer wieder mit der Materie und durchlebt so viele Existenzen (Bild 80). In der Kette der Wiedergeburten wird die Position des Einzelnen im gegenwärtigen Leben bestimmt durch sein 'Karma', die Auswirkungen der Taten aus früheren Existenzen. Ein schlechtes Karma bewirkt Wiedergeburt in niederer sozialer Stellung, vielleicht sogar als Tier, ein gutes Karma in höherer Form, etwa als Brahmane. Jeder hat seinen festen lebenslangen Platz mit den ihm zugeordneten Pflichten (Dharma). Das Ziel ist die Erlösung aus dem Zyklus der Wiedergeburten, die Auslöschung der Individualität und das Eingehen in das Göttliche (Moksha). Die Voraussetzungen für ein besseres zukünftiges Leben sind jedoch weniger einzelne Taten, sondern die Fügung in die gegebene Position, in die man hineingeboren wird und die es gilt völlig auszufüllen und darin aufzugehen. Daraus resultiert die Akzeptanz der Ungleichheit, denn sie ist ja ein Verdienst oder die Schuld aus früheren Existenzen.

Nicht nur für den Glauben selbst, sondern auch für die Art seiner Ausübung herrscht völlige Freiheit. Die Größe des Tempels reicht vom kleinen Schrein bis zur Tempelstadt des Südens mit ihrem Heer von Priestern, wo Speiseopfer oder Blumen dargebracht werden oder Geld gespendet wird. Dabei ist die Form und Abfolge des uralten Rituals von größter Wichtigkeit, weil sie die Wirksamkeit und den Erfolg beeinflusst. Der Brahmane nimmt als Priester auch deshalb die herausragende Stellung ein, weil er dieses Ritual beherrscht. Neben der Verehrung der Götter im Tempel wird mehrmals täglich zu Hause vor einer Götterstatue oder einem Bild gebetet und von der Frau ein Opfer dargebracht (Puja). Reiche Familien können sich einen 'Haus-Brahmanen' leisten. Andere Brahmanen stehen für die besonderen Ereignisse wie Geburt, Tod oder Heirat zur Verfügung.

Die indische Gesellschaft wird vom Kastenwesen beherrscht, **Kastenwesen** das seine ideologische Rechtfertigung im Hinduismus findet und sich auf die vedische Literatur beruft. Nach dem traditionellen Hindu-Glauben entstanden aus dem Körper von Brahma die vier *Varnas*. Die 'Brahmanen' nehmen die höchste Stellung als Weise und Priester ein und entsprangen seinem Mund. Die 'Kshatryas', aus seinen Armen geschaffen, sind die adligen Krieger. Die 'Vaishyas', aus seinen Hüften hervorgegangen, haben insbesondere den Handel als ihre Aufgabe. Diese drei oberen Varnas gelten als Zweimalgeborene. In einer Zeremonie ihrer rituellen Wiedergeburt erhalten sie die heilige Schnur, die ihren Status kennzeichnet; doch wird sie praktisch nur von den Brahmanen getragen. Die 'Shudras', aus den Füßen geschaffen, haben den anderen Varnas zu dienen, vornehmlich in der Landwirtschaft oder als Handwerker. Später kam eine fünfte Kategorie hinzu, die eigentlich außerhalb des Kastensystems steht. Ihre Mitglieder haben die Arbeiten zu verrichten, die verunreinigen, weshalb sie als Unberührbare gelten. Da Varna 'Farbe' bedeutet, erklärt man diese Ordnung als den Versuch, das Aufgehen der hellhäutigen Arier in der Masse der dunkelhäutigen Ureinwohner, die wahrscheinlich den Shudras entsprechen, zu verhindern.

Zwischen den zum selben Varna gehörenden Kasten können Unterschiede bestehen, und die Rangordnung der Kasten kann im Lauf der Entwicklung innerhalb gewisser Grenzen variieren. Jedes Varna – selbst die Brahmanen – gliedert sich in zahlreiche Kasten und Subkasten, die Shudras sogar in über tausend. Sie sind aus Teilung, Untergliederung oder seltener als sektenartige Absplitterungen (z. B. die Lingayats) entstanden. Der Prozess hält immer noch an und betrifft auch die Unberührbaren (Hutton 1963).

Die Bezeichnung 'Kaste' geht auf das portugiesische 'Casta' zurück, womit die Portugiesen das bezeichneten, was man in Indien *Jati* (Geburt, Herkunft) nennt. Der Hindu wird in eine Kaste hineingeboren und damit ist – unabhängig von seinen persönlichen Fähigkeiten – sein sozialer Status und früher auch sein Beruf festgelegt. Er muss innerhalb seiner Kaste leben und heiraten. Das Kastenwesen ist die rigideste und ausgeklügeltste Hierarchie einer Gesellschaft, denn es bestimmt das Verhältnis und die Rangordnung der Kasten zueinander. Es bildet das Gegenteil zu dem, was im Westen als Demokratie bezeichnet wird, denn es bedeutet die festgeschriebene Inferiorität ganzer Bevölkerungsgruppen – eine von der Religion untermauerte 'Apartheid'. Sie erstreckt sich auf alle Bereiche des Lebens: das Essen oder dessen Zubereitung, die Benutzung von Brunnen, die Teilnahme an kultischen Handlungen oder das Betreten des Tempels, und sie findet ihre extreme Ausprägung in der Unberührbarkeit.

'Reinheit' ist ein zentrales Gebot des Kastenwesens. Sogar die Götter werden nach ihrer Reinheit eingestuft. Jeder Kontakt mit unreinen Gegenständen oder Personen 'befleckt'. Die Benutzung eines Trinkgefäßes, das ein Unreiner berührt hat, wird – auch wenn es unbeabsichtigt war – das Mitglied einer höheren Kaste beschmutzen und umfangreiche Reinigungsrituale erforderlich machen. Es ist offensichtlich, welche Bedeutung der Heirat innerhalb der eigenen Kaste (genauer: Unterkaste) zukommt (Kluck 1986, S. 223 f.). Bei jedem Zusammentreffen mit anderen Menschen und den alltäglichen Begebenheiten muss dem Inder seine Stellung in der Hierarchie bewusst sein, denn jeder Verstoß gegen die Regeln könnte schwer wiegende Konsequenzen haben. Andererseits basiert auf der Zusammengehörigkeit der Kaste ein Beziehungsgeflecht, auf das der Einzelne angewiesen ist, wenn er irgendetwas erreichen will.

Innerhalb der Kaste überwacht ein Kastenrat (Caste Panchayat), dass die Regeln und Vorschriften der betreffenden Kaste eingehalten werden, und setzt Strafen fest, mit denen Verstöße geahndet werden. Die Regeln einer Kaste sind jedoch nicht in ganz Indien die gleichen, sondern weisen regionale Unterschiede auf. In derselben Region hat die Kaste ihre gemeinsamen Gottheiten und Rituale, ihre Gesetze, Konventionen und Traditionen.

Einer bestimmten Kaste war ursprünglich ein bestimmter Beruf zugeordnet und nur ihre Mitglieder stellten z. B. Priester, Töpfer, Weber oder Frisöre. Dem entsprach ein Netz gegenseitiger Dienstleistungsbeziehungen. Die Zuordnung zu einer bestimmten Beschäftigung, die dann auch keine andere Kaste übernehmen durfte, gab den Menschen eine bescheidene Erwerbssicherheit. Aber mit dem Vordringen industrieller Produkte sind viele Handwerks-leistungen verdrängt worden.

Ansätze einer Kastengliederung sind selbst bei den Muslims zu erkennen, auch wenn dort die Gemeinschaft der Gläubigen (Umma) im Vordergrund steht. Dies verwundert weniger, wenn man berücksichtigt, dass in Indien die Mehrheit der Muslims konvertierte Hindus sind. In den Sikhismus, als Bewegung gegen das Kastenwesen gegründet, ist die Kaste eingedrungen – wenn auch nicht mit den Extremen der Hindu-Gesellschaft – und bei den Christen und sogar bei den Kommunisten Südindiens sind Kasten deutlich ausgeprägt.

Eigentlich gehört zum Kastenwesen das Dorf, denn nur wo jeder jeden kennt, lässt es sich rigoros durchsetzen. In der Stadt kann es in seiner extremen Form nicht aufrecht erhalten werden, obwohl auch hier die meisten die Kastenzugehörigkeit erkennen: am Namen, an der Sprache, an Erscheinung und Bewegungen und natürlich an der bei höheren Kasten sehr ausgeprägten Selbsteinschätzung gegenüber anderen. Aber zahlreiche Gebote können hier nicht aufrecht erhalten werden. Die Reinigungsrituale würden den größeren Teil des Tages in Anspruch nehmen. Berührungen lassen sich in öffentlichen Verkehrsmitteln und am Arbeitsplatz nicht vermeiden. Im Restaurant oder in der Kantine kann man sich nicht immer aussuchen, mit wem man isst. Darum sollte der Koch ein Brahmane sein, denn von ihm zubereitete Speisen sind für alle akzeptabel. In den wichtigen Beziehungen, besonders bei der Heirat, kommt jedoch der Kastenzugehörigkeit immer noch die entscheidende Rolle zu. Für die unteren Kasten, deren Anteil in der Stadt geringer ist als in den Dörfern, lockern sich zwar die Einschränkungen, denen sie im Dorf ausgesetzt sind, doch ihr Mangel an Ausbildung, Vermögen oder Beziehungen lässt sie gewöhnlich die unterste Stufe in der Sozialskala einnehmen und zwingt sie zu den schlecht bezahlten Arbeiten. Da sich aber in der Stadt neue Berufsfelder öffnen, verlieren viele Kastenregeln an Bedeutung.

Buddhismus

Der Buddhismus geht auf Siddhartha Gautama zurück, der als Prinz in der Nähe von Patna wahrscheinlich im 6. Jh. v. Chr. geboren und später 'Buddha' (der Erleuchtete) genannt wurde. Er verkündete die Erlösung vom Kreislauf der Wiedergeburten in der Selbstvervollkommnung durch bewusst sittliches Verhalten. Seine Lehre (Stietencron 1995, S. 154 ff.) war eine Reaktion gegen die vedische Religion seiner Zeit. Sie lehnte deren Götter, die Schriften und die brahmanischen Priester ab und wandte sich gegen das Kastenwesen. Besonders die städtische Kaufmannsschicht förderte den Buddhismus und brachte auch die Mittel für den Bau von Stupas, Klöstern und Universitäten auf. Nachdem Kaiser Ashoka ihr Anhänger geworden war, missionierte er Südindien und Sri Lanka. Im 7. Jh. hatte der Buddhismus nach seiner Ausbreitung über Zentralasien, Südostasien und Ostasien die größte Anhängerschaft in der Welt (Heitzmann, J. 1996, S. 130).

Da der Buddha seine Lehre nicht schriftlich überliefert hatte, ergaben sich zahlreiche Aufsplitterungen und Umgestaltungen, welche die Unterschiede zum Hinduismus verringerten. So kam es schließlich zu einer Renaissance des Hinduismus unter Führung der Brahmanen. Das Ende des Buddhismus in Indien brachte im

13. Jh. die Eroberung durch die Muslims, die Klöster und Bibliotheken zerstörten.

In Indien ist der Buddhismus nur noch in Sikkim und Ladakh in seiner tibetischen Form erhalten. Im übrigen Land war die Zahl der Buddhisten auf eine unbedeutende Größe geschrumpft. Das änderte sich 1956, als B. R. Ambedkar, der Führer der Dalits, zum Buddhismus übertrat, nachdem seine Hoffnungen auf eine wirkliche Abschaffung der Unberührbarkeit im unabhängigen Indien enttäuscht worden war. So wie in der Kolonialzeit Übertritte zum Christentum stattgefunden hatten, so suchte jetzt Ambedkar mit seinem Gefolge die Fesseln der Unberührbarkeit im kastenlosen Buddhismus zu sprengen, der zudem den Vorzug hatte, eine einheimische Religion zu sein. Die Übertritte fanden vor allem in Maharashtra statt, doch ist inzwischen die Welle abgeebbt. Insgesamt beträgt die Zahl der Buddhisten 6,4 Mio.

Jainismus Der Jainismus entstand fast gleichzeitig mit dem Buddhismus. Wie Buddha war ihr Gründer, Vardamana Mahavira, später 'Jina' (der Sieger) genannt, der Sohn eines Fürsten, also eines Standes, der mit den Brahmanen um die höchste Stellung in der Gesellschaft rang. Der Jainismus ging ursprünglich, wie der Buddhismus, von Bihar aus. Sein heutiger Schwerpunkt liegt im Westen in Rajasthan, Karnataka und Gujarat sowie in Maharashtra.

Im Gegensatz zum Buddhismus beschränkt sich der Jainismus völlig auf Indien, wo er eine Reformbewegung gegen das ritualistische Brahmanentum und das Kastenwesen war. Die Gemeinde gliedert sich in Mönche, Nonnen und Laien. Die Jains glauben an die Wiedergeburt und versuchen ihre schließliche Erlösung durch strenge Askese zu erreichen. Besondere Bedeutung hat die Heiligkeit des Lebens und daher das Vermeiden der Tötung jeglicher Lebewesen (Ahimsa), was auch eine vegetarische Lebensweise erfordert. Bei Mönchen findet Ahimsa sogar Ausdruck im Tragen eines Mundtuchs, um nicht versehentlich Insekten zu verschlucken. Außerdem erlaubt es der Jainismus seinen Anhängern nicht, Landwirtschaft zu betreiben, da hierbei, z. B. beim Pflügen, Lebewesen verletzt oder getötet werden könnten. Dieses Verbot trieb die Jains in andere Berufe, früher meist in den des Geldverleihers. Heute sind sie Geschäftsleute und in den freien Berufen tätig. Dementsprechend leben viele von ihnen in den großen Städten.

Ihre Gebote verpflichten die Jains zur Wahrheit, zur völligen Keuschheit und zum Verzicht auf jeglichen Besitz und persönliche Bindung. Da auf diese Weise allerdings keine Gemeinschaft zwei Jahrtausende überleben kann, werden für die Laienmitglieder die Gebote der Keuschheit und Besitzlosigkeit gemildert. Sie sollen nicht ehebrechen und keinen unnötigen Besitz erwerben. Es kommt vor, dass angehäufter Besitz gestiftet wird – was den Bau großartiger Tempelanlagen ermöglichte – und im Alter der Übertritt in das asketische Mönchsleben erfolgt. Die Sekte der 'Luftgewandeten' schließt in die Besitzlosigkeit auch den Verzicht auf Bekleidung ein und bleibt nackt.

Bei den Hindus genießen die Jains hohes Ansehen, denn ihre Vorstellungen und Lebensweise entsprechen denen der hohen Kasten. Trotz der geringen Zahl (3,4 Mio.) ist ihre wirtschaftliche Macht erheblich. Sie gehörten zu den ersten, die von den Vorteilen westlicher Erziehung profitierten. In der Verbindung mit dem Handel wurden sie auch als Unternehmer tätig, und nach der Unabhängigkeit gelang es ihnen, zahlreiche britische Firmen zu übernehmen.

Im Gegensatz zum Hinduismus ist der Islam eine monotheistische **Islam** Religion. Sein Stifter, der Prophet Mohammed, erhielt durch Offenbarung das Wort Gottes. Der Islam sieht den Menschen als Mittelpunkt der Schöpfung und seine Erlösung als Ziel. Er lehrt die Gleichheit aller Menschen – jedenfalls in der Gemeinschaft des Islam (Benderly 1986, S. 160 ff.) –, die Auferstehung der Toten und die Existenz von Paradies und Hölle. Es gibt keine formale kirchliche Organisation im Islam und theoretisch hat jeder Muslim Zugang zu Gott und seiner Offenbarung. In der Praxis wird jedoch das göttliche Gesetz, das im Koran niedergeschrieben ist, von der 'Ulama', dem Rat der Gelehrten, interpretiert. Der Gläubige ist fünfmal am Tag zu Gebeten verpflichtet und freitags zum Besuch der Moschee.

Die feste Etablierung des Islam in Indien erfolgte mit der Einrichtung des Delhi Sultanats. Seine Herrscher waren keine Araber, wie die ersten Eroberer im 8. Jh. in Sind, sondern Türken aus dem nomadisch geprägten Zentralasien, deren Bekehrung noch jung und deren Glaubenseifer besonders groß war. Der persische Einfluss erwuchs später durch Zuwanderer, die als Gelehrte, Künstler, Beamte und Soldaten in die Dienste der Muslim-Herrscher traten. Sie gehörten überwiegend der Sunni-Sekte an.

Übertritte von Hindus zum Islam hat es seit der Eroberung von Sind gegeben. Aber erst zur Zeit der Mogulherrschaft nahmen sie einen Umfang an, der die Muslims im westlichen Punjab und östlichen Bengalen zur Mehrheit machte, als diese Regionen für die Landwirtschaft und Besiedlung erschlossen wurden. Der hohe Anteil der Muslims in Bengalen steht im Zusammenhang damit, dass dort ein Zentrum des Buddhismus gewesen war. Als militante Hindus die buddhistischen Dynastien im 12. Jh. stürzten, kam es zu einer Verfolgung der Buddhisten und zur rigorosen Durchsetzung des Kastensystems. Unter diesen Verhältnissen empfingen Buddhisten und Hindus niedriger Kaste die Muslims als Befreier, und Übertritte fanden in großem Umfang statt. Schwerpunkte der Muslims bildeten auch die Zentren der politischen Macht wie Delhi, Lucknow, Ahmadabad und Hyderabad sowie die kleineren Städte, die in das Netzwerk der Herrschaft eingebunden waren.

Die Übertritte zum Islam erfolgten selten durch Gewalt, sondern in der Regel wegen Vergünstigungen, die Muslims geboten wurden, z. B. die Befreiung von Steuern, die Ungläubige zu zahlen hatten. Damit ergab sich auch eine Differenzierung der Muslim-Gesellschaft in Indien. Das Kastenwesen wurde zwar grundsätzlich abgelehnt, denn alle Menschen waren vor Gott gleich, doch werden die Nachkommen der Eroberer und der konvertierten Hindus hoher Kasten als 'Sharif' (Edle), andere Muslims als 'Atrav' oder 'Ajlaf' (Niedriggeborene) bezeichnet. Mancherorts gibt es sogar eine dritte Kategorie (Arzal), die den Unberührbaren bei den Hindus entspricht. Heirat zwischen den Gruppen ist selten. Es soll vorkommen, dass den Arzals, die niedrigste Berufe ausüben, das Betreten der Moschee oder die Bestattung auf dem Friedhof der Muslim-Gemeinde nicht gestattet ist (Benderly 1986, S. 165).

Dennoch bedeutete für die Unberührbaren, die den größten Teil der zum Islam Konvertierten stellen, die neue Religion eine Lösung von den härtesten Fesseln ihrer Erniedrigung. Die Übertritte erfolgten in der Regel in Gruppen als Kaste oder sogar in ganzen Landstrichen, obwohl es sicher auch Einzelne gegeben hat, die nach Ausschluss aus ihrer Kaste Muslims wurden. Die weit überwiegende Zahl der Muslims sind also nicht Nachkommen der Eroberer, sondern frühere Hindus. Eine Rolle beim Übertritt zum Islam haben auch muslimische Missionare gespielt, denn die Bekehrung Andersgläubiger sieht der Islam als Pflicht. Einige von ihnen sowie die großen Lehrer werden als Heilige verehrt, und ihre Grabstätten sind heute Pilgerorte.

Die Muslims von niederem sozialem Status gingen auf der einen Seite solchen Beschäftigungen nach, die für Hindus unrein sind, z. B. der Verarbeitung von Leder. Andere sind Händler und Handwerker, jedoch nicht Geldverleiher, denn das Erheben von Zinsen verbietet ihnen der Glaube. Da das Geben von Almosen für den gläubigen Muslim verpflichtend ist, bringt der Erwerb von Vermögen, der Spenden ermöglicht, entsprechendes Ansehen.

Von den beiden großen Hauptrichtungen des Islam, die sich schon im 7. Jh. im Streit über die Nachfolge des Propheten gebildet hatten, stellen die Sunniten (Sunnis) die Mehrzahl der indischen Muslims. Die Schiiten (Shias) dominieren in Hyderabad und Lucknow. Darüber hinaus ist eine Anzahl kleinerer Sekten vertreten.

Die Gegensätze zwischen Hindus und Muslims sind eines der großen Probleme Indiens und gehen weit in die Geschichte zurück. Bis zur britischen Kolonialmacht waren durch viele Jahrhunderte Muslims die Herrscher Indiens, darunter fanatische Verfechter des Islams wie Aurangzeb. Die politischen Auseinandersetzungen vor der Unabhängigkeit und die Teilung des Landes mit Vertreibungen und Ermordungen haben die Gegensätze vertieft. Nicht nur hat sich mit den Flüchtlingsströmen die Zahl der Muslims in Indien verringert, sondern sie verloren auch einen Teil ihrer politischen Führer und der wirtschaftlichen und intellektuellen Elite. So liegt ihr Anteil an öffentlichen Ämtern und im Management größerer Firmen weit unter ihrem Bevölkerungsanteil. Die verbliebenen Muslims betrachten jedoch Indien als ihre Heimat, und sie haben in den drei Kriegen zwischen Indien und Pakistan ihre Loyalität bewiesen (Bild 81). Die säkulare Congress-Partei hat sie gestützt, und sie waren mit Ministerämtern in der Regierung vertreten. Doch hat es immer wieder Auseinandersetzungen zwischen Hindus und Muslims gegeben. Sie erreichten 1992 einen Höhepunkt mit der Erstürmung der Babri Masjid in Ayodhya durch fanatische Hindus. In den darauf folgenden Wochen breiteten sich Unruhen im ganzen Land aus, bei denen 1700 Menschen getötet wurden. Als sie im Januar 1993 in Mumbai wieder aufflammten, verloren 700 Muslims ihr Leben und 2000 kamen bei einem Pogrom – wieder durch Ayodhya ausgelöst – im Frühjahr 2002 in Gujarat um. In Mumbai zeigte sich, dass die Gegensätze auch wirtschaftliche Ursachen haben. Wachsende Arbeitslosigkeit führte auf der einen Seite zum erbitterten Kampf um Arbeitsplätze. Auf der anderen Seite ließen die Erfolge von muslimischen Geschäftsleuten oder Heimkehrern aus den Golfstaaten, wo sie das Vielfa-

che eines indischen Einkommens verdient hatten, die höherkasti-
gen Hindus um ihr soziales Prestige fürchten (Echeverri-Gent
1996, S. 495). Bei solchen Anlässen zeigt sich, dass die religiösen Gründe oft nur der Vorwand sind, um die Mitglieder der anderen Glaubensgemeinschaft zu berauben, ihre Häuser niederzu-
brennen, ihre konkurrierenden Geschäfte zu vernichten oder sie
umzubringen. Inder sind durchaus nicht nur friedfertige Menschen, wie sie sich durch Gandhi dem Bewusstsein im Westen ein-
geprägt haben.

Bild 81: Muslims beim Gebet auf dem Maidan in Calcutta an einem hohen Feiertag.

Der Sikhismus ist eine monotheistische Reformreligion. Sie ging
in Nordindien aus kulturellen und sozialen Umwälzungen während
der Herrschaft der Muslims hervor. Nanak (1469–1539), der
Gründer und erste Lehrer (Guru) der Sikhs (aus dem Sanskrit für
'Schüler'), war von Hinduismus und Islam beeinflusst. Er lehnte bestimmte Praktiken des Hinduismus ab: die Riten, die Verehrung von
Idolen und das Kastensystem. Andererseits akzeptiert der Sikhismus den Glauben an die Seelenwanderung. Er sieht aber für den
Menschen die Chance, durch sein aktives Handeln aus diesem
Kreislauf auszubrechen und die Erlösung zu erlangen. Der Glaube
an vorbestimmtes Schicksal und seine passive Hinnahme wird
vom Sikhismus abgelehnt (Stukenberg 1995). Der ›Guru Granth
Sahib‹ ist das von den Sikhs verehrte Heilige Buch, eine Zusam-
menstellung von Schriften und Hymnen. Aufbewahrt wird das Buch
in 'Gurudwaras', den Zentren der Andacht und der Zeremonien.
    Nach einer Folge von zehn Gurus ging mit dem Tode von Go-
bind Singh 1708 die Führung an die Gemeinschaft oder Bruder-
schaft der 'Khalsa' über. Zunächst nur mit religiösen Reformen befasst, wurden sie unter der Bedrohung durch Aurangzeb im 17. Jh.
zu einem Kriegerorden. Es gelang ihnen, einen eigenen Staat zu
etablieren, den die Briten erst Mitte des 19. Jh.s nach zwei Kriegen eroberten. Sie konnten die Sikhs für sich gewinnen, indem sie
ihre Sitten und Religionsausübung akzeptierten und z. B. dem

Sikhismus

Granth Sahib militärische Ehren zuteil werden ließen. Die Sikhs stellten die Eliteeinheiten der britischen Kolonialarmee.

Die Teilung des Landes traf die Sikhs besonders hart, da ihr Verhältnis zu den Muslims sehr belastet war, denn sie hatten ja früher gegen sie gekämpft. Zu den Hindus bestanden dagegen enge Beziehungen. In den Dörfern leben die Sikh-Bauern und Hindu-Händler in einer Symbiose, die z. B. auch Heiraten untereinander ermöglicht. Die Sikhs wurden unter schweren Blutopfern aus dem westlichen Punjab vertrieben. Seitdem stellten sie im östlichen Punjab eine Mehrheit und verlangten daher einen eigenen Bundesstaat.

Viele Sikhs leben in den großen Städten, vornehmlich im Norden, wo sie schon durch ihre äußere Erscheinung mit Bart und Turban auffallen. Besonders heben sie sich jedoch dadurch hervor, dass sie das diesseitige Leben bejahen. Sie verstehen Ansehen und Wohlstand als Bestätigung ihrer Aktivitäten. Das gibt ihnen eine wirtschaftliche und politische Bedeutung, die über ihren Anteil von unter 2 % (ca. 16,3 Mio.) an der Gesamtbevölkerung Indiens weit hinausgeht. Sie stellen immer noch einen Teil der Armee, besonders des Offizierscorps, und der Administration. Durch ihre Aufgeschlossenheit gegenüber moderner Technik und ihre Bereitschaft, selbst Hand anzulegen, findet man sie als Leiter von großen Industrieunternehmen, als selbständige Unternehmer, Ingenieure, Facharbeiter und Lkw-Fahrer; aber auch als Geschäftsleute sind sie erfolgreich. Als Bauern haben sie wesentlich zum Gelingen der Grünen Revolution beigetragen. Mit ihren Erfolgen, aber auch ihrer Beurteilung des eigenen Glaubens als Heilsweg, ist eine beeindruckende Selbsteinschätzung verbunden. Im Gegensatz zu Hinduismus und Islam ist die Frau bei den Sikhs praktisch gleichberechtigt.

Christentum   Das Christentum hat in Indien ältere Wurzeln als der Islam oder Sikhismus. Wahrscheinlich predigte schon der Apostel Thomas an der Malabar-Küste und starb bei Chennai als Märtyrer. Im 4. Jh. war Kerala das Ziel syrischer Nestorianer, die hier Handel trieben. Sie behielten ihren Glauben, passten sich aber der Hindu-Gesellschaft an, indem sie sich als eine Art Kaste einordneten. Sie genießen bis heute hohes Ansehen. Diese frühen Christen bezeichnen sich als Thomas-Christen.

Den römischen Katholizismus brachten die Portugiesen, denen die Verbreitung des Glaubens wohl ebenso wichtig war wie der Handel. Sie konzentrierten sich auf Goa und die Westküste. Übertritte zum katholischen Glauben erfolgten aus allen Schichten der Bevölkerung, allerdings außerhalb Goas mehr bei unterprivilegierten Gruppen, z. B. den Fischern. Aufgrund dieser Entwicklung ist das katholische Christentum im Süden Indiens stärker verbreitet als im Norden.

Den Holländern und Briten folgten protestantische Missionare, die jedoch im Gebiet der East India Company erst nach 1813 zugelassen wurden. Da die Missionierung bei den höheren Hindu-Kasten erfolglos war, richteten sich ihre Bemühungen vornehmlich auf die Unterprivilegierten, die hofften, ihrer Unberührbarkeit entfliehen zu können. Die gleichen Motive hatten schon während der Muslim-Herrschaft zu Übertritten zum Islam geführt, der, wie in der Kolonialzeit das Christentum, damals die Religion der Herrschenden war. Den größten Erfolg erzielten die Missionare bei der Stammesbevölkerung, der außer dem neuen Glauben auch Schulen, eine Krankenversorgung und materielle Hilfen geboten wurden. Die Unabhängigkeitsbestrebungen im Nordosten mit seinem hohen Anteil konvertierter Stammesbevölkerung sind zwar nicht direkt ein Ergebnis der Missionierung, doch stärkte diese das Gefühl, nicht zu 'Hindu-Indien' zu gehören. Die indische Regierung hat nach der Unabhängigkeit Indiens den Zuzug von Missionaren einzuschränken versucht. In den letzten Jahrzehnten setzte mit dem Vordringen von Sekten wie den Adventisten und Baptisten eine Bekehrungswelle ein, welche die der Kolonialzeit weit übertrifft. Ziel ist vornehmlich die Bevölkerung des Stammesgürtels im zentralen Indien. Diese aggressive Missionierung wird durch finanzielle Mittel aus den USA gefördert. Da in Indien auch Animisten als Hindus gezählt werden, gilt ihre Bekehrung den militanten Gruppen der Hindutva-Bewegung als Angriff auf die Hindu-Religion und sogar auf Indien. Sie sind daher mit Gewalt gegen Christen und Kirchen vorgegangen, wobei kein Unterschied zwischen den Denominationen gemacht wurde. Ausschreitungen gab es besonders in Gujarat, im südlichen Indien kamen sie nicht vor.

Die Zahl aller Christen in Indien beträgt nur 19,6 Mio. Doch ist der indirekte Einfluss des Christentums sehr groß. Zahlreiche Inder der oberen Klassen besuchen in den Städten christliche Eliteschulen. Das sind zwar keine konfessionellen Schulen, aber ihre christlichen Lehrer und Leiter vermittelten seit Generationen westliche Denkweisen. Auch die Leistungen christlicher Institutionen im Gesundheitswesen sind bemerkenswert.

Die Parsen

Die Zoroastrier, Anhänger des Propheten Zarathustra und heute in Indien als 'Parsis' (Parsen = Perser) bezeichnet, kamen auf der Flucht vor dem Islam aus Persien an die Küste von Gujarat. Seit der britischen Herrschaft konzentrieren sie sich in der Stadt Mumbai. Ihre Religion, die Erde, Feuer, Wasser und Luft als heilig ansieht – weshalb sie ihre Toten den Geiern aussetzen –, haben sie bewahrt, jedoch schon früh westliche Sitten und Kleidung übernommen. Trotz ihrer im indischen Maßstab winzigen Zahl von etwa 100 000 Religionsangehörigen – die zudem rückläufig ist – haben die Parsen die indische Wirtschaft und vor allem die industrielle Entwicklung entscheidend beeinflusst.

Stammesreligionen

Die Stammesreligionen, gewöhnlich zu den animistischen Religionen gezählt, weisen eine außerordentliche Bandbreite auf, die fast der Anzahl der Stämme entspricht. Die großen sesshaften Stämme haben eine oberste Gottheit, die von einer Schar guter und böser Geister umgeben ist, die für die verschiedenen Aspekte des täglichen Lebens zuständig sind und die durch Gebete und Opfer beeinflusst werden können. Rituale begleiten das landwirtschaftliche Jahr und die Stationen des Lebens wie Geburt, Heirat und Tod. Sie stehen unter der Anleitung von 'Schamanen' und 'Geisterbeschwörern'. Eine allmähliche Übernahme primitiverer Formen des Hinduismus wird durch unscharfe Grenzen erleichtert (Heitzmann 1996, S. 168f.). Von den Hindus werden sie dann den Dalits zugeordnet. Je stärker die Isolierung eines Stammes in Bergen, Wüsten oder Wäldern war, umso besser konnte er seine traditionelle Kultur und Religion bewahren. Zahlenangaben über die Angehörigen von Stammesreligionen werden dadurch erschwert, dass sie im Census meist dem Hinduismus zugeordnet werden.

Politik und Parteien

Die Ära der Congress-Partei

Während der ersten Jahrzehnte wurde die Politik Indiens von der Congress-Partei mit Jawaharlal Nehru als Parteivorsitzendem und Ministerpräsidenten bestimmt. Aufgrund des Mehrheitswahlrechtes konnte sie die Mehrheit der Abgeordneten gewinnen, auch wenn sie weniger als 50 % der Stimmen erhielt. Sie stellte nicht nur die Zentralregierung, sondern meist auch die der Bundesstaaten.

Nehrus sozialistische Einstellung fand ihren Niederschlag vor allem in der Wirtschaftsplanung, die, entsprechend derjenigen der Sowjetunion, eine zentral gesteuerte Wirtschaft mit Fünfjahresplänen vorsah. Das staatliche Kontrollsystem räumte der Bürokratie eine überwältigende Macht ein.

'Non-alignment' kennzeichnete Nehrus Außenpolitik, d.h. die Blockfreiheit gegenüber den beiden Großmächten des Kalten Krieges. Dagegen setzte er die Solidarität mit anderen asiatischen und afrikanischen Ländern, die ihre Unabhängigkeit gewonnen hatten. Seit der afroasiatischen Konferenz in Bandung (1955) war Indien prominentestes Mitglied der 'Blockfreien Staaten', wobei die Beziehungen zu den Präsidenten Tito von Jugoslawien und Nasser von Ägypten besonders eng waren. Doch brachten es die Blockfreien nicht zu einem engeren Bündnis, und besonders der Konflikt mit China stellte Nehrus Politik in Frage.

Nach dem Tode Nehrus und einer zweijährigen Ministerpräsidentschaft von Lal Bahadur Shastri übernahm Nehrus Tochter, Indira Gandhi, 1966 das Amt des Ministerpräsidenten. Zunächst als Kompromisskandidatin von der Congress-Partei gewählt, setzte sie sich durch, indem sie den Congress in zwei Parteien spaltete und mit ihrer Gefolgschaft die Wahlen von 1971 mit der Parole 'Garibi Hatao' (Schlagt die Armut) gewann. Die erfolgreiche Abtrennung Bangladeshs von Pakistan in Verbindung mit dem Einmarsch indischer Truppen brachte ihr weitere Zustimmung. Doch die von der Ölkrise ausgelösten wirtschaftlichen Rückschläge warfen auch politische Probleme auf, von denen die erste indische Atombombenexplosion (1974) nur kurzfristig ablenken konnte. Außenpolitisch bekannte sie sich weiter zu den Blockfreien, stellte aber mit größerem Realismus als ihr Vater die indischen Interessen in den Vordergrund. In dem Maße, wie sich Indiens Beziehungen zu den USA, die Pakistan aufrüsteten, abkühlten, verbesserte sich das Verhältnis zur UdSSR, die Indien mit Waffen belieferte.

Als sich Indira Gandhi 1975 mit Inflation, Streiks und der Drohung einer Amtsenthebung konfrontiert sah, rief sie den Notstand (Emergency) aus. Dieser erlaubte ihr zwar, die turbulenten Verhältnisse in Ordnung zu bringen – was der Wirtschaft Auftrieb gab –, führte aber zur Verhaftung von Oppositionellen und einer Einschränkung der Pressefreiheit. Dennoch glaubte Indira Gandhi, dass die Bevölkerung hinter ihr stehe, als sie 1977 eine Neuwahl ansetzte. Aber eine zusammengewürfelte Koalition, die Janata Party (Volkspartei), deren einziges einigendes Band der Sturz Indira Gandhis war, gewann die Wahlen. Unter ihren Ministerpräsidenten Morarji Desai (1977–79) und Charan Singh (1979–80) stieg die Inflation wieder steil an, die Wirtschaft näherte sich dem Zusammenbruch, und Unruhen waren weit verbreitet. Die Koalition fiel auseinander, sodass Indira Gandhi die Wahlen von 1980 gewinnen konnte.

Nach ihrer Ermordung 1984 und nachdem schon zuvor ihr vorgesehener Nachfolger, ihr im Volk wenig beliebter Sohn Sanjai, bei einem Flugzeugunglück umgekommen war, übernahm ihr Sohn Rajiv, der sich vor dem Tode seines jüngeren Bruders nicht politisch betätigt hatte, das Erbe. Er wurde mit einer überwältigenden Mehrheit gewählt. Rajiv Gandhi setzte sich für eine Modernisierung Indiens ein. Ausländische Investitionen wurden erleichtert, die Einführung moderner Technologien unterstützt, Importrestriktionen und Protektionismus gelockert, neue Industrien des privaten Sektors entstanden. Seine Politik gab besonders der Mittelklasse in den Städten Auftrieb. Dann aber wurde Rajiv Gandhi in den sog. Bofors-Skandal involviert, bei dem Bestechungsgelder von der schwedischen Waffenfabrik für die Lieferung von Geschützen geflossen sein sollen. Die Affäre tat der Congress-Partei so viel Abbruch, dass sie aus den Wahlen von 1989 zwar als stärkste Partei hervorging, aber nicht mehr in der Lage war, allein zu regieren.

Unter der Führung von V. P. Singh, einem früheren Minister Rajiv Gandhis, bildete eine Koalition kleinerer Parteien eine Regierung, die jedoch an den völlig unterschiedlichen Zielen ihrer Mitglieder scheiterte, sodass Neuwahlen stattfinden mussten. Während des Wahlkampfes wurde Rajiv Gandhi von tamilischen Terroristen aus Sri Lanka ermordet. Die Congress-Partei gewann die Wahlen, und Narasimha Rao wurde 1991 Ministerpräsident.

Indien hatte sich zu lange den wirtschaftlichen Realitäten verschlossen. Das wurde nach dem Zusammenbruch der UdSSR als wichtigem Handelspartner besonders offenkundig. Das Land geriet in eine Zahlungsbilanzkrise. Raos Finanzminister Manmohan Singh führte eine liberalere Wirtschaftpolitik ein. Er machte die Rupie teilweise konvertierbar, reduzierte Zölle und Importrestriktionen ebenso wie die umständlichen Lizenzverfahren und bemühte sich um eine Privatisierung staatlicher Betriebe.

Die Congress-Partei konnte sich für eine volle fünfjährige Wahlperiode an der Regierung halten und in dieser Zeit ein tief greifendes wirtschaftliches Reformprogramm durchsetzen, das von einem Wirtschaftswachstum begleitet wurde. Ihre Politik rief aber auch Widerstände auf den Plan. Die zur wichtigsten Klientel der Congress-Partei gehörenden mittlständischen Bauern protestierten gegen die Kürzung ihrer Subventionen. Hinzu kam, dass sich der Lebensstandard der Armen nicht schnell genug besserte und Streiks und Unruhen ausuferten; der Congress verlor die Wahlen von 1996. Dazu trug auch bei, dass er Stammwähler einbüßte. Die Muslims hatten bis dahin für den Congress votiert, weil er den Säkularismus propagierte und sie ihn gegenüber einer Hindu-Partei als das kleinere Übel ansahen. Jetzt waren sie verunsichert, und auch die arme Landbevölkerung der unteren Kasten begann sich neu zu orientieren.

Ideologische und regionale Parteien

Außer dem Congress gab es in Indien kaum nationale Parteien, die in allen Landesteilen stark waren bzw. deren Organisation bis in die Dörfer vordrang, sondern eine Vielzahl regional oder ideologisch orientierter Parteien. Das Mehrheitswahlrecht erschwert die Bildung einer Oppositionspartei.

Die 'Communist Party of India', CPI-M (M = Marxist), entstand 1964 aus der von Moskau gesteuerten CPI. Die Kommunisten regieren seit Jahrzehnten in West Bengal. Eine radikale Splittergruppe ist die 'CPI-ML' (= Marxist-Leninist). Auf dem rechten Flügel bestand die 'Jan Sangh' als eine hindu-nationalistische Partei mit einem Schwerpunkt im Norden und mit Anhängern besonders unter den höheren und den Handel treibenden Kasten. Aus ihr ging die 'Bharatiya-Janata Party' (BJP) hervor, die für die politische Dominanz der Hindu-Mehrheit eintritt. Besonders zu Beginn der 1990er-Jahre nahm die BJP einen Aufschwung, indem sie sich für die Beseitigung der Moschee in Ayodhya und die Wiedererrichtung eines früheren Rama-Tempels an ihrer Stelle einsetzte. Die Hochburg der BJP lag zunächst im Norden, doch gelang es ihr, sich in den südlichen Bundesstaaten mit regionalen Parteien zu verbünden, sodass sie inzwischen im ganzen Land vertreten ist. Hinter der BJP stehen über 30 Organisationen als 'Sangh-Pariwar'. Dazu gehören die 'Rashtriya Swayamsevak Sangh' (RSS), die nationale Assoziation von Freiwilligen, die täglich zehntausende Gruppenveranstaltungen abhält, in denen die Mitglieder unter der safrangelben Flagge exerzieren, oder der 'Vishwa Hindu Parishad', der Welt-Hindu-Rat, der 'Hindutva' als eine 'Hindu-heit' propagiert. Er sieht im Hinduismus nicht nur eine Religion, sondern eine Kultur, die mit der Nation untrennbar verbunden ist und in der Muslims keinen Platz haben.

Mit dem Niedergang der Congress-Partei wuchs die Zahl der regionalen Parteien und ihrer Aufspaltungen. Die wichtigsten sind vor allem in den Staaten des Südens, Tamil Nadu und Andhra Pradesh, beheimatet. In Tamil Nadu kämpfen die 'Dravida Munnetra Kazhagam' (DMK) und die davon abgesplitterte 'All India Anna Dravida Munnetra Kazhagam' (AIADMK) um die Macht. In Andhra Pradesh ist die 'Telugu Desam' alt etabliert und stellt mit ihrer Mehrheit die Regierung. In Kerala sind die Kommunisten stark vertreten und in Karnataka die sozialistische 'Janata Dal'. In Maharashtra findet die 'Shiv Sena', eine radikale hinduistische Partei, Zulauf. Sie knüpft zum einen an die große Zeit der Marathen-Herrschaft an, zum anderen wendet sie sich gegen die Zuwanderung aus anderen Bundesstaaten nach Maharashtra. In Assam dominiert die 'Asom Gana Parishad', und im Punjab hat die 'Akali Dal' der Sikhs, die mehr Autonomie, aber nicht die Trennung von Indien anstrebt, eine starke Stellung. Die 'Rahtriya Janata Dal' (RJD) des Laloo Prasad in Bihar und die 'Samajwadi Party' in Uttar Pradesh finden ihre Wähler in den unteren Kasten.

In der Wahl 1996 wurde zwar die BJP stärkste Partei, da sie jedoch keine Verbündeten finden konnte, war sie nicht in der Lage, eine Regierung zu bilden. Diese Aufgabe fiel dann, unter Duldung der Congress-Partei, an die 'United Front', ein Bündnis von 13 kleineren Parteien. Zunächst war Deve Gowda von der Janata Partei Regierungschef. Ihm folgte Inder Kumar Gujral mit Unterstützung der Congress-Partei. Bei einer Neuwahl 1998 gewann die BJP mit

den verbündeten Parteien eine schwache Mehrheit, scheiterte aber 1999 bei einem Misstrauensvotum an einer Stimme, nachdem ihr die tamilische AIADMK unter Jayalalitha, der wegen Korruption angeklagten Parteichefin, die Gefolgschaft aufgekündigt hatte.

Bild 82: *Eine politische Demonstration auf dem Rajpath in Delhi.*

Bei den Neuwahlen im Herbst 1999 war die Wahlbeteiligung mit 59 % für indische Verhältnisse gering. Neben den hohen Kosten, die nicht nur den Staat, sondern auch viele Politiker belasteten, verloren über 100 Menschen durch Gewalttätigkeiten ihr Leben, obwohl die Wahlen über Wochen verteilt wurden, um in den einzelnen Landesteilen genügend Sicherheitskräfte bereitstellen zu können (Bild 82).

Von den 543 Parlamentssitzen in der Lok Sabha gewann die BJP 182 (zwei mehr als bei den Wahlen von 1998) und ist damit stärkste Partei. Mit ihren Verbündeten, weiteren 23 Parteien, mit denen sie sich zur 'National Democratic Alliance' (NDA) zusammengeschlossen hat, bringt sie es auf 299 Sitze. Mit A. B. Vajpayee von der BJP stellt sie einen gemäßigten Ministerpräsidenten, dem es gelang das radikale Image der Partei zu dämpfen. Die Congress-Partei (Indian National Congress, INC) gewann 112 Sitze (gegenüber 141 im Jahr 1998), wozu 28 Sitze von verbündeten Parteien kommen. Der Rest entfiel auf andere Parteien, darunter als größte die 'Communist Party of India (Marxist)' und Unabhängige.

In jüngerer Zeit haben die Dalits und unteren Kasten die Bedeutung ihrer Wählerstimmen erkannt sowie die Möglichkeit, die Politik zu ihren Gunsten zu beeinflussen. Damit haben die Konflikte mit höheren Kasten an Heftigkeit zugenommen und arten häufig in Gewalttätigkeiten aus.

Dalits und Politik

Bei den Auseinandersetzungen geht es in erster Linie um die Quoten für *Scheduled Castes* (S.C.), vornehmlich bei Studienplätzen und im öffentlichen Dienst. Sie waren zwar seit langem vorgesehen, wurden aber nicht durchgesetzt, auch weil den Begünstigten die nötigen Qualifikationen fehlen. Bereits in den 1950er-Jahren hatte eine Regierungskommission die Einbeziehung weiterer benachteiligter Gruppen, der so genannten *Other Backward Castes* (O.B.C.) in eine Quotenregelung vorgeschlagen. Das waren 1991 über tausend aufgelistete Gruppen, die in der Kastenordnung ganz unten stehen. Der Bericht und die Vorschläge der nach ihrem Vorsitzenden benannten 'Mandal Commission' blieben zunächst unbeachtet. Erst 1990 holte sie V. P. Singh aus der Schublade, um Wählerstimmen zu gewinnen. Damit wurden die Chancen für Angehörige höherer Kasten erheblich eingeschränkt. Ihre Studenten sahen den Studienplatz oder ihre Aussicht auf das begehrte Amt in der Verwaltung gegenüber weniger qualifizierten Mitbewerbern gefährdet. Es kam zu gewalttätigen Protesten, sodass die Regierung ihr Vorhaben zunächst zurückstellte.

Die Regierungen einzelner Bundesstaaten hatten aber bereits früher hohe Quoten für S.C. festgelegt, sodass bei einer zusätzlichen Quote für O.B.C. in der Größenordnung von 20 bis 30 % die vorgesehene 50-%-Grenze weit überschritten würde. So etwa in den Bundesstaaten Tamil Nadu und Karnataka, wo allerdings der Anteil der Brahmanen an der Bevölkerung sehr niedrig liegt. Der Höchste Gerichtshof entschied, dass 50 % die Obergrenze für 'Reservations' sein müsse, da sonst ein allgemeines Gleichheitsprinzip nicht mehr gewährleistet sei und dies nicht der Verfassung entspreche. Schließlich sind die Kasten durch Gesetz abgeschafft, und eine Förderung ist nur bei 'benachteiligten' Bevölkerungsgruppen möglich. Daher sei von Zeit zu Zeit eine Überprüfung des Status einer Gruppe notwendig.

Der Kampf um die Quoten hat die Konflikte nicht nur im Verhältnis hoher und niederer Kasten verschärft, sondern auch zwischen Dalits und O.B.C. und innerhalb der niederen Kasten selbst. Strebte man bisher nach einer möglichst hohen Einordnung der eigenen Kaste in der Hierarchie, so ist man jetzt bemüht, als 'backward' zu gelten, um an den Vergünstigungen teilzuhaben. Die Quoten haben daher eher die Wirkung Kastengrenzen zu vertiefen statt aufzulösen. Die Verhältnisse werden noch weiter kompliziert, weil eine bestimmte Kaste nicht in ganz Indien den gleichen Rang einnimmt und dadurch neue Gegensätze auftreten. Die Christen – wie auch die Buddhisten – werden von den Quoten ausgeschlossen, obwohl die meisten aus der Gruppe der Unberührbaren oder der Stammesbevölkerung stammen. Da sie keine Hindus sind, so lautet das Argument, hätten sie auch keinen Anspruch auf die kastenbezogenen Vergünstigungen. Inzwischen wenden sich die Parteien zur Beschaffung von Wählern gezielt an die Dalits oder O.B.C.'s. Damit dürfte sich eine grundlegende Veränderung der politischen Verhältnisse in Indien abzeichnen.

Indien und seine Nachbarn

Die britische Herrschaft hatte den gesamten Subkontinent unter der imperialen Struktur der Kolonialmacht 'geeint'. Ein Ring von Pufferstaaten schirmte ihn im Norden gegen Russland und China ab. Die benachbarten Himalayastaaten behielten ihre Souveränität in inneren Angelegenheiten, mussten aber die Wahrnehmung der Außenpolitik durch die Briten akzeptieren. Mit dem Rückzug der Briten entstanden Indien, Pakistan und Sri Lanka als neue Staaten, zu denen 1965 noch die Malediven und 1971 Bangladesh kamen. Sie alle verfolgten ihre eigene, häufig konträre Politik. Indien war die dominierende Macht der Region und untermauerte dies, indem es mit seinen Nachbarn jeweils nur bilateral verhandelte. Gegen diese Bedrohung – wie sie es empfanden – versuchten sie, den Einfluss Indiens durch ihre Beziehungen zu anderen Mächten zu neutralisieren.

1979 schlug Bangladesh die Gründung eines südasiatischen Forums vor, was zunächst nicht auf große Zustimmung stieß. Indien befürchtete den Zusammenschluss der benachbarten Staaten. Diese wiederum befürchteten, dass das Forum nur eine Institution werden sollte, um die indische Dominanz durchzusetzen. Die indische Politik gegenüber den Nachbarn änderte sich unter Rajiv Gandhi, der auch für multilaterale Gespräche mit den Staaten der Region offen war. So wurde 1987 das Sekretariat der 'South Asian Association for Regional Cooperation' (SAARC) eröffnet, das zwar die kontroversen Themen umgeht, dessen jährliches Treffen der Ministerpräsidenten jedoch eine Basis für eine Zusammenarbeit bietet.

Von allen Nachbarn ist Pakistan der wichtigste und schwierigste. **Pakistan** Die Wurzel des ständigen Konflikts geht bereits auf die Auseinandersetzungen zur Zeit Britisch-Indiens zwischen der Congress-Partei und der Muslim-Liga zurück, die in der Forderung nach einem separaten muslimischen Staat gipfelte. Die Massenmorde und die Vertreibung bei der Teilung haben die Gegensätze vertieft, und der Streit um Kaschmir scheint sie verewigt zu haben. Obwohl den Reisenden nach einer Fahrt auf dem Landweg von Europa durch das westliche Asien im pakistanischen Peshawar das Gefühl überkommt, 'Indien' erreicht zu haben und ihm das Gemeinsame größer erscheint als die Gegensätze, ist Pakistan jedoch nicht nur ein Teil Südasiens. Vielmehr bestehen aufgrund der gemeinsamen Religion auch enge Beziehungen zum westlichen Asien, einschließlich Afghanistan, die Pakistan immer betont und zu nutzen strebt.

Beide Staaten haben in den vergangenen Jahrzehnten einen Großteil ihrer diplomatischen Energie gegeneinander eingesetzt und ihre wirtschaftliche Kraft durch Aufrüstungen erheblich geschwächt. Bedrückendes Beispiel waren die indischen Atombombenversuche 1998. Ihnen folgte nur wenige Tage später der pakistanische Test – auch provoziert durch die Reden indischer Politiker –, sodass der Eindruck entsteht, das wirtschaftlich und technisch stärkere Indien versuche Pakistan „totzurüsten". Schließlich verfügt Indien über eine eigene Rüstungsindustrie, Pakistan ist dagegen auf die Lieferungen von Waffen aus China und den USA angewiesen, die je nach der politischen Konstellation nicht zuverlässig sind.

Der erste Krieg um Kaschmir 1948–49 endete mit einem von den Vereinten Nationen vermittelten Waffenstillstand und der Resolution zu einer Volksabstimmung in Kaschmir, die bis heute nicht stattgefunden hat. Nach vergeblichen Verhandlungen in den 1950er-Jahren versuchte Pakistan 1965 militärisch eine Lösung herbeizuführen, die aber an indischen Gegenangriffen scheiterte. Eine Friedenskonferenz unter sowjetischer Vermittlung bestätigte die pakistanisch-indische Waffenstillstandslinie, brachte aber sonst keine wichtigen Fortschritte. Im Indo-Pakistanischen Krieg von 1971 ging es in erster Linie um die Abtrennung Ostpakistans, obwohl auch in Kashmir heftige Kämpfe stattfanden.

Die sowjetische Besatzung Afghanistans zog eine Intensivierung der Beziehungen Pakistans zu den USA nach sich, welche die Widerstandskämpfer und die pakistanische Armee unterstützten. Nach dem Rückzug der sowjetischen Streitkräfte hatten die pakistanische Hilfe und amerikanische Waffen großen Anteil am Siegeszug der Taliban in Afghanistan. Nach einem Putsch von General Musharraf ließen die USA ihre Beziehungen zu Pakistan zunächst stark abkühlen. Zur Durchführung ihres 'war against terror' nach dem Attentat auf das World Trade Center in New York bemühten sie sich jedoch, Pakistan wieder als Verbündeten zu gewinnen. Das indo-pakistanische Verhältnis blieb dennoch gespannt. In jüngster Zeit brachten auch Treffen zwischen dem indischen Ministerpräsidenten und dem pakistanischen Regierungschef wegen des Kashmirproblems keinen Durchbruch, und im Mai/Juni 2002 standen die beiden Nationen am Rand eines Krieges.

Bangladesh Durch Indiens entscheidende Rolle im Unabhängigkeitskrieg Bangladeshs gegen die Herrschaft der westpakistanischen „Kolonialisten" im Jahre 1971 schien sich eine enge Verbindung zwischen den Ländern anzubahnen. Aber bereits in den 1970er-Jahren kühlten die Beziehungen trotz eines Freundschafts- und Handelsvertrages ab. Basierte der Nationalismus Bangladeshs zunächst auf der Sprache als Gegensatz zu Westpakistan, so rückte jetzt der Islam als einigendes Band gegenüber Indien in den Vordergrund. Damit unterschied man sich vom indischen West Bengal, mit dem man die Sprache gemeinsam hatte. Sicherheitsüberlegungen spielten nur eine unbedeutende Rolle im gegenseitigen Verhältnis, denn Bangladesh konnte sich militärisch mit Indien nicht messen, und von Indien wurde Bangladesh nie als Gefahr für seine Sicherheit betrachtet.

Eines der wichtigsten Probleme geht bereits auf die 1950er-Jahre zurück und betrifft die Verteilung des Wassers der Ganga. Indien hat in der Nähe der Grenze an der Wurzel des Mündungsdeltas den Farraka-Staudamm gebaut, der das Wasser der Ganga, das sonst zum großen Teil über einen anderen Flussarm dem Brahmaputra zufließen würde, in den Hugli umleitet. Damit soll die Versandung des Hafens von Calcutta verhindert werden. Bangladesh dagegen befürchtet eine Beschränkung seiner Bewässerungsmöglichkeiten in der Trockenzeit. Nach langen Verhandlungen regelte ein 1996 abgeschlossener Vertrag die Wasserversorgung zu gleichen Teilen in der regenarmen Zeit.

Bangladeshs Bevölkerungsexplosion und seine wirtschaftlichen und sozialen Probleme belasten die Beziehungen zu Indien. Die Handelsbilanz gegenüber Indien weist ein enormes Defizit auf, und seit 1971 ist eine große Zahl von Bangladeshis illegal nach Indien eingewandert. Die indische Regierung hat dies zunächst ignoriert, bis die Zuwanderungen zu den Unabhängigkeitsbewegungen in Assam und im Nordosten beitrugen.

Sri Lanka

Ein Ziel indischer Politik gegenüber Sri Lanka, dem früheren Ceylon, war die Ausschaltung auswärtiger Einflüsse. Hier boten sich dem Inselstaat eine Reihe von Optionen, die es gegenüber dem übermächtigen Nachbarn zu nutzen strebte. In diesem Zusammenhang spielte die Vergabe der Flottenbasis in Trincomalee, welche die Briten zwei Jahre nach der Unabhängigkeit Sri Lankas aufgaben und an deren Übernahme sowohl China als auch die USA interessiert waren, eine große Rolle.

Wichtigstes Problem zwischen den beiden Staaten waren jedoch die Tamilen. Dabei ging es weniger um die rund 800 000 Tamilen, die von den Briten zur Arbeit auf den Plantagen in Südindien angeworben worden waren und die zum Teil nach Indien repatriiert wurden, sondern vielmehr um die so genannten Jaffna-Tamilen, die seit über tausend Jahren den Norden der Insel besiedeln.

Die nach der Unabhängigkeit betriebene Politik der 'Renationalization' zielte auf eine Wiedereinführung der traditionellen Kultur Sri Lankas und damit der Dominanz der buddhistischen Singhalesen, die fast 70 % der Bevölkerung stellen. Die Abschaffung des Englischen als Regierungssprache und sein Ersatz durch Sinhala war nur einer der gravierenden Nachteile für die Tamilen. Aus der Unzufriedenheit und mehreren blutigen Unruhen, die sich gegen die Tamilen richteten, wuchs in den 1980er-Jahren die Bewegung der *Tiger*, aus der die 'Liberation Tigers of Tamil Eelam' (LTTE) als stärkste Kraft hervorgingen. Sie kämpften für die Errichtung eines unabhängigen tamilischen Staates 'Eelam' in den nördlichen und östlichen Gebieten Sri Lankas. Bis 1981 brachten sie den größten Teil des Nordens unter ihre Kontrolle. Unterstützt wurden sie von Tamil Nadu aus, wo auch Ausbildungslager bestanden. 1987 kam es zu einem Übereinkommen zwischen Indien und Sri Lanka, in dem Indien die Verantwortung für die Wiederherstellung von Frieden und Sicherheit in Sri Lanka übernahm. Colombo erkannte dafür die Hegemonie Indiens in der Region an, gewährte ihm praktisch die Kontrolle über den Hafen Trincomalee und verpflichtete sich, keine die Sicherheit betreffenden Beziehungen mit dritten Mächten einzugehen. Rajiv Gandhi entsandte daraufhin die 'Indian Peace Keeping Force' nach Sri Lanka, um die Rebellen zu entwaffnen, eine Aktion, der auch gemäßigte Gruppen unter den Tamilen zustimmten. Das Unternehmen war ein Fehlschlag. Indien musste immer neue Truppen nach Sri Lanka entsenden und erlitt trotz militärischer Erfolge große Verluste. Sri Lanka kündigte das Abkommen, und Rajiv Gandhis Amtsnachfolger zog 1990 die indischen Truppen ab. 1995 führten Regierungsstreitkräfte eine Großoffensive gegen die Jaffna-Halbinsel und nahmen sie schließlich zum größten Teil ein. Der Widerstand der LTTE war damit jedoch nicht gebrochen. Immer wieder kommt es zu militärischen Auseinandersetzungen im Norden und Terroranschlägen im Süden.

Das Tamilenproblem beeinflusst direkt und indirekt die indische Politik. Der Vorwurf, dass eine der Koalitionsparteien aus Tamil Nadu in der United-Front-Regierung mit der Ermordung Rajiv Gandhis in Beziehung stehe, veranlasste die Congress-Partei ihre Duldung der United Front aufzukündigen und führte damit zu deren Sturz.

Auch auf den *Malediven* demonstrierte Indien seine Stellung als dominierende Macht im Indischen Ozean. Die Inselgruppe, von

1887 bis 1965 britisches Protektorat und seitdem selbsständige Republik, erlebte 1988 einen Staatsstreich. Daraufhin landeten indische Fallschirmjäger und vertrieben die Putschisten.

Die Himalaya-Staaten

Das unabhängige Indien erbte von den Briten die Protektoratsverträge mit den kleinen Staaten im Himalaya – Nepal, Sikkim und Bhutan – und einige der Privilegien, die Tibet den Briten konzidiert hatte. Doch das neue kommunistische Regime Chinas besetzte Tibet schon im Winter 1950/51 trotz indischer Proteste. Während Neu-Delhi die chinesische Oberherrschaft über Tibet anerkannte, versuchte es die Beziehungen mit den Grenzstaaten auf neue Verträge zu stellen, nach dem Prinzip, dass die auswärtige Politik der Himalayastaaten in Verabredung mit Indien geregelt werden sollte.

Der König von *Nepal*, der Rana, hatte eine besondere Beziehung (Special Relationship) mit Indien in einem Vertrag von 1950 akzeptieren müssen. König Mahendra, der 1955 seinem Vater auf den Thron folgte, schlug jedoch eine Politik ein, die Nepals Abhängigkeit von Indien lockern und als Gegengewicht seine Beziehungen zu China festigen sollte. Mahendra versuchte sowohl von Indien als auch von China eine Anerkennung der nepalischen Neutralität zu erreichen (Rose 1989, S. 239f.). Delhi gab zwar einigen der Forderungen Kathmandus nach, war aber nicht bereit, den Vertrag von 1950 zu ändern. König Birendra, der seinem Vater 1972 folgte, stellte ebenfalls die Neutralität seines Landes in den Vordergrund, um die politische und wirtschaftliche Abhängigkeit von Indien zu lockern. Er forderte alle Staaten einschließlich der Nachbarn auf, Nepal als Friedenszone anzuerkennen. Als Nepal sich in den 1980er-Jahren weigerte, zugereisten Indern, die in immer größerer Zahl ins Land strömten, die Staatsbürgerschaft zu verleihen, verhängte Indien 1989 eine Handelsblockade. Erst unter Rajiv Gandhi besserten sich die Beziehungen zu Nepal. Ein Abkommen zur Zeit der Ministerpräsidentschaft von I. K. Gujral regelte die noch strittigen Probleme, bis auf kleinere Grenzstreitigkeiten. Die größte Partei in der erst jungen Demokratie ist die nepalesische Kongresspartei, die enge Beziehungen zu Indien pflegt. In den letzten Jahren haben in einigen Landesteilen Maoisten einen starken Einfluss gewonnen und bewaffnete Überfälle unternommen, die zur Ausrufung des Notstands führten. Die Ermordung der Königsfamilie (2001) hinterlässt eine größere Unsicherheit.

In *Sikkim* hatten die Briten einen direkteren Einfluss auf die Verwaltung genommen als in Nepal oder in Bhutan. Das charakterisiert auch die Beziehungen zwischen Indien und Sikkim nach 1947. Als der Herrscher eine interne Krise 1948/49 zu überstehen hatte, erfolgte eine indische Intervention. Daraus ergab sich 1951 ein Vertrag, der Sikkim als Protektorat definierte, über das Indien volle Rechte der Verteidigung und der auswärtigen Angelegenheiten hatte. Indien stationierte einen politischen Offizier in Gangtok und 'lieh' Beamte an Sikkim aus, um die Verwaltung zu steuern. Eine politische Bewegung, die einen Sturz des Herrschers unter dem Vorwand einer vollen Demokratisierung anstrebte, entstand 1973 mit indischer Unterstützung. Nach einer Intervention Indiens wurde der herrschende Fürst, der Chogyal, seines Amtes und seiner Titel enthoben und 1973 (offiziell erst 1975) Sikkim der Union als 22. Bundesstaat eingegliedert.

Die buddhistische Monarchie *Bhutans* hatte vor 1947 distanziertere Beziehungen zu Britisch-Indien. Ein Vertrag von 1910 gestand den Briten ein Eingreifen in die auswärtige Politik zu, doch nicht eine dauerhafte Stationierung britischer Beamter. In einem Vertrag erkannte Indien ausdrücklich Bhutans Unabhängigkeit an. Die Besetzung Tibets durch China, das auch Anspruch auf einen kleineren Teil Bhutans erhebt, und der Chinesisch-Indische Krieg brachten eine engere Verbindung mit Indien hinsichtlich der Verteidigung, der Außenpolitik und der Wirtschaft. Indien förderte Entwicklungsprojekte und baute mehrere Wasserkraftwerke, die Bhutan zu einem Lieferanten billigen Stroms machen. Mit Zurückhaltung betrachtet Indien die Bemühungen der Regierung in Thimphu, bei internationalen Organisationen, darunter auch den Vereinten Nationen, zugelassen zu werden. Etwa die Hälfte der Bevölkerung sind ethnische Nepalis, die vor allem im Süden siedeln. Die Angst vor einer Entwicklung wie in Sikkim, wo die eigene Bevölkerung zur Minderheit und das Land zu einem von Hindu-Nepalis dominierten indischen Bundesstaat wurde, gab Anlass zu einer Ausweisung von Nepalis in großem Ausmaß.

Burmas Beziehungen zu Indien reichen weit in die Vergangenheit zurück. Bereits um 200 v. Chr. drang der Buddhismus von Indien her in das Land ein und beeinflusste dessen kulturelle Entwicklung maßgeblich. Doch war Burma bis zur Kolonialzeit nie Teil eines indischen Großreiches. Dagegen gab es verschiedene Vorstöße von Burma in den Nordosten des heutigen Indien. Erst unter den Briten, die es nach drei anglo-burmesischen Kriegen annektierten, wurde Burma 1886 Britisch-Indien als Provinz zugeschlagen und von Calcutta aus regiert, das fruchtbare Kernland direkt, die gebirgigen Randgebiete indirekt. Nach mehreren Aufständen trennten es die Briten 1937 von Britisch-Indien ab und erklärten es zur Kronkolonie. 1948 erlangte Burma die Selbständigkeit und nennt sich seit 1989 Myanmar. Die Mehrheit der Bevölkerung besteht aus Burmanen, doch die zahlreichen Stämme in den Randgebieten streben nach Unabhängigkeit. Lang andauernde und immer wieder aufflammende Kämpfe sind die Folge.

In der Zeit, als Burma zu Britisch-Indien gehörte, wanderten zahlreiche Inder ein, vor allem aus dem Tamilengebiet; ihre Zahl stieg bis zum Zweiten Weltkrieg auf eine Million. Viele waren als Kontraktarbeiter gekommen, andere in der Verwaltung beschäftigt. Die südindische Kaste der Chettiars stellte die Händler und Geldverleiher. Sie hatten die Wirtschaft ganz in ihrer Hand. Mit Wucherzinsen ruinierten sie die burmesischen Bauern, denen die neue Geldwirtschaft fremd war. So brachten sie einen großen Teil des bewässerten Landes in ihren Besitz, im Irrawaddy-Delta, das die Briten zur Reisschüssel des Empires erschlossen, sogar mehr als die Hälfte.

Nach dem Vordringen der Japaner in Niederburma im Dezember 1941 flohen die meisten Inder – auch vor dem Hass der von ihnen ausgebeuteten burmesischen Bevölkerung. Diejenigen, die blieben oder die nach dem Krieg zurückkehrten, wurden von einer Landreform und einem Nationalisierungsprogramm betroffen. Die

Myanmar (Burma)

hierdurch ausgelösten Rückwanderungen führten zeitweilig zu einem angespannten Verhältnis zwischen den beiden Staaten, das ein Freundschaftsvertrag (1954) wieder normalisierte. Mehrere Grenz- und Handelsabkommen suchten auch den Drogenhandel zu kontrollieren. Der derzeitigen Militärdiktatur in Myanmar steht Indien eher reserviert gegenüber.

Ein gemeinsames Interesse verbindet Indien und Myanmar mit der Kontrolle von Grenzüberschreitungen in den unwegsamen Gebieten des Nordostens. Hier fanden jahrhundertelang kriegerische Auseinandersetzungen statt, die von burmesischen Stämmen ausgingen, bis die britische Annexion dem ein Ende machte. Nach der Unabhängigkeit führten die von der Stammesbevölkerung vorgetragenen Forderungen nach Eigenständigkeit in beiden Ländern zu gewaltsamen Konflikten, welche die Grenzen überschreiten können. Die 'indischen' Nagas erhoben sogar die Forderung nach einem Staat, der auch die burmesischen Stammesverbände umfasst.

China Der einzige Nachbarstaat Indiens, der nicht zum britischen Weltreich gehörte, ist China. 1950 gliederte die Volksrepublik das bis dahin fast autonome Tibet ihrem Staatsverband ein. 1959 flüchtete der Dalai-Lama mit vielen Tibetern nach Indien, was den Konflikt der beiden Staaten offenbar machte. Im Rahmen seiner Politik der Blockfreiheit, für die sich Nehru besonders mit Indonesien, Ägypten und Jugoslawien alliiert hatte, um ein Gegengewicht zu den beiden Großmächten zu bilden, war China eine wichtige Rolle zugedacht. Doch dann kam es zu Unstimmigkeiten zwischen China und Indien über ihre Rollen in der Bewegung der Blockfreien, hauptsächlich aber über ihre Grenzen im Himalaya. In der Region Aksai Chin im Osten Ladakhs baute China eine Straße – von Indien unbemerkt oder stillschweigend geduldet – in von Indien beanspruchtem Gebiet, im Osten hatte es die 'Mac-Mahon-Grenzlinie' aus der britischen Zeit nie anerkannt. Die Grenzstreitigkeiten mündeten 1962 in einem kurzen Krieg, der Indien völlig unvorbereitet traf und dem Land eine empfindliche Niederlage brachte. Die chinesischen Truppen rückten in Richtung Assam vor, zogen sich dann aber wieder zurück. Der von diesem Konflikt ausgelöste Schock belastete die indische Politik für lange Zeit – umso mehr, als China gute Beziehungen zu Pakistan unterhielt, wenn es auch nicht in die Indo-Pakistanischen Kriege von 1965 und 1971 eingriff. Seit Ende der 1970er-Jahre verbesserten sich die Beziehungen zwischen Indien und China und sind heute fast freundschaftlich, obwohl die Grenzfragen noch nicht geklärt sind und der chinesische Besitz von Atomwaffen als einer der Gründe für die indischen Atombombentests 1998 herhalten musste.

Literaturverzeichnis

Agarwal, V. P.: Forests in India. Environmental and Production Frontiers. New Delhi 1985.

Aggarwal, J. C.: Human Development in India – 50 Years Data Handbook. Delhi 1997.

Agrawal, A. N.: Indian Economy – Problems of Development and Planning. 25th ed., New Delhi 1999.

Ahlawat, S. R.: Green Revolution and Agricultural Labour. New Delhi 1988.

Ahmad, E.: Indian Village Patterns. In: Misra, H. N. (Ed.): Contributions to Indian Geography, No. 9, New Delhi 1987, S. 83–93.

Ahmad, I. (Ed.): Caste and Social Stratification among the Muslims. Delhi 1973.

Ali, S.: Environment and Resettlement Colonies of Delhi. New Delhi 1995.

Allachin, B. & R. Allachin: The Rise of Civilization in India and Pakistan. Cambridge 1982.

Alsdorf, L.: Vorderindien. Bharat – Pakistan – Ceylon. Eine Landes- und Kulturkunde. Braunschweig 1955.

Appu, P. S.: Land Reforms in India – A Survey of Policy, Legislation and Implementation. New Delhi 1996.

Ardeleanu-Jansen, A.: Goa. Köln 1997.

Aufderlandwehr, W.: Mobilität in Indien: Stadtgerichtete und innerstädtische Wanderungen im südlichen Indien. Untersucht am Beispiel der drei Städte Vijayawada, Guntur und Tenali. Tübingen 1976.

Avanthapadmanabhan, N., Imbakaran, R. & P. N. Kulkarni: Coimbatore: The Manchester of South India. In: Misra, R. P. & K. Misra (Eds.), Delhi 1998, S. 583–601.

Baden-Powell, B. H.: The Origin and Growth of Village Communities in India. Oxford 1899 (Reprint 1970).

Bajpai, U. S. (Ed.): India and Its Neighbourhood. New Delhi 1986.

Baker, C. J.: Frogs and Farmers: the Green Revolution in India and Its Murky Past. In: Bayliss-Smith, T. P. & S. Wanmali (Eds.), London 1982, S. 37–52.

Banerjee-Guha, S.: A Geography of Multinational Corporations in Eastern India. In: Hazra, J. (Ed.), Jaipur/New Delhi 1997, S. 264–279.

Bartz, F.: Die großen Fischereiräume der Welt, Bd. II, Asien mit Einschluß der Sowjetunion. Wiesbaden 1965.

Basting, B.: Bundesstaaten Indiens: Rajasthan. Südasien 19, 1999, S. 47–53.

Bayliss-Smith, T. P. & S. Wanmali (Eds.): Understanding Green Revolution. Agrarian Change and Development Planning in South Asia. London 1982.

Bayly, C. A.: Indian Society and the Making of the British Empire. The New Cambridge History of India, Vol. I/II, Cambridge 1988.

Beck, T.: The Green Revolution and Poverty in India: A Case Study of West Bengal. Applied Geography 15, 1995, S. 161–181.

Bender, R. J.: Indien, ein touristisches Entwicklungsland? Die Erde 24, 1993, S. 127 bis 145.

Benderly, B. L.: Religious Life. In: Nyrob, R. F. (Ed.), Washington 1986, S. 131–176.

Benninger, C. C.: Pune: The Emergence of a Metropolis. In: Misra, R. P. & K. Misra (Eds.), Delhi 1998, S. 384–417.

Berg, W. & D. Frank : Standortatlas Indien – Eine Analyse indischer Industriestandorte. Deutsch-Indische Handelskammer (Ed.), Köln 1992.

Berger, H.: Vielfalt der indischen Sprachen. In: Rothermund, D. (Ed.), München 1995, S. 101–110.

Béteille, A.: Caste in Contemporary India. In: Fuller C. J. (Ed.), Delhi 1996, S. 150–179.

Bhandari, L. & D. Mukhopadhay: Industrial Corridors in India. New Delhi 2000.

Bhandari, R. C. S.: State and Industrial Development. In: Bhandari, R. C. S. (Ed.): Institutions and Incentives in Industrial Development of Backward Regions in India. New Delhi 1998, S. 311–328.

Bhanu Kumar, O. S. R. U.: Eurasian Snow Cover and Seasonal Forecast of Indian Summer Monsoon Rainfall. Hydrological Sciences Journal, 33, 1988, S. 515–525.

Bhardwaj, D. S., Kandari, O. P., Chandhary, M. & K. K. Kamra (Eds.): Domestic Tourism in India. New Delhi 1998.

Bharti, R. K.: Industrial Estates in Developing Economies. New Delhi 1978.

Bhat, L. S.: Spatial Perspectives in Socio-Economic Development from National and Regional Angles. In: Sundaram, K. V. (Ed.), New Delhi 1985.

Bhat, L. S.: Strategies for Integrated Area Development. New Delhi 1988.

Bhooshan, B. S. (Ed.): Towards Alternative Settlements Strategies: The Role of Small and Intermediate Centres in the Development Process. New Delhi 1980.

Bhooshan, B. S. & R. P. Mishra: Habitat Asia – Issues and Responses. Vol. I, India. New Delhi 1979.

Bichsel, U.: Periphery and Flux. Changing Chandigarh Villages. Bern 1986.

Bichsel, U. & R. Kunz: Indien. Entwicklungsland zwischen Tradition und Fortschritt. Frankfurt a. M. 1982.

Birkenhauer, J.: Über Rumpfflächen in Indien und Sri Lanka sowie einige Aspekte ihrer Bildung. Mitteilungen der Geographischen Gesellschaft München 80, 1995, S. 205–236.

Birla Economic Research Foundation (Ed.): Monsoons, Floods and Cyclones in India. New Delhi 1992.

Birla Economic Research Foundation (Ed.): Industrial Policy in India. From Licensing to Deregulation. New Delhi 1996.

Blenck, J.: Slums und Slumsanierung in Indien. Erläutert am Beispiel von Jamshedpur, Jaipur und Madras. In: Tagungsberichte und wissenschaftliche Abhandlungen. Deutscher Geographentag Kassel, 1973. Wiesbaden 1974, S. 310–337.

Blenck, J.: Die Städte in Indien. In: Blenck et al. (Eds.), Frankfurt a. M. 1977, S. 145–162.

Blenck, J.: Die Auswanderung indischer Bevölkerungsgruppen und ihre sozialgeographische Umformung, dargestellt am Beispiel von Südafrika. In: Hottes, K. & H. Uhlig (Eds.).: Probleme der Entwicklungsländerforschung in Süd- und Südostasien. Bochum 1984, S. 215–251.

Blenck, J, Bronger, D. & H. Uhlig (Eds.): Südasien. Fischer Länderkunde, Frankfurt a. M. 1977.

Blüthgen, J. & W. Weischet: Allgemeine Klimageographie. Berlin 1980.

Blyn, G.: The Green Revolution Revisited. Economic Development and Cultural Change, Vol. 3, 1983, S. 705–725.

Böck, M. & A. Rao: Aspekte der Gesellschaftsstruktur Indiens: Kasten und Stämme. In: Rothermund, D. (Ed.), München 1995, S. 112–131.

Bohle, H.-G.: Bewässerung und Gesellschaft im Cauvery Delta (Südindien). Eine geographische Untersuchung über historische Grundlagen und jüngere Ausprägung struktureller Unterentwicklung. (Erdkundliches Wissen) Wiesbaden 1981.

Bohle, H.-G.: Probleme der Verstädterung in Indien. Elendssiedlungen und Sanierungspolitik in der südindischen Metropole Madras. Geographische Rundschau 36, 1984, S. 461–469.

Bohle, H.-G.: From Centre to Periphery: Changing Spatial Structures in Rural South India. Geojournal 10, 1985, S. 5–15.

Bohle, H.-G.: Südindische Wochenmarktsysteme. Theoriegeleitete Fallstudien zur Geschichte und Struktur polarisierter Wirtschaftskreisläufe im ländlichen Raum der Dritten Welt. Wiesbaden 1986.

Bohle, H.-G.: ‚Endogene Potentiale' für dezentralisierte Entwicklung: Theoretische Begründungen und stratigraphische Schlußfolgerungen mit Beispielen aus Südindien. Zeitschrift für Wirtschaftsgeographie 32, 1988, S. 259–268.

Bohle, H.-G.: Frühkoloniale Raumentwicklung im binnenländischen Südindien unter dem Einfluß von Weltmarkteinbindung und sozialem Wandel. Bremer Beiträge zur Geographie und Raumplanung 14, 1988, S. 171–208.

Bohle, H.-G.: 20 Jahre „Grüne Revolution" in Indien. Eine Zwischenbilanz mit Dorfbeispielen aus Südindien. Geographische Rundschau 41, 1989, S. 91–98.

Bohle, H.-G.: Hungersnöte, Unterernährung und staatliches Krisen-Management in Südasien. Geographische Rundschau 44, 1992, S. 98–104.

Bohle, H.-G.: Grenzen der Grünen Revolution in Indien. Geographische Rundschau 51, 1999, S. 111–117.

Bose, A.: India's Urban Population, 1991 Census Data, State, Districts, Cities and Towns, New Delhi 1994.

Bose, S. C.: Geography of West Bengal. New Delhi 1979.

Boxer, C. R.: The Portuguese Seaborn Empire 1415 –1825. Benton 1969.

Bradnock, R.: Agricultural Change in South Asia. London 1984.

Bradnock, R.: ‚Land'. In: Robinson, F. (Ed.), Cambridge 1989, S. 12–38.

Bradnock, R. & R. Bradnock: India Handbook. Bath 1997.

Brahme, S.: The Role of Bombay in the Economic Development of Maharashtra. In: Noble, A. G. & A. K. Dutt (Eds.), New Delhi 1978, S. 313–325.

Brass, P. R.: The Politics of India Since Independence. The New Cambridge History of India, Vol. 4, Part I, 2nd ed., Cambridge 1994.

Breese, G.: Urban Development Problems in India. Annals of the Association of American Geographers 53, 1963, S. 253–265.

Breese, G.: Urban and Regional Planning for the Delhi–New Delhi Area. Princeton 1974.

Bronger, A.: Die naturräumlichen und landschaftsökologischen Rahmenbedingungen. In: Bronger, D., Gotha 1996.

Bronger, D.: Der sozialgeographische Einfluß des Kastenwesens auf Siedlung und Agrarstruktur im südlichen Indien. Teil I, Kastenwesen und Siedlung. Erdkunde 24, 1970, S. 89–106.

Bronger, D.: Jajmani System in Southern India? In: Meyer-Dohm, P. (Ed), Tübingen 1975, S. 207–242.

Bronger, D.: Formen räumlicher Verflechtung von Regionen in Andhra Pradesh/Indien als Grundlage einer Entwicklungsplanung. Ein Beitrag der Angewandten Geographie zur Entwicklungsländerforschung. In: Bochumer Geographische Arbeiten, Sonderreihe Bd. 5, Paderborn 1976.

Bronger, D.: Das regionale Entwicklungsgefälle in Indien in seiner Relevanz für eine regional orientierte Entwicklungsplanung und -politik. Ausmaß – Dynamik – Ursachen. Internationales Asienforum 18, 1987, S. 15–68.

Bronger, D.: „Kaste" und „Entwicklung" im ländlichen Indien. Geographische Rundschau 41, 1989, S. 74–83.

Bronger, D.: Die Rolle der Metropole im Entwicklungsprozeß. Das Beispiel Bombay. In: Feldbauer, P. (Ed.); Megastädte. Zur Rolle von Metropolen in der Weltgesellschaft. Wien 1993, S. 107–128.

Bronger, D. & A. Finger: Indien: Ländliche Entwicklung durch Industrialisierung? Das Beispiel Aurangabad (Maharashtra). Geographische Rundschau 45, 1993, S. 632–642.

Bronger, D.: Indien. Größte Demokratie zwischen Kastenwesen und Armut. (Perthes Länderprofile) Gotha 1996.

Brush, J. E.: The Morphology of Indian Cities. In: Turner, R. (Ed.), Bombay 1962, S. 57–70

Brush, J. E.: Growth and Spatial Structure of Indian Cities. In: Noble, A. G. & A. K. Dutt (Eds.), New Delhi 1978, S. 64–92.

Brush, J. E.: Recent Changes in Ecological Patterns of Metropolitan Bombay and Delhi. In: Tewari, V. K. et al. (Eds.), New Delhi 1986, S. 121–150.

Brüsseler, R.: Industrialisierung und Regionalplanung in einem Entwicklungsland – das Beispiel des indischen Bundesstaates Gujarat. Aachener Geographische Arbeiten 25, Aachen 1992.

Buch, M. N.: Planning the Indian City. New Delhi 1987.

Buchanan, D. H.: The Development of Capitalistic Enterprise in India. New York 1934 (Reprint 1966).

Büdel, J. & D. Busche: Tropische Relieftypen Süd-Indiens. Relief, Boden, Paläoklima 4, 1986, S. 1–84.

Bundeszentrale für politische Bildung (Ed.): Indien. (Informationen zur politischen Bildung), Bonn 1997.

Cassen, H.: India. Population, Economy, Society. London 1978.

Census of India 1981: Survey Report on Re-Study of Village Kunkeri. Series-12, Maharashtra, Part X-C, Bombay 1988.

Census of India 1991: District Census Handbook. District Delhi. Village and Town Directory. Series 31, Part XII A & B, New Delhi 1993.

Census of India 1991: Series-1, Paper 1. Union Primary Census Abstract for Scheduled Castes and Scheduled Tribes. New Delhi 1993.

Census of India 1991: Series-1, Paper 1. Religion. New Delhi 1995.

Census of India 1991: Census Hand Book. New Delhi 1996.

Census of India 2001: Series-1, India, Paper 1 of 2001. Provisional Population Totals. o. O. o. J.

Centre for Science and Environment (Ed.): The State of India's Environment 1984–1985. New Delhi 1985.

Chakraborty, K. R.: The Urbanization Trend in the Calcutta Metropolitan District: A Projective Analysis. In: Dasgupta, B. et al. (Eds.), Calcutta 1991, S. 112–132.

Chakravarti, A. K.: Cattle Development Problems and Programs in India. A Regional Analysis. Geojournal 10, 1985, S. 21–45.

Chamber of Commerce and Industry. Punjab, Haryana and Delhi: National Capital Region. A Critical Review. New Delhi 1992.

Champion, H. G. & K. S. Seth: A Revised Survey of the Forest Types of India. Delhi 1968.

Chandra, J.: Migration and Social Change. A Survey of Indian Communities Overseas. The Geographical Review 58, 1968, S. 426 bis 449.

Chandrasekhara, C. S.: Kanpur: An Industrial Metropolis. In: Misra, R. P. (Ed.), New Delhi 1978, S. 274–303.

Chang, J. H.: The Monsoon Circulation of Asia. In: Yosgino, M. M. (Ed.): Climate and Agricultural Land Use in Monsoon Asia. Tokyo 1984, S. 3–34.

Chapman, G. & S. Wanmali: Urban-Rural Relationships in India: A Macroscale Approach Using Population Potentials. Geoforum 12, 1981, S. 19–44.

Chattopadhyay, K.: Tribalism in India. New Delhi 1978.

Chaudhuri, M. R.: The Industrial Landscape of West Bengal. Calcutta 1971.

Chaudhuri, M. R.: The Iron and Steel Industry of India. Calcutta 1975.

Chaudhuri, S.: Shahjahanabad: Functional Change and Urban Structure. In: Ghosh, B. (Ed.), New Delhi 1980, S. 21–26.

Chaudhuri, S. (Ed.): Calcutta – the Living City. Vol I (The Past), Vol II (The Present and the Future). Calcutta 1990.

Cobb, R., T. & L. J. M. Coleby: Monsoon Lands. London 1966.

Corbridge, S.: Agrarian Policy and Agrarian Change in Tribal India. In: Bayliss-Smith, T. P. & S. Wanmali (Eds.), London 1982, S. 87–108.

Corbridge, S.: Industrialization, International Colonialism and Ethnoregionalism: The Jharkand, India 1880–1980. Journal of Historical Geography 13, 1987, S. 249–266.

Corbridge, S. & P. D. Watson: The Economic Value of Children: A Case Study from Rural India. Applied Geography 5, 1985, S. 273–295.

Costa, F. J., Dutt, A. K., Ma, L. J. C. & A. G. Noble: Asian Urbanization – Problems and Processes. (Urbanisierung der Erde 5) Berlin 1988.

Courtenay, P. P.: Plantation Agriculture. London 1980.

Crook, N.: India's Industrial Cities – Essays in Economy and Demography. Delhi 1993.

Dallmeier, U.: Kaffeeanbau in Südindien. Geographische und wirtschaftliche Voraussetzungen und Auswirkungen. Diss. RWTH Aachen 1997.

Dandekar, V. M.: The Cattle Economy of India. Delhi 1980.

Dantwala, M. L. (Ed.): Indian Agriculture Development since Independence. 2nd ed., New Delhi 1991.

Das, B.: Surat: The Diamond City of India. In: Misra, R. P. & K. Misra (Eds.), Delhi 1998, S. 516–541.

Das, P. K.: The Monsoons. 3rd ed., New Delhi 1995.

Dasgupta, B. (Ed.): Urbanization, Migration and Rural Change – A Study of West Bengal. Calcutta 1988.

Dasgupta, B., Bhattacharya, M., Basu, D. K., Chatterjee, M. & T. K. Banerjee (Eds.): Calcutta's Urban Future. Calcutta 1991.

Dasgupta, S. P.: The Structure of Calcutta: Morphology of a Congested City. In: Racine, J. (Ed.), New Delhi 1990, S. 129–156.

Datt, R. & K. P. M. Sundharam: Indian Economy. New Delhi 1995.

Davis, K.: The Population of India and Pakistan. Princeton 1951 (Reprint 1968).

Dayal, E.: Wealth and Poverty in Rural India. Geojournal 11, 1985, S. 369–382.

Delhi Administration: Delhi Gazetteer. New Delhi 1976.

Delhi Development Authority: Delhi Vikas Varta: Delhi 2001. Special Issue (2). New Delhi 1985.

Delhi Development Authority: Master Plan for Delhi – Perspective 2001. New Delhi 1990.

Desai, A. P.: Environmental Quality in the Core City of Ahmedabad. The National Geographical Journal of India, 28, 1982, S. 1–14.

Desai, A. R. & S. D. Pillai (Eds.): Slums and Urbanization. Bombay 1970.

Deshpande, C. D.: Geography of Maharashtra. New Delhi 1971.

Deshpande, C. D.: India – A Regional Interpretation. New Delhi 1992.

Deshpande, C. D., Arunachalam, B. & L. S. Bhat: Impact of a Metropolitan City on the Surrounding Region. New Delhi 1980.

De Souza, V. S.: Social Structure of a Planned City, Chandigarh. Delhi 1968.

Dewett, K. K., Varma, J. D. & M. L. Sharma: Indian Economics – A Development Orientated Study. 3rd ed., New Delhi 1998.

Dhawan, B. D. (Ed.): Dams: Claims, Counterclaims. New Delhi 1990.

Diddee, J.: Indian Medium Towns – An Appraisal of their Role as Growth Centres. Jaipur/New Delhi 1997.

Dietrich, G.: Religiöse Konflikte und Chancen in der politischen Kultur Indiens. Frankfurt a. M. 1994.

Dikshit, K. R.: Geography of Gujarat. New Delhi 1970.

Directorate of Economics and Statistics, Government of National Capital Territory of Delhi: Delhi Statistical Handbook. Delhi 1996.

Dixit, R. S.: Geography of Marketing and Commercial Activities in India. Documentation on Research Information. New Delhi 1990.

Domrös, M.: Zur Frage der Niederschlagshäufigkeit auf dem Indisch-Pakistanischen Subkontinent nach Jahresabschnitten. Meteorologische Rundschau 21, 1968, S. 35–43.

Domrös, M.: Das Klima des vorderindischen Subkontinents. In: Blenck, J. et al. (Eds.), Frankfurt a. M. 1977, S. 45–55.

Domrös, M.: Tee in Indien. Nationale und internationale Bedeutung einer Plantagen-Cash Crop. Geographische Rundschau 45, 1993, S. 644–649.

Doornbos, M., van Dorsten, F., Mitra, M. & P. Terhal: Dairy Aid and Development – India's Operation Flood. New Delhi 1990.

Draguhn, W.: Entwicklungsbewußtsein und wirtschaftliche Entwicklung in Indien. Wiesbaden 1970.

Draguhn, W. (Ed.): Indien – Jahrbuch 2000. Politik, Wirtschaft, Gesellschaft. Hamburg 2000. (jährlich)

Drèze, J. & A. Sen: India – Economic Development and Social Opportunity. Delhi 1995.

Drèze, J. & A. Sen (Eds.): Indian Development: Selected Regional Perspectives. Delhi, Oxford 1996.

Dube, K. K. & A. K. Singh (Eds.): Urban Environment in India. New Delhi 1988.

Dube, S. C.: India's Changing Villages. Human Factors in Community Development. London 1963.

Dube, S. C.: Tribal Heritage of India. New Delhi 1977.

Dumont, L. M.: Gesellschaft in Indien. Die Soziologie des Kastenwesens. Wien 1976.

Duncan, R. A. & D. G. Pyle: Rapid Eruption of the Deccan Flood Basalts at the Cretaceous/Tertiary Boundary. Nature 333, 1988, S. 841–843.

Dupuis, J.: Madras et le Nord du Coromandel. Paris 1960.

Dutt, A. K., Khan, C. Chandrakanta & S. Chandralekha: Spatial Pattern of Languages in India. A Culture-Historical Analysis. Geojournal 10, 1985, S. 51–74.

Dyson, T. (Ed.): India's Historical Demography: Studies in Famine, Disease and Society. London 1989.

Echeverri-Gent, J.: Government and Politics. In: Heitzmann, J. & R. L. Warden (Eds.). Washington 1996, S. 429–506.

Ec. Surv.: s. Government of India, Ministry of Finances.

Ehlers, E. & T. Krafft (Eds.): Shahjahanabad/Old Delhi – Tradition and Colonial Change. (Erdkundliches Wissen 111), Stuttgart 1993.

Ehlers, E. & T. Krafft: Islamic Cities in India? – Theoretical Concepts and the Case of Shahjahanabad/Old Delhi. In: Ehlers, E. & T. Krafft (Eds.), Stuttgart 1993, S. 9–25.

Embree, A. & F. Wilhelm: Indien. Geschichte des Subkontinents von der Induskultur bis zum Beginn der englischen Herrschaft. Frankfurt 1982.

Etienne, G.: Asian Crucible – The Steel Industry in China and India. New Delhi 1992.

Evenson, N.: The Indian Metropolis – A View Towards the West. New Delhi 1989.

Farmer, B. H.: An Introduction to South Asia. London 1983.

Farmer, B. H.: Perspectives on the 'Green Revolution' in South Asia. Modern Asian Studies 20, 1986, S. 175–199.

Fernandes, W., Menon, G. & P. Viegas: Forests, Environment and Tribal Economy. New Delhi 1988.

Fischer Weltalmanach 2001. Baratta, M. von (Ed.), Frankfurt a. M 2000 (jährlich).

Flohn, H.: Tropische und außertropische Monsunzirkulation. In: Flohn, H. (Ed.): Arbeiten zur allgemeinen Klimatologie. Darmstadt 1971, Nachdruck aus: Berichte des Deutschen Wetterdienstes, Nr. 18, Bad Kissingen 1950, S. 1–42.

Flohn, H.: Elements of a Synoptic Climatology of the Indo-Pakistan Subcontinent. In: Flohn, H.: Tropical Circulation Pattern. Bonner Meteorologische Abhandlungen 15, 1970, S. 1–55.

Forrest, G. W.: Cities of India. London 1905.

Frankel, F. R.: India's Green Revolution – Economic Gains and Political Costs. Princeton 1971.

Frankel, F. R. & M. S. A. Rao (Eds.): Dominance and State Power in India. Decline of a Social Order. Delhi 1989.

Franz, H. G. (Ed.): Das alte Indien. Geschichte und Kultur des indischen Subkontinents. München 1990.

Fromhold-Eisebith, M. & G. Eisebith: Technologieregion Bangalore. Geographische Rundschau 51, 1999, S. 96–102.

Frykenberg, R. E. (Ed.): Delhi Through the Ages. Delhi 1986.

Fuchs, H.-J.: Der Monsun in Nordost-Indien. Typisierung der räumlichen und zeitlichen Niederschlagsvariation. Geographische Rundschau 51, 1999, S. 129–136.

Fuller, C. J. (Ed.): Caste Today. Delhi 1996.

Fürer-Haimendorf, C. v.: Traditional Leadership in Indian Tribal Societies. In: Pandey, B. N. (Ed.), New Delhi 1977, S. 3–18.

Fürer-Haimendorf, C. v.: Tribes of India. The Struggle for Survival. Berkeley 1982.

Gadgil, D. R.: The Industrial Evolution of India in Recent Times. 4th ed., London 1942.

Galtung, J.: The Indo-Norwegian Project in Kerala. A Development Project Revisited. Internationales Asienforum 15, 1984, S. 253–274.

Gangrade, K. D. & H. R. Chaturvedi: Green Revolution and the Drift in Rural Development. In: Sharma, M. L. & T. M. Dak (Eds.), Delhi 1989, S. 24–37.

Gans, P. & V. K. Tyagi: Spatio-Temporal Variations in Population Growth in India since 1901. Petermanns Geographische Mitteilungen 138, 1994, S. 287–296.

Gans, P. & V. K. Tyagi: Regionale Unterschiede in der Bevölkerungsentwicklung Indiens. Geographische Rundschau 51, 1999, S. 103–110.

Gansser, A.: Geology of the Himalayas. London 1964.

Garade, D. G. & A. P. Kumbhar: A Geographical Analysis of Rural Population and Food Production. Geographical Review of India 55, 1993, S. 66–77.

Gensichen, H.-W.: Die indischen Christen. In: Rothermund, D. (Ed.), München 1995, S. 186–198.

George, S.: Operation Flood. An Appraisal of Current Indian Dairy Policy. Delhi 1985.

George, S.: A Matter of People – Cooperative, Dairying in India and Zimbabwe. Delhi 1994.

Ghosh, A. & S. S. Ahmad: Plague in Surat. Crisis in Urban Governance. New Delhi 1996.

Ghosh, B. (Ed.): Shahjahanabad. Improvement of Living Conditions in Traditional Housing Areas. New Delhi 1980.

Giertz, G. (Ed.): Die Entdeckung des Seewegs nach Indien. Stuttgart 1990.

Gist, N. P.: The Ecology of Bangalore/India. 1957. Reprinted in: Tewari, V. K. et al. (Eds.), Delhi 1986, 15–34.

Glaeser, B.: Agriculture Between the Green Revolution and Ecodevelopment: Which Way to Go? In: Glaeser, B. (Ed.): The Green Revolution Revisited. Critique and Alternatives. Wellington 1987, S. 1–9.

Glasenapp, H. v.: Die Religionen Indiens. Stuttgart 1956.

Goetz, H.: Geschichte Indiens. Stuttgart 1962.

Goetz, H.: Der indische Subkontinent I. (Informationen zur politischen Bildung 112), Bonn 1965.

Gosalia, S.: Indien im südasiatischen Wirtschaftsraum. Chancen der Entwicklung zu einem regionalen Gravitationszentrum. (Mitteilungen des Instituts für Asienkunde, Bd. 203), Hamburg 1992.

Government of India, Ministry of Agriculture: Indian Agriculture in Brief. New Delhi 2000 (jährlich, zitiert als Ind. Agric.).

Government of India, Ministry of Finance: Economic Survey 2000–2001. New Delhi 2001 (jährlich, zitiert als Ec. Surv.).

Government of India, Planning Commission of India: Ninth Five Year Plan 1997–2002. Vol. I/II. New Delhi 1998.

Government of India, Publications Division, Ministry of Information and Broadcasting: The Gazetteer of India. Indian Union Vol. I, Country and People. New Delhi 1965.

Government of India, Publications Division, Ministry of Information and Broadcasting: The Gazetteer of India. Vol. II, History and Culture. 4th ed., New Delhi 1992.

Government of India, Publications Division, Ministry of Information and Broadcasting: India 2000, A Reference Annual. New Delhi 2000 (jährlich, zitiert als INDIA).

Govil, R. K. & B. B. Tripathi: Agricultural Economy of India. Allahabad 1996.

Gregory, S.: The Changing Frequency of Drought in India, 1871–1985. The Geographical Journal 155, 1989, S. 322–334.

Grötzbach, E.: Tourismus im Indischen Westhimalaya – Entwicklung und räumliche Struktur. In: Steinbach, J. v. (Ed.): Beiträge zur Fremdenverkehrsgeographie, München 1985, S. 27–47.

Grünewald. G. v.: Länder und Klima. Asien, Australien. Wiesbaden 1982.

Gupta, R. C.: Mumbai: Alternative Development Paths. In: Misra, R. P. & K. Misra (Eds.), Delhi 1998, S. 115–135.

Gupta, S. P.: The Indus-Saraswati Civilisation: Origins, Problems and Issues. Delhi 1996.

Gutschow, N. & J. Pieper: Indien, von den Klöstern des Himalaya zu den Tempelstädten Südindiens. 6. Aufl. Köln 1986.

Haeuber, R.: Development and Deforestation: Indian Foresty in Perspective. The Journal of Developing Areas 27, 1993, S. 485–514

Hamesse, J. E.: Sectoral and Spatial Interrelations in Urban Developments. A Case Study of Ahmedabad, India. Göttingen 1983.

Handke, W.: Der Konfliktherd in Indiens Nordost-Region. Außenpolitik 31, 1980, S. 427–437.

Harenberg, B. (Ed.): Harenberg Länderlexikon. Dortmund 1998. (jährlich)

Harris, N.: Economic Development. Cities and Planning: The Case of Bombay. Oxford 1978.

Harris, N.: Bombay in a Global Economy: Structural Adjustment and the Role of Cities. Cities 12, 1995, S. 175–184.

Hazell, O. & R. C. Ramazamy: The Green Revolution Reconsidered. Baltimore 1991.

Hazra, J. (Ed.): Dimension of Human Geography. Jaipur/New Delhi 1997.

Heeks, R.: India's Software Industry: State Policy, Liberalisation, and Industrial Development. New Delhi 1996.

Heins, J. J. F., Meijer, E. N. & K. W. Kuipers (Eds.): Factories and Families – A Study of a Growth Pole in South India. New Delhi 1992.

Heitzmann, J.: Religious Life. In: Heitzmann, J. & R. L. Warden (Eds.), Washington 1996, S. 121–178.

Heitzmann, J. & R. L. Warden (Eds.): India – A Country Study. Washington 1996.

Herresthal, M.: Die landschaftsräumliche Gliederung des indischen Subkontinents. Saarbrücken 1976.

Herrle, P.: Fallbeispiel Kalkutta. In: Slums und Squattersiedlungen: Thesen zur Stadtentwicklung und Stadtplanung in der Dritten Welt. Arbeitsbericht 37 des städtebaulichen Instituts der Universität Stuttgart, 1981, S. 222–255.

Herrle, P.: Der informelle Sektor: Die Ökonomie des Überlebens in den Metropolen der Dritten Welt. In: Stadtprobleme in der Dritten Welt. – Möglichkeiten zur Verbesserung der Lebensbedingungen. Institut für Auslandsbeziehungen (Ed.): Materialien zum Internationalen Kulturaustausch, Bd. 18, Stuttgart 1983.

Hofmeister, B.: Die Stadtstruktur: ihre Ausprägung in den verschiedenen Kulturräumen der Erde. Darmstadt 1980.

Hottes, K.: Industrial Estate – Industrie- und Gewerbepark – Typ einer neuen Standortgemeinschaft. In: Hottes, K. (Ed.): Industriegeographie. Darmstadt 1976, S. 485–515.

Hottes, K.: Joint Ventures as Incentives for New Industrial Systems in India. In: Hottes, K. & C. Uhlig (Eds.): Joint Ventures in Asia. Stuttgart 1983, S. 17–33.

Hottes, K.: Die Plantagenwirtschaft in der Weltwirtschaft – Innovationskraft und heutige Strukturen. Bochumer Schriften zur Entwicklungsforschung und Entwicklungspolitik. Frankfurt a. M. 1992.

Hutton, J. H.: Caste in India. Its Nature, Functions and Origins. 4th ed., London 1963 (Reprint Bombay 1980).

Ibrahim, F. N.: Savannen-Ökosysteme. Geowissenschaften in unserer Zeit 5, 1984, S. 145–159.

Ibrahim, R.: Market Centres and Regional Development. Delhi 1984.

INDIA: s. Government of India, Publications Division.

Ind. Agric.: s. Government of India, Ministry of Agriculture.

Indian Bureau of Mines: Indian Minerals Yearbook. Nagpur 2000.

Indian Ports Association: Major Ports of India. New Delhi 1998.

Iqbal, B.: German Foreign Direct Investment in India – Performance and Prospects. New Delhi 1994.

Jain, A. K.: The Making of a Metropolis – Planning and Growth of Delhi. New Delhi 1990.

Jain, A. K.: The Cities of Delhi. New Delhi 1994.

Jain, A. K.: The Indian Megacity and Economic Reforms. New Delhi 1996.

Jain, M. K, Ghosh, M. & W. B. Kim: Emerging Trends of Urbanization in India. An Analysis of 1991 Census Results. New Delhi 1993.

Jalan, B. (Ed.): The Indian Economy – Problems and Prospects. New Delhi 1992.

Jansen, M.: Mohenjo-Daro. Stadt am Indus. Indo-Asia 30, 1988, S. 32–38.

Jansen, M., Máire, M. & G. Urban (Eds.): Vergessene Städte am Indus. Mainz 1987.

Jayapal, M.: Bangalore – The Story of a City. Chennai 1997.

Johnson, B. L. C.: India – Resources and Development. London 1979.

Johnson, B. L. C.: South Asia – Selective Studies of the Essential Geography of India, Pakistan, Bangladesh, Sri Lanka and Nepal. 2nd ed. London 1981.

Joshi, P. C.: Land Reforms in India. New Delhi 1975.

Joshi, P. C.: Uttarakhand: Issues and Challenges. New Delhi 1995.

Joshi, S. C.: Migration to a Metropolis. Jaipur 1994.

Joshi, V. (Ed.): Migrant Labour and Related Issues. New Delhi 1987.

Jürgens, U. & J. Bähr: Inder in Südafrika. Geographische Rundschau 48, 1996, S. 358–365.

Junghans, K. H.: Einfluß der Industrialisierung auf die geographische und geistige Mobilität traditioneller Agrargesellschaften Südasiens. Das Beispiel Rourkela. Geographische Rundschau 20, 1968, S. 424–432.

Junghans, K. H. & W. Nieländer: Indische Bauern auf dem Weg zum Markt – Das Beispiel Rourkela. Stuttgart 1971.

Jusatz, H. J.: Geomedizinische Betrachtung der Seuchenlage in Südasien. In: Blenck, J. et al. (Eds.), Frankfurt a. M. 1977, S. 121–124.

Kalia, R.: Chandigarh – Making of an Indian City. Delhi 1988.

Kamble, M. S., Gharat, R. N. & S. Narayan: Economic History of India. Bombay 1979.

Kant, S.: Spatial Implication of India's New Economic Policy. Tijdschrift voor Economische en Sociale Geografie, Vol. 90, 1999, S. 80–96.

Kantowsky, D.: Dorfentwicklung und Dorfdemokratie in Indien. Freiburger Studien zu Politik und Gesellschaft überseeischer Länder, Bd. 9, 1970.

Kanwar, J. S. (Ed.): Water Management – The Key to Developing Agriculture. New Delhi 1986.

Katiyar, V. S.: The Indian Monsoon and its Frontiers. New Delhi 1990.

Kaviraj, S. (Eds.): Politics in India. Delhi 1997.

Khan, N.: Studies in Human Migration VI. New Delhi 1983.

Kirchhoff, J. F.: Indien. In: Herkendell, J. & J. Pretzsch (Eds.): Die Wälder der Erde. Bestandsaufnahme und Perspektiven. München 1995, S. 39–50.

Klink, H.-J. & E. Mayer: Vegetationsgeographie. Das Geographische Seminar. Braunschweig 1996.

Kluck, P. A.: Social Systems In: Nyrop, R. F., (Ed.). Washington 1986, S. 217–271.

Köckmann, U.: Hindutradition und Stadtentwicklung – Varanasi: Analyse einer gewachsenen ungeplanten Pilgerstadt am Ganges. Bochum 1982.

Kolenda, P.: Caste in Contemporary India. Jaipur 1997.

Kopardekar, H. D.: Social Aspects of Urban Development. Bombay 1986.

Korakandy, R.: Technological Change and the Development of Marine Fishing Industry in India: A Case Study of Kerala. Delhi 1994.

Kosambi, M.: Bombay in Transition. The Growth and Social Ecology of a Colonial City 1880–1980. Stockholm 1986.

Kosambi, M. & J. E. Brush: Early European Suburbanization in the Indo-British Port Cities. In: Costa, F. J. et al., Berlin 1988, S. 9–23.

Kosambi, M. & J. E. Brush: Three Colonial Port Cities in India. Geographical Review 78, 1988, S. 32–47.

Krafft, T.: Contemporary Old Delhi: Transformation of an Historical Place. In: Ehlers, E. & T. Krafft (Eds.), Erdkundliches Wissen 111, Stuttgart 1993, S. 65–91.

Krafft, T.: Delhi – von Indraprashta zur Hauptstadt Indiens. Geographische Rundschau 48, 1996, S. 104–112.

Krebs, N.: Vorderindien und Ceylon. Eine Landeskunde. Stuttgart 1939, Neudruck Darmstadt 1965.

Krishnamurti, T. N.: Sommer Monsoon Experiment – A Review. Monthly Weather Review 113, 1985, S. 1590–1626.

Krishnan, M. S.: Geology. In: Mani, M. S. (Ed.): Ecology and Biogeography in India. The Hague 1974, S. 60–97.

Kulkarni, K. M.: Cantonment Towns of India. In: Ekistics 277, July/Aug. 1979, S. 214–220.

Kulkarni, K. M.: Geography of Crowding and Human Responses: Ahmedabad. New Delhi 1983.

Kulke, H. & D. Rothermund: Geschichte Indiens von der Induskultur bis heute. 2. Aufl., München 1998.

Kulke, H. & D. Rothermund: Region, Regionale Tradition und Regionalismus in Südasien. Versuch einer Einführung in die Thematik. In: Kulke, H. & D. Rothermund (Eds.): Regionale Tradition in Südasien. Wiesbaden 1985, S. VII – XXIV.

Kulke, H., Rieger, H. C. & L. Lutze (Eds.): Städte in Südasien – Geschichte, Gesellschaft, Gestalt. Beiträge zur Südasienforschung Bd. 60, Wiesbaden 1982.

Kumar, R.: India's Export Processing Zones. Delhi 1989.

Kundu, A. & M. Raza: Indian Economy – The Regional Dimension. New Delhi 1982.

Kurien, C. T.: Landwirtschaftliches Wachstum und der Wandel im ländlichen Raum. Internationale Entwicklung 3, 1981, S. 93 bis 104.

Kuriyan, G.: India – A General Survey. Delhi 1975.

Kutzbach, J. E.: The Changing Pulses of the Monsoon. In: Fein, J. S. & P. L. Stephens (Eds.): Monsoons. New York 1989, S. 247 bis 268.

Lakdawala, D. T., Alagh, Y. K. & A. Sarma: Regional Variations in Industrial Development. Sardar Patel Institute of Economic and Social Research, Series 10, Ahmedabad 1974.

Lambert, R. D.: The Impact of Urban Society upon Village Life. In: Turner, R. (Ed.), Bombay 1962, S. 117 – 140.

Lauer, W.: Klimatologie. Das Geographische Seminar. Braunschweig 1993.

Law, B. C. (Ed.): Mountains and Rivers of India. (National Committee for Geography: 21st International Geographical Congress India 1968), Calcutta 1968.

Lawson, P.: The East India Company: A History. London 1993.

Leaf, M. J.: The Green Revolution and Cultural Change in a Punjab Village, 1965–1978. Economic Development and Cultural Change, Vol. 31, 1983, S. 227–270.

Legris, P.: La végétation de l'Inde. Toulouse 1963.

Lehmann, E. & H. Weise: Historisch-geographisches Kartenwerk: Indien (Entwicklung seiner Wirtschaft und Kultur). Leipzig 1958.

Lengerke, H. J.: Mountain Settlements and Development in South Asia. Environmental Perception and Change. Applied Geography and Development 23, 1984, S. 72–93.

Lensch, J. H.: Probleme und Entwicklungsmöglichkeiten der Rinder- und Büffelhaltung in Indien unter besonderer Berücksichtigung der ‚Heiligen Kühe‘ – eine interdisziplinäre Betrachtung. Diss. Univ. Göttingen 1985.

Lindauer, G.: Stadttypen in Indien. Ihre Entstehung und ihre heutige Rolle im Urbanisierungsprozeß. Geographische Rundschau 26, 1974, S. 344–349.

Madan, T. N.: Religion and Politics in India. Political Culture, Revivalism, Fundamentalism and Secularism. In: Panandiker, V. A. P. & A. Nandy (Eds.), New Delhi 1999, S. 318–336.

Madras Institute of Development Studies: Tamilnadu Economy. Performance and Issues. New Delhi 1988.

Mahadev, P. D.: People, Space and Economy of an Indian City. An Urban Morphology of Mysore City. Mysore 1975.

Mahadev, P. D.: Bangalore: A Garden City of Metropolitan Dimensions. In: Misra, R. P. (Ed.), Delhi 1978, S. 242–272.

Mahadev, P. D. (Ed.): Urban Geography. (Contribution to Indian Geography 7), New Delhi 1986.

Mamoria, C. B.: Economic and Commercial Geography of India. Agra 1984.

Mandelbaum, D. G.: Society in India: Vol. 1, Continuity and Change; Vol. 2, Change and Continuity. Berkeley/London 1970.

Manshard, W. & R. Mäckel: Umwelt und Entwicklung in den Tropen. Naturpotential und Landnutzung. Darmstadt 1995.

Mathur, S. M.: Physical Geology of India. New Delhi 1994.

Mavi, H. S. & D. S. Tiwana: Geography of Punjab. New Delhi 1993.

Mayer, A.: Caste in an Indian Village – Change and Continuity 1954–1992. In: Fuller, C. J. (Ed.), Delhi 1996, S. 32–64.

Meher-Homji, V. M.: History of Vegetation of Peninsular India. Man and Environment XIII, 1989, S. 1–10.

Mehta, M. & D. Mehta: Metropolitan Housing Market – A Study of Ahmedabad. New Delhi 1989.

Meyer-Dohm, P. & S. Sarupria: Rajasthan. Dimension einer regionalen Entwicklung. Stuttgart 1985.

Michell, G. & S. Shah (Eds.): Ahmadabad. Bombay 1988.

Misra, B.: Economic Profile of Indial. New Delhi 1997.

Misra, P. S.: Changing Pattern of Village Family in India: A Sociological Study. New Delhi 1994.

Misra, R.: Forest-Savanna Transition in India. In: Furtado, J. I. (Ed.): Tropical Ecology and Development. Proceedings of the Vth International Symposium of Tropical Ecology, Kuala Lumpur, Part 1, 1980, S. 141–154.

Misra, R. P. (Ed.): Million Cities of India. New Delhi 1978.

Misra, R. P.: Economic and Social Roles of Metropolitan Regions – Problems and Prospects. In: Sazanami, H. (Ed.): Metropolitan Planning and Management. Tokyo 1982, S. 3–21.

Misra, R. P. & K. Misra (Eds.): Million Cities of India – Growth Dynamics, Internal Structure, Quality and Planning Perspectives. Vol. I/II. Delhi 1998.

Misra, R. P., Sundaram, K. V. & V. L. S. Prakasha Rao: Regional Development in India. Delhi 1976.

Misra, S. K. & V. K. Puri: Indian Economy – Its Development Experience. 15th ed., Mumbai 1997.

Mittal, M. (Ed.): Rural Development in India. Delhi 1995.

Molnar, P. & P. Tapponnier: The Collision Between India and Eurasia. Scientific American 236, 1977, S. 30–41.

Moorhouse, G.: Calcutta. London 1971.

Mosly, P. & R. Krishnamurthy: Can Crop Insurance Work?: The Case of India. The Journal of Development Studies 31, 1995, S. 428–450.

Mozoomdar, A.: The Indian Federal State and Its Future. In: Panandiker, V. A. P. & A. Nandy (Eds.), New Delhi 1999, S. 261–296.

Mujeeb, M.: The Indian Muslims. London 1967.

Müller, M. J.: Handbuch ausgewählter Klimastationen der Erde. In: Forschungsstelle Bodenerosion der Universität Trier. Trier 1996.

Munsi, S. K.: Calcutta Metropolitan Explosion. New Delhi 1975.

Nag, P. & S. Sengupta: Geography of India. New Delhi 1992.

Nag, S.: Roots of Ethnic Conflict. Nationality Question in North-East India. New Delhi 1990.

Naht, V.: Planning for Delhi. Geojournal 29, 1993, S. 171–180.

Nandy, R.: Developing Small and Medium Towns. New Delhi 1985.

Nandy, R.: Squatters. The Case of Faridabad. New Delhi 1987.

Nangia, S. K.: Delhi Metropolitan Region: A Study in Settlement Geography. New Delhi 1976.

Narayan, S.: Indian Anthropology. Delhi 1988.

National Capital Region Planning Board: Regional Plan 2001. New Delhi 1988.

National Capital Region Planning Board: National Capital Region Growth and Development. New Delhi 1996.

National Capital Region Planning Board: National Capital Region Potential. New Delhi 1997.

National Commission on Urbanization: Report Vol I–VII. New Delhi 1988.

National Council of Applied Economic Research: Ganga Traffic Survey. New Delhi 1960.

National Council of Applied Economic Research: Market Towns and Spatial Development. New Delhi 1972.

National Institute of Urban Affairs: Patterns of Migration in the National Capital Region. New Delhi 1986.

National Institute of Urban Affairs: Dimensions of Urban Poverty. A Situational Analysis. New Delhi 1988.

National Institute of Urban Affairs: Reshaping Urban Growth Patterns. Some Options. New Delhi 1988.

National Institute of Urban Affairs: National Capital Region. A Perspective on Patterns and Processes of Urbanisation. New Delhi 1988.

National Institute of Urban Affairs: State of India's Urbanization. New Delhi 1988.

National Institute of Urban Affairs: Urban Studies in India. A Bibliography. 3 Vols., New Delhi 1988.

National Institute of Urban Affairs: Integrated Development of Small and Medium Towns. An Evaluation Study. New Delhi 1990.

Nerreter, W.: Entwicklungstendenzen in der indischen Fischereiwirtschaft. Geographische Rundschau 41, 1989, S. 99–106.

Nesmith, C.: Trees for Rural Development. Applied Geography 14, 1994, S. 135–152.

Niemeier, G.: Zur typologischen Stellung und Gliederung der indischen Stadt. In: Wenzel, F. (Ed.): Geographie, Geschichte und Pädagogik. Braunschweig 1961, S. 128–146.

Nilsson, S.: The New Capitals of India, Pakistan and Bangladesh. London 1973.

Nissel, H.: Bombay – Untersuchungen zur Struktur und Dynamik einer indischen Metropole. Berliner Geographische Studien, Bd. 1, Berlin 1977.

Nissel, H.: Determinanten und rezente Auswirkungen der Urbanisierung in Indien. In: Husa, K. (Ed.): Beträge zur Bevölkerungsforschung. Wien 1986, S. 267–284.

Nissel, H.: Die Metropole Bombay. Geographische Rundschau 41, 1989, S. 66–74.

Nitz, H.-J.: Regionale Formen der Viehwirtschaft zwischen Thar und dem oberen Ganges. Geographische Rundschau 20, 1968, S. 414–423.

Nitz, H.-J.: Formen der Landwirtschaft und ihre räumliche Ordnung in der oberen Gangesebene. Heidelberger Geographische Schriften, Bd. 28, 1971.

Nitz, H.-J.: Reislandpolder in Süd Kerala (Indien). Heidelberger Geographische Schriften, Bd. 40, 1974.

Nitz, H.-J.: Die agrargeographischen Strukturen Indiens. In: Blenck, J. et al. (Eds.), Frankfurt a. M. 1977, S. 171–192.

Nitz, H.-J.: Kerala – Wirtschaftsräume und Lebensformen im überbevölkerten tropischen Südwestindien. Geoökodynamik 3, 1982, S. 55–88.

Nitz, H.-J.: Bewässerungssysteme im semiariden Südostindien – Das Beispiel des Tambraparni-Gebietes. In: Forschungsbeiträge zur Landeskunde Süd- und Südostasiens. Wiesbaden 1982, S. 233–253.

Nitz, H.-J.: Ackerwirtschaft mit knappen Wasserressourcen in semi-ariden Räumen Indiens. Geographische Rundschau 36, 1984, S. 62–70.

Noble, A. G. & A. K. Dutt (Eds.): Indian Urbanization and Planning: Vehicles of Modernization. New Delhi 1978.

Noble, A.G., Dutt, A. K. & C. B. Monroe: The Morphology of a Temple Town Center: Madurai, India 1975. In: Costa, F. J. et al., Berlin 1988, S. 143–164.

Nyrop, R. F. (Ed.): India. A Country Study. Washington 1986.

Nyrop, R. F., Benderly, B. L., Cover, W. W., Cutter, M. J. & N. B. Parker: Area Handbook for India. Washington 1975.

Oommen, T. K.: Impact of the Green Revolution on the Weaker Sections. In: Sharma, M.L. & T. M. Dak (Eds.): Green Revolution and Social Change. Delhi 1989, S. 93–116.

Pakem, B. (Ed.): Regionalism in India. New Delhi 1993.

Panandiker, V. A. P. & A. Nandy (Eds.): Contemporary India. New Delhi 1999.

Panandiker, V. A. P.: Demography and Its Economic Implications. In: Panandiker, V. A. P. & A. Nandy (Eds.), New Delhi 1999, S. 136–159.

Panda, D.: Cargo Handling in the Major Ports of India. Calcutta 1991.

Pandey, B. N. (Ed.): Leadership in South Asia. New Delhi 1977.

Panikkar, K. M.: India and the Indian Ocean. An Essay on the Influences of Sea Power on India. London 1946.

Parikh, K. S. (Ed.): India Development Report 1997. Delhi 1997.

Parthasarathy, B. & G. B. Pant: The Spatial and Temporal Relationship Between Indian Summer Monsoon Rainfall and the Southern Oscillations. Tellus 36A, 1984, S. 269–278.

Parthasarathy, B. & G. B. Pant: Indian Summer Monsoon and Eurasian Snow Cover. In: Pangtey, Y. P. S. & S. C. Joshi (Eds.): Western Himalaya: Environment, Problems and Development, 2. Nainital 1987, S. 61–71.

Parthasarathy, B., Rupar Kumar, K. & D. R. Kothawale: Indian Summer Monsoon Rainfall Indices: 1871–1990. The Meteorological Magazine 121, 1992, S. 174–186.

Pati, R. N. & B. Jena: Tribal Development in India. New Delhi 1989.

Pearson, M. N.: The Portuguese in India. The New Cambridge History of India, Vol. 1, I. Cambridge 1987.

Pedelaborde, P.: The Monsoon. London 1963.

Penner, C.: Indien. Land und Leute. München 1998.

Pichamuthu, C. S.: Physical Geography of India. New Delhi 1980.

Pieper, J.: Die anglo-indische Station. Antiquitates Orientales, Bd. 1, Bonn 1974.

Platt, R. R. (Ed.): India. A Compendium. New York 1962.

Pochhammer, W. v.: Indiens Weg zur Nation. Die politische Geschichte des Subkontinents. Bremen 1973.

Possehl, G. L.. Harappan Civilization. New Delhi 1993.

Prakasha Rao, V. L. S.: Urbanisation in India – Spatial Dimensions. New Delhi 1983.

Premi, M. K.: India's Population: Heading Towards a Billion. An Analysis of the 1991 Census Provisional Results. Delhi 1991.

Puri, G. S., Meher-Homji, V. M., Gupta, R. K. & S. Puri: Forest Ecology I/II. New Delhi 1989/1990.

Quingley, D.: The Interpretation of Caste. New Delhi 1999.

Racine, J. (Ed.): Calcutta 1981. The City, its Crisis and the Debate on Urban Planning and Development. New Delhi 1990.

Racine, J.: Calcutta and Her Hinterland. A Regional and National Perspective. In: Racine, J. (Ed.), New Delhi 1990, S. 51–88.

Racine, J.: The Port Crisis. In: Racine, J. (Ed.), New Delhi 1990, S. 187–196.

Racine, J.: Calcutta: From Crisis to Hope. In: Misra, R. P. & K. Misra (Eds.), Delhi 1998, S. 168–181.

Rai, H. L.: Development of Tourism in India. Jaipur 1993.

Ramachandran, R.: Urbanization and Urban Systems in India. Delhi 1989.

Ramesh, A. & A. G. Noble: Pattern and Process in South Indian Cities. In: Noble, A. G. & A. K. Dutt (Eds.), New Delhi 1978, S. 41–63.

Rangarajan, S. (Ed.): The Hindu Survey of the Environment. Chennai 2001 (jährlich).

Rangarajan, S. (Ed.): The Hindu Survey of Agriculture. Chennai 2001 (jährlich).

Rangarajan, S. (Ed.): The Hindu Survey of Industry. Chennai 2001 (jährlich).

Rao, K. N.: Tropical Cyclones of the Indian Sea. In: Takahashi, K. & H. Arakawa (Eds.): Climates of Southern and Western Asia. World Survey of Climatology 9, 1981, S. 257–281.

Rasmusson, E. M. & T. H. Carpenter: The Relationship Between Eastern Equatorial Pacific Sea Surface Temperature and Rainfall Over India and Sri Lanka. Monthly Weather Review 111, 1983, S. 517–528.

Rath, N.: Inequality in the Distribution of Income and Wealth in India. In: Panandiker, V. A. P. & A. Nandy (Eds.), New Delhi, 1999, S. 67–106.

Raut, K. C.: Fisheries. In: Dantwala, M. L., New Delhi 1991, S. 181–196.

Raza, M.: Regional Development. New Delhi 1988.

Rennou, L.: Der Hinduismus. Die großen Religionen der Welt. Genf 1972.

Ribeiro, E. F. N.: The Emerging Scenario for Delhi 2001. In: Journal of the Institute of Town Planners, India. New Delhi 1982, S. 30–35.

Rieger, H. C.: Die Liberalisierung der Wirtschaft. In: Rothermund, D. (Ed.), München 1995, S. 523–536.

Rinschede, G.: Religionstourismus. Geographische Rundschau 42, 1990, S. 14–20.

Robinson, F. (Ed.): Cambridge Encyclopedia of India, Pakistan, Bangladesh, Sri Lanka, Nepal, Bhutan and the Maldives. Cambridge 1989.

Röh, K.: Rourkela als Testfall für die Entwicklung von Industrieprojekten in Entwicklungsländern. Hamburg 1967.

Rondinelli, D. A.: Secondary Cities in Developing Countries – Policies for Diffusing Urbanisation. Beverly Hills 1983.

Rose, L. E.: Foreign Relations. In: Robinson, F. (Ed.), Cambridge 1989, S. 233–249.

Rothermund, D.: Asian Trade and European Expansion in the Age of Mercantilism. New Delhi 1981.

Rothermund, D.: Indiens wirtschaftliche Entwicklung. Von der Kolonialherrschaft bis zur Gegenwart. Paderborn 1985.

Rothermund, D.: Staat und Gesellschaft in Indien. Mannheim 1993.

Rothermund, D. (Ed.): Indien: Kultur, Geschichte, Politik, Wirtschaft, Umwelt. München 1995.

Rothermund, D.: India's Liberalisation in Historical Perspective. In: Rothermund, D. (Ed.): Liberalising India. Progress and Problems. New Delhi 1996, S. 1–19.

Rothermund, D. & S. K. Saka (Eds.): Regional Disparities in India – Rural and Industrial Dimensions. New Delhi 1991.

Roy, A.: The Greater Common Good. Bombay 1999.

Roy, B. K.: Urban Growth in India and Its Contemporary Relevance. Geographical Review of India 55, 1993, S. 12–21.

Rütgers, C.: Die geplante und ungeplante Expansion der Metropole Delhi. Diss. RWTH Aachen 1998.

Sachchidananda: Social Change in Village India. New Delhi 1988.

Saha, S. K.: Industrialisation and Interregional Disparities in Postcolonial India. Tijdschrift voor Economische en Sociale Geografie 81, 1990, S. 93–109.

Sahai, J.: Urban Complex of an Industrial City. Allahabad 1980.

Saini, N. S. & R. L. P. Sinha: Integrated Development Planning for a Watershed. Delhi 1985.

Salentiny, F.: Die Gewürzroute – die Entdeckung des Seewegs nach Asien. Köln 1991.

Sarin, M.: Urban Planning in the Third World. The Chandigarh Experience. London 1982.

Sarkar, R. L. & M. P. Lama: The Eastern Himalayas: Environment and Economy. Delhi/Lucknow 1986.

Satyanarayana, J.: The New Industrial Policy and its Impact on India's Industrial Economy. Hyderabad 1996.

Schimmel, A.: Der Islam im Indischen Subkontinent. Darmstadt 1983.

Schlingloff, D.: Die altindische Stadt. Wiesbaden 1970.

Schmidt, E.: Indien. Politik, Ökonomie, Gesellschaft. Berlin 1982.

Schneider, U.: Einführung in den Hinduismus. Darmstadt 1993.

Schoettli, U.: Separatismusbewegungen in Nordindien. Wachsende Probleme mit Indiens Berg- und Stammesbevölkerung. Indo-Asia, 30, 1988, S. 23–28.

Schönwiese, C. D.: Klimatologie. Stuttgart 1995.

Schultz, J.: Die Ökozonen der Erde. Stuttgart 1995.

Schweizer, G.: Indien: Ein Kontinent im Umbruch. Stuttgart 1995.

Schwerin, K. Gräfin v.: Indien. München 1996.

Sealey, N. E.: Planned Cities of India: A Study of Jaipur, New Delhi and Chandigarh. In: Costa, F. J. et al., Berlin 1988, S. 25–38.

Seuffert, O.: Die Laterite am Westsaum Südindiens als Klimazeugen. Zeitschrift für Geomorphologie, Supplement Bd. 17, 1973, S. 242–259.

Seuffert, O.: Ökomorphodynamik – Geomorphodynamik. Aktuelle und vorzeitliche Formungsprozesse in Südindien und ihre Steuerung durch raum/zeitliche Variationen der geoökologischen Raumgliederung. Geoökodynamik 7, 1986, S. 161–214.

Seuffert, O.: Ökomorphodynamik und Bodenerosion. Geographische Rundschau 41, 1989, S. 108–115.

Shah, A. M., Baviskar, E. A. & E. A. Ramaswamy: Social Structure and Change. Vol. 3: Complex Organizations and Urban Communities. New Delhi 1996.

Shah, B. L.: Panchayati Raj. The Role of Panchayati Raj in Integrated Rural Development. New Delhi 1990.

Shamshad, K. M.: The Meteorology of Pakistan. Karachi 1988.

Shariff, A.: India: Human Development Report – A Profile of Indian States in the 1990s. New Delhi 1999.

Sharma, K. L.: Rural Society in India. Jaipur 1997.

Sharma, M. L. & T. M. Dak (Eds.): Green Revolution and Social Change. Delhi 1989.

Sharma, M. L. & R. K. Punia (Eds.): Land Reforms in India. Achievements, Problems and Prospects. Delhi 1989.

Sharma, R. C. (Ed.): India's Urban Land Policy and Development Finance. Delhi 1988.

Sharma, S.: Rural Development Plans in India. Geographical Review of India 44, 1982, S. 30–39.

Sharma, S. K.: Rural Development in India. Programmes, Strategies and Perspectives. Community Development, Vol. 13, 1980, S. 2–9.

Sharma, T. C. & O. Coutinho: Economic and Commercial Geography of India. 3rd ed., New Delhi 1988. Reprint 1995.

Sharma, T. R.: Location of Industries in India. Bombay 1954.

Sharma, T. R. & S. D. S. Chauhan: Indian Industries – Development, Management and Organization. Agra 1972.

Shaw, A.: Structure of Industrial Employment in the Rural Areas Around Calcutta. Annals of the Association of Geographers, India. Vol. XIII, 1993, S. 1–18.

Sheth, D. C.: Caste and Class: Social Reality and Political Representations. In: Panandiker, V. A. P. & A. Nandy (Eds.), New Delhi 1999, S. 337–363.

Shingi, P. M.: Social Forestry and Interagency Collaboration in India. Regional Development Dialogue 14, 1. 1993, S. 151–171.

Shinn, R. S., Folan, J. B., Hopkins, M. G., Parker, N. B. & R. L. Younglof: Area Handbook for India. Washington 1970.

Shrivastava, H. O. & V. K. Shrivastava: The Hierarchy of Rural Market Centres. The Deccan Geographer 18, 1980, S. 815–821.

Shukla, J.: Interannual Variability of Monsoons. In: Fein, J. S. & P. L. Stephenson (Eds.), Monsoons. Chichester 1987, S. 399–463.

Singh, A. M.: Neighbourhood and Social Networks in Urban India. New Delhi 1976.

Singh, B. & N. Mahanati (Eds.): Tribal Policy in India. Tribal Studies of India. Series 181. New Delhi 1997.

Singh, G.: A Geography of India. Delhi 1988.

Singh, J. P.: Energy Resources of India. A Geographical Appraisal. Asian Profile 23, 1995, S. 415–424.

Singh, K. S.: People of India. An Introduction. (Anthropological Survey of India), Calcutta 1992.

Singh, M. P.: Bharatiya Janata Party: An Alternative to the Congress. Asian Survey 32, 1992, S. 301–331.

Singh, P.: Nagaland. New Delhi 1972.

Singh, R. B.: The State of Environment and Resource Management in the Drylands of Northern India. In: Meckelein, W. & H. Mensching (Eds.): Resource Management in Drylands. Stuttgart 1985.

Singh, R. L. (Ed.): Rural Settlements in Monsoon Asia. Varanasi 1972.

Singh, S. N.: Reservation Policy for Backward Classes. Jaipur 1996.

Sinha, B. N.: Industrial Geography of India. Calcutta 1972.

Sinha, B. N.: Geography of Orissa. New Delhi 1999.

Sita, K.: Mumbai: A Global City in Making. In: Misra, R. P. & K. Misra (Eds.), Delhi 1998, S. 98–114.

Smailes, A. E.: The Indian City. A Descriptive Model. Geographische Zeitschrift 57, 1969, S. 177–190.

Sopher, D. E.: The Geographic Patterning of Culture in India. In: Sopher, D. E. (Ed.): An Exploration of India. Geographical Perspectives on Society and Culture. London 1980, S. 289–326.

Spate, O. H. K. & A. T. A. Learmonth: India and Pakistan. A General and Regional Geography. London 1967.

Sperling, J. B.: Rourkela. Bonn 1963.

Sperling, J. B.: Die Rourkela-Deutschen. Stuttgart 1965.

Sridharan, E.: Role of the State and the Market in the Indian Economy. In: Panandiker, V. A. P. & A. Nandy (Eds.), New Delhi 1999, S. 107–126.

Srinivas, M. N.: Introduction. In: Srinivas, M. N. (Ed.), India's Villages. Bombay 1960, S. 1–14.

Srinivas, M. N.: Caste in Modern India. Bombay 1962.

Srinivas, M. N.: The Remembered Village. Berkeley 1976.

Srinivas, M. N. (Ed.): Dimensions of Social Change. Delhi 1977.

Srinivas, M. N. (Ed.): Caste – Its Twentieth Century Avatar. New Delhi 1996.

Stang, F.: Der Ganges als Wasserweg. Geographica Helvetica, No. 4, 1965, S. 197–201.

Stang, F.: Kohlebergbau und Wasserwirtschaft als Grundlage der Entwicklung im Damodar-Gebiet. Erdkunde 22, 1968, S. 206–215.

Stang, F.: Die indischen Stahlwerke und ihre Städte. Eine wirtschafts- und siedlungsgeographische Untersuchung zur Industrialisierung und Verstädterung eines Entwicklungslandes. Wiesbaden 1970.

Stang, F.: Internationaler Tourismus in Indien. Erdkunde 33, 1979, S. 52–60.

Stang, F.: Die Industrialisierung Indiens. In: Blenck, J. et al. (Eds.), Frankfurt a. M. 1977, S. 207–222.

Stang, F.: Zur Entwicklung und heutigen Struktur des Landverkehrs in Indien. In: Aumüller, P. (Ed.): Länderkunde und Entwicklungsländer. Salzburg 1981, S. 184 201.

Stang, F.: Süd-Süd-Kooperation – Möglichkeiten und Probleme.In: Gocht, W. & H. Seiffert (Eds.): Nord-Süd-Kooperation. Baden-Baden 1982, S. 179–190.

Stang, F.: Chandigarh. Idee und Wirklichkeit einer geplanten Stadt in Indien. Geographische Rundschau 35, 1983, S. 418–424.

Stang, F.: Independence and Economic Development. In Sundaram, K. V. (Ed.), New Delhi 1985, S. 67–94.

Stang, F.: Industrialisierung und regionale Disparitäten in Indien. Geographische Rundschau 34, 1984, S. 56–61.

Stang, F. & T. Schmitz: Indiens Baumwolltextilindustrie – räumliche Entwicklung und Strukturwandel. Zeitschrift für Wirtschaftsgeographie 32, 1988, S. 1–15.

Stang, F.: Calcutta. (Problemräume der Welt 15), Köln 1993.

Stang, F. & R. Brüsseler: Rourkela: Development and Regional Impact of an Industrial Centre. In: Hazra, J. (Ed.), Jaipur/New Delhi 1997, S. 63–81.

Statistisches Bundesamt (Ed.): Länderbericht Indien. Wiesbaden 1995.

Steche, H.: Indien: Bharat und Pakistan. Zürich 1966.

Stein, B.: A History of India. Oxford 1998.

Steiner, L.: Indien. Rohstoffwirtschaftliche Länderberichte XX. Bundesanstalt für Geowissenschaften und Rohstoffe Hannover, Stuttgart 1979.

Stietencron, H. v.: Die Erscheinungsformen des Hinduismus. In: Rothermund, D. (Ed.), München 1995, S. 143–166.

Storm, S.: On the Role of Agriculture in India's Longer-Term Development Strategy. Cambridge Journal of Economics 19, 1995, S. 761–788.

Strasser, R.: Rajasthan, Gujarat. Indien. Länderkunde und Führer zu Kunststätten. Stuttgart 1986.

Stukenberg, M.: Die Sikhs. In: Rothermund, D. (Ed.), München 1995, S. 199–208.

Subbarao, K.: Agricultural Marketing. In: Dantwala, M. L (Ed.), New Delhi 1991, S. 277–297.

Subedi, S. P.: India-Nepal Security Relations and the 1950 Treaty. Asian Survey 34, 1994, S. 273–284.

Subrahmanya, S. & M. V. S. Gowda (Eds.): Regional Economic Development in India. New Delhi 1995.

Subrahmanyam, V. P.: General Climatology. Vol. 3, New Delhi 1983.

Sukhwal, B. L.: Modern Political Geography of India. New Delhi 1985.

Sundaram, K. V.: The National Capital. In: Misra, R. P (Ed.), Delhi 1978, S. 105–154.

Sundaram, K. V.: Geography of Underdevelopment. New Delhi 1983.

Sundaram K. V. (Ed.): Geography and Planning. New Delhi 1985.

Sundaram, K. V. & S. Nangia (Eds.): Population Geography. New Delhi 1985.

Tapponnier, P., Peltzer, G. & R. Armijo: On the Mechanics of the Collision Between India and Asia. In: M. P. Coward & A. C. Reis (Eds.): Collisions Tectonics. Geological Society Special Publ. 19, 1986, S. 115–157.

Tata Services Ltd., Department of Economics and Statistics: Statistical Outline of India 2001–2002. Mumbai 2001 (jährlich, zit. als Tata).

Tewari, S. K. (Ed.): Tribal Situation and Development in Central India. New Delhi 1995.

Tewari, P. S. & F. H. Cummings: Kanpur: A Classic Case of Industrial Decay. In: Misra, R. P. & K. Misra (Eds.), Delhi 1998, S. 438–455.

Tewari, V. K., Weinstein, J. A. & V. L. S. Prakasha Rao (Eds.): Indian Cities – Ecological Perspectives. New Delhi 1986.

Thakur, B.: A Review of Recent Urban Geographic Studies in India. GeoJournal 29, 1993, S. 187–196.

Thapar, R. & P. Spear: Indien von den Anfängen bis zum Kolonialismus. Zürich 1966.

Thrasher, A. W.: Language, Ethnicity, and Regionalism. In: Heitzmann, J. & R. L. Warden (Eds.), Washington 1996, S. 179–230.

Tinker, H.: External Migration. In: Robinson, F. (Ed.), Cambridge 1989, S. 60–65.

Town and Country Planning Organisation (TCPO): Compendium on Indian Slums. New Delhi 1985.

Town and Country Planning Organisation (TCPO): The Role of Fast Growing Small and Medium Towns and Rural Support Centres. New Delhi 1986.

Trewartha, G.T.: The Earth's Problem Climates. London 1961.

Trivedi, H. R.: Housing and Community in Old Delhi – The Katra Form of Urban Settlements. Delhi 1979.

Turner, R. (Ed.): India's Urban Future. Bombay 1962.

Uhlig, H.: Der indische Subkontinent II. (Informationen zur politischen Bildung 117), Bonn 1966.

Uhlig H.: Bau – Relief – Böden – Vegetation. Naturräumliche Gliederung. In: Blenck, J. et al. (Eds.), Frankfurt a. M. 1977, S. 55 bis 78.

Uhlig, H.: Politisch-geographische Probleme und territoriale Entwicklung Südasiens. In: Blenck, J. et al. (Eds.), Frankfurt a. M. 1977, S. 16–46.

United Nations: Human Development Report. New York 1996.

Vagale, L. R.: Bangalore: A Garden City in Distress. In: Misra, R. P. & K. Misra, Delhi 1998, S. 338 – 357.

Varshney, A.: Democracy, Development, and the Countryside: Urban-Rural Struggles in India. Cambridge 1995.

Veer, P. van der: Religious Nationalism. Hindus and Muslims in India. Berkeley 1994.

Verghese, B. G.: Winning the Future. From Bhakra to Narmada, Terhi, Rajasthan Canal. Delhi 1994.

Verma, M. M.: Tribal Development in India: Programmes and Perspectives. New Delhi 1997.

Verma, R. K.: Rural Development in India. New Delhi 1994.

Vij, G. K. & R. C. Shenoy: Hydrology of Indian Rivers. In: Law, B. C. (Ed.), Calcutta 1968, S. 258–283.

Vohra, R.: The Making of India: A Historical Survey. New York 1997.

Wadhava, C. D.: Geoeconomic Positioning of Indias Trade and Allied Relations: Perspectives on India's Experiences with Regional Integration. In: Panandiker, V. A. P. & A. Nandy (Eds.), New Delhi 1999, S. 27 bis 66.

Wadhya, K.: Rent Control Act: A Reappraisal – with a Case Study of Delhi. Amsterdam 1991.

Wadia, D. N.: Geology of India. London 1961.

Waibel, L.: Die Wirtschaftsformen des tropischen Plantagenbaus. Probleme der Landwirtschaftsgeographie. Breslau 1933.

Walker, G. T. & E. W. Bliss: World Weather V. In: Mem. Royal Meteorologic Society 4, London 1932, S. 53–84.

Walter, H.: Vegetation und Klimazonen: Grundriß der globalen Ökologie. Stuttgart 1990.

Walter, H. & S.-W. Breckle: Ökologie der Erde. Geo-Biosphäre, Bd. 2: Spezielle Ökologie der Tropischen und Subtropischen Zonen. Stuttgart 1991.

Wanmali, S.: The Regulated and Periodic Markets and Rural Development in India. Transactions of the Institute of Britisch Geographers 5, 1980, S. 466–486.

Wanmali, S.: Rural-Based Models for Rural Development: The Indian Experience. In: Bayliss-Smith, T. P. & S. Wanmali (Eds.), London 1982, S. 253–269.

Weber, Ch.: Tierhaltung in Indien – Organisationsformen, Differenzierung und regionale Entwicklungstendenzen. (Bonner Studien zur ländlichen Entwicklung in der Dritten Welt, Bd. 9), Saarbrücken 1984.

Weber, E.: Globalisierung und politische Ökonomie der Armut in Indien – Die Auswirkungen wirtschaftlichen und politischen Wandels auf die Ernährungssicherheit von Armutsgruppen am Beispiel einer Kleinfischersiedlung in der südindischen Metropole Madras. Diss. Univ. Freiburg i. Br. 1997.

Weber, M.: Hinduismus und Buddhismus. (Gesammelte Aufsätze zur Religionssoziologie, Bd. 2), Tübingen 1963.

Weiner, M.: Sons of the Soil. Migration and Ethnic Conflict in India. Princeton 1978.

Weiner, M.: The Child and the State in India: Child Labor and Education Policy in Contemporary Perspective. Princeton 1991.

Weinstein, J. A. & V. K. Pillai: Ahmedabad: An Ecological Perspective. In: Tewari, V. K. et al. (Eds.), New Delhi 1986, S. 185–220.

Weischet, W.: Die ökologische Benachteiligung der Tropen. Stuttgart 1980.

Weischet, W.: Einführung in die Allgemeine Klimatologie. Stuttgart 1988.

Weischet, W. & W. Endlicher: Regionale Klimatologie. Teil 2: Die Alte Welt. Stuttgart 2000.

Wirthmann, A.: Die West Ghats im Bereich der Dekkan-Basalte. Zeitschrift für Geomorphologie, Supplement Bd. 24, 1976, S. 128–137.

Wolpert, S. A.: A New History of India. 5th ed., New York 1997.

Yadav, C.S.: Land Use in Big Cities. A Study of Delhi. Delhi 1979.

Zingel, W. P.: Infrastruktur: Transport und Kommunikation. In: Rothermund, D. (Ed.), München 1995, S. 550–571.

Zinkin, T.: Caste Today. London 1962.

Zograph, G. A.: Languages of South Asia. London 1982.

Atlanten und Karten

Burmah Shell Guide Map: Bombay. o. O. o. J.

Census of India: Census Atlas, National Volume 1, 1991. New Delhi 1995.

Census of India 1991: Population Atlas India, New Delhi 1999.

Das Gupta, S. P. (Ed.).: Atlas of Forest Ressources of India. Calcutta 1976.

Das Gupta, S. P. (Ed.): Atlas of Agricultural Resources of India. Calcutta 1980.

Davies, C. C.: A Historical Atlas of the Indian Peninsula. Delhi 1949.

Dutt, A. K. & M. M. Geib: Atlas of South Asia. A Geographic Analysis by Countries. New Delhi 1998.

Government of India: The Imperial Gazetteer of India, Vol. XXVI, Atlas. Oxford 1931 (Reprint New Delhi o. J.).

Government of India, Department of Science and Technology, National Atlas and Thematic Mapping Organization: National Atlas of India. Vol I – III. Calcutta (verschiedene Jahre)

Indian Railways: Railway Map, New Delhi 1998.

Kettermann, G.: Atlas zur Geschichte des Islam. Darmstadt 2001.

Muthiah, S. (Ed.): A Social and Economic Atlas of India. Delhi 1987.

Muthiah, S. (Ed.): An Atlas of India. New Delhi 1990.

Nag, P. (Ed.): National School Atlas. Department of Science and Technology, Government of India 1999.

National Institute of Design: Map of Ahmedabad. o. O. o. J.

Nelles Maps (1:1.500.000): Northern India, Western India, Southern India, India East, Northeastern India. München (o. J.).

Poovendran, P. (Ed.): The Atlas of Indian States. Madras 1997.

Schmidt, K. J.: An Atlas and Survey of South Asian History. New York 1995.

Schwartzberg, J. E.: A Historical Atlas of South Asia. London 1978 (Neudruck Delhi 1992).

Singh, R. L.: An Agricultural Atlas of India. Kurukshetra 1974.

Survey of India: Delhi and Its Environs. (Special Map Series), 1:50.000.

Survey of India: Atlas of India. Physiographic Regions. Delhi 1964.

Survey of India: Tourist Atlas. Transport & Tourism. Delhi.

Toussaint, M.: India Market Atlas. Hong Kong 1988.

Verwendete Zeitschriften

Business India, Mumbai.

Far Eastern Economic Review, Hong Kong

Frontline, Chennai.

India Today, Delhi.

Political and Economic Weekly, Mumbai.

The Economist, London.

Sachregister

Ortsregister